中山大学哲学系　主编

朱谦之全集

卷六

文化哲学

（一）

文化哲学
中国哲学对于欧洲的影响

商务印书馆
创于1897 The Commercial Press

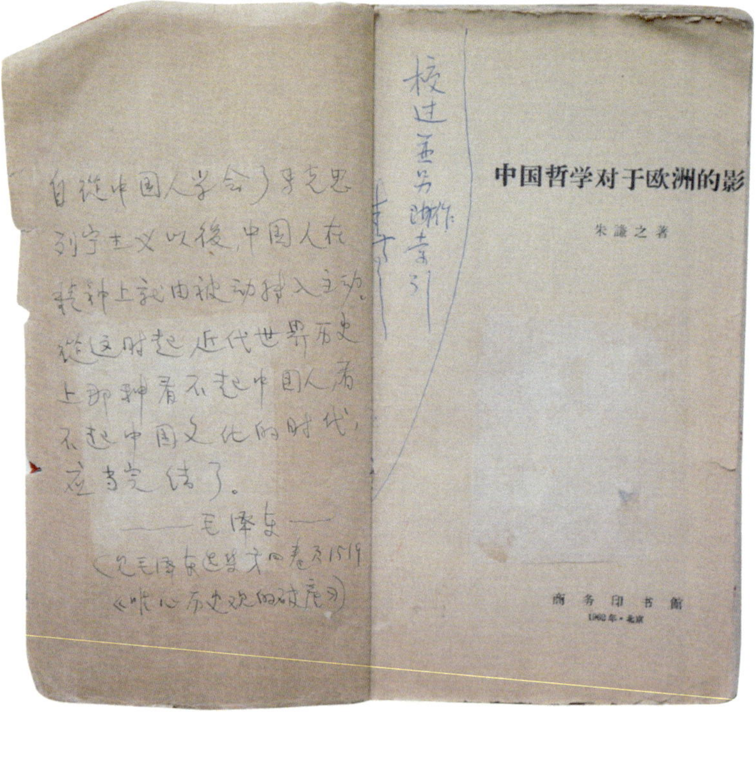

朱谦之先生 **1940** 年著作《中国哲学对于欧洲的影响》，

图为商务印书馆 **1962** 年版校样

《朱谦之全集》总序

一

朱谦之先生（1899—1972），字情牵，曾用笔名闽狂、古愚、左海恨人、AA等，福建福州人，我国现代著名的哲学家、历史学家、宗教学家。一生研精覃思，著述宏富，在东西文化比较、中国哲学史、东方哲学史、宗教学研究等领域，作出了重要贡献，有着较大的国际影响。先生治学范围极为广博，涉及哲学、宗教、历史、考古、文学、音乐、戏剧、政治、经济等诸多领域，且颇富创见，被誉为"百科全书式的学者"。

知名学者王亚南曾评价朱谦之先生的学术研究具有强烈的"时代感"。他的人生轨迹和思想发展，体现出一位进步知识分子在新旧社会交替之际积极探寻真理、追求光明的卓绝历程。先生正直坦荡，独立不迁，具有崇高的人格风范。其自作诗有云"宁可千秋无我席，吾生决不慕时流"，正是其一生之真实写照，令人景仰！

谦之先生与中山大学有着不解之缘，他在中大工作时间最久，曾称广州为其"第二故乡"。1932—1952年的二十年间，先生执教中大，历任历史系主任、文学院院长、文科研究所主任、哲学系主任等职。抗战期间，先生大力提倡"南方文化运动"和"现代史学运动"，影响深远。又亲历中大自广州石牌至云南澄江、粤北坪石、广东梅县之迁校历程，敬业尽职，心忧国运，曾作诗云“诲人不倦吾滋愧，抗敌图存志不灰”，令人感佩！

中大哲学系素来重视缅怀弘扬前辈学人之德业。2004 年，时任系主任的黎红雷教授曾编辑《朱谦之文集》，列为“中山大学杰出人文学者文库”之一。“世纪中大，山高水长”，2024 年正值中山大学建校一百周年，同时也是哲学系建系百年。鉴于谦之先生在学术上的重要影响及其在哲学系历史上的重要地位，中山大学哲学系决定系统整理谦之先生的相关著述，而成此皇皇 10 卷 20 册《朱谦之全集》，以为百年校庆、百年系庆隆重献礼。《朱谦之全集》亦得到校方鼎力支持，并获百年校庆“人文社科重点学术规划”专项资金资助。

二

学界此前关于朱谦之先生集子的整理，规模最大者为 2002 年由福建教育出版社出版的十卷本《朱谦之文集》(下称“福建本”)。此套书的编者为中国社科院世界宗教研究所研究员黄夏年先生，他也是朱谦之著作权代理人。福建本充分利用谦之先生手稿等相关文献，对其著述作了较为系统的整理，使学界得睹谦之先生学术之整体面目，嘉惠士林，其功甚钜！此次《全集》整理，也得益于此套书最多。不过，福建本尚有谦之先生著述多种未能收入，底本选择及整体分类也还有值得商榷之处，于是，编纂一部资料更为完整的《朱谦之全集》便实有必要。

中大哲学系编辑整理《朱谦之全集》有着得天独厚的优势。2019 年恰逢谦之先生诞辰 120 周年，我系隆重召开“纪念朱谦之先生诞辰 120 周年座谈会暨朱谦之学术思想研讨会”，中国社科院黄心川、黄夏年贤父子有感于中大哲学系弘扬谦之先生学术之功，慨然捐赠谦之先生全部遗作手稿及早期著述自存本若干，总计180余种。这些文献资料是朱谦之研究最为珍贵的一手文献，其中有不少文献为编辑福建本时所未见。此宗文献，除用以校勘外，又使数种著述得以首次面世。

《朱谦之全集》凡10卷20册，包含谦之先生著作44种、文章79篇，几乎囊括其所有著述。其中，从手稿、油印稿等早期著述中整理而得首次面世者，有著作1种、文章8篇；此前虽有出版或发表，经重新整理而首次纳入朱谦之集子中者，有著作4种、文章38篇。

《全集》卷次之排列，大致以朱谦之平生学术转向为序，同时兼顾相关著述问世时间之先后。此次《全集》整理，于各种著述皆重新确定底本、校本，精加校勘，并出校记。底本之选择，据实际情形以稿本、初版、新出校订本等为底本，同时参以中大哲学系藏朱谦之先生“自存本”之校批文字。校记文字之后皆标“——编者”，以区别于作者原有注释文字。对每种著述皆加编者注，说明此种著述之书名篇名更易、版本源流、底本选择等相关情形。我们的愿望是，为学界奉献一部迄今为止资料最为完备、学术信息最为完整，且在编排上更好展现谦之先生学术脉络的著述全集。

三

1972年谦之先生仙逝后，其夫人何绛云先生作有悼念诗数章，其中《再悼朱谦之》之八有云：

> 挽诗作罢当招魂，墨沈淋漓杂泪痕。
> 最是伤心凄绝处，满箱遗稿付何人？

半个世纪后，因缘际会，谦之先生遗稿全部入藏他曾经工作和生活过的中山大学，并得到妥善保存和利用，正可谓得其所哉！2019年12月，中大哲学系曾举办“古愚荷心——朱谦之先生遗作文献展”，以纪念这位具有独立品格的杰出学者。如今，《全集》即将由商务印书馆出版发行，或正可偿绛云先生当年之遗愿。

2022年底，笔者承蒙哲学系张伟主任及诸位同人的信任，承乏《全集》整理事宜。2023年初，我们先花费近三个月对谦之先生全部遗稿作了普查，梳理每种著述的版本源流，并依据谦之先生的学术转向厘为十卷，确定了《全集》整理的基本体例。自2023年5月起，以哲学系师生为主体的整理团队30余人开始第一阶段的整理，释读谦之先生手稿多种。2024年寒假结束后，又开始第二阶段的清样校读工作，前后共计40余位老师同学投入此项工程。整理工作，不唯校对，亦有校勘。自寒徂暑，历经将近一年半的时间，终于定稿。摩挲谦之先生遗稿，体知前辈学者学术，辛苦之余，所有整理人员都倍感与有荣焉！

《全集》的编辑整理，始终得到黄夏年先生的指导关爱。2019年冬，我与哲学系张清江副主任前往黄老师家中取走谦之先生遗稿时，黄老师谆谆教导道：“你们一定要好好珍藏利用朱先生的这些文稿，弘扬朱先生的学术就靠你们了！”黄老师对谦之文献、谦之学术最为熟稔，《全集》之整理，也正是在福建本之基础上再作补充完善。《全集》的最终编成，黄夏年先生功莫大焉！

自《全集》工作上马到最终顺利出版，中大哲学系资深教授冯达文先生、中山大学人文学部主任暨哲学系学术委员会主任陈少明教授等，一直给予深切的关怀和支持，在此谨致以衷心谢忱！此外也感谢学界专家、教授，以及商务印书馆对整理工作的关怀和指导。感谢上海对外经贸大学张国义教授现场指导《全集》整理工作；感谢上海财经大学殷飞飞教授、中山大学历史学系曹天忠教授提供宝贵参考意见；感谢北京大学哲学系主任程乐松教授帮助联系张岱年、周辅成先生后人，协调著作授权事宜。《全集》的出版得到了商务印书馆的大力支持，其为这套书的学术质量提供了保证。

诚然，对于朱谦之先生学术思想研究而言，《全集》整理仅仅是一个基础性的文献工作，未来还有待学界同人从不同角度对谦之先生渊博学术做更深入的探研。来日方长，诸君齐努力！

周春健

甲辰槐月

于中大哲学系

凡　例

一、《全集》卷次之排列，以朱谦之平生学术转向为序，同时兼顾相关著述出版或问世时间之先后。卷一“学术自传”打散著作、文章之别，径按时间排序。其余九卷，皆先排著作，后排文章；相关文章往往数篇，统置于“文章辑录”目下。

二、《全集》所收著述，据具体情形以稿本、原刊、作者手订本或校订本为底本，参校他本，正其讹误。版本源流、底本选择等情况，皆以编者注进行说明。校改之处，以校记进行说明。

三、《全集》保留作者文字风格及语言习惯，不按现行用法、写法改动原文。如系作者笔误、排印舛误、外文拼写错误等，则予径改。原文偶有保留避讳字者，径改为本字。

四、底本为繁体、竖排者，均改为简体、横排。原无标点或仅有句读者，均改为新式标点，专名号从略。原无分段的长文，据文意酌情分段。

五、原文篇后注皆移作当页脚注，双排夹注改为单行夹注。

六、底本文字漫漶处，据所缺字数以“□”标示。

本卷说明

1930 年代中山大学任职期间，朱谦之先生曾大力倡导“南方文化运动”，进而撰作《文化哲学》和《文化社会学》，集中阐述了他的文化哲学和文化史观。其后朱先生曾提及，“很想应用历史哲学和文化哲学研究的成果，来从事‘比较文化学’的著作”。这方面的著述，按朱先生自己说来，又有《中国哲学对于欧洲的影响》《扶桑国考证》以及《比较文化论集》等。

本卷计 2 册，包含文化哲学类著作 5 部，文章 4 篇，其中 3 篇文章乃首次纳入朱谦之集子中。

本卷册一目录

文化哲学

本书于1935年由上海商务印书馆初版发行，1989年上海书店据以影印，收入“民国丛书”第一编第39册。1990年，北京商务印书馆再版。2002年收入福建本第六卷。本次整理，以北京商务本为底本，以上海商务本和福建本为校本。

——编者

目　次

序

“文化哲学”这一个科目，好像很新奇特别，一向闻所未闻的，却是按之实际，则这一科的内容，早已有世界各国学者潜心研究，尤其是现今学者对于现代世界文化要重新估定价值的时候。C. A. Beard 论到现代世界的文化，曾述及各国学者对于这文化问题很注意的有：（《人类的前程·绪论》）

中国——辜鸿铭、胡适；

印度——甘地、泰戈尔；

日本——鹤见佑辅、有岛武郎；

意大利——Ferrero, Croce；

德国——Spengler, Keyserling；

法国——Fabreluce, Demangeon, George Batault；

英国——Wells, Chesterton, Belloc, Dean Inge；

西班牙——Unamuno；

俄国——Trotzky；

阿根廷——Ugarte。

他还举出许多很有名的关于文化的悲观论的著作，和 Beard 所领导的文化乐观论派；固然这些文化论潮都很值得讨论和批评，然亦可见文化问题在现在确成为最迫切的问题，而文化之哲学的研究，更是急不容缓了。依我意思，不讨论文化问题则已，要讨论文化，必须从根本上着想而求个根本的解决。从来讨论文化的著作固然不少，可是有大部分只是文学家的片断思想，或杂志作者的零星著作，要找出一部真正讨论文化的有系统的贡献，却是难得得很。如就中国来说，除Beard所知道的以外，尚有梁漱溟先生《东西文化及其哲学》，比较可算一部满人意的著作了，然而他讨论的仍不过枝枝节节的东西文化问题，而非从根本上着想，来讨论比较东西文化还要紧切的文化问题，不知东西文化问题只算得文化问题之一部分，如果没有“文化哲学”作骨子，便所谓东西文化问题仍然没有法子解决。所以本书第八章虽拟有“文化之地理上分布”一章，不但讨论东西文化，而且更讨论到南北文化的问题，不过不能以为讨论东西文化或南北文化就可以算得文化哲学，文化哲学是有它更重大的意义和使命的。它是一种专门的有系统的学问，不过在未详说以前，我们应该先对于这一门学问和其他学问的关系讲述一下。因为本课目原为哲学系四年级而设，而依选课经验，还是社会学系、史学系、教育系占大多数，所以为引起各种不同选课者的兴趣，我应该先从各方面陈述一下文化哲学和各种不同学科的重大关系：

第一，就哲学方面观察　许多人都以为“哲学”已经是不必需要的学问，如果就现状来说，一般讲哲学的，只是一味敷衍塞责下去，诚然是不必要的了。反之从文化着眼，则哲学正是一切智识的总汇、学问的指南针；而且从另一方面来看，又是革命的指导者。当代的哲学趋势，已经不为观念论，不为唯物论，而为倾向于有较大的涵盖性的文化论，即文化哲学。从前纯正哲学所讨论的什么本体问题呀，认识论的问题呀，这些和实际生活没有多大关系的哲学思想，虽然在从前极占位置，极有势力；却是现代所更迫切需要的乃为解决文化问题。文化之各部门，如宗教、科学、艺术乃至社会生活之政治、法律、经济、教育各方面，只要是从根本上着想而要求根本的解决，那便非需要有各部门之文化哲学或文化社会学不可。如宗教有宗教哲学，科学有自然哲学，艺术有艺术哲学，乃至所谓政治哲学、法律哲学、经济哲学、教育哲学。既使为避嫌起见，不用“哲学”一词，而以“原理”代之，如什么教育原理、政治原理等，也不过名词不同罢了。可见纯正哲学即不为当代之急切需要，而在研究文化之各部门时，却非需要各部门之文化哲学或文化社会学不可。而且即就哲学来说，哲学自身亦倾向于一大目标，即从事于各文化之综合的根本研究，而这就是所谓“文化哲学”了，意大利很有名的思想家 Croce 曾说：“将来的哲学就是历史”，我以为将来的哲学，应该就是文化史的哲学，换言之，即为文化哲学。所以专就哲学方面说，文化哲学是很必要的。

再就现代哲学界的情形来论，如德国哲学，即已完全倾向于文化哲学之研究。德国从前最盛行一时的为康德哲学，尤其新康德派哲学，最喜欢讨论文化问题，所以“文化哲学”一语，最初还是见于新康德派的著作，Windelband 即有关于文化哲学之专篇。可是文化哲学有新康德派，以“价值哲学”为“文化哲学”之一方面，同时又有以“生命哲学”为“文化哲学”之又一方面。我们现在一讲到文化哲学，即联想及于 Dilthey 之精神科学派，因为这一派许多人曾称之为文化哲学派的。新康德派是站在论理主义，要求普遍妥当性之文化价值，Dilthey 则站在心理主义，而主张如实地记载分析那生命流动之真相的“文化事实”。至于他的学派如 Eduard Spranger 所著《生活形式》，其为一种文化哲学更不消说了。现代哲学已由新康德派一转而为新 Hegel 派，或青年 Hegel 派，Dilthey 同时也是青年 Hegel 派的权威者，这又可见从哲学上观察，文化哲学将来很有大大发展的余地了。

第二，就历史学方面观察　现代历史即为文化史，而文化哲学即为文化史理论，尤其是我所讲的文化哲学，是为有志研究文化史理论者而设。本来就历史界现状来说，无论中外文化史，近年出版的数量都很不少，但从质的方面说，除一两种尚勉强充数以外，算不得什么。再试看外国文化史。曾有许多人从事编译，在翻译方面如 Thorndike 和 Selgnobos 的两部书，都不失为一种名著。但平心而论，这些仍不是什么理论基础——文化哲学——的真正文化史；更不消说国人自著的西洋文化史了。再就中国文化史的著作来看，高桑驹吉依朝代的变革分中国文化史为若干章，章各分二篇，一述政治的历史，一述这时代的文化造成此时代的人物，以及关系此人物的评论，这种“断代式”的文化史，在民国十二年文化史缺乏、学问饥荒的时候，尚可供一时之用，却是现在已成为陈腐不堪的东西了。孟世杰的《先秦文化史》，体例也差不多，大概前一章先述一个朝代的历史，后一章即接着述这一朝代的文明，而分为（一）制度、（二）礼俗、（三）宗教、（四）社会、（五）学艺五种，平叙直抄，什么特点也没有。还有如顾康伯的《中国文化史》、常乃悳的《中国文化小史》，本不过专供师范及初高级中学参考之用，说不上什么。不过顾康伯自己说：“前人述史，断代为章，实同家谱。本书力矫其弊，专以文化之盛衰及趋势为标准，而主眼则在来今”；似乎比“断代式”文化史好些，但当他讲一时代的文化，仍然以政治的大略为先，脱不了所谓政治史观的见解。柳翼谋的《中国文化史》可算得一大著作了，这部书似特注意于我国民族文化与其他民族文化的关系；他要解决“中国文化为何？中国文化何在？中国文化异于印欧者何在？”这一点不得不算得一种贡献，不过中国文化史是否应用这文化传播说便可以完全解释？中国文化史是否应采用他所用的纲目体裁？对于经济方面何以不甚注意？总之这一本书仍然是不能使我们满意的。在柳著以外，可举的就是站在唯物史观立场上的两部著作，陈国强所著《物观中国文化史》，不过一本短小的三万字的小册，要在三万字中尽量将浩瀚的史迹包括一起，而叙述其文化发展的过程，当然是不可能的事，如果所谓“文化，就是人类依其物质生活条件为基础而创造，而展开之精神生产的成果之总和”，那么文化史的编述，当然应该在中国经济史编述之后，在中国经济的历史阶段还未明白，所谓文化史，事实上是不会有什么成绩的。还有杨东莼编的《本国文化史大纲》，这书是供给高级中学及大学预科的学生读的，绪论以外分三编：第一编经济生活之部。述农业、土地制度与赋税制度、商业、工业等。第二编社会政治生活之部。述中国社会之演进及其结构，政治制度之变迁，中央官制与地方官制之演变、乡治制度、参政制度、教育制度、司法制度、兵制等之演进及宗教礼教等。第三编智慧生活之部。述先秦诸子、经学、玄学、佛学、理学、考据学、维新运动与新文化运动，及文学美术、科学等。这本书实在许多地方太浮浅了，却是在编著的方法上，却有一点点贡献。如通常史家每每离不了朝代观念，其结果遂变成一本“流水账簿”，此书则以一个一个的事实做单元；如叙述一种制度，并不按着一朝代一朝代来叙述，而以这一个事实为单元来叙述，尤其是取那有影响于现在的重要事实来叙述，并且力求阐明这些事实前后相因的关键；这种看重文化的现在性，和我们主张现代史学有些相同。“而纪事本末体”的编纂法，更能使学者眉目清楚，脱去郑樵所说“断代为史，无复相因之义”的流弊。不过这本书虽分三部，仍嫌对于经济生活之部叙述得太少，而对于智慧生活之部又叙述得太多，几乎不能自完其说，因之也就没有很大的价值。

因为过去文化史的著作，成就不过如此，而文化史在现代史学上的需要，又复迫切如此，所以我们现在很有尽先提出文化史理论的必要。不过关于文化史的书籍虽多，而关于文化史理论的研究，却只有梁启超著《中国历史研究法补编》中有讲到“文化专史及其做法”的一章（第四章，页 192—242）。梁氏在民国十四年曾讲演“中国文化史社会组织篇”，虽未成书，而此十五年十月所讲的《中国历史研究法补编》则由其门人周传儒、姚名达等记录出版。本书分论五种专史:(一)人的专史;(二)事的专史;(三)文物的专史;(四)地方的专史;(五)断代的专史。(四)(五)均未及说，文物专史中又分为三种: A 政治专史; B 经济专史; C 文化专史。文化专史则分: 1. 语言史; 2. 文学史; 3. 神话史; 4. 宗教史; 5. 学术思想史(A 道术史，B 史学史，C 社会科学史，D 自然科学史); 6. 文学史; 7. 美术史，而自然社会科学史以下又未曾讲到。此外还有一篇在南京金陵大学讲演的《研究文化史的几个重要问题》(《梁任公学术讲演集》第三辑，页 131—144)，有下面的一段话:

> 历史现象只是“一躺过”，自古及今，从没有同铸一型的史迹，这又为什么呢？因为史迹是人类自由意志的反影；而各人自由意志之内容，绝对不会从同。所以史家的工作，和自然科学家正相反，专务求“不共同”。

换言之，就是说文化史中不应该有什么法则存在，这真是什么话。过去所有文化史的作者，都因不能在离乱的历史事实中找出线索，找出有规律的法则，故其结果变成“流水账簿”，尽管堆积下许多事实，还是和现在生活无关。所以梁氏的文化史理论，正可以代表过去文化史的理论，而不是我们现在 1933 年所要求的文化史理论，梁氏可将经济专史放在文化专史之外，这就可见他的思想陈旧不堪了。并且从民十三年有文化史以至现在，所谓“文化史的理论”“文化哲学”乃至“历史哲学”的研究，还没有着着实实地注意过，那么对于“文化”是什么？“文化的阶段”是什么？都很难得到确实的答案，当然不能编出一部最完全的文化史了。反之依我们计划，则**真正的文化史家，只要他对文化的观察愈深广、愈深刻、愈敏锐，即愈应该需要一种文化哲学，历史家应该承认文化哲学冠于一切历史学之**

上，而为文化史之理论的基础，不然即不成其为代表现代的史家了。

第三，就社会学方面观察 前年我讲"文化哲学"绪论，曾述及文化哲学与文化社会学之区别，说到社会学史的发展，从 Comte 以至现代，社会学本身大大进化的结果，已经有一致倾向于第四期文化社会学的趋势。这就是说，社会学的发展是依照下列次序：

第一，生物学的社会学。

第二，心理学的社会学。

第三，特殊科学的社会学。

第四，文化社会学。

这一个主张先在讲义发表，在二十二年一月十日再刊于《现代史学》第一期，可是在同年六月二十五日出版的《新中华》第一卷第十二期，竟发现有孙本文君所著《世界社会学之派别及其现状》，有与此不谋而合的见解，这不能不说是一桩奇事。孙先生旧著如《社会学上之文化论》等，关于社会学史的著作，均未曾有此意见，所以此篇很值得我们注意。这一篇比我所列更详细地将社会学的发展分为四个阶段：

（一）生物的社会学派。

（a）有机论派；

（b）人口论派。

（二）心理的社会学派。

（三）社会学正宗派。

（a）Durkheim 涂尔干派；

（b）Simmel 齐穆尔派；

（c）Roberty 劳培德派。

（四）文化的社会学派。

（a）人类学派；

（b）历史学派。

关于这些社会学派别的更详细的分析，不是这里的事，即如单就心理的社会学派，只要参考一下，F. H. Hankins 在《社会科学的历史及趋势》中，“社会学”一文内的分类，便知心理的社会学派，又可分为许多种类，如什么同情派呀！模仿派呀！本能派呀！行为派呀！兴趣派呀！……可见孙先生的分类还不能算得很详尽的。不过这里应该注意，就是孙先生自己是属于文化社会学之一派，依他从来著作则只有美国的 Ogburn 一派，算得文化的社会学，在这里却又承认有德国的 Max Weber 一派为文化的社会学，这是他思想之一个进步：

〔美国〕Ogburn, Willey, Case Wallis[①], Herskovits

〔德国〕Max Weber, Sombart, Max Scheler, Alfred Weber

前者为人类学派，以为欲发见社会现象的原则及解决社会实际的问题，非从文化上为历史的研究不可。因为他们在方法及材料方面受人类学的影响最大，故亦称为人类学派。后者依他所说“文化社会学为德国当代最盛的社会学，亦称为历史派社会学”，详细的说明，可参看原文。若依我意思，将德国文化的社会学派称之为历史学派，原无问题，只是更严格地来说，则如美国人类学派才是真正文化社会学，而在德国如 Max Weber 及 Troeltsch 的宗教社会学、Spengler 之世界史形态学，及 Max Scheler 的知识社会学，除 Sombart 所著《技术与文化》可算例外，他如 Spengler 所著《西欧的没落》、Max Scheler 所著《哲学的人间学》，谓为文化社会学，均不如老老实实叫他做“文化哲学”，这一点让我在本书绪论中说，然亦已可见文化哲学与文化社会学之关系如何密切，几乎不可分开的了。我固然很反对美国派的文化社会学，以为很像清水泡豆腐一样，清水已够清淡了，再加泡上豆腐，则其内容的空虚，是不言而喻的；但就德国的文化社会学即文化哲学来说，则实大大有发展的余地；而这也就是我所以特

① “Case Wallis”疑误，姑存之。——编者

别提出文化哲学来讲的最大原因了。

第四，就教育学方面观察　自我本年在《现代史学》第一、二两期发表《文化哲学》以后，即发生很大的影响，最重要的就是前一个月（廿二年八月十五日）在上海群众图书公司出版的姜琦《教育哲学》了。这本书共30余万言，里头批评我的文化分期说的竟有数千言之多（原书，页91—116）。姜先生是站在一个辩证法唯物论的立场来建立他的新教育哲学的，他虽有许多地方对我反驳，却又认我"对于中世纪以还的一切学问之研究，划分为宗教的、哲学的，及科学的三个时期是很合理的"；并且单拿教育为例，也一样可以依此划分时期。姜先生最先肯定"在古代时候，可以说并没有教育之研究这一回事，实在讲起来，教育之真正的研究，是发端于第17世纪"，接着他即区分教育之研究为三时期：

（一）神学的教育学；

（二）哲学的教育学；

（三）科学的教育学。

他的结论："这样说起来，就可知教育之研究，确是如朱先生所说，可以划分为宗教的、哲学的、科学的三个时期"；却不知这三个时期只好说是Comte三阶段的法则，若依我意思，则教育史之研究亦应划分为宗教的、哲学的、科学的、艺术的四个时期。姜先生则以为"历史之研究可以划分为宗教的，哲学的，科学的，艺术的四个时期，除掉艺术的一个时期不应该插进外，其余三个时期，我是非常赞同的"；何以艺术时期不应插进？姜先生并无详细的说明，而以"关于这一点，我另有意见，现在姑且不谈"一段自注，以不了了之。其实教育上之艺术时期，才是真正重要的现代教育时期。固然从一方面来说，现代教育仍是站在第三时期，然而第三时期乃所以实现第四时期之一个历程，不是到了科学教育时期，教育思想便不会进化咧！然则所谓第四时期的教育研究，应该是什么呢？老实的答案就是所谓“文化教育学”了。我们试观察一下德国的教育思想，即具有这种倾向。原来德国教育思潮也和哲学一样，哲学一方面有发源于康德之正统理想主义的哲学思想，而至于最鲜明的新康德派之知识主义、理论主义；一方面则有 Dilthey 哲学对抗康德哲学而主张生命主义，Dilthey 学说，后为其信徒们所本，根据它来提倡教育，这就是所谓文化教育。不过文化教育这个名词，也不是由他们自己标榜出来，却由于 1923 年在 Willy Moog 所著《现代教育学之根本问题》中提出（参看越川弥荣著《文化教育概论》，页 509），而集此派教育思想之大成者，自不能不推一个文化哲学家而兼文化教育家之 Eduard Spranger 了。Spranger 继承 Dilthey 的系统，在柏林大学盛唱其文化教育学说。他所著书除《生活形式》即为文化哲学概论以外，其他关于教育上之著书，重要的如：

（1）《学校与教职》；

（2）《女子高等学校论》；

（3）《禀赋与修学》；

（4）《现代德国之人道的政治教育理想》；

（5）《教员养成论》；

（6）《精神科学之状态与学校》；

（7）《人文主义与青年心理》；

（8）《生活形式》；

（9）《文化与教育》；

（10）《青年期之心理》。

次之就是他的绍述者 Erich Stern 了。他很受 Spranger 的影响，著有关于文化教育的两本书：

（1）《教育学序论》；

（2）《青年教育学》。

还有 Theodor Litt 及 Kerschensteiner 所著关于文化教育学说的书，及不少直接间接和文化教育有关的许多文献，这不是很可看出文化教育学在现代已经很占一个重要的位置吗？固然他们的文化教育学说尚有可批评的地方，然亦可见教育之第四时期，已倾向于文化教育学之一方面，而在德国提倡文化教育学的人同时就是提倡文化哲学的人，这又可见就在研究教育的人们，只要向前一步研究，也应该注意到文化哲学的了。

总而言之，统而言之，现代的学术界无论说到哲学、历史学、社会学、教育学，都已一致倾向于“文化主义”。在哲学方面，表现为文化哲学；在历史学方面，表现为文化史；在社会学方面，则表现为文化社会学；即在教育学方面，亦表现为文化教育学。就中尤以文化哲学更为研究一切文化学中一个最“综合”的因子。因为哲学能够根本的回答何谓文化这个问题，所以文化哲学不但有他独特的在哲学中最高的地位，而且更为其他历史学、社会学、教育学所凭依，而为研究文化历史学、文化社会学、文化教育学者所必经的路径。

最后我更应该宣布我讲文化哲学的最大旨趣，如我在说明书中所写的是要：

“说明文化的本质及其类型，对于宗教、哲学、科学、艺术等各种知识生活，均加以根本研究，又分析文化之地理上分布，以明中外文化关系及本国文化之新倾向，并谋建设未来之世界文化。”

最切要的紧迫的企图，却在于提倡南方文化运动，所以本书附录，有关于《南方文化运动》论文一束，说来话长，让读者们细细地独立观察和批评吧！

二十二年九月，于国立中山大学史学系主任室

绪　　论

什么是文化？——文化哲学与文化社会学——文化哲学的概念。文化哲学（Kulturphilosophie）这一个课目，在国内大学尚未设立，厦大虽定有此一科，却是从来无人担任，所以本次讲演，可算得破题儿第一遭了。

自民国六、七年李大钊在《言治》发表《东西文明根本上之异点》，和陈独秀在《新青年》第一卷发表《东西民族根本思想之差异》以后，国人似渐已注意东西文化问题。《学艺》第三号有屠孝实记金子马治讲演《东西文明之比较》，《东方》第14卷载伧父《战后东西文明之调和》，第15卷译载日本杂志《中西文明之评判》一文，《新潮》第三卷有冯友兰《东西文明之比较观》，是和印度泰戈尔谈话记下来的。然而影响最大的，当然要算民国十年秋间梁漱溟先生所讲《东西文化及其哲学》一书了。这本讲演录于民国十八年已经刊行八版，虽然无意于建立什么“文化哲学”，如他自序所说似的：“我自始不晓得甚么叫哲学而要去讲它”；可是我们应该老实承认他所讲的，正是为我们“文化哲学”开出一条先路。《东西文化及其哲学》出版以后，无论赞成的或反对的，几乎都因此而唤起讨论文化问题的热心，不过在梁先生当时，讨论东西文化的人虽多，对于文化这个东西，有根本了解的却是很少。直到民国十五年七月胡适之先生在《现代评论》（第四卷第38期）发表《我们对于西洋近代文明的态度》一文，在那里他始提出几个根本观念，来做讨论的标准。如：

> 第一，文明（Civilization）是一个民族应付他的环境的总成绩；第二，文化（Culture）是一种文明所形成的生活的方式。

在这里他要区别“文明”与“文化”，是很值得注意的。不过胡先生这种呆板勉强的分别，未免含糊不清；所谓“文化是一种文明所形成的生活的方式”，和梁先生所说“文化是生活的样法”几乎意思一样。所以胡先生那篇论文发表以后，便有张崧年君一篇《文明与文化》，载在《东方杂志》第23卷第24号驳他。以为：

> 大概照适之先生，或漱溟先生的意思，一个人处人行己接物总有一种态度，一民族处人行己接物，也有一个集合的态度，这种集合的总态度，便是文化。

并且如谓文化的生活方式，是一种文明所形成的，那么当然文明在先，文化在后，这不是很费解吗？同期《东方杂志》又有张东荪论《西方文明与中国》，也是对胡先生说法，提出一种补救和修正。许仕廉则在《真理与生命》（第二卷第16号）发表《论东西文明问题并达胡张诸君》，后又集刊于《文化与政治》一书中（1929年1月北京书局）。他的文化解释是很受美国著名人类学家克鲁伯（A. L. Kroeber）影响的。他将宇宙间万事万物，分四界现象，每界现象性质不同，因而科学也应分四类，即是（《文化与政治》，页13）：

最上级	文化现象	社会科学——人文科学（文化现象）——（时间）——宙	
上级	心理现象	心理科学	自然科学（自然现象）——（空间）——宇
中级	初级有机现象	生理科学	
下级	无机现象	物理科学	

因为依克氏的分类，文化是宇宙进化最后最高的现象，所以文化是有三个特点：

> A. 文化是有机体所发出的东西；
>
> B. 心灵是文化的基础；
>
> C. 文化是自然界以外所另创造的东西，是人为的、自动的。（同书，页53）

这种讲法可算文化社会学者的一种文化观了。和他同调的尚有孙本文君，对于文化社会学的理论，发挥得最为透彻。他著作很多，有《社会学上之文化论》《文化与社会》《社会的文化基础》等书，他以为文化就是社会的基础，然则文化是什么呢？他说：

> 文化实在是一种复杂体，包括一切有形的实物，如衣服宫室等；与无形的事项的知识、信仰、艺术、法律、风俗以及其余从社会上所学得的种种做事的能力与习惯。（《社会的文化基础》页324、126[①]）

所以有人说“文化就是一个社会所表现一切生活活动的总名”；这种文化学派的社会学，虽然没有一贯的逻辑系统，甚至还没有对文化有深澈的了解，却是屈指一算，从讨论东西文化而至于文化之社会学的研究，不消说已经进步多了。但可注意的，就是较近讨论文化运动和文化问题的，似又别开生面，他们因受了俄国前人民教育委员会主席 Lunacharsky 的影响，竭力为“无产阶级的文化”张目。他们有

① “126”疑应为“326”。——编者

的从消极方面从事“文化派社会学批评”(《二十世纪》第二期，页88至140)，以为孙博士的“文化社会学是浸渍于和平思想、改良主义、调和观点的意象形态之中的”。有的便主张根本推翻资产阶级学者的文化解释，如陈高傭君（见《世界与中国》第二卷第六号《文化革命与革命文化》）便给文化重下一个新定义：

> 文化是人类在一定的经济基础之上，从事生产劳动的各方面的表现。

不错！文化现在又成为很时髦很新鲜的名词了！一方面我们在地下发掘甲骨文来，在敦煌石室中发掘了古书可以叫做文化；一方面如陈高傭所说似的“人类在生活场中各种努力的表现都是文化。一部解剖资本主义社会的《资本论》是文化，在群众游行时，一个工人所喊的‘打倒帝国主义’口号，亦是文化。”文化！文化！究竟什么是文化？如果对此没有正确地估定他的意义，便文化哲学亦从何讲起。依我们的解释，则：

第一，文化就是人类生活的表现，在这里很明显地指出“文化”和“人”的关系，可以说生物界中只有人类才能支配环境，创造文化的。Ward说得好：“动物是受环境支配的，人是支配环境的”；这种支配环境的生活表现，就是文化。所以文化社会学者告诉我们：

> 文化指自然能力外之创造能力而言。我们人类虽没有翼，然可以制飞艇以驾空；虽没有翅，有舟只以运水；虽没有利爪牙，我们的武器可以制九牛二虎而有余。我们的腿虽不如马跑得快，我们的汽车却比马要快几倍。凡米麦肉类我们不喜生食，有烹饪之法，以调和五味。又有衣服房屋、火炉风扇，可以寒暑制宜，

风雨无惧。我们又有言语文字、书籍报纸以传达意志，记述事实。有社会国家、人情礼教，以巩固人群而保护人道，凡此种种不是天生的能力，是人造的文化。(《文化与政治》，页17—18)

尤其重要的，就是言语。Ellwood在《文化进化论》中特别提出人类言语机官的重要。我们所看见的文化，无论是创造工具、创造仪式、创造制度，或创造一个宇宙观，都要靠言语来交互传达，但这在动物却没有这种文化的基础，所以说：

所有人类的团体都拥有文化，然而没有动物团体拥有文化的。在动物世界中，任凭哪一个如果能得到特别的技巧或很好的方法，以应付它的环境；但是在任何可贵的范围内，它却没有能力将这些获得的东西，传给它的同伴，这是因为它缺少言语之故。所以这些技巧或方法之于动物，不过是个被感动的行为。然而在人类的世界中，心理的交互作用，或交通，则发展到了言语这一步，因此个人便有力量去传达他的概念，给他自己团体中的人员。于是整个团体的行为都被影响了，其结果遂至人类的共同行为，主要的都依赖于言语文字。这种用语言的机官而形成各种概念，和传达概念到别些人去的能力，就是文化进化的基础；而文化的要义则是发明或成绩。(《文化进化论》，页4—5)

因为文化实在是人类的特殊产物，所以只有人类才有文化；然而文化是活动不是死的，所以不但如一般学者所说人类应付它环境的“总成绩”，而却有永远创造、永远进化的文化史。我甚至可以说，人类生活自始即是文化的生活，人类生活的表现自始即是文化史的表现；简单来说，只要叫做人类，不论文明民族抑为野蛮民族，都自然而然有它本身的文化，不过文化的程度不能相同罢了。好比 Morgan《古代社会》又名《从野蛮状态经过未开化状态，以至于文明之域的人类进步趋向的研究》，书中述及亚美利加印第安人的制度技术发明。印第安人诚然是[①]野蛮民族，却也有其初民的文化，在他们血族团体中，竟发现了解决希腊、罗马及德意志历史向来所不可解的最重要的谜。可见人类历史，实际即是叙述人类文化生活之纪录；所谓历史哲学，实际即是叙述人类文化发展的阶段。我们不但承认在经济支配一切之现代的文化，我们甚至要如 Morgan、Tayler 及其他文化人类学者一样，要研究初民生活，以发现初民的文化。

第二，文化就是人类生活各方面的表现，许多学者要分别“文化”与“文明”，有的以为文化是精神的，文明是物质的，有的倒转过来，以为文化是物质的，文明是精神的。如上面所引胡先生的说法，即无形中假定有文明（Civilization）与文化（Culture）对立；却是详细考察起来，英法人谈文化问题的，大多数仍常常把两字混用。张崧年君在《文明与文化》一文，曾举出好多例子，以见用此用彼本无什么分别，他的断案竟谓：“文明与文化在中国文字语言中，只可看成差不多与‘算学’与‘数学’一样，只是一物事之两名，或一学名一俗名，不必强为之区异。或则顶多说文化是活动，文明是结果，也不过一事之两看法”；我对此说本没有异议，却是从科学的见地来明确规定起来，则文化与文明，在语言原义上实在是很有分别的。

（一）德语 Kultur（文化）是对 Civilization（文明）而言，两者是很有区别的。英、美及法、意、拉丁民族通常只用 Civilization 一语，与德语 Kultur 同源之 Culture 则不大常用，既然两者区别不明，当然可以混用。

① “是”字原缺，据上下文补。——编者

（二）德语 Kultur 与英语 Culture 同由拉丁语 Cultura 转化出来。据 Cultura 原语考察，本兼有神明拜祭、土地耕作、动植物培养以及精神修养诸义。在中世纪已大体与今日所谓包含物质的文化与精神的文化概念相当，不过当时精神的文化概念，实即指宗教的文化而言。但在德则其意义发达，而为今日之文化概念，在英、法则 Culture 仅取义于耕作培养以及精神修养，至如广义的文化概念，通常仍以 Civilization 一语替代之。

（三）德语 Kultur 之语原及意义，均带有宗教色彩，反之 Civilization 的语原、原义，则本与政治法律的生活相关。拉丁语 Civis 系指市民之事，由此转化为 Civilis（形容词），或 Civilisatio（名词），均不过指市民的地位、市民的权力，以及具有市民的品格、教养诸义而言。所以 Kultur 可以有极深邃之精神的意义，而 Civilization 则不可不与社会的政治的意义有密切的关系。（米田庄太郎：《现代文化人之心理》页 5—50，汉译《现代文化概论》页 1—8）

因为德人重视 Kultur，英、美重视 Civilization，结果便将"文化"与"文明"打成两截，如世界大战时，一方面以为"Kultur 乃日耳曼民族利用近代科学以达其民族的利己心之一种科学的野蛮主义，与英、美、法、意诸国所谓 Civilization 即人道的精神所演成者绝对不同；所以世界大战不外就是 Civilization 对于 Kultur 侵略的一种防御战而已"（同上，页 10）。反一面德国人则以为人类进步的重心，应求之于精神方面，即 Kultur 方面，所以如 Spengler 便极力掊击文明，以为"一切文化的本质，都是宗教的，因为文明的本质是伪宗教的"。文化是人类内面之灵的精神的修养及其事业，是统一切宗教的艺术的最完善之人类生活的状态；反之文明则关于外面的教育与秩序，统指现代的工业与机械等；换言之，即前者为灵之活泼泼的肉体，后者乃其木乃伊；前者为精神的广义的，后者为物质的限定的；

并且文明为文化之最后时期，即文化所不可避免之运命的危机，文化一发展到老年时代，便入于文明的境地而没落了。虽然 Spengler 的说法，许多不能使我们满意，却是“文化”与“文明”的确有些区别，也是事实。这就是说，德人所倡导之 Kultur 概念实为精神的文化概念（即宗教、哲学、科学、艺术等知识生活），英、美所倡导之 Civilization 则实为社会的文化概念（如政治、法律、经济、教育等社会生活），含混起来固然可如一般学者把两者区别置之不论，若精细考察起来，则此实即代表人类生活之两方面的表现。即一方面表现为人类之知识生活的文化，一方面表现为人类之社会生活的文化；而所谓文化云者，本包括有此两大部分，所以有人主张在两个之上更造一个新字，叫做 Gesittung，而把“文化”“文明”并属其中，这也是对的。不过照用语习惯，仍可以“文化”并包知识的与社会的两方面，而以专指社会组织发达的“文明”附入其中；这就是说，文化不是人类生活一方面的表现，乃为人类生活各方面的表现。我们不但要将宗教哲学科学艺术属于文化领域以内，就是政治生活、法律生活、经济生活以及教育生活都应该属于文化领域以内去研究的。

这么一来，所谓文化这个字的意义，便容易明白了。人类生活的一切表现，下自创作一个泥馒头，上至创作一个宇宙观、一本律典，甚至我今天在中山大学讲“文化哲学”，只要是人类生活的表现，便都可以叫做文化，但同在文化之中，因为研究的对象不同，自然而然可以分文化学为两大部门，一个研究 Kultur 即知识的文化生活者，为“文化哲学”；一个研究 Civilization 即社会的文化生活者，为“文化社会学”。文化社会学尤自美国 W. F. Ogburn 1922 年著《社会变迁》以来，在中国便有很大的影响，虽然这一派许多点应受批评，甚至于还未抓着文化社会学之根本核心，却是已经有人提倡，前途是无可限量的。“文化哲学”则这回才算第一次出来讲述，故不免要有许多疑问，因为避免误会起见，应从我自己思想的立足点上，分别出什么是文化社会学，和什么是文化哲学？

我们知道从前社会学之祖 Comte，曾从两方面观察人类生活的进化，第一为人类知识的进化，即：（一）神学阶段；（二）形而上学阶段；（三）实证的或科学的阶段。第二为人类物质的进化，即：（一）军事阶段；（二）法律阶段；（三）产业阶段。这两种三级律的根本概念，实在是一而二、二而一的，如知识生活上之神学阶段，即物质生活上之军事阶段；又知识生活上之科学阶段，即物质生活上之产业阶段或经济阶段。由前言之，所谓神学（宗教）、形而上学（哲学）、实证学（科学），是属于文化哲学的范围；由后言之，所谓军事（政治）、法律、产业（经济）则应属于文化社会学的范围。不过在 Comte 当时，实未注意及此，他是将所有这些文化的范畴，统统包括于社会动学即历史哲学之下，当然建立不出文化社会学，更不要说什么文化哲学了。却是从 Comte 以至现代，社会学本身大大进化的结果，已经有一致倾向于第四期文化社会学的趋势。这就是说，社会学史的发展，是从：

第一，生物学的社会学（Comte 社会学上的达尔文说，Spencer 的社会有机体说，Lilienfeld, Schaeffler, Fouillée, Worms）

第二，心理学的社会学（Tonnies, Ward, Tarde, Small, Giddings, Ross, Baldwin, Cooley, Le Bon, Wundt, Ellwood, MacDougall, Hobhouse, Wallas, W. I. Thomas.）

第三，特殊科学的社会学，或经济学的统计学的社会学（Simmel, Vierkandt, Weise, Durkheim, Bouglé，数理及统计学派如 Jevons, Cournot, Walras, Pareto, Quetelet, Le Play, Mayo-Smith, Park, Burgess，马克思主义社会学如 Marx, Engels, Plechanov, Bukharin，及其他）

以至于最近发生的所谓文化社会学。文化社会学在美国以 Ogburn, Case, Herskovits 与 Willey 等为代表；在德国则以 Max Weber 及 Troeltsch

的宗教社会学，Spengler之世界史的形态学，及Max Scheler的知识社会学为代表。不过据实来讲，如Spengler所著《西欧的没落》，Max Scheler所著《哲学的人间学》，谓为文化社会学，均不如老老实实叫他做“文化哲学”。而如美国Ogburn及我国社会学界中孙本文等，才真正是文化社会学的代表。何则？Spengler等所研究的文化，仍为Kultur即知识生活的文化，而Ogburn等所研究的文化，才真是Civilization，即社会生活的文化之研究也。所以同属于所谓文化学之中，亦可见德国的研究与英、美不同（法国对于文化哲学却是很有贡献），我们如果要从根本上将文化为哲学的研究，则不能不舍却国家的市民的文化概念，即所谓文化社会学，而专探讨文化概念之精神的意义，这就是我们现在需要从事之文化哲学了。

依Windelband 1910年发表《文化哲学与先验观念论》（“Kulturphilosophie und transzendentaler Idealismus”）所说，则文化哲学实应从Kant起始。米田庄太郎在《现代文化概论》也说“在今日所谓文化哲学之创立者，如康德（Kant）实以极深邃的意义而有伦理的文化概念之倡导；菲希特（Fichte）乃更扩而大之；至席林（Schelling）始提倡艺术的文化概念，后复论及宗教的文化概念；黑格尔（Hegel）更有精微之论理的文化概念之建设焉”（汉译，页6）。这么一来，似乎文化哲学应该属于德国观念论的哲学了，固然如新康德派Iask[①]所说，Kant实将文化与历史一样看待，文化是与自然对立，即历史与自然对立，所谓自然是有必然的，不加以当为的人为[②]的意思，如Herder即以这样自然作用来支配人类历史，Kant反对他，主张当为的人为过程，才成为真正历史；这点对文化过程的认识，就是Kant所以和启蒙时代相对立的特征，也就是他所以为文化哲学之祖的原因。

---

① “Iask”疑误，姑存之。——编者

② “当为的人为”，底本如此，姑存之，下同。——编者

却是因此便主张文化哲学即如新康德派所谓“价值哲学”，我无论如何，实有些不敢赞同。依我意思，文化就是生活，所谓文化哲学的元祖，谓为德国的Kant，不如说是由于法国的Rousseau；与其根据于Windelband, Rickert等所谓“价值哲学”；则不如根据于Simmel, Dilthey等所谓“生活哲学”；与其倾向于新康德派西南学派，不如倾向于Bergson, Croce, Spengler等生命主义派。可是从过去重要的“文化哲学”的论文来看，即如前面所举Windelband的《文化哲学与先验的观念论》，很明白地都是倾向于以价值哲学为文化哲学的。（参照松原宽译:《哲学之根本问题》下卷，页383—402，米田庄太郎著：Windelband之《历史哲学》，页672—700）他说文化哲学是有种种说法：

其一，以文化哲学为文化之创造，盖欲确立一个普遍妥当的规范，以建立将来之文化理想。他们以为哲学任务不在于探求或理解价值，乃在于创造价值，哲学如此，文化哲学当然不出此例。

其二，以文化哲学为文化之根本的理解，对于文化之科学的研究如心理学的分析、社会学的比较，及历史的展开之发生的研究等；然而这些科学只以经验的实在为限，是不能发现文化之根本的构造的。所以文化哲学要更进一步，不限于经验学的认识，而要充分理解文化之超经验的意义。

因为在这两种说法中，Windelband是倾向于以文化哲学为文化之根本的理解，所以主张文化哲学是应建立于“先验的观念论”之上，而究明文化之超经验的意义。但所谓文化之超经验的意义，实际即是所谓超越的妥当者主义之哲学，即价值哲学。米田庄太郎是和Windelband抱同一论调的，他告诉我们：

由认识论上之严密批判以观，吾人所得以认识之超越的云

> 云，非绝对的实在而绝对的妥当也；而此非实在而妥当云者，实即价值之谓。由此可知以认[1]识论所谓超越的云云，又实为绝对的价值也。故哲学云者，实为价值之学，至文化哲学必以此超越的妥当者主义之哲学为基础，而后学的可能，乃能确立；其任务乃能完全贯彻。此在今日哲学之发达上，所谓价值哲学实最能发挥文化之超经验的意义，而遂行其任务也。（《现代文化概论》页23）
>
> 文化哲学实即价值哲学；申言之，以申明文化之超经验的意义，及其普遍妥当的价值之哲学也。而此所谓价值，又即实现于一切文化范域之价值；如真的价值、美的价值、善的价值、灵的价值，均由其相当之文化范域所实现者。而此诸种价值之论究，又自各有价值哲学的学科，如论理学、伦理哲学、美学、宗教哲学，同时存在。（同上，页10）

因此而所谓文化哲学的内容，依米田庄太郎所说，则其所研究的根本问题，有三：

其一，为各种价值之个别的研究，所谓价值各论；

其二，为价值体系之创立，所谓价值体系论；

其三，为人类之历史的意义之究明，所谓历史哲学。（同上，页36）

固然新康德派在“文化哲学”这一门学问上有很大的贡献，但当他们以文化哲学认为就是价值哲学，却是根本错误。依我们意思，文化就是生活，文化哲学应该完全依据于“生活经验”之上，即文化史的经验之上。如新康德派将“生活经验”抛在一边，而求所谓超经验

---

① “认”字原缺，据上下文补。——编者

的绝对价值，结果只有形式而无内容，只有价值而无实在；哲学即成为价值之学，或“当为”（Sollen）之学，而非实在之学、事实（Was ist）之学；那么文化哲学便变成预想许多珍奇事物的评价，如杜显舒所说：“最多只有道德的价值而已”，哪里有文化全体之生活经验可言？因为从前所谓文化哲学，不是立脚于生活经验之上，所以文化哲学的基础，尚未能十分稳固。反之我们以为文化之根本理解，就是“生活经验”的理解；生活经验在本质上就是历史的，所以离开文化史，便文化哲学什么也没有了。不但如此，即在文化价值的问题上说，新康德派只注意于超越的价值之决定，而不注意最能直接接触此价值附着之“生活经验”，所以名为理解价值，实际却忘却了文化哲学之最大目的，乃在文化之创造，即价值之创造。先有文化之创造，而后人类才能和一般生物分离，造成如今特殊之地位。文化之泉源不是价值，是生活的经验之流，生活经验受了环境抑压而生的突进跳跃，乃是一切文化的根柢，所以一说文化，即联想及创造和发明，创造成功了，发明成功了，然后才有一般似是而非的哲学家，来估定价值的问题。所以文化是本，价值判断是末；文化是原因，价值判断其结果；我们如果希望建立一个有生命的文化哲学，我们便须不顾一切价值的判断，用我们劳动来建立一种新的文化哲学。我们知道，在资本主义社会是把金钱估定商品的价值的，同样他们也以为一切学术思想文学艺术都可以价值估定，于是文化成了抽象的灵物，以至于和生活经验分离。反之我们新的文化哲学，则以为构成文化本质的东西，不仅是那已经可估定价值的人类生活所留下的总成绩，而是根源于人类生活深处那永远创造永远进化的“生命之流”。

第一章 文化的进化

一

“朋友啊！一切的定理都是灰色，只有生命的黄金树青葱啊！”

读了 Mephistopheles 的诗句，使我发生了什么感想呢？我以为过去数千万年所积成的文化，如果只是传给我们以一种压迫力，使我们永远受制于那个过去的定理之下，不得翻身，那么这种灰色的文化，无论人们怎样用那理想生活上的观念（如真呀美呀善呀），去估定它的价值，倒不如斩钉截铁毁灭了的好。因为文化本来就是生活，不是如希腊罗马的哲学家同中古时代的神学家所说似的，为一种不变停顿的东西（参看 Robinson, *The New History*, P. 248）；相反地文化生活乃在永远创新、永远变化的过程当中；文化本身就是变和动的表现，而这个变动，就是生活进行，就是进化。所以文化和进化根本只是一个，一方面是时时刻刻的积累，一方面即时时刻刻的创新，我们可以保存过去文化的痕迹，而不能保存过去文化的精神，过去文化的精神是永远渗透永远扩张于现在之中的。

实际说来，一切文化都是现代的文化，如同意大利克洛采（Benedetto Croce）在《历史叙述的理论及历史》（*Theory and History of Historiography*, tr. by Douglas Ainslie, 1921）所说似的，一切真的历史都是现代的历史（Every true history is contemporarry history）。

依他意思：

> 普通以过去的事实为历史事实，却不知过去事实，须经过今我思想的活动，即将过去涌现于现在当中，而后才有存在的意义。所谓历史的现在，就是超越时间。不！就是包括过去、现在、未来的 eternal present（永远的现在）。如，H. Wildon Carr 的解释："The present is not a mathematical point but a duration span"（*The Philosophy of Benedetto Croce*, Chapter XI, p. 190），所以真有生命的历史，都是现在的，失却现在即过去的历史（non-contemporary or past history），这在 Croce 看来，都不过无生命的形骸而已。（朱谦之《历史哲学大纲》第八章第四节）

同一样的理由，我们也可以否认失却现在即过去的文化，主张过去文化须经过今我的创造活动，即将过去文化涌现于现代文化之中，而后才有存在的意义。这就是说，文化是有现在性的，一切真的文化都是现代的文化；不然，所谓过去文化，只是糟粕而已、无生命的木乃伊而已。在这里我们也应该和 Croce 一样，分别出什么是真文化，与什么是伪文化。真文化都是现在的，有生命的表现；伪文化则如文献学的文化，不过文书的搜集而已。Croce 在所著书第二章，对于所谓文献学的历史痛加攻击，他说：

> 在现代这种文献学的历史家（philological historians）如许之多，尤其自从夸张——换言之即偏重——所谓文献言语学的方法（philological method）以来，这种历史是怎样盛行现代。他们表面上以为很庄重的科学的历史，然而可悲的即太缺乏了精神连结，而且根本上除博学或最博学的年代记以外，什么也没有。……

所以文献学的历史不是真历史，文献学的文化也不是真文化，拿它作为适应需要之参考书未尝不可，拿他来代表文化，反而把文化本身的意义埋没了。老实说吧！所谓文化之意义，是决之于文化之为“堆积”的，抑为“进化”的？固然文化的进化中，一方面仰倚着“故”，一方面俯视着“新”，一方面是未来的前进不可预测，一方面是过去的累积永无穷期；然而这种永不间断的过去累积，实存于现在绵延转起之一流之中，所以文化累积不已，便日新不已。因为文化累积是从内部发展而来，所以如生物之进化，而不如物质之为堆积的。物质的堆积是有限的、空间的、同质性的；文化的进化则为无限的、时间的、永远变化不息的。简单来说，“文化”实与自然对立，前者是有生命的，后者是无生命的；有生命所以既能创造又能进化，无生命所以变成凝固与有窒碍的东西，而那沉溺于文献的糟粕中以讲文化者，不得不说是已经陷于自然本位的偏见了。

通常研究文化现象，很少注意文化中有所谓 eternal present 的存在，他们只知在文化之进化中强为分截，以为文化就是关于过去生活的总成绩。不知真的文化即存于真的时间之中，原来是不可分的，所以一说现在，早已通摄过去了，未来了；时间本身只有现在，时间的意义就是现在，我们不要积极的建设历史提倡文化罢了，如要建设历史提倡文化，便须对于“现在”取决定的态度。我们知道最早的历史哲学家 Augustine，无论怎样不对，却有一点至今为人所称述，就是他以为历史的时间都是和现在发生关系，换言之时间只是过去的现在、现在的现在，与将来的现在，一切时间只是三个现象形式：希望、直观、记忆；这种以现在性为历史之全体性及发展性的基础，到 Hegel，就更进而认为永远的现在性来把握了。他说：

我们研究世界史，第一是将历史当做一个过去看，但我们

> 同样地始终把握住现在来看。真的东西永远是an-und-für-sich（即自且对自的）存在；不是昨日，不是明日，刚好是现在。这所谓绝对的现在，就是“今”。……我们即通过如何广大之过去，我们还只是从事现在，哲学只有取于现在的现实的东西。

这是一点不错的，历史的时间本只有现在，就是一般所认识分位的时间，实则浩然淬然，也只有汪然一片的流行而已。所以过去文化实为现在之积，将来文化实为现在之续，而一切文化都只是现代的文化。所谓伪文化与真文化的关系，即在于一个是过去的文化，一个是现在的文化；一个是死的文化，一个是活的文化；有了活的文化而后才有古文书典章之所谓“文献学”，及注重搜集文献之所谓“文献学派”（Philological School），固然我不能如尼采（Nietzsche）似的，认此派为蚀灭生命之最大仇敌，至少他们也是缺乏生命之典型学者。固然文献学也不是绝无意义，只要它能惹起今我生命的活动时，便可再现为真的文化；所以文献学的文化，也未尝不是再现真文化之手段。然而过剩的文献学，则除穿着所谓“过去”补缀的褴褛以外，什么也没有了。尼采在《历史对于人生的利弊》中，有一段论到好古癖的历史，说得极好：

> 在这里无论何时都有一个危险，即将眼见的一切陈腐过去的东西，同样认为可尊敬的东西。而且对此古物，那不起畏敬之念的一切，即新的生成的事物，都一概排斥它、敌视它。（页328）

因为文献学的文化，最容易使人陷于盲目的搜集狂，置身于过去微臭的空气里面（美其名曰过去的总成绩），把现在所有新鲜的生活全然忘了。如果文化而只限于为过去的金装玉饰，那么我们还是反对文化的好。反对文化正是对于因旧文化化石而被压倒的生命，对于所谓历史病，正是自然的解毒剂。在这一点，卢梭（Rousseau）可算反文化之文化哲学家的第一人，在法国当时只有他一个人敢怀疑到文明的价值，以为文明创造只是剥夺自由的行为，因而文明愈进步，心灵的自由愈坠落。他在 1750 年以科学与艺术是否足以增进道德一题，大发挥其反文化的精神，以为古代各国皆以文明太进步而亡国，如埃及，如希腊，如罗马，均以文明发达，机巧太过而衰亡。他又在 1753 年著《人类不平等的原因》，同 1762 年著《民约论》，攻击不自然的文明，而憧憬于自然人的朴实社会；似他这样反文化的精神，不就是一种革命文化之最高表现吗？卢梭以外，我们更可以数到托尔斯泰，Edward Carpenter，他们不满意于因袭的不自然的文化，而喊着返璞归真的时候，他们已经是在憧憬于新的文化的理想境了。不错！如现实所谓文化，文化（civilization）竟成为梅毒化（syphilization）了！如果我们不能将现实的文化重新改造，我们也决不会如飞将军从天而下似的，蓦地涌现出新的文化。我们固然不是文化的否定者，然在某种程度上，反而觉得反文化的运动，比文化运动来得更为重要。因为文化本身在本质上即要有一种反文化的现象；换言之，即文化的进化，一方面有如柏格森所谓“绵延”（Duration）的现象，一方面又有如黑格尔所谓“扬弃”（Aufheben）的现象。

我们说文化是如 Spengler 所谓“文化就是一切过去及将来世界史上的根本现象”，然而所谓根本现象是什么呢？无疑乎这就是生命所表现的根本现象；Goethe 由此而研究生物，Spengler 则适用之于文化的研究。然而无论 Hegel 也好，Spengler 也好，总不免把不断的生命，分作一片一片一段一段的分段生命。因为他们只注重“扬弃”（Aufheben）的现象，所以多少带着空间方式，而以为文化也是和植物一般了。

Hegel 在历史哲学论到民族，以为民族生活好比一个成实的果实，果实再成种子，但是这种种子是由其他民族所成熟的种子。由他看来，民族精神是如植物之种子一般，经过勃兴——强大——没落——而至于死亡。同样 Spengler 也始终把文化看成植物，植物的运命从其开花、结实以至枯死，人类每种文化的产生，也是有他的童年期、壮年期和老年期，以至不能避免的死亡。换言之，即没有一种文化能够避免自然的命运，这是何等陷于阴郁的轮回的历史哲学呀！Hegel 和 Spengler 倡导文化，却把自己时代看做文化史轮回曲的尾曲，使人萎缩沮丧，怪不得 Schopenhauer 和尼采，要因此而否认历史的价值了。幸而所谓世界史上的根本现象，固然是有辩证法之 Aufheben 的现象，而在他发展变化之一流中，更有一种 Duration 的根本现象；这就是说世界史上的根本现象，由文化哲学看去，实在是不常不断，断与常均有它的位置，但都不是凝住死定无用的说法。我们当说明文化的真象，应该用常；而在实际上的应用，却要用断。文化哲学一面既不埋没文化的真象而认识那绵延创新、永不间断的 Duration；一面却要把 Aufheben 的道理，应用到现在，去引渡“现实”到进化的路程。所以在某个时候，由辩证法所证得的“分段生命”，是更为重要的。

我们知道文化的发展，完全是辩证法的发展，然而我们更重要的是在辩证法的发展以外，还注意到永远绵延创化的文化生命，这就是柏格森所谓“大绵延”（Duration）了。只有这一个真的时间，才是永远的现在时间，只有从这生命所表现的文化，才是真正的文化。真文化是起于极微细、极简单，而累进自积的、无限扩张的。所以由微至著，积小至大，他是时时刻刻的累积、时时刻刻的创新，自过去而现在，过去即在现在当中；过去的保存无已，所以未来的扩张增大无已；即因未来的扩张增大无已，所以文化的进化也永远没有休歇；拿柏格森滚雪球的比喻，来象征文化，真再好也没有了。原来文化和生命之流实在只是一物，不可分开的；文化的根本现象即在于永远“创新”，换言之，即于旧东西中，不期然而然生出新的东西。如那些整理国故的先生们，要从既成的古文书典章之中，以为把他重新排布一下，即可构成新的文化，却不知新的文化，乃为驾乎这些旧戏法以上的东西，这就是“生命”。打一个譬喻，如一幅图画，固然可以拆成为许多的一笔一画，然而一笔一画合拢来仍不能成为先来的图画；这种图画和拼画不同，犹之乎文化的屑片和文化（生命）不同。我们可以发掘许多古城古墓来发现古代的文化、古代的艺术、古代的生活情形；然而这仍然只是古代文化的遗迹，而决不能表明古代文化的本身。反之文化本身则不待发掘而自创新不已，古墓古城这些文化遗迹可以隐而复显，显而又隐，文化则永远于过去之所有外，而时时另有所增，就是所谓“创新”。所以不说文化则已，一说文化就必是有些新的。同时又必须是创造出来的，换言之，文化即现在的文化。

二

现在的文化就是个无始常新的文化流，常有所创，常有所生，然而所谓“生”，也不是自无出有，本无其物而忽自“突创”的意思：“突创”必须有个底子，而后这种突创的进化，才是文化的进化。从远些来说，这个突创的进化，不但人类生活的表现如此，即宇宙物理的表象，亦表现如此。突创的进化其自身亦在进化之中，而文化的进化则为突创的进化之极点。要知其详，须先研究一下 C. L. Morgan, S. Alexander 的新创化论[①]。

① 新创化论的研究点，大概是以化学为出发点，而以生物学辅之。因为在化学上我们有常看见的现象。如轻气（即氢）与养气（即氧）合化为水。水完全是一个新的东西，它的性质丝毫不与轻养相同。所以我们不能说水只是轻养合成的，因为水所有的性质完全在轻养所有的性质以外。水的性质既是一种新性质，则水可名之曰“创出品”（emergent），或“突创品”。所谓突创乃是说甲乙两物合而创出（接下页）

把这新创造论应用来讲文化的进化，则文化进化实为此突创的进化之极点。从最初突创的进化显现于一切无生活机能的无机界现象（inorganic phenomena），如轻养化合为水；次之则显现于一切有生活机能的有机界或生理界现象（organic or vital phonomena），如许多机官组成生物；再次方始显现于一切超生理界现象（superorganic phenomena），这就是所谓文化界现象（cultural or civilizational phenomena）了。（案 A. L. Kroeber 将世界现象分为四级，参本讲绪论，唯据孙本文《社会学的领域》中，以为“其实心理现象与生物现象及社会现象不能分离，据最近心理学的趋势看来，以心理现象为一种现象，似不圆满”，见页 94—96，此处不述及心理现象，即本其说。）可见文化界现象实为突创进化中之最后的产物，而文化的进化也必有底子，即无穷无穷过去之累积。不过这种累积，不是如柏格森所说似的，为漫无制限与不可预知，相反地乃以生命为底子，而次第推进创出文化之阶段的生命。从文化生命之全体看，固然浩浩无穷，其创新有不可预计的样子，但从文化之阶段的生命看，则由这个阶段突出至

（接上页）另一个丙物。这个丙物并非甲乙之和。若是甲乙两物的混合，则我们名曰“混和品”（mixture）或“化和品”（compound）——但化学上即称创出品为化和品。至于所以为创出品，其要点在甲物与乙物相合而成丙物时，丙物的性质并不是甲物的性质加乙物的性质（可表示之为甲 + 乙 = 丙），乃是甲物与乙物所有的性质以外而有所增（可表示之为甲 + 乙 + X= 丙）。而且这个所增，并不是什么具体的要素，乃只是由于甲乙两物相合时的特别结构或配置而产生出来的。因为这种结构有特别的，所以才会产生出来新性质。近代化学所以专注重在元素原子间的互相配列的样式，有时元素相同，原子数亦相同，而只配列的部位不同，便截然成为两种东西。化学上有这样现象，生物学上亦有之。生物的各种器官虽都由细胞来组成，然只由细胞拼合的结构不同，遂生出各种机关。且一个生物是由各种机体合成，而此生物的性质则迥异于其内各机体的性质，许多细胞的拼成一个机体，与许多机体的组成一个生物，都与轻养两气的化成水一样。穆耿等看见这个现象，遂十二分重视之，他更拿来定一个原则，用以说明一切的来源，他以为电子的组成原子，是与轻养化成水一样，原子的组成分子亦然，分子的组成物质乃至于细胞的组成亦莫不然；甚于生命的出于物质，与心灵的出于生命，都是这样创生出来的。（参照张东荪著《新哲学论丛》，页 340—341）

那阶段，都是限定的、必然的。所以文化的进化不但是突创的，而且是层创的；不但有质的变化，而且有量的变化；不但有时由量的发展而变其质，而且有时由质的发展而变其量。如就文化之地理分布上说，犹太系加入希腊系成了欧洲中古的文化，然欧洲中古的文化，实与两系文化性质不同，而另为一物；印度系加入中国系成了中国中古文化，然而中国中古的文化实于两者性质以外，而另具一种新的性质。可见即就文化之地理上分布，亦可看出突创的进化，安知我们不于若干年后，因东西文化之互相接触、互相影响，不会更突创出新的世界文化呢？然而此犹就文化现象之一，即空间的开拓言之，尚不足以包括文化之根本现象，即时间的绵延。文化哲学最精巧的一点，即在应用层创的进化以说明文化在时间绵延中所有段阶的发展。约言之，有如下之五个基础概念：

（一）突创（emergence）；

（二）层次（levels）；

（三）内包（involution）；

（四）上属（dependence）；

（五）因缘（relatedness）（详见《新哲学论丛》，页866—867）。

何谓文化之突创？因为一切文化都是过程，一切事物都有变化，而此文化实突如其来，每次变化必于原有以外有所创新，这种创出品，即为文化之新阶段。

何谓文化之层次？因为文化之新阶段，是以前阶段为底子而突然创生出来，所以前阶段为一层，新阶段则于这一层上又增加了一层，于是层层推进，每到一层必定有更高一层，而后一层必超过于前一层。

何谓文化之内包？因为文化之每一层，虽其上必另有一层，然上层必以其下的一层或数层为底子，从最高层以至最底层，一层包涵于一层。

何谓文化之上属？因为文化从前一层进至后一层，后一层虽以前一层为底子，前一层却不能左右其后一层，而后一层反足以支配前一层。

何谓文化之因缘？因为文化本来只是一个结构（structure），从前一层突创出后一层，此后一层必有一个因缘和合之新格式，即新之结构，因结构不同，遂使后一层迥异于前一层。

现在试以孔德所谓“三阶段的法则”说明文化的进化，至少我们可以看出此种三阶段的法则，虽告诉我们以文化之层次为从神学的、形而上学的，进至实证或科学的；但因他执意地把一阶级一阶级都看成印成呆板的东西，这就不足以说明文化之突创了。所以我在《历史哲学》（泰东，页165）便主张改变这“三阶级的法则”，而另用一种“发生式”的法则来代替它。这种法则的好处，便是打破向来对于人类文化之堆积的见解，而看出文化之突创的进化。“它不仅仅是一个继承的延长形式，乃是生命之无穷的发展，当着机械势力忽然爆裂，便依次涌现出来的”；然而我当时实还没有注意到文化之其他几个基础概念，现在为说明的便利起见，试作图表之：

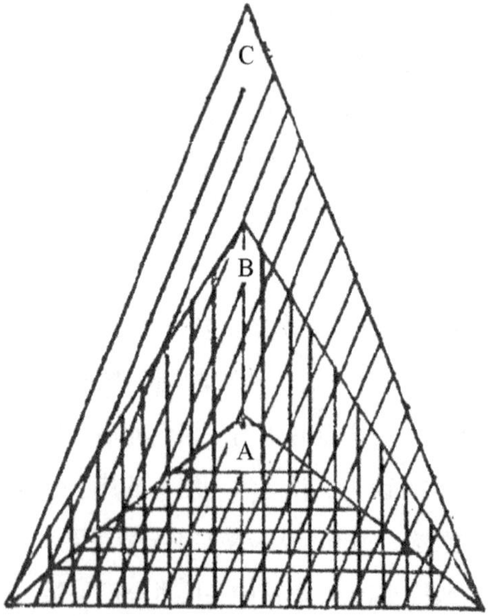

譬如文化的进程是一座极高大的宝塔，A为神学阶段，B为形而上学阶段，C为实证或科学阶段，Comte以为到了C阶段，便是人类进化中之最高的一层了。但由文化哲学看来，则这座宝塔尚在继续创造之中，谁能担保说除了实证或科学阶段便不会突创D，E，F，G——乃至X的阶段呢？还有由Comte的说法，亦不足以见文化之层次的相互关系。如图A层以横线表之，B层以直线表之，B层以直线兼有横线，即于A层上又增加了一层，于神学阶段外又增加新的阶段；同理C层以斜线表示其特性外，又兼直线横线，换言之，即C层于A层B层外又增加了一层，即于形而上学阶段神学阶段上又增加了更新的阶段。从文化之内包言之，则C层以BA层为底子，B层以A层为底子，即实证或科学阶段以形而上学与神学阶段为底子，形而上学阶段则以神学为底子，这就是说文化的进化从最高层一直到最低层，均可包涵之于最低之一阶段。Spengler所谓一切文化的本质，都是宗教的，这句话也未始不可解释。然而就文化之上属言之，例如A之上层为B，B之上层为C，则B并不为A所支配，而却支配其中的A；C也不为BA所支配，而反能影响B A；这就是说文化进化的第二层次，形而上学并不为神学所支配，反而支配其中的神学；在第三层次，则实证科学也不为形而上学神学所支配，而反能使形而上学神学发生变化。这种讲法是和文化之内包相反，却正可对于Comte说的长处，加以说明。再次就是所谓文化之因缘了。从前我在《历史哲学》（页53）曾说及“所谓神学阶级、形而上学阶级、实证的或科学阶级，都是代表人类的本能。所谓历史的演进，就是以一个本能，换一个本能，从神学的阶级到形而上学阶级，从形而上学阶级到实证的或科学的阶级，既然在历史上都能够划一个知识线上的痕迹，在人的本能上也自占一个位置”。这话无意中竟和德国Max Scheler“知识社会学”研究的结论有些相同，可见三阶段的法则虽则为历史的阶段发展，实际也是人类精神中原有之三种不同的知识形式。如以神学知识为A，形而上学知识为B，实证或科学知识为C，则以A, B, C互相结合而成的文化整体，便就有种种结构不同配列不同的形式。譬如下图所列：

第一时期A	A　A	A　B	A　C
第二时期B	B　A	B　B	B　C
第三时期C	C　A	C　B	C　C

换言之，就A之为神学知识（宗教）言之，AA为宗教的宗教，BA为哲学的宗教，CA为科学的宗教；就B之为形而上学知识（哲学）言之，AB为宗教的哲学，BB为哲学的哲学，CB为科学的哲学；同理就C之为科学的知识言之，AC为宗教的科学，BC为哲学的科学，CC为科学的科学，其间后一层所以迥异于前一层，也不过因为整体内面的结构有种种不同，因而每一新层所表现的形式，亦有种种不同。由文化哲学看来，这种不同，也并不是绝对的。只要我们能够窥测文化生命的根本现象，便这一层一层之阶段的静相，原来由因缘和合而成，本无实相，而文化的进化，也就成了永远绵延永远创化之“永远的现在”了。

第二章　文化类型学

一

文化哲学不是一门容易讲的功课，如我在绪论所说，文化哲学是要研究 Kultur，即知识的文化生活；那么在知识的文化领域以内，如宗教、哲学、科学、艺术等，究竟立于如何关系之上、如何相异的类型之上，这便不能不成为问题了。好比从来讲“哲学概论”的，未尝不说到哲学与宗教、科学、艺术的关系，可是大概都只敷衍塞责，占上一些篇幅而已。若能应用历史方法完全有系统地来讲这些活的关系论，却是一个也没有。因为他们太偏于组织论的看法，所以讲到哲学与科学的关系，只能堆积了一些名词，说哲学和科学是怎样相同，或如何相异，或是说“哲学是全体地去研究宇宙现象的学问，科学是部分地去研究各种宇宙现象的学问”；于是空空洞洞的调和折衷论便出来了。总而言之，过去的哲学概论不注意哲学之历史的研究法，不知哲学概论就是“综合的哲学史”，所以对于无数之哲学问题，不能给它以全体的综合的解释；当然对于真正哲学和诸文化学的关系，也就说不出什么。现在我们试倒转过来，将静学的哲学概论变成动学的哲学概论，将组织学的空间系列的哲学概论，变成发生学的时间系列的哲学概论；那么我们既抛开外面堆积的看法，便立刻从内面发现了哲学的诸文化（宗教、科学、艺术）之历史的即进化的关系来。我们知道人类哲学知识的发展，是可依照历史哲学上很有名的三阶段法则，把它分做几个时期的。哲学最初曾有一个极长时间为“宗教的哲学时期”，那时一切思想都在宗教化之下，宗教即是哲学，这就是哲学史上的第一时期。次之即“哲学的哲学时期”，一切思想均在哲学化之下，即哲学才是哲学本身的时期，这也就是哲学史上的第二时期。再次即较近之“科学的哲学时期”，这时一切思想均在科学化之下，科学即是哲学，这就是哲学史上的第三时期。然而最新之哲学倾向，已不将哲学看做科学，而是将哲学看做艺术；哲学只有变成功艺术才有生命，如机械的唯物论，哪里有生命可言呢？不但如此，第三期的哲学，因为大偏于实证的科学的世界，即大偏于空间的世界，而空间天然是静多动少，堆积的时候多，进化的时候少；这就是说空间的世界只有物质的扩张性，而缺乏历史的绵延性。所以第三期的哲学，虽也看重历史，却只是“物质的扩张性的生产史”，换言之，即是“量的历史”，而不是完全以时间为基础的“质的历史”；须知只有时间才有历史性，只有时间才有生命性，只有时间才有艺术性。所以对于第三期之空间本位的、物质本位的、科学本位的哲学观念，我们不能不认为已经渐成过去了，现在要讲哲学，即须将哲学讲成功时间本位的、生命本位的、艺术本位的哲学；而这种新兴的哲学，也就是哲学史上的第四时期。我可以说第一时期是以宗教家兼哲学家，第二时期是以哲学家自为哲学家，第三时期是以科学家兼哲学家，而最近将来的哲学，则倾向于以艺术家而兼哲学家的。

由上可见要懂得哲学与宗教、科学、艺术的关系，先须懂得哲学本身，在历史进程中，是怎样经过了“宗教的哲学时期”“哲学的哲学时期”“科学的哲学时期”与“艺术的哲学时期”。同样要懂得宗教与哲学、科学、艺术的关系，亦须先懂得宗教本身，在历史进程中，是怎样经过了“宗教的宗教时期”“哲学的宗教时期”“科学的宗教时期”与“艺术的宗教时期”。推之科学，艺术与各文化学的互相关系，亦莫不如是。为明白的便利起见，可将这些连锁的关系，分析表之如下：

	第一时期	第二时期	第三时期	第四时期
宗教	宗教的宗教	哲学的宗教	科学的宗教	艺术的宗教
哲学	宗教的哲学	哲学的哲学	科学的哲学	艺术的哲学
科学	宗教的科学	哲学的科学	科学的科学	艺术的科学
艺术	宗教的艺术	哲学的艺术	科学的艺术	艺术的艺术

因为在知识的文化领域内，问题是如此复杂，所以要完全明了文化哲学，须先懂得三种学问以为预备：

（第一种学问）即讲宗教的宗教之“宗教概论”，讲哲学的哲学之“哲学概论”，讲科学的科学之“科学概论”，和讲艺术的艺术之“艺术概论”。

（第二种学问）即讲宗教本身发达阶段的“宗教史”，讲哲学本身发达阶段的“哲学史”，讲科学本身发达阶段的“科学史”，与讲艺术本身发达阶段的“艺术史”。

（第三种学问）即从综合方面来讲知识文化的发展进程，为从第一时期的宗教时代，到第二时期的哲学时代，到第三时期的科学时代，再到第四时期的艺术时代；这门学问，便是“历史哲学”。

因为问题是如此复杂，所以要讲各知识文化，便要有许多预备学问，诸君不要以为文化哲学是各文化学的入门，要知道这乃是各知识文化学的综合。因为“文化哲学”就是不折不扣的“综合文化史”，所以很不好讲；但话虽如此，只要我们肯采用历史进化的方法，便一切困难都解决了。现在第一步试先将各知识文化的性质，用极简单的话来解释一下，第二步才好进论宗教、哲学、科学、艺术是立于怎样的历史关系之下。

二

试举哲学为例。哲学即为文化之一本质，从其本质上说，“哲学”乃为独立之一种特殊文化学，与别的不同；从形式上说，哲学因着时间的变化，次第取着其他文化生命，来作其表现的“形式”；所以如果要说哲学与宗教艺术科学有关系，当然不是本质上关系，乃是形式上的关系。哲学本质的生命是有独立自存的超时间的性质；而哲学表现的形式，则因与其他文化生命发生相互关系，不但不超越时间历史，而且即存在于时间历史之中，而成历史的动的关系。然则我们要问什么是哲学文化的本质？和什么是哲学文化表现的形式呢？请先言哲学本质，依我意思，用一句话来说尽，哲学的本质，即是 Hegel 论理学所谓“即自的”（an-sich）。用“即自的”这个辩证法名词来讲哲学本质，恐怕诸君从来没有听过，在什么哲学概论里也没有看到罢！可是我以为除这“即自的”一语，再也没有更好更合论理的话来道“哲学”的根本性质了。Descartes 说“我思故我在”；Socrates 教人你要知道你自己；Fichte 说“个人的哲学，就是他人格的表现”；这或可以拿来代替或解释这“即自的”，然而那种列举的说明法，一定挂一漏百，倒不如完全用 Hegel 论理学的名词来解释，更觉得普遍多了。但什么叫做“即自的”呢？于此我请先将 Hegel 论理学用语作简单的说明。案 Hegel 之论理学，常被人解释为“正”“反”“合”之三段辩证法，这本不大错，却是涵义太不明白，而且于 Hegel 所著书中，也无何等根据。真正的辩证法，依 Hegel 所说即为：

an-sich（即自的）：in itself, implicity

für-sich（对自的）：for itself, by itself

an-und-für-sich（即自且对自的）：in and for itself

“即自”即是有，而“有”从“无”生，“即自”=定有，实从“无”生，故从辩证法看来，Hegel从“有”说起，是很不完全的。因为在“即自的”以前，原来应有“没自的”一阶段；然而Hegel因为他不能超越当时所处“即自的”阶段，来回顾到“没自的”阶段，所以只成功了他的三分辩证法。但即就这不完全的辩证法来看，则：

（A）即自的　就是某物直接自身的形态。换言之，即尚未经何等媒介过程，而为未发展未显现之implicit的状态。

（B）对自的　就是即自某物，依其自身发展而显现之explicit的状态，故对自的存在，实依于即自的存在之否定而存。对自与即自的关系，好比亚里士多德所说“潜势态或可能态”与“现势态或现实态”的关系，两者实不外于一物之两阶段。但此阶段不但为时间的发生的关系，在许多时候是可看做纯粹论理的或分析的关系。

（C）即自且对自的　就是即自态否定或发展之“对自的存在”；于其自身之中，藏有超越自己而更进一步之必然性；但此进展亦依其自身之否定而有。这就是说，即自且对自的存在，对于“即自”而有“否定之否定”（Negation der Negation）的关系，Hegel又叫他做“返于自身的存在”（in-sich-selbst-gekehrt-Sein）。即自且对自的存在，其自身中以即自存在与对自存在的要素，所以又可看做两者之“综合”（Synthesis）或“统一”（Einheit）。但此综合或统一之即自且对自的存在，从新的立场来看，其自身又再为即自态，而为次之辩证法发展的出发点。

这样解释，恐怕还有许多人要发生疑问，我现在打破这闷葫芦，来说亮话，Hegel这种辩证法似乎“理论的游戏”，如T. G. Masaryk

所说，简直是戏法，使人好不明白，其实只要善为解释，则知这辩证法的发展，实际即是说一切事物之论理的发展，文化现象当然不在例外，例如“即自的”即以“我自觉的有某物”为出发点，换言之，即以我之体验为出发点，构成了哲学系统。所以这三个论理名词应用在文化哲学上，实可代表三种不同之文化本质，若于“即自的”以前，添上“没自的”一阶段，就更容易明白了。这就是：

（一）没自的——宗教的观念形态；

（二）即自的——哲学的观念形态；

（三）对自的——科学的观念形态；

（四）即自且对自的——艺术的观念形态。

再明白解说，就是“哲学”以“即自的”为其观念形态，而归结于直接认识自身之认识论问题，乃至于伦理学的问题（Lotze 主张哲学的真正出发点，是在伦理学）。“科学”以“对自的”为观念形态，归结于研究各种自然的乃至社会的各种事实之真相。“艺术”以“即自且对自的”为观念形态，故归结于欣赏主客观融合状态之艺术的理想境。只有“宗教”即以“没自的”为观念形态一节，Hegel 没有说到似乎未免疏忽；所以 Ludwig Fischer 非难他，谓其将对立性之统一形态，不适当地应用着。他说“Hegel 方法的本质，不从全体——于其中露出对立性——单一者出发，而从对立性之一方面出发，其次才探求这种对立性之第二补充的方面，而最后于这方面建立‘统一’”。由 Fischer 的意见，“这带来第一次之总体的形态的分裂，是不对的。为什么呢？因为不可分的单一者作为可分的各部分分裂的东西考察，而后从这些部分构成全体的缘故。在这里，空想上的‘部分’，论理上好像是在全体之先，为独立的事物而出现着”（引见 Deborin 黑格尔《论理学批判》页 200，川内唯彦译）；不消说是极不对的了。虽然 Deborin 对这意见表示反对，但我却极端赞同。何则？ Hegel 论理学的出发点，如从真正全体——单一者出发，便应该是“没自的存在”即“神的存在”，而不应该从对立性之一方面——“即自的”即“思惟的存在”出发。然而 Hegel 论理学的发端，乃立于“思维”与“有”之同一性的见地上，结果思想便是有，有便是思想；Hegel 说过“‘有’不是我们所能感觉、直观、表象的；有就是纯粹思想，而且有是以纯粹思想形成始源”（《小论理学》第 86 节）。我们应该注意的，就是这个纯粹思想的纯粹有，推到极端仍然和非有、纯粹无之概念相当；或是说什么“始源是有与无的统一，换言之，即同时有有，有非有，且同时是非有之有”；可是这非有之有。在 Deborin 这些唯物论者看起来，却正是资料之永远性的否定，却正是一个抽象的形式，结果这世界从纯粹思想发生的学说，是要和基督教的世界创造说相一致的。（参看 Deborin 前著第五节）那么纯粹有既不过是说绝对的否定，则从纯粹思想之即自的形态，一直追到一念不生纯粹无的“没自的”形态，就令 Hegel 复生，也不能否认其存在了。所以这里在“即自的”以前，我主张添上“没自的”一阶段，而宗教的观念形态，即为忘却自身之“没自的”形态。

依照历史进化的法则，从第一阶段之宗教形态进至第二阶段之哲学形态，再进至第三阶段之科学形态，乃至于第四阶段之艺术形态，在其生命之一流中，不消说是有最大之文化的进化，不得强为分截。但从另一方面来看，在此 Duration 的根本现象以外，尚可看出 Aufheben 之阶段法则。如以哲学宗教为例，哲学即为对宗教形态之第一否定，哲学与宗教相冲突的历史，便是人类知识从“没自的”形态进至“即自的”形态，在进程中免不了的观念斗争。所以古代希腊 Socrates 以身殉道，近世 Descartes, Spinoza, Rousseau 诸大家，亦受宗教压迫，甚至身遭刑戮；然而一研究哲学宗教之所以冲突，实际乃亦不过表示人类文化从第一阶段（宗教形态）进到第二阶段应有之论理的必然的发展，而以诸大哲学家为此文化进程之一种牺牲而已。不但如此，即就宗教本身，也是照着否定之否定的法则而发展，所以第一期为宗教的宗教，至第二期则为哲学的宗教，第三期则为科学的宗教，乃至第四期为艺术的宗教。这就是说，“没自的”宗教，不得不变为“即自的”宗教，“即自的”宗教，不得不变为“对自的”乃至“即自且对自的”宗教；所谓哲学宗教的冲突，就宗教本身上说，也就不过是从第一时期宗教的宗教，移向于第二期哲学的宗教而已。然而第一时期的宗教形态为“没自的”，第二期的宗教形态则为“即自没自的”，第三期则为“对自没自的”，第四期则为“即自对自且没自的”，而“没自的”宗教形态，却是宗教的本质，无论何时都是性质不变的，不然也就不成其为宗教了。

三

然以上所论，尚只就论理的关系来说文化本质，实则文化本质在于论理主义所能解释之范围以外，尚另有其心理主义的解释。论理主义是以思想为本位，而倾向于形式的、先验的、理知的；所以应用 Hegel 论理学来讲文化之形式的类型，自然再好没有。但是论理主义本不过心理主义之一个解释、一个反映；心理主义则是以生活为本位，而倾向于内容的、经验的、情意的；我们不讲文化的本质则已，要讲文化之本质的类型，当然非以心理主义的解释为主不可。换言之，非以 Comte 之“三阶段法则”解释文化的本质不可。并且 Comte 之三阶段法则和 Hegel 之三分辩证法，本可互相发明，互相补充；文化哲学的最大贡献，即在兼有心理主义与论理主义两派的长处，而没有他的短处。现在试比较两家学说如下：

	第一阶段	第二阶段	第三阶段	第四阶段
孔德	神学阶段	形而上学阶段	实证的或科学的阶段	艺术的阶段
黑格尔	没自的	即自的	对自的	即自且对自的

因为 Comte 本身是站在第三阶段，故以实证的或科学阶段为终点，Hegel 本身是站在第二阶段，故以即自的阶段为起点。实际则由发展的历史观看来，实证的或科学阶段之后，应加上艺术的阶段，以与 Hegel 三分辩证法里“即自且对自的”形态相当；同理 Hegel“即自的”阶段以前，原应加入“没自的”一个阶段，以与 Comte 三阶段法则中“神学阶段”相当。关于 Hegel 已说过了，单就 Comte 来看，他在《实证哲学》（下册第 11 章，页 280，石川三四郎译）里，提出了美的进化与科学进化对立；似乎要分别这两个进化因子，但他还没有胆量承认美的阶段是在科学阶段之后，这是他最大的缺点。他说：“在这里尚有关于美的进化与科学进化之困难的问题，这后于产业进化的二种进化，好像其间不照着定立的连续法则似的，大概前者事实上照一般的法则进行，德国是特别的例：即在德国依于特别环境之助，科学的进步比美的进步为先。”（页 280）又说：“第三期科学的运动，是具有优于同期美学运动之本质的。”（页 328）由这话看来，Comte 因站在第三期实证科学的阶段，故不能充分看到第四期艺术的阶段，这是当然的。为要解决他的困难问题，我主张把他所认为同时期的科学运动与美学运动，分出先后，成为一种连续律的关系，不是很有理由吗？不过这么一来，便不但三分辩证法变成了四分辩证法，而三阶段的法则也变成功了四阶段的法则了。

然而无论 Comte 的心理主义也好，Hegel 的论理主义也好，经分析的结果，两派都只承认有这么三种的基本活动，形成三个历史阶段，现在各添上一个，拿来说明文化本质，便有四种之文化本质的类型了。这就是说，文化之四本质的类型，就是第一宗教，第二哲学，第三科学，第四艺术。但即在这一些些的贡献，我们似乎都应归功到Comte的第二弟子E. de Roberty，他很早就将社会的体验，照其渐减的普遍性，分为文明之四本质的类型，或文明之四动因，这不能不算做一大贡献。他将文明分为科学、哲学（最初为宗教）、艺术、行动等。Comte以哲学位于科学之先，他反过来认科学为哲学之论理的前提，科学是分析的、假设的，反之哲学则与其先驱者宗教，同样为独断的。这种在文化发展的法则中，特别看重科学，这一点可算Comte之真正信徒。然即因这个缘故，De Roberty也就不能脱却该时代的误谬；而其所谓文明之四本质的类型，也就不可靠极了。不但如此，即如孔德所立三阶段的法则，虽充分看到文化发展之继承的延长形式，却还没有注意那做成三个阶段之人类的精神势力，这一点是很应该受批评的。德国有一位文化社会学者Max Scheler曾反对Comte三阶段的法则，而提倡所谓“知识社会学”。他以为神学的、形而上学的，和实证学的认识和思考，都非Comte所说似的为历史的阶段发展，而为人类精神中元有之三种不同的认识形式。他说人类的知识，可分三种：

（一）解脱的知识（Erlärungswissen）；

（二）教养的知识（Bildungswissen）；

（三）实用的知识（Leistungswissen）

或征服的知识（Herrschaftwissen）。

又在《社会学与世界观》（*Zur Soziologie und Weltanschauung*）一书中，反对Comte三阶段的法则，以为神学的认识与思考、形而上学的认识与思考，还有实证学的认识和思考，这都决不是理知发达中的历史阶段，而为在人类精神本性下面之某种本质的持续的精神状态，又为“认识形式”；无论哪个都不能“代替”或“代表”别一个。因为在那里有全然各别的三种动机，在认识精神的行动里，为全然个别的三种部类、三种目标、三种人格型，乃至三种社会团体；即由此各异基础而成立了宗教、形而上学，与实证科学。甚至于此三种精神势力之历史的运动状态，也是根本不能相同的。现为明了起见，试就其重要之点，列表如下：

认识形式	（一）神学的认识和思考	（二）形而上学的认识和思考	（三）实证学的认识和思考
动机	济度	惊叹	支配
目标	救人及其团体	完成最高人格	认识现象的关系
方法	希望、恐怖、爱、意欲、认识等	直观本性	观察、实验、归纳及演绎
指导者	圣者	贤者	研究者
社会团体	教会、宗派、信仰团体	学派	科学团体如文学、专门学校、学士院、学会等

Max Scheler 这种“知识社会学”，依我意思，和 Comte 之三阶段法则是不相冲突的。我们一方面可以如 Scheler 似的，从人类精神的本性里看出认识的三形式，即文化本质之三类型；一方面还可如 Comte 似的，去发现那外表知识的物质的阶段法则，即文化本质之历史性。不过平心而论，Scheler 也有一个很大的缺点，就是他只知道认识之三形式，而不知道在此三形式外，更有艺术的认识和思考，也是人类精神本质中原来有的，在这一点，只有 Eduard Spranger 所著的《生活基型》一书，可以补充他。Spranger 主张文化心理有六种模型：（1）理论型，（2）经济型，（3）审美型，（4）宗教型，（5）政治型，（6）社会型；从这六种型里才造出性格。Scheler 只知道宗教型即神学的认识和思考，可以造成圣者，理论型即形而上学的认识和思考，可以造成贤者，却不知审美型即艺术的认识和思考，乃可以造成艺术家也。并且 Scheler 反对历史主义的论调，也实在根本错误。若依我们

意思，则文化之本质的类型，可有种种；而此种种类型实形成社会之种种形态（所谓文化之社会性）与种种之文化时代（所谓文化之历史性）。如果 Bouglé 所说，各文化时代是依社会形态的变化而变化，那么我们简直可以说，文化史之第一时代，即以教会、宗教、信仰团体为中心所成之宗教时代。文化史之第二时代，即以各学派为中心所成之哲学时代；文化史之第三时代，即以科学团体如大学、专门学校、学士院、学会等为中心之科学时代；同样地文化史之第四时代，不消说是由于音乐和跳舞这些美的动机而结合之艺术团体为中心的艺术时代了。然而事实并不是这样简单的。Spranger 不是告诉我们，在知识生活之类型，如（1）（3）（4）以外，更有那社会生活之（2）经济型、（5）政治型与（6）社会型吗？除社会型乃关于社会生活全体，可无须解释外，依 Spranger 意思，经济型可造成企业家同商人，政治型可造成权力的人同活动者，然而此二种基型发现于文化史上，究竟有无先后之别，Spranger 是不知道的；所以在这一点，我们又不得不回头来请教法国的 Comte 了。

我们知道 Comte 在提倡人类知识的三阶段法则以外，他着实贡献了物质进化的三阶段法则；这一点很可惜许多历史学者社会学者都忽略了他。但是意大利格洛巴利教授（A. Groppali）所著 *Elementi di Sociologia*（原书出版于 1905 年，高田保马题《社会学纲要》）中，却很明白地告诉我们，Comte 将人类进化分三时代即：

知识的进化：

神学时代，形而上学时代，实证科学时代。

物质的进化：

军事时代，法律时代，产业时代。

这就是说，文化不但有知识生活之三种类型，还且有社会生活之三种类型。在知识生活上说，文化本质应分为宗教、哲学、科学，再加上艺术；这样在社会生活上说，文化本质亦应分为政治（军事）、法律、经济（产业），再加上教育。换言之，即文化史之第一时代，为宗教时代，同时即军事时代；文化史之第二时代为哲学时代，同时即法律时代；又文化史之第三时代为科学时代，同时即经济时代。这么一来，可见即照社会形态史观的解释，宗教时代不但以教会宗派为中心，而且以同样性质之军事家政治家为中心；哲学时代不但以学派为中心，而且以同样性质之法律家为中心。单就现代来说，现代以科学团体为中心，也就是以同样性质之经济家为中心，即为经济支配一切的时代。所以构成现社会文化之根柢者，不是宗教，不是哲学；也不是政治，不是法律，实是那使人类现生活成为可能之科学团体，与经济组织；因而现代史的解释，当然只有由科学团体与经济组织之社会形态才能解释。不过由文化史之全体观察，所谓第三文化时代，也只能占一时之重大位置，将来总有一日艺术家教育家抬起头来，而主张以艺术与教育支配一切的时代来了。

第三章　文化分期之原理

一[1]

文化之本质的类型，在前章里已经说过，就是在：

知识生活上为：宗教　哲学　科学　艺术

社会生活上为：政治　法律　经济　教育

前者所谓“文化”，后者所谓“文明”，前者为“文化哲学”研究的范围，后者为“文化社会学”研究的范围，经这样详细分析以后，对于文化之横的方面总算得一个较为圆满的解决了。可是文化有横的方面之研究，同时又有纵的方面之研究，这就是所谓文化分期的原理了。而这种文化分期之科学的研究，要将文化史实当做一个发展，一个极有规律之阶段法则，是一直等到实证科学时代才有人注重它。固然在科学的时期以前，也未尝不包含着一种文化分期的学说，如神学家将人类行为的一切产物都认为是上帝所造成，因而发生了神学的文化分期说；又如形而上学家以为思想是指导人类行为的一切的原动力，因而发生了形而上学的文化分期说；却是据实来说，真正的科学的文化分期说的成立，则有待于实证科学成立以后。所以不说文化分期之原理则已，一说文化分期，则其原理本身，也是按着分期的

① 底本此章仅有序号“一”，姑存之。——编者

原理而应分为几个时期的。按着三阶段的法则，文化分期说的发展可分为三大时期：

（一）**神学的文化阶段说**——可以 Augustine 为代表，他所著 *De Civitate Dei* 实含有一种对于文化分期的原理。他的分期，Flint 曾据一部很早的著作，知道他将历史分为几个阶段，有时以为两个，有时以为三个，有时以为六个（参照《历史哲学概论》，页 264）：

（1）两期说　基督以前为一期，基督以后为一期，前期是准备福音的时期，后期是福音传布胜利的时期。

（2）三期说　人类的少壮时代为一期，或为自然统治时代；成人时代为一期，或为法律统治时代；老年时代为一期，或为仁爱统治时代。

（3）六期说　依据三期说划分之同样的原则，而把它引申之分为六期，以附会《创世记》里上帝六天创世的记载。

（甲）少壮时代　这时受自然的统治，没有法律：

（a）幼稚时期，从亚当 Adam 至诺亚 Noah；

（b）幼童时期，从诺亚至亚伯拉罕 Abraham。

（乙）成人时代　这时受法律的统治，理性和罪恶的观念发生：

（a）第一期　从亚伯拉罕至大卫 David；

（b）第二期　从大卫至巴比伦之逃亡；

（c）第三期　直至基督诞生。

（丙）老年时代　这时受仁爱的统治，从基督纪元以来，都属于这个时代。兹列表如下：

<table>
<tr><td>两期说</td><td colspan="2">基督以前——准备福音时期</td><td>基督以后——福音传布胜利时期</td></tr>
<tr><td>三期说</td><td>人类的少壮时期
……自然统治时代</td><td>成人时代
……法律统治时代</td><td>老年时代
……仁爱统治时代</td></tr>
</table>

续表

六期说	少壮时代 （a）幼稚时期（从亚当至诺亚） （b）幼童时期（从诺亚至亚伯拉罕）	成人时代 （a）第一期（从亚伯拉罕至大卫） （b）第二期（从大卫至巴比伦之逃亡） （c）第三期（直至基督诞生）	老年时代 （基督纪元以后至末日）

De Civitate Dei 一书差不多自第 15 章至第 19 章，共以五章专门讲述这许多时期，他这种神学的文化阶段说，不消说只好认为圣经故事的一个注脚，算不得真正的人间方面的历史。Augustine 以后，还有 Dionysius Exiguus 也以基督诞生为中心，而分时代为纪元前纪元后之二大时期，不消说更没有什么价值了。

（二）哲学的文化阶段说——可以 Hegel 为代表，他在 1822 年至 1823 年冬天在柏林所讲《历史哲学》，其第二编第三章《世界历史的区分》，即含有一种对于文化阶段的原理。他开头即说（汉译，页 327—347）：

> 世界历史之区分，给我们一个普遍的概观，这个概观同时也就有在概念上依着理想，依着内部的必然性，注意它的关系。

这里所谓依着“理想”，依着“内部”的必然性，已经是够形而上学的了。最妙的就是还用太阳做比喻，说世界是从东方向西方进行的。因为东方好比“外部的自然的太阳”，西方则为“有自我意识之内部的太阳”，所以“欧罗巴究竟是世界历史的终极，亚细亚则其开端”（页 328）。他对文化阶段的划分，是以自我意识形成之发展的阶段为基础，分为（页 182）：

第一个阶段，为精神沉潜于自然性状态之内部的直接的阶段，在这个自然性中，精神是不自由的（就一个人说，是自由的）。

第二个阶段，为精神脱却自然性而入于自由之意识的阶段。但是这个第一次的分离，因为它是从直接的自然性生出来的。因而与自然有关系，并且对于自然还是负有一种要素上的义务，所以是不完全的与部分的（若干人是自由）。

第三个阶段就是从这种还是特殊的自由变而为这种自由之纯粹的普遍性（人类之所以为人类就是自由）的递嬗——变而为精神事物之本体的自己意义，与自己感情的递嬗。

他又用儿童的精神做比喻说：

（一）精神的第一时代，可比幼儿的精神，是支配于精神与自然统一的时代，支配这个时代的，就是东洋人的世界；这时没有自由精神，一切都立于自然的地盘之上，多数人服从一个人的意志，好像儿童在家长制度之下，不过视为他的隶属罢了。

（二）精神的第二时代，是在精神自己内部之分离的关系，自己内部之反省的关系，脱离了纯粹服从和信赖，在这关系中又分做两种关系：

（a）第一精神的青年时代，这时精神对于自体获得一种自由，但这种自由还和实体性相结合，还不是那从精神深处再生着的自由，这就是希腊人的世界。

（b）第二精神的成年时代，那时个人虽说有他自己的目的，但是这个目的，只是在普遍的服役中，即国家的服役中才能得到，这是罗马人的世界，于是个人的人格与对于普遍的服役，遂生出对立。

（三）精神的第三时代，为日耳曼人的时代，即基督教的世界，这是精神的老年时代。这时个人从其否定性归属于元素而全然消灭，但是精神却复归于自己的概念，个人现在是完全自由的，在其自身内部是有实证的自由的。这就是主观的精神与客观的精神之大调和。（参照汉译页 182—183）兹列表如下（见下表）：

	精神的阶段	自由的阶段	精神发达的阶段	地理的阶段	政治的阶段	论理的阶段
第一阶段	精神沉潜于自然性状态之内部的直接的阶段	一人的自由	幼儿时代	东洋人的世界	神权政治	即自的
第二阶段	精神脱却自然性而入于自由之意识的阶段	若干人的自由	（1）青年时代 （2）成年时代	（1）希腊世界 （2）罗马世界	自由的帝国 罗马帝国	对自的
第三阶段	精神事物之本体的自己意识的阶段	人类自由	老年时代	日耳曼人世界	现实精神的帝国	即自且对自的

我们在这里不是很容易看出 Hegel 的一种“哲学的文化阶段说”吗？精神的第一时代即东洋的世界，如中国与蒙古的帝国为“神权政治的专制政体”，印度为“神权政治的贵族政体”，波斯为“神权政治的君主政体”。在这个时代，“国家是一种抽象的东西，不是什么对自体的普遍的东西，国家不是目的而是元首”（页 336）。精神的第二时代包括希腊人的世界，这就是“美满自由的帝国”；罗马人的世界就是“罗马帝国”；这个时代“国家始而抽象地烘托出来，形成一个目的，各个人对于这个目的虽也参与，然而却不是全部参与和具体地参加”。精神的第三时代，为日耳曼的世界，遂至于形成一个“现实精神的帝国”，也就是“具体自由的帝国”。Hegel 称此第四帝国，谓“精神的帝国即认识自己，甚至在它的内部认识自己之主观性的帝国，现实精神的帝国，毋宁说是与俗世的帝国相对立，于是精神的原理，

就成为普遍性之主观性的现象”。固然精神之第三时代为精神之老年时代，然而“自然的老年为衰弱，精神的老年期则为它的完全成熟期”；因此归根结底，他便极力提倡日耳曼民族就是世界精神的代表；因而在历史阶段的原则中，贯注以狭义的国家主义的精神。文化史发展的第二期，许多史家齐唱历史研究中“本国史应该占第一个位置”，就是这种哲学的文化史阶段说的影响了。

（三）社会的科学的文化阶段说——本期造出两大不同的所谓社会的科学的文化阶段说，这就是实证主义与唯物主义。前者以知识定律即社会史观为治史方法，后者以物质定律即经济史观为治史方法；前者以马克思为中心，倾向于史的论理主义，后者以孔德为中心倾向于史的心理主义；前者为德国古典哲学的一个继起的辩证法体系，后者为17、18两世纪科学概念发达之一个继起的科学体系。固然这两种各别的文化史阶段说对于社会史经济史之研究，均有莫大的贡献；尤以较年轻的青年，多倾向于以唯物史观、唯物辩证法来解释历史。可是平心而论，唯物史观、唯物辩证法虽可应用来说明社会病理的社会史经济史，而不足说明以社会生理为中心的社会史经济史。孙中山先生说得好：“马克思研究社会问题所有的心得，只见到社会进化的毛病，没有见到社会进化的原理，所以马克思只可说是一个社会病理家，不能说是一个社会生理家”；可见真正第三期的社会史经济史，不但包含社会病理学的原理，更有社会生理学的原理，即社会进化的原理，而真正第三期的文化阶段说，也应该包含社会病理与社会生理而成一大综合之社会史经济史的方法。以下试分析论之：

（甲）社会病理学的阶段说——马克思在《共产党宣言》第一节中说：“所有从来社会的历史，就是阶级斗争的历史”；这种阶级斗争的历史观，是依据于辩证法而成立的。我们如果不抹煞社会之病的事实、病的原理，我们如果还要发现病的现象、病的法则，则唯物辩证法的应用，是再恰当也没有了。因为应用辩证法即可看出社会当进化时所发生的一种病证，所以不讲社会史经济史之病的方面则已，要讲社会病理，则唯物史观、唯物辩证法在学理上是很有用的；而且讲到唯物辩证法，也一定要舍却那 Bogdanov, Bukharin 等唯物辩证法的残滓，而直接采取 Lenin 的说法，认辩证法为：

> 认识（发见）自然的一切现象与进行中所充满着矛盾的相互排斥的相互对立的论理学。

因为从消极方面来看，“发展就是对立物的斗争”（关于辩证法的问题）；即专就经济史而说，也应该如 Marx 在《资本论》里分析商品交换似的：

> 这种分析在极简单的现象中，（在资产阶级社会的细胞中）发现现代社会的一切矛盾，（即一切矛盾的胚胎）再进一步的叙述，就彻头彻尾地指示我们此等矛盾，（生长及运动）与此等矛盾构成分子的总合之社会的发展。

唯物辩证法就是“矛盾的论理学”，所以由唯物辩证法所见的人类历史，也不外乎就是人类社会之矛盾的发展史，就是阶级斗争的历史了。所以 Marx 在 1859 年《经济学批评》[①] 序文中的人类的历史，大体分做几个阶段，原文如下：

> 亚细亚的、古代（希腊罗马）的、封建的、近代有产者的

① 即今译《政治经济学批判》。——编者

生产方法，看做经济的社会组织的进步之阶段；而这有产者的生产关系，在社会的生产方法里面，算是最后取敌对形式的。

可见 Marx 所注重的，乃在这个“敌对形式”之发展，这就是说所注重者，仍在说明社会病理的发展，而非社会生理的发展，故不犯有什么错误。即因这个缘故，所以 1849 年在著《雇佣劳动与资本》中，竟可与此不同，而将社会史的进化，分为：

古代社会，封建社会，有产者社会。

1884 年 Engels 在所著《家庭、私有制和国家的起源》，则更清楚的分为：

古代的奴隶制，中古的农奴制，近世的雇佣劳动制。

依据 Plechanov《马克思主义的根本问题》书中所说，Marx 在读了 Morgan《古代社会》一书后，已改变了“亚细亚生产方法”与“古代的生产方法”的见解，所以我们尽可以把“亚细亚的”一段略去，而将 Marx 1849 年的阶段说，与 Engels 1884 年的阶段说合拢起来，成为 Marx-Engels 的阶段说如下，就是：

古代（希腊罗马）的奴隶制；
封建的农奴制；
近世有产者的雇佣劳动制。

这么一来，使马克思派依据于辩证法成立之历史观，才真正形成为阶级斗争的历史观。由此史观便可证明了如 Engels 1885 年为 Marx 所著书第三版序文所说似的：

> 由此法则，便一切历史上的斗争，不问那是政治上、宗教上、哲学上，还是起于其他精神方面的，实际不外乎就是社会各阶级斗争——明了的或不明了的——的发现。

可见唯物辩证法在研究社会病理的时候，是很有用处了。却是我们应该注意的，就是唯物辩证法所注重乃在消极的理性方面，而在 Hegel 论理学的全体系中，则在消极的理性方面外，尚有思辨的或积极理性的方面。

（乙）社会生理学的阶段说——可以有名的所谓“三阶段的法则”为代表；这种法则是从根本上把知识定律看待比物质的定律还重要的。我们所称为社会学之祖 Comte，他继承了 Vico, Turgot, Condorcet, Saint-Simon 的系统，而有一个很有名的提议，他把人类知识的进化，分为三个阶段：

第一，神学阶段　这时期做一切理论基础的，就是神；一切现象都可以不可思议的超自然力解释它。

第二，形而上学阶段　这时期以抽象的概念，就是潜伏人们内心的思想，来解决一切。

第三，实证的或科学的阶段　这时期专以观察为主，汇集事实上所得法则而整理之，排列之，借以说明一切，所用的方法，完全是科学的。

试以图表之即为（参照拙著《历史哲学大纲》，页 220）：

	知识的阶段	物质的阶级	理论的基础	历程	时代的区分
第一阶段	神学阶段	军事阶级	想像	人智发展的开端	由上古以至中古
第二阶段	形而上学阶段	法律阶级	推论	人智发展的过程	由文艺复兴至 18 世纪
第三阶段	实证的或科学的阶段	产业阶级	观察	人智发展的归着点	19 世纪

就中神学阶段又包括三种相连的时代，即拜物教时代、多神教时代、一神教时代等；不过 Comte 这种知识的文化分期说，如一般批评家所说似的："不是从实史的深切研究，而是从多少先定的思考来的"（施亨利：《历史之科学与哲学》汉译本，页 35）；这是第一缺点。又以第三实证的或科学的阶段为人类进化中之确定的时期，而不许将来另生出其他的时期，这是第二缺点。并且 Comte 这种"三阶段的法则"，也不是由他发明，在他以前，很早就渐渐形成这个学说了。然则 Comte 的真正贡献，究竟是在什么地方？依我意思，即在于 Comte 提倡人类知识的进化法则之外，更着实贡献了物质进化的三阶段法则，他很明白告诉我们，物质的进化法则，也可分为三个阶段，即：

第一，军事阶段；

第二，法律阶段；

第三，产业阶段。

我们现代就是产业时代，即以经济支配一切的时代，所以不但要认社会进化为历史的中心，并且确实可指出产业即"民生"为社会进化的中心，Comte 阶段说以后发展为两种倾向，一方面为 J. S. Mill, Spencer, Buckle, Lamprecht, Breysig 等社会学的史观的发展，一方为 Hildebrand, Knies, Schmoller, Bücher 等经济学上历史学派的发展。社会学的史观可以 Lamprecht 的社会心理阶段说为代表。如他在《近代历史学》中，开首即认“历史为社会心理的科学”，又在1892年时说过：

> 社会心理学的发展阶段，是有类型的；因之国民史之真正科学的时代区划，只存于此阶段之中。

这种阶段说虽有许多学者如Below及Meyer很批评他，但大体来说，这种文化发达之社会心理的法则，却是对的。他按着社会心理变化的历程，分为六个类型时代。

（1）万物有生信仰时代；

（2）象征主义时代；

（3）模型时代；

（4）因袭时代；

（5）个人主义时代；

（6）主观主义时代。

他又将经济生活，也分六个时期，即其所定时代区分来看，似乎和精神文化方面所分的六个时代，没有多大关系。即为：

（1）集团主义的占有经济；

（2）个人主义的占有经济；

（3）用集团主义方法的自然经济；

（4）用个人主义方法的自然经济；

（5）实行商业共同管理的货币经济；

（6）有个人主义基础的货币经济。

就这经济发达的阶段来看，如占有经济、自然经济、货币经济，似乎和以交换方法为标准的Hildebrand理论有些相同，但真正说到经济发达的阶段说，则仍不能不推到受Comte主义另一方面的发展，所谓历史学派了。历史学派据 Ingram 著《政治[①]经济学史》（*A History of Political Economy*）第六章中说，知道实受 Comte 的影响最大，这派极力主张归纳法，以历史的统计的方法去从事各民族的经济生活之研究。如三大创设者的 Roscher, Knies, Hildebrand 其关于社会动态的研究，几和 Comte 的全部学说完全相同。Roscher 所著《根据历史方法的国民经济要纲》，虽和 Hegel 的关系深些，但他也主张经济学的方法应和其他社会科学相同，所谓国民经济学，也就是用历史的方法，探究关于国民经济的发达法则的科学。Knies 对于历史学派的方法论，有最有系统的且最彻底的解说。他所著《站在历史方法立场上所见的政治经济学》，从书名来看，已经很有意思；这书当 1883 年再版，表题改为《从历史的立场所见的经济学》，宗旨还是一样的。Hildebrand 在 1848 年发表他主著《现在及将来的国民经济学》，充分提出了历史归纳法的重要性；并从交换方面，说明经济之发达阶段，为孙文学说第二章所本。而积极的阐明社会史经济史中社会生理之经济的运动法则，这就是历史学派，尤其是 Hildebrand 的最大贡献了。于是从旧历史学派，到了所谓新历史学派，即如 Schmoller, Bücher……以至 Wagner 等学说，将历史方法更推到极端，而主张适用此方法于具体的研究方面。他们比较旧派更不带理论的色彩，而倾向于最彻底的统计的方法，尤其是在经济史方面，完全应用了历史的统计的方法；不但在经济学上大告成功，即在历史学上也是可代表一时代的。马克思派 Bukharin 在所著《金利生活者的经济学》（汉译《有闲阶级的经济理论》）曾攻击新历史派，他说：

历史学派轻蔑建立一般的法则，所以他实行破坏经济学为

---

① “政治”，底本原无，据其原英文书名补。——编者

一种科学，而且以具有个体记述之形态的“纯粹记述”，去代替；换言之，即使此种科学相等于经济史及经济统计，特殊是个体记述的科学。这种科学不能把它的唯一正确的观念——发展——装入理论讨究的框架内，所以这科学如同《圣经》的无花果树一般，永远不会结实。

固然马克思派很知道历史的发展，很知道应用了社会病理学的历史方法，但是新旧历史学派还不是一样知道历史的发展，知道应用了社会生理学的历史方法。历史学派的工作中，第一步的纯粹个体记述，正是第二步订立法则的准备；事实也是如此，哪一个社会生理之经济的运动法则，即经济发达阶段说，不是由于历史学派建设起来？即就旧历史学派所立经济发达的法则来看，如以生产形态为标准的，有 List 为代表。他在 1841 至 1844 年所著《政治经济学之国民的体系》的绪论及第二编中，认经济发达的过程中，可分五个阶段：

（一）原始蒙昧状态；

（二）牧畜状态；

（三）农业状态；

（四）农工业状态；

（五）农工商业状态。

Grosse 在所著《家族的形态与经济的形态》中，则将经济发达的过程，约分为五阶段：

（一）低等的渔猎民；

（二）高等的渔猎民；

（三）游牧或牧畜民；

（四）低等的农业民；

（五）高等的农业民。

又以交换方法发展为标准的，如 Hildebrand 在《现在及将来的国民经济学》中所分之三阶段，即为：

（一）自然经济时代；

（二）货币经济时代；

（三）信用经济时代。

又以生产要素为标准的，如 Roscher 在所著《国民经济原论》中，将大概各国民经济的发达，分三阶段：

（一）自然时代；

（二）劳力时代；

（三）资本时代。

又由生产者货物转到消费者所成的路线之长短，为经济发达标准的，如 Bücher 在《国民经济成立论》中，很有名的三阶段分类，即为：

（一）封锁的家内经济阶段；

（二）都市经济的阶段；

（三）国民经济的阶段。

又以经济生活与政治社会组织的关系为标准的，如 Schmoller 在他 1884 年有名的论文中，将经济进化分四阶段：

（一）村落经济；

（二）都市经济；

（三）领域经济；

（四）国民经济。

又以社会化为分类标准的，如德国最大经济学者 W. Sombart，将经济发达分三阶段：

（一）个人经济的阶段；

（二）过渡经济的阶段；

（三）社会经济的阶段。

Müller-Lyer 所著《社会进化史》，也是专从经济发达去研究文化发展之定律的。他主张以工作组织为标准，将经济发达阶段分为：

（一）家族组织时期；

（二）工业组织（合于手工艺的）时期；

（三）资本制度组织时期；

（四）社会主义组织时期。

这些时期中，又包括早期与晚期，而成为七个变象，现在可不细说了。（历史学派的经济发达阶段说，详见拙编《历史学派经济学》，页 110—314）

总而言之，文化分期的学说，它的本身也是按着三阶段的法则而分为三个时期，文化分期直等到现在，才走上科学的路径，而有人去注意它。从一方面来说，我们甚至可以说最初的神学时期，根本不知道有什么分期原理，换言之即根本不要历史法则。他们把人类自身活动的一切产物，都认为是上帝预定造成的，那末一切都是命定，还要什么法则呢？历史法则是企图在历史中证明有一个发展、一个内部之关系的法则，而他们神学家，却抱了这种“以为人的思想和行为之一切创造物，能固定存在的一种成见”；那么当然用不着什么文化分期的原理了。于是乎到了第二形而上学时期，应该需要法则了，却是在这个时候的史学家，他们以为思想便是一切的原动力，思想可以随意指导人类的活动。

既然历史只是随意的浪漫的无规律的自由的表现，那么还有什么文化分期可言？所以许多形而上学时期的史家，换言之即资产阶级的历史学者，都公然主张历史中没有法则，或是说历史不成其为科学。而真正历史法则即文化分期说之被重视，则实为第三时期即实证的科学的时代。此时承认历史为社会科学之一，或承认历史学为各种社会科学之方法学，而后历史法则才能在史学里面占了一个重要位置，最可怪的，就是历史法则已一般承认之为社会科学的规律，由历史法则而后才能将各种社会科学在方法论的基础上联成一起，然而中国的许多著名史家，如梁启超、何炳松等尚在那里反对历史中有法则存在，当然更不容易认识文化阶段说之真意义和真价值了。

但是细心考察一下，神学的历史家他们不要（或不知）所谓历史法则，形而上学的历史家不愿意有一个有规律的历史法则，然而很矛盾地历史法则的思想之萌芽，实即含于那不要或不愿有这历史法则之思想中。神学家不要历史法则，所不要的只是“科学的历史法则”，走到极端，就是说只要“神学的历史法则”；同样形而上学家不愿意有一个“科学的历史法则”，走到极端就是说他只要“形而上学的历史法则”。所以从一方面说，固然神学时期形而上学时期决无文化分期可言，这是“否定”；而从又一方面说，则神学形而上学时期各自有其代表时代的法则，即神学形而上学的文化阶段说，这是“肯定”；同时也可以说“否定”又为“肯定”，从否定之一面看来，应该历史的法则要等到实证的科学的时期才能成立，而从“肯定”的方面说，则自神学史家以来，即有历史法则。即神学时期有神学的文化分期，形而上学时期有形而上学的文化分期，科学时期有科学的文化分期；换言之即形而上学的文化分期为神学的文化分期说之一否定，科学的文化分期说则又为形而上学文化分期说之一否定，即是神学的文化分期说之否定的否定。文化哲学一方面肯定科学的文化分期的说法，一方面又不废弃神学的形而上学的文化分期说之历史的价值。他很知道在神学时代，神学的文化分期说是可以解释神学时期的历史；同样在形而上学时代，形而上学的文化分期说也可以解释形而上学时期的历史；不过从现代的文化上着眼，现代为科学时代，当然应该采用科学的文化分期说来解释科学的时期罢了。

第四章　宗教的文化概念

一

我们既已明了文化之横的分析即文化类型学，又明了了文化之纵的发展即文化分期之原理，于是把它综合起来，完全应用文化类型学与文化分期的原理，将全部文化的各部分，分别排列为八种类型，而每一种类型，均可以发现其发展的阶段。其图式如下：

文化阶段＼文化类型		知识生活				社会生活			
		宗教	哲学	科学	艺术	政治	法律	经济	教育
第一阶段	宗教阶段	A	G						B
第二阶段	哲学阶段	E							F
第三阶段	科学阶段								
第四阶段	艺术阶段	C	H						D

上表可以看出**文化之历史的研究法是有两种**，**一种是把文化各类型整个的横着去看**，如从 A 到 B 从 E 到 F 等，这是最便于研究某时代文化类型之集合现象的；如就年代区分编纂文化史的，即应采用此种方法。还有**一种是把文化类型整个的纵着去看**（如从 A 到 C 从 G 到 H 等），这就可以把文化分期程序的线索发现出来。在这里又有两种不同方法，如专就一个文化类型如宗教、哲学，而研究其史之发展的，是所谓文化专史，如宗教史、哲学史等。如综合全部文化类型即

此所有八种文化类型而研究其史之发展的那就是“综合文化史”了。以上文化之历史的研究法，使我们不但知道每一文化事实是按着分期原理，不停地向着一定方向前进；还要我们知道全部文化事实，也一样地是按着分期原理而永远不断进化的；这种大规模的研究，可以说是文化史的目的，然而还不能包括文化哲学的目的。

文化哲学在尽量采用了文化史的研究法以外，更注重于各文化类型之本质的研究，而在文化八类型之中，如社会生活方面之各类型即政治、法律、经济、教育，也让之文化社会学去研究，所以剩下来的就是宗教、哲学、科学、艺术，即关于知识生活之四类型，现在试先研究一下宗教的文化概念。

二

宗教与文化之关系，依 Spengler 在所著《西欧之没落》中，则主张一切文化都是从宗教开始，及至烂熟遂一转而为非宗教的而没落了。事实也是如此，精神的文化之初期，即在其低级阶段，宗教实居最高的地位。由此事实，可见文化本身在哲学、科学与艺术均未相互独立分化出来的时候，实以宗教为其萌芽；而神灵的信仰即成为当时文化的支持者，这很容易使我们设想以为这个时期是属于原始时代精神生活之儿童期。即从这个见解，于是有一派人主张“在文化初期，将自然之极粗杂的因果的考察，与从诗的空想所产之各种各样的拟人的形态相结合，而造出种种之神、种种之灵鬼，于是乎便有所谓宗教。而宗教之所以诞生，则因人类在此茫漠无涯的大宇宙中，要求努力支持其小生存而已。换言之原始人类因对于自然界之不可解的威力，而感自己之无力，于是遂崇拜此威力为神为灵，而求避免其愤怒，并求此伟大之庇护，由此心理遂有宗教产生。所以一到了学问的考察发达，能将自然支配之于技术之下，于是宗教的地位即开始动摇，而学问艺术或道德均从宗教分离出来，从最初之混成的精神生活里面各分化独立出来，主张其各自特殊的领域，于是宗教所留下来的独立领域，也渐渐化为乌有了”。这种宗教论，有许多人都这么主张，尤其成为近代文化人所抱的最普遍的宗教观。

由上则文化之混沌初期同时即宗教的时期，反之又有一派反对此种说法，而从精神生活之第一期中，看出本来原始的学问就是所谓“魔术”，依他们意思，“宗教是在魔术以后，从魔术产生出来的。因而宗教与学问相对立，这就是说宗教与原始的学问即魔术不同，宗教说明支配世界之运行，是有神灵之存在，因而要用祭祀、祈祷等方式来求神的保佑，但这种宗教主张，只是一个假说”；在这里实未充分说出为什么从魔术而进为宗教的理由。即如这一派的代表学者所说：“当人们渐渐觉得将魔术说明宇宙之威力为虚伪的时候，同时对于宇宙威力发现人类之无力，在此便发生了有神灵的宗教而求其庇护，在此时期，魔术变成了妖法而为宗教之敌，更渐次进化则成为学问，当学问成为全世界研究的对象时，便所谓神灵又没有何等存在的价值了。”这一段说明对于魔术与宗教的关系，仍没有积极说明了什么。若依我们则魔术也只是宗教时期的产物，魔术和宗教不是对立的，魔术中已可看出神的威力之发现，即宗教可与魔术相结合而出现，因为我们不能说明宗教何以在后，而魔术必然在前？即谓宗教与魔术的区别，在前者对神明自身为真诚的崇拜，后者则神明为俗世的功利而利用，但是何故宗教最初即不能为真诚的神明的崇拜呢？我想很难有什么解释的理由吧！如再想到宗教最初便和人类之实际的生存上的要求有关，即知所谓原始的第一期宗教学者，也是和魔术的分子相结合的。所以 Frazer 以为原始魔术与宗教之别，已为现代学者所否认，而认魔术与宗教只不过同一物之两面；而在我们讲文化哲学的，更可不管那些主张原始文化为“原始的学问文化 = 魔术”的说法，而当采取 Spengler 的说法，认文化史之第一期，实为“宗教的文化”，所谓魔术只好说是宗教文化中之“宗教的科学”；这种宗教的科学，和“宗教的宗教”时代一样长久，直到中古时代，所谓占星学、冶金术都是属于这个时期的。

三

次述宗教的文化概念。在我讲“文化类型学”时，曾用 Hegel 辩证法的名词，来说明文化的几种类型，即为：

an-sich (in itself)——即自的——哲学的观念形态
für-sich (for itself)——对自的——科学的观念形态
an-und-für-sich——即自且对自的——艺术的观念形态

但我同时主张在“即自的”以前，应加上“没自的”一个阶段，以代表宗教的观念形态。现在试即本此义来说明一下宗教的文化是什么。

宗教的文化概念可与哲学的文化概念比较，哲学的观念形态是“即自的”，即 Hegel 所谓“依据自己自身的”，哲学家为什么看重自己意识（自觉），看重精神的自由？为什么不象宗教一样，对宇宙人生之真义，不求之于信仰，而出之于合理的研究？这正因为哲学是以“依据自己自身”为根本，“我这样想”“我要”“我看”“我知道我自己”，一切的批判都由我主观的观察和批评，一切的学问都要依据于我自己意识来解决。所以真正的哲学家，都是宁可违背教义而自倡新说；那屈伏于宗教的权威之下，对于当时文物不敢取反抗的批评的态度者，实在算不得哲学家。又在哲学中，因为各各依据自己自身，所以也没有一致的真理，也没有一定的成说，他所持的态度，虽然有时接近宗教，有时接近科学，乃至有时接近艺术，但只要叫作“哲学”，便这种“即自的”观念形态，是不会变的。晓得这层，然后我们才好比较宗教与哲学，以明了宗教的文化概念。

原来宗教是“没自的”，哲学是“即自的”，没自的一阶段，虽然Hegel辩证法还没有注意及之，实则最重要不过的。且“没自的”实为“即自的”所由发生的基础，但是“没自的”究竟是怎样一个观念形态呢？我说这就是“忘却自身的状态”，完全是一种宇宙生动感情之精神的虔敬的性质，是含着我们到了宇宙面前而自觉卑小，因而信仰他是最尊严最伟大有不可思议的精神能力，支配各人生命似的。所以“没自的”观念形态，就是宗教，是投影的状态（projective），和“即自的”观念形态即哲学，为主观的状态（subjective）者，大大不同。在没自的观念形态，一切都在感觉的混沌状态中，自我的观念自不明了的；但在“即自的”观念形态，则恰如儿童初次叫了“我”的一声似的，这时已经我自觉的有与别的许多人有关系的一个人的自我。所以即自的实从没自的开展而来，换言之哲学实从“宗教”里渐渐分离独立出来。所以哲学不能和宗教无关，在哲学的第一时期，实在只有宗教的哲学，而无所谓真正的哲学（哲学的哲学）。哲学的分类中，一般分为形而上学、认识论与论理学。形而上学就是宇宙观的要求，而宗教的观念形态可以说也就是宇宙观的态度，可见是很有渊源的了。但话虽如此，哲学与宗教因为论理的基础不同，便文化的概念，也不能无所分别，试约言之：

（一）**宗教是全体的哲学是个人的**——因为宗教是“没自的”观念形态，所以是全体的；哲学是“即自的”观念形态，所以是个人的。宗教的观念及其教义，无一不组成全体的社会共同财产，以为结合有共同信仰的教徒的锁链。如陈大齐《哲学概论》（页9—10）所说“人类集合而成社会，宗教即发生于不知不识之间，弥漫于全社会而受其崇奉，无烦个人之心思材力，特为之案出。Schopenhauer 称宗教为民众形而上学（Volksmetaphysik），职是故也。宗教的宇宙观出于社会之集合精神，故无首创者之可言，如埃及之宗教、希腊之宗教，至今更无人道及其始祖者，耶教、回教虽各有其教祖，然 Jesus 与 Mohammed 辈非真独创新教，不过就犹太亚剌伯固有之旧教加以改革耳”。反之就哲学来说，则“哲学之起源是独立的认识冲动，其取舍一切全凭理性，凡属哲学家无一不是孤寂的思想家，其对于一切传说必加以批评，对于宇宙观必凭自己之思索与学识以构造之，循着自己之途径以进行，即或与自古相传或与当时流行之学说相背，也不更改其道，并且有时对于那不相合的学说，不惜严厉的批评之反对之”（耶路撒冷著《西洋哲学概论》，页 5—6）。所以一说到哲学，即涉及首创者的名号，我们可以说 Plato 的哲学、Kant 的哲学、Comte 的哲学，然而不能把某某宗教归入某某人，这就可见宗教是属于全体的了。

（二）宗教是权威的哲学是批评的——因为宗教是“没自的”观念形态，所以是以信仰为本位，哲学是“即自的”观念形态，所以是以批评为本位。信仰是不可侵犯的，所以“社会所共认为有价值的教义，代代相传下去，最后乃由国家之威权以保护之”（同上，页 5）；反之哲学的性质，则纯取批评的态度，不拘成说，务尚自由，所以在 Kant 一派简直主张哲学为批评的学问（Critic Science）；到了现代这定义更得多数学者的赞成，像罗素（Russell）、柯亨（Cohen）都说批评是哲学的最大贡献；似此注重批评的精神，实在就是哲学的特征。再就哲学的心理的起源来看，就知道疑问是哲学的发端，而信仰乃是宗教的发端，所以哲学最初是一个疑问符（？），对于宇宙间的现象变化，觉得在在可疑，于是由疑问而想出解决的方法，就是哲学。反之宗教最初就是一个赞叹符（！），对于宇宙间的现象变化，觉得在在都是被赞美的对象，仿佛神是高躅九霄，下视万类，我们是受他的陶冶溶化，我们是不能脱了他独立而自存，因此不自禁地在他面前献颂了。所以不说宗教则已，一说宗教当纯取信仰的感叹的，乃至不可侵犯的威权的态度，这就可见就性质上说，宗教也和哲学不相同的了。

试看宗教与哲学相冲突的历史，便是人类知识从“没自的”观念形态进至“即自的”观念形态中所不可避免的观念斗争。“在昔希腊，Socrates 鉴于社会之腐败，创新说以救世，无识之徒泥于古说，骇新说为异端，加 Socrates 以侮慢神明蛊惑青年之罪名，而致之死地，此西方圣人以身殉道诚学界之伤心史也。洎乎近世冲突尤甚。……Descartes, Spinoza, Rousseau 诸大思想家，或为宗教所仇视，或身被刑罚，或书遭禁绝，种种窘迫，不一而足”（陈大齐《哲学概论》，页10）；然而一研究宗教与哲学之所以冲突，实际乃不过表示人类知识从文化线上的第一时期（宗教时期）进到文化线的第二时期（哲学时期）应有之论理的必然的发展，而以大思想家、大哲学家为此文化过程的牺牲而已。不但如此，推之即在文化线上的第三时期（科学时期），宗教之势力仍在，因为宗教的文化概念和科学的文化概念不同，所以代表旧势力的宗教，仍然可为宗教与科学冲突的大原因。大约言之，宗教与科学的分野，在（1）宗教是纯精神的文化，科学是物质的文化；（2）宗教是超自然的文化，科学是现实的文化；用 Max Scheler 所说过的，（3）则宗教是解脱的文化，科学是实用的文化。再以宗教的文化概念和艺术相比，宗教是“没自的”，艺术是“即自且对自的”，两者同属于感情的产物，似乎很相同了；但宗教的感情是一种皈依献身的感情，艺术则为一种表现的和谐的感情。宗教以“无表示”为理想境，艺术则以“美的表示”为理想境。不过说到宗教本身，在他发达的几个阶段中，第四阶段的宗教，实已倾向于以美育代宗教，或美的宗教，这一点是很可注意的。

四

再从方法论上来观察各文化类型的关系，也可以看出各文化类型，因所用的方法不同，便所属的文化类型也不相同。从前 Pearson 说过“科学的主体在他所用的方法，不管所取的资料是哪一类”；不但科学如此，即如宗教所以成为宗教，也因应用了宗教的方法；哲学所以成为哲学，即因应用了哲学的方法；艺术所以成为艺术，也因应用了艺术的方法。然而构成宗教之一特殊形态的方法，究竟是些什么呢？我以为从方法论上来看，则各种文化的类型，是由各种不同的方法所形成。详述起来：

演绎法（信仰）……………………………………宗教

辩证法（内省）……………………………………哲学

归纳法（观察、实验、比较、历史）…………科学

直觉法（表现）……………………………………艺术

若再按各种方法之互相关系，详细地排列起来，即为：

	第一时期	第二时期	第三时期	第四时期
宗教	演绎的演绎法	辩证的演绎法	归纳的演绎法	直觉的演绎法
哲学	演绎的辩证法	辩证的辩证法	归纳的辩证法	直觉的辩证法
科学	演绎的归纳法	辩证的归纳法	归纳的归纳法	直觉的归纳法
艺术	演绎的直觉法	辩证的直觉法	归纳的直觉法	直觉的直觉法

关于辩证、归纳、直觉之各方法，让以下各章讲到哲学、科学、艺术各文化的概念时再说。现在先讲一下所谓演绎法是些什么。演绎法是依于信仰而成立，其特色在排成一切思想之最普遍的形式。无论西洋方面，自亚里士多德（Aristotle）、提奥剌斯塔（Theophrastus）

与欧德谟（Eudemus）及斯托亚学派与中世纪经院学者所发挥的“三段论法”（Syllogism），或印度的因明、中国的墨辩，都是应用这种方法来拥护宗教的教义的，试以因明为例，无论后来进步到如何地步，总不免带着几分的“宗教性”。如《因明大疏》所说：“求因明者，为破邪论，安立正道。”《尼夜耶经》所说“量谛”，内中有个“圣教量”即以圣言当做一切语言思想的标准。陈那《新因明》，应该很有改革了，但仍然有“自教相违”一条。《人正理论》说：“自教相违者，如胜论师立声为常”，胜论派主张“声是无常”。其三支论式为：

声是无常…………………………………………（宗）

所作性故…………………………………………（因）

凡所作者皆是无常，例如瓶等…………………（喻）

这种三支论法，不过古因明五分作法之简略，实等于西洋的三段论法，把他改变一下，即成为：

凡所作者，皆是无常。………………………（大前提）

声是所作性，…………………………………（小前提）

故声无常。……………………………………（断案）

这种演绎法是有个老例在胸中，然后把它推到特别的事体，——老例陈嘉霭《因明学》里面认为就是“成见”，其实即“宗教的教义”。《因明学》页59云：

《新因明》设立的“喻体”，如“凡所作者皆是无常”，就是这种老例。如今试问这种老例谁告诉他的？他又不是“生知”的圣人，如何能够晓得事物的“通则”（老例），都是由平时观察各种事物得来的。我们晓得“凡所作者皆是无常”，都是由观察瓶是所作，瓶是无常；茶杯是所作，茶杯又是无常。……观察的事例多了，由心理上的“概括作用”，把那些事例合起来，成一条综例，这就是归纳法。所以说我们无论哪一项知识，必定先由归纳法得了，制成一条“通则”，再由那“通则”推到“个体”，那才是演绎法。

其实完全错了！在“归纳法的演绎法”时期，当然允许有如此新的解释，却是真正说到演绎法，则在成立此三支论法之时，所依据者不是“观察”，而为“信仰”。因为胜论派先立“声是无常”为教义之一，所以《入正理论》才设立“自教相违”一条，来规定因明与宗教的关系。《大疏》解释得好：

凡所竟理，必有标凭，义既乖于自宗，所竞何有凭据。……违自凭据，即便为失。毁背所师，无宗禀故。

这不是明明看重宗教的教义吗？吠檀多派及数论派更不消说了，吠檀多派所引以自证信者，只有圣典，以为现量比量皆在圣教经典之中，数论派《金七十论颂》云：

证比及圣言，能通一切境；故立量有三，境成立从量。

依我意思，演绎法所有功用，即在于立一个标准的大前提，来拥护教义；它的目的在以论辩制胜他人的言论与主张，还有即将从前所有的旧知识加以整理而已。所以演绎法很难对于新知识有所发明，陈陈相因，而变成拥护宗教教义的唯一方法。不信请再举一段中国的例，如《墨子·天志篇》即可看出这种“奴性的逻辑”的好例。假使现在有一个基督教徒，他告诉我们：你的话如果和上帝意旨同的，便是是的，和上帝意旨不同的，便是非的；那么我们一定说他是圣教量了。现在墨子明明是把“天志”去量度一切事情，明明定出一个大前提，做我们言谈思想的标准，我们试看他怎样应用三段论法来证明“天志”是欲义而恶不义呢？他说（《天志上》）：

（大前提）天下有义则生，无义则死；有义则富，无义则贫；有义则治，无义则乱。

（小前提）然则天欲其生而恶其死，欲其富而恶其贫，欲其治而恶其乱。

（断案）此我所以知天欲义而恶不义也。

这种三段论法实在不敢恭维，因为他的大前提就未必靠得住；假使有人寻得出天非必欲人之生而恶其死，如达尔文、赫胥黎所说，就墨子的断案，便不能成立了。并且所有三段论法，其大前提都未必确凿，所以结果也往往误谬。如以韩愈所谓“角者吾知其为牛”为大前提，以三段论法演之，则为“此兽有角也，故此兽为牛”；分明不是太武断吗？然而宗教的方法，确须如此如此，才能成立起来。

不过即在演绎法中也有一段长的发展的历史，换言之即宗教方法的本身，也是照着论理的必然的法则而进化着。所以同在宗教方法——演绎法——当中，“演绎的演绎法”形成了真正的“宗教的宗教”时代，“辩证的演绎法”形成了“哲学的宗教”时代，“归纳的演绎法”形成了“科学的宗教”时代，再进“直觉的演绎法”形成了“艺术的宗教”时代。现在即依照这个次序，来述一下宗教本身之历史的发展。

五

本来研究宗教文化之史的发展，必先从事于宗教之本质的考察，这么一来必须研究一下宗教形而上学、宗教心理学、宗教社会学等；

次又须从事宗教之分类的研究。如诗来尔马哈（Schleiermacher）的宗教分类，按进化阶段将宗教分为拜物教、多神教、一神教之三阶段，更在横的方面，在同一阶段之中，又分为感美的宗教与目的的宗教二种。又如 Hegel 的宗教分类，依照他的哲学体系所分“自然”“精神的个性”及“绝对精神”之三者，而将宗教之进化阶段，又分为（1）自然宗教，（2）精神的个性的宗教（或伦理的宗教），及（3）绝对宗教。此外尚有所谓社会学的宗教分类，如一般所分民族的宗教与世界的宗教二种，或又分为部落的宗教、民族的宗教、世界的宗教之三大区别。又有从天启的见地来分宗教，即分为天启的宗教与神话的、虚伪的天启之宗教等等。但为时间关系，已无暇详述。在我没有功夫从事细密的分析研究以前，我先采用日本帆足理一郎所著《宗教哲学概论》中第三编《宗教之史的考察》第一章“宗教之历史的种别”所分，来做宗教史研究的标准（此书为 800 余页之一大著作，值一读）。依他意思，则一切宗教可包括于五个类型之下，即为：

（一）原始的宗教；

（二）酋长的宗教；

（三）民族的宗教；

（四）预言者的宗教；

（五）教会的宗教。

实际当他叙述宗教之史的发展时，只从民族的宗教说起，所谓原始的宗教、酋长的宗教，均可包括于原始民族的宗教之一个题目之下。所以依我意思，宗教文化之史的发展，可简单约为下列之大题目，即为：

（一）古代民族的宗教

埃及的宗教——动物崇拜——太阳神的崇拜——死者的崇拜——埃及后期的宗教。

希腊人的宗教——家族的宗教——都市国家的宗教。

罗马人的宗教——罗马共和国宗教——罗马帝国的宗教。

（二）预言者的宗教

波斯教（Zoroastrism）

波斯人的特质及其宗教，——波斯教之教理及仪式。

回回教（Mohammedanism）

阿拉伯的宗教——穆罕默德的宗教——正统派神学之发展——神秘主义——教条，仪式及道德。

佛教

Veda 的宗教——婆罗门教——佛教——大乘佛教——中国佛教——日本佛教。

基督教（Christianity）

犹太教（Judaism）——酋族宗教之犹太教——民族的宗教及预言者宗教的犹太教。

基督教——耶稣（Jesus）的宗教——原始基督教。

（三）教会的宗教

（1）自君士坦丁大帝以至宗教改革时代（中世纪之基督教）；

（2）宗教改革；

（3）近代的基督教。

以上是就“宗教的宗教”之发展说的，实际任举一种真正宗教做例，也都可以看出它发展的三阶段。如就中国之佛教为例，则第一期华严宗为宇宙观的宗教；第二期禅宗为人生观的宗教；第三期净土宗即社会观的宗教。又如印度之吠檀多教，则第一期创始人婆陀罗衍（Badarayana）著《吠檀多经》，说宇宙大原理“梵”，这是宇宙观的宗教；第二期乔陀婆陀（Gandapada）著《曼陀括耶颂》，说我们心性的不变常住的“我”，这是人生观宗教；第三期甘地（Mahatma Gandhi）以宗教性质的政治领袖来提倡不合作运动，这是社会观的宗教。最后即就基督教的发展为例，更容易明白基督教本身也是依照文化分期的原理而发展的。现在试以基督教为主体，将西洋宗教文化的发展，分为四个时期，即：

（第一时期）宗教的宗教——宗教唯一主旨便是“神”的存在，宗教发展史所给与我们的事实，便是“神”的观念的变迁；从宗教的神到自我的神，从自我的神到社会的或科学的神。最初基督教的创立，崇拜耶和华，《四福音》所说的基督，宣扬万物是从上帝造的，人类乃是从上帝生的，我们应该服从得救的上帝，才得永生，这种开明的一神的思想，经过1200年自君士坦丁大帝以至宗教改革时代，全世界都发狂似地信仰这位人格的上帝，因而形成教皇的教权万能主义。直到1517年10月30日马丁路德（Martin Luther）以诘问状95条钉于宇吉贝希（Wittberg）教堂的木门，经这新教徒的改革大运动以后，新教的神学基础才算成立；于是上帝的观念也从超自然的势力，一转而倾向于个人的内在体验。Luther说过：“造成神的无论神的真假，只是信任和信心，没有别的”；既然上帝便是信心，于是宗教的上帝（第一期）也渐倾向于自我的上帝（第二期）了。所以在Feuerbach《将来哲学的根本命题》（冈村幸二译）第一节说“近代问题就是神之现实化及人类化，神学一转而融化于人类学了”。第二节说“这种人类化之宗教的或实践的方法，就是新教。基督教主张有人类的神，就是基督，只有基督才是新教的神。所以新教已不象加特力教一样，要问神是什么，它的问题，乃是神由人类看来是做些什么。因此所以新教不象加特力教，倾向于思辨的或瞑想的，新教简直说已经不是神学了。——新教在本质上说，只不外乎基督教，即宗教的人类学而已”。Feuerbach 虽极力反对基督教，而这一段历史的叙述，实在精粹得很，实际从新教以下都可算从宗教的第一时期转到宗教的第二时期，而带着很浓厚的“哲学的宗教”的色彩了。

（第二时期）哲学的宗教浪漫主义者诗来尔马哈（Schleiermacher 1768—1834）的“宗教讲演”，给当时所有受过教育的人以精神上很大的感动，这才真正是宗教第二期的代表。他主张神的存在只启示于感情当中，而直觉和感情为合一，由感情而确认神的存在，即由直觉而后得直接感知神性，照这样说起来，便所谓天堂、人格的上帝、最后审判都用不着了。在诗来尔马哈以外，还有许多大哲学者，如笛卡儿（Descartes）、马尔布兰西（Malebranche 1638—1715）、斯宾诺莎（Spinoza）、来勃尼兹（Leibniz）、康德（Kant）、菲希特（Fichte）、谢林（Schelling）、黑格尔（Hegel）等，都认有一个神秘不可思议的存在，唤做神。有的以为神是心的地位（如马尔布兰西），有的以神为道德的存在（如康德），有的以神为普遍的自我（如菲希特），有的以神为构成世界的统一的绝对观念（如黑格尔），而尤以斯宾诺莎和来勃尼兹建设了最完全的神学系统，斯宾诺莎信仰他的本质，来勃尼兹信仰他的玄元，都是自我的宗教信仰，这都是第二期从“辩证的演绎法”所得来的宗教的精神，和依据“演绎的演绎法”之纯粹宗教，如耶稣、穆罕默德的宗教，大不相同了。

（第三时期）科学的宗教——宗教的第三时期，是以社会的科学为基础，和第二期宗教以观念论为基础的，又大大不同。所以第三期提倡新宗教的，如欧文（Owen）、傅立叶（Fourier）同时就是社会主义家。最著名的如孔德（Comte）还要立人道教，赫克尔（Haeckel）要建立一元的宗教，托尔斯泰（Tolstoy）要以“劳”（labour）与“爱”（love）为宗教，他们都不过以为宗教是适用于社会的科学的。此外还有自号为基督教科学家（Christian Scientist）的一派，想从科学上建立宗教；反一面也有一派如司特老司（Strauss 著《旧信仰及新信仰》）、费尔巴哈（Feuerbach 著《基督教的本质》）等，对于基督教用新的科学的历史的批评。或者象 Hurley, Spencer 等不可知论（Agnosticism）也出来了。更彻底的如社会主义的劳动者，是完全无宗教的，但罗素先生却加他一个“马克思教”的名称了。可见第三期的宗教信仰，只是无宗教的宗教，说上帝是物力，是以太，是虚无乌有，这么一来，还有什么宗教可言呢？但是无宗教的教义，这种势力入人之深，和过去时期的宗教也没有差别，所以仍可唤做社会的或科学的宗教。在《理想》第 20 号“现代宗教问题号”有一篇古野清人所著《社会的神秘主义之理论》论文，中述及有人批评 Lenin，谓“Lenin 之雄辩，始终由论理而成，既不修饰，又无感人之力，然而他所有的就是那一种不可名状的神秘的灵魂似的，好像在念宗教的咒语一般”。又高尔基也批评“他信念之坚强，使听众毫无一点疑惑的余念，这是由于他有热狂的信念，但那不是形而上学的或神学的信仰，而为科学的信仰”。因此作者便断定“Lenin 他是窥见民众心理最深一层的理解者，他的力量，实在是从对于马克思主义之宗教的信仰迸发出来；他极力否定有所谓神圣的东西，却是他自己为无产阶级解放而抱献身的态度，这一点倒是有些和圣者相像。所以在这一位俄国，不！全世界无产阶级之父的他，为集团所崇拜的偶像的他，为万国共产主义之象征的他，在 Lenin 中实在反映我们以一种宗教的存在。事实他的照像，早已和马克思的照像一样，为正教圣像之代替物，而被人顶礼膜拜，他的墓地成为圣所；他的木乃伊和从前基督教的圣者一样，为多数人参诣崇拜的对象”。由这一大段话，不是证明马克思教一个名词也是可以成立的吗？所以我从前在《历史哲学》（页 190）用他来代替宗教的第三期，也不是没有理由。虽有一位马派信徒在批评我的《历史哲学》时，认为荒谬绝伦（见青锐译《历史哲学・序》），我也无暇和他争辩；我以为就是所谓科学的宗教，依照历史的自然的发展，这种宗教也不过“有时代价值”，时代既过，便不能不发生新的第四时期的宗教去代替它了。

（第四时期）艺术的宗教（一名生命的宗教）——现代的宗教最明显的是新基督教（Neo-Christianity）的运动。还有 James 提出信仰的意志，把宗教看做各人对于生命的全反动，和 Bergson 的哲学，穿着神秘的衣，把神看作不绝的生命、无间的动作、不尽的绵延；尤其以 Eucken 的宗教思想，可作这一时期的代表。他把神看作绝对的精神生活，把宗教看作“人类体合于精神生活的一种行为”；一面废弃祈祷礼拜奇迹、三位一体的谬说，一面深信基督教为人类表现一精神实在与不朽价值的新世界。依他意思，宗教鹄的第一在保存精神，第二在归向新世界，第三在确定人生标准，这种抱生命的活动的宗教信仰，就是最近代的宗教的新倾向了。然在这里我尤其不能不叙述一下，吾师蔡孑民先生主张“以美育代宗教”之说。依蔡先生的学说（见《先生言行录》，页 203—213），则宗教根本已成为过去的无用的东西。所以说：

> 夫宗教之为物，在彼欧西各国，已为过去问题，盖宗教之内容，现皆经学者以科学的研究解决之矣。吾人游历欧洲虽见教堂棋布，一般人民亦多入堂礼拜，此则一种历史上之习惯；譬如前清时代之袍褂，在民国本不适用，然因其存积甚多，毁之可惜，则定为乙种礼服而沿用之，未尝不可。……欧人之沿习宗教仪式，亦犹是耳。

这是说在科学时代，宗教已经成为遗形物了。然而蔡先生虽反对宗教，实提倡“以美育代宗教”，换言之即只要“美育”，即无异于有宗教了。他说：

> 宗教所最有密切关系者，惟有情感作用，即所谓美感，凡宗教之建筑，多择山水最胜之处，吾国人所谓天下名山僧占多，即其例也。其间恒有古木名花，传播于诗人之笔，是皆利用自然之美以感人者。其建筑也，恒有峻秀之塔，崇闳幽邃之殿堂，饰以精致之造像，瑰丽之壁画，构成黯淡之光线，佐以微妙之音乐。赞美者必有著名之歌词，演说者必有雄辩之素养，凡此种种皆为美术作用，故能引人入胜，苟举以上种种设施而摒弃之，恐无能为役矣。然而美术之进化史，实亦有脱离宗教之趋势，……则莫如舍宗教而易以纯粹之美育。纯粹之美育，所以陶养吾人之感情，使有高尚纯洁之习惯，而使人我之见，利己损人之思念，以渐消沮者也……。

由我看来，宗教和艺术都是文化的类型之一，无论哪一个都不能替代那一个的。所以宗教在形式上虽和艺术有密切的关系，即所谓美感；却是宗教除却这美感作用，尚有其他解脱的要求，是与艺术具有绝不相同的特征的。所以蔡先生认宗教为过去的东西是对的，若要根本取消宗教，则宗教仍不被取消，而必变为更高的形式而表现，如所谓，“美育”代宗教之说，这正是第四期“艺术的宗教”的说法；而且只有这种“艺术的宗教”，才是宗教发展中最高的产物。不但如此，即吾人假定美育可代宗教，则美育亦可代哲学，如意大利的哲学家 Croce，他哲学趣味深染着美学上诸问题的色彩；他最伟大的著作，也是在 1902 年的一部美学。又如一生在美国的桑塔雅那（George Santayana），他的第一篇哲学论文，也是《美感》（1896），以后全部的哲学体系，也完全只是诗人艺术家所给我们的美的诱惑和真理的呼声。又不但美育可代哲学，而且可代科学，将来科学一定会和艺术相结合，而变成很美的艺术，什么机械工厂呀，烟囱呀，都没有了，而只有很精巧的工具，为人服役，总而言之，文化史的第四期实以美育为中心，而影响及于宗教、哲学、科学，所以不但蔡先生可以主张美育代宗教，我们也可以一样主张以美育代哲学、科学；不过话虽如此，美育仍然是美育；而宗教、科学、哲学，仍然只是宗教、哲学、科学，所以由文化哲学的眼光来看，宗教之史的发展，虽以“美育代宗教”为归宿，然而这种“艺术的宗教”只是代表宗教史之第四时期，而宗教之为一文化类型，还是根本不动的。

六

我不反对宗教，而且宣言我自己是一个泛神主义的信徒，换言之即主张以“直觉的演绎法”为基础，来宣传“艺术的宗教”的。我不敢如 Nietzsche 似的，谓宗教为“国民的鸦片烟”，同样我也不会如 Spengler 似的，认为“一切的文化都是宗教的”。我以为宗教在文化类型学上，只算得许多类型中的一个，在文化史上也只占过一时的重要地位，时候过去了，宗教便变成守旧东西，去帮助强者制造奴隶的“多数人”；所以在我们科学时代，提倡“反宗教的运动”，也是对的，然而宗教之所以为宗教，毕竟有他的本质之存在，宗教形式虽可以转变，可以消灭，而宗教之所以为宗教的本质，却是永远存在的、不灭的。宗教的宗教可以转变为哲学的宗教、科学的宗教，乃至艺术的宗教；然而无论哲学也罢，科学也罢，艺术也罢，推到最底的一层，总是以信仰做底子的；换言之，即以宗教做底子的所以从宗教时代以至哲学时代、科学时代、艺术时代，文化进化之每一层，其上层必以其下的一层或数层为底子，而从最高层到最低层，均可包涵之于最低之一层。这就可见一切文化从其内包上说，都不能没有宗教做底子，那么我们对于宗教的文化，不应该抛开第三期的成见（一个真科学家是不应该有什么成见的），而重新估定它的真意义和真价值吗？

第五章　哲学的文化概念

一

在未详论哲学的文化概念以前，应该对于哲学先有一个明确的看法，我很不愿意那一般哲学教授们，劈头便讲什么本体论呀，认识论呀，把那些艰深的问题，当做哲学的法宝来玩，弄得人们对于哲学竟把它看得“玄之又玄”，以为和人类的行为全无干涉，这实在大错。其实从古以来的哲学，都是社会公共行为思想的表现，从古以来的哲学家，都是社会公共行为思想的代言者，不过公共行为思想是有变动有进化的，所以在哲学方面，虽则在某一时代很适合的公共行为思想，到了时代过去，也就没有什么。哲学史上所诏示我们的，如西洋哲学的认识论，要讨究人类知识的来源、性质，有多大效用？这实在都是暗示人之理性的权威，对当时革新运动，有很大影响。但在今日认识论便渐渐不成问题了。真如洛慈（Lotze）所讥为“磨刀不割”的了。又如印度哲学里有因中为有果，为无果？因果为一呢？为异呢？这些讨论，现在没有人过问的了，而在当时这问题没有解决，便不能生活下去。总而言之，人类的行为是应付困难解决问题的，而这应付困难解决问题的综合学问，就是哲学。所以每一时代的哲学思想，都足以代表那时代社会的普遍的生机活动，这可以说，没有一个例外。就是实验主义家所认为绝对不必要的形而上学，要研究什么宇宙本体问题，察其始也是社会的产物。我们知道，希腊最古的形而上思想，是民众对于自然之惊疑而起，Socrates 和那些哲人讲学各地，无论什么人都听他们；至于近世的启明时期，朝野上下都把哲学看做家常便饭一样，更不消说了。还有 Hegel 的辩证法，不是著名很奥妙的吗？在俄国从前竟能影响到虚无党的运动，如巴枯宁（Bakunin）、赫尔岑（Herzen）几乎没有一个不受其影响，可见无论哪种哲学，从本质上看起来，都不能不说他是社会公共思想的表现了。德国的观念论哲学是代表德国民众的，中国的儒家是代表中国民众的，甚至于明末清初学者所指摘为空疏无用的王学学派，在当时都是民众哲学。据胡卢山所述，阳明弟子有酒徒、哑子（《明儒学案》卷 22），再看心斋父子门下有樵夫、陶匠、田夫等，就更可见了。

因为哲学是即自的观念形态，所以从表面上看，似乎哲学与民众无干，甚至所谓哲学家，好像都是性情乖僻、思想疯狂的分子，实际上何尝如此。哲学家因为处处有“我”，初看似乎离叛社会之集体信仰，其实所离叛者只是集体之旧信仰，而其所提倡者却正是导源于集体之新信仰；所以哲学正是民众新信仰的宣传者，所以能够影响民众于不知不觉之间，弥漫于社会思想之任何方面；只有他才能把民众潜伏心里的思想，组成“系统化”了。这么一说，可见许多误解哲学，所抱的“单纯抽象的哲学观”，根本上是一个错误。哲学无论在哪个时代，总是必要的，总是根深蒂固地为人类心理所要求。即如中国，数年前发生所谓“科学与人生观”的论战，似乎要取消哲学；然而取消哲学，亦只不过为一种要求“科学的哲学”之表示，即实证哲学的表示。在实证主义时代，哲学有自己否定之倾向，然而细心研究一下，则孔德虽否定形而上学，何尝不是自己建立实证的哲学体系？在科学与人生观之论战中，人生观论派不消说了，就是站在拥护科学那方面的胡适之，谁也知道他是个北大的哲学教授，是一个不折不扣的方法论哲学者。现在情形又不同了。马克思派只有陈独秀和经验批判派，因为不懂辩证法，才反对哲学；其他以 Plechanov，Lenin Deborin 学派自命的，对于哲学兴趣的浓厚，真可谓“得未曾有”。Lenin 曾责备 Kautsky 对于哲学问题之无关心，Deborin 在 Hegel 著作集第一卷里（川内唯彦译《辩证法——黑格尔〈论理学批判〉》）竟大喊着最伟大的自然研究者，在现在不可不成立自然科学与哲学最密切的同盟，于是哲学又大出风头了。什么唯物辩证法呀！ Hegel 研究会呀！马克思的哲学呀！唯物论史呀！ Lenin 哲学著作集呀！已风靡一时之新兴哲学，可见哲学又到了一个新的阶段；而那些从来喊着打倒哲学口号的人们，竟也公然不惜宣言“科学也是自然哲学”了。说也奇怪，在时代正看重哲学的时候，我刚刚来讲哲学的文化概念，不过应该申明几句，就是我是站在“文化哲学”的体系上来讲哲学，当然和时髦的哲学观不同，我是彻首彻尾抱定应用文化分期的历史法，来讲明哲学之所以成为哲学的，所以在此应先将哲学观念的变迁线索，拿来研究一番。

二

本来我主张研究哲学，应该注意“哲学之历史研究法”，固然概论哲学与哲学史性质不同，哲学史告诉我们了解时代精神与思想方法之渐次发展的路径，是完全看重历史方法。概论哲学似乎应偏重哲学之组织的研究，即对于无数之哲学问题，加以全盘的统一的说明，那么研究哲学似乎不要应用历史方法了。然而从前竟有一个时期，即当 Hegel 及 Hartmann 时，竟谓“哲学史即是哲学”；这话似难索解，实际则研究哲学也只是应用历史的进化方法来研究哲学问题，而给它以全体的综合的解释，所以研究哲学，舍却历史的研究法之外，别无他法。假使我们不研究哲学之历史的过程，便欲正当了解哲学上的问题，也是很不容易的。所以我现在在说哲学的文化概念之前，不得不将哲学这个观念，应用历史进化的方法，将它的变迁线索研究一下。依我意思，则哲学观念的变迁，可依照文化分期的原理，把它分做几个时期：

（第一）宗教的哲学观念时期——欧语 Philosophy 我们译为哲学，这在古代希腊是用作“爱智”的意思，这句话到 Socrates 才真正采用。可是实际研究哲学思想的起源，则 Philosophy 这门学问，实在比它的名称更早发达；而哲学中所包含的思想，则比哲学更老早就已经存在了。原来所谓哲学，最初就是究明存于世界（存在的全体）根柢的根本原理，Schopenhauer 很妙地告诉我们，依他所说，就“人类以外东西，没有一个对于自己存在感着什么不可思议的，他们都以自己存在为当然的事，但是人类因为意识理性发达，遂不能不顾虑到这个存在的大问题，尤其在存在之旁有所谓‘死灭’者在。无论如何辛苦的事业，到头三寸息绝，便一切归于水泡，我们为什么生在这样不安的多苦多难的世间来呢？这是真正动人注意的大问题，即由此心情，由此疑念，才唤起人类特有哲学的需要（或“形而上学的需要”，need of metaphysics）。因此古代 Aristotle 在所著《形而上学书》开卷即说：‘不问古今人都是因惊骇而开始了哲学学问的’；Plato 也说惊骇为哲学的特有性质，而最使人类发生惊骇的一点，不能不归到生死问题了。所以古今的哲学家或宗教家，没有一个不提倡灵魂不灭，即说死后犹可继续生活的教义；……所以哲学在这里成为任何人也感着必要的东西，任何人也应该加以思考的东西。……真正的哲学是从古以来，已经和人们的心性相结合着的”。由上一大段的哲学起源说，依他说法，则哲学实起于惊骇，由惊骇唤起疑念，由疑念促动解释，所以 Plato, Aristotle 都认哲学是从惊骇而起，而世界最明白地又最不易了解的事；就是我们存在的一桩事，和死灭的一桩事，实即为哲学需要的根本原因。所以哲学思想在还没有“哲学”名称和“哲学”学问以前，已经成为“宗教的哲学观念”显现出来，这是毫不足怪的。

但是只有惊骇还不足以说明哲学思想的由来，哲学思想是因真正惊骇而进一步究明事物的真相，从个个的事实，而要探出一般的性质。人们纵不是哲学家，总尝试着从个个事实进为一般的说法，这种概括作用，在智力低的人甚至仅就一、二事实来下断语，吃了饱饭，便概括说“世界是快乐的”，有一点不舒服，又呻吟着“世界太苦痛”了，这种从个个事实来下一般的结论，可以说是人类天性如此，这种天性和惊骇结合，就是最初引导人们走向哲学思索的路上去的。所以有人称“人”为形而上学的动物，这话很合事实，实在说，最初哲学便是种种“宗教的哲学”，即为惊骇之念所迫而求一般道理的哲学。即在知识稍进的民族之中，“尚有神话和俚谚”以安慰人心，其神话将宇宙现象，拟作神神活动的大舞台；俚谚则将人类社会之是非善恶神圣化了；这些“民众的哲学”才是第一期真正的哲学。所以叔本华说：“宗教”就是民众形而上学；“俚谚”就是民众智慧。要知道这民众的哲学，就其最深奥最沉痛又最有趣处来看，就都是和生死问题有关系的。我们试抛开那些哲学家的哲学书，来看一下古代的民众哲学吧；如所罗门传道书说：“虚空的虚空，虚空的虚空，人一切的劳碌，就是日光之下的劳碌，我都以为烦恼，都是虚空，都是扑风。”假使没有烦闷，便哲学之幕，也不会掀开了。再就印度哲学，试举最浅的《维摩诘经》说：

诸仁者，是身无常，无强无力，速朽之法，不可信也。为苦为恼，众病所集。诸仁者如此身，明知者所不怙，是身如聚沫，不可撮摩；是身如泡，不得久立；是身如焰，从渴爱生；是

> 身如芭蕉，中无有坚；是身如幻，从颠倒起；是身如梦，为虚妄见，是身如影，从业缘现；是身如响，属诸因缘；是身如浮云，须臾变灭；是身如电，念念不住；是身无主为如地；是身无我为如火，是身无寿为如风，是身无人为如水；是身不实，四大为家；是身为空，离我我所；是身无知，如草木瓦砾；是身无作，风力所转；是身不净，秽恶充满；是身为虚伪，虽假以澡浴衣服必磨灭；是身为灾，百一病恼；是身如丘井，为老为逼；是身无定，为要当死；是身如毒蛇，如怨贼，如空聚阴界诸入所共合成。诸仁者此可患厌，当乐佛身。(《维摩诘经》卷一)

因有这种大疑惑，才会发生许多以解脱为目的的印度哲学。许多形而上学问题，表面上什么有元论无元论，一元论二元论，似乎都和人生实际不相干的问题，实际很多都是从生死之谜起点，有的则从存在的惊疑起点。因有疑惑才发生对于实在的认识；因不承认日常见闻经验的世界，才进而探求事物之根本原因，而求根本解决；乃至因现实的无常，而结撰一恒常的本体以为归宿；因现实的复杂多端，而求出一个统一的本体，以为说明，这从最广义来说，都是宗教的哲学观念。从古代以至欧洲的中世期，更纯粹是宗教时代或神学时代，哲学在这时候只成为宗教的附属物和宗教信仰的解说。所以在第一时期，哲学和宗教的关系是很密切的，差不多哲学之形而上学观念和宗教之神学观念，简直有些分不开了。

（第二）自我的哲学观念时期——从来讲“哲学概论”的，总是偏重堆积的看法，从纪元前三世纪初期——Aristotle 死后不久，便风行所谓“哲学的三分法”——那三部分即是逻辑（logic）、物理学（physics，包括玄学 metaphysics）、伦理学（ethics），其为堆积的分法不消说了。就是最近顶流行的“哲学的新三分法”，将哲学分做

（1）形而上学；（2）认识论；（3）伦理学（近来加上价值论即美学），实在也只是代表堆积的哲学观，而非进化的哲学观。若从进化的哲学观上看，则形而上学是代表哲学第一期的观念形态，认识论是代表哲学第二期的观念形态，而广义的伦理学（在哲学概论是将政治法律经济社会问题都放在伦理学题目下面去研究的）则代表哲学第三期哲学的观念形态，若再加上美学（艺术哲学），也正好代表第四期哲学的观念形态。然而在所有哲学概论里面，竟看不出有一部应用了这种历史的分析的研究法。所以我说对于过去哲学概论有重新改造的必要。现在先就第二期哲学的观念来说，第二期是从宗教哲学（广义的形而上学）时期转到承认个人实体之根本原理"理性自我"的研究时期。这个时期是全部集中的"认识论"哲学的研究、人生哲学（人格或心性哲学，与广义伦理哲学兼读政治者不同）的研究，而承认哲学即是"认识论的哲学"，或如 Fichte 所说："个人的哲学，就是他人格的表现。"完全把哲学安置在观念论的人生观的基础上，这就是第二期哲学的最大特色；同时也就是哲学之所以成为哲学的最大特色。从前第一期哲学以为研究神的问题、宇宙问题，才是哲学，到此大家才回头想到自己，转而以研究其自身为起点，知道人是"理性"的一个人，便须努力提高人的"理性之光"，使其超越一切；所以这时期哲学，是理性主义，才算哲学。哲学史是什么？哲学史也只是绝对理性的实现。因为看重理性，同时即看重自由思想的批评精神，所以这时期哲学，也可以说批评主义才是哲学。总之第一期的哲学观，是"宗教的哲学"的哲学观，第二期的哲学，才是真正"哲学的哲学"之哲学观。第一时期的哲学形态，在论理上为"没自即自的"，所以是经典的、独断的、服从的；第二时期的哲学形态，在论理上为"即自的"，所以其哲学也是主观的、批评的、浪漫的、反抗的。用一句话来说尽，就是如 Hegel 所撰《作为哲学概论的精神论》（这是 Hegel

一封九张纸的信，现收入《哲学序说》）第二节所说：

> 哲学概论为使精神成功科学，则不可不视察其所经过的种种性情及活动。从自己认识这些精神之各种性情及各种活动所成一种必然关系，这就大概构成了一种科学。

由这段话，可见如果今日要请Hegel来讲“哲学概论”，一定会把“哲学”讲成“精神哲学”“自己认识精神之认识论哲学”；如果要请Hegel来讲哲学史，一定会把哲学史讲成“自我绝对精神的发展史”；这就可见哲学的第二期，是完全代表认识论哲学的观念，和从前民众形而上学即宗教的哲学之哲学观，是根本不同的。可是认识论哲学到了Hegel已经登峰造极，所以Engels简直宣言以为哲学到了Hegel，便算到了顶点了。

（第三）实证的或科学的唯物史观的哲学观念时期——我前面说过，哲学是跟时代的变动而变动的，只要时代有变迁，便哲学的观念也变迁；甚至对于哲学史上大思想家思想的解释，也会变迁。最显明的例，如现在时流学者，他们常常对我们说：“哲学是要不得的东西，科学可以拿出证据，而哲学根本就没有证据，那么只要科学好了，哲学还要它干么？”这在数年前“科玄大战”时候，似乎听得很多很多了。但要注意的，这派既抱着一种思想，则他的思想，便是一种哲学。他不要那没有证据胡思乱想谈心说性的观念哲学，那么他是一定另有其自己哲学的。这种哲学，就是所谓“实证哲学”，或所谓“综合哲学”（这是说不要那没有科学根据的哲学；而要那从各种科学综合起来的哲学），或是“实验主义哲学”（这是说要有实际效果的哲学，或如李季所批评为“唯利是视”的哲学），甚至于像马哈Mach等所提倡的“科学批判的哲学”“经验批判的哲学”；这是一派，可以拿来代表英美一流之哲学观的。但在这里，仍没有得到最近代哲学观念的全体意义，“科学”，而是将“哲学”看做“艺术”，即是“艺术的哲学”之哲学观念。哲学只有变成功艺术，才有生命，如辩证法唯物论的哲学，哪里有什么生命可言？不但如此，第三期的哲学，因为太偏于实证的科学的世界，即太偏重空间的世界，而空间天然是静多动少，堆积的时候多，进化的时候少，这就是说空间是只有物质的扩张性，而缺乏历史的绵延性，所以第三期的哲学，虽也看重历史，却只是“物质之扩张性的生产史”，换言之即是“量的历史”而不是完全以时间为基础的“质的历史”。须知只有时间才有历史性，只有时间才有生命性，只有时间才有艺术性，所以对于第三期空间本位的物质本位的科学本位的哲学观念，我们不能不认为是已经过去了；现在不讲“哲学”一字便罢，要讲哲学，即须将哲学讲成功时间本位的、生命本位的、艺术本位的哲学。而这生命的时间的艺术的哲学观念，因为是有时间便有历史，所以历史性也是第四期哲学的特色。生命主义的历史哲学、文化哲学，在这期的重要，是不消说的了。

三

以上所论为哲学观念的变迁，大约把它分做四个时期，即“宗教的哲学时期”“哲学的哲学时期”“科学的哲学时期”，与“艺术的哲学时期”，还没有说到哲学之所以成为“哲学的哲学”，是用了一些什么方法？乃至“哲学的哲学”之变而为“宗教的哲学”“科学的哲学”“艺术的哲学”，是为着用什么方法？简单说来，我以为哲学的方法，即“辩证法”，哲学时代到了完成“辩证法”之Hegel，便算登峰造极，不过辩证法也有一段长的很复杂的历史的，而辩证法之史的发展，实际即与哲学之史的发展并行，如前已经指出的：

演绎的辩证法……………………………宗教的哲学时期；

辩证的辩证法……………………………哲学的哲学时期；

归纳的辩证法……………………………科学的哲学时期；

直觉的辩证法……………………………艺术的哲学时期。

现在试就“辩证法”——即哲学方法研究一下，依我意思，则辩证法和演绎法之依于信仰而成立似的，辩证法则依于“反省”而成立。其特色在注意一切思想之变动，与对立物的统一。严格说来，只有观念论的辩证法，即辩证法的辩证法，才是辩证法之本来面目；而唯物论的辩证法，则为辩证法之第三时期，即归纳法的辩证法之一种形态。不过关于这层且让后面来说，现在且先说一下辩证法之性质。当然辩证法应以 Hegel 所说为正宗，依他所说，则“精神的本质为自己活动的成果；精神的活动，是直接性的超出、直接性的否定，及向着自己内部的复归”（《历史哲学概论》页 87）。用论理的术语表之，即“即自的”“对自的”“即自且对自的”之辩证法的历程，即由二度之否定，而使精神复归于最初的意识。这种精神复归于最初意识之活动形式，就是辩证法之一般的性质，所以辩证法由 Hegel 看来，也是“除却精神自身以外，不能有什么别的东西”；辩证法只是精神自身所具的“活动的法则”而已。固然马克思派可以说这种辩证法只是观念论的辩证法，我们试再研究一下辩证法的历史，即知辩证方法之发展，同时就是哲学思想的发展。最初辩证法的起源，一方面由 Zeno 之“静学的辩证法”，发展为 Socrates 的“产婆术”，经 Plato，Aristotle 形成了 Thalheimer 之所谓“横的辩证法”。一方面则由 Heraclitus 之“动学的辩证法”，以辩证法证明了运动的实在，如谁也知道的，即说“万法流转”；“有与非有为同一的”；“一切存在又不存在”的大原理；这样依于矛盾及其发展所成的实在观，实为真正哲学方法的鼻祖。或如 Thalheimer 叫它做

“纵的辩证法”。横的辩证法与纵的辩证法在文化史之第一时代即宗教时代，均不免支配于宗教方法之下，而为宗教之一护符。不过横的辩证法总不免带很浓厚的“演绎性”，所以无论后来进步到如何地步，总带着神秘的色彩；纵的辩证法则在其“神秘的外壳之中，却发现了合理的核心”。因为纵的辩证法即真正的哲学方法；哲学方法有时可以为宗教之一护符，有时也可以拿来作科学的方法来解释，虽则摆动于两者之中，而它的本身却是不折不扣之哲学方法的。原来就在辩证法历程中，我们很容易看出辩证法是有两方面，一面即“对立的辩证法”，一面即“综合的辩证法”。如立“我”为辩证法的起点，则“我”同时有“非我”与“我”对立，这就是“我”的否定了；又如以“有”为辩证法的起点，则“有”同时有“非有”与“有”对立，这又是“有”的否定了。所以辩证法自始即应承认宇宙间有对立的法则。复次这对立的法则，结果应要归于统一，无论哪个思想一定有两相反对的部分，这两个相反的部分，义虽反对，穷其所极，却是相反相成、同时俱在的；这么一来，便一切矛盾的都是冉融的了。

为什么辩证法是带有革命的性质而有所谓革命的辩证法呢？依据 Russell 在《德国社会民主主义》解释：（一）辩证法一方面承认事物的现状，一方面又承认结果归于消灭；（二）辩证法以为历史上进化的社会形式变动不居，故不特计及其过渡的性质，且计及其暂时的存在。（三）辩证法不愿有任何事物加诸其身，就它本质说，就是批评的而且革命的。这不是看出辩证法正是“破坏的工具吗”？所以黑格尔论理学将论理分三方面：（一）抽象的，或悟性的方面；（二）辩证法的或消极理性的方面；（三）思维的或积极理性的方面；这不是更证明了在论理学的全体系之中，辩证法只限于代表消极理性的方面吗？我在民国十年所著《革命哲学》中曾看出辩证法对于革命方法论的贡献有三点（见页86—88）:（1）辩证法是能够引起反动的思想；（2）辩证法教我根本推翻；（3）辩证法是能够造成革命的信条；这些虽早年思想，直到现在，仍可证明了下面之一个事实，就是辩证法就是“革命的方法”。总而言之，辩证法它的本身和哲学一样，有时站在宗教的方法一边，有时又站在科学的方法一边，即如所称“登峰造极”的哲学家Hegel，“他最大的功绩，在提出辩证法为思想的最高形式”；而他的辩证法即同时具有保守的与革命的之两性质的。就保守的方面说，如最有名的命题：

> 凡是实在的都是合理的；凡是合理的，都是实在的。（《法律哲学》）

将一切现实存在的东西，视为神圣，可说是再保守也没有了，却是依他辩证法自身，也可以转化为反对的命题，即如Engels在Feuerbach论中所指出的：

> 一切存在的，都是值得死灭的。

所以Feuerbach论很明显地告诉我们：

> 谁将重心放在Hegel的体系上，谁就会在这两个领域上——宗教与政治——成为保守主义者，谁以他的辩证的方法为主要点，谁就会在宗教上及政治上成为极端的反对者。

哲学是一种“即自的”，即主观的学问，所以依照哲学家之主观倾向，可以接近宗教；同时也可以接近科学。而就哲学的方法即辩证法来说，也是有时接近宗教之保守的方面，有时接近科学之革命的方面，故马克思派要“从这神秘的外壳，去发现合理的核心”；那么观念的辩证法，即辩证法的辩证法，亦可转化而为唯物辩证法即科学的辩证法了。所以辩证法的历史，依我研究的结果，则中世以后辩证法的发展，是可以分为四大阶段：

第一阶段	宗教的辩证法	Proklo 中世纪第二世纪之辩证家的神学者如： Justinus 著《大辩证书》《小辩证书》 Lactantius 著《神的法制》 Augustinus《上帝之城》极力辩证神的政治恒久不变
第二阶段	哲学的辩证法	Rousseau, Kant, Fichte, Schelling, Hegel
第三阶段	科学的辩证法	Feuerbach, Marx, Engels, Plechanov, Lassalle, Dietzgen, Lenin, Deborin
第四阶段	艺术的辩证法	Bergson, Croce, Nicolai Hartmann, Dilthey, Kroner

其详请参看我在《黑格尔主义与孔德主义》一书中（页 97—108）论《辩证法史》一节，现在可不详述了。但即在这里，也可看出“宗教的辩证法”所形成之“宗教的哲学”，严格来说，不是“哲学”，只是“宗教”；其所用的辩证法，亦只是宗教方法之附属品，而不是真正的辩证的辩证法，即真正的哲学方法。真正的哲学方法，只有观念论的辩证法，即辩证法的辩证法；而真正的哲学，也只有德国传统派的哲学，即从 Kant，Fichte，Schelling 以至 Hegel 的哲学。至于第三阶段所谓“科学的辩证法”，即所谓“唯物论辩证法”，实

际只是哲学方法与科学方法之综合。科学时代，原有特殊之科学方法即“归纳法”，唯物辩证法一方面采取归纳的方法做底子，一方面又采取辩证法之革命的性质，而脱掉玄学的体系，所以唯物辩证法严格来说，也只是科学方法之一种，而非哲学方法的本身。到了第四阶段，Kroner 在辩证法中看出“幻想的直觉”；Nicolai Hartmann 看出辩证法之神秘性、艺术性；Croce 要将 Hegel 和 Bergson 的直觉法结合为一；其实说来，这第四阶段的辩证法，也不是哲学的辩证法，而为艺术的辩证法；其所形成之新哲学，也不是哲学的哲学，而为艺术的哲学。所以归根及底，只有观念的辩证法，才是真正的哲学方法，也只有观念论的哲学，才是真正的哲学，而真正的哲学方法，一句话说尽，也只是“辩证法”而已。

四

由上所述，宗教的辩证法即演绎的辩证法，形成了“宗教的哲学”；哲学的辩证法即辩证的辩证法，形成了“哲学的哲学”；科学的辩证法即归纳的辩证法，形成了“科学的哲学”；艺术的辩证法即直觉的辩证法，形成了“艺术的哲学”。同样的道理，在哲学之史的发展上，便依照以上顺序，也发展为四个时期即是：

（一）宗教的哲学时期…………形而上学与宇宙哲学时期；

（二）哲学的哲学时期…………认识论与自我哲学时期；

（三）科学的哲学时期…………社会论与经验哲学时期；

（四）艺术的哲学时期…………生命论与新理想哲学时期。

试以西洋哲学的历史证之，尤以中世纪时代，即史家所称为“回复原始模型（社会的与文化的）之时期”起点，则西洋哲学实可分为下列之四大阶段：

		重要思想家
第一阶段	宇宙哲学时期	新柏拉图主义（Neo-Platonism）， St. Augustine, Luther 的宗教改革， Bruno 的泛神论，剑桥大学的柏拉图派， Descartes, Spinoza, Leibniz
第二阶段	自我哲学时期	Locke, Berkeley, Hume（英） Voltaire, Rousseau, Diderot（法） Kant, Fichte, Schelling, Hegel（德）
第三阶段	社会的科学的哲学时期	Schopenhauer 悲观论的哲学， Hartmann 无意识的哲学， Max Stirner 极端个人主义， Huxley 生物的厌世观， St. Simon, Comte, Fourier, Louis Blanc, Proudhon, John Stuart Mill, Darwin, Spencer, Strauss, Feuerbach, Marx, Engels, Lassalle, Haeckel, Ostwald
第四阶段	生命哲学时期	Nietzsche, William James, F. C. S. Schiller, J. Dewey, Eucken, Bergson, Windelband, Rickert, Croce, Santayana

（说明见拙著《历史哲学》第六章）

由上西洋哲学的发展史，中世至文艺复兴为“宇宙哲学时期”，即“宗教的哲学时期”；启明时期为自我哲学时期，即“哲学的哲学时期”；19 世纪为“社会的科学的哲学时期”，即“科学的哲学时期”；现代为生命哲学的时期，即“艺术的哲学时期”。固然从全体的进化看，是以第四阶段之“艺术的哲学”为最大目标，而就哲学之所以成为哲学者来说，却只有第二阶段之自我哲学时期，才是真正之哲学时代。

次再就中国哲学之史的发展证之。中国文化，原来就是哲学的文化，和印度之代表宗教的文化、西洋之代表科学的文化者，绝不相同。梁漱溟先生《东西文化及其哲学》一书，曾指出中国文化之特质，在无处不适用其玄学——形而上学，而中国之形而上学又是一套完全讲变化的（页114—115），——绝非静体的；这就是说中国文化是代表哲学的文化，所用的方法也是完全为辩证的方法，和印度哲学方法之接近宗教方法、西洋哲学方法之接近科学方法者尚稍为不同。话虽如此，中国虽自始即为哲学的文化，而在其哲学之发展史上看，则其第一阶段仍然和印度之宗教的文化相通，其第三阶段则和西洋之科学的文化相通，归根也是只有第二阶段，才可算得真正“哲学的哲学”。现在试以图表之（见下页）：

原来中国之民族文化，即“哲学的文化”，也是按着时代的需要，和所用哲学方法之不同，而表现为历史进化的各阶段的。如第一阶段为宇宙哲学时期，那时提倡古学复兴，和欧洲文艺复兴的情形是很相似的。他们的代表如周濂溪（敦颐）、邵康节（雍）、张横渠（载）、程明道（颢）、程伊川（颐）、朱晦庵（熹）等，到处聚徒讲学，要把生机剥尽死气沉沉的学术界，从新宇宙里复活过来。他们的学说有一个共通点，就是“新宇宙的发现”，就是一种“泛神主义”。他们都认天地万物皆自然而然，“天地之大德曰生，天地细缊，万物化生”；这个“宇宙之生”，就是他们最重要的观念。不但如此，他们实在因着宇宙之生，而高唱“这世界”的赞美歌的。看呀！天空海阔，山峙川流，鸢飞鱼跃，充塞这个宇宙内，无非生意春气，只是“四时行焉，百物生焉”；这种生命的哲学，实在就是哲学史上第一阶段的特色了。自宋到元，是由宇宙哲学到自我哲学的过渡时间，过此便是明代，应该以陈白沙、王阳明为代表。阳明提出良知，做人生行为的标准，以后遂因认识论的不同，引起种种不同的学派，即唤起

文化阶段		发展时代	重要思想家	重要著作	根本观念	集大成的人物	年代的标记 <郑师山 <刘蕺山 <孙中山
第一阶段	宇宙哲学时期	宋代	周濂溪　邵康节 张横渠　程明道 程伊川　朱晦庵	《太极图说》《观物内外篇》《正蒙》《易传》《易本义》《太极图通书西铭解》等	泛神的宇宙观	朱晦庵	1017 年周濂溪生至 1353 年郑师山没
第二阶段	自我哲学时期	明代	陈白沙　王阳明 王龙溪　王心斋 王东崖　罗近溪 聂双江　罗念庵	《白沙子集》《阳明集要》《王龙溪集》《王心斋集》《盱坛真诠》《聂双江集》《罗念庵集》等	快乐的人生观	王阳明	1428 年陈白沙生至 1643 年刘蕺山没
第三阶段	社会的政治的哲学时期	清代至今	黄梨洲　顾亭林 王船山　颜习斋 李刚主　今文学派 谭嗣同　孙中山	《明夷待访录》《日知录》《黄书》《噩梦》《存治》《瘳忘编》《平书订》《拟太平策》《刘礼部集》《龚定庵集》《默觚》《礼运注》《仁学》《中山丛书》等	民族民权民生的政治观	孙中山	1613 年顾亭林生至 1925 年孙中山没

种种不同的对于人生问题的解决方法。如左派主动，右派主静，左派如王龙溪、王心斋，主张本体即是工夫，近于顿悟；右派如聂双江、罗念庵，主张由工夫达到本体，近于渐修。现在只就左派来说，依他们的意思，人生只是不停歇不呆坐着的全身全灵的“动”、生命的动；越努力越有生趣，越能体验自己本心的快活。所以他们这一派的根本哲学，就是人生，——快乐的人生；这就是哲学史第二阶段的特色了。但是我们要注意的，第二期的哲学，看重个人，所以注重主观的冥想，而忽略客观的考察，对于当时社会政治的情形太隔膜了，他们的政治思想也未免太薄弱了。白沙一派大概都不以富贵为意，完全抱哲学家的态度；王阳明教人吃紧在恢复心体，即致良知，他也不愿意谈政治，以为为政只在乎一心之转。似此只是修身，不讲治国平天下，可以成功一种很好的“自我哲学”，而苦于不能致用。所以阳明以后到了明末，自然而然地起了反动，而有“东林学派”发生。这派重要人物，如顾泾阳（宪成）、高景逸（攀龙），他们一方面反对阳明学派的空谈误国，一方面用学术团体名义来实行政党式的活动，这实在就是哲学史第三阶段的开端。再到黄梨洲（宗羲）、顾亭林（炎武）、王船山（夫之）、颜习斋（元）一般明末清初的“经世学派”出来，于是近代哲学遂由自我论时期完全一转而入于社会论时期了。这一期的社会政治思想，很多是很透辟的，尤以王船山的“民族主义”、黄梨洲的“民权主义”，和颜习斋、李刚主的“民生主义”，为后来孙中山三民主义所本。但是不幸得很，在当时满清政府专制之下，要谈经世，开口便触忌讳，所以到乾嘉时代，经世学派便不得不改头换面，把那激烈的政论隐藏起来，用他们的聪明才力，去研究变相的科学，结果在文献上却得到意外的贡献。自此以后，便有今文学派；这时清代政治太腐败不堪了，于是又把“经世致用”的观念重新唤出。如刘逢禄的《春秋公羊经传》何氏释例、龚自珍的《五经大义终始论》、魏默深的《默觚》、戴望的《论语注》，他们都是应用《公羊传》的“张三世”“通三统”“绌周王鲁”“受命改制”等说，来批评当时的专制政体。论治的宗旨，则大都倾向于大同主义，他们叫做“太平世”。谭嗣同《仁学》下卷，与康有为《大同书·礼运注》，以春秋三世之义来讲社会政治，但是康有为底子里只是个保皇党和反革命反共和的复辟党；他要分别什么大同小康，一面把大同认为孔子的理想政治，一面又甘心作伪，拿小康一段来做反动思想的根源；所以就这一点，只有孙中山的三民主义，才是真正的第三阶段的代表思想家。他不但接受了经世学派的根本观念，如王船山的民族主义、黄梨洲的民权主义、颜李学派的民生主义，他实在还能根本推翻了二千年来腐儒所根据的小康思想，而大胆提倡由国民革命到世界大同。所以我在《历史哲学》（页 353）中竟说“孙中山先生宣传三民主义影响全国，这伟大的政治系统，使他成功为社会政治哲学的集大成的代表思想家了”。然而中国哲学的发展，并不是到了第三阶段就完事的；“我以为现在正是中国哲学的综合时代，就是把宋代的宇宙观，明代的人生观，清代至今的政治哲学融合为一，而成全生命的哲学的时代了”（页 354）。而这一个时期，似乎应以梁漱溟的《东西文化及其哲学》开始，而我的思想则完全直接孔孟，一面接受了宋明清哲学之三阶段体系，而从事集大成底工作的。

由上研究的结果，可见哲学之史的发展，在西洋和中国两方面都发展为四个时期，中国为哲学文化的代表，当然前途更格外有重要的发展希望，至于详细讨论，当让之《文化之地理上分布》中述及中国文化之一章。

五

最后，请述哲学与宗教、科学、艺术之各文化的关系，因而讲明了哲学文化之特殊的性质。关于哲学与宗教的关系，在本书第四章《宗教的文化概念》中已讲得很详细了；关于哲学与科学的关系，我在民国十年所著《革命的哲学》第五章，已指出哲学与科学之不同：（一）科学是现实的，哲学是理想的；（二）科学以研究为本位，哲学以批评为本位；（三）科学是叙述的，哲学是解释的；（四）科学是有通则的，哲学是意志自由的（原书，页 74）；现在简单来说，即是哲学以“即自的”为观念形态，科学以“对自的”为观念形态。民十四年张君劢先生在清华学校演讲，举出人生观与科学之五个异点，实际其所谓“人生观”，即“哲学”之异名；所举五个异点，也正是哲学与科学之五个异点。因为张君劢以人生观和哲学混为一谈，所以说“人生观不能成为科学”，即是说“哲学不能成为科学”，这当然是对的。任叔永在《人生观的科学或科学的人生观》中，则欲证明“科学自己还可以造出一种人生观”来，换言之即科学自己还可以造出一种“科学的哲学”，这当然也是对的。不过纯粹的哲学概念为“即自的”，而“科学的哲学”却为“对自即自的”罢了。因为哲学是即自的，所以为“主观的”“起于良心之自动的”“综合的”“自由意志的”“起于人格之单一性的”；又因科学是“对自的”，所以为客观的、论理的、为方法所支配的、分析的、因果律的，与“起于对象之相同现象的”；一句话来说尽，即哲学之中心点为“我”，而科学之中心点则为“非我”。因其为“我”，所以哲学家间，彼此观察点不同而意见亦不同；哲学从来没有一致的真理，和一定的成说，这正可以表明哲学之为“即自的”文化概念。反之科学则从“非我”出发，事事根据客观的观察，好似屠格涅夫（Turgenev）诗中的“大自然”一般，他对跳蚤的一条腿，同对天才创造性的苦痛，一律看待。所以科学所得结果，为抽象的概括，而有公例可求，一种公例可推诸四海而准，一种发明同时可适用于全世界，这不是可以表明科学之为“对自的”文化概念吗？再就哲学与艺术之关系言之，哲学以“即自的”为观念形态，艺术则以“即自且对自的”为观念形态，两者均以“即自的”为内容，似乎相同；但在哲学；则“即自的”观念形态为自我之认识，而艺术之“即自且对自的”，则为自我基于声音、形色等而为自我之表现；前者为内省之辩证法，而后者则为抒情之直觉法。固然在哲学发展之第四时期，哲学是所谓“艺术的哲学”，与在艺术发展之第二时期，艺术也是所谓哲学的艺术，可见哲学和艺术，有很密切的历史上关系了；但话虽如此，哲学仍不能和艺术相同。现代哲学家为要知道事物之绝对的最普遍的原理，有时不得不依赖直觉的方法，以游神于物的内面，而亲与其绝对无比不可言状的本体融合为一；然而这种哲学的直觉，仍然和艺术的直觉不同，这不得不说就是哲学之所以为哲学的文化类型之一大特征了。

第六章　科学的文化概念

一

在科学与人生观的论战中，已经有人提出物质科学、精神科学之分类的问题；在所谓“科学概论”之一学科里面，开头也一定要讨论到“知识的分类和科学的范围”，好似这个问题没有解决，则科学的地位，和科学知识种类的大概，即亦不易明了。其实知识的分类，初看似乎很容易的，实际却是最艰难的。因为知识的真确分类，必须知识已经发达到最高的程度，所以即就关于知识分类问题的历史来看，因时代的不同，也是有许多变迁，只要时代有变迁，知识的分类，也常常发生变迁。希腊时代决不会做出16世纪以后的知识分类，同样16世纪时代也决不会做出19世纪、20世纪的科学分类，所以知识的分类，依照历史的发展，可分为几个阶段，即是：

第一阶段	第二阶段	第三阶段	第四阶段
神学之知识分类	哲学之知识分类	科学之知识分类	文化学之知识分类
Aristotle, Hugo	Bacon, Descartes, Wolff	Coleridge, Bentham Whewell, Comte, Spencer, Pearson, Thomson, Kroeber	Wundt, Windelband, Rickert, Croce
圆心式	树枝式	阶段式	层创式

第一，神学的知识分类说：

在希腊学术全盛时代，Aristotle 曾把知识来分类，他将各种学向分成理论的、实际的和应用的三种；所谓理论的又分为三种学科，即第一哲学或神学、数学、自然科学，实际的知识分伦理学、经济学与政治学；应用的知识分应用学、美学与修辞学，似此分法将第一哲学或神学置于一切各种学问之上，就可见他的意旨所在了。自 Aristotle 后千余年，跟着基督教的发达，这种分类标准是不变的，中世纪经院派学者，分自然知识和启示知识两种，哲学属于自然知识，神学属于启示知识，却是他们的思想，仍然没有同亚里士多德分家。直至公元 1141 年法僧嚣俄（Hugo of St. Victor）所作知识的分类，于旧有之外，有许多增加，但大体仍脱不了亚氏的主张（参照 W. Libby《西洋科学史》，页 46）：

<table>
<tr><th colspan="2">理论</th><th>实用（道德）</th><th>工艺</th><th>论理</th></tr>
<tr><td>神学自然哲学（物理学）</td><td>算学</td><td rowspan="2">道德学，即私德
经济学，即家德
政治学，即公民学</td><td rowspan="2">纺织、缝纫、毛、麻等工业
建造——军器、船舰、木工、石工、金石
航运
农业</td><td rowspan="2">演说
文法
方言
修辞</td></tr>
<tr><td></td><td>算术</td></tr>
<tr><td></td><td>音乐（谐音之研究）
几何天文</td><td></td><td>佃猎、捕鱼、食物
医药
游艺——戏剧、音乐，运动等</td><td></td></tr>
</table>

最可注意的，就是他重理论而轻工艺的倾向，他说“人们往往看重知识的功用而忽其本身。譬如畜牧、纺织、绘画等工艺，苟产物不适于用，即认其为绝无价值。若据此以论上帝的知识，则创造之物不是较之创造者更贵重吗？”所以 Hugo 的知识分类，仍以神学为归宿。

第二，哲学的知识分类说

神学的知识分类，支配欧洲思想界有一千多年之久，到了13世纪英国的Roger Bacon（约1214—1292）虽没有发表甚么分类的意见，但在他的哲学名著*Opus Majus*里所举最重要的五种学问，实已溢出最初期学术范围之外。到了16世纪培根（Francis Bacon 1561—1626）出来，才反对经院派将知识当作圆的半径而集中于圆心，使各种科学的关系埋没，他主张如树枝分歧般的分法，将所有的知识关系，当作如树枝之连于一干，这种分法的好处，在以心理作用为标准，大有以人力控制自然的意思。但即因这个缘故，他自己亦不免为哲学时代的产儿，使人不能满意。他把一切知识分成三种，而每一种即代表一种心理作用，如历史学为一类，是属于记忆的；诗学为一类，是属于想象的；哲学或科学又为一类，是属于推理的；每类又分为几个细目，如下页图所列（同上，页513，参照皮耳生《科学规范》上册，页261）。

由此可见Bacon的分类，完全根据于主观的记忆、想象及推理等，来分别各种知识；他不知道历史学虽重记忆，但亦不能无推理作用，哲学或科学虽重推理，但使没有记忆，推理也不能进行。而且照他分法，哲学与科学不分，物理学与形而上学不分，怪不得Pearson批评他，说他的精透眼光虽能看破中世纪经院派学者的弊病，但仍不能不蹈其覆辙了。同时法国笛卡儿（Descartes 1596—1650）在《哲学原理》一书，也以哲学为标准，来包括一切精密的知识。依他意思，哲学有三大部门，一论无形世界的叫做玄学，二论有形世界的叫做物理学，三属于知识应用的叫做应用学。伦理学、机械学、药剂学，都属于第三类，他简直以为哲学以外就没有知识；这种分类法，自然太狭窄了。其后渐渐放宽的分类，如18世纪吴尔夫（Wolff 1679—1754）将知识分做历史的（经验的科学的）、哲学的

<table>
<tr><td colspan="8">原始哲学即智慧</td></tr>
<tr><td rowspan="7">推理
哲学或
科学</td><td rowspan="5">自然哲学</td><td rowspan="3">人类</td><td colspan="2">人文哲学（正义之标准）</td><td colspan="3">交际商业政治</td></tr>
<tr><td rowspan="2">人体哲学
（人体学）</td><td>身体</td><td colspan="3">医学运动等</td></tr>
<tr><td>灵魂</td><td colspan="3">修辞学 道德学</td></tr>
<tr><td rowspan="2">自然界</td><td>理论</td><td colspan="2">物理学（物质及相对原因）
形而上学（形式及最后原因）</td><td>具体的抽象的
具体的抽象的</td><td>算学</td></tr>
<tr><td>实用</td><td>工艺
纯粹魔术</td><td colspan="3"></td></tr>
<tr><td rowspan="2">神学</td><td>上帝</td><td colspan="5">自然神学鬼神本原</td></tr>
<tr><td colspan="6">启示</td></tr>
<tr><td>想象
诗词</td><td></td><td colspan="6">故事的或英雄的
戏剧的
比喻的（寓言）</td></tr>
<tr><td rowspan="7">记忆
历史</td><td rowspan="3">文化</td><td colspan="2">政治
（文化本史）</td><td colspan="4">碑碣
古迹
正史</td></tr>
<tr><td colspan="2">文学</td><td colspan="4">学问
艺术</td></tr>
<tr><td colspan="6">宗教</td></tr>
<tr><td rowspan="4">自然</td><td colspan="2" rowspan="2">不自由的
（受人之节制）</td><td rowspan="2">艺术</td><td colspan="3">工艺的</td></tr>
<tr><td colspan="3">实验的</td></tr>
<tr><td colspan="2">谬误的
（异常）</td><td colspan="4">超时代（怪物）</td></tr>
<tr><td colspan="2">自由的
（正常法则）</td><td>时代</td><td colspan="3">天文物理学
地文学
物理学
有机物种</td></tr>
</table>

（合理的）及数学的（形式的）三种；历史叙述正确的事实，哲学研究事物的原因，数学规定事物分量的关系。哲学中又分几个细目如下：

- 知识
  - 历史
  - 哲学
    - 狭义哲学
      - 自然神学
      - 心理学
      - 物理学
    - 规范科学
      - 伦理学
      - 心理应用哲学
      - 物理应用哲学
    - 本体学——决定各物共同性质的科学
  - 数学

这种分类的长处，在认哲学以外尚有其他知识的领域，但细按内容，则仍然是将科学如心理学、物理学放在狭义的哲学之下；科学（数学与历史除外）既只为哲学的附庸，当然也算不得真正以科学为标准之知识的分类说了。

第三、**科学的知识分类说**

真正科学的分类，始于 19 世纪初年，柯列基（Coleridge 1772—1834）虽然忽视了科学客观的标准，甚至于以形而上学神学和心的思想所构成的学科，如逻辑数学同归入纯粹科学之内，但他却实在给后来科学的分类法，开出一条门径。他杂乱无章地将科学分为：

- 科学
  - 纯粹科学
    - 形式的——文法学、逻辑学、修辞学、数学
    - 实在的——形而上学、伦理学、神学
  - 混合科学——机械学、水动学、气压学、天文学
  - 应用科学——实验哲学、热学、电磁学、光学、化学、音乐学、气象学、测量学、美术学
  - 复杂科学——历史、地理、辞典学等

但即在这个时候，却有根据客观事物作标准的分类法，这就是英哲学家边沁（Bentham 1748—1832）和法数学家安培耳（André-Marie Ampère 1775—1836）等把科学分做物质科学与精神科学的分类。这种分类后为多数人所采用。依边沁意思，物质科学里应列入天文学、地质学、物理学、化学、生物学等，精神科学里应列入历史

学、言语学、法律学、经济学等，这种分类的长处，在以研究对象为分类的标准外，更把科学的范围，推广到历史言语等学问上面。然而也有一个短处，就是这种分类实脱不了物质精神对立的分法，由纯正科学家看来，多少总带着一半玄学之嫌疑的。于是更有一种新的科学分类，不但注重研究的对象，且更注意到科学系统的一贯，和其演进的层序，这就是英国惠卫儿（William Whewell 1794—1866）在《归纳科学的哲学》（*The Philosophy of the Inductive Sciences* 1837）里所提倡的分类法了。

Whewell 一方和培根一样，以心理的作用为标准；他方和笛卡儿一样，把数学看做一切科学的基础；他将科学分为七种，从前一种进至后一种，必于前一种外另加上物质或心理的能力，始成为新的科学。试列表如下：

数学……………………………………时间空间和数量

机械学…………………………………（数学＋）势力、运动

化学……………………………………（机械学＋）化合力

生物学…………………………………（化学＋）生命

心理学…………………………………（生物学＋）感情、意志

历史学…………………………………（心理学＋）历史的原因

神学……………………………………（历史学＋）时间、空间

这种分类能够注意到各科学的相互关系，虽然还不如孔德（Comte 1798—1857）“阶段式”的分类那样条理明晰，可是从科学分类的历史看来，已经是很富于独创的精神了。法国孔德在《实证哲学讲义》里，主张科学是由普遍而到特殊，由简单而到复杂的地位，所以他以为各种科学都是循一个自然的顺序，就是依普遍性大小之对象的从属关系，照着从普遍性大到普遍性小的这样程序，各个学问可规定如下：

天文学……………………………观察法

物理学、化学……………………（观察法＋）实验法

生物学……………………………（观察法＋实验法＋）比较法

社会学……………………（观察法＋实验法＋比较法＋）历史法

孔德以为这各种学问在发展上有先后的次序，并且前一科学即为后一科学的基础，这一点实在再对也没有了。不过这个分类也有缺点，孙本文在“社会学的领域”里批评他，谓：以（一）天文学与物理学、化学并列，颇不适当；因为天文学不过是物理、化学的特殊科学。（二）即把天文物理、化学并列，但只列生物学而无心理学，把心理学包括在生物学内，亦不适当；因为物理、化学既然分列，生物学与心理学，也有分列的必要（页 92）。这一段批评，我以为也是对的。不过从大体来看，孔德的分类完全依据于进化的法则，较之从前 Whewell 的分类法，不能不说更合于科学体系多了。

斯宾塞（Herbert Spencer 1820—1903）似乎有意和孔德立异，他把科学分为三类：第一类是抽象科学，如论理学、数学；第二类是具体科学，为天文学、地质学、生物学、心理学、社会学；第三类介于两者之间叫做抽象具体科学，为力学、物理学、化学等。他在这里不将力学、物理学、化学一样地归入具体科学之内，分明要表示与孔德不同，不过从各种科学的顺序来说，也何尝不受孔德的暗示。Arthur Lewis 在所著《社会学导论》，曾将孔德的分类与斯宾塞比较，就是：

孔德的分类	斯宾塞的分类
（1）天文学	（1）天文学
（2）物理学	（2）地质学
（3）化学	（3）生物学
（4）生物学	（4）心理学

（5）脑生物学　　　　　　（5）社会学
（6）社会学　　　　　　　（6）伦理学
（7）伦理学

由上所列在科学分类末了加入了伦理学，但从大体来看，双方都从天文学出发，可见是差不多；不过依斯宾塞意见，则这些只是具体科学，而非科学全体，所以他所认为重要的，还是树枝式的三分类。Mill 批评他，“这种分类法，不以事物的关系和性质为出发点，而只根据观察事物方法的差异来分类，所以也是不很妥当的。”

我们从初期科学家的分类，再移向现代自然科学家的分类，在这里可先举出皮耳生（Karl Pearson）《科学规范》（*The Grammar of Science*）和汤姆生（J. A. Thomson）在《科学导论》（*Introduction to Science*）中科学的分类法，以为代表。依皮耳生主张，科学可分做抽象科学、具体科学两种，抽象科学包括文字学、论理学、数学、统计学、几何学等；具体科学又分为物理科学和生物科学，物理科学包括无机现象中一切科学，又分为精密的和概要的，又可细分数种。生物科学中有（一）生物的地理学研究生物的分布，是属于空间的；（二）生物的进化论研究生物的发育变化，是属于时间的；（三）狭义的生物学又可以递次分为形态的、发生的、机能的三种；内又可细分，依照《科学规范》（第 12 章，汉文本上册第六章，页 275、280、284）所列各表略之如下页。

Pearson 的分类，不但表明各种科学相互的关系，而且要把运动的法则来说明一切有机的现象，为一般科学家所重视。他又不分什么精神科学与物质科学，这一点更可看出第三期以科学为知识分类标准的真精神！在他以外，还有使我们注意的，就是 Thomson 的分类法。依他意思科学的分类应依据事实，事实之类有三，即无生界、生物界，与社会界，物理学、化学为根本科学，所研究的是物质世界，

- 科学
  - 抽象科学
    - 文字学
    - 论理学
    - 数学
    - 统计学
    - 几何学等
  - 具体科学
    - 物理科学
      - （一）精密物理学
        - （甲）以太物理学
          - 热学
          - 光学
          - 电学
          - 磁学等
        - （乙）原子物理学
          - 理论化学
          - 光学分析、太阳物理学
          - 恒星物理学等
        - （丙）分子物理学
          - 弹性学
          - 音学
          - 结晶学、地球之形状
          - 液体力学、气体力学
          - 潮汐学等
        - （丁）质量物理学
          - 力学
          - 星学等
      - （二）概要物理学
        - 化学
        - 矿物学
        - 地理学（或称物理型地理学）
        - 地质学
        - 气象学
        - 地球及天体进化论等
    - 生物科学
      - （一）生物地理学，生态学，自然历史
      - （二）生物进化论（历史）
        - （甲）人类的进化
          - 考古学
          - 宗教、国家、法律等的历史
          - 言语学
          - 文学、艺术
          - 头骨学
          - 人类学
        - （乙）有机体的进化
          - 系统发生学
          - 古生物学等
      - （三）狭义的生物学
        - （甲）形态的
          - 形态学
          - 解剖学
          - 组织学
        - （乙）发生的
          - 胎生学
          - 两性论
          - 遗传学
        - （丙）机能的
          - 生理学
          - 心理学
          - 社会学
            - 伦理学
            - 政治学
            - 经济学
            - 法律学

生物学研究生物的生命，社会学则研究人类社会及其行为。就中物理学与化学不能分开，生物学与生理学也只代表生命之两方面，至于社会学则研究人群社会现象的学问。这五种根本科学，依次排列起来，即为：

社会学（五）	心理学（四）	生物学（三）	物理学（二）	化学（一）

这个表里面生物学介在正中的地位，一方面以物理学化学为基础，一方面又为心理学社会学的基础，这一点很可看出一位生物学家 Thomson 的着重点。不但如此，这种排列法，尽管他自己不承认，我们也可以看出仍然是受了孔德分类法的影响。不过汤姆生也有他特殊的贡献，就是他在阶段式以外更采用了一种坐标式的分类。这就是将各种科学排成格子图表，一种或数种相类的科学各占特殊的一格。横的方向可以看出这种科学的性质，是属于普通科学还是特别科学？是合成科学还是应用科学？在纵的方向则可看出彼此间之互相关系。他和皮耳生一样先分科学为抽象科学与具体科学两种，具体科学里又可再分四大部门：（一）普通科学，（二）特别科学，（三）合成科学，（四）应用科学，每一普通科学皆有其分科细目，可以包含其所属的特别科学。如生物学包含植物学、动物学，天文学的大部分应归入物理学，矿物学的大部分应归入化学等是。又有合成科学即应用数种科学的方法观念以成一特别科学，如地质学、地理学、人类学等是。复次有所谓应用科学，则为多数普通科学在实际上的应用，如关于工艺技术中农学医学，工程学及较新的教育学等是。现为明了起见，试录其科学智识的统系图如下（参照《科学大纲》第 38 编，页 103—105《科学导论》第四章，页 85）（见下页表）。

任鸿隽批评他，这个分类，没什么特别的主张，由我看来，这种用坐标式来表明一切知识的地位和关系，实在再简洁明了也没有了。

抽象科学	玄学	论理学	统计法及 图表法		算学
普通科学	社会学	心理学	生物学	物理学	化学
特别科学	人种学	美学	动物学 植物学	天文学 气象学	矿物学
合成科学	历史学	人类学	生物史	地质学及地理学	太阳系史
应用科学	政治学 经济学	伦理学 教育学	医药学 森林学	航海学 工程学 建筑学	冶金学 农学

不过汤氏分类，在细目上仍不免有混杂的地方，如以经济学属于应用科学，恐怕就有许多社会科学家要起来反对，就是将玄学认为抽象科学，也是值得讨论的问题。于是我们再来研究一下，近来文化社会学者所常提及的克乐盘（A. L. Kroeber）的分类。

Kroeber 分宇宙间万事万物为四级现象：（一）无机界的物质现象；（二）有机界的生命现象；（三）有机界的精神现象或心理现象；（四）超机界的现象或社会现象。因为每界现象性质与他界现象不同，故科学应分四大类，四大类中又因每类性质有为分析的与叙述的不同，更各分两类，共成八大类如下（参照孙本文《社会学的领域》，页 94）：

现象区别　　　　　分析的科学　　　　叙述的科学

（一）物质现象………物理学、化学………天文学、地质学

（二）生命现象………生物学………………自然史

（三）心理现象………心理学………………传记史

（四）社会现象………社会心理学…………文化史

这种分类法在我国很有影响，如许仕廉在 1920 年所著《文化与政治》，就中一篇《科学之新分类与社会学》，即几乎完全本于克氏的见解。不过他也有一些缺点，如以心理现象为一独立现象，即不免要受批评，孙本文说他："以为每级现象各自独立，各不相侵，其实心理现象与生物现象及社会现象不能分离"（前书，页 95）；可见克氏的新分类法细心研究一下，又觉得不满足了。

第四、文化学的知识分类说

由上科学分类无论Coleridge、Whewell，以至Pearson、Thomson，都是以科学为主，把哲学放在自然科学中，以为科学愈发进步则向来属于玄学的宇宙，就被科学抢去。丁文江在科学与人生观的论战中形容得最为尽致。他说："……达尔文做了一部《物种由来》……生物学又变做科学了。到了19世纪的下半期，连玄学家当做看家狗的心理学，也宣告了独立。玄学于是从根本哲学，退避到本体论。"（《科学与人生观》上，页16）可是我们不要忘掉了，就是在他这样冷嘲热讽之后，不久张君劢对此即提出抗议，他说："以吾浅学之所见，及世界科学家，哲学家无不承认科学之所以分类"；那么取材于Wundt论理学中的分类法，承认精神科学与物质科学的分别，因而把哲学和科学对立，不是也有很充分的理由吗？（同上，页7—8）事实也是如此，德国心理学家冯德（Wundt 1832—1920）的论理学，实足以代表知识分类说之一个新的时代，从他以后知识分类又成为哲学上之一个重要问题，换言之即从文化哲学上要求解决这个从未解决的问题。现在试将Wundt的分类，列表如下：

- 科学
  - 形式科学——纯粹数学
  - 实质科学
    - 自然科学
      - 现象论的——物理学、化学、生理学。
      - 发生论的——宇宙发达史、地质学、生物发生学。
      - 组织论的——记述的星学、地理学、矿物学、系统的动物学、系统的植物学。
    - 精神科学
      - 现象论的——心理学、社会学。
      - 发生论的——历史学。
      - 组织论的——系统的法理学、系统的经济学。

冯氏的分类，后经新康德派中西南学派温特尔班（Windelband）、黎卡特（Rickert）等所修改，把冯德的精神科学改为文化科学，Rickert的分类，依照田边元《科学概论》可以作表如下：

- 科学
  - 先验科学——数学
  - 经验科学
    - 非价值的普遍化的自然科学
      - 组织论的
        - 无机的——矿物学、岩石学、记述星学、自然地理学等
        - 有机的——植物学、动物学
        - 精神的——比较心理学、比较社会学等
      - 发生论的
        - 无机的——地质学、宇宙发达论
        - 有机的——生物发生学
        - 精神的——发生心理学、社会进化论
      - 现象论的
        - 无机的——化学、物理学
        - 有机的——生理学
        - 精神的——心理学、社会学
    - 价值关系论文化科学
      - 个性记述的——历史学、人文地理学
      - 个性记述兼发现定律的——法律学、经济学、政治学、宗教学、言语学等

Rickert 有名的分类法，将文化科学与自然科学对立，以为文化科学乃是含有价值的意味的东西，所以应该尊重个性，和自然科学之尊重定律者不同。因为所谓定律者，是由某种同样的原因发生某种同样的结果，而历史上所有的事实都绝没有重复的，既不能发生同样的原因，所以不能发生同样的结果，那么和自然科学当然是很不同了。Rickert 这种分类，以后有许多人如 Barth，Carsirer①，Riehl，Frischeisen-Köhler 等都批评他，认为不对。我现在要提出使人注意的，就是知识分类是否只应以文化的价值为标准，是否价值哲学便足以解决知识分类的问题？我的答案，只是一个“否决”。不但 Rickert 等西南学派犯了这很大的倒果为因的错误（参看本书绪言），就是我时常称道的克洛采（Croce）在讨论知识的分类时，也一样有“只看见树木不看见森林”的毛病。他在所著《精神的哲学》中，公然主张

---

① “Carsirer”疑应为“Cassirer”。——编者

用四个价值的名词来代表心灵生活之四方面，即是：

（一）美……………………………………美学

（二）真……………………………………论理学

（三）用……………………………………经济哲学

（四）善……………………………………道德哲学

（一）与（二）为理论的活动；（三）与（四）为实际的活动，由此四个价值名词，即可分别精神生活的内容为艺术、哲学、经济、道德四方面。不过 Croce 在以价值为标准之外，也注意到心理的作用，如云理论的活动其作用为知识，即直觉与概念，实际的活动其作用为意志或行为，可见比较 Rickert 一派专重价值名词者，似乎又进步多了。然而依文化哲学来看，为求知识之真正分类起见，仍不得不舍弃这种只有形式而无内容的分类法。

由上所述知识的分类史，依时代前后分为四个时期，即第一时期为神学的知识分类，以神学（宗教）为主，哲学属于神学；第二时期为哲学的知识分类，以哲学为主，科学属于哲学；第三时期为科学的知识分类，以科学为主，美学属于特别科学（Thomson）；第四时期为文化学的知识分类，才特别提出美学（艺术），以与科学对立（Croce），可见即在知识的分类史中，已可看出知识是依照着宗教、哲学、科学、艺术之四类型而次第发展着的。固然在第三时期我们应该仍依科学的分类法，将知识分得愈详愈好，所以依照科学范围的扩大，很容易看出 Pearson、Thomson 的分类，怎样和 Spencer 的分类不同，而更合于严密的有系统的科学体系。却是在第四时期看来，这种分类仍不足以包括人类所有的文化类型如宗教、艺术等，故只算得科学的分类法，而不得谓之知识的分类法。反之知识的分类法，则只认分类只有暂时与时间上的价值，所以倒不必过于复杂，不必强加割裂，而只须简简单单地按文化类型学，将知识分为宗教、哲学、科学、艺术四种；而各种知识又各自成一独立体系，各自有其相当的方法，各自有其相当的学科，换言之即每种知识均有相当于其信仰、原理、科学、艺术之各学科。可是单就科学的分类来说，则如 Thomson 和 Kroeber 对于科学之分门别类，已经是很完备的说法了。

二

上面述及知识分类，有可注意之一点，就是一般学者对知识分类有的注重“方法”，以方法作排列的标准；有的注重“对象”，以对象为标准，我的意思则注重前者，而主张以方法作知识分类的标准。知识排列前后之不同，即在于成功一种知识所用的“方法”之不同。同一对象可以成为科学，也可以成为哲学，乃至成为艺术，成为宗教；然其所以成为各种不同知识的原因，则完全属于方法问题。Pearson 说得好：“科学的本体，在他所用的方法，不管所取的资料是哪一个”；可见科学所以成为科学，即在应用了科学的方法。科学的方法即归纳法，就是科学的骨子，如果归纳法熟习，便自然一切都是科学的对象。同理，我们也可以说宗教所以成为宗教，是因应用了宗教的方法即演绎法；哲学所以成为哲学，即因应用了哲学的方法即辩证法；艺术所以成为艺术，即因应用了艺术的方法即直觉法。不过这种说法也不是什么天经地义，如我在前两章所列各知识的关系表，便知科学之真正应用科学方法，只在于“科学的科学”时期，若在“宗教的科学”时期，则未尝不于归纳法之外，兼用了演绎法；在“哲学的科学”时期，也未尝不兼用了辩证法；不过说到科学，总不能没有科学的特殊方法罢了。同理，宗教、哲学、艺术亦复如是。宗教方法之完全应用，只在于“宗教的宗教”时期；哲学方法之完全应用，只在于“哲学的哲学”时期；又艺术方法之完全应用，只在于“艺术的艺术”时期。所以前面所说一方法形成一种知识，这也只是相对的，而非绝对的说法。复次即同在一方法当中，亦不能加以细分。如以科学为例，似乎依照科学的内容，可细分为各种方法——物理学的方法、数学的方法、化学的方法，——然而这种详细的区分，认为便利而设则可，认为即可划分各科为一方法一学问，也是不很确当的。为什么呢？因为各种科学虽各自有其独立的特殊方法，但经科学研究的进步，物理学的方法可与数学的方法相通，而生物学的方法竟可应用到科学之各方面。可见科学所以成功科学，在应用了科学的方法，而科学方法虽可细分种种，却是这种细分，最容易流于武断，反而将分类的本义完全埋没了。所以我在这里，只主张对于知识为简单明了之方法论的分类，即认各种知识为由各种不同的方法所形成，详言之即演绎法形成“宗教”，辩证法形成“哲学”，归纳法形成“科学”，直觉法形成“艺术”。关于演绎法与辩证法，即宗教的方法与哲学的方法，在前两章已有很详尽的叙述，现在我们所要知道的，乃是科学之所以形成科学的特殊方法，——即所谓“归纳法”。

“归纳法”就是普通的科学方法，是依于观察、实验、比较和历史统计的方法而成立的。这种方法可算是从培根（Francis Bacon）开始，在他所著《新工具》（*Novum Organum*）一书告诉我们，须先观察天然之事物，以寻求原理原则，不当仅凭主观之理性，而强以配合一切事物。他称这种求真理的方法为“归纳法”，以与当世正在盛行的“演绎法”对立，他在书中曾举一浅近的例子：“甲物体有重量，乙物体有重量，无论何种物体都有重量，所以一切的物体，都有重量”；这种方法是从特殊的事实排到普遍的原理，其步骤有下列三项（参照《科学发达略史》，页105）：

（1）收罗所有的事实；

（2）取所有事实，拿来分析比较；

（3）发现所考得现象的原因，以为综合概括之用。

他并不绝对排斥理性，以演绎法为完全无用，特谓演绎法只是“蜘蛛的方法”，好像蜘蛛结网，一丝一缕，都从腹中吐出，在已有以外无所发明的。（事实上印度《吠陀书》里，如《曼特迦书》，尝有喻云：“有如一蜘蛛，引丝而布网，世界锦罗开，还即自身出”；这种宗教的教义，正是由于蜘蛛方法应用的结论。）反一面来说，过于注重事实，只知积聚而不加以理性的安排，则又和蚂蚁之采集食物的方法相似，这只好说是“蚂蚁的方法”了。Bacon自己是主张“蜜蜂的方法”的，而这就是所谓归纳法。蜜蜂采集花蜜，而酿成芳香甘美的产物；恰似归纳法对于所搜集的事实，加以组织和整理的工夫。Bacon以后，有孔德提倡实证主义，穆勒（Mill）实行逻辑革命，于是科学方法的重要性，渐渐为公众所承认。Mill以因果律做根据，发明归纳的律令五条，因此遂大成了归纳的论理学，其条目为：

（一）合同的方法；

（二）正负合并的方法；

（三）差别的方法；

（四）同变的方法；

（五）剩余的方法。（参考王星拱《科学方法论》，页53—69）

这归纳的论理学，实际就是科学方法。科学方法只要把那许多已知的事实，罗列出来，那未知的大范围，就可以探知了。牛顿见苹果落地而悟地心吸力，这在他不过是发现万有引力的一个特例，是和地球绕日、月绕地球、潮汐之理，可认为同一原因的；所以万有引力定律的发现，依然是应用归纳的方法成功的。

但话虽如此，许多学者也有不满意纯粹归纳法，而只承认演绎的归纳法为科学方法的，这也未始没有很大理由。如意大利盖律雷（Galileo）否认亚里士多德的物体下坠的速率依物体之轻重而变的假说，创物体下坠等速率的假说，他实采用了数学演绎法。又如牛顿说月绕地球是由于地球引力，也是先用演绎法的推算，再用归纳法的证明来证实，这即所谓“演绎归纳法”（deductive-inductive method），如克鲁泡特金所著《近代科学与无政府主义》即极力排斥辩证法而主张“演绎归纳法”为科学方法的。然则真正科学方法是“演绎归纳法”，还是所谓“归纳法”呢？

在这里我应该请读者注意的，就是许多人以为依数学推算就是演绎法，但据近代科学家如潘加烈 Poincaré 所著《科学和方法》一书，即已证明数学的发明，也是靠着异中求同的归纳，并不是演绎的（见《科学方法论》，页 75）。《科学和方法》我手边没有，但 Poincaré 所著《科学和假设》一书已有汉文本（“万有文库”498，叶蕴理译），说得已经十分明白。他说：

> 数学推理的性质是什么？真如我们普通所信为演绎的吗？把它仔细分析一下，可知大为不然，它在某种范围内，却带着归纳推理的性质，其所以丰裕亦正在此。（页 314）

物理学的方法我们知道是建设在归纳上的，数学为什么也是归纳的呢？许多人以为数的科学，它的命题，尽可用形式论理学互相引出，但 Poincaré 说：那么“算学岂不变成一种泛大的重复思想么？三段论法不能告人以真正新颖的事物，且如所有，必来自全等原则，则所有亦必能归入其中；然则许多书中的定理，将不过是 A 即 A 的各种说法而已”（页 7）。三段论法在结论中人们决不能找出前提以外别的东西，然而“算学推理的本身，则有一种创造性，因此它与三段论实有分别”（页 8）；他也是要由特别而推及普遍的，然则何以又名之为演绎的呢？从前 Leibniz 已经想证明二加二得四，我们试看一下他的证法：

我假定 1 数已有定义，又知 x+1 之运算，即加一单位于与数 x。

这些定义，无论如何与推论没有关系；

其次我将 2，3 和 4，用下列式规定之：

（1）1+1=2 （2）2+1=3 （3）3+1=4。同样，我用下列式证明 x+2

（4）x+2=（x+1）+1

2+2=（2+1）+1	（定义 4）
（2+1）+1=3+1	（定义 2）
3+1=4	（定义 3）
所以 2+2=4	（即所欲证）。

我们不能否认这个推理纯是分析的。但假使问算学家，他一定会告诉我们：“这不是真的证明，这不过是一种对正而已。”人们仅将这两种纯粹公约性的定义，做了一种比较，才知道是相等的；至于新的东西，是一点没有得到。对正（verification）之所以不同于真的证理，实因它是纯粹解析的，是毫无效果的。其所以无效果者，因其结论只是三段论的两前提之一种译语而已。反之真正的证理，是很充富的，以其结论的义意比较前提普遍。固然如 2+2=4 这个等式能被对正，因为它是一个特例；然而算学如竟成为一串的对正，则亦将不成为科学了。反之人们竟可说这些正确的科学的目的，正在免去我们这种直接去对正之辛苦。（参照同书）

Poincaré 以为数学的归纳法，就是所谓“回环推理法”，它的重要特性，乃在综合无数的三段法，而纳聚在唯一的公式中，如依据形式的论理学，无论走得怎远，无论有许多的三段法，终不能得到一适合于种种数目的普遍定理，——只有它才能作为科学的目的。所以实际来说，数学方法实有与通用的归纳法酷似之处，然而也有很大的不同，就是：

> 应用在物理科学中的归纳法，总是不确实的，因它是建在宇宙有普遍的程序之信仰上，但这种程序是超人的。反之数学归纳法或即回环证明法，是我们一定要奉从的，因为它是精神主宰的肯定。（页 21）

所以“数学亦可如别的科学，由特别归到普遍”（页 21）；所以“数理的回环推理与物理的归纳推理，两者的基础虽各有不同，但它两者的进趋，却是平行一致的，向一个方面走的。换一句话说，它两者都是由特别归到普遍”（页 22）。这由特别归到普遍，不就是归纳的方法吗？

因为在同一的事实，可有无穷次的重现，所以才成立数学的归纳法。Poincaré 甚至告诉我们：“我们如无数学的归纳法，便不能上进；因为只它才能告诉我们新鲜的事物。如无那种有别于物理归纳而一样有效的数学归纳法之协助，则必无巩固之建筑去创造科学了。”（页 25）这不是和普通科学方法论书中所说归纳法之外必须有演绎法，因而主张演绎归纳法，不是有同一理由，而实似是而非吗？算学如此，几何学亦然，几何学依 Poincaré 意思，也是依据于经验真理所成的一些“公约”：

> ……好比这些几何的图形，与固体物同态，故几何所借重于经验者，实即固体之性质。
>
> 由光之性质及其直线的传播，也引出许多几何的命题，尤其是投影几何。由此以观，人们将想说度量的几何即固体之研究；而投影几何，即光之研究。（页 57）

关于这点我已不愿多引，我只不过证明所谓科学的方法只是归纳的方法，所谓算学方法，也不过一种特别的归纳法而已。故说科学方法，就是归纳法。

归纳法在社会科学上的应用，即所谓历史法或统计法，在这一点最显明的表现，就是所谓“历史学派”。如历史学派的经济学家德国克尼斯（Karl Knies）在所著《站在历史方法立场上的政治经济学》，即主张经济学应求其立论基础于历史的生活之中，它的结论非应用历史的统计的方法不可。经济学不是如古典学派所主张的抽象的演绎方法，而应该用历史的归纳的研究方法，如古典学派以少数自明的真理为原则，和抽象的一定不变的“经济人”出发，演绎出来，当然是那以绝对性为本质的自然法；反之历史学派则立脚于我们所经验着一切实际的社会事象，完全应用历史的统计的方法，其结果自然重视经济生活之历史的进化了。这就是说归纳法在社会科学中的采用，是和历史进化法则的见解有密切关系的。所以 Gide 在 *Political Economy* 页 13 中说：“历史法采用的结果，古典学派所认为含于自然法之经济现象的普遍性及永久性，同归消失。”固然对于这种社会科学上的归纳法之应用，有许多人提出抗议，如 Wilbrandt 嘲笑历史学派，谓“由他们看来，只有唯一之历史的方法存在着”；Bukharin 则简直以这一派为“摒拒一切普遍化的狭窄的经验主义”；“这学派的极端的代表们的箴言，是搜集具体的历史的材料，而无限稽延普遍化的理论的工作。”又说这一派的特征，在“对于抽象理论采取否定的态度之点。这学派深切地嫌恶一切抽象的研究，它怀疑，有时就干脆否认这种研究的一切可能性，……充其量不过承认仗历史的经济的，乃至统计的研究之助，而确立所谓经验的法则”。这一段批评，我以为并未驳倒历史学派的根本方法。依我意思，历史学派在社会科学上的贡献，不但出版了许多记述史的著作，如价格、工银、信用、货币等的历史，并且从此历史的统计的研究，而确立了所谓经验的法则，这才是真正应用了社会科学的方法。社会科学和自然科学都是一样要用归纳法的，不过在归纳法当中，也不免有一历史进化的程序：

古典学派……………………………………演绎法的归纳法；

马克思派……………………………………辩证法的归纳法；

历史学派……………………………………归纳法的归纳法。

“因为宇宙间的道理，都是先有事实，然后才发生言论”；所以社会科学里应该完全采用归纳法，而多种材料的聚集，正是建立社会科学理论之第一步骤。马克思派如 Rosa Luxemburg 在《古典派、俗流、历史学派及马克思派经济学》一文中，承认马克思派是应用辩证法于经济学上的。辩证法未尝不也看重历史的形态，然而这种历史形态的把握，用的是哲学方法（辩证法），不是用的科学方法（归纳统计法），反之真正的科学方法，无论在自然科学方面，抑在社会科学方面，都是用的归纳的方法。只有归纳方法，才是真正的科学方法。

三

我们再从方法论的问题一转而来观察科学的历史。科学是对自的学问，所以一切科学都应该用归纳的方法，即依于观察、实验、比较和历史统计的方法。但从他一方面来看，归纳方法的本身，也有一段发展的历史的，这就是说归纳法的发展，是从演绎的归纳法到辩证的归纳法，由辩证的归纳法到归纳的归纳法，又从归纳的归纳法到直觉的归纳法。依照以上顺序，即成为科学史之四个时期：

（一）宗教的科学时期…………………演绎的归纳法；

（二）哲学的科学时期…………………辩证的归纳法；

（三）科学的科学时期…………………归纳的归纳法；

（四）艺术的科学时期…………………直觉的归纳法。

原来宗教和科学同属于人类的文化生活，一个有科学无宗教的时代，实际并未存在过；同样一个有宗教无科学的时代，也是绝不会有。所以我们即在于文化史之第一时期即宗教时期，也可以发现宗教与科学的相互影响，即所谓“宗教的科学”便是。这些宗教的科学不是要研究自然，是要给人说明自然以内的宗教力，好比希腊当 Pythagoras 出来，应该科学稍进步了，但他推出种种说法，谓“一”为万物之源，“四”最完善，“五”色之源，“七”灵魂、健康、光明，“八”友爱之源，这种推衍的说法，和中国把五行来讲五方、五色、五伦、五腑的种种附会，有什么不同？ Aristotle 总算大科学家了，但他曾主张蛙为草所变成，我们不能不说和中国古代“腐草化为萤”一样地误谬观念。举这一些小例，已可证明最初科学是发生于宗教之基础上，是很明显的。我们不信请翻阅一下黄凌霜所著《西洋知识发展史纲要》（页 138—143），他告诉我们科学史之第一时期，是怎样想“利用一切存在的自然科学，调协圣书的说话与外界的现象”；“自然科学……其价值在于表现上帝给人类途径，魔术比较有用，因为他可以预言未来、医病、造金。”在教父派时期，一般科学，除了想给人说明上帝的道路以外，实在毫无科学兴趣；所以生物学之对于生物的解释，完全离奇怪诞，为一种有神论的生物学之产物。化学则多半是冶金术和宝石的叙述，说明它们的魔术的意义，天文学则多半是占星术和迷信。地理学则甚至河流的名字，亦往往加以神秘的或魔术的解释。（以上参引前书，页 139—140）这种宗教的科学，可以说就是通中古时代科学的主要状态，在《西洋知识发展史纲要》，曾约分之为三，即是（页 204—224）：

1. 占星学——占星家的根本观念，以为神在天上的运行，与人类在地下的变更相应，所以占星学不但可以预说个人的休咎，且可预言天体与国家的命运如何，这种知识最初发生于巴比伦，约于纪元前 350 年输入希腊，纪元前 150 年输入罗马，又为耶稣教徒所采用，遂使此种伪科学在中古时代占一个很重要的位置。

2. 炼金术——在很久时间炼金术几乎变成一种宗派。他们根据于金属变质的观念，以为金属加以某种物料便可变成最高的金属，其最重之物料即为伟大的长生药（页 213）。此术或起源于埃及，希腊人把这种研究扩大，罗马人对此术也非常注意，而在中古时代，则有许多教徒参加，并成立实验室。

3. 魔术——在很长久的一个时期支配了欧洲的知识界，由祭祀的神迹，以至其他圣典、村妇的医术，都可看出魔术的痕迹；并且用魔术的可以与魔鬼交通，可以奏医病的奇效。魔术在中古是很普通的，可参看《西洋知识发展史》第五章之第 12 节“耶稣教的鬼神论与巫术”一节。

但话虽如此，宗教的科学虽由现在看来，只是科学的障碍，而从科学的发展史看来，则又实为真正“科学的科学”之起源。所以占星学可算是天文学的母亲，炼金术可算做化学的母亲，而魔术也未始不是医学的母亲。不过我们尤要注意的，就是从宗教的科学时期到科学的科学时期，中间实经过一个过渡性质之哲学的科学时期，而这就是《西洋知识发展史》第六章所谓“现代科学精神的诞生”时期了。

原来科学精神的诞生期，就是马尔文（Marvin）在《欧洲哲学史》（傅子东译第 21 章）所谓“发现时代”。发现时代包括 14、15、16、17 四个世纪，依 Marvin 所举，则重要之发现，有如下各种：

（1）“文艺复兴”或希腊和罗马古代文化的发现；

（2）罗马法的发现；

（3）地理学的发现；

（4）天文学的发现；

（5）数理学的发现；

（6）物理学的，化学的，生理学的发现；

（7）心理学及政治和社会科学的发现。（页 339—356）

“文艺复兴”不但发现了古代著述的散失的抄本，与古代著述家的校订，而且使全欧都渐渐趋于反抗教权，了解古代科学的倾向。除罗马法的发现，可不加以叙述外，如地理学的发现，即新世界的发现，和达到旧世界——亚洲——的新路线的发现，不但使学者对于地球的形状大小情形，及其居民的知识日渐增进，而且在这种刺激之下，扩大了知识的界线，伸张了探讨的精神（《西洋知识发展史》页 335—345），而将从来 Ptolmaic 和教父派的地理根本推翻了。次之天文学的发现，有那位证明太阳是宇宙中心的哥白尼（Copernicus 1473—1543）和盖律雷（Galileo 1564—1642）从根本上换了一种新宇宙观，好像世界忽然变成了广阔的样子。Kepler（1571—1630）在 1609 年成天体运行二律，又于 1619 年又得第三律；牛顿（Newton 1642—1727）则整理 Kepler 和 Galileo 的旧业，于 1686 年成立所谓“牛顿运动定律”（同上，页 329—331），即万有引力之定律。次之如数理学的发现，在 16 世纪以前，只有希腊和阿拉伯的数理学，16 世纪才有近代的数理学开始，简单说来，则从 1600 年后，至 19 世纪纯粹数理学的大发达，中间实经过四个阶段，即（1）解析几何的发明—— 1637 年 Descartes 所发明；（2）微积分学的发明—— 1666—1674 年 Newton 和 Leibniz 所发明；（3）一种正确数理科学的力学之发达——从华瑾（Huygens）和牛顿开始，迟至 18 世纪为纳布勒斯（Laplace）和纳革兰姐（La Grange）所造成；（4）就是数理学的物理学之发达——从 Huygens 和 Newton 的光之学理开始。（参看 Marvin 前书，页 350—351）次之则为物理学的、化学的、生理学的发现，尤其是物理科学的大发现，如 1789 年拉瓦喜儿（Lavoisier）发明物质不变的化学定律，1802 年梅尔（Rabert Mayer）树起物力不变的物理定律之根柢；同时佳尔（James Prescott Joule）发表同样的研究。德国有名生理学者黑伦候支（Hermann Helmholtz 1821—1894）集其大成，于是物力不灭定律，和牛顿的运动法则，共同把物理学的基础定立了。而在这个时候，尚有可以选出认为很明显地重要的其他发现，依 Marvin 所说（同上，页 352—354），则有（1）牛顿力学和吸力天文学；（2）血液循环的发现，及与此有关系的哺乳动物中脉管和腺的发现；（3）至微小的有机体发现；（4）光所通过的路径的发现；（5）光以有定的速度进行的发现；（6）光之波动说的发现；（7）白光的组合的发现；（8）磁与电间关系的发现；（9）光之电磁说；（10）原子说等，这些无数的发现，当然只好让诸科学史专家去说明它了。最后即为心理学及政治和社会科学的发现，这件事在 16、17、18 三个世纪尚未成功，须直到 19 世纪才较切适地进入科学研究的范围，所以在这里最好是表过不提。但我们应该注意的，就是所谓“发现时代”，实即代表一种过渡性质之哲学的科学时期，即代表科学史之第二时期，尚不能算得真正科学的科学时期。所以 Marvin 在原书第 23 章中，有一段很明白评语，他说：

> 尽管实验的研究，在 17、18 两个世纪迅速地变成欧洲科学的传说，并渐渐地从这一种研究的范围，播布到那一种研究的范围；却是我们应马上再说道：这仅是科学中一种有力的潮流之肇端，不是它的结局。许多欧洲思想家仍然固持着一种根本上相异的哲学和方法。再者在那些时候，很多的思考的人们，相信宇宙的鹄的和不会有错误的知识，不久就会得到。他们尽管攻击亚里士多德主义，却是他们自身仍然是亚里士多德派的。他们盼望在一种发达和胜利的数理学和数理的动力学之影响下，将快快地对

世界贡献一种演绎的普遍的不会有错误的科学。概括说来，他们是极端理智的乐观主义者。（同书，页376—377）

这里所谓“演绎的普遍的不会有错的科学”，换言之即是“哲学的科学”，而非科学的科学。不过有了这些哲学思索的科学的假设，以后接着才渐渐地有真的自然科学的产生，所以科学史的第二时期，也是很重要的。但是科学是由数目形体抽象的概念，进行到具体的物体，如Marvin所说过的，科学实有使研究日趋于实证的或实验的倾向。因此第三期的科学，便不重理论而重科学的事实，如达尔文的进化学说，尚是从第二时期移到第三时期之间产生的东西，也可看做哲学上的学说似的。但是要证明生物进化的事实，而从形态学上、发生学上、生物分布上、生态学上、化石上、生物化学上，种种事实加以研究考察，这才是第三期的科学精神。并且在这期内，科学大发明有许多实际的应用，虽然我对于机械是一个门外汉，但眼见得机械一直进步到现在“电器时代”，还有在天空里的飞机、海上的轮船、陆上的火车，这种极度的利用近代科学，实在是从前梦想所不到的，是很值得使人赞叹不尽的。至于本时期科学的重要发展，和实验科学中如物理学、化学、地质学，及其在工程学上的应用，或观察科学中如动物学、植物学、微生物学及其在农学、医学上之应用，则前者可参看张国仁《世界文化史大纲》下册（页543—551），所列“近代科学家之贡献”及“最近60年间重要发明品及发明家姓氏表”，后者可参看黄凌霜《西洋知识发展史纲要》（页504—513）中论“工业进步原于真理的发现”“农业和卫生因真理之发现而进步”两节，这里一概节省篇幅不提了。但科学史之第三期，在自然科学的猛进以外，更有为本期特色的，就是社会科学的成立。Sociologie一字，就是孔德独创出来的，从社会之生物的考察，次及于心理的考察、统计的考察，于是“社会心理学”等都出来了。所以第三期可算科学史上的黄金时代，也就是科学的科学时代。那讴歌科学万能的人，总算有了一部成功。但是欧战以后，“科学破产”的喊声起来了！这种喊声，好像是告诉我们科学又入于一个新生的纪元，这就是第四期的新科学的建设。如最近开明的科学家如马哈（Mach）、皮尔逊（Pearson）、潘加烈（Poincaré）等，把从前所认为天经地义的科学法则，以为都不过暂时适用的假设，影响所及，历来公认的欧克立几何（Euclidean Geometry），也一变而为非欧克立几何了。这种情形很可见科学的根本动摇，而倾向于另一途径，即是和宗教哲学合一的综合科学。如 Poincaré 著《科学的价值》彻底地不离自然科学的立脚而主张为其基础的形而上学。洛慈（Lotze）是有名的物理学者，他著《人与宇宙》一书，极力主张科学与宗教的一致。还有一个最著名的现象，就是要研究人类的神秘不可思议的精神现象，所谓灵学，在不存成见的科学家——如汤姆生——也承认它的价值。在心理学方面，则英国有下意识学派发生，还有如德国化学者奥斯托尔（Ostwall），意国法医学者郎勃罗沙（Lombroso），法国天文学者弗兰马林（Flammarion），英国化学者克罗克斯（Crookes），这些人都是从精神方面研究科学；一方面好像具有神秘的性质，一方面又确是科学研究的结果，这大概就是正在探索一条进入自然的最神秘最深奥的新科学的开端了。

由上自然科学之史的发展，已可看出自然科学发达史是可区分为四个时期的，即从宗教的科学到哲学的自然科学，从哲学的自然科学进到科学的自然科学，又从科学的自然科学更进到艺术的即综合的自然科学。然此犹就自然科学之发展一面言之，若更观察一下社会科学的历史，亦何莫不然。关于社会科学之史的发展，请举“经济学”“历史学”之史的发展略表，以为例证：

（A）经济学之史的发展表（参照拙编《历史学派经济学》页 74—75）

时间	经济思潮	学派	重要学者	重要著作	根本概念	时代之区分
第一时期	宗教的经济学时期	基督教派	Thomas Aquinas, Thomas Moore	《神学集成》 《乌托邦》	（一）“数、衡、度乃上帝用以分配万物之工具” （二）慈善与恤贫	中古世纪
第二时期	资本主义经济学时期	英国古典学派	Quesnay, Adam Smith, Malthus, Ricardo, John Stuart Mill	《经济表》 《富国论》 《人口论》 《经济学及课税原理》 《经济学原理》	（一）自由竞争 （二）以个人利己心为出发点。 （三）普遍绝对的经济法则。	18 世纪
第三时期	伦理的或科学的社会主义经济学时期	历史学派	List, Roscher, Hildbrand, Knies, Schmoller, Brentano, Bücher, Wagner	《政治经济学之国民的体系》 《根据历史方法论的国家经济学讲义要纲》 《现在及将来的国民经济学》 《站在历史方法立场上的经济学》 《国民经济学概论》 《社会政策研究》 《国民经济学的成立》 《社会主义社会》 《民主主义》 《讲坛及国家社会主义》	（一）经济生活之历史的统一的形成观。 （二）经济法则的相对性。 （三）社会诸现象相互关系的认识。	19 世纪

续表

时间	经济思潮	学派	重要学者	重要著作	根本概念	时代之区分
		马克思派	Marx, Engels, Rosa Luxemburg, Hilferding, Lenin, Bukharin	《资本论》《经济学批判》《共产党宣言》 《家庭、私有制和国家的起源》 《经济学入门》 《金融资本论》 《资本主义最后阶段的帝国主义》 《转形期的经济学》 《有闲阶级的经济理论》	（一）资本主义社会之发生运动没落法则之理论的说明。 （二）从商品生产的分析建立理论经济学。	

（B）历史学之史的发展表

<table>
<tr><th>史学分类</th><th colspan="4">举例</th></tr>
<tr><td>（一）故事的历史</td><td colspan="4">史诗与神话，埃及史学（巴勒摩碑），巴比伦史学（创世及洪水故事），亚述史学，圣经史学（宇宙开辟的历史，犹太法制，希伯来民族及犹太王国的历史），Homer 史诗，说书家时代（Cadmus of Miletus 等），Hecateans, Herodotus</td></tr>
<tr><td>（二）教训的历史</td><td colspan="4">Thucydides, Xenophon, Polybius, Posidonius, Strabo，罗马史学，Cicero, Cato, Aelius Caesar, Sallust, Livy, Tacitus, Plutarch, Suetonius</td></tr>
<tr><td rowspan="7">（三）发展的历史</td><td>第一期</td><td>宗教式文化史</td><td colspan="2">Origen 的象征主义，Julius Africanus, Eusebius, Augustine, Orosius, Gregory of Tours, Bede, Adam of Breman, Otto of Freising, Lambert, Illynius, Baronius</td></tr>
<tr><td rowspan="3">第二期</td><td rowspan="3">哲学式文化史</td><td>（一）唯理主义</td><td>Machiavelli, Guicciardini, Pufendorf, Grotius, Clarendor, Marians, Thuanus, Gibbon, Voltaire, Hume, Robertson</td></tr>
<tr><td>（二）浪漫主义</td><td>Thierry, Barante, Michelet, Leo, Carlyle, Froude, Motley, Macaulay</td></tr>
<tr><td>（三）国家主义</td><td>Maurice, Waitz, Freytag, Droyson, Treitschke, Sybel（德）, Fustel de Coulanges, Michand, Lamartine, La Gorce（法）, Freeman, Stubbs, Froude, Seeley, J. R. Green（英）, Buress, Lodge, Maham, Van Holst（美）</td></tr>
<tr><td rowspan="3">第三期</td><td rowspan="3">科学式文化史</td><td>（一）考证派</td><td>Ranke, Mommsen, Waitz, Eduard Meyer, Ritter, Onsken（德）, Guizot, Maspero, Diehl, Monod, Seignobos, Sorel, Langlois（法）, Creighton, Oman, Rose Fisher, Bury, Pollard, Gooch（英）, A. D. White, H. C. Lea, Osgood, Fling, Haskins, A. Johnson（美）</td></tr>
<tr><td>（二）综合史学派</td><td>Lamprecht, Weber（德）, Henri Berr（法）, Marvin, Zimmerm（英）, Robinson, Shotwell, Terggart, Barnes（美）</td></tr>
<tr><td>（三）社会史经济史及科学史派</td><td></td></tr>
</table>

详细的说明，前者可参看我的《历史学派经济学》(页74—88)，后者可参看我的《文化历史学》第三章《史学的历史》。不但经济学历史学如此，推之社会学政治学法律学，及其他社会科学，都是依照文化分期的阶段发展而发展的。又不但社会科学如此，凡百自然科学，换言之即所有对自的学问，都是和文化之其他类型，一样地依照分期的原理而发展的。不过在科学之史的发展当中，第一期宗教的科学不是科学；第二期哲学的科学不是真正的科学；只有第三期科学的科学才是真正应用了归纳的归纳法，可算得真正的科学的本身，也可说就是真正科学的时代。

四

最后我们应该十分明确地认识了文化进化中科学的意义。现代为“科学时代”，我们应该提倡科学的文化，我们如果自己是一个历史家的话，更应该极力从事科学史的宣传。因为这是我们所应负之时代的责任。依前列历史学之史的发展表，文化史第三时期，一方面为社会史经济史之发展，一方面即为科学史工艺学史之发展。Shotwell 曾指出科学史之文化任务；沙尔顿(Sarton)则对于科学史之文化任务，称之为 New Humanism；而在一般史家，则至今尚只知注意政治史，而忽略文化史，尤其是科学史。即在注意思想史与文化史的专家，对于宗教史与哲学史虽有很多贡献，但仍然忽略了科学史之重要性。Barnes 在所著《新史学与社会科学》(*The New History and the Social Studies*，页406—407，董之学译，页404)有一段很沉痛的话，可引作本节的结束：

过去学者耗费巨量之能力，耗费有价值之笔墨，以研究关

> 于宇宙目的与实现性质之种种揣摩，即所谓哲学史是。更研究人类企图战胜自然与供用自然之种种错误方法史，尤其是专论宗教史之巨帙，浩如烟海，盖欲藉宗教以为用神力驾驭自然动力之主要方法，此——与科学研究法适相反，……吾人言念及此，当知科学史之重要，当知科学史之比较地被忽视。搜求真理，尤其是用科学方法，为人类之最高活动与努力，亦唯有人类能为之，今史家竟忽视科学史，是亦可怪者也。

原来即就文化史之发展来说，也是由宗教史时代到哲学史时代，再由哲学史时代进到科学史时代的。因为现代是科学时代，所以在学术界具有时代眼光的，对于科学史都渐渐发生兴趣，而认定现代文化就是科学的文化，如封建堡营或中古教堂为时代标帜似的，Shotwell以为蒸汽机就是我们时代的标帜，而文化史中科学的位置也不待详证而自明了。

第七章　艺术的文化概念

一

什么是艺术？这个问题曾经古今许多思想家提出各种各式的答案，而终没有一个答案可以包括艺术之一种普遍的定义的，那些爱艺术的普通人和一些寻常的艺术家，可以告诉我们："艺术就是建筑、雕刻、图画、音乐和各种诗"；似乎很容易明了的了，可是托尔斯泰（Tolstoy）就要"请问在建筑里有没有不能算做艺术品的平常建筑物？此外还有没有虽具艺术目的，但不能成功不成其为艺术品的建筑物？那么艺术品的标准是什么？"（《艺术论》，页 13）无疑乎许多人会再告诉我们："艺术的基本观念所由根据的是'美'"；但是"美"又是什么呢？宗教的艺术家以为美是自身存在于上帝之怀中；哲学的艺术家又以为美纯粹是依赖个人的主观而存在；科学派的艺术家则以为美是客观独立存在的，所以自然即美，美即出于自然界之中；然而如你是一位真正的艺术家的话，你的答案就会不相同了。你无须乎摹仿一种超现象界的预定的模型，因为那只是宗教的艺术；你又不能完全依靠内心的游戏，而不把他表现出来，要是那样，就只是哲学的艺术了。你当然不能忘却自然界，然而自然界并不纯粹美的，所以有人批评"写实派无非是拿最丑恶的东西，当作是极美丽的，去骗大家"；至如托尔斯泰等以为美感就是娱乐，把美摈斥于艺术之外。更可见科学的艺术是怎样含着反艺术的倾向了。然则真正艺术的美是什么呢？请参看下面一段专家的话（林文铮《何谓艺术》一文）：

艺术绝不能摹仿自然界，艺术非仅不是自然妙品之澹淡反影、微弱回声，而且比自然界更能娱人！受它迷醉的人，甚至于单恋爱艺术而忘却自然界了。简言之，音乐的使命是摹仿什么？当然不是自然之声，风声、海声、林声、泉声。可见艺术自有其本美，与外物之美分离，外物不过艺术之题目而已。

艺术所以能美化人，就是因为它蕴藏有自然界所无的东西；人性的东西。假如艺术缺乏这种优点则不能感动人，亦无存在之理由，无论在哪一方面都远不及实际了。艺术所具有的长处，全是人加上去的。美情绪是人所创造而蕴藏于艺术之中。质而言之，惟人才能以美贯入艺术中。美情绪只生自人心中。艺术品实际上出自作家对于自然感印得来的美情绪，而艺术之价值亦全在此。

美是艺术品之本质，艺术品又以美情绪为其元素，观此可知艺术家之所以异于凡人者，全在其感觉分外灵敏丰富，而且分外非功利的。他们与某种事物偶一接触便如弦线颤动起来，内心推波助澜，层出无穷，凡是真正的艺术家必然是易动情绪者，而且是美情绪者；即是说脱离一切可鄙的功利观念。艺术虽带有肉欲，但在肉欲之中，仍不失为静观的易动情绪者。

艺术为作家个性之情感表现，所以性质上纯是理想的，艺术并不一定用以矫正实际，但是无论在哪一方面看起，它是“人加在自然上面”（homo additus naturae），因此可知艺术是美化的自然，即是说受过了美情绪之感化。

艺术世界是超现世而存的美世界，为人类之感觉的创造。

人类可随意变化自然，换言之，自然界要受人类中之最灵敏者——艺术家——之指挥。

由上面的话看来，可见艺术虽取材自然而超过自然，艺术与自然的不同，即为艺术与科学的不同。前者以“理想化”为艺术家的自由活动，而后者则以“现实化”为科学家的必然活动；前者根本为情绪的冲动，而后者则为理智之结晶。晓得两者不同，就知道为什么“科学”是“对自的”，而艺术却为“即自且对自的”的理由了。托尔斯泰在《艺术论》里曾举出批评当代艺术的几点，就中有一点，以为“艺术失其真的，亦变成想象和推理”（页94）。他不知“真”乃是科学之无上价值，而非艺术之无上价值。他又以为“真”是所以达到“善”的方法之一，善是人生永远最高的目的。而与“美”极端不合的。它不知道“善”乃是哲学（道德）之无上价值，若艺术则不必以完善为目的；所以图画雕刻中不一定表现一些完善人物，而在诗歌小说中的杰作，更多完全与道德脱离关系。王尔德（Wilde）说得好：“一切艺术都是不道德的，除了那些下流的专以引人为善或为恶的肉欲的或教训的艺术”；这话虽然偏激一点，然而拿来对付那些以道德的标准去批评艺术的人，真再对也没有了。因为艺术只是艺术，所以既不是那以善为其目的的伦理学，也不是以“真”为其目的的科学。艺术是以“美”情绪为根据的，美情绪即是艺术的灵魂，即是艺术的本身。因此所以意大利Croce在他的《美学》中，也宁取艺术而舍哲学和科学；他告诉我们，心灵生活有四方面：（1）美、（2）真、（3）用、（4）善，是很有分别的。关于真的有论理学，关于用的有经济哲学，关于善的有道德哲学，而关于美的则为美学；美之本身即一种纯粹的心灵活动，为美感活动的心灵活动，和真、用、善的生活内容，是根本不相同的。

晓得艺术与各种文化价值不同之处，而后才好进一步来谈艺术的文化概念，分开来说：

（一）生命艺术——艺术世界的基本要则，可说就是“真情之流”；真情之流的一切表现，从广义说，都是美感活动，都是艺术；不过普通一班人所认定的艺术，是仅指人类精神的感情的表现而言，所以狭义来说，艺术的源泉是出于真情的大流而汇成文学、戏剧、绘画、音乐、舞蹈、建筑、雕刻七种不同的流别的。（古代艺术本分成九种，以九位文艺女神司其事，中间天文与历史已经独立，所以只剩得七种了。）潘梓年先生在《文学概论》中有一段我所要说的话，便是：

> 人们的生命是一个流，不断的向着一个永久流去，也有时聚成大海，波浪拍天；有时汇为小河，慢声低唱；有时受着太阳吐金光，有时常对明月发笑，更有时蒙了云雾，现出凄惨的颜色。然而它终究是个流，永远不断的生命之流，这个流反映在声音上成为音乐，反映在色线上成为绘画，反映在形体上成为雕刻，反映在动作上成为舞蹈，而反映在文字上便成为文学。

这简单的话，已把艺术的源泉涌现于我们的眼前了。艺术的泉源就是“真情之流”，是个音乐之活动体，这一点似乎是我们很新鲜的发现，实则有名的“苦闷的象征”的作者，不是已经告诉我们“生命受了压抑而生的苦闷懊恼，乃是文艺的根底”（页20）么？这“最广意义上的生命力的突进跳跃”，不就是生命的大流么？因为艺术就是生命之流的表现，所以一个真正的艺术家，应该大胆地自由表现自己，当他们觉得真情燃烧着，他们便有散播真情之火于环境的充分能力，他们表现，他们创造，他们把无穷尽之情火的光明，用艺术方法照耀世界，这不是证明了艺术就是生命的象征吗？

（二）综合艺术——生命之流从它传播出音乐的韵律，而在音波反复曲折的地方，却成了绘画的假象而表现。音乐是动的，是用时间感觉的，是一波一波接着流于“真的时间”——真情之流——上面的，所以叫做“时间艺术”。绘画是静的，是用空间感觉的，是一形一色反射在平面的空间上面的，所以叫做“空间艺术”。现在试列表如下：

- 艺术
  - 时间的
    - 音乐
    - 文学
  - 空间的
    - 平面的
      - 绘画
    - 立体的
      - 建筑
      - 雕刻
- （以上各项）综合的
  - 舞蹈
  - 戏剧

照这表看起来，便知时间艺术有音乐和文学两种，如舞蹈、戏剧是以时间为经而以空间为纬，故也可说是时间艺术派生出来的了。时间派生出来的东西，必伴着时间艺术的音乐，必完全具有音乐的节奏和韵律；并且从艺术的整体来看，也只有时间艺术没有空间艺术。所谓空间艺术，实际亦必汇合于变迁历程的“真的时间”之中，而为潜隐的时间艺术，才有价值。所以近代绘画，如后期印象派，他们也不被视觉所欺，却要听着静悄悄的生命的声音，在潺潺的流过去的时间上，感着一种喜悦。构图主义的康丁斯基（Kandinsky）的画，完全超越物象的形似，象作曲家从事作曲一样，用一种线条和色彩，得着音乐的效果。未来派更极力主张动的时间的感觉的表现。而在雕刻方面，如灵的写实主义的罗丹，也把雕刻转到生命，用一种外容（现实的空间）想冲进未知境界，听神秘的果子树上的啼鸟的声音。这么一来，岂不是新兴的绘画雕刻，都已经时间艺术化了吗？我率性大胆地说吧：现在无论哪一种艺术，都和音乐有契合之处，在心理学方面所称为“色彩听觉”，即色和音的感觉之交错，就是我上面所讲的空间艺术（色）与时间艺术（音）的转移。现在各种艺术的分界是融合了，那专司文艺的七位女神，合为一体了。所谓文学、戏剧、绘画、音乐、舞蹈、建筑、雕刻，都配合一起，而声色相通、官感交错地来表现情感，创造伟大的艺术世界，也就是音乐世界。英国文学批评家 Walter Pater 在《文艺再生集》中，他的名文“The School of Giorgione”中说过：“绘画、雕刻、诗歌和其他一切艺术，都倾向于音乐的原理和状态”；可见现代艺术是这样倾向于音乐，倾向于综合的艺术了。

由上可见艺术的文化概念，就是生命的与综合的概念，所以文化史第四时期，即艺术时期，即是生命时期，又名综合时期。再就其与宗教、哲学、科学之互相关系言之，则所谓生命哲学时期综合科学时期，这些名辞亦可由之成立。但话虽如此，这里所谓生命综合的艺术的概念，是站在第四时期艺术的艺术时期来谈艺术文化的，实际则在艺术的艺术概念成立以前，应该还有科学的艺术概念；而这科学的艺术概念，不但不和纯艺术的文化概念相合，并且是极端相反的。试以托尔斯泰的《艺术论》做例，他即是站在所谓科学的观点上，来反对综合艺术的。他批评瓦格涅 Wagner（页 182—183）。

> 瓦格涅想改正歌剧，使音乐服从于诗的要求，而两相并合，然而每一艺术都有自己一定而不连络的范围，也只和别种艺术稍有接触。所以如果要连合二艺术的实现为一，那么此种艺术的要求，决不能予他种艺术的要求以满足，然而瓦格涅却想使音乐艺术屈服于戏剧艺术，并且使两者的实现具同一的力量。然而这是不可能的事情，因为各种艺术品——只要他是真实的——都是艺术家情感的一种特别表显。……所以如果要使一种艺术品和他种

> 艺术品相合，除非使两艺术品和原先的东西毫不相象，还是相合相同。……即使两个艺术（如音乐与文学）能够完全相同，那么结果一个是艺术品，一个是假造物；或者两个全是假造物。两片活的树叶决不能相象，能够相象的只是两片假做的树叶。所以艺术品也只在他为艺术的相似品的时候，才能相象。

似此反对综合艺术的论潮，可谓对于艺术的文化概念完全不懂，却也正可拿来代表第三期的艺术文化概念，可见即说到艺术的文化概念，也有一段很长的变迁的历史了。然而无论如何，不谈艺术的文化则已，要谈艺术文化，则不能不舍却第三期的科学的见解，而徘徊顾盼于第四期艺术之所以为艺术的文化概念。如 Bergson 之从本能个性说明艺术，Nietzsche 提倡艺术即生活之说，乃至 Carpenter 所著《天使之翼》中《生命艺术》之一章，对于艺术之所以为艺术的真髓，均颇有发明，那么我们为着完成艺术的自己时代起见，还不应该百尺竿头再进一步，来彻底宣扬那有最高理想境的艺术的文化么？

二

次述艺术的方法，就是所谓“直觉法”，是依于表现而成立的。意大利 Croce 曾告诉我们，一切表现都是艺术，而艺术即是“抒情的直觉”，人们当真情之流充塞洋溢的时候，喜欢了自然要笑，苦痛了自然要哭，这种喜怒哀乐的表现，即是直觉的表现，由声音言语身体而表现出来，“即由声音成为音乐，由言语成为诗歌，由身体成为舞蹈，其他建筑、绘画、演剧等，也可由感情表现来说明的。”试以文学为例。现代表现派的批评家斯滨加恩（J. E. Spingarn）在《艺术是表现》里曾述及表现为各派批评共同的观念。他说："当19世纪初叶斯塔厄尔夫人（Mme. de Staël）等曾创立一种观念，以为文学是'社会的表现'。微克忒库争（Victor Cousin）首创'为艺术而艺术'的一派，更宣言'表现为艺术的至高规律的一条基本法则'；其后圣柏甫（Sainte-Beuve）则倡他那以文学为人格的表现的学说，并加以说明。更后在自然科学的影响之下，泰尼（Taine）得Hegel的暗示，主张以文学为种族时代及环境的一种表现。极端的印象派，则以为艺术为对于人生之细微活动的感觉或印象之精妙的表现。但在这一切的批评家和理论家，文学总都是一件东西的表现，或为经验的表现，或为情绪的表现，或为外物的表现，或为内心的表现，或为那人自己的表现，或为那人自己以外的东西的表现，而总之都把文学当做一种表现的艺术。"（《近世文学批评》页269—276，傅东华译自L. Lewisohn所辑*A Modern Book of Criticisms*）不但文学如此，一切艺术都是依于表现而成立，如以第二期哲学的艺术为情绪的表现，第三期科学的艺术为经验的表现；则第四期的艺术应该就是依于直觉的表现而成立了。直觉的表现越深高越敏锐，就越发成为艺术的艺术而表现，因而导人入于心灵的秘奥，和梦幻的场面，而入于艺术的三昧境了。柏格森（Bergson）因看到这里，所以在《创造进化论》中《生命与意识》一节里说（参看李石岑论文集中《艺术论》一文）：

> 人类普通之知觉之外，复备有审美的能力；吾人之眼不能有机的见生物体，只不过机械的见之而已。生命之意向——即贯通生物种种之部分形体而结合之，且赋以意义之纯一运动，——决非吾人之眼所能映写，然彼艺术家则常欲把捉如斯之意向。"艺术家由直觉之力能破坏介于彼与彼之模型之间之障壁，由一种之感应，得澈入对象之里面，而把握其内部生命。"

可见艺术的方法，原来就是直觉的方法了。然而哲学家的 Bergson 仍不免于理知的分子太多，所以虽知有审美的直觉，而尤注重于哲学的直觉，在他《形而上学导言》一节中说：

> 哲学家认识对象的方法有两派，一是在对象外面盘旋的，一是向对象内部征入的。前一派要用视点做凭借，用符号来表示，后一派不用这些。前一派所认识是相对的，后一派所认识的是绝对的。
>
> 例如有一个物体在空间运动；我要是凭着一种视点，又把它运动的经过用各种记号表示出来，这是我完全立在这个对象以外，所以是相对的。要是我的想象力侵入这个运动的物体里面，他的动就是我的动，动的各种状态，我都能感觉着，没有视点可凭著，也用不着符号来翻译。所以是绝对的。
>
> 又如小说中描写一个人格，用种种言语与行为来表示他的特性；我读了终不能与亲见此人的感觉一样。因为小说上给我许多视点与许多符号，我读了觉得他的各种言动，都是他人公有的分子，所以是相对的。要是我亲见此人，得到他浑然融合的人格，那才是绝对了。

不错，认识绝对只能用直觉法而不能用分析的方法，直觉是一种知的同情，可以达到对象的内部，体认那唯一不可名状的情况，然而即在直觉当中，Bergson 所见者还只是“无表现”的直觉，而非“有表现”的直觉，换言之，只是哲学方面之内省的直觉（或理知的直觉），而非艺术方面之抒情的直觉。反之抒情的直觉则必定是有表现的，所以在这一点，我不得不采用那主张“直觉与表现为一致”的 Croce 的美学说，而主张直觉为艺术的唯一方法，请看美学中，说些什么：

我们人类的知识是有两种形式，不是直觉的知识，即为论理的知识；不是由想象作用得到受用的知识，即为由理知得到的获得的知识，不是认识个体，即为认识真相；换言之，即不关于个别事物的知识，即为关于各个互相关系的知识；不是产自意象的知识，即为产自概念的知识。

然则艺术是用哪一种的知识方法呢？Croce告诉我们："当批评家判别艺术上的作品时，一定要排斥艺术的抽象理论，而纯持直觉的知识。""我们玩赏一件美的艺术品时，那总是我们所表现的自己的直觉。……当我读莎士比亚而形成哈姆雷特或奥赛罗的意象时，那只能是我自己的直觉。"所以艺术无论是创作者、鉴赏者、批评家，只要叫做艺术的话，都只是直觉的表现。艺术的奥妙不在于它的作品中充满着无数的论理概念，而在于他的作品无论包括多少概念，其结果仍然只是一个直觉；反之哲学上的议论，无论包含多少直觉，其结果仍止于为一概念，这就是哲学的作品与艺术的作品间的不同，也就是运用理知方法与直觉方法的不同。《美学》第一章《直觉与表现》中更告诉我们：

"直觉的活动是在表现的范围内，才能获得"，这句话，初看似乎很奇怪似的，却是这因为将表现一语解得太狭窄了。表现不单为言语的表现，在此以外尚有非言语的表现，即如线、色、音等，所以画家的直觉与表现为绘画，诗人则为言语的；然而无论为绘画的、言语的、音乐的，或者其他，没有直觉便表现也是不必要的。为什么？因为表现是完全不能离却直觉的原故。……所以直觉与表现不是两个东西而为完全同一的东西，所以直觉之一瞬间，同时就是表现。

直觉就是表现，所以直觉的一切表现，都是感美活动，都是艺术。这个表现“反映在声音上成为音乐，反映在色线上成为绘画，反映在形体上成为雕刻，反映在动作上成为舞蹈，而反映在文字上便成为文学”。一切艺术都是抒情的直觉，而且都是直觉与表现一致的境界，所以我们毫无疑义地可以断言，艺术之所以为艺术的方法，就是直觉，没有直觉，便没有艺术了。

晓得直觉乃是艺术之唯一特殊的方法，然后才好了解文化史之第四时期，即艺术时期，所有宗教哲学科学之艺术化的意义。第四时期的宗教为艺术的宗教，所以它应采用了宗教家所用之神秘的直觉；如诗来尔马哈（Schleiermacher）虽为“哲学的宗教家”，但有一点可代表现代的宗教精神，即依他主张则神的存在只启示于感情当中，而直觉与感情为合一，由感情而确认神的存在，即由直觉而得直接感知神性；又如 Santayana 主张宗教应该放弃其迷信与独断，而自比于诗；这么一来，便所谓宗教，便和艺术很接近了。而这种宗教的直觉，实即代表宗教之第一义，就是所谓“艺术的宗教”。次之第四时期的哲学，如 Bergson 即完全采用直觉的方法，来直接体验生命的绵延的，他说生命好比一股大流，没有时候休息的，也不会重复的，也没有部分的，只是那继续前进的不断之“生的冲动”，只是一种“真时间”，这真时间的认识，不要凭借一种理知作用，是借一种内在的同情的方法，以游神于物的内面，而亲与其绝对无比不可言状的本体融合为一，这就是“直觉”了。直觉是人人都可有的，所以他说：“至少有一样真实，是我们都能不用分析，而用直觉，而自内得到的，这就是我们自己的人格；在那里流着穿过时间，我们的‘我’在那里绵延”；因此他就主张自我不断的创造，反对机械论和目的论，极力唱道我们的生命是自由意志的，我们就是生命的整个性的表现。这种内省的直觉或哲学的直觉，实即代表哲学之第一义，这就是所谓“艺术的哲学”了。复次即第四时期的科学，也是要应用直觉的方法的。如 Poincaré 在所著《科学之价值》一书第一章《数学之直觉与论理》中，他说在数学家中本有专重论理与惟恃直觉的两派。前者常称为解析派，后者常称为几何派，这不惟在学者如是，即学生亦如是；论理派的学生，解问题时常好用解析方法，直觉派的学生，则无往而不用几何方法（页 9—13），然而所谓数学的归纳法，实际则大倚靠直觉，即由直觉而后数学的归纳法才能成立。由此可见直觉即在最近代的科学中亦居于重要的地位；这种科学可以说是科学之第一义，也这就是所谓“艺术的科学”了。总而言之，统而言之，在文化史之第四时期即艺术时代；无论宗教哲学科学都已经采用了直觉的方法，这更可见直觉的方法，就是艺术之所以成为艺术的唯一方法了。

三

艺术之史的发展，也可以看出艺术之所以成为艺术的唯一方法的发展，即直觉法的发展。约言之即依照直觉法与他种方法之关系，而形成了艺术史之四个时期，即是：

（一）宗教的艺术时期…………………演绎的直觉法；

（二）哲学的艺术时期…………………辩证的直觉法；

（三）科学的艺术时期…………………归纳的直觉法；

（四）艺术的艺术时期…………………直觉的直觉法。

以艺术之类型言之，宗教的艺术时期当以雕刻为代表，哲学的艺术时期以绘画为代表，科学的艺术时期以建筑与小说戏曲为代表，艺术的艺术时期则以音乐文学为代表；所以艺术之史的发展，可说是依照以下顺序：即第一为雕刻时代，第二为绘画时代，第三为建筑时代，第四为音乐时代。若把文学也包括在内，则专就文学言之；则文学之史的发展，第一期为叙事诗时代，第二期为抒情诗时代，第三期为戏曲小说时代。即专举戏曲为例，则如但丁（Dante）写《神曲》（*Divine Comedy*）是第一期，歌德（Geothe）写《浮士德》（*Faust*）是第二期，易卜生（Ibsen）写社会剧问题剧，是第三期，至于梅脱林克（Maeterlinck）所独创的“静剧”，就是第四期了。小说的发达，据美国麦秀士教授（Brander Matthews）认为应分为四期，第一写古代荒唐无稽全然不可能的事；第二写不可有的时代；第三写实际可能的时代；第四即某事情必然的结果、不得不如此的性质，即写不可避的时代。这里所说第一期即实际文艺史上的古典时代，第二期是浪漫主义的作品，第三期第四期和写实主义自然主义相当。可见小说的发达，也仍不失其为历史进化的潮流了。现在试即以文学为例，来反映艺术之全历史时代。本来文艺之史的发展，虽在流动变化之中，仍不失其为一持续的潮流，不过我们要注意的，就是在这不断的潮流当中，从大体上看，是有两个不同的倾向：一个是陶醉的热烈的情绪主观的潮流，一个是觉醒的冷静的理性客观的潮流，前者的特色是求美的高的理想，后者的特色是求真的、现美的如实；前者是以感情自我为主，后者是以理智感觉为主；前者是以“艺术为艺术”，后者是以“艺术为人生”。属于前者为浪漫主义、新浪漫主义、唯美主义、象征主义、未来主义、表现主义；属于后者为古典主义、写实主义、自然主义；所谓文艺世界就是这两种潮流的相对的交流，不过有一个顺流，一个逆流，有这些不同罢了。顺流是如时间的流转，是“诗的世界”，我们唤它主流，因它是与“真情之流”同流的；逆流是如空间的开拓，是散文的世界，我们唤他“旁流”，因它是和韵律之波背驰的。所以不讲文学则已，要讲文学则须承认浪漫派、新浪漫派、表现派为文艺的本流，而把古典主义、自然主义看做一个旁流，现在试将文艺之历史发展列表如下：

时期	文艺思潮	作家	作品	批评家	题材	内容	时代的区分
第一时期	古典主义	但丁、莎士比亚、密尔顿、莫里哀、雷心等	《神曲》《哈姆雷特》《威尼斯商人》《失乐园》《装腔作势》《贤者拉丹》等	鲍洛（Boiteau）	古代的	（一）理性尊重 （二）艺术教养 （三）社会的形式 （四）人间性的探求——Nitze and Dargan	17世纪起
第二时期	浪漫主义	歌德、席勒、拜伦、雪莱、济慈、嚣俄、拉马丁、大仲马、小仲马等	《浮士德》《少年维特》《强盗》《威廉退尔》《曼弗来特》《该隐》《云雀》《西风歌》《云》《夜莺赋》《亨利第三与其家庭》《悲惨世界》《巴黎圣母院》《三剑客》《茶花女》等	安诺德（Arnorld）	中古的	（一）主观本位 （二）绘画美的爱好 （三）反抗精神 Phelps说	18世纪起

续表

时期	文艺思潮	作家	作品	批评家	题材	内容	时代的区分
第三时期	写实主义 自然主义	福劳贝尔、莫泊桑、左拉、屠格涅夫、托尔斯泰、杜思退益夫斯基、高尔基、契诃夫、易卜生、萧伯讷、霍卜特曼、苏德曼等	《马丹波娃利》《人心》《水上》《漂亮朋友》《酒店》《父与子》《新时代》《罪与罚》《战争与和平》《复活》《玩偶家庭》《国民公敌》《沉钟》《日出之前》《织工》《故乡》《忧愁夫人》等	圣佩韦(Sainte-Beuve),泰纳(Taine)	现代的	(一)非个人的或没人格的 (二)科学的尊重 (三)无感觉 Brunetière 说	19世纪起
第四时期	新浪漫主义 唯美主义 象征主义 未来主义 表现主义	梅特林克、夏芝、鲍特莱耳、魏伦、麦拉尔梅、法朗士、王尔德、道生、邓南遮、恺石、勃伦纳尔等	《青鸟》《摩娜娃娜》《恶之华》《美满的盛会》《今与昔》《完全的诗》《红百合》《黛丝》《莎乐美》《道连格雷画像》《死之胜利》《琪琡康陶》《珊瑚》《人类》《自晨至夜半》等	比德(Pater),法朗士(France),西门司(Symons),斯滨加(Spingarn)	未来的	(一)神秘的或象征倾向 (二)自己崇拜 (三)对于社会生活的理想主义非常发展 (四)一切文学都憧憬于音乐的状态——参 Jackson 与 Nordon 说	20世纪

由上文艺之史的发展，使我们知道在这个进化潮流中，第一时期与第三时期从其影响的结果来看，都是使情绪主观调节充实，引导文艺的本流即第二时期与第四时期到最完美的境地；所以这两时期在文艺史的路径中，是必须经过的阶段。我们如果打个譬喻，则可以说文艺的本流是“音乐”的世界，而第一时期第三时期所表现的却是绘画的世界。海其（F. H. Hedge）曾说及浪漫派和古典派的不同，好比音乐和造形艺术的不同；前者为情感的，后者为知识的；前者为描示的，后者为暗示的。不但古典派如此，写实派最重要的小说，不是更如 Stendhal 所说：“小说是沿路走过去的镜子”么？这简直是和照像相似，比古典派更靠外多了。所以依我意思，古典派和写实派是应该站在一边，他们的文艺是给眼看的，自然算不得文学正宗。反一面说，文学正宗应该是那第二时期和第四时期的各派；然而同在主情的音乐的诗的文艺本流中，第二时期是近似于音乐的绘画，而第四时期才算得音乐的音乐。再明白点说，浪漫派还是绘画美的爱好，而唯美派、象征派、表现派才是音乐美的爱好。文学批评家如 Phelps, K. Butler 等都曾举出浪漫主义的特点，在对于中世纪的无限浪漫精神的材料的诱惑，及这些材料和艺术形式都可以用“绘画的”一语来表出的原故。所以彻底来说，以浪漫主义和古典主义写实主义相比，浪漫主义可以说是音乐的；以唯美主义、象征主义、表现主义、未来主义和浪漫主义相比，浪漫主义又只好说是绘画的了。而真正音乐的文学，则从第四期唯美主义的元祖爱伦坡（Allan Poe）开始，从他在《诗的原理》中，把这音乐文学的绪论发表以后，影响就渐渐大起来了，在欧洲很明显的就有两派来实现他的主张，一个是英国的唯美派，一个是法国的象征派，再转就是德国的表现派和意俄两国的未来派了。

次述音乐之史的发展，第一期为宗教的音乐，从近代音乐之祖巴赫（Bach 1685—1750）、汉德尔（Handel 1685—1759）以至海钝（Haydn 1732—1809）和天才的音乐家莫扎特（Mozart 1756—1791），都是以宗教音乐得名的。巴赫所制最庄严最神圣的圣歌与圣乐，如《马太受难曲》（*St. Matthew Passion*）、《约翰受难曲》（*St. John Passion*）、《罗卡受难曲》（*St. Luka Passion*）都是充满着宗教的情调。汉德尔更不消说是晚年成功的圣乐的作家，从1719年创作了好些赞美歌，在伦敦最初第一次英文圣剧 *Esther* 当时已被公认为有新趋向的新乐剧本；临死还在指挥着，奏他最后的一个圣乐 *Jephthah* 呢！海钝就是受着汉德尔神剧的感动的，那号称一代神剧杰作的，是《天地之创造》和《四季》两曲。莫扎特虽创造了纯粹可爱的音乐，但成大名曲的，还在他临终最后所作的《安魂乐》，这是宗教乐之最杰出的，此外更有弥撒十五、德国赞美歌二，以上都可以算做宗教音乐的代表作品。第二期浪漫音乐的开创者贝多芬（Beethoven 1770—1827），虽然早年也不免受海钝，莫扎特的影响，而作《橄榄山之基督》，但他终究是生在法国大革命时代的人物，所以从“英雄交响乐”以后，便完全成功音乐的浪漫主义。他把个人的感情完全音乐化了！在《英雄交响乐》里，满心歌颂世界有一个理想中的英雄——拿破仑，——虽然这个英雄以后竟使他完全失望。贝多芬以后，在音乐界作浪漫主义的领袖的，如韦伯（Weber 1786—1826）、舒曼（Schumann 1810—1856）、詹森（Jensen 1837—1879）、布拉姆斯（Brahms 1833—1897），都是代表“主观音乐”的潮流，以为一切音乐只是由于人们底情感的。但自李斯志（Liszt 1811—1886）提倡“客观音乐”以后，于是对于“主观音乐”攻击的声浪，贸然而起。后起的如沃尔夫（Wolf 1860—1903）、施特劳斯（Strauss 1864—1949）都是主张无论什么音乐，皆须有描写的客观主义，这可算音乐进化的第三期了。只有瓦格涅（Wagner 1813—1883）作成第三期音乐和第四期音乐的桥梁，从他提倡客观描写看起来，和李斯志没有不同；但从他自己作诗，自己制谱，把诗歌、音乐、绘画、建筑综合集成大规模的歌剧，又正是代表第四期综合的精神了。不过现在号为新派中的新派，还推奥国勋白格（Shönberg 1874—1951）的表现主义，他那破除规律表现我见的新音乐，自是最近代的了。

复次绘画之史的发展，绘画在文艺复兴时代，其绘画意匠纯然是宗教的。可以米开朗琪罗（Michelangelo 1475—1564）、拉斐尔（Raphael 1483—1520）以至路易大卫（Louis David 1748—1825）等为代表，这派画题，取希腊、罗马等古史神话为多，并且尊重那传统的美观念，这是第一期。继之就有浪漫画派（Romantic School）的运动，最著名的代表作品，是德拉克拉（Delacroix 1799—1863）作的《唐透的渡船》。那表情的热烈，和诗的色彩感觉，都很容易看出浪漫的精神，这是第二期。但是浪漫派之中为后印象派画风的先驱者，特别是风景画家的米勒（Millet 1814—1875），看他所作的《晚祷》《播种者》《拾穗》，都是用农人的画像，去表现由那种风光所鼓吹的情绪。至于对浪漫画派的反动的运动，还在那主张写实主义印象主义的一般人。最有名的代表者，是哥柏（Courbet 1819—1877）、马纳（Manet 1832—1884）、孟勒（Monet 1840—1926）等。这派绘画的理论，是以光学为依据，并且由光的浓淡调子，表如实的刹那的印象在画面上，所以是科学的。到新印象主义作者苏那（Seurat 1859—1891）、席来克（Signac 1863—1935），再从科学上推到极端，而提倡一种点描方法，想把光再现起来，这是第三期。于此有立方体主义（Cubism）出来，主张离开外面的描写，从事画家心里头拿那个物象做原因的自由创造；他们当中，有的把立体三角形等形体借来，表现一种抽象的形态，所以又叫做几何学派。但在反面，那主张在物质世界发见新美的未来派（Futurists）的画家，也拿主观的表现做主要目的。他们主张完全从事动的感觉的表现，才能解决绘画上底量的问题，这种动感派的思潮，实在和第四期最相符合。不过我们所认为最可代表第四期画派的，还是后期印象主义（Post Impressionism）即表现主义（Expressionism），他们的代表塞尚奴（Cézanne）、哥更（Gauguin）、哥和（Gagh）都是热中表现他们的艺术，就是他们情感的象征，并且是要接触物象的生命的。此外巧妙地反映第四期的时代精神在画面上，还有象征主义的鲁东（Redon 1840—1916）、构图主义的康丁斯基（Kandinsky 1866—1944），都是把绘画看作纯粹的象征的表现，和作曲家从事作曲一样。尤其是鲁东的《岩窟圣母》，好像音乐一般，使人游心于模糊无尽的世界里，这自然是第四期绘画中最美妙的了。此外雕刻建筑发达的径路，和姐妹艺术的绘画，略为同样；如法国雕刻大家罗丹（Rodin 1840—1917）的灵的写实主义、建筑界华格莱（Otto Wagner）的构造主义，和分离派，都是代表艺术史之第四期的新倾向的，这都用不着详说了。

但就中国艺术之史的发展来说，也和西欧艺术发达的径路相同，也可分为几个阶段来研究，如以音乐为例，一部中国乐律史即可告诉我们以中国近代音乐进化之三阶段。宋代为第一阶段。如朱熹说："音律只是气"；蔡元定在《律吕新书》说："分寸之数，具于声气之元"（《本原》一）；又引《史记·律书》的话道："细若气，微若声，圣人因神而存之，虽妙必效，言黄钟始于声气之元也。"又说："百世之下，欲求百世之前之律者，其亦求之于声气之元"（《证辨》一）。又《册府元龟·王仁裕论乐》道："神无形而有，处乎声数之间，故昭之以音，合之以算：音以定主，算以求象，触于耳而彻于心，由是而知也。"这里论乐声数之理，就是音乐思潮的第一期。到了明代王廷相、刘濂、季本、何塘，出来对于第一期思潮，起了一个大反动。（见朱载堉《乐律全书》书五，《候气辨疑》第八）王廷相主张：

“本之人声。而为正乐之具”（《王氏家藏集》）；刘濂主张“乐声效歌，非人歌效乐”（《乐经元义》）；这个人声为主的提议，在明代乐理学家都没有异议。如李之藻说：“人之中声，与天地之中声应”；“八音从律，尤以人声为准”（《頖宫礼乐疏》卷七）。邢云路说：“平其心，易其气，徐听人声之高下，上下考之，以求其中声。”（《古今律历考》）唐荆川说：“必以人声为主而截管以效之”（《荆川稗编》卷42“乐”七）；至于朱载堉《律吕精义外篇》说：“以人声为律准，虽百世可知也”；这个话里，完全把第二期的音乐思潮都包括在里头了。清代毛奇龄他是由音乐思潮的第二期，跨到音乐思潮的第三期，一方面极力主张“乐之声以人声为主”（《竟山乐录》卷一，又《定声录》卷一引《竟山》语），一方面自行己意，攻驳古人，而主张他的九声七调的新说。固然西河新说，由后代看起来，实在没有什么价值，但经此一番搅乱之后，那祖述器数的古乐家，便渐渐少起来了。同时康熙作《律吕正义》五卷，虽也不免谈到律数，为后来钱溉亭所本（凌氏云钱溉亭偶有所见，皆取诸《律吕正义》）；但他最大的贡献，却在介绍了西洋的五线谱（卷五续编），为五线谱输入中国之始。乾隆继之，作《律吕正义后编》，对于朱载堉很是攻击（卷118“乐问”，又《诗经乐谱》亦有同样论潮）。他们都有提倡平民音乐的新倾向，所以都很看重工尺字谱，毛西河不消说了，《竟山乐录》开头便是本于工尺的一梦；他的九声七调，也正好用在近代乐器之上。李光地作《古乐经传》说：“元人词曲，犹仿佛乎古者歌笙间合之遗意”（卷五）；乾隆更明白地说：“工尺之说，苟适于用，虽施于大庭可也，而何必古之是而今之非哉！”（《律吕正义后编》卷118）自此以后，如江慎修作《律吕新义》（四卷《正觉楼丛书》本）、《律吕新论》（二卷）、《律吕阐微》（十卷），胡竹轩作《乐律表微》（八卷），虽有许多地方不脱旧传派的思想，但他们却不约而同地发现平民音乐——俗乐——的重要。江慎修说:“声音自有流变”一段最好:“古乐之变为新声，亦犹古礼之易为俗习，其势不得不然；今人行古礼有不安于心者，则听古乐亦岂能谐于耳乎？故古乐难复，亦无容强复”(《律吕新论》卷下)；因为江氏认识了平民音乐的价值，所以主张“俗乐可求雅乐”“乐器不必泥古”(同上)，并且很大胆提倡“学士大夫不能胜工师之说”(《律吕新义》卷四)。胡竹轩虽然推崇考亭，但他却是唱昆山调的名家，看他论歌诗、论俗乐(《乐律表微》卷四)，也是很懂得音乐进化的线索的。程瑶田为《词麈》作序说:“乐器之在后世，无以异于其在上古也，后世工人所用之乐器，无以异于上古圣人所造之律也。”自然方成培《香研居词麈》一书(五卷《啸园丛书》本第六函)主张“工尺即律吕，乐器无古今”，更算得第三时期音乐精神的表现了。尚有如徐新田继胡氏之后，作《律吕臆说》《管色考》，苟勗《笛律图注》等书(《正觉楼丛书》本)，发挥俗乐胜于雅乐，最为透彻。他说得好:“乐固以律为重，然惟三代以上可用，今黍尺难凭，葭灰不验，论乐者只宜理会五声，不必空谈六律。尝谓隋唐以后俗乐胜于雅乐，俗乐虽俗，不失为乐，雅乐虽雅，乃不成乐。”(“管色考辨异”一条)但我们应该注意的，第三期的音乐，虽同在平民的、社会的、进化的思潮底下，却显然有两派的分别：一派主管笛以立论的，如江永(慎修)、胡彦昇(竹轩)、方成培(仰松)、徐养原(新田)，又如钱塘(溉亭)把现在的笛以上考律吕，也可算得这派下中人了。又一派主龟兹苏祇婆琵琶七调以立论的，如凌廷堪(次仲)、江藩(郑堂)、陈澧(兰甫)。徐灏虽不主琵琶，但对于晋十二笛，更是反对，故可附属这一派内。这两派在第三期的音乐思潮里，有同一样的价值，有同一样研究的必要。这也可见照历史分期的原理来看，中国音乐思潮之发展，也正是依照三阶段的法则而发展了。

音乐如此，绘画亦然。中国的绘画，本应以文人画为正宗，而文人画之史的发展，即很明显的可分为三个阶段：第一为人物画时代，从汉武于甘泉宫中，画天地、太一、诸鬼神的象，宣帝在麒麟阁画十二功臣的像，可算为后来人物画的滥觞（潘天授:《中国绘画史》，页12—13）；至于汉代画工最著名的如毛延寿，即传其画人物老少美丑无不得心应手。魏晋以后，因受佛教影响而传布一种宗教画，当时代表画家如卫协、荀勗、张墨等，均以人物道释著名。卫协曾画七佛，不施点睛，有恐他飞去之说；荀勗有大列女小列女等画，张墨有维摩诘像（页22—23）。再说到所称六朝三大画圣，即顾恺之、陆探微、张僧繇。恺之所画人物如佛像帝王将相宫女，均称为绝妙；李嗣真《后画品》里所谓“顾、陆人物衣冠，信称绝作，未睹其余，至于张公骨气奇伟，师模宏远，岂惟六法兼备，实亦万类皆妙”；可见这些由印度的晕染法脱化出来的宗教人物画，是有何等价值了。从张僧繇传至隋之郑法士，《宣和画谱》称其“仪矩风度，取像其人，流水浮云，率无定态”，也是传人物画的手法的。此外更有印度僧人拔摩之作十六罗汉像，也可算得一时作者，给第一期的绘画以很大影响，直到初唐尚有阎立本一家，史称其画风，谓所作宫女，曲眉丰颊，采神如生，体法也非常高古。自然最冠绝的，算是吴道玄（道子）的人物画了。张孝师善画地狱图，使人战栗；吴道子则作地狱变相图；一时显著画家有画神鬼的（伊琳、王韶应），画骑猎的（曹元廓），写容貌的（殷闻礼、殷仲容），然而都不及吴道子“吴带当风”的新手法。他的弟子卢稜伽亦长于画佛，此外更有如杨庭光画道像真仙与庖丁等；又有谈皎作人物，大髻宽衣，态度润媚；张萱工仕女，曲尽情态而多幽思。总而言之，我们现在打开《宣和画谱》一看，则唐以前的名画，均以人物为中心。人物又以宫廷佛像为中心。宋郭若虚在《图画见闻志》中，所谓“近代方古，多不及而过亦有之，若论道佛人物，仕女牛马，则近不及古”；可见绘画之第一时期，就是人物画的时期了。但是人物画到了吴道子已经是登峰造极，所以继之便是第二期之山水画的时代。“在唐以前的山水画，不过为人物画的背景，还没有分离独立，一直到中唐初年，才脱去这种背景，自成一类”（页55）。如王摩诘所谓“凡画山水，意在笔先，丈山尺树，寸马豆人，此形法也”；这种充分表现自我的精神，实即为第二时期绘画史中浪漫的精神。不过同在山水画中却有南北二宗，李思训为北宗始祖，创精丽的画风，金碧青绿自成一帜，流传而为宋之赵幹、赵伯驹、伯骕，以至马远、夏珪一流。王摩诘为南宗始祖，亦即文人画的正宗；他创始水墨淡彩的山水画，流传而为张璪、荆（浩）、关（同）、董（源）、巨（然）、郭忠恕、米家父子，以至元之四大家。张璪长松石，唐《名画录》称其“石尖欲落，泉喷如吼，其近也若逼人而寒，其远也若极天之尽”；荆浩善山水，喜画云中山顶，百丈危峰；关同则青出于蓝，画秋山寒林，使人好像处身灞桥风雪之中，批评家所谓“笔愈简而气愈壮，景愈妙而意愈长”者也。至于宋代，山水画更为绘画的主题，而且人才特多，可说是古今的绝响，当时有董源、李成、范宽三家并立，画风影响后来不少，其中以李、董二家最有势力，同时又有郭忠恕与三家齐名，李成一派画树木，雪景称古今绝步，他们的画风是“高远”“平远”“深远”；董源一派则平淡天真，格高无比；传他画法的有僧人巨然等。此外则郭忠恕一家，墨汁泼渍，别得奇怪之境，米氏一家于水墨浓淡之中，有变幻无穷的妙趣，以上各大家，尤以董、巨一派，其画风余韵影响于元代之黄（公望）、王（蒙）、倪（瓒）、吴（镇）四大家，虽批评家有所谓“若子久浑厚，云林疏简，虽各极所擅，而施之图，似终逊黄鹤”（《六研斋二笔》）的话，但我的意思，终觉如倪云林之“天真幽淡”，为不可学也。山水画家到此已算极点，所以由元至明，尚有董其昌绍述南派，然而枯笔焦墨，已失却气韵之生动，至于清代三王（王时敏、王鉴、王翚）则不过陈陈相因，为模仿之作，当然不足以代表时代的了。所以绘画史的发展，在第二期山水画之后，即继之以第三期花鸟画的时代。本来墨梅、墨竹在宋代已开其端，而画中的四君子兰、竹、梅、菊，则在元明清时代，更有许多文人高士常常借它来表现自己清高拔俗的情趣。元四大家中之吴仲奎（镇）即擅竹木，称为妙品；到了明代，花鸟画大大盛行，千态万状，尽得神似，约言之有三大派别：一为边文进、吕纪等妍丽工致的院体派，二为徐渭、林良等的写意派，三为周之冕的勾花点叶体的一派，就中尤以林良之花果写生极其精巧，如他水墨画凫雁在烟波浩荡之中，却见得从容潇洒之态，是很值得赞赏的。清代除发展了前代勾花点叶体（如沈铨等），和写意一派（如顾卓及关秀、李因等）以外，更特创一种所谓“纯没骨体”，使花鸟画的技术，更见一层精巧。这派主张不用钩勒的细线，而成功纯没骨画，为花鸟画别开生面，其代表者，为王武、恽寿平、蒋廷锡等三家，尤以恽寿平（南田）因为写生的正派。此外在乾隆时有叫做扬州八怪的八画家，如金农、罗两峰、郑板桥等，均以江湖野逸的畸形学者，而自出主张，为花鸟画界开一新纪元。有名的尚有如石涛八大山人，诸家作品，其磊落不羁之气，耀人心目。最近吴昌硕则十分摄取金石文字的线条，而对花鸟画别开蹊径，尤为中国绘画史第三期之一大特色。总而言之，绘画史第三期尤以清代花鸟画，比其他较有成绩，这是无可讳言的。所以我友潘天授先生在所著《中国绘画史》上（页187）告诉我们，清代不过花鸟画一科，当能为近代人所雅赏，得维持艺苑的残垒，而称之为“在我国绘画的线索上，恰象呈着万绿丛中红一点的色彩”；这句话真再恰当没有，然亦可见第三期绘画的特色所在了。

由上讲明西洋中国艺术之史的发展，使我们明白知道艺术也是有它的时代性的，在宗教的艺术时代，一切艺术均宗教神秘化；在哲学的艺术时代，一切艺术均哲学自我化；在科学的艺术时代，一切艺术皆实证科学化；只有在艺术的艺术时代，然后一切艺术才能完全艺术化了。这种艺术化的一切艺术，才是真正艺术的理想境。艺术的最大理想，在创造一种艺人自己的艺术时代，这个时代的艺人，已经不主张那科学的理智的冷静的艺术，以为这不过是一种颓废平凡之艺术表现；这个时代的艺人，为要改造社会，改造世界，再也不愿麻痹自己的赤心，而愿在文化史的第四时期，负其完全责任的。我们代表时代的艺术家，固然在历史的音调中，陶醉于米开朗琪罗（Michelangelo）、贝多芬（Beethoven）、瓦格涅（Wagner）、歌德（Geothe）、拜伦（Byron）和现代的未来派、表现派，……然而艺术的世界，不是有了什么派就完事的；艺人应该贯彻其自己艺术的时代，创造一个艺术之所以为艺术的时代。

四

现在已不愿多说及艺术与宗教、哲学、科学的关系了，但有一件应使学者注意的，就是艺术与宗教、哲学、科学的确实区分，实应以所用的各种方法的不同而区分。凡是经宗教方法——演绎法——研究出来的，分析到最后，都可以叫做宗教；同理，凡是经哲学方法——辩证法——研究出来的，都可以叫做哲学；经科学方法——归纳法——研究出来的，都可以叫做科学；而经艺术方法——直觉法——研究出来的，也都可以叫做艺术了。因为宗教、哲学、科学、艺术之所以成为宗教、哲学、科学、艺术，不是以其资料之不同，正因为它们的方法的特异，如王星拱在《科学方法论》（引论，页5）所说似的：“宇宙间之资料，总不外乎天地自身、草木禽兽、政教风俗、爱憎苦乐等等，便是在非科学的学术（如文学、宗教之类）之中，所用的也是这些资料”；可见以方法论来区分各种文化类型，实在再对也没有了。不但如此，我们还可以采用 Hegel 的论理学上名词，来再为方法论的解释，即是宗教的方法——演绎法，——为没自的方法，哲学的方法——辩证法——为即自的方法，科学的方法——归纳法——为对自的方法，而艺术的方法——直觉法——就是即自且对自的方法了。再就知识之体系论之，则没自的方法形成了 Max Scheler 所说“解脱的知识”，即自的方法形成了“本质的知识”，对自的方法形成了“实用的知识”或“征服的知识”，而那即自且对自的方法，形成了什么知识呢？我以为应该就是“鉴赏的知识”或“表现的知识”了，而由上这些知识的进化，又由于各种方法之参伍错综的结果，每一个方法，都曾占领过文化的领域的全部。现代无疑乎就是科学的时代了，所以一切宗教、哲学、艺术莫不带着归纳法的色彩；但是文化进化却不是到了科学时代就完事的，依照历史之阶段的发展，科学时代也不过有时代的价值，将来是要代之以新的艺术时代的。这就是说，将来一切的宗教、哲学、科学，一定会有一个时候，都带着直觉法的色彩，这并不是什么理想，是由文化史的经验所能推测得来的。完了。

第八章 文化之地理上分布（上）

一

黑格尔在历史哲学第二编《特殊的绪论》中，有《世界历史之自然关联即地理的基础》一章，依他意思，在世界历史中，每一世界历史的民族，总只有一个形态，这就是民族的自然意志，或民族之主观的本性；但是它方面，这种定性就是以特殊的外部的自然而存在，而这种自然的存在，是与那各种精神形态的贯串中精神原理之所以为精神原理者相适应的。他更明显地告诉我们：

> 外部的自然性，照着最接近的表象说，是属于外之全部自然的地理的方面。所以我们所应当考察者是自然的各种区别，不过这些自然区别首先也应当看作精神所由之出现的各种特殊的可能性，并因此就有了地理的基础。在我们所成为问题的，并非要熟悉外部地方的土地，而是要精密地熟悉这样一种从土地产生民族型与其性格之地方性的自然模型。

由上文化地理学之玄学的解释，自然很值得批评，但从大体来说，一个世界文化的民族必定有一个特殊的外部的地理的基础，这是无可讳言的。亨丁敦、克兴（E. Huntington and S. W. Cushing）在所著《人生地理学原理》中（第一编第一章“文化”一节），曾说及“无论哪一群人，总有一种的政治、教育、科学、宗教和艺术。于某种的意义中，这些事物似乎和地理无关，然而他们所采的方针，他们所赖以维持的富源，以及他们发展的能率高下，却都是倚靠着地理环境的”。他又举出下面五种的媒介：如（一）人口的密度；（二）富庶的程度；（三）孤立的程度；（四）各地方富源或利益的殊别；（五）精力的程度；以明地理环境与文化的关系。但最重要的我们以为还是人类文化与地形及气候的关系。“热带与寒带，都不许人类达到一种自由的运动，不让他获得那使他向着更高的精神的兴趣而活动的丰富的手段”；所以寒带热带都算不得世界史民族的地盘，即算不得世界文化的民族的地盘，而能为世界历史之扮演的舞台，即世界文化之扮演的舞台者，原来只有温带。尤其是北温带较南温带约大六倍，所以人口的密度也大，因之遂成为世界文化的策源地。再就地形学方面来说，Hegel 以为“历史上成为重要问题的自然定性之普遍的关系，是海与陆的关系，就陆地说是有三个基本的区别”：

> 第一，没有河流灌溉的高地；
> 第二，河流灌注的峡谷所形成的地带；
> 第三，沿海地带。（页 253）

简言之，就是高原、平原与沿海地了。不过高原在严格的意义上说，那高的高原为崇山峻岭所限制，是不容易发生文化的，而最早能发生文化的，必定是接近于丰富裕饶之较宽广的低地，如印度就是好例。印度的地形是一个天然为高原所阻隔的形势，北方和西北，有片巨大的高地，尤以喜马拉雅山，背靠着西藏高原，东向东南向，延为许多大山脉，南部则有德干高原而以东高止山、西高止山为两边，似此四面皆山，在古代交通不便的时候，应该没有文化的了。但是很巧妙地在温带线内，介乎北部高山与南部高原之间，却横着那片面积广大的低地，所谓恒河流域。恒河流域的文化，从前的人只从表面上观察，故不知其为高原文化，实际则这种判然的印度式的文化，正是足以代表高原文化之变式的表现。高原地的自然现象，过于简单，所以它的宗教信仰，也很热烈，王益崖先生地理学曾引蒙古的喇嘛教、西南亚的回教为例证（《高原和人文》一节），而印度的宗教文化，则尤其为代表的例证（如建立佛教的释迦牟尼，他的家庭即在高山中）。复次高原文化是有不变性的，印度的宗教信仰，也是从开始以后，虽宗派繁兴，而为宗教的生活方法，则从未发生变化，它们的宗教观念，自始就是停滞不前的。所以一般地说印度可代表地形之第一个因素，即谓高地的原理在印度占优势的基础，因而形成了宗教的文化，也是很有理由的了。次述平原的文化，即 Hegel 所谓“河流灌注的山谷所形成的地带”，即长江大河所形成的平静的谷地的流域，这最好的例，就是中国。中国境内有三条大河，黄河从高地下泻后流过的地方，大半是三角洲性质的平原，长江不但是三条江中的最大者，且是离开高原后，河身也以它为最长，流过的地方是丘陵起伏的区域，为中国最肥美的地段；珠江所流经的流域，也为一个良好内地水道（参照非耳格林著《史地关系新论》，页 190），而且从地图上也可看出它是落在纬度 20 到 40 度以上，正是气候温暖、为人类定住最佳的居住地，所以人口密度最大，文化亦最易发达。可是我们要注意的，就是这种文化既不同于那为崇山峻岭所限制的“宗教的文化”（印度），也不同于沿海生活交通发达所形成的“科学的文化”（西洋）。中国文化只形成其为平原的文化，如 Hegel 说明地形之第二个因素似的，即“局限于株守在它自己的内部与海的原理没有交涉，至少是在他们完成他们的特有的原理之后，没曾与海之原理有过交涉。并且假使它们也曾与海之原理有过这样的交涉，那这种原理还不能做这些国家的文化与教育的因素，只有这样在他们自己被人访问、被人探求的场合，对于他们才能有一种更进步的历史的关联。这个中庸的原理是亚细亚的特征，昼和夜的对立，或则用地理学上的话来表示，即峡谷平原与山脉地带的对立，做成了亚细亚之历史的定性”（页 321）。这一段话很可以说明中国文化为什么就只是哲学的文化。因为哲学的文化，原来只是中庸的文化，昼和夜、峡谷平原和山脉对立之辩证法的文化，至于海，“如中国，虽然他们自己也接连海岸，然而从他们的壮丽的建筑，却缺乏海之超越大地的限制性的超越精神。在他们看来，海只是陆地之中断，所谓天限之也，他们对于这个大地，没有什么积极的关系”（页 262）；甚至于海禁大开以后，还有对于海的文化深闭固拒的，然而在欧洲则大不然了。欧洲文化即以这地形之第三个因素——海——为其根本原理，海引起的活动为一个完全特有的科学活动，海形成了一个完全独特的文化精神，因为在欧罗巴没有象那样一个固定的高原的核心；这种核心在欧罗巴是属于次要的东西。就是平原的原理也要向后退；欧洲没有高原与峡谷平原那样地对立，而只有海为比陆地更为重要的交通的孔道；地中海、黑海、波罗的海、北海、英吉利海，在这些水路交通的时代，地形上再也没有比欧洲更占有各洲最适中的位置了（参看《人生地理学原理》第二册，页 18）。如 Hegel 所说“它与海的关系，简直非常重要；这是欧亚两洲之间一个永久的区别。欧罗巴的国家只有在它与海发生关系的时候，才能成为真实的欧罗巴的国家。亚细亚的生活所缺乏的对于全部特有性的超越，即对于自己之生活的超越即在海，个别的人身之自由的原理，因此就变成了欧罗巴的国家生活”（页 325）。因为欧洲每国几乎都有自己的海岸线，所以欧洲的文化就是对于海洋的关系所生的文化，地球上天南地北的人都能使之通航无碍，因而工业发达，商业广布于地球各部，从坏的方面说，可引起帝国主义对殖民地之侵略，而从好的方面说，亦发生了所谓科学的文化，以代替宗教的与哲学的文化。

由上文化之地理的基础，约言之，即就地形三个基本来区别：

（一）高地发生宗教的文化——以印度为代表

（二）平原发生哲学的文化——以中国为代表

（三）海洋发生科学的文化——以欧洲为代表

最可注意的就是代表这地形上之三个因素的印度、中国、欧洲，都正是旧世界上人口最多之三个区域；由此三个区域发育之三种不同的文化，每一种都影响了世界人口的四分之一，在非耳格林所著《史地关系新编》中第14章载有一图，题为“旧世界中三片人口众多的地面”；试列之于下（滕柱译，页207）：

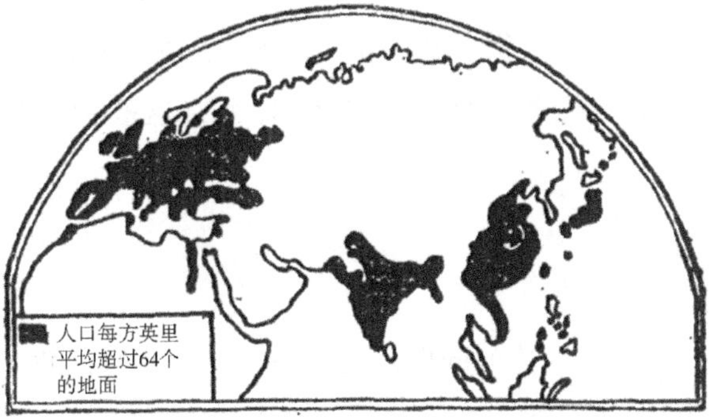

由上图所见即传说人口的密度来说，也应该拿印度、中国，与西欧来代表文化之地理的分布了。若以文化发展之时间顺序言之，则印度之宗教文化起于纪元前3000年至327年，为文化史之第一时代；中国之哲学的文化，若从春秋战国起始，即自纪元前770年至1660年明亡，可算文化史之第二时代；西欧之科学的文化，严格来说，应从中世纪文艺复兴宗教改革以后起始，以至现代，才有很神速的进步，这可算为文化史之第三时代。若再从文化发展之地位言之，印度

文化发育于北纬30度之南，地近热带，而世界上重要宗教如“犹太教和基督教都是发祥于干旱的地方”（《人生地理学原理》第一册，页18—19）；回教也不是例外。中国文化发育于北纬40度之南，与希腊同一纬度，中国文化偏重精神方面的哲学和希腊之哲学思想很多巧合的事实，见郑寿麟:《古代中国与希腊哲学对照略表》，即《中西文化之关系》之第六章。由上可见各种文化之本质与进展，是和气候变迁有很大的关系了。不过以上所述文化地理的研究，是专就旧世界说的，因为旧世界在本质上是我们的观察对象，即世界文化历史的舞台，而就旧世界中Hegel似乎有意列入阿非利加，以代表高地的原理，因而形成了他所谓三大洲“精神的性格”的学说，但依我意思，则阿非利加地当热带，不成为我们讨论的问题，是应该除外的。至于新世界之亚美利加与澳大利亚则因其为欧洲人所发见的原故，至今尚无何等独立的文化，即就美洲文化来说，虽正在努力于创造和建设新世界的文化，也还不曾脱出西欧科学的文化之范围，所以这里也就表过不提了。

二

现在有一个很急迫的问题，为一般学者所要讨论的，就是所谓东西文化问题。不过所谓东西文化之分派，实有好几种的解释，有的主张以欧罗西亚大陆中之一凸地，曰“桌地”（Table Land），分人类之分布移动为二大系统，一为南道文明，一为北道文化，“中国本部、日本、印度支那、马来诸国、俾路芝、印度、阿富汗、尼斯坦、俾尔齐斯坦、波斯、土耳其、埃及等为南道文明之要路；蒙古、满洲、西伯利亚、俄罗斯、德意志、荷兰、比利时、丹麦、斯堪的纳维亚、英吉利、法兰西、瑞典、西班牙、葡萄牙、意大利、奥士大利亚、巴尔干半岛等为北道文明之要路；南道文明为东洋文明，北道文明为西洋文明。”（李大钊：《东西文明根本之异点》）有的以为只有“中国文化，可算是东方文化的代表，所谓西方，却是广义的，不特欧洲诸国，即印度、波斯、埃及等亦属在里头”（郑寿麟：《中西文化的关系》，“导言”）。有的则以欧亚两洲文化来分别东西文化，前者为中国文化印度文化之两大支，后者为西洋文化（梁漱溟：《东西文化及其哲学》，“绪论”）。有的则又于亚洲之中将全土划分为两半，以中国之长城为界线，“在长城之北者，为阿提拉（Attila）、帖木儿、成吉思汗所生之亚洲，在长城之南者，则为耶稣基督、释迦我佛、孔子所生之亚洲”；所谓东方文化，即专指亚洲文明最高成绩最美之长城以南而言（白璧德（Babbitt）：《论欧亚两洲文化》）。由上对于东西文化解释之分歧，即可见在未解决这个问题之先，对于什么是东方什么是西方，应该定出一个标准才好。依我意思，为说明便利起见，似可采用普通的解释，即以中国、印度，代表东方文化，欧西代表西方文化；不过泛言东方文化有的专以中国文化为主，有的则兼论印度文化，都可言之成理；只有将中国文化与印度文化混在一起，以与西欧文化作比较的看法，不能不认为是根本错了。

固然讲到世界文化，似不应专指以上三者，人类学家、历史学家、考古学家均认世界文化发源地有五：一印度，二埃及，三美索不达米亚，四中国，五中亚美利加（墨西哥与秘鲁），但据陈嘉喜先生在《东方文化与吾人之大任》一文中（《东西文化批评》下，页 30—31，“东方文库”第 31 种本）说“除中美文化一系不久中绝，与世界文化无甚影响无取论列外，余如埃及文化、美索不达米亚文化，实为产生希腊文化之源泉，而今日欧洲各国之文化，又实混合希腊文化与希伯来（犹太）文化而铸成者”；所以归根结底，仍只有印度、中国、西洋成为世界文化之三元。又如 Spengler 在所著《西欧的没落》第二卷中，曾举出九个高等文化，即为（1）埃及文化；（2）巴比伦文化；

（3）印度文化，（4）中国文化；（5）希腊罗马文化；（6）阿拉伯文化；（7）墨西哥文化；（8）西欧文化（或浮士德文化）；（9）俄罗斯文化。但据实来说，依同样理由，埃及文化、巴比伦文化（美索不达米亚文化）与希腊罗马文化，同为西欧文化之源泉，而俄罗斯文化则为西欧文化之派生，墨西哥文化不要说了，就是阿拉伯的宗教文化，也可以包括于几同纬度之印度的文化中讲，所以归根到底，又只有印度、中国、西欧成为世界文化之三元了。而且就旧世界中三片人口众多的地面来说，也只有中国、印度和西欧；即就文化的地理上分布言之，世界上没有一个民族无文化，乃至生活程度极低的民族如爱斯基摩人、美洲印第安人，亦有文化；Orinoco 的印第安人可以不穿衣服，但是若是身上不画花纹，遇见客人就以为羞，这就是他们的文化；不过就那代表高等文化之类型的来说，却只有中国、印度和西欧。而且这三种高等文化，实为比较独立之各别的文化，三种不同之对等并称的文化。固然在文化之史的发展上，也可以如常乃惪在《东方文明与西方文明》一文中，抨击东方文化似的，谓"中国虽有文明，已属过去"；但就文化之类型言之，则中国文化、印度文化、西欧文化，换言之即东西文化，实应立于对等的地位，而各自代表其文化之真正价值的。

我们再考察一下晚近文化人类学者对于文化发展之研究，显然是有两派，一派如摩根（Lewis H. Morgan）、泰勒（E. B. Tylor）等研究文化的历程，而注意其独立发展的事实，这是所谓古典进化论派；一派则继承德国地理学家如 Humboldt, Ritter, Ratzel 等对于文化分播说（diffusion theory）的见解，而主张文化变迁的最主要之支配者，可以用"分播"或各民族历史上之接触来说明，如美国 Boas, Wisseler, Kroeber, R. H. Lowie, Goldenweiser 等，这是所谓"批评派"。（参看 Barnes：《新史学与社会科学》，页 268—271、279—281，黄凌霜：《社会进化》，页 65—76）拿这两派说法引申来说明东西文化，究竟是哪一说更接近真理呢？依进化论派则中国、印度、西欧之文化的历程，应该都是内在生长的现象，是各自独立发展的，在发展中虽有采借或分播，但都只是适然的特性，是无足重轻的。反之依批评派则中国、印度、西洋之文化的历程，其散布与汇合，于产生文化之类同很关重要，所以文化变迁并不依据什么内在的原则，而应以“采借”“分播”或“民族接触”的概念，来研究这些文化之联合、互结与类化。但是由我们看来，这两派说法都是对的，却都只看得一面的真理。何则？就事实来说，各地文化有独立发展的现象，同时也有采借与分播的现象，一个久在西欧生活的人，当他船经苏伊士运河过红海，一到印度，便觉得“恍然如入了另一种世界”；这是一种事实，证明文化的产生，是独立发展而不互相了解的。但如历史上希腊文化之采自埃及、罗马文化之采自希腊、日本文化之采自中国及西欧，这也是一种事实，证明文化的发展是由于采借或分播的。因为文化原有独立发展与分播之两种现象，所以东西文化才能互相接触，互相影响，而仍不失其为独立自存之文化的价值。即就一向关闭自守的中国而论，应该只有独立发展而无所谓分播了，然而在文化交通史里面，却找出不少同其他文化错综糅杂的痕迹，属于物质方面，如在纪元前二世纪从希腊属地亚洲西部得着葡萄与西瓜，西欧所得于中国者则有丝、柑、中国去的药材，还有就是第七世纪阿拉伯商人传到西方如纸、指南针、火药之类（参看郑寿麟:《中西文化之关系》，页31—37)，属于精神的更说不尽了（同上，页37—45）。所以向达在《中外交通小史》(“万有文库”本，页2）的“绪论”中说得最好:

中国的文化并不是孤立的，不仅各时代环绕中国的其他民族想同中国交往，就是中国自己也不绝地有人抱着玄奘法师“发愤忘食，履险若夷，轻万死以涉葱河，重一言而之柰苑”的精神，去深入他国。魏晋以后，印度的佛教东来中土，始则尚有主客之分，终则竟成连鸡之势，佛教思想竟侵入中国的各方面，而不能辨别。隋唐以后，中国的文化又渡海东去，传入日本，大化维新，于是日本的一切无不模仿唐风。至于六朝，以及辽金元时代，北方民族同化于中国，于是中国民族中，又骤然添了不少他民族的成分在内。元明以后，中国同西洋又相接触，卒之有今日之局。凡此皆可以见中国文化实无时无刻不与他民族发生关系。

这就是中国文化之分播说的解释了。但是中国文化有它的分播与民族接触之一方面，同时也有它的独立发展不受外来影响之另一方面，这就是中国之哲学的文化，即中国文化之所以为中国文化的地方。再明白说吧，每一种类型的文化，都是有体有用的，如以哲学的文化，为中国文化的本体，则印度文化之东来，与中国吸收印度文化，使宗教文化与哲学的文化汇合，造成宗教的哲学时代，这是一种作用；而明清之际，西洋教士相继东来，所传入的科学知识，与晚近传入更进步的科学，与中国哲学的文化汇合，造成中国哲学史之“科学的哲学”时代，这是又一作用。可见即就中国文化来做例证，文化之作用方面虽跟着他民族之文化分播而变迁，但是文化之本体方面，却是不变的。譬如中国文化仍是中国文化，这是不变的。

即因文化本体是不变的，所以那代表哲学文化的中国人，一与代表科学文化的西洋人接触，便在思想上行为上显出种种的不同，而且处处显出我们文化落后的现象，如一般人都曾知道的中西文化的根本异点：就是一个是非科学的文化，一个是科学的文化；一个还是恶衣恶食，知足不辱的人生态度，一个则用机械和科学去战胜自然。胡适之先生漫游感想中谈到东西文化的界线（《文存》三集第一册，页52），很有趣地说：他到了哈尔滨，看了道里与道外的区别，才知道

“东西洋文明的界线，只是人力车文明与摩托车文明的界线，人力车代表的文明就是那用人作牛马的文明，摩托车代表的文明就是用人的心思才智制作出机械来代替的文明”；这的确是他的一大发现。中国文化无论从何点看去，都只是代表哲学的文化，而哲学的文化，在文化发展之历史阶段上，无论从何事实证明，也都只是代表文化史之第二阶段，而非文化史之第三阶段，——科学文化的阶段。这就是说，中国文化从文化类型学上说，实代表一种特有之独立文化，而从文化分期之原理上说，则吾国固有文化，实乃一种落后的文化，即文化之“时代错误”。不但中国如此，印度之宗教的文化，其历史阶段相形之下，更为落后。所以平心而论，东方化之与西方化，实在不能相提并论，如常乃悳先生所谓：是一古一今的；是一前一后的；一是未进的，一是既进的，照我们文化分期所列宗教哲学，科学之三个蝉联的时代来看，确是如此，而且没的法子否认。然则我们对于这前阶段的古文化，究竟应取怎样的态度呢？这当然就是我们今后所要提出讨论的问题了。

在还没有答复以前，我应该慢慢引起人们对于中国、印度、西欧的各文化，作深一层之科学的研究。不过我可预先申明几句，即依我意思，则各种文化从其独立的观点来看，都是独立的；从其互相关系的痕迹来看，都是不独立而互相影响的。每种文化究竟能接受其他文化至某一程度，这是要受质和量的定律的限制，但是每种文化要想从根本上消灭他种文化，则简直是不可能的事。而且每种文化均各自有其独特之文化价值，因而各自占有独特之历史时代，我们不要把宗教、哲学，这些前阶段的文化估价得太低了；在宗教、哲学之文化的发展中，那个非宗教、非哲学之“科学的文化”是绝对地必要的，只要宗教、哲学的文化，要保持其为宗教、哲学的文化的话。然而宗教、哲学即因其自身彻底了的原故，而吸收科学文化，移为自身之反对物，这正是辩证法所谓“一切有限的东西，正是自己扬弃自己的东西”，然而并不是什么消灭！没有一种文化的类型，而可以消灭下去的。所以宗教的文化依辩证法的发展，可以从宗教的宗教进至科学的宗教；哲学的文化，依辩证法的发展，也可以从哲学的哲学，进至科学的哲学。然而文化之史的发展路径，并不是到此而止的，只要宗教、哲学，能固执地保持着独立的悟性规定，它就自然而然地会有辩证法之内在的超越作用，从科学的宗教、科学的哲学再进而为艺术的宗教、艺术的哲学的。只有艺术时代，才能使宗教、哲学、科学融合为一，这就是文化之理想境，然而要到达这文化之理想境，实在谈何容易；我们要一方面不自毁本国之固有文化，一方面大着心胸去接受本时代的文化，这真是谈何容易；然而我们除却这一条路以外，便“此路不通”了。

三

上面所述世界文化之三元论，实在不能算做什么新鲜的发明，Max Scheler 在所著书中，已经提出人类知识之三基型，这三基型之地理上的根据，即完全和我们的说法相当（参看关荣吉:《文化社会学》，页 10）。即是:

（一）实用的知识…………………………西欧之征服自然的知识；

（二）教养的知识或本质的知识……中国及希腊支配阶级的知识；

（三）解脱的知识………………………………印度佛教的知识。

梁漱溟先生在答“如何是东方化如何是西方化”的时候，也从人生的三条路上，说出三种文化对于生活解决问题方法之不同，这就是:

（一）西洋文化是以意欲向前要求为其根本精神的；

（二）中国文化是以意欲自为调和持中为其根本精神的；

（三）印度文化是以意欲反身向后要求为其根本精神的。

（《东西文化及其哲学》，页24、53—55）

实际则这里所谓文化的三条路，即是Max Scheler之所谓知识的三基型。以意欲反身向后要求的印度文化，即是解脱的知识，也就是我所谓“宗教的文化”；以意欲自为调和持中的中国文化，即是教养的知识，也就是我所谓“哲学的文化”；以意欲向前要求的西洋化即是实用的征服自然的知识，也就是我所谓“科学的文化”。所以梁先生所谓三条路，他把三条路做了西洋印度中国的三代表，实在是很有理由。固然从一方面说，因为人们生理的构造既然相同，便其根本精神，也不能有极大的差异，只要是人，便都不能不走生命本来的路上，所以西洋也好，中国也好，印度也好，都只有一条路，——以人类生命之创造活动而自为调和为其根本精神的——才是历史进化的坦坦大路，但从另一方面看去，在生命发展之进程中，与其说单是直线的发展，毋宁说也是螺旋体系的发展，所以反身向后要求之宗教的文化，也有它的位置，也有它的文化价值，不过在印度不一定要用佛教做代表罢了。

现在请先述印度文化，印度文化就是所谓“宗教的文化”，以Max Scheler的用语表之，就是代表“解脱的知识”的，固然这种知识出于有限者——人类——为超越自己而憧憬更伟大之无限者的天性，所以世界民族没有一个没有宗教，不过虽任何国民均多少有其宗教的发达，然因国民赋性与历史境遇的不同，有的长于哲学，有的长于艺术，有的以科学、工业为主，同样地也有偏于宗教发达方面之民族。全世界中偏于宗教的国民，应首推印度与犹太，但姊崎正治在《印度宗教史》“绪论”中告诉我们：

> 此二国民的历史，差不多都是宗教的历史，其社会的政治的活动，皆出于宗教，几乎没有一种不和宗教发生密接关系的。犹太人的宗教，从自然崇拜进而为国民的最上神之信仰，发展为律法的宗教，又因正义观念与不安悲惨的境遇，其间遂创出了基督救主的大宗教。其宗教史实有无穷趣味，即在今日此宗教之犹太国民，分散各处，仍可以其律法的宗教而结合。犹太的宗教史，好比亭亭冲云之巨柏，大干茂叶，足使其他草木仰瞻其风，但是拿来和印度的宗教史一比，则对此闪族宗教（Semitic）之平沙渺漠之原住地，纵然崇高伟大，而不能无单调冷索之感。反之印度雅利安的宗教史，其国有高山峻岭，有长江大河，草木花卉郁苍蓁蓁，奇兽怪禽驰驱飞翔其间，大有使人如在山阴道上，有耳目不暇应接之势。（页 1—2）

而且闪族的宗教，其宗教思想实近于实际的，缺乏雅利安族宗教的想象与哲理，他们只知充实人生日常之必需，以自己之宗教为本位，排斥其他一切之宗教；反之雅利安族之宗教，则如宗教史家所称于神韵缥缈之诗想中，加入沉幽之哲理；而印度宗教则尤为保存雅利安民族最古原始的信仰，印度的文化亦较其他雅利安族的文化为古。据一般学者所见，以为印度言语的研究为言语学的基本（欧洲各国民之言语与印度波斯二国民之言语，在言语系统上为同一者）。同样印度宗教的研究，也可以舍却以基督教为唯一宗教的偏见，而更深博地引起对于一般宗教研究的兴味。这就是说，由比较言语学的结果，发明了印度人与波斯人即伊兰民族的亲缘（同一之雅利安人，一去印度，一入波斯），更发明了印度、日耳曼民族之亲缘，同样地也可以看出他们原始宗教状态之互相仿佛，尤其是希腊罗马的神话，和古代德意志民族民间之崇拜，一一均可明其为从太古印度、日耳曼时代发生，所以印度宗教的研究，差不多可以说就是雅利安族宗教研究的中心了。（《印度宗教史》，页4）不但如此，再就印度宗教的影响来说："印度宗教所及外国的影响，亦甚广大，如希腊后期的哲学即新柏拉图学派，即深受印度宗教的感化；如分出论、轮回论都是从印度思想脱胎出来的。初期的基督教，也不能出其范围，耶稣之厌世的观念、约翰之出世间的苦行，都可看出印度的形迹；罗马正教的仪式，例如数珠、剃发，终不能求其源泉于印度之外。"（同上，页4—5）因为印度之宗教的文化，有如此之史的特质，所以研究宗教也应该以印度的宗教史为中心。印度的宗教史，上下三千余年，广袤数万里，其中宗教的形式无一不具，宗教之说法无一不有，如姊崎正治所说似的（页2—3）：

> 印度的宗教史，较之因印度国土暖热所产之丰穰动植物，尤为丰富。因为印度雅利安民族的性质，原为宗教的，对任何事均有趋于极端之势，顺应其宗教史上之境遇而各走极端。因此所以最重教权的印度人，在宗教方面反而有无穷之变化，他们一方面有最极端之禁欲苦行，一方面又有肉欲之放纵；最尊重师生的他们，一方面又奖励唯我独尊的思想。一方面在内养成婆罗门之伟大思想系统，在外有佛法之慈光普照，而一方面则又有偶像废物之崇拜，与沉溺于禁厌咒诅之迷信而不知所由。印度的宗教，可以说是宗教一切种类形式之最完全的陈列所，有伟大的，有卑下的，有健全的，有病态的，应有尽有，任何的信仰，任何的仪式，差不多都可在其中发现出来。印度宗教的研究，可算得就是一切宗教研究的端绪概论，同时又可说就是它的最后归宿。

由上一段话，不是已可充分看出印度文化就是"宗教的文化"，而宗教的文化，实可以印度的文化为代表吗？但话虽如此，我们要问印度文化既然就是“宗教的文化”，那么为什么又有所谓“哲学的文化”呢？现在各大学中，哲学系均设立“印度哲学”一科，而如有名学者高楠顺次郎、木村泰贤共著的《印度哲学宗教史》（“总叙”第三节，页37—38）又告诉我们：

> 印度为世界无比的宗教国，同时又是很少有的哲学国，在那里发生的宗教与哲学，其种类之丰富杂多，真可惊人！我们通观其全部历史，在其中看见世界一切宗教的模型，同时又看出由希腊以至近世西洋哲学之重要思想。而尤其可夸的，就是在印度，宗教与哲学自始即保持其一体不离的关系而发展；即在印度，宗教要有其自身之合理的基础，因之便发生哲学；哲学恰似给信仰以指南似的，因之而宗教更形成种种而发达起来，两者竟成为密切不离的关系。……所以当考究印度思想时，差不多不能将他宗教与哲学两者作严格之区别的。

由上所述，好像印度文化就是“宗教的文化”，同时也是“哲学的文化”了，其实大谬不然。梁漱溟先生《印度哲学概论》第四章论及“印度各家与宗教”，很明白说出：“印度无一个一个之哲学者，而但有一宗一宗之宗教，所谓印度哲学者，皆于其宗教求之，此人之常言也”（页42）；印土各宗除顺世外道非毁《吠陀》为宗教之一反动外，其余《吠陀》所传之种种宗计，即所称为“六派哲学”，其实都只好称为“六宗的宗教”，即佛法亦不能算得例外。现在试将六派哲学和《吠陀》的关系，依木村泰贤所说，列之如下：

（a）基于《吠陀圣典》以组织其教义的正统派：

（1）弥曼差派……组织者阇弥尼，

（2）吠檀多派……婆陀罗衍，

（b）共认吠陀的权证，但不是直接继承吠陀之思想的：

（3）僧法派（数论派）………劫比罗门人，

（4）瑜伽派…………………………钵颠阇梨，

（5）吠世史迦派（胜论派）………迦那陀，

（6）尼耶也派（正理派）…………乔答摩。

这六派本教义的性质而为教系的组合，有的直接继承从前的婆罗门主义，有的加以改造，有的要全然独立；但无论有种种方面的不同，都是从印度宗教古籍——《四吠陀典》——生出来的，所以都只是宗教，不是哲学。甚至数论派中有所谓“无神数论”，虽不信有创造主宰的大神，然仍信三世轮回等说，仍以修行出世为教旨；可见印度各宗原出宗教，而且均为真出世教。他们根本反对世间生活，而求所谓“断灭”，自六大宗派以至各种宗计，都是如此。然而梁漱溟先生犹曲为之解，以为“印土宗教，其对于世间既为出离，其所归将胡在？乃在哲学辩证所得之宇宙本体。如吠檀多则归于梵，数论则归于自性神我之类，即彼土盛道之还灭论是也，故印土宗教可以谓之哲学的宗教，以其宗教建于哲学故”（见《印度哲学概论》，页45），其实这也是完全倒说了。印度的宗教，从宗教的方面说，只是“宗教的宗教”，是真正代表文化类型之原始的宗教信仰的；但就哲学的方面说，也只是“宗教的哲学”，而非所谓“哲学的宗教”。在印度教之第二时期，如乔陀婆陀（Gaudapada）著《曼陀括耶颂》，显明地主张一种一元论的观念论，以为“我神由自己幻力表现自己”，这或者可以代表宗教史之第二时期，即所谓“哲学的宗教”；若就全部印度的宗教史来说，则此种笼统名词，实在安不上去，而且刚刚相反。梁氏在《印度哲学概论》第五章论及“印度各宗与哲学”中，不是已明明告诉我们印度哲学也只是宗教的哲学吗？

所谓宗教的哲学者，谓其哲学自宗教出，兹设为二条言之：一、方法之出自宗教者，二、问题之出自宗教者。

印土宗教恒有一种出世间之修养，于他方为特出，于本土为通行者，所谓瑜伽即禅定者是也。此纯为宗教所有事，而其哲学思想恒得之于此（中略）。……印土哲学思想与其禅定互为因果。初由如是思想故修禅定。后则思想乃从禅定中得，更后则思想高下视乎禅定，禅定高下视乎思想，故曰其哲学自宗教出，而此所从出之涂术所谓禅定者，即其特辟之方法也。……

印土诸宗如前所说，悉属宗教，即无一不以出世间的修养为事。由是其思想上之问题无不应此种要求而来，则虽举谓之自宗教出亦无不可。然为一般哲学所有之问题终多。其的出于宗教者，即关于修行解脱之问题。……又宗教欲示人以宇宙最后归宿，则势必说宇宙当初缘起，印土各宗对此问题，咸各有说，而通常哲学例不究问及此也。……对于知识之讨究，印土亦颇有之，然亦被宗教之形色，如圣教量之类是。……又印土极著意讨论有我无我问题，此亦从宗教上来，盖不安之情感辄引起此疑，而若不得所归，无以自慰者，宗教以情感之安慰为事，故各宗于此亦咸各有说。（页 54—63）

又说：

佛法之为物，若以为哲学而研究之，实失其本意，其本意初不以哲学为事，抑实归在哲学之亡。即所谓匪言可表，所谓出世间。申言之，哲学之所事在知，佛法之所事在亡知，禅家所谓这张嘴只堪挂在壁上；又云举念则天地悬殊，况动这两片唇皮；此不独不立语言文字之宗门为然，即经教亦尔。……哲学之本性为从无可知中向知之方面开展，而由上观察，佛法虽亦从亡知处（禅）不妨予人以知，而所事实在亡知而不在知，故佛之哲学殊未为尽哲学之性，……盖佛本不以哲学为事也。即今之所谓佛之哲学者，亦第为吾人从流传下来佛的宗教教训搜得，在佛初无是物，其为哲理抑非哲理，亦非可定。（页63—64）

这一段很透彻的话，使我们越发知道印土各宗和佛法，都只是宗教，而非哲学，即就哲学而论，也只有"宗教的哲学"，而非"哲学的哲学"，那么我们还能说印度的文化不是宗教的文化？还能说"印度为世界无比的宗教国同时又是很少有的哲学国"吗？知道印度文化不是以哲学为指针，而以宗教为归宿，然后才好来谈印度文化的历史，然后才好明了印度文化和中国文化、西洋文化的异点所在，而不至于抱笼统的主张了。原来印度文化的特色，即在于所谓"解脱的知识"，不过这个解脱的知识实具深浅二义，浅言之则如苦行外道的出世主义，简直和寻死一般，小乘《涅槃经》列举六种外道：

一、自饿外道，此类外道修行，不羡饮食，长忍饥虚，执此苦行，以为得果之因。

二、投渊外道，此类外道，寒入深渊，忍受冻苦，执此苦行，以为得果之因。

三、赴火外道，此类外道，常热炙身，乃熏鼻等，甘受热恼，执此苦行，以为得果之因。

四、自坐外道，此类外道修行，常自裸行，不拘寒暑，露地而坐，执此苦行，以为得果之因。

五、寂默外道，此类外道修行，以尸林塜间为住处，寂默不语，执此苦行，以为得果之因。

六、牛狗外道，此类外道修行，自谓前世从牛狗中来，即持牛狗戒，龁草啖污，唯望升天，执此苦行，以为得果之因。

但这些外道和印度古时所谓勒安婆弟子、尼乾子、若提子之流，他们所做那出世的生活，实还不足拿来代表印度之宗教的文化，如果这也可以代表印度文化，那么印度早就该没有人种了，早就该没有文化之可言了。但我们现见印度人还在那里生活着，可见代表印度人“解脱的知识”的，并不是如此；所谓“解脱的知识”即“出世主义”，必定有更高深的意义。他们的厌生活求出世，其实正是最深奥地要求真生命，即一个不死之生命；宗教的文化不是教人寻死，是教人抱着超越的希望以自求安慰，可往下生活。宗教的“没我”，不是一定要断灭个体，乃在融化个人于圆满的无限里，去实现大我，所以真正达到宗教的出世经验的人，对于现有世界，即使他情感不安宁的现有世界，虽力求超离，而对于现有世界以外的世界，即使他情感得着安慰的超越世界，则为获此成果，虽洒许多牺牲之血而不辞。他们要求解脱，因为这个现有世界实在太苦太苦了，小乘《佛本行集经》叙佛为什么出家？为什么得道？很可看出宗教之真必要，即是从这种悲怀惨切的“解脱的知识”中来的。

我们现在试叙述一下佛法的“大解脱”。“大解脱”和一般外道妄求解脱不同，其最深的意义，乃认这个宇宙即是自性涅槃本来解脱的。因为有解脱即有不解脱，所以解脱就是不解脱，而不解脱亦得解脱。《华严经》说得好：“生死及涅槃，是二悉虚妄，愚智亦如是，是二皆非真”；如果人们能通达这个究竟了义，就知道宇宙万物都是如幻如梦，乃至涅槃亦如幻如梦，那么何必舍却这解脱的更妄求个解脱呢？若因妄求解脱的缘故，乃至如一般外道欲毁弃宇宙乃至断灭人生，那都只算得愚痴颠倒，对这甚深极重的解脱，只好算做一个邪见罢了。佛法之所谓解脱妙处即存于解脱不解脱，亦无所解脱。这就是解脱。而这种解脱，一言来说尽，就是“空观”。只要看破了无所有不可得的本性，就自然而然地“大地山河全露法王身”，就自然而然地不超过一切，而已超出一切物了。但什么是空观呢？我在《一个唯情论者的宇宙观及人生观》中，对此曾做过一番解释：

空观论者以为宇宙当下寂无，是无所有不可得的。他说宇宙万物都是以“有”为生，而有生于无，虽现在宛然有，而常毕竟无；这个“无”是无始终的，无生灭的，是不坠在见解计较中的；把他和有相比，不可说是有不是有，也不可说是无不是无，然又无障无碍，浑然和万物同一体，即此一切万物都是“无”了，“无”在万物中挺然露现了。但这个“无”，是不可说不可说的，得“无所得”，如何可说？超寻思境，如何可说？若可说的都是戏论，只要人们亲切分明，能够超出一切，就当体即是虚无本相，乃至一微尘都是虚无本相，于是所有山河大地就立时给他打碎了，都沉下寂无了。他论宇宙现象，以为都不是外边有的东西，只当自家妄心起的时候，才割划许多物来，其实物本无物，如妄心灭时就物质亦不可得，更没有什么大小远近，以及动静状态可见了。这么一说，可见物的观念是从杜撰来的，不但没有物这个东西，即物的观念（心）尚且没有。而且就物论物，也可见得物是没有自己体性的；因为物的存在，完全属于因缘，因因缘而有的物，实即不是物。如水，我们知道是氢氧二气和合而成，即知氢氧二气和合为因，冷缩为缘，而后为水；如是即知氢氧二气和合之前，并没有水，如其先有，则不待因缘，已先见水；如其先无，则虽假借氢氧和合之因，冷缩之缘，亦不得水，而见因缘和合生水者，实即无水。如是一一推求，可见一切事物无一不从因缘生，即无一可说是实有，所以物不是物；我们看见一个东西，等于不看一个东西，说一句话，等于不说一句话，这才是真正的觉悟，真正的解脱。因为没有一个东西，可说是自己如此，所以都无自性，换句话说，自性本无，就是无所有不可得的“无”。这么一来，可见物，这个东西，即因无常所以无，由“无”所以物物全真，物物都是无所有不可得的，懂得这没自性意，则这眼前的一切物，——就是本来寂静，自性涅槃的“无”了。就无生无灭，无所从来，也没有去处去了。也是生而不生了。不但如此，这个“生”亦了不可得；若谓“生”是有生，就要问这“生”是未生而生？或已生而生。未生没有体，决不能生，已生就已生了，哪里更生起？就是离却已生未生，拿生时来说，生时倏忽灭尽，总没有生性可得。可见这个茫茫宇宙，成也何曾成，坏也何曾坏，而眼见的生生灭灭，有有无无，都只是痴人妄自计度，若由明眼人看来，这个东西，本来如此，动也不一动（物性空故不动，非以各性住为不动）；没有一个东西不是空寂，没有一个东西不是凝然常住，这就是没有一个东西不是大解脱了。

由上所述，虽只算得佛法中一宗派即空宗的道理，却是宗教之第一义，实到此才完全看得。小乘经中如《佛本行集经》叙说佛当初为什么出家？在他未出家前曾四次出游，第一次于城北门眼见众生生活的痛苦，第二次于城东门遇老人，第三次于城南门遇病人，第四次于城西门遇死人。这种生老病死的世界，使他感着生活的痛苦无常，那么唯一的归向就是出世，才得解脱。可是印土各宗关于修行解脱的教义很多，小乘佛法还和他们相接近，到了大乘佛法则完全另一种境界，如果我们承认宗教文化是解脱的知识，则在许多解脱的知识之中，以上所述，可算是最超绝于知识之宗教的第一义，因此印度文化也可说就是代表宗教文化之第一义了。

第九章　文化之地理上分布（下）

四

次述中国文化，中国文化就是“哲学的文化”，以 Max Scheler 的用语表之，就是代表“教养的知识”或名“本质的知识”的。这种知识，顶重要的是他那无处不适用的形而上学方法和宗教不同，把他和佛家比较一下，佛家有“止观”方法，他的观是不净观，（1）观身不净；（2）观受是苦；（3）观身无常；（4）观法无我；这种方法所发生的特殊的宇宙观，自以为宇宙是罪恶充满的，人是贪嗔痴的。反之中国文化的代表孔家，则从形而上学的观点上，而认识“生命之美”，如（1）《易》言观其所感而天地万物之情可见，即是观受是乐；（2）观其所恒而天地万物之情可见，即观生命永久流行，——观身有常；（3）观其所聚，而天地万物之情可见，即观法实有；而观卦言观，有光明灿烂之意；《易》系告诉我们“知变化之道者，其知神之所为乎”；观成象于天，成形于地，便是神之所为，这不是明明白白的观身是净吗？由此我们便可知道宗教和哲学的方法截然不同，一个净观一个不净观，不净观所以以梦幻譬宇宙人生之妄，而主张“还灭”，主张“解脱的知识”；净观所以尊重生命的真理，以为人生值得生存，因而主张“教养的知识”，这种对于有情世界的欣求，可以说就是中国文化的特质。

固然说到中国文化，也不是没有宗教，不过这种宗教乃是“哲学的宗教”，和一切虚无寂灭茫茫冥冥空论者不同。他的宗教并不是超出我们有情中的现象世界，即此有情中的现象世界便是。所以严格来说，不是宗教，而为哲学。我在所著《周易哲学》中，原有《泛神的宗教》一章，现在只略加以讨论。《易经》论神的话很多，如说卦传“神也者妙万物而为言也”，这就是说神虽无迹而不离乎物，即万物之中而妙不可测者为神，所以说“神妙万物”。又《系辞》说“神无方而易无体”，这就是说：神便是在阴底又忽然在阳，在阳底又忽然在阴，而不可以形体拘，周流运动，不常在一处。又“知变化之道者，其知神之所为乎”，这就是说：变化之间，神无不在。“又易无思也无为也，寂然不动，感而遂通，非天下之至神，其孰能与于此”；又“唯神也故不疾而速，不行而至”；大概《易经》中的“神”字，都是完全讲变化的。神只是不绝的生命、无间的运动、不尽的绵延，这当然和宗教的“神”不同。《中庸》更明白了，如说“至诚如神”，“鬼神之为德，其盛矣乎！视之而弗见，听之而弗闻，体物而不可遗，使天下之人斋明盛服，以承祭祀，洋洋乎如在其上，如在其左右。《诗》曰：神之格思，不可度思，矧可射思？”又《论语·八佾》“祭如在，祭神如神在”；在这里《中庸》言诚便是神，唯至诚才有至神，朱子所谓：“天子祭天地，诸侯祭山川，大夫祭五祀，皆是自家精神，抵当他过，方能感召得他来”；可见“神”只是自己精神的产物，自家要有便有，自家要无便无。北溪陈氏云：“范氏谓有其诚则有其神，无其诚则无其神，此说得最好。诚只是真实无妄，虽以理言，亦以心言；须是有此实理，然后致其诚敬，而副以实心，方有此神。”可见中国并不是没有宗教，但只有这种以“自家精神”为主的“哲学的宗教”，而真正仪式的宗教，却是没有的。《论语·述而》“子不语怪力乱神”，皇侃《义疏》引李充曰：“力不由理，斯怪力也；神不由正，斯乱神也；怪力乱神，有兴于邪，无益于教，故不可言也。”在中国文化内容，只有一家一家的哲学，而无一宗一宗的宗教。古代重祭祀而无宗教，如汉之佛教，唐之火教、景教、摩尼教、回教，都是从外输入的；南北朝时虽有道家一流，变哲学而为道教，设坛场，授符箓，营斋醮，但皆从模仿佛教来的，当然不足拿来代表中国文化；而中国文化之真价值，实在彼而不在此。罗素论中国历史相传的文化，最重大的特点有三，其二即为“以孔子之伦理为标准，而无宗教”；梁漱溟先生在《中国民族自救运动之最后觉悟》（页60）中，也说及“替代一个大宗教而为中国社会文化中心的，是孔子之教化”。可见中国文化原来只是“教养的知识”，而无所谓真正的宗教，孔子不是宗教，也不待详说而自明了。

然则中国文化有没有科学呢？固然也有，不过这种科学乃是“哲学的科学”，和真正的科学还相差太远。最可注意的，就是中国的科学思想乃存于哲学之中。张子高《科学发达略史》中附录《科学在中国之过去与将来》，曾说：

> 西洋哲学起于研究自然之现象，宇宙之构造，而兼及人事者也，吾国哲学家则偏乎人事方面，间或语及自然之现象，又大都设譬之词，如“譬如北辰，居其所而众星拱之”一语，初非讨论天体运行，不过喻为政之道耳，故自然现象，罕有发生学术上问题者，夫其事既为学者所不注意，何由望其发皇耶？（页245）

西洋哲学不是真的哲学，乃“科学的哲学”，同样中国科学也不是真的科学，乃“哲学的科学”。哲学的科学只能就自然现象而为设譬之词，至于实际的研究，向来是很少注意的。所以一部奇异的哲学书——《易经》——虽高谈其自然现象的观察，却是他所用以表示事物的名词，如“阴”“阳”“乾”“坤”，都是抽象的意味，而非实物。梁漱溟（《东西文化及其哲学》，页116）曾提出《易经》“不但阴阳乾坤只表示意味，就是具体的东西如‘潜龙’‘牝马’之类，到他手里也都成了抽象的意味，若呆板的认为是一条龙一匹马，那就大大错了”。还有中国的金木水火土五行，也都表示抽象的意味，和具体的物质绝不相同；因而由此发生的中国科学，当然不会是真的科学。在周秦诸子时代，学术分裂，如墨翟、公输班之流，据说曾实地应用了机械原理，可算是科学思想的黄金时代了，然而墨学终竟与中国文化的主潮不合，故只昙花一现，没有多大影响。西汉魏晋时期，天文历数二科学虽颇有发展，却是一般学术界均在阴阳五行与灾异术数说的支配之下；代表他们时代的，不是张衡的《灵宪说》，而为董仲舒的《春秋繁露》与刘向的《洪范传》。到了南北朝及唐时代，有许多仙药家就是我国之点金术家了，但王琎在《中国之科学思想》一篇所述（载《科学通论》，页305—308）：

> 因有仙药家草木之研究，如陶弘景、苏颂者，于是吾国之本草学以传以盛；因有仙药家金石之研究，如魏伯阳、葛洪之徒，于是有铅汞之学说。充铅汞说之量，应足以发吾国化学之端，因其术与欧西中古之点金术，固极相类。若一细读抱朴子《参同契》，钟吕《传道记》诸书，则见仙药家对于金石之实验研究，实颇有所得。……

那么在这个时代以后，应该有科学的产生了；却是在欧洲则自点金术的试验，产生化学，在我国则点金术失败后，还只见得道家迷信占势力，而没有真正科学的产生。这为的什么原故呢？作者告诉我们：

> 盖仙药学说之发源由于阴阳五行论，故其归根仍入阴阳五行论，而不生其他新影响。仙药家之自命造诣较深者，其入手时，即不自认其目的为点石化金，更不认服食金石炼成之丹药有长生之功效。其视丹药之成不成，铅汞法之当不当，固无一种恳切企望之志，其炼丹事业，几如吾国文人之焚香弹棋，为一种消遣寄意之举。故朱熹云："养生无非在魂魄水火（意谓身中之水火）之互相周济而不相离，所以能永年；养生家说尽千言万语，说龙说虎，说铅说汞，说坎说离，其术止是如此。"钟吕《传道记·铅汞篇》亦云："真气隐于人之内肾，所谓铅者此也。"又云："心液中有正阳之气，所谓硃砂者心液也；汞者心液之中，正阳之气。"观以上之论说，彼仙药家因以文人作诗赋用比兴之意视铅汞术，于是宗旨方法之根本，皆完全动摇；而实验之必要，亦遂为人所轻视。此欧洲点金术之所以能为化学研究之先锋，而在吾国则影响极微也。

实际来说，中国仙药家却正是哲学式的科学思想的表现，当然不会由此产生真正科学的。宋儒讲格物，而所谓"物"，常指人事而言，对于自然科学当然不会有什么大贡献；而真正中国科学的发生，则实从外来科学的输入以后。明末徐光启与西洋教士译述天算水利诸书为一期，清康熙时用利玛窦、汤若望等编《历象考成》《仪象考成》诸书为第二期，同治时曾国藩为江南制造厂翻译制造测量格致兵书等为第三期，自此以后中国才有所谓科学。现在一般学者也同声大喊着"科学！""科学！"可是这种科学是模仿西洋来的，哪里能够代表中国本身的文化呢！

然则中国文化的本身是什么呢？

依我考察中国文化历史的结果，以为中国文化的特质，就在"人生”。中国没有真正的宗教，也没有真正的科学，而只有真正的人生哲学，就是一种“教养的知识”，一种“哲学的文化”。从文化之分播上说，中国的宗教是从印度传来的，科学是由西洋输入的，而真正可称为中国独立发展的文化，只有这种哲学的文化。在西洋固然也有许多批评家如《鲁滨逊飘流记》的著者第福（Daniel Defoe）等，对于中国文化的攻击和鄙夷，但也有一些批评家，对于中国的人生态度加以极端的赞美，如英国的建达尔（Matthew Tindal 1657—1733），就是好例。他常引孔子的一句格言：“以德报德，然切勿以怨报怨”，以为这种教训，比较基督教“爱敌如友”的教训，还要切合人情（参看陈受颐《鲁滨逊的中国文化观》，见《岭南学报》第1卷第3期）。在德国更不消说了，差不多同时，Leibniz（1646—1716）在《中国新事萃编》（1697）中，曾比较东西文化，他说：

> 我们从前谁也不信这世界上还有比我们伦理更美满，立身处世之道更进步的民族存在，现在从东方的中国，给我们以一大觉醒！东西双方比较起来，……关于思索理论方面，我们虽优于东方一筹，而在实践哲学方面，实在不能不认我们相形见绌。我所指的便是他们那种适合于人类生活及效用的伦理政治学说啊！（《来勃尼兹与东西文化》中引，见《岭南学报》第1卷第1期）

然又不但哲学家如此说，即如科学家赫克尔（Haeckel）在所著《一元哲学》第十九章《一元伦理》中，也以为孔子的教训为伦理学根本律（又名黄金伦理律）。他说：

> 孔夫子为中国大哲学家大宗教家（否认不死之灵魂及人格之神者），在基督五百年前有言：“己所不欲，勿施于人。”

而这种道德格言，就是为后来基督"爱人如己"的最大教训所本。至于完全歌颂东方文化的，有俄国克斯尔林（Keyserling）在他《一个哲学家的旅行日记》中，以为中国人这种伦理文化的完善，欧洲人是梦想不到的，"中国人的血液中，好像有伦理的原素，这大概因为孔子的伦理他们个个都能实行，不知不觉变成一种自然的生活了。"又不但德俄如此，法国学者对于中国文化的认识，也决不是例外。福禄特尔（Voltaire）曾经说过：

> 欧洲的贵族同商人，凡遇东方有所发现，就只晓得求富；而哲学家倒是在那边寻得一个道理的新世界。（引见郑寿麟《中西文化之关系》页51）

又克士内（Quesnay）所著《中国的政治》（1767）中，也说及：

> 中国道德教训的方法，合该做各国的模范。（同上，页51)

乃至意气高傲的现代英国人，对于中国文化是不肯用心考察的，然而罗素（Russell）在所著《中国之问题》一书（页4、186、191—195），对于中国人生，尤为赞美不止。他说：

> 吾人文化之特长为科学方法，中国人之特长，为人生究竟之正当概念。
>
> 中国所发明人生之道，实行之者数千年，苟为全世界所采纳，则全世界当较今日为乐。
>
> 吾人深信自己之文化与人生之道，远胜于他族，然苟遇一民族如中国者，以为吾人对彼最慈善之举，莫若使彼尽效吾人之

所为，此则大过矣。以予观之，平均之中国人虽甚贫穷，但较平均之英国人，更快乐。

其在中国，人生之乐无往而不在，斯中国之文化为予所赞美之一大原因也。

好动之西洋人处如此之社会，几失其常度，而不知向日所为之目的何在。及夫为时渐久，乃知中国人生之美满可贵，故居中国最久之外人，即为最爱中国之外人。

梁漱溟先生在《中国民族自救运动之最后觉悟》中引此，以为罗素亦许揄扬大过，然总不能羌无故实（页69）。“现代中国人虽丧失他祖先的伟大精神，而数千年之濡染浸淫，无论如何，总还有一点不同处。中国的人生无他，只是自得——从自己努力上自得——而已；此即东别于印度，而西异于西洋者”；可见东方西方学者，此心同此理同，几乎同声一致地认定中国文化的特质乃在“人生”，即“教养的知识”。固然这种偏重教养的知识文化，只管谈心说性，其流弊乃至于造成妥协的、中庸的、守旧的习惯，因此不求改造和进步；因而大大地耽误了科学，乃至于左冲右突跳不出“复古”的圈套。但从世界文化的全体来看，这种“落后”的文化，在文化史之第三时期，虽受着委曲，而在文化史之未来时期——第四时期，——总有一天把中国的人生态度，变为各民族的人生态度，那时地球上就可以如法国坡夫雷（Poivre）在《一个哲学家的旅行》（1769）中所说似的，变成为光华灿烂的世界。

然则中国的人生态度是一些什么呢？

原来中国的一套形而上学，乃为“唯情哲学”。古代哲人在大自然现象之前，从容潜玩，以直探到处皆有的本体，结果知道本体不是别的，就是这到处皆有的“情”，一切山川草木都是情的化身，——

由真情之流而流出的。你看天空海阔，月白风清，鸢飞鱼跃，山峙川流，充塞这个宇宙内，无非本体，如果人们能够在大自然中默默体会，从感性生出的斯歌、斯咏、斯啸、斯舞，无时不一任真情，即无时不是本体，无时不与天地同流了。从前程明道教人观天地生物气象，陈白沙教人随处体认天理，都是这个意思（周茂叔窗前草不除，因为他看草木的心，就是自家的心）。《易经》里告诉我们：

天地感而万物化生，圣人感人心而天下和平，观其所感而天地万物之“情”可见矣。（咸卦彖）

天地之道恒久而不已，观其所恒，而天地万物之“情”可见矣。（恒卦彖）

萃聚以正也，观其所聚，而天地万物之“情”可见矣。（萃卦彖）

大者壮也，正大而天地万物之“情”可见矣。（大壮彖）

会得时，便物即我、我即物，滚作一片，都无分别，即是见本体了。本体不是别的，即存于宇宙万物之间的“真情之流”，所谓“逝者如斯夫，不舍昼夜”；这个永远绵延永远创新的真情本体，就是从来中国形而上学的对象；《易经》一书即摹拟这个对象，以求宇宙诸事物及其发展变化之公例。《易经》这一部书，包括几个基本观念：（1）卦，（2）彖，（3）爻，（4）辞，（5）象。而这几个基本观念，却都是讲明“真情之流”的自然变化而已。所以说：

〔卦〕——设卦以尽“情”伪。始作八卦以通神明之德，以类万物之“情”。

〔爻〕——六爻发挥旁通“情”也。

〔彖〕——爻彖以“情”言。

〔辞〕——圣人之“情”见乎辞。

〔象〕——圣人有以见天下之“啧”而拟诸其形容，象其物宜，是故谓之象——释文引京房《周易·章句》云：啧，情也。

又如“吉凶以情迁”“情伪相感而利害生”等，均可看出《周易》千言万语其根本观念，即这个“情”字，情是时时按着一定之秩序变化的，所以一动一静、一阖一辟，乃至刚柔、往来、屈信，都如日月寒暑之循环往来，而为辩证的法则而发展，所以说“一阴一阳之谓道”。但是我们应该注意的，就是这一套中国传统的形而上学，实际也只是一种以人生观为基础的唯情本位的宇宙观，所以成就方面，仍应以人生观方面为主，而这就是所谓“仁”字的学说了。中国哲学本主张天人合一，充塞宇宙为“真情之流”，反身认识人生，也只是这一点“真情”罢了。所以说天地人物原来只是一个身体，一个真情，同了便是一个，异了便是万类。如庄子说：“眇乎小哉，以属诸人，謷乎大哉，独游于天”；分明把天人为二，把天看得太大了，把人看得太小了，和孔家思想不合，其实人之所以与天地同者，全在此“情”，情就是宇宙的本体，生人的命脉，从这些子结聚方成人。所以我是这点“情”，大家也是这点“情”，那么可见天地万有都是“情”字，也都是“仁”字；所谓“仁者以天地万物为一体”，做人没有别的，就是这一点“情”——即所谓“仁”，所以可给人生下一定义道：

仁者，人也。(《中庸》)

又孟子说：

仁也者，人也。

又刘熙《释名》：

> 人，仁也；仁，生物也；故《易》曰：立人之道，曰仁与义。

似此把“仁”来讲明“人”是什么，人生就好似加了千斤力量似的。本来人一身浑是这点“情”，所以若无渣滓，便与天地同体，善感善应，如王阳明所说：见孺子入井，必有怵惕恻隐之心，是仁与孺子一体；孺子犹是同类，见鸟兽之哀鸣觳觫，必有不忍之心，是其仁与鸟兽一体，鸟兽犹有知觉者也，见草木之摧残，必有怜恤之心，是其仁犹与草木同体；草木犹有生意者也，见瓦石之毁坏，必有顾惜之心，是仁与瓦石一体。可见人之所为人，就在有这点随感随应的“情”存在，“情”之所在便是人生的意义所在，一刻没有情，便一刻不是人了。但人是不会一刻没有情的，虽然偏蔽之极，而这天殖灵根，昭昭不昧，由此可见人们身体虽小，而这点“情”是与天地混合的。若再简单来说，则仁字即是爱字，《系辞》说“安土敦乎仁故能爱”；《周子通书》“爱曰仁”；《论语》“泛爱众而亲仁”；韩退之说，“博爱之谓仁”；《论语》樊迟问仁，子曰“爱人”；可见仁字即是爱。因为爱所以能感觉人的痛痒，当下他便随感而应，如遇赤子入井自知怵惕，遇堂下之牛自知觳觫，无往而不是活的，即无往而不是仁的实现。而这一点“情”达于最高境界，便无往而不爱，便无往而不乐了。所以说：

> 安土敦乎仁，故能爱。（《易·系辞》）

唯不安于所在的地方，就一室之内不胜异意，我既嫌你，你也嫌我，怎样能够安于仁而相亲爱呢？若安土的看得处处都好，人人都好，就无往不爱，无往而不乐了。所谓“仁者安仁”，便是说只有真情人才能安于情的生活，以情为乐；“老者安之，少者怀之，朋友信之”；见得人人都好，安得有忧？安得不乐？（仁者不忧）原来中国传统哲学，教人千言万语，都不过要人懂得这点“情”，即懂得这点“乐”，所谓“君子坦荡荡，小人长戚戚”；一个是处处觉得人人都好，所以做了君子，一个是处处觉得人人不好，所以做了一个小人。反之如孔之蔬饮，颜之箪瓢，曾点之春风沂咏“莫春者，春服既成，冠者五六人，童子六七人，浴乎沂，风乎舞雩，咏而归”；这分明真情洋溢，胸次悠然，直有与天地万物上下同流各得其所之妙，这时本与天地相为流通，安得而不乐呢？

由上所述，可说就是中国哲学的精华所在，也可以说就是人生哲学的精华所在。只可惜的，就是这种“人的文化”，当现在竞食时代，实在拿不出来，其价值亦不易为世人所认识，要是勉强拿出，其结果也不过吃亏而已。所以中国虽有特殊的哲学文化，而不能因此哲学文化而得救，这乃是一种事实。而且文化是向前演进的，我们如不能迎头赶上那快枪、大炮、无畏舰、潜水艇、飞行机的时代，我们是没有资格来谈我们过去的哲学文化的。我们也没有资格来提倡那“一箪食，一瓢饮，在陋巷人不堪其忧，回也不改其乐”的人生哲学的；那么我们应该怎样办才好呢！

依我意思，中国之哲学的文化，从一方面来看，确已成为过去的了，但从另一方面来看，即在全文化体系上，中国文化却有“复兴”之希望。问题乃在我们能否把握哲学的文化，以溶化于西洋科学的文化之中，因而跃进于第四时期之艺术的文化。

全世界的文化，最后都是倾向于文化之理想境——艺术的文化。因为文化原来是以艺术为理想境，所以一切各别文化，均含有艺术性与生命性，中国文化亦不出此例。将艺术文化与前阶段之各别文化比较，则（1）前阶段之各别文化为个别的，艺术文化为全体的；（2）前阶段文化为对立的（战争本位的），艺术文化为谐和的（和平本位的）；（3）前阶段文化为民族主义的，艺术文化为大同主义的。因为艺术文化即是文化本身之充分的实现，所以无论东方西方没有一个地方专主艺术的文化，也没有一个地方不是从各别文化（如宗教文化、哲学文化、科学文化），而走上艺术的文化的。所以从文化之地理分布上说，尽管起点不同，而殊途同归，都是以艺术的文化为止境的。列表如下：

印度……………………由宗教文化到艺术文化；

中国……………………由哲学文化到艺术文化；

西洋……………………由科学文化到艺术文化。

中国文化的黄金时代，已不在过去，乃在将来，过去的已过去了，先秦诸子的文化，虽然光华灿烂，但和我们活的文化，有什么相干？中国文化的复兴，不在于灰色的古典文化，乃在于24纪[①]后之“艺术文化”。中国文化的根本特质，不是宗教，不是科学，而为人生哲学。但哲学固为中国文化之一大特色，然而过去数千年所积成的哲学文化，在现在也只能传给我们以一种压迫力，使我们永远受制于那个“子曰”“诗云”之下，不得翻身，所以“复古”的办法，如辜鸿铭在《春秋大义》里的言论，根本应该反对。因为文化的发展是向前的，不是如一般所认为不变的东西，相反地，文化本身就是变和动的表现，所以不说文化则已，一说文化则一定于过去之所有外，而时时常有所创，常有所生，所以中国文化虽以哲学为代表，而哲学文化在其发展进化之中，必须严格受科学文化的洗礼，而又走向艺术的文化目标的。同样地印度的文化复兴，即应以宗教的文化为基础，在其发展进化之中，也必须接受了现阶段科学文化的洗礼，才好走上艺术的文化。西洋文化因已有科学的基础，其走向文化的理想境，固较为接近，但因为艺术文化是世界史的事业，所以自始即不能不与东方各国一致行动。若

① “24纪”，底本如此，疑误，姑存之。——编者

专就中国之哲学的文化来说，中国哲学自古即倾向于造成艺术的人生，中国只有泛神思想而无宗教，只有手艺而无科学，在艺术上亦只倾向于象征主义与表现主义，而反对写实主义、自然主义，所以中国文化始终与第三期之科学文化不能完全融合，而所以不能完全融合的缘故，不但因为哲学的文化赶不上科学的文化，实因哲学文化所倾向之艺术文化，实高出于科学的文化一步。如以科学文化为现实的阶段，则哲学文化所欲倾向之“艺术文化”，实为理想的阶段。不过我们应该知道，就是理想的文化它必须要一个物质的基础的，如果科学文化之现阶段，不能贯彻，那么理想的艺术文化，即中国文化所欲倾向之新文化境，亦决不会如飞将军似的从天而下。我们固然很讨厌必然的世界，然而必然世界实为到达自由世界之一个阶梯；我们何尝不想即刻从哲学文化走向艺术文化，然而走到艺术文化以前，我们必须通过科学的文化世界，只有牢牢守着科学的文化阶段，走到尽处，才可以转化入于艺术的世界，而这也就是我们提倡中国文化复兴之最大目标了。

许多人主张“全盘西化”，以为这就是中国文化的唯一出路（陈序经《中国文化的出路》第五章），这话我绝不反对，我们尊重过去的文化，然而过去的文化须经过今我的创造活动，而后才有存在的意义，所以一切真的文化都是现代的文化，也都是适合于现代的文化，不然所谓过去文化，只是糟粕而已，无生命的木乃伊而已。我们就现代的中国文化来看，无论从哪方面，都是宣告西方文化之侵入，与本国文化之破产，所以现阶段的中国文化，自然而然地已经走上科学文化的路上。我们越充分理解中国文化的现阶段，越发现中国文化如不想继续创造则已，要想继续创造，则必须有一个物质的基础，所以全盘承受科学文化，即所以促进中国的新文化；所以凡为现阶段文化所应有尽有的，都可以大量地欢迎他。不过我们要注意的，就是我们所欢迎的乃是科学文化，而不是陈序经先生所谓“西化”。我们问他西化是什么？他很不客气地说，就是那为西洋近代文化的主力的：个人主义。

无论个人主义在西洋已成为过去资产阶段学者的论潮，且我们现在所需要的，也不是什么“主义”，这种哲学上的把戏，我们已经弄得很多了。我们现在所需要的，不是一种人生观，乃是一种“实用的知识”，即科学的知识。我们并不觉得数学、物理学、化学等科学，会和中国仁爱的人生观不能并立。西洋个人主义的人生观，也不见得不应根本推翻，而谋建设一种更博大的人生哲学。关于教养的知识和实用的知识，我们以为乃是两个问题，不是一个问题，中国的文化复兴，确须有一个科学的新基础，然而接受科学文化，不是因此即会丧失其原有的伟大的文化精神，而走上个人主义的路上去的。

五

我们一向宣言，中国文化的唯一出路，只有接受科学，然而科学文化之唯一希望，只在南方，因而从文化之地理分布上，而提倡所谓“南方文化运动”。

原来中国文化之历史的发展，是起自北方，经中部而进展于南方的。这种文化的地理基础，和前面论世界文化的分布一样，可按地形之三个基本来区别：

（一）高地……………………………………中国北部；

（二）平原……………………………………………中部；

（三）海洋……………………………………………南部。

中国文化史的第一页，即发生于高地，柳诒征（《中国文化史》上册，页16—17）曾举出很多证据，说明中国文化是起于山岭的。例如：

（1）君主相传号为林蒸；

（2）唐虞时诸侯之长，尚号为岳；

（3）巡狩之朝诸侯，必于山岳；

（4）人民相传号为丘民；

（5）为帝王者，必登山封禅。

可见北方高地实为中国文化的发源地，直到两汉时代，中国文化仍以北区为根据地，所以有“山东出相，山西出将”（《汉书》卷69《赵充国传赞》）；和“关西出将，关东出相”的谚语（《后汉书》卷88《虞诩传》）。此处山东、山西是以华山为界，关东、关西是以函谷关为界，可见是以高地为文化标准的了。但是高地文化，从地力方面来观察，最初尚可自给自足，到了隋唐以后，谷米的供给，便不能不依靠南方，因而河流的运输乃大为重要。北部虽有黄河，然而黄河号称“败家子”，常为灾荒区域，反之运河则为输运粮米于北方而开凿的。至于河流灌注的平原区域，更不消说就是天下财赋的源头命脉，所以南宋时竟有“苏常熟，天下足”（陆游《渭南文集》）与“江浙熟，天下足”的谚语。自南宋至元明清数代，中国文化均以最殷富的长江流域为根据，直至乾隆游江南时，尚不免要叫道：“江浙为人文渊薮”（参看桑原骘藏《由历史上观察的中国南北文化》一文）。但是这种平原的文化也不是会长久不变的，在明代丘濬所作《广州府志书序》，已经提出一个“海的原理”。他说：

> 天下之山，皆发源于西北，零散而聚，突起而为岭；天下之川，皆委于东南，流行而止，渟涵以为海；广南居海之间，受天地山川之尽气，气尽于此而重泄之，故人物之得之也，独异于他邦。

在唐和五代时代，岭南还是“蛮夷之区”，到了明代，因为海路交通渐渐发达，沿海各地尤其是广东、福建，遂成为中西贸易的策源地，在经济史上渐渐占很重要的位置。又因受西洋文化的影响最早，所以清季如孙中山先生的革命运动，康有为的维新变法运动，也都是以广东人为中心，所以最近的中国文化，实有以南方为根据地的倾向，换句话说，就是中国文化已经达到海洋文化的新时代了。

由上是专就地形的原理上说的，现在试从"中国历代人物之地理的分布"来研究一下。就我们所知道从事此项工作的，已有丁文江、梁启超、张耀翔、朱君毅、余天休五人，各有其研究的方法，根据与时代；今试将名家研究略为叙述，借以看出在这一个问题上应用历史统计学所得到的结论。

（1）丁文江《历史人物与地理的关系》，见《科学杂志》第 8 卷第 1 期。

（2）梁任公《近代学风之地理的分布》，见《清学报》第1卷第2期。

（3）桑原骘藏《由历史上观察的中国南北文化》，见《东洋史论丛》，中译载《文哲季刊》第 1 卷第 2 号。

（4）亨丁顿（Huntington）《北中国与南中国》，见《种族的品性》中，中译《自然淘汰与中华民族性》。

（5）张耀翔《清代进士之地理的分布》，见《心理杂志》第 4 卷第 1 号。

（6）朱君毅《中国历代人物之地理的分布》，中华书局"常识丛书"第 40 种。

（7）余天休《中国近三十年人物的分析》，见《社会学刊》第 3 卷第 2 期。

（一）丁文江的研究，依据于 24 史中前汉、后汉、唐、北宋、南宋、明，六代有传的人物列出；按他们籍贯，分配现在各省，又照各省人数列出百分比例。列表如下[①]：

---

① 以下各表数值，悉遵原貌。有明显错误处，出校。——编者

省分	前汉			后汉			唐			北宋			南宋			明		
	人数	%	等级	人数	%	等级	人数	%	等级	人数	%	等级	人数	%	等级	人数	%	等级
陕西	22	10.58	4	73	15.97	2	261	20.4	1	63	4.31	10	6	0.99	14.5	80	4.51	9
河北	21	10.10	5	28	6.12	4	223	17.6	2	212	14.51	2	7	1.16	13	128	7.22	5
山西	10	4.92	6.5	16	3.50	8	182	14.2	4	141	9.65	4	17	2.81	9	56	3.16	12
河南	39	18.75	2	170	37.20	1	219	17.1	3	324	22.18	1	37	6.12	7	123	6.94	6
山东	61	29.33	1	57	12.47	3	97	7.6	5	156	10.68	3	13	2.15	11	93	5.25	7
江苏	23	2.06	3	13	2.84	10	82	6.4	6	97	6.63	5	49	8.10	5	241	12.61	2
浙江	2	0.96	12.5	14	2.99	9	34	2.77	9	84	5.74	8	136	22.50	1	258	14.51	1
湖北	7	3.36	8	11	2.40	11	29	2.4	10	19	1.30	12.5	14	2.32	10	76	4.29	10
安徽	3	1.14	10.5	24	5.25	6	21	1.7	11	53	3.62	11	138	6.29	6	199	11.24	4
四川	4	1.92	9	26	5.68	5	12	0.9	12	93	6.36	7	71	11.70	4	51	3.21	11
江西	1	0.49	14	2	0.42	12.5	7	0.5	13	81	5.54	9	83	13.4	3	204	11.52	3
湖南	0	0		2	0.42	12.5	2	0.2	16.5	12	0.82	14	12	1.98	12	27	1.52	14
福建	0	0		1	0.21	15.5	2	0.2	16.5	95	6.50	6	88	14.50	2	92	5.19	8
广东	0	0		0	0		3	0.2	14.5	3	0.20	16	4	0.66	16	50	2.82	13
广西	0	0		1	0.21	15.5	0	0		2	0.13	17	6	0.99	14.5	13	0.73	18
贵州	0	0		0	0		1	0.1	18	0	0		0	0		10	0.56	19
云南	0	0		0	0		0	0		0	0		0	0		14	0.79	16.5

续表

省分	前汉			后汉			唐			北宋			南宋			明		
	人数	%	等级	人数	%	等级	人数	%	等级	人数	%	等级	人数	%	等级	人数	%	等级
甘肃	10	4.92	6.5	17	3.72	7	53	4.1	7	19	1.30	12.5	23	3.89	8	23	1.29	15
辽宁（汉人）	0	0		0	0		3	0.2	14.5	0	0		0	0		0	0	
内蒙（汉人）	3	1.44	10.5	1	0.21	15.5	0	0		0	0		0	0		0	0	
外族	2	0.96	12.5	1	0.21	15.5	50	3.9	8	7	0.61	15	0	0		14	0.79	16.5
总数	208		14	457		17	1282		18	1461		17	604		16	1771		9
共计 5783																		

这张表最大的错误，在以现在的省为标准，但就他研究的结果，却使我们从大体上已得到下列结论，即人物最多的出产地，如下表：

时代	前汉	后汉	唐	北宋	南宋	明
人物最多的省	山东 河南	河南 陕西	陕西 河北	河南 河北	浙江 福建	浙江 江苏

由上可见南宋以前，中国人物以黄河流域为中心；南宋以后，以长江流域为中心，而以江苏浙江为最多；就中只有福建因宋南渡后的影响，可算特例。浙江人物在前汉时代不过占第十二位，后汉与唐占第九位，北宋时占第八位，南宋与明，骤升至第一位，这期间南北文化的转移，再明白也没有了。

（二）梁任公的研究，只以满清一代的学者作对象，范围很小。但他是最先提倡历史统计学的人，根据这一篇地理分布的材料，也可使我们明了清代学者的分布，也是以长江流域即江浙为中心，所举人物计 461 人，江苏占 26.24%，如下表（引朱君毅：《中国历史人物之地理的分布》页 14）：

省分	人数	百分比（%）	等级	省分	人数	百分比（%）	等级
江苏	121	26.24	1	山西	7	1.52	12
浙江	90	19.52	2	四川	6	1.30	13
河北	43	9.33	3	湖北	5	1.08	14.5
安徽	41	8.89	4	贵州	5	1.08	14.5
广东	24	5.21	5.5	广西	4	0.86	16
湖南	24	5.21	5.5	蒙满	3	0.65	17
山东	22	4.77	7	云南	1	0.22	18
河南	19	4.12	8	辽宁	1	0.22	19
陕西	16	3.47	9.5	甘肃	1	0.22	19
江西	16	3.47	9.5	总数	461	99.98	19
福建	12	2.60	11				

（三）桑原骘藏的研究，在他所著《由历史上观察的中国南北文化》中（见《东洋史论丛》，译文载《文哲季刊》第1卷第2号），有一节叙述南北人材分布之状况，以科举为例，将明清两代登科第者之数目来做比例。他先依据于明陈建《皇明通纪》卷三所收自明洪武四年（公元1371）至万历四十四年（1616）245年间，会元三及第的总考为基础，作成统计表：

（北）	北直隶（今之河北）	7人
	山东	7人
	山西	4人
	河南	2人
	陕西（今之陕西甘肃）	9人
	计	29人
（南）	南直隶（今之江苏安徽）	66人
	浙江	48人
	江西	48人
	（南）福建	31人
	湖广（今之湖北湖南）	8人
	广东	6人
	计	207人
（南北以外）四川		6人
广西		2人

这就是说，在明代，南方人才比较北方多至七倍以上。又以清代为例，清康熙乾隆二代开博学鸿词科（所称为“制科”）依据清李集的《鹤征录》及李富孙的《鹤征续录》作成统计表：

		一等	二等
（北）	直隶	2人	3人
	陕西	1人	
	山东		1人
	河南	1人	
	计	4人	4人
	总计	8人	
		一等	二等
（南）	江南（今之江苏安徽）	10人	15人
	浙江	5人	7人
	江西		3人
	福建		1人
	湖广（今之湖南湖北）	1人	
	计	16人	26人
	总计	42人	

这就是说，清康熙时代（1679年即康熙十八年），南方人才比较北方多至五倍以上，又乾隆元年（1736）的制科，一等五人，二等10人，实际南方14人，北方却只有一人而已。列表如下：

		一等	二等
（北）	山东		1人
	总计	1人	
		一等	二等
（南）	浙江	2人	5人
	江南	2人	4人
	江西	1人	
	计	5人	9人
	总计	14人	

（四）亨丁顿（Huntington）的研究，美国人文地理学者亨丁倾用统计学方法来研究中国人物之地理分布，他在《种族的品性》（*The Character of Races*）中《北中国与南中国》一章（见潘光旦译《自然淘汰与中华民族性》，页32），说及他在中国时候，曾从北京美国公使馆里借来一张1910年10月间的京城里缙绅的名单，从这张名单中，把凡是经过科举制度甄别的官员，都挑了出来，除却许多没有经过科举甄别手续的武官旗人等外，中国本部18省所产生的人物，用各省同时的人口做比例，其各省的分布如下表：

省分	直隶	山西	陕西	甘肃	山东	河南	湖北	四川	江西
人数	21.5	4	7.1	1.0	4.7	7.1	5.1	2.4	3.4
省分	江苏	安徽	浙江	福建	广东	广西	云南	贵州	湖南
人数	26.7	15.6	38.7	9.6	10.3	13.7	10.2	17.0	17.1

依亨丁顿氏说，除比较居中的六省不计外，北方六省中，只以直隶高出7.1之上，其余五省，每1000万人口中，至多只派得7.1人，至于南方六省唯福建出人最少，然而每人口1000万中，已经可以派到9.6位大官员。中部近海的江苏、浙江、安徽三省，出的大官员极多，内地三省则又甚少。直隶因为北京久为首善之区，可算特例，因此他的结论就是："中国有才力的人，而才力而能够受严格的乡会甄拔的人，又因此而能在许多人竞争之中得做大官的人，大致愈向西北愈少，愈向东南愈多。"（页36）

（五）张耀翔的研究，只限于清代科举人物之地理分布，虽不足代表人物之全部，然而正足以代表科举时代各省人物之能力。他所取材料，系直接抄自北平国子监进士题名碑，而专取其中之"进士及第"，即一甲"状元榜眼探花"，计342人以为统计，所得结果和梁任公清代学风的统计，可以互相发明。列表如下：

省分	人数	百分比 %	等级	省分	人数	百分比 %	等级
江苏	119	34.8	1	四川	5	1.4	12
浙江	81	23.7	2	河南	4	1.1	14
江西	19	5.6	3	山西	4	1.1	14
安徽	18	5.2	4	广西	4	1.1	14
河北	17	4.9	5	贵州	3	0.9	16
湖北	14	4.1	6	陕西	2	0.7	17
湖南	13	3.8	7.5	云南	0	0	0
山东	13	3	7.5	辽宁	0	0	0
广东	10	2.9	9.5	甘肃	0	0	0
福建	10	2.9	9.5	总数	342	99.70	17
满蒙	6	1.7	11				

（六）朱君毅的研究，在丁、梁二氏之后，和张氏同时作“清代人物之地理的分布”，他根据下列两书，一为湖南湘阴李恒所编的《国朝耆献类征初编》，一为中华书局民国十八年出版的《清史列传》，依据此二书统计的结果，也是江苏人物最多，浙江一次居第二、一次居第三的地位。但由我看来，这种清代人物的统计，其结果不过更证实了丁、梁、张诸氏的结论，此外实无所发明。他最大的贡献，还在于所作《民国十五年内人物之地理的分布》一文，该文资料系根据两书，一为鲍威（J. B. Powell）所编 1925 年之《中国名人录》，一为吴德海氏所编 1925 年之《中国年鉴》，初看似乎并不曾告诉我们以什么新奇的有价值的原则，只告诉我们：

（一）“自汉以迄今日，中国人物之变迁，似由西北而趋东南，成半月形。”（页 43）

（二）“人物之产生，实际上环境占极大之势力。”（页 44）

但当我们细心研究一下，则从他所列的数目字上，不但看出历代人物之地理的分布，还可看出中国历代文化之地理的分布，而且结结实实地给我们提倡南方文化运动的人，以确实的科学的基础，如页42所列中国历代人物变迁之趋势图，下附以说明，即为：

时代	前汉	后汉	唐	北宋	南宋	明	清	民国	最近（民国十五年后）
人物最多的省分	山东	河南	陕西	河南	浙江	浙江	江苏	江苏	广东

可见以时代言之，北宋以前为黄河流域的文化，清以前为扬子江流域的文化，最近始为珠江流域的文化。那么我们提倡南方文化运动不是有很充足的历史地理的根据吗？不但如此，即单就民国十五年内人物之地理的分布来说，依据原著八、九、十各表（页34—35），也可看出南方文化之为科学的文化与产业的文化。试录表如下：

以下三表，有著者在下面的一段说明，谓："阅表八，知实业人物以广东为最多，次为江苏，次为浙江，又次为河北。粤人侨居海外长于经商，善于制造，实业人才之多，自非偶然。阅表九，知教育人物，亦以江苏为最多，浙江次之，河北又次之。江浙教育素称完善，故其教育人物较多。阅表十，知军事人物以河北为最多，次为安徽，又次为山东，此盖由民国十五年以前多为北洋与皖之人。"这段话，当然还不能说明南方文化之史的意义，然后依据"如此如此"的数目，使我们知道中国文化之地理的分布，北方黄河流域是以军事的人物为最多数，中部扬子江流域是以教育人物为最多数，南方珠江流域是以实业的人物为最多数，这么一来而我们一向主张以南方珠江流域代表产业文化与科学文化的说法，便无意中得到历史统计的证明了。所以我常常说：朱君毅《中国历代人物之地理的分布》一书，无异乎为我做的，这就可见他的真价值了。

（表八）民国实业人物之地理的分布表

省分	人数	百分比%	等级	省分	人数	百分比%	等级
广东	27	26.5	1	山东	1	0.9	11.5
江苏	25	24.5	2	山西	1	0.9	11.5
浙江	21	20.6	3	湖北	1	0.9	11.5
河北	11	11.0	4	陕西	1	0.9	11.5
福建	6	5.9	5	云南	1	0.9	11.5
安徽	2	1.9	7	辽宁	1	0.9	11.5
湖南	2	1.9	7	总数	102	99.6	14
国外	2	1.9	7				

（表九）民国教育人物之地理的分布表

省分	人数	百分比%	等级	省分	人数	百分比%	等级
江苏	19	26.7	1	云南	3	4.2	7.5
浙江	13	18.2	2	湖北	2	2.8	11
河北	9	12.7	3	湖南	2	2.8	11
河南	5	7.4	4	广东	2	2.8	11
江西	4	5.6	5	安徽	1	1.4	14
山东	3	4.2	7.5	辽宁	1	1.4	14
福建	3	4.2	7.5	国外	1	1.4	14
四川	3	4.2	7.5	总数	72	100	15

（表十）民国军事人物之地理的分布表

省分	人数	百分比%	等级	省分	人数	百分比%	等级
河北	39	29.5	1	河南	3	2.2	13.5
安徽	13	9.8	2	湖南	3	2.2	13.5
山东	12	9	3	广西	3	2.2	13.5
福建	9	6.8	4	贵州	3	2.2	13.5
江苏	8	6.1	6	山西	2	1.5	16.5
四川	8	6.1	6	甘肃	2	1.5	16.5
辽宁	8	6.1	6	江西	1	0.7	19

续表

省分	人数	百分比 %	等级	省分	人数	百分比 %	等级
浙江	4	3	9.5	陕西	1	0.7	19
湖北	4	3	9.5	吉林	1	0.7	19
广东	4	3	9.5	总数	132	99.30	20
云南	4	3	9.5				

（七）余天休的研究，是根据一本书叫作《最近官绅履历汇录》，系民国九年在北平出版的，其中所述的人物截至民国九年该书出版时为止，全书共载4600余人，为那时在中国社会上活动的人物。余氏将这人物分为下列数项来研究:（1）资格的类别;（2）曾任职务的类别;（3）籍贯之地理的分配;（4）年龄的分配;（5）姓氏的分配；就中籍贯之地理的分配一项，其结论也是以人物最多的地方，首推江苏，次浙江、广东等省。试根据该文所举，为另列表。

省分	人数	百分比 %	等级	省分	人数	百分比 %	等级
江苏	610	13	1	满洲旗人	77	1.6	15
浙江	500	10.5①	2	山西	75	1.6	16
广东	381	8	3	陕西	71	1.5	17
河北	365	7.7	4	广西	68	1.4	18
福建	310	6.5	5.5	吉林	61	1.3	19
安徽	310	6.5	5.5	甘肃	34	0.7	20
湖南	268	5.6	6.5	蒙古	28	0.6	21
湖北	268	5.6	6.5	黑龙江	22	0.4	22
奉天	210	4.1	7	京旗	21	0.4	23
四川	204	4.1	8	汉军旗	19	0.4	24
山东	173	4	9	热河	6		25
河南	129	3	10	新疆	4		26.5

① “10.5”，原作“1.5”，误，据表内数值改。——编者

续表

省分	人数	百分比 %	等级	省分	人数	百分比 %	等级
京兆（北平）	127	3	11	西藏	4		26.5
云南	119	2.9	12	大连	1		27
江西	118	2.9	13	未详者	101		
贵州	80	1.7	14	总共	4764		27

他的结论也以为人物的出产地系顺着时势而转移的，他和丁文江一样，以为“历史上有一个时期，以中州所出的人物为最多，嗣后中华文化向南开展，江南人口也日繁，于是人物的出产，亦以江浙为最多。近百年来海通渐展，粤海通商最早，而得风气之先，于是珠江人物出，晚近 30 年来，社会和政治维新的领导者，粤人几占大多数，已足见时势与人物出产的关系”（见《社会学刊》第 3 卷第 2 期原文，页 19）。可见余氏研究的结果，也不过为南方文化运动再下一个注脚罢了。

再就历代户口的统计来看，也可以发现中国文化有自北而南的倾向。关于户口唐杜佑《通典》卷 7（食货七），又元初马端临《文献通考》卷 10（户口考一），虽载有夏周时代的口数，但不足为凭，只有《汉书地理志》所载元始二年（西历纪元后二年）户口的数目，因为这时有“人头税”的关系，所以较为真确。桑原骘藏氏《由观史上观察的中国南北文化》中，即依据自此以后正史及他书所载，历代户口的数目，作南北户数之统计表如下：

年代	北区的户数	南区的户数	比例	
			北	南
西汉元始二年（西历 2 年）	965 万户	111 万户	9 弱	1 强
西晋太康元年（西历 280 年）	149 万户	65 万户	7	3
唐天宝元年（西历 742 年）	493 万户	257 万户	6.5	3.5
北宋元丰三年（西历 1080 年）	495 万户	830 万户	3.5	6.5
明隆庆六年（西历 1572 年）	344 万户	650 万户	3.5 弱	6.5 强

桑原氏表，已经充分证明了历代户数是有不绝向南进展的倾向，如再能参考各正史的详细记载，重新统计一番，一定会得到更圆满的结论的。其实桑原氏的统计，也有所本，即本于明章潢的《图书编》卷三十四"论东北古今盛衰"与"论东南古今盛衰"四条，章氏很慨乎其言地说：

嗟乎城邑而居，仓廪而储，陶瓦以覆，服牛以耕，父子夫妇以为家，乡党庠序以为教，斯中原之民，自古能之，而东南之民，自三代以前，漫然未有闻知，则与禽兽何异哉。逮夫春秋战国，得善人君子以为邦，浸革蛮风而归诸华；而又汉魏以还，天下有变，常首难于西北，衣冠转而南渡，故西北益耗而东南益盛；施于隋唐宋朝，风教滋美，端与中原无异，而民物丰夥，又复过之。故知今之东南，非昔之东南，昔之东南不能当一路，而今之东南乃过于昔之中原，又岂可一概论哉。方西汉元始、五年，岁在乙丑，东南县户仅得天下十之一。（时天下县千五百五十余，东南才七百十余，天下户千一百余万，东南才百余万。）后一百三十有九年，当东汉建康元年，岁在甲申，东南县户乃当天下十之二；（时天下县千一百八十余，东南当二百四十有余，天下凡九百七十万，东南当二百四十余万。）又后一百三十有六年，当西晋太康元年，岁在庚子，东南县户乃过天下十之三；（时天下县户千二百有余，东南当四百七十有余，天下户二百四十五万，东南八十余万。）又后四百有六十年，当李唐开元二十八年，岁在庚辰，东南县户乃当天下十之四。（时天下县户千五百七十有余，东南当天下六百有余，天下户口八百四十余万，东南二百七十余万。）又后三百五十年，当宋元丰末，东南县户乃过天下十之五；（时天下县户千一百三十余，东南当四百七十有余，天下户千六百五十万，东南九百万。）观其县邑之增，民户之庶，既若此其盛，而又货财如山，利源百出，以今拟古，邈然殊绝。

由上章氏所谓东南，即中国南区；所谓中原，即中国北区；在宋元丰末，东南户数已有很大的发展，所以结论以为“今之东南非昔之东南，昨之东南不能当一路，而今之东南乃过于昔之中原”；这就是桑原氏上表所本了。跟着这样南方户口的增加，到了元时代，南北的比例，依《元史地理志》竟得北一强南九弱的比例，明时北方户口才渐渐增加，直到现在，南方的口数多过北方，差不多已成为一般学者的公论，这又可见依历史户数的统计，也可以证明中国文化的中心是渐渐自北而南的了。

最可注意的，就是这种中国文化自北向南之进展倾向，还可以应用德国 Max Scheler 的知识社会学来解释。他将人类的知识分为三种，在文化之地理上分布，如印度代表解脱的知识，中国代表教养的知识，欧洲则代表实用的知识；同样应用来讲中国文化之地理上分布，依我意思，北方黄河流域即代表解脱的知识，中部扬子江流域可代表教养的知识，南方珠江流域可代表实用的知识，即科学的文化分布区。固然在空间上说，这三种知识，各形成其特殊的文化模式，因而各有其特殊的文化价值，表现为各国特殊的文化团体；这就是说，无论何方都应努力发扬其固有的文化，以完成最高的统一文化。然而在时间上说，中国文化的现阶段实应注全力于实用的知识，即注全力于科学文化的建设事业。我们须知北方文化即解脱的知识，只算得文化的起点，而 Spengler 所反对的“文明”，实为人类文化由精神的到物质的表现。文化不但如 Spengler 所说：“都是宗教的”，反之文化的最高结晶，乃在于实用的知识中，物质生活的建设中；只有科学文化才能给中华民族以一道生机，然而科学文化的分布，只有南方，只在南方，所以本书的结论就在于提倡南方文化之建设运动。

以上述中国文化与中国文化之南北问题竟。

六

次述西洋文化，西洋文化就是所谓“科学的文化”，以 Max Scheler 的用语表之，就是代表“实用的知识”或征服自然的知识的。他和中国文化生活的形态根本不同，其最显著之一点，即为一个为哲学的文化，一个为科学的文化。

> 西洋人随处紧张，竭力求速度，求效能，往往盲冲直撞，并不审察其所欲达之目的果为何如。其弊遂至徇利逐欲，本末倒置。东方人爱闲适，善自得，其特出者多雍容宽博好整以暇，但同时具有刚健迈往之精神，所谓动中能静，忙中能闲者是。但一般人则陷于松懈散乱，不克自律，因致死机日深，百务废弛，其弊遂不可胜言。《文化通讯》第 1 卷第 1 期）

中国文化为哲学的文化即教养的文化，而西洋文化乃为征服自然的文化，即科学的文化。民国七年李大钊在其所著《东西文明根本之异点》，开始即主张东西文明有根本不同之点，即东洋文明主静，西洋文明主动，约而言之即是：

> 一为自然的，一为人为的；一为安息的，一为战争的；一为消极的，一为积极的；一为依赖的，一为独立的；一为苟安的，一为突进的；一为因袭的，一为创造的；一为保守的，一为进步的；一为直觉的，一为理智的；一为空想的，一为体验

的；一为艺术的，一为科学的；一为精神的，一为物质的；一为灵的，一为肉的；一为问天的，一为立地的；一为自然支配人间的，一为人间征服自然的。以日用生活为例：

> 东人食物以米蔬为主，以肉为辅；西人食物以肉为主，以米蔬为辅。东人衣则广幅博袖，履假鞋木履；西人衣则短幅窄袖，履则革屦。东方舟则帆船，车则骡车、人力车；西方舟则轮船，车则马车、足踏车、火车、电车、摩托车。东人写字则用毛笔、砚池，直行工楷于柔纸；西人写字则用铅笔或钢笔横行草书于硬纸。东人讲卫生则在斗室静坐；西人讲卫生则在旷野运动。东人之日常生活以静为本位，以动为例外；西人之日常生活以动为本位，以静为例外。

因此便有人主张东西文化之异点，乃在于东方为植物生活，西方为动物生活。（《中国民族自救运动之最后觉悟》，页354，刘鉴泉语）如下表[①]：

中国	植根于土壤 农村 惟土物， 爱死徙 毋出乡， 尚首丘。	赖自然之惠 安定 保守知足	枝干相扶 血统相结　古人言家每以草木为比 重天伦 家单位　黏合 国之性质如家，恃同情。 大君为天下之宗子， 地方官称父母。 政府权力不及家。	互相容让 出入相友 守望相助 兵主自卫	分治 由农村而 封建制 小工场

① 下表悉按底本原貌对齐。——编者

续表

西人	游而求食 牧群 商群 逐水草而居，离乡轻家，尚探险。	尽人力 躁动 进步贪多	亲子分散 利益相结 西人言群每以兽类为比 重大群 个人单位　离散 国之性质如公司恃法律。 议会分立制 家日崩坏为他种联合形式所代。	好为斗争 种族仇敌 阶级斗争 兵主侵略	集中 由游牧而大帝国 大企业

而特别是民二十年在南京成立的亚洲文化协会，更把东西文化之异点，分之为人的文化，和物的文化。①

在这里“物的文化”一词，大概是指西洋人偏于物的方面，因此进一步遂有以东西文化分为王霸文化的论潮，这种思想实最早发生于孙中山先生讲演的“大亚洲主义”（《总理全集》第2集，页543—544）。他说得好：

> 专就最近几百年来的文化讲，欧洲的物质文明极发达，我们东洋的这种文明不进步。从表面的观瞻比较起来，欧洲自然好于亚洲。但是从根本上解剖起来，欧洲近百年是什么文化呢？是科学的文化，是注重功利的文化。这种文化应用到人类社会，只见物质文明，只有飞机炸弹；只有洋枪大炮；专是一种武力的文化。欧洲人近有专用这种武力的文化来压迫我们亚洲，所以我们亚洲便不能进步。这种专用武力压迫人的文化，用我们中国的古

① 亚洲文化协会第一次大会主席的开会词，有如下几段：“他们（西洋人）自己夸耀自己的文化，实际上他们自己的文化的本质，只是物质的侵略。他们的文化简直是物的文化，而不是人的文化。”

话说，就是行霸道；所以欧洲的文化，是霸道的文化；但是我们东洋向来轻视霸道的文化。还有一种文化，好过霸道的文化，这种文化的本质，是仁义道德，用这种仁义道德的文化，是感化人，不是压迫人；是要人怀德，不是要人畏威。这种要人怀德的文化，我们中国的古语就说是行王道，所以亚洲的文化，就是王道的文化。自欧洲的物质文明发达，霸道大行之后，世界各国的道德便天天退步；就是亚洲，也有好几个国家的道德，也是很退步。近来欧美学者，稍为留心东洋文化，也渐渐知道东洋的物质文明虽然不如西方，但是东洋的道德，便比西方高得多。

在这一大段里，孙先生很明白告诉我们，中国文化的本质是仁义道德即哲学的文化，而西洋文化则为科学的文化，与注重功利的文化。所以东西文化的根本分别，依孙中山晚年定论，可谓毫无疑义。现在的问题乃在重新估定这科学文化的新价值，与如何引导此科学文化以达到更高之艺术的文化。

科学文化的最大特点，在于造出灿烂的物质文明，是由于实证主义、实用主义之对于环境要求改造的结果。然而这还不是科学的根本原因，科学之所以成为科学文化，乃在于应用了科学方法来变更现状，打碎分析来研究。如 Bacon 所说"欲征服自然，先要服从自然"；所以认识自然界的知识，才是近世自然科学成立的原因，Max Scheler 告诉我们："自然科学是因为征服自然而起的知识，故又称为征服自然的知识。自然科学的价值，不存在于知识本身内，而是在知识外部作一种目的（征服自然之意志）和手段，才发生效用，故又为功用（或实用）的知识。"（参照关荣吉：《文化社会学》，页 10）诚然，科学文化不能和注重功利的文化分离，认识自然界的知识，也不能和征服自然的知识分离，不过自然科学的真价值，却不一定存于它的效用如何。若就效用来看，则所谓西方之科学文化，似乎只有飞机炸弹，只有洋枪大炮；换句话说，就只有武力的文化或霸道的文化了；然而科学价值，和 Max Scheler 所见刚刚相反地，乃在于知识本身。科学文化所以与哲学的文化不同，乃在于科学文化是研究现象的、事实的、实质的（参考王星拱:《科学概论》，页 211—220）；在哲学中很容易看出所谓“纯粹的唯心的构造”的危险，而在科学中则容易避免。所以我们现在不要像一般反科学者的论潮，把科学看得太低、太呆、太势利了，科学家虽不一定都是为学问而求学问，为真理而求真理；而在最成名的科学家伟人，则大都敬爱事实，以求真理为毕生之事。尤其是在哲学文化熏陶过久的中国，一般已养成了如梁启超所谓“笼统”“武断”“虚伪”“因袭”的文化贫弱的时代，格外应该提倡科学的真精神，把天生非科学的国民，变成科学的国民。而是只有全盘接受西化，而后我们才能回复文化国民的头衔，所以西洋之科学文化在现在也是很必要的。不过不要把他的效果看得太重罢了。

然则西洋文化既为科学的文化，那么有没有宗教、哲学和艺术的文化呢？当然有的。不过西洋的宗教，自始就是科学的宗教；西洋的哲学，自始就是科学的哲学，艺术也自不出此例。所谓西洋的宗教，我们很容易联想及希伯来的宗教——基督教，——但是这种思想，是从世界大宗教发生地的东方来的。观其反对现世幸福即所谓禁欲主义，无疑乎是受印度宗教的影响；“人类坠落”“上帝恩典”这些谦卑的教典，正是亚洲人宗教的特点，然而算不得西洋的宗教。白璧德（Irving Babbitt）先生《论欧亚两洲文化》说得最为清楚：

> 耶稣与其门徒诀别，告之曰：即以我之安赐尔，又曰凡劳苦负重者就我，我赐尔安；释迦我佛所言宗教虔修，成功之情形与此正同。（页 114—115）

> 耶教使徒约翰之“道”，见于其所撰之《约翰福音》，耶教解决此“道”之问题之方，厥为主张（或言明或默认）上帝之理知实隶属于上帝之意志之下。耶教之所以不失为亚洲之宗教者，正以此也。（页128）

> 彼拉多曰：“真理何欤？”（见《新约·约翰福音》第19章第38节）彼拉多之为此问，适见其为欧洲之人而已（即欲以理智解决一切）。耶稣于他处答之曰：“我即途也，真理也，生命也”（见《约翰·福音》第14章第六节）；耶稣此答则亚洲人之态度也。（《白璧德与人文主义》，页129）

由上所述，可见耶教不足以代表西洋的宗教；而所谓西洋的宗教，必别有所在了。依我意思，西洋的宗教文化，即是斯宾格拉（Spengler）在所著《西欧的没落》书中所谓“浮士德的文化”。Spengler的最大贡献，在区别“文化”与“文明”两种概念，而一切文化都是一种宗教的、西洋的、近代的文化，就是浮士德的文化，换言之，就是与其他宗教不同之完全新的宗教文化；不过这种宗教文化，现在也走到文明的绝境罢了。为方便起见，我请摘录叶法无君所著《文化与文明》第一篇“斯宾格拉的文化史观及其批评”几段话，以代说明（页19—23）：

> 斯宾格拉以为近代欧洲的文化，就是浮士德的文化，但什么是浮士德的文化呢？我们晓得德国大文学家哥德有一部悲剧的著作，就是叫做《浮士德》。《浮士德》的人物是出于西欧的神话，有许多思想家以为《浮士德》的人物是近代人的代表，斯宾格拉便以为近代欧洲文化的特性就是浮士德的。

> 据斯宾格拉看来，这种文化的由来，也是突然的不可解释

的，并且是真正的历史的创造。这个文化产生的地方，是在法国，他是突然而起的，就是“高特的”（Gothique）的宗教。在11世纪的时候，克伦尼（Odillon de Cluny）的教士，首先表示这个新文化的灵魂。“高特的”宗教是表示一种完全新的文化，从来没有的新文化。这种文化的最亲密的最深刻的意义，不是属于其他文化的人民所能够了解的；所以一切研究这种宗教的人，以为这种宗教与其他的宗教或文化有相同的地方，都是完全错误的见解。

浮士德文化的灵魂的根本的特性，是什么呢？就是在于他的最坚决的“无限”的意向，与“无限”的要求和梦想。这样趋向“无限”的浮士德的意向，在行为方面的表示，就是没有界限的权力的努力和要求，由这种无限的权力的意志，于是以征服自然或征服其他民族为目标。这种权力的意志，就是浮士德文化的特性。这种特性，凡是属于别一种文化的人是不能了解的，就是在于这个意志，便是浮士德文化与其他文化不同的特征。

由上一大段话，可见浮士德的教堂，正所以宣传权力意志的新教义的。Spengler很痛心于拿破仑以后浮士德的文化；变成为浮士德的文明，却不知西洋文化之本质的发展，仍然是一贯的，浮士德的文化必然地变成为浮士德的文明，即所谓非伦理的物质的扩张，和帝国主义的发展。不是英国文明征服了浮士德的文化，乃是浮士德的文化中，已梦想着英国文明。如果我这一个解释没有错，就可见那西洋的宗教，也正是科学的宗教罢了。

次述西洋哲学，依德国文化社会学者Max Scheler所说，则“欧洲的形而上学的时代之出现，也受东方（尤其是印度）文化的影响不少”（参照关荣吉:《文化社会学》，页33）；这是很不错的。不过依我研究的结果，造成欧洲形而上学时代的，不是印度宗教的影响，而为中国形而上学的影响。印度的教理给中世纪之耶稣教文化以很大暗示，同样中国的形而上学，也使西洋哲学成为康德后德国最盛期之观念论哲学。在17世纪东西洋文化接触的时候，我国儒学名著如《大学》《中庸》均已次第译成欧文，1711年《中华帝国经书》的拉丁文本，更给当时德国了不得的哲学家莱布尼兹（Leibniz）以很大的影响。他又从和Bouvet的多次通信中，得到《易经》的知识，因而形成了他独特的形而上学论；他的《神义论》（*Theodicy*）认为宇宙有多数的玄元（Monad），每一玄元表现其他一切玄元，因而表现全宇宙，这不完全就是《易经》的根本观念吗？18世纪中，欧洲的思想界对于中国哲学、文学，感到很大的兴味，Cosdjer[①], R. Reichwein等均有专书讨论。在文学方面如Henri《赵氏孤儿》一剧，以中国的实践道德为主题，初由中文译为法文，又译成英文、德文、俄文等，50年间，竟有五篇的拟作或改作，在欧洲出现（参看陈受颐著《18世纪欧洲文学里的赵氏孤儿》，见《岭南学报》第1卷第1期），最著名的就是法国的Voltaire，不但改编剧本，而且以为这是了解中国精神的头等好材料。后来的《百科全书》派人即从Voltaire得到了对于中国哲学的见解。（参看向达:《中西交通史》，页113）此外，就是德国的哥德（Goethe）了，他所著*Elpenor*的一出悲剧，也是从《赵氏孤儿》脱胎出来的；他曾读过许多译本，在他《浮士德》中，以“结了晶的人性”来指中国人，以为其暮年所祈求的境界，这就可见他是倾向于中国哲学的精神了。从Goethe又间接影响于德国正统派的观念论哲学，Hegel在“历史哲学”中讲变化（Veränderung）的范畴，以更生之鸟为喻，以为这就是东方最伟大的思想、东方形而上学之最

① “Cosdjer”疑误，姑存之。——编者

高的思想（第二章）。Schopenhauer 更不消说了，在他所著《天然的意志》（景山哲雄译）即有中国学之一章。由上所述，可见西洋哲学，尤其是德国的观念论哲学家，对于中国哲学实受最显著的影响，所以“法国百科全书派”中，有一位博瓦勒（Poivre）著《哲学家游记》，竟主张全世界应采用中国的法律；这不足看出在十七、十八世纪欧洲思想界，醉心于中国哲学而主张“华化”的实情吗？

但话虽如此，讲到哲学自以德国正统派的哲学为代表，而真正讲到西洋哲学，是不能以德国正统派哲学做代表的。西洋的哲学，乃祖述英国 Bacon，Hobbes，Locke，Hume，和实证论者 Comte，Spencer，J. S. Mill，这些经验论、机械论、唯物论、自然主义的哲学，是以外界为出发点的。而这种与德国观念论派恰成一对峙形势的经验论哲学思潮，自始即支配欧洲的哲学界；而这种哲学，从根本来看，却是借自然科学的方法以支配人生的。所以不是哲学的哲学，而只好叫做科学的哲学。科学的哲学根本地使哲学忽略人生而倾向于自然的研究、唯物的研究，甚至如美国实验主义者 James, Dewey 等即根本取消形而上学，以为形而上学的问题多半不成问题。即在德国所谓观念论哲学一派，到 Hegel 便登峰造极，如左派的施特劳斯（Strauss）、费尔巴哈（Feuerbach）与马克思（Marx）、拉塞尔（Lassalle），便由绝对的观念论转而为绝对的机械论，或辩证法的唯物论，可见西洋哲学归根结底只有科学的哲学，而无所谓真正的形而上学，所以西洋的形而上学时代，分明是如 Max Scheler 所说，受东方文化的影响不少，而昙花一现，到现在早已成为“遗形物”了。

次述西洋艺术。也是和中国艺术不同，而为倾向于科学的艺术的。中西艺术根本上之不同，即前者为哲学的艺术，后者为科学的艺术。哲学的艺术，含着想象与梦的意味；科学的艺术则多系由摹仿自然而来。哲学的艺术以表现情绪为主，结果倾于写意一方面；科学的艺术以描写自然为中心，结果倾于写实一方面。林风眠先生在《东西艺术之前途》(《东方杂志》第23卷第10号）一文，曾举风景画为例：

> 西方风景画以摹仿自然为能事，只能对着自然描写其侧面，结果不独不能抒情，反而发生自身为机械的恶感；中国的风景画则以表现情绪为主，名家皆饱游山水，而在情绪浓厚时一发其胸中之所积，叠嶂层山以表现深奥，疏淡以表高远；所画皆系一种印象。从来没有中国风景家对着山水照写的，所以西方的风景画是对象的描写，东方的风景画是印象的重现；在无意之中发现一种表现自然界平面之方法，同时又能表现自然界之侧面。其他如文学、戏剧、音乐诸类，皆与绘画有同样的趋势，如诗歌方面抒情的多而象史诗绝少。戏剧方面发达得很迟，且表现方法多含着写意的动作，音乐方面长于独奏，种种皆倾向于抒情一方面的表现。

原来在绘画上，本有注意内容与注意画面的两种，前者是注重心的，后者是注重眼的；前者的倾向为中国画，后者的倾向为西洋画；中国画的特色，依丰子恺先生所说（《东方杂志》第24卷第10号）：

> 中国画中虽也有取花卉翎毛、昆虫、马、石等为画材的，但其题材的选择与取舍上，常常表示着一种意见，或含蓄着一种象征的意义。例如花卉中多画牡丹、梅花等，而不欢喜画无名的野花，是取其浓艳可以象征富贵，淡雅可以象征高洁。中国画中所谓梅兰竹菊的四君子，完全是士君子的自诫，或自颂。翎毛中多画凤凰鸳鸯，昆虫中都画蝴蝶，也是取其珍贵，美丽或香艳风

流等文学的意义。画马而不画猪，画石而不画砖瓦，也明明是依据物的性质品位而取舍的；唯其含有这等画面下的意义，故可说是倾向于第一种的。

回顾西洋画，历来西洋画的表现手法，例如重形似的写实、重明暗的描写、重透视的法则，已是眼的艺术的倾向。至于近代的印象派，这倾向尤趋于极端，全无对于题材选择的意见，布片、油罐头、旧报纸，都有入画的资格。例如前期印象派，极端注重光与色的描出。他们只是关心于画面的色彩与光线，而全然不问所描的为何物；只要光与色的配合美好，布片、苹果便是大作品的题材。

这两种不同的画风，很可以看出中西艺术的趣味的不同；以我所用的述语表之，即前者为哲学的艺术，而后者为科学的艺术。当然真正世界新艺术，即艺术的艺术之产生，是有待于调和东西艺术，而实现那情绪与理性、心与眼，调和融合的新时代的。

总结一句话，西洋文化就是所谓“科学的文化”，所以宗教是科学的宗教，哲学是科学的哲学，乃至艺术也是科学的艺术。然而这种以科学支配一切的文化，却正是现代文化的特色，所以西洋文化，现已成为现代文化的代名词；而所谓中国文化现代化的问题，其实也只是中国文化西洋化的问题罢了。

以下接着讨论一下所谓文化与文明的问题。

第十章　文化与文明

一

文化因本质的不同，表现为宗教、哲学、科学、艺术，又因进步之程度不同，表现而为有层次之宗教的文化、哲学的文化、科学的文化、艺术的文化。宗教的文化以印度为代表，哲学的文化以中国为代表，科学的文化以西洋为代表，归根结底，则一切文化均倾向于艺术的文化。试以下列图式表之：

（印度）宗教…………哲学…………科学…………艺术；

（中国）………………哲学…………科学…………艺术；

（西洋）……………………………科学…………艺术。

就中印度、中国为过去之已有文化，西洋为现在之现有文化，艺术则包括三方面而为未来之将有文化。在过去之文化传统中，印度由宗教文化到艺术文化，中国由哲学文化到艺术文化，在其发展进行中，都必须经过现阶段科学文化的途径，不过中国所走的道路较为接近罢了。

但是一说到这现阶段的科学文化，是有许多学者发生非议的。如德国的 Spengler 就是主张以宗教为文化的最完善的状态，而科学所代表的却是文化既死的状态，即所谓“文明”。这样区别“文化”（Kultur）与“文明”（Civilization），而认文明为人类生活中比较晚出的一种状态，完全是物质的，和代表精神能力的文化不同。他还举出许多例证，以证明文明为文化的最后时期，即文化所不可避免之运命的危期。文化一发展到老年时代，便入于文明之死亡的境地，而一种文化，也终告消灭了。这种宗教的文化观，把现阶段的物质文明估价得太低了，当然不能认识文明的本质，他甚至于说："一切文化的本质是宗教的，因而一切文明的本质，便是伪宗教的"；好似宗教就是文化的全体，只有各种教理、礼拜、装饰艺术、圆柱等，凡宗教所发露的一切宗教形式，才是文化；怪不得 Beard 在《人类的前程》的绪论中，要讥刺他为普鲁士乡间的佃夫的论潮了。

次之也有一些学者以为文化就是哲学思想，如梁漱溟先生所著《东西文化及其哲学》，即是从广义的基础上，而抱一种哲学的文化观的。西洋中国印度三方哲学之比观，实际即代表了西洋中国印度三方文化之比观。克斯尔林（Keyserling）有名的文化著作《一个哲学家的旅行日记》，在这部书里极赞美古代东方的文化，而以为欧洲文化乃为不完全的文化；如印度人的形而上学的奥妙，和中国人的伦理生活的完备，都是西方不及东方的。科学的或生物学的进步，固为西洋文化之一大特色，然而不能实现那种最深刻的人类心灵的精神生活。所以人类的真正最完善文化，还要依赖我们重新的创造和综合，不过这种综合的责任，此后不是属于宗教，而却是在于一种生命哲学。（参照叶法无:《文化与文明》中《克斯尔林的东西文化观及其批评》）因为 Keyserling 对于文化的观察，还跳不出于哲学范围，所以不能知道未来之将有文化，同样地也不属于哲学，而有待于艺术文化之创造的。

还有一派，主张文化就是科学机械的文化，如 Charles A. Beard 在《人类的前程》绪论中，给文化下一个定义，谓"文化在现代的意义，是指一切胜过野蛮的方法和工具"；"任何文化都必须根据于天然的环境（山河海洋及一切富源等）、工业的情况、人民的义务以及社会的组织等”；那么所谓文化变成完全以外界为出发点的了。Van Loon 所著《上古文化及中古文化》一篇（《人类的前程》第 3 章），很大胆地将已往的历史分为两部，而以 1769 年为界。

> 何以以 1769 年为界呢？因为那年 1 月 5 日瓦特得着了他新发明的汽机的专利。
>
> 在那一天宗教时代截止，机械时代开始。
>
> 在那一天我们脱离了牛马的生活，而成为自由的人类。

因为文化之所以为文化，乃因其能解脱人生之困苦，使大家有享受快乐的机会，所以只有科学的文化，才算文化；而 1769 年以前的上古文化及中古文化，都只算得以人类当作机械的野蛮化了。自然从表面上看，这种科学的文化观，确胜过宗教的哲学的文化观，但从实际来说，对于现代文化本身的价值批评，是一件不容易的事；而且所谓文化，也决不限于科学文化，难道人类文化，达到科学阶段，就算登峰造极，而没有他种迥然不同的文化取而代之吗？

依我意思，文化是有历史性的，它包括已有、现有、将有之三方面，从过去已有文化来说，则印度之宗教文化、中国之哲学文化，固然应该保存；从现在之现有文化来说，则西洋之科学文化，更应该尽量采取。而文化之所以为文化，则尤在于未来之将有文化，即艺术的文化之创造。再明白说吧，文化一方应该保留宗教、哲学、科学等各类型，一方应该以艺术的文化为其止境。Beard 不是已经告诉我们，依照普通标准字典对于文化的意义，大概是如此：“由野蛮进而为有艺术有学识的情况”（《人类的前程》绪论，页 14）；那么文化之为艺术的文化，不是很明白的一种事实吗？而且即就文化的本身来说，文化是含有艺术性与生命性的，文化之所以内包着宗教、哲学、科学等类型，至不至于根本冲突，即由于艺术的作用。在文化的各类型中，每一类型包含其他一切类型，因而表现文化史上之一个时代；艺术文化则为文化类型的中心类型，宗教哲学科学和其他一切文化都倾向于艺术的原理和状态，因而形成未来之将有的艺术文化时代，同时也就是到达了文化之所以成为文化的“文化时代”。

因此所以“文化”与“文明”的问题，不是如 Spengler 所说宗教文化与科学文化的问题，而为未来将有之艺术文化与现在现有之科学文化的问题。真正的“文化时代”，不在过去，不在现在，而在于将来之文化理想的实现。印度也罢，中国也罢，西洋也罢，将来的文化，总不会回头于宗教哲学科学文化之旧类型，而必然地是往艺术的文化走的。不过在西洋因已走上科学的阶段，而在各民族由固有的一种文化达到理想的艺术文化，因为路径的远近不同，有的须走上两步，有的只走一步，就已经达到它文化的理想境，即所谓艺术世界了。

二

现在专就文化史之第三时期所谓“文明”来说，依 Spengler 所说，文明为文化的最后阶段，依我的说法，则文明正是文化之物质的基础，所以文明不是文化的终点，却正是文化的新起点，不是文化变为文明，却是文明产出新文化。文化的累积，到了科学发达时代，虽未登峰造极，实际已为文化价值最高的艺术世界开出一条路径。我们目前的问题，就在于如何采用西方近代的文化，以西洋的科学方法来促进现实生活的改造，以求早日实现理想的新文化世界。

但话虽如此，依辩证法的法则，文化本身也须经过不断的扬弃作用的。从科学文化（文明）扬弃而为艺术的文化（文化的本义），犹之乎是从宗教的文化扬弃而为哲学的文化，与哲学的文化扬弃而为科学的文化。物极必反，一种文化不是继续很久，造成其自身的矛盾的时候，是不会失却它重要的位置，而变成反对物的。然则文化史之第三时期：即所谓近代文明，其本身的矛盾性，应如何充分说明它呢？在此我请先摘录一下英国学者乌弗尔弗（Leonard Woolf）所著《帝国主义与文化》书中劈头的一段导言：

1800 年至 1900 年间，欧洲经过了一种革命，其结果欧洲数百年来的封建制度的束缚，君主政体与贵族政治的文化、特权文化、马匹骡车与烛光的文化，至此遂行消灭，取而代之者我们称为西方文化，或称为欧洲文化，这种文化即民主政治与普通选举的文化，工厂与机器、铁路、摩托车、飞机、电报、电话与电灯的文化。

我们可以说，欧洲 1750 年至 1850 年间的发展，相当于石器时代至铜器时代的阶段，也可说相当于铜器时代至铁器时代的阶段。在这相同的一百年中，亚洲人与非洲人丝毫未有变化；他们所度的生活、所做的事务、所想的思虑，正与他们的祖先千百年来所度的生活、所做的事务、所想的思虑相同。

世界是一个非常广大的地方，非常相异的文化，同时并存于地面上一事，在历史上并非初见；但 19 世纪的新欧洲文化与此完全不同，它是一种好战的、讨伐的、征服的、开拓的、侵略的文化：它所以成功这种威吓形态，是有种种原因。产自这种文化的机械发明，现已以飞机替代了马匹，因这最快的运输工具，遂使世界缩小，成了一个很狭窄的地方；必然地使其文化在欧洲以外成了掠夺的性质。这种文化在经济上时时需要新市场与原料，对于亚洲、非洲、澳洲与南美洲的经济的开拓与侵略，遂以发生。在亚洲与非洲这种开拓与侵略取一种奇特的形式，致使

19世纪的帝国主义（Imperialism）成了一种与以前各代的帝国主义征服方式及文化冲突很不相同的东西。

讲到这里已不用再述下去了，原来西洋文化即所谓“文明”，是从近代才发达起来的，文明的特色，不但指着理性和科学、物质与财富、工商业的权威、民主政治与普通选举，而且更指着帝国主义的掠夺的性质。文明结果遂产生了一种突然的急速的残忍的世界征服，为历史前例所未有。文明使亚洲、非洲与澳洲三部及各大洋的岛屿，都直接间接屈服于欧洲近代国家的工业的有组织的权力之下。但是这种过度的压迫过程，是不会长久下去的，于是帝国主义的世界征服，遂激起反抗欧洲的世界革命。“打倒帝国主义”的呼声起来，而所谓近代文明的矛盾性便全然暴露了。

1931年国际联盟文化合作委员会议决，由世界文人思想领袖交换函札讨论文化中心问题，就中麦雷教授（Gilbert Murray）给蔡元培先生函，内言现代文化之溃灭及战争之危机，极为痛切（《申报月刊》第2卷第7号《两封关于文化合作的信》）：

今日之世界，一矛盾之世界也。各国人民正在讨论文化之溃灭，此种可能之事，虽极可哀，并非无前例。他种文化，固已倾灭于先；繁荣衰退，秩序大乱，多数民众饥寒冻馁，社会为流氓光棍所把持，文明民族为野蛮民族所克复，此种事项，历史上已数见不鲜。凡文化将灭之先，另有衰亡征象，人类制胜环境之能力逐渐衰退，田园荒芜，道路水渠等构筑废弛，荒灾水患流行，而当局又无对付之能力，司法黑暗，或完全停顿。即使假定世运本有隆退，罗马帝国末叶之关心世事者，亦可由多种现象断定民族确已萎靡，环境确已恶化，使当时人抚今追昔，景物全非。

回顾目前，幻灭之恐怖虽已迫于眉睫，然人类制服自然之能力，不但远胜往昔，且月月增高。科学之发明五光十色，炫人耳目；如无线电，内燃机、航空等，已足使现代成为有史以来最昌盛之一时期。世界之富有及生产之能力，扶摇直上至不可思议。人生之寿命增高，卫生进步；且不但物质上有此进步也，抽象科学与实用科学，并肩而进；教育日益普及，至于美术、音乐、文学，亦看不出有萎靡颓唐之征象。

麦雷教授的结论，以为现代文化溃灭，根本原因实由于组织之欠当。在现在国际间几乎全无合作的组织，而却有极完备的互相残杀的设置，要解决这个矛盾，西方文明已到了不合作必灭亡之景况；然而真正所谓国际合作，在现在的文明各国之下，是可能的吗？

爱因斯坦最近在美国《自由杂志》（民国二十二年八月二十二号）写了一篇文章，题为《为什么世界文明不致陨灭？》（译文见《时事月报》第9卷第6期《爱因斯坦对于文明前途之预言》），他预言将来文明，对于生活之步调，将不如现在之迅速。依他意思：

现代人类所受灾厄，其原因不在于人类之没有前进，而由于前进得太快了。

我以为现在社会不安，人类受苦之原因，在于工业及机械之过分发达，使人类为生存竞争，不得不消失其个性之发展；社会上有领袖资格的分子，往往因没有充分的暇时，使其天才得充分发展，而致于湮没于煤铁之下。机械的进步，论理应该增加我们闲暇时间，使一社会对于人工之要求减少，而省下来的个人时间与精力可用之于个性之发展；然而这个世界，对于机械之畸形发展，并不加以节制，结果之失业问题、乱与动、不安与恐怖，充满了这个时代。所以到了现在，我们才猛然觉悟到，我们一生的劳动力，应该重来分配一下。

将来的史家，来叙述我们这一代的困难艰厄，一定会说此种文明病之由来在于文明之步调太快。这个文明婴孩期的急病，一旦医治完好后，人类自然会勇往直前，趋于其所理想的目标去的。

现代文明，自大战以后，鲜血中涌出了现在的四骑士：第一经济恐慌，第二灾荒，第三不足之感，第四黩武主义之重生。文明变成了一些铜臭、喧嚷、物质主义；而文化（civilization）也变成为梅毒化（syphilization）了。这就是文明的真危机，使世界各国的思想家，都忧虑着文明的将来，而大声喊着："现在我们又到那儿去呢？"

三

文化哲学指示我们文明不过文化之一个阶段，而且这个阶段乃不过为实现更高更完全的新阶段之一预备。所以一方文明的没落，正是一方新文化的产生，这新文化就是所谓"艺术的文化"，而以科学的文化为其过程中必经的程序的。我们喊着："现在我们又到哪儿去呢？"无疑的答案，我们是要从现在文明走上更高的文明，换言之即从科学的文化走到艺术的文化。这话是从何说起呢？

我们知道科学文化即现代的机械文明，从两方面来看，都有走向艺术的文化之倾向。

现在的科学是在少数人的手里，将来的科学万人都能享有他的好处，并且这时科学一定发达到可惊的程度，现在的机械，也许在那时都被看作最为粗陋的东西了。用房龙在《人类的故事》中的话来说：

“那时候将最末的一架汽机，送到自然博物馆去，与恐龙，羽龙的骨头，以及已经灭绝的古代的生物陈列在一处了。”（页 248）于是机械时代过去了，新的机械变成功一种很美的艺术，机械运转的声音，一变而为和谐婉脆的音乐节奏了。这并不是什么理想，那为 Ruskin，Carlyle，Kingsley，Matthew Arnold, William Morris 一些批评家所攻击的机械，将来一定会舍弃的。历史家 C. 俾耳德，A. Beard 很明白地告诉我们（《人类的前程绪论》，页 26—27）：

> 等到资本主义的波浪过去之后，将来艺术创造的前途，还是不可限量的。无论如何，我们总得认清现代这种品质恶劣的机器制造品，大半是由于资本家好利的心太重，以及贵族阶级只会玩玩小小的古玩，并不能归咎机械本身无价值。不过现代根据于民治精神的艺术，如城市设计公共建筑等，或许可以补救单独艺术作品之衰退。譬如现代最损坏艺术的，莫如工厂林立的城市，知识阶级就可以结合志同道合的发起“花园市”运动，而避免乌烟瘴气的城市。大约一百年之内，一切烧煤的机器，就都可以弃置不用，而现代北明翰（Birmingham）、匹兹堡（Pittsburgh）、厄森（Essen）诸城，就都成为历史上的城市了。不过无论如何，将来的艺术家只能在科学与机械范围之内努力；同时我们也盼望他们的最灵巧而经济的方法，表现人类最高的价值。

Beard 似乎还没有脱出他的时代，所以说将来的艺术家只能在科学与机械范围之内努力，而不知在未来的历史，艺术家是可以造成自己的时代的。就说到劳动方面，现代工人实际只是机器的奴隶，但是到了最愉快最优美最自由的艺术时代，这时人们的劳动就是艺术，如 Bukharin 所说似的：“人们照统计局计划去做工，亦如乐员随着队长的指挥杖去奏乐一样”；这不是和我们孔子所理想的大同世界，是一样庄严华丽的吗？

总而言之，统而言之，文化与文明的问题，就是艺术文化起而替代科学文化的问题。文明之本质为科学的，文化之本质为艺术的，文明与文化之不同，即为科学与艺术之不同。如以科学为文明之代表，则文明就是必然的世界，而为走向“文化”之自由世界的阶梯。而且文化是有全体性的，一切文化最后均倾向艺术，而科学文化，则为达到此文化全体性之一捷径。我们不要完全依赖科学，以为机械文明绝对没有缺点；但是我们也不要否认必然世界，以为不宜于自由世界的创造。须知在将来艺术世界即文化之理想境里，一切宗教、哲学、科学，都并没有消失，这个时代宗教为艺术的宗教，哲学为艺术的哲学，同样地科学也一变而为艺术的科学。这么一来，文化才回复了文化的本性（艺术），而造成一部文化玩味自己的历史。

四

最后依据于上面文化史的理论和实际，请陈述我们对于中国文化复兴的新信条，以为本书结束。

（第一）我们坚信文化是民族活动的原动力，所以今后中国民族的复兴，必先唤起中国文化的复兴。

（第二）我们坚信中国文化的复兴，不是旧的文化之因袭，而为新的民族文化之创造。

（第三）我们坚信中国文化在文化全体系中，成一独立之系统，即哲学的文化。其根本精神是应加以发扬，以完成最高之文化统一。

（第四）我们坚信印度之宗教文化已属过去，离开现代的文化太远，为中国文化计，应加以拒绝。

（第五）我们坚信文明为文化之一阶段，中国文化在发展进行中，必须接受科学文化，而谋所以适合于现代之文明生活。

（第六）我们坚信中国文化之史的发展，是自北而南，只有南方，才能吸收科学文化，给中国文化以物质的基础。

（第七）我们坚信南方文化运动应从文化教育入手，故第一步骤，在先提倡南方之文化教育运动。

（第八）我们坚信中国文化是从独特之哲学文化，走向艺术的文化，即以艺术文化为此独特文化之理想境。

（第九）我们坚信一切文化最后均归于艺术，而未来之世界文化，即为艺术文化，即所谓“大同世界”。

后　序

一

读我文化哲学的人，请注意下面的一段事实，就是在我未写本书以前，实已给人们留下不少的著作，而这些著作，按着我的年龄的发展，是可以分出几个阶段的。以图表之如下：

	著作（以发表之先后为序）	主义	研究问题	思想倾向	年代
第一时期	《太极新图说》《周秦诸子学统述》《政微书——古学卮言》（泰东）《现代思潮批评》（北平新中国杂志社）《革命哲学》（泰东）《无元哲学》（泰东）《虚无主义与老子》（新中国杂志）——《新中国杂志》《奋斗》《北大学生周刊》《法政学报》等论文	虚无主义	1. 批评的倾向 2. 厌世观 3. 宇宙问题	宗教的	民国七年至十二年（1918—1923）

续表

	著作（以发表之先后为序）	主义	研究问题	思想倾向	年代
第二时期	《周易哲学》（上海学术研究会） 《一个唯情论者的宇宙观及人生观》（泰东） 《荷心》（新中国书局） 《音乐的文学小史》（泰东） 《中国音乐文学史》（未出版，散见《文学院专刊》《中史研究所月刊》《东方文艺》《时代文艺》等刊物） 《谦之文存》（泰东） 《回忆》（现代书局） ——《民铎》《时事新报》《学灯》等论文	唯情主义	1. 主情意论 2. 主我的倾向 3. 人生问题	哲学的	民国十二年至十七年（1923—1928）
第三时期	《历史哲学》（泰东） 《大同主义》（泰东） 《国民革命与世界大同》（泰东） 《到大同的路》（泰东） 《日本思想的三时期》（《现代学术》第3期） 《历史学派经济学》（商务） 《经济史研究序说》（《现代史学》第3期） 《历史哲学大纲》（民智书局） 《黑格尔主义与孔德主义》（民智） ——《现代学术》《现代史学》等论文。	历史主义	1. 历史方法论 2. 社会学、经济学、历史学之研究 3. 实证的社会观	科学的	民国十六年至二十一年（1927—1932）
第四时期	《文化哲学》 《文化历史学》 《文化社会学》（拟作） 《文化教育学》（拟作）	文化主义	1. 文化体系论 2. 综合的研究 3. 文化教育	艺术的	民国二十一年（1932）

我以为一个思想家，只要他不间断地忠实地追求真理，则在其一生的著作里，必可发现以上之四个发展阶段。如以黑格尔（Hegel）为例，他的历史哲学可算他思想发展中之综合阶段了，但在此书出版之先，已经有精神现象学、论理学、法律哲学等著作。这就是说，Hegel思想的发展阶段，是经过四个时期，即是：

第一时期	1807	精神现象学
第二时期	1812—1816	论理学
第三时期	1821	法律哲学
第四时期	1822—1823	历史哲学

又如马克思（Marx）所著《资本论》，可算他思想发展中之综合的阶段了，但在此书以前，实已发表许多不同的著作，是几经年代顺序而渐渐发展来的。以图表之，即是：

第一时期	1843以前	纯为黑格尔的信徒，曾写二首诗
第二时期	1844—1847	《黑格尔法哲学批评导言》《犹太人问题》《神圣家族》《哲学的贫困》
第三时期	1848—1859	《共产党宣言》《雇佣劳动与资本》《经济学批评的序文》
第四时期	1867—	《资本论》

在第一时期马克思完全为一个观念论哲学的信徒；第二时期却为一个自由主义者、批评家，与技术的自动论者；到了第三时期才确立了所谓以生产关系为中心的“唯物史观”。但一到第四时期，如Bernstein所曾指出的，又带着几许理想主义的色彩了（参照《历史哲学大纲》，页120—134、161—162）。马克思如此，Engels亦然。他的思想，在1844年以前为第一期；1845—1877年为第二期，这时还不脱马克思思想的界限；1878—1888年著《家庭、私有制和国家的起源》《反杜林论》等为第三期，这时他思想才独立起来；至于

1890—1894年给友人的通信，学说变化，又只可算得第四期了（同上，页135—139、162—164）。然又不但西洋学者如此，就在今日之中国，也不乏此类的例证，如梁漱溟先生，就是一个好例。他早年所著《究元决疑论》和北大丛书中《印度哲学概论》是第一期，可以说是属于“宗教的”;《东西文化及其哲学》《人心与人生》是第二期，可以说是属于“哲学的”;《村治论文集》与《中国民族自救之最后觉悟》是第三期，可以说是属于“社会政治的”。诸如此类，可以举出很多，而反转来说我自己，也自不算得是一个例外。

二

读我书的人，最好请先看一下我的自叙传——《回忆》，是1928年在现代书局出版的。在这本几万言的小册子里，很详细地述及我第一时期和第二时期的生活和著作，而这本书也正是我在第二时期思想的结晶。至如第三时期，因为相距不满几年，一时不愿作详细的叙述。我所能告诉读者们的，就是我一生追求真理，为真理而生活，为真理而学问，我只是一个真理的信徒，虽然我没有如胡适之先生那样读书的能力，也没有如梁漱溟先生那样思索的能力，但为求真理的缘故，常欲兼而有之；因此数年来，虽然蹉跎复蹉跎，却仍不断地读书，和不断地思索。在黄埔军校教官的时代，曾著《国民革命与世界大同》《到大同的路》等书；在日本读书时代，即继之以《历史学派经济学》与《历史哲学大纲》等著作；现在呢？无疑乎又进于另一新时期了。

我来广州已经是第三次了。只有这一次才下一大决心来提倡“南方文化运动”。原来九一八事变时，我适任上海暨大教授，那时风声鹤唳，已有不可终日之势。我气愤极了，以为欲救中国，须根本上从文化着手，在学校功课停顿的时候，我即努力从事《黑格尔主义与孔德主义》一书写作，不久迁往南京，原拟如孙中山先生作“实业计划”似的，做一部“文化计划”以为中华民族复兴的根本，曾将这个意思，写信告蔡孑民师。后因南京搜集材料不易，又迁至北平，在那里完成了一部《历史哲学大纲》，正在着手《文化哲学》的检讨的时候，又应广州中大之聘南下了。我痛心疾首，深感于民族之不能复兴，乃由于文化之不能复兴，因此便毅然决然提出“文化哲学”这一个科目，以二年的努力，撰成这一部16万言的著作，和《文化历史学》20余万的稿本，我的心事总算了却一半了；而今后的努力，即关于文化学之各方面，如文化社会学、文化教育学等，更拟继续研究下去，只要一天生存，即当一天为文化而努力，为真理而奋斗，至于成败利钝是在所不计的。

这一次从开讲以至成书，我应该感谢的人太多了，第一就是学校当局，因为没有他们给我在中大讲学的机会，便根本不会成功这一部书。第二应该感谢的，就是二年来和我共同切磋研究的朋友们给我以很大的鼓励和帮助。再次应该感谢的就是史学系的同事吴士青先生，承他在暑假中把原稿从头至尾很细心地抄了一遍。还有就是关于出版事项，我更应该感谢王云五先生、何炳松先生，使此书得以早日和读者会面，印刷和校对各方面，更不消说了。最后更应该感谢而且值得永远纪念的，就是何绛云女士，她对于此书，不但贡献了很好的意见，而且更为我辑成《南方文化运动》以为本书附录。没有她，这一部书也许永久不会成功，就使成功，也决不会含着这样浓厚的诗的情绪的；因之这一本书，也就可以算得赠给她的一个永远的纪念品。

民国二十三年八月三十日　朱谦之

附　　录

南方文化运动

一

谦之此次南来讲学，实抱有坚定的决心，就是愿尽一己所有能力，和南方的朋友们，共从事南方的文化运动。自民国二十年秋以来，帝国主义者所给我们的侮辱，使谦之时常感觉一己的生存是可耻的。我自沪而平，又自平而粤，处处触目惊心，眼见得中华民族已经一步一步走向灭亡的路上。总而言之，在反抗强权的战线上，北方是已经绝望了，中部富于妥协性质，亦不足以见我民族抵抗的能力；中华民族复兴的唯一希望，据我观察，只有南方，只在南方。南方文化虽未成熟，然实为未来中国兴亡存续之一大关键，如南方无望则中国亦无望，我们生存的努力，都等于无意义了。

我并无丝毫排斥北方文化和中部文化的意思，而且刚刚相反，如果一切的文化的本质，应从斯宾格勒（Spengler）解释，都是“宗教的”，则北方正所以代表“文化”（Kultur），而南方却是个“文化的沙漠”——所谓“文明”（Zivilisation）。可是从另一方面来看，则宗教的文化分布区即黄河流域，实充满着服从与倚赖自然的心理，在文化这是最成熟的了，然而无所用于今日反抗强权的中国。老实说罢，北方文化实在太老了，老到好比一座“死城”，在死城中充满着安静寂然的乐趣，然而这种古化必然凝结成封建势力之无抵抗的策略，和学术上的考古倾向。反之中部即扬子江流域，多产生教育上的人物，学说思想发达，人民富有国家观念，这种优秀的文化，自然而然趋于调和适中，政治上表现则力求进步而忌极端，当然在反抗强权的战线上，也是只求“顺应”环境，而不能积极抵抗的。并且事实告诉我们，能积极反抗强权的，过去只有十九路军一月的战绩，十九路军就是以粤籍将士为中心的。由此可见从中国文化分析的结果，要使中华民族不亡，唯一的希望，无疑乎只有南方，只在南方，即珠江流域。北方在政治上表现保守的文化，其特质为服从而非抵抗；中部表现进步的文化，其特质为顺应亦非抵抗，只有南方才真正表现革命的文化，其文化特质就是反抗强权，现在中国所需要的正是反抗强权之革命的文化，所以我决心从事南方文化之建设运动。

二

德国文化社会学者雪雷（Max Scheler）曾反对孔德之“三阶段的法则”，而提倡所谓“知识社会学”。他以为神学的、形而上学的和实证的认识和思考，都非孔德所说似的为历史的阶级发展，而为人类精神中原有之三种不同的认识形式。他说人类的知识，可分三种：

（一）解脱的知识；

（二）教养的知识；

（三）实用的知识。

在文化之地理上分布，如印度即代表解脱的知识，中国代表教养的知识即本质的知识，欧洲则代表实用的知识。Max Scheler 这种非历史主义虽不免错误，但他对于知识的考察，却是对的，而且同样也可应用来讲中国文化之地理上分布。依我意思，北方黄河流域即代表解脱的知识，中部扬子江流域可代表教养的知识，南方珠江流域可代表实用的知识，即为科学的文化分布区。固然在空间上说，这三种知识，各形成其特殊的文化模式，因而各有其特殊的文化价值，表现为各种特殊的文化团体；这就是说无论何方都应努力发扬其固有的文化，以完成最高的统一文化。然而在时间上说，中国文化的现阶段实应注全力于实用的知识，即注全力于科学文化的建设事业。我们须知北方文化即解脱的知识，只算得文化的起点，而 Spengler 所反对的“文明”，实为人类文化由精神的到物质的表现。文化不但如 Spengler 所说：“都是宗教的”，反之文化的最高结晶，乃在于实用的知识中、物质生活的建设中，只有科学文化才能给中华民族以一道生机，然而科学文化的分布，只有南方，只在南方，所以我决心从事南方文化之建设运动。

三

所谓南方文化，从知识的进化言之，就是科学的文化；从物质的进化言之，就是产业的文化。再从文化社会学的观点来看，在中国只有民族的无产阶级（大贫）与半无产阶级（小贫），才能创出产业的文化与运用科学的文化；所以南方文化的本质，实际就是民族的无产阶级文化，对于帝国主义，不消说又是革命的文化了。我祝南方文化的新诞生！我愿贡献一生来从事南方文化之建设运动！

二十一年，八月二十八日，广州。

南方文化之创造

——广州市立一中讲演

今天承贵校之约，来此讲演，可算谦之一件荣幸的事；本来此次南来，实抱有复兴民族再造文明的大决心，来从事南方文化运动。所以今天讲题，也就是“南方文化之创造”。然而一说到复兴中华民族，这里便有一个先决问题，就是要一个民族复兴，事实上须先唤起文化的复兴。文化不但指示一个民族活动的目的，并且是民族活动的原动力；那么在我们求学时代，所应负担的责任，不消说就在乎唤起中华民族文化的复兴了。不过复兴二字，最容易引起误会，如果文化复兴只是重新接受过去的古文化，乃至恢复过去封建式的文化；那么这个复古运动，即无异宣布了文化破产和民族的灭亡！老实说吧！一切真的文化都是现代的文化，普通以为过去的文化才是文化，不知文化是有现在性的，过去文化须经过现生命的重新创造，即将过去文化涌现于现在生命之中，而后才有存在的意义，不然所谓过去文化只是糟粕而已，无生命的木乃伊而已。文化的木乃伊，自身尚难保证，怎能够做我们民族复兴之最光明最彻底的路灯呢？所以所谓民族文化复兴，换句话说，就是民族文化的创造，有民族文化的创造以后才有民族文化的复兴，不过说到民族文化的创造，我是主张将着眼点放在南方文化之创造的。

现在试从两方面来说：

第一，从时间方面观察：文化的进化是完全依据历史哲学上所谓"三阶段之法则"的，有名的法国孔德（Comte）曾将人类进化分为神学的、形而上学的，与实证科学的三段；孙中山先生说人类进化的程序，是经过不知而行的、行而后知的、知而后行的三个阶段，所谓"科学发明以后知而后行的时期"，就是孔德所谓实证的或科学的阶段，也就是我们现在的文化时代。我们现在的文化时代，做一切理论基础的，既不是神，也不是抽象的观念，我们以为那三阶段中之第一、第二时期早已过去了，现在应该专以观察为主，所用的方法，应该完全是科学的。这就是形成了所谓科学的文化。

然而所谓科学的文化，同时在物质生活上面，就表现而为产业的文化。所以孔德在提倡人类知识之三阶段法则以外，他还明白告诉我们，以物质的进化，也是依据三阶段法则的；就是第一军事时代，第二法律时代，第三产业时代。因此我们现代就是产业的时代，即以经济支配一切的时代，军事生活早已逐渐化为产业生活，用孙中山先生的话来说，现在已经进到“机器发明之后，可称为繁华时代”了。在法律时代玄学家主张天赋的自由，便可以解释一切，在繁华时代即经济支配一切的时代，便非有真正科学的文化不可。可是转眼来看一下今日中国，物质上进化因为享用帝国主义的现成生产物，好像已经进至繁华时代，而知识上的进化则不知比较欧美，尚落后到什么地步，中华民族如果再不想创造科学的文化，则在这种矛盾现象之下，当然要受帝国主义经济的侵略，当然非亡国不可。起来！可爱的广东青年！物质的贫乏尚不算贫乏，知识上的贫乏才是真正民族的贫乏，我们努力救国，首先要救的就是知识上的贫乏，我们求学的目的，也就在于此。

第二，从空间方面观察，我以为中国文化之地理上分布，南方本来代表科学文化之分布区的，所以南方青年，尤其广东青年，所应担负的责任，比何处都格外重要，格外有价值。德国有一位文化社会学者雪雷（Max Scheler），他反对孔德三阶段的法则，而提倡所谓“知识社会学”，他以为神学的、形而上学的和实证科学的认识兼思考，都非孔德所说似的为历史的阶段发展，而为人类精神中原有之三种不同的知识，即（一）解脱的知识，（二）教养的知识，（三）实用的知识。我以为这种知识社会学和孔德三阶段的说法是不相冲突的，孔德看出文化之历史的进化阶段，雪雷则看出文化之本质的类型。如从世界文化之地理分布上说，印度代表解脱的知识，中国代表教养的知识，欧洲则代表实用的知识。单就中国文化之地理分布上说，依我意思，北方黄河流域可代表解脱的知识，中部扬子江流域可代表教养的知识，南方珠江流域即代表实用的知识，即为科学的文化分布区。固然在空间上说，这三种知识，各形成其特殊的文化模式，因而各有特殊的文化价值，表现为各种特殊的文化团体。这就是说，无论北方中部都应努力发挥其固有的文化，以完成最高的统一文化，然而因为时代环境关系，中国文化的现阶段，实应注全力于实用的知识，即注全力于科学文化的建设事业。我们须知北方文化即解脱的知识，虽可算得文化的起点，却是太老了！反之中部即扬子江流域，多产生教育上的人物，学说思想发达，人民富有国家观念，这种优秀的文化自然而然趋于调和适中政治表现，则力求进步而忌极端文化上的表现，也是只求“适应”环境而不能创造的。能积极创造，而且在政治上真正表现革命之文化的，本来只有南方，只在南方。南方之科学文化虽现未成熟，甚至于因帝国主义之经济侵略，形成一种畸形之买办的文化；买办文化和科学文化的区别，在前者是不自觉的文化，后者是自觉的文化。起来！可爱的广东青年！我们现在已经自觉有创造新文化的必要，我们便须努力，我们已经过分享受科学文化的产物，而我们不识自己出来创造科学的文化，这是何等地耻辱啊！

末了为鼓励我可爱的朋友们，我应该简单明了地指出一个创造南方文化即科学文化的道路，就是从今天起，大家立志研究科学，只有立志研究科学的青年，才是南方文化的真正创造者，才能够复兴中华民族，以建设灿烂光荣的新中国！

二十一年九月二十六日

中国文化的现阶段

——培英中学讲演

从来讲中国文化的，似都只注意于书本子上的文化，尤其先秦诸子的文化，而所谓复兴中国民族文化，也是指要复兴先秦诸子的文化，这种怪可怜的文化觉察，根本不知中国文化是有一段演进的历史，遑论到现代的文化阶段！中国如果现在还是周秦，当然可以适用周秦时代的文化，如果现在还是汉唐，当然可以适用汉唐时代的文化，然而事实告诉我们，现代只是现代，不是周秦，也不是汉唐，那么空谈中国文化复兴，而复兴的中国文化，究竟是指的什么呢？由我看起来，所谓复兴中国文化，是指复兴中国的文化精神，是活的文化之创造，不是死的文化之因袭。如果过去数千万年所积成的文化，只是传给我们以一种压迫力，使我们永远受制于那个“子曰”“诗云”的格式之下，不得翻身，那么这种灰色的文化，倒不如斩钉截铁毁灭了的好。因为文化本来就是生活，不是如一般人所认为不变的东西，相反地，文化生活乃在永远创新、永远变化的过程当中，文化本身就是变和动的表现，所以不说文化则已，一说文化则一定于过去之所有外，而时时常有所创，常有所生，换言之，文化即现在的文化。

我们异常尊重过去的文化，然而过去的文化须经过今我的创造活动，即将过去文化涌现于现代生活之中，而后才有存在的意义，这就是说文化是有现在性的，一切真的文化都是现代的文化，不然所谓过去文化，只是糟粕而已，无生命的木乃伊而已。固然我们也知道依现代的中国文化来看，无论哪方面都是宣告西方文化之侵入，与本国文化之破产，那么提倡现代文化岂不是要使本国文化根本不能存在吗？但是事实却不如此，文化的根本现象，一方面有如辩证法之“扬弃”（Aufheben）的现象，一方面更有“绵延”（Duration）的现象，我们不要误会中国传统文化精神会有一天间断时节，我们更不应该排斥西方文化，因为他正是中国文化起死回生的药石。所谓现代文化，诚然是中国古文化的一个否定，然此否定其自身即为第二否定而设之否定，这就是说西方文化之侵入，正是复兴中国文化之一个“要素”（Moment）、一个历程，因之中国现代文化之把握，即中国文化之现阶段的把握，实际也就是理解乃至复兴中国文化之一个不可少的步骤。

但未说到中国文化之现阶段以前，须先将文化的类型叙述一下，文化包括知识的文化概念与社会的文化概念，前者为宗教、哲学、科学、艺术；后者为政治、法律、经济、教育。从前孔德（Comte）曾将人类知识的进化分三时期：（一）神学时代，（二）形而上学时代，（三）实证科学时代；又将社会的进化分三时期：（一）军事时代，（二）法律时代，（三）产业时代。不过孔德这种分法，仍不完全，依我主张，在知识生活，文化本质应分为宗教哲学科学加上艺术，同样在社会生活，文化本质亦应分为政治（军事）、法律、经济（产业）再加上教育，换言之，即文化史的第一时代为宗教时代，同时即军事时代；文化史之第二时代为哲学时代，同时即为法律时代；又文化史之第三时代为科学时代，同时即经济时代。试就现代来说，则现代生活即以科学的文化概念为中心，又为以经济支配一切的时代，所以构成现代文化根柢的，不是宗教、不是哲学，也不是政治、不是法律，实是那使人类现生活成为可能之科学团体与经济组织，因而现代文化的把握，也就是科学文化与经济文化的把握。世界文化的现阶段如此，中国当然不出此例。

先就知识生活的现阶段来看，则：

（一）宗教——不信神，不信上帝，否认任何宗教而主张唯物的自然观。

（二）哲学——一方面倾向于科学的哲学，如实验主义，一方面则盛行辩证法唯物论的哲学。

（三）科学——举国一致承认科学的重要，自然科学与社会科学均有人提倡。

（四）艺术——浪漫主义文学似已过时，一般倾向于新写实主义或所谓无产阶级文学。

次就社会生活的现阶段来看，则：

（一）政治——倾向于急进的社会民主政治的理想。

（二）法律——注重劳动阶级的利益。

（三）经济——在各种方式之下，倾向于国家社会主义之统制的经济。

（四）教育——主张职业化的生产教育。

中国文化的现状如此，不期然而然已成为一种自然趋势，谁也不能阻止他，谁也不能取消他。总而言之，中国文化的现阶段在知识生活上为科学时期，在社会生活上即为经济时期。人类文化的进化，既然是从神学时期即军事时期，到形而上学时期即法律时期，现在又进到实证科学时期即经济时期；那么在前一阶段以法律统一一切，所以一经制定宪法以后，便一切可告无事，然而现阶段却是科学、经济统治一切的时候。假使科学不能发达，民生问题不能解决，便所谓宪法，也只是一纸空文；所谓哲学，也只是招摇撞骗的幌子。反一面来说，如果要使中国民族复兴，则不可不使中国文化复兴，要使中国文化复兴，则对此最大难关之文化现阶段，不可不先充分地理解它，把握它。中国文化如不想继续创造则已，要想继续创造，则必须要有一个物质的基础，所以一切的唯物主义、一切的无神思想，凡为现阶段文化所应有尽有的，都应该任其自然生长，自然消灭。固然现实文化也有许多缺点，如（a）过于偏重物质，缺乏伟大之生命性；（b）过于偏重科学，缺乏艺术的涵养；（c）过于偏重机械性，只注目到必然世界而不知有自由世界。却是平心而论，现阶段文化虽不是文化史上最后理想，但以较过去的旧文化，则内容实大有增加。不但如此，（A）现阶段实为到达将来文化之不可少的历程，我们全盘承受现实的文化，即所以促进理想的新文化；（B）现实文化是有实践性的，社会性的，竭力提倡现实文化，便可使社会大众和文化发生关系；且可对治帝国主义的侵略，而促进世界大同；（C）现实文化因科学极其发达，可使中国日臻于政治上、经济上自由独立的地位。由此可见中国文化的现阶段，有利有弊，只要我们努力减少他的短处而用其长处，则现阶段的文化，正所以救中国之最大的方便法门，我们何忍去反对他、摧残他？

依我意思，中国文化的黄金时代，不在过去乃在将来，不在于先秦诸子的古典时代，而在于20世纪后之"艺术文化"的产生，中国文化的根本特质，不是宗教，不是科学，而为艺术的。哲学固为中国文化之一特色，然而中国哲学自古即倾向于造成艺术的人生，中国只有泛神思想而无宗教，只有手艺而无科学；在艺术上亦只倾向于象征主义表现主义，而反对写实主义、自然主义。所以中国文化始终与第三期之科学文化不能完全融合，而所以不能完全融合的缘故，即因艺术的文化本高出于科学的文化一步。如以科学文化为现实的阶段，则艺术文化实为理想的阶段；不过我们应该知道，就是理想的文化，他也须要一个物质基础的，如果科学文化之现阶段，不能贯彻，那么理想的艺术文化，即中国的文化精神，亦决不会如飞将军似的从天而下。我们固然很讨厌必然的世界，然而必然世界实为到达自由世界之一个阶梯；我们何尝不想即刻提倡中国的真文化，以实现艺术世界，然而未走到艺术世界以前，我们必须通过科学的文化世界。也只有牢牢守着科学的文化阶段，走到尽处，才可以转化人于艺术的世界，而这也就是我们提倡中国文化复兴之最大目标了。

最后我为明白解答谁能够贯彻中国文化现阶段这一个问题，依我意思这个责任应该完全由南方的青年们自去负的。为什么呢？因为依据中国文化之地理上分布，只有南方文化能注全力于实用的知识，即注全力于科学文化的建设事业，换言之，即只有南方文化才能给中国文化以一个物质的基础，所以我一向宣言，中国唯一的希望，只有南方，只在南方。完了。

二十一年十一月二十八日

中国文化之地理的分布
——读朱君毅《中国历代人物之地理的分布》

自从梁任公提倡历史统计学（见《梁任公先生学术讲演集》第3辑）以后，史学上统计的研究法便成为中国史家之一种重要的工具，尤其关于历史之人物地理分布的统计，前后有丁文江、梁任公、张耀翔及朱君毅四人，各有其不同的研究方法、根据和时代，然而成就最大最可看出历代人物分布"大较"的真相的，却不能不算朱君毅这一本《中国文化之地理的分布》（中华书局"常识丛书"第40种）的小册子了。这一本书似并不曾告诉我们以什么新奇的有价值的原则，他只告诉我们，以：

（一）自前汉以迄今日，中国人物之变迁，似由西北而趋东南，成半月形。（页43）

（二）人物之产生，实际上环境占极大之势力。（页44）

但当我们细心研究一下，则从他所列的数目字上，不但看出历代人物之地理的分布，还可看出中国历代文化之地理的分布，而且结结实实地给我们提倡南方文化运动的人，以确实的科学的基础。如页42所列中国历代人物变迁之趋势图，下附以说明，即为：

时代	前汉	后汉	唐	北宋	南宋	明	清	民国	最近（民国十五年后）
人物最多省分	山东	河南	陕西	河南	浙江	浙江	江苏	江苏	广东

可见以时代言之，北宋以前为黄河流域的文化，清以前为扬子江流域的文化，最近始为珠江流域的文化，那么我们提倡南方文化运动不是有很充足的历史地理的根据吗？不但如此，即单就民国十五年内人物之地理的分布来说，依据原著八、九、十各表（页34—35），也可看出南方文化之为科学的文化与产业的文化，试录表如下：

表八 民国实业人物之地理的分布表

省分	人数	百分比	等级	省分	人数	百分比	等级
广东	27	26.5	1	山东	1	0.9	11.5
江苏	25	24.5	2	山西	1	0.9	11.5
浙江	21	20.6	3	湖北	1	0.9	11.5
河北	11	11.0	4	陕西	1	0.9	11.5
福建	6	5.9	5	云南	1	0.9	11.5
安徽	2	1.9	7	辽宁	1	0.9	11.5
湖南	2	1.9	7	总数	102	99.6	14
国外	2	1.9	7				

表九 民国教育人物之地理的分布表

省分	人数	百分比	等级	省分	人数	百分比	等级
江苏	19	26.7	1	云南	3	4.2	7.5
浙江	13	18.2	2	湖北	2	2.8	11
河北	9	12.7	3	湖南	2	2.8	11
河南	5	7.4	4	广东	2	2.8	11
江西	4	5.6	5	安徽	1	1.4	14
山东	3	4.2	7.5	辽宁	1	1.4	14
福建	3	4.2	7.5	国外	1	1.4	14
四川	3	4.2	7.5	总数	73	100	15

表十 民国军事人物之地理的分布表

省分	人数	百分比	等级	省分	人数	百分比	等级
河北	39	29.5	1	河南	3	2.2	13.5
安徽	13	9.8	2	湖南	3	2.2	13.5
山东	12	9	3	广西	3	2.2	13.5
福建	9	6.8	4	贵州	3	2.2	13.5
江苏	8	6.1	6	山西	2	1.5	16.5
四川	8	6.1	6	甘肃	2	1.5	16.5
辽宁	8	6.1	6	江西	1	0.7	19
浙江	4	3	9.5	陕西	1	0.7	19
湖北	4	3	9.5	吉林	1	0.7	19
广东	4	3	9.5	总数	132	99.30	20
云南	4	3	9.5				

以上三表都是取材于1925年鲍威氏（J. B. Powell）《中国名人录》及同年吴德海氏所编的《中国年鉴》。著者在下面有一段说明：

阅表八，知实业人物以广东为最多，次为江苏，次为浙江，又次为河北。粤人侨居海外，长于经商，善于制造，实业人才之多，自非偶然。阅表九，知教育人物，亦以江苏为最多，浙江次之，河北又次之。浙江教育，素称完善，故其教育人物较多。阅表十，知军事人物，以河北为最多，次为安徽，又次为山东，此盖由民国十五年以前，中国军事人物，多为北洋与皖之人。

这一段话，当然还不能说明南方文化之史的意义，然而依据“如此如此”的数目，使我们知道中国文化之地理的分布，北方黄河流域是以军事的人物为最多数，中部扬子江流域是以教育人物为最多数，南方珠江流域是以实业的人物为最多数，这么一来，而我们一向主张以南方珠江流域代表产业文化与科学文化的说法，便无意中得到历史统计的证明了。所以我常常对朋友们说：朱君毅《中国历代人物之地理的分布》一书，无异乎为我做的，这就可见他的真价值了。

但在这里，要有一个申明，就是黄河流域虽以军事的人物为中心，然因科学没有发达，故在反帝抗日的战线上，反而有无耻军人之无抵抗的策略；扬子江流域虽以教育的人物为中心，然因科学没有发达，故其学说思想只自封于一[①]种哲学观念的一抽象体系；所以归根结底，要真个反帝抗日，先不可不提倡珠江流域的文化运动，即科学的产业的文化运动。只要在第三期的文化即经济基础上，把脚跟站稳，则中华民族便可不亡，而北方的军事人物，与中部的教育人物，也都自然而然如孙中山先生所说“任使得法”“人尽其才”，而中国文化之最高的统一，便完成了。

二十一年，十二月十五日。

文化教育发端

一 文化教育说之史的发展

“教育学说之三阶段”自我发表《文化哲学》之一、二两章以后（《现代史学》第一、二两期），即引起一位《西洋教育史》著者姜琦先生的注意，他在本年8月刊行一部《教育哲学》，共30余万言，里面批评《文化哲学》竟有数千言之多（原书，页91—116，上海群众图书公司出版）。关于姜先生批评的答复，当然不是这里的事，可注意的，就是他虽对我反驳，却又承认我“对于中世纪以还的一切学问

① “一”，底本原无，疑误，据上下文补。——编者

之研究，划分为宗教的、哲学的，及科学的三个时期，是很合理的”（页 108）；并且他更拿教育做例，认为一样可以依此划分时期。他最先肯定“在古代时候，可以说并没有教育之研究这一回事，实在讲起来，教育之真正的研究，是发端于第 17 世纪”，接着他即区分教育之研究为三时期：

（一）神学的教育学，

（二）哲学的教育学，

（三）科学的教育学。（见《教育哲学》，页 109—111）

因此姜先生的结论：“这样说起来，就可知教育之研究，确是如朱谦之先生所说，可以划分为宗教的、哲学的、科学的三个时期”（页 111）；却不知这三个时期，只好说是孔德（Comte）三阶段的法则，若依我意思，则教育学说史之研究，亦应划分为宗教的、哲学的、科学的、艺术的四个时期。姜先生则以为“除掉艺术的一个时期不应该插进外，其余三个时期，我是非常赞同的”（页 107）。为什么艺术时期不应该插进？姜先生对此并没有详细的说明，而以“关于这一点，我另有意见，现在姑且不谈”一段自注，以不了了之；其实教育学上之艺术时期，才真正是现代教育学说之主要时期。固然从一面来说，现代教育仍是站在第三时期，然而第三时期就是实现第四时期之一个过程，不是到了科学的教育学，教育思想便不会进化咧。然则所谓第四时期的教育研究，应该以什么思潮做代表呢？我用一句话来说尽，这是就是所谓“文化教育学”了。

“文化教育学的渊源”本来讲到“教育”，依照我“文化类型学”的区分，是应属之于社会生活之文化方面，和政治、法律、经济三者，同属于“文化社会学”研究的范围，我在文化哲学看重文化分期的原理，同样在文化社会学里，也特别提出所谓“历史主义”。这就是说，依我主张，社会生活之文化方面，如政治、法律、经济、教育，都只有完全应用新历史主义才可解释，所以我曾勉力于将历史方法应用于社会科学之各方面，就中竟有一种《历史学派经济学》，已经出版了，可是说也好笑，如果说有什么“历史学派的教育学”，不怕有人笑我吗？其实也不尽然，教育学上虽还未发现如政治学、法律学、经济学上之所谓“历史学派”，却早已发生所谓“文化学派”，而文化学派所提倡之“文化教育学”，很明了地就是倾向于历史主义的。只要我们现在承认教育的目的是在继续维持自古迄今历史上既成的文化，或打破原有文化而创造新的文化，那么教育这个东西便非从文化社会学上为历史的研究不可。换言之，即非抱历史主义不可。所以德国文化教育学的元祖 Wilhelm Dilthey（1833—1911）在 1888 年一次关于教育学的讲演，即否认教育学之普遍性，以为教育的理想是应跟着历史和社会而转移的。“因此所以神学的教育学可一变而为哲学的教育学，哲学的教育学可一变而为科学的教育学，而科学的教育学，其自身也不能不变而为所谓‘文化的教育学’了”。

文化教育学既起源于这一位对于历史研究有很深的实际上的知识，如他自己所说，他的学问既生长于德国历史学派的空气而受其影响的哲学家（参看拙著《历史哲学大纲》，页 283），Dilthey 所以自始即不得不承认“教育”为历史的社会的实在之一，他有名的《精神科学序论》，要将精神科学与自然科学对立，自然科学以自然为研究的对象，精神科学则以历史的社会的实在为研究的对象，又称为文化科学。复次自然科学受支配于因果的法则之下，精神科学则以价值之创造，目的之实现，为其根本问题，而这也就成了精神科学之一的“教育学”之根本问题了。因此所以精神科学派的文化教育说，其所谓“教育”，即以人类整个的生命为基础，而含有在历史的社会的形态中而渴慕“价值”、追求“目的”的意味。这所谓价值，就是“文化价值”，所谓目的，即以文化价值之实现为目的，不过讲到“文化价值”一节，Dilthey 虽也举出经济、法律、宗教、艺术学问等文化之诸体系，却没有很明确的说明，关于这一点，他的弟子史普兰格（Eduard Spranger，柏林大学教育学院院长）有很大的贡献。史氏著作很多，最重要的为《生活基型》(1914)、《文化与教育》(1923)等书。在“生活基型”中，他告诉我们生活形式有以下之六种，而生命所追求的价值方向，也是有以下六项，如图：

生活基型	价值方向	活动中心	性格
一 理论型	学问的	要求普遍真理的认识活动	学者
二 经济型	经济的	利用物质的经济活动	企业家同商人
三 审美型	艺术的	构成美感的艺术活动	艺术家
四 宗教型	宗教的	敬虔信念的宗教活动	信仰的人
五 政治型	权力的	支配他人的权力活动	权力的人同活动的人
六 社会型	社会的	融和他人的爱的活动	慈善家同人道家

因之所谓“文化”，也就是这些价值的实现。而且这些价值各种都有其道德的价值，道德是不属于任何之一个生活基型，只要我们就性格所近，努力选一个最高最好的基型，这就是“道德”。因为人生世界，不会一个人只追求一种文化价值，但也很难同时追求许多价值，所以在渴慕“价值”追求“目的”的时候，常常要以其中之任一种价值为活动中心，而以其余价值作用，为其辅助手段。好比有的人理论型特别好，因之便以普遍妥当之认识活动为中心，而以经济的、艺术的、宗教的、权力的、社会的各种价值，按某种方式放在附属的地位。同样有的人政治型特别好，而那另外五个不好，则其生活形式应该以支配他人之权力活动为中心，而以学问的、经济的、艺术的、宗教的、社会的等活动，放在附属的地位。而这种生命对于各种价值方向的选择，当其渐渐成为固定永续的倾向的时候，这就可看出所谓“个性”、所谓“人格”，生活之特征也可以说是因生命能够发挥自己

的价值能力，所以就是最高的“道德”了。文化教育学的一大特色，就在于一方面注意于正在成长发育中之儿童“个性”；一方面却注意于“文化价值”，供给儿童以充分适宜的教材，以引导其“个性”养成价值的发展。至于教育家自己的“人格”，则依 Spranger 所说，是属于社会的精神的活动之一，所以应该以“爱”为活动中心的，这就是他所提倡很有名的所谓“教育爱”的学说了。

由上 Dilthey 和 Spranger 的文化教育说，从大体来说是很值得赞同的，即以 Spranger 的弟子许田（Erich Stern）所提倡以发生主义考察教育的起源，同时又依价值意识文化意识而论教育的动机，我觉着也有很大的理由。不过据实来说，这一派所谓文化教育，虽然可以算得教育思潮中最进步的学说，却不能算就是最完备的学说。如果教育真个如 Dilthey 所谓历史的社会的实在之一，则应该更彻底地趋向历史主义，来接受一种和现代历史现代社会最有密切关系的教育新说。什么“价值”呀，“体验”呀，“精神生活”呀，这些抽象的名词，对于这么一个激荡的时代思潮，有什么用处呢。所以精神科学派以教育为历史的社会的实在是对的，而将教育认为精神科学之一，却大错了。教育无论如何说，只是文化之社会生活方面，即属于文化社会学的范围，而不属于纯正哲学的范围。所以精神科学派将抽象字眼来讲教育，根本即不知道教育之所以为教育者，乃在历史的社会的文化之传达或创造，是社会本位的活动，而非个人本位的体验也。以“体验”“价值”“精神生活”来谈教育，其结果将使教育流于空漠而变成无用的废物，是欲充实生命反而把生命摧残了。这是第一点。次之就是对于 Spranger 所说生活基型，即“精神个性类型论”的批评。他只知道生活之六种型，即理论型可以造成学者，经济型可以造成企业家同商人，审美型可以造成艺术家，宗教型可以造成信仰的人，政治型可以造成权力的人同活动的人，与社会型可以造成慈善家同人道家，却不知在此六种类型之中，理论型即可二分为哲学型与科学型，哲学型可以造成哲学家，科学型可以造成科学家。又于六种型之外，还有法律型可以造成法律家，与教育型可以造成教育者，而所谓“社会型”云云，则根本不能与五类型并列。因为文化类型本分知识生活与社会生活之二大方面，如宗教型、哲学型、科学型、艺术型，均属于“知识型”；而政治型、法律型、经济型、教育型，则均可属之于“社会型”也。由此八种文化类型，交织则形成社会之种种形态（所谓文化之社会性），与种种之文化时代（所谓文化之历史性）。如在宗教时代的生命所追求之文化方向，必以宗教型为中心的活动，因而教育所造成者，必为宗教家，而以其他之文化类型属之；如审美型之艺术家，在此时不是没有，但此艺术家必为受了宗教型陶冶之宗教的艺术家。但关于这一点 Spranger 似乎完全没有注意，所以结果只将六种基型并列，而没有看到他这几种基型之历史的辩证法的发展趋势，这不能不说是他根本错误，其结果所谓“文化教育”，不但不能促进文化全体之价值的发展，而反而不知轻重地，养成反动的文化势力，把那正在成长中之新兴文化摧残了。至于德国文化教育学派之其他最根本主张，如注重“生命”、注重“个性”、注重“爱”为教育活动的中心，如此倾心于对人精神之施与的爱，而将教育之本质放在文化之传播及扩充之中，当然和我们的主张再同意也没有了。

二　文化教育学之新研究

“文化教育学在中国的影响”。我们再观察一下文化教育学在中国的影响，似乎还是最近几年的事。范锜教授在《最近欧美教育思潮》增订版中，曾称其“众长兼备，理论完密，实为教育思潮中之最进步者”（页 201）；却是这种最进步的教育学说，在提倡者既未达到完成地步，介绍者自然更属寥寥，依我所见，只有下列的几篇论文可考：

（一）蒋径三：《文化哲学与文化教育学》（《教育杂志》第21卷12号）

（二）蒋径三：《文化教育学的理论与方法》（《教育杂志》第21卷4号）

（三）杨人楩：《文化哲学的教育思潮》（《教育杂志》第21卷2号）

（四）林砺儒：《文化教育学》（《北京文化学社》刊小册子）

（五）范锜：《文化主义教育思潮》（见《最近欧美教育思潮》第10章，页193—222，二十年十二月增补再版补入，初版缺此一章）。

就这几篇论文来看，也是介绍他人的学说多，至《教育杂志》论文，内二篇所用材料相同，只有详略之不同，所以文化教育学虽有人称道，实际上至今尚无一丝一毫的影响，恐怕专攻“西洋教育思想史”的还有不很注意有所谓文化教育学罢！（如瞿世英所著《西洋教育思想史》即未提到）但可注意的，就是文化教育学，既经南方前后几位学者介绍，我一向既有文化哲学、文化社会学，与文化史的主张，在教育方面，当然也倾向于文化教育学的学说。不过我要申明的，就是我并不以德国文化教育派的主张为主张，这一派须加以批评之点很多，尤其生活基型论和我的文化类型说根本不同，换言之，我是从事于文化教育学之新研究，而从历史主义的基础上，来提倡我的文化教育学的。

由我观察的结果，（第一）从纵的历史方面说，从来教育都是文化教育。在文化史上之宗教时代，即有宗教之文化教育，在文化史上之哲学时代，即有哲学之文化教育；同样地在文化史上之科学时代，即现代，即不得不有科学之文化教育了。（第二）从横的社会方面说，所有教育都是文化教育。我们不说文化和教育则已，一说文化则所有文化都是如社会学家 Ellwood 所谓“文化是一个团体学习的过程”（《文化进化论》，页6—7），一说到教育，则所有教育都是一个团体“学习文化”和“使用文化”（同上，页21）之文化的教育，人类社会所异于禽兽的特殊要素，可以说由于文化，也可以说是由于教育，二者原来是二而一、一而二的。

“教育之第一义——教育即文化”。晓得教育之本质就是文化，就容易明白教育的目的。也就在于文化了。文化教育学派一向的意见，是以历史的社会的实在为对象，即将已有（传统）、现有（现实）、将有（理想）三方面，为其研究的对象（参范著，页206），所以教育的意义，也就应该包括这三方面，即：

（1）传承过去之已有文化；

（2）适应现在之现有文化；

（3）创造未来之将有文化。

一方面仰倚着过去为文化之传达；一方面俯视着将来，为文化之创造，而最重要的，却在乎现有文化之认识与把握，引申现在的文化而进于将来之文化理想，这就是我所以主张依历史主义来指导现在之教育设施的根本意思了。

“教育之第二义——现代教育即产业文化教育”。原来教育是要适应当时的环境的，文化是永远创新不断的。所以从纵的历史方面来说，一个时代即有一个时代的文化，即一个时代即有一个时代之标准的文化教育。从前法国孔德（Comte）曾将人类知识的发达分做三个阶段，第一神学时代，第二形而上学时代，第三实证的或科学时代。又将社会生活的发达分做三个阶段，第一军事时代，第二法律时代，第三产业时代。现代已经是什么时代呢？无疑乎就是第三阶段的科学时代与产业时代，所以现代的文化教育，应该不是神学教育、哲学教育，而应该就是“科学教育”。从社会的生活方面着眼，又可说就是“产业教育”了。

试再就横的社会方面来看，在文化之八类型：也应该以其中之科学型与经济型，为中心活动，而要特别培养出科学家与经济家的。现在先将文化之八类型，列表如下：

文化类型	文化心理	人格	文化类型	文化心理	人格
一宗教型	济度	圣者（宗教家）	五政治型	权威	权力的人同活动的人
二哲学型	惊叹	贤者（哲学家）	六法律型	规范（公平）	法律家
三科学型	支配（探求）	研究者（科学家）	七经济型	实用	经济家同企业家
四艺术型	审美	艺术家	八教育型	爱护	教育家及人道家

现代文化教育之根本原理，即在实施上一方面[①]顾虑这一时代少年子弟之特殊个性，一方面特别注意发达科学的及经济的文化类型，我们的教育信条，是“你须要认识清楚你所处的一个时代之最高的文化形式，而充分发挥之，使自己做个能够顺应时代与适合地方的文化进展之一个人”；这最好的一条路，当然就是做一个科学家或经济家了。

由上可见现代的文化教育，是归结于科学教育与产业教育，换言之，即为适应现在之现有文化，便不可不以全力发展科学教育与产业本位的教育，使每一个少年子弟不但有完全的科学知识，而且有自觉心的生产能力。这种教育在苏俄正在蓬蓬勃勃地发展，它们的主义虽有人加以批评，而它们新教育的制度和方法，却算是世界上最新的教育，同时也就是我们提倡文化教育之一个簇新的目标。

“对于过去未来文化所抱的态度”。但是文化教育虽注重于养成生产阶级，使少年弟子能够适应现在之现有文化，但对于过去之已有文化，亦主张保存利用调和，而不主张绝对废弃的，A. V. Lunacharsky 就很明了这种情形，所以认为对于“从前的哲学和科学，已有许多发明和贡献地方，不应该废去而不加研究，应当与他们的思想和主义调和

① “面”，底本原无，疑误，据上下文补。——编者

混合起来”（见顾树森编:《苏俄新教育》，页 7）；因为无论如何，过去之已有文化，从历史的进化线索来看，总算得现在之现有文化的策源，是有他自身之合理的存在的。并且依文化类型之交织关系来看，即在科学时代与产业时代，也未尝没有宗教型或哲学型特别好，而经济型、科学型特别坏，在这时，自不免会有冲突发生。教育者的任务，即在于一方面顾及这些特殊人格之个性发挥，一方面又不使其有反时代之文化倾向，所以在这个时候，教育家又成为调和各种类型的公证人了，不但如此，文化教育在适应现有的文化以外，格外还要注意到创造未来之新文化。换言之，文化教育家除却要造成科学家与经济家的性格以外，还要特别注意要造成艺术家与教育家自己的时代。这就是说，在科学教育与产业教育以外，更不可不倡导美育的观念，以为文化教育之研究的大目标。美育好比就是教育上之自由世界，而科学教育与产业教育，则好比还是必然世界，在从自由世界走向必然世界的当中，我们还是脚踏实地，以重视科学教育与生产教育为当急之务，然而并未忘却将来造成艺术家与教育家支配一切之理想的文化教育时代。

三　中国过去教育失败之原因与文化教育运动

我们再应用上面文化教育的理论，来观察一下中国 30 年来的教育失败的历史，便容易发现它的症结所在了。从清光绪二十八年开始采用新式学校制度以来，一方面因受世界大势和时代环境的影响，似乎有意无意之中都可看出提倡“产业教育”与注重造成“产业家”和“科学家”的萌芽。一方面从其全体发展来说，又实可看出其东抄西袭，对于现代文化之本质，根本不能认识，对于教育的方针，也就不免朝秦而暮楚了。现在试依我研究的结果，将中国最近 30 余年的教育方向，分做三个时期，列表如下：

第一时期	第二时期	第三时期
外国语言文字教育与“中学为体西学为用”	道德教育、美感教育、军国民教育、实利教育	三民主义教育（十五年初称为“党化教育”）
光绪二十八年至民国元年（1902—1912）	民国元年至十七年（1912—1928）	民国十七年至今（1928—）
光绪二十八年以前，有方言馆与同文馆。均不过“培植译人，以为总署及各使馆之用，故仅教语言文字，而于各种学问皆从简略”（《最近35年之中国教育》，页56引）。所以在光绪二十五年时，即生起反动，而提倡以“中学为体，西学为用”之说；如军机大臣总理衙门筹议京师大学堂章程第二章第一节，即有如下一段之批评，谓“近来各省所设学堂，虽名为中西兼习，实则有西而无中，且有西文而无西学。各省学堂既以洋务为主义，即以中文为具文”。所以京师大学堂组织即“标举两义，一曰中西并重，二曰西文为学堂之一门，不以西文为学堂之全体；以西文为西学发凡，不以西文为西学究意”（同上第二章第一节），二十八年张百熙拟定所谓“钦定学堂章	民国元年教育部改革教育宗旨，废止“忠君，尊孔”。蔡元培为第一任教育总长，所定教育宗旨为“注重道德教育，以实利教育，军国民教育辅之，更以美感教育完成共道德”。详细解释见蔡元培《对于教育方针之意见》（见《言行录》上册，页189—203），民国四年袁世凯颁布教育纲要，内一条为“申明教育宗旨，注重道德实利，尚武，而运之以实用”；同年因要做皇帝，又颁布教育宗旨为“爱国，尚武，崇实，法孔孟，重自治，戒贪争，戒躁进”七条。洪宪失败，既无人过问，事实上还是公认元年呈定者为教育宗旨。民国四年教育调查会提议取消军国民教育，而“以养成，健全人格，发展共和精神	十七年五月全国教育会议取消“党化教育”一名，确定为“三民主义教育”。同年八月中央党部训练部提议确定教育宗旨，主张根据三民主义发扬民族精神，实现民主政治，完成社会革命而臻于世界大同为宗旨。不久国民政府通过教育宗旨，主张实现三民主义以进于世界大同。直到十八年四月国民政府正式公布教育宗旨，为“中华民国之教育根据三民主义以充实人民生活，扶植社会生存，发展国民生计，延续民族生命为目的。务期民族独立，民权普遍，民生发展，以促进世界大同”（以上见《最近35年之中国教育》，页118—119）。又在十七年前，在民国十五年，浙江省政府曾订“实施党化教育大

续表

第一时期	第二时期	第三时期
程”颁布。二十九年废止钦定章程颁布所谓“奏定学堂章程”，乃由张之洞拟定。依他意思，也是说“西学最重保存古学，亦系归专门者自行研究，古学之最宝重者无过经书，无识之徒喜新蔑古，乐放纵而恶闲检，唯恐经书一日不废，真乃不知西学西法者也”，这时代对于学生运动绝对禁止，在光绪三十二年清学部又定有教育宗旨五目，所谓“忠君，尊孔，尚公，尚武，尚实”，只要毕业以后即好升官，虽在普通中学宗旨，也规定有“俾毕业后不仕者从事于各项实业”，其实只是表面文章罢了。	为宗旨”。同年全国教育联合会呈请教育部废止教育宗旨，而采用此二语为教育本义。自八年至十一年教育本义随着平民主义思潮而扩大影响。十一年新学制系统改革令公布，定出七条教育标准：(一)适应社会之进化；(二)发挥平民教育精神；(三)谋个性之发展；(四)注意国民经济力；(五)注意生活教育；(六)使教育易于普及；(七)多留各地方伸缩余地。此七条似宗旨而非宗旨，直到民国十二年因国家主义思潮影响，中华教育改进社依据国家主义明定教育宗旨四条：(一)注意本国文化，以发挥民族精神；(二)实施军事教育，以养成强健体格；(三)酌施国耻教育，以培养爱国志操；(四)促进科学教育，以增益基本知能。此四条虽未经教育部公布，实已发生相当	纲”五条。十六年上海特别市党部有“党化教育委员会”的设立，又教育行政委员会亦议定学校施行党化教育办法草案。

续表

第一时期	第二时期	第三时期
	影响，民国十六年蔡元培改教育部为大学院，次年有一段谈话提出三点，谓“设中央研究院为实行科学研究，设劳动大学提倡劳动教育，设音乐院艺术院，实现美化教育”（见《最近35年之中国教育》页169引）。十七年五月大学院召集一次全国教育会议，议决学校系统的原则，为（一）根据本国实情；（二）适应民生需要；（三）增高教育效率；（四）谋个性之发展；（五）使教育易于普及；（六）留地方伸缩可能。此六点仍为十一年新学制的标准之改头换面，九月再加修正公布，另加“提高学科标准”一条。	
注入式	启发式	党化式

由上三个时期的教育思潮，第一期过于保守，虽然在“忠君，尊孔”以外，也有“尚实”一条，却是不很重要的。第二期过于自由，虽也有所谓“实利教育”，与新学制标准所谓“注意国民经济力，注意生活教育”等，其实还不及所谓“道德教育”与“美感教育”重要得多。这时商务印书馆发行的《教育杂志》，开章明义也标出“美育、

体育”，以相号召，这就可见学风所趋了。不过可注意的，就是在民国六年上海有所谓“中华职业教育社”之设，宣言书中有云：

> 吾侪所深知确信而敢断言者曰：今吾中国至重要至困难问题，厥唯生计。曰求根本上解决生计问题，厥唯教育。曰吾中国现时之教育，决无解决生计问题之希望。曰吾中国现时之教育，不唯不能解决生计问题，且将重予关于解决生计问题之莫大障碍。

因此在民国七年该社便宣布职业教育之目的如下：

（一）为个人谋生之准备——使无业者有业，使有业者乐业。

（二）为个人服务社会之准备。

（三）为国家及世界增进生产力之准备。（见《最近35年之中国教育》，页142—143）

却是结果是怎样呢？依据黄炎培先生《35年中国之职业教育》一文，他说：“自清光绪二十三年至民国五年，凡20年间之职业教育，……在教育统计上，对于一般教育，并百分之一之地位，而未曾取得”（页141）；在该社设立以后，“……至二十年而教育部发表职业学校，仅149所，并民国初年而不如远甚，乃至并前清光宣之间，而亦复不如，可谓一落千丈矣”（页152）。可见所谓“职业教育”，也不过空嘴说白话，和实际教育是全没关系的。至第三期根据三民主义“以充实人民生活，扶植社会生存，发展国民生计，延续民族生命为宗旨”；自然最说得动听，或如姜琦先生一样，也可以简直承认“三民主义教育”就是“生产教育”。不过我总以为名词只是名词，事实还是事实，我们应该完全站在第三时期“三民主义教育”的基础上，因为三民主义教育本和“生产教育”相通，若就现状来说，仍然名不副实，以“政治型”为主，结果只有“政治教育”而无所谓现代之文化教育，因为文化的心理不同，其影响亦自不同，所以就是第三期的教育思潮，我仍觉着对于发展现代文化教育——产业教育——仍有许多应加以解释的。因为推源中国30年来的教育，不是没有宗旨，就是宗旨不定，没有宗旨所以只能“就已有之人才而甄拔之，未尝就未成之人才而教成的”（张之洞的话）；不然就是以什么“中学为体西学为用”做宗旨了。因为宗旨不定，所以袁世凯可以同年之内颁布两次宗旨，17年学校系统原则竟可以改了又改，而且许多点是抄袭11年的新学制的。时而道德教育，时而国家主义教育，时而道尔顿制度，时而设计教学法，……这真是东抄西袭，不但对于现代现有之文化不能适应，甚至过去之已有的古典文化，都不能保存，究竟为的什么原因呢？据我观察结果，简单说来，是有两大原因：

（第一）由于缺乏现代文化之认识；

（第二）由于缺乏现代文化之经济的基础。

以前言之，如第一期张之洞所定学堂章程，要说他不注重文化，他又很注重“读经”，以为这就是中国文化的根本（看柳翼谋:《中国文化史》下册，页534），这种思想实在太陈旧不堪，然而势力之大，影响到现在。第二期蔡元培先生提倡“美育”，“美育”原来是第四期的教育理想，换言之即未来之将有文化，却不是现在之现有文化，所以很可提倡，只可惜提倡太早了，反而不易于为人领受。因为从前的教育没有根本把握住“现代文化”，即产业的科学的文化，所以不是过旧，就是太新，结果当然是大失败了。以后言之，第二期中华职业教育社就是提倡“职业教育”的，然而影响不过如此，因为提倡者多江浙两省的教育家，然而在中国中部，是没有产业经济的基础的，所以提倡职业教育的结果，最多只多造成几个手工业的学徒，而仍不能顺应现代之文化——产业文化。他们不明了为什么“教育较盛之区，饿殍载途如故，匪盗充斥如故”（同上，页142引《教育社宣言书》）；

他们更不明了为什么从民国七年宣布职业教育之目的以后，至二十年反而职业学校有一落千丈之势（同上引）。这其间无疑乎完全有经济的基本原因，因为中国中部的经济基础太弱了，所以建设不起真正现代文化教育——产业教育。——所以虽有一般人提倡职业教育，而在教育部所颁行的教育宗旨，仍然只是以“谋个性之发展”为前提，而所谓“职业教育”，结果也只成为资本家之“个性发展”的职业教育罢了。但话虽如此，我们还是主张在新的基础之上，即更广大的教育宗旨之上，来提倡“产业教育”，这就是所谓文化教育运动了。而就文化教育运动的步骤来说，因为中国只有南方尚有产业之经济基础，所以文化教育运动也应该先有南方教育家出来奠定宏基，并决定目标去创造一种新的文化教育原理、新的文化教育制度，我们绝对需要生产教育，然而这种生产教育，应该使之成为一个统一的、有计划的文化教育运动，应该适应生产之实际情形，来定一个文化教育的指针。至于生产学校的经营，乃至于新课程之规定，详细情形，当顺应时代与适合国情来采用世界上已经试验有效的新教育之系统。而且只有这种自行创造之新的文化教育，才是我们现在最迫切需要的救国教育，与最能保障中华民族之安全的现代化的教育。完了。

二十二年十二月二十二日，广州。

中国哲学对于欧洲的影响

本书于1940年由商务印书馆初版发行，原名《中国思想对于欧洲文化之影响》。1962年，经其本人核校修正，计划再由商务印书馆刊行，书名定为《中国哲学对于欧洲的影响》，中大哲学系藏有朱谦之自存的二校书稿。1985年6月，福建人民出版社以今题出版，1999年湖北人民出版社据此重印，列为“东学西渐丛书”之一。2002收入福建本第七卷，2006年收入上海人民出版社“世纪文库”。2014年山西人民出版社影印1940年商务版，列入“近代名家散佚学术著作丛刊”。本次整理，以1985年福建人民本为底本，校以其他诸本。

——编者

目　录[1]

① 此目录为编者据福建人民本目录整理所加，以利读者。——编者

详　　目[1]

前　论

东西文化接触是文明世界的强大推动力。以哲学为例，东西哲学均有其自身的发展规律，但同时也发生相互影响。中国哲学对欧洲思想的影响，实以一六四五年至一七四二年天主教徒争论之礼仪问题，与耶稣会士对宋儒理学之态度为其关键。但欲明此，须先注意中国文化西传之历史。以吾所见，十三世纪至十六世纪中国的重要发明，以蒙古人与阿拉伯人为媒介，其所传播之中国文明，实予欧洲文艺复兴之物质基础创造了条件；而十六世纪以来耶稣会士来华传教，其所传播之中国文化，则实予十七、十八世纪欧洲启明运动创造了思想革命的有利条件，二者均不可不先加以叙述，作前论两篇：

第一编　欧洲文艺复兴与中国文明；

第二编　十八世纪中欧之文化接触。

本　论

十七、十八世纪欧洲的启明运动，标记着上升的资本主义和衰亡

---

① “详目”，原作“目录”，为福建人民本的目录，今据其内容改为“详目”。——编者

的封建制度的两种思想体系的矛盾斗争，当时欧洲的进步人士倾心中国文化，即将中国文化理想化了，作为大革命运动之理想目标。当时以争论礼仪问题，使无论迎拒中国哲学之人，均以宋儒理学为对象。一方有人认中国哲学为唯物论、无神论而加攻击，一方即有人认中国哲学为唯物论、无神论而加欢迎。又一方有人认中国哲学之理性说为异端外道，一方即有人拥护此理性说，而对于中国哲学曲加解释。前者之影响，可以法国麦尔伯兰基之攻击中国哲学为例；后者之影响，可以德国莱布尼茨之拥护中国哲学为例。前者之攻击，其反响为法国百科全书派之无神论的唯物论的哲学；后者之拥护，遂造成德国辩证法观念论之古典哲学。前者之影响，通过法国当时社会经济条件，助成法国之政治革命；后者之影响通过德国当时社会经济条件，助成德国之哲学革命。作本论四篇：

第一编　耶稣会士对于宋儒理学之反响；

第二编　中国哲学与启明运动；

第三编　中国哲学与法国革命；

第四编　中国哲学与德国革命。

前　论

本 论

前　言[1]

一、一九四〇年商务印书馆出版拙著《中国思想对于欧洲文化之影响》一书，以抗战期间，流行不广，旋即绝版。本书根据旧稿加以重要的修订与补充，以求更与内容相符合，改为今名。篇章顺序照旧，惟资料方面大为增加，尤以在北京大学善本室得以接触原始资料，如《耶稣会士书简集》《中华帝国全志》《北京耶稣会士中国纪要》《中国现状新志》之类，得益不少。又在一九四〇年以后，外国汉学家的著作，如马弗利克《中国为欧洲的模范》（L. A. Maverick: *China, A model of Europe*）对于重农学派叙述甚详。小林太市郎所著《支那と仏蘭西美術工芸》《支那思想とフランス》等皆前所未见，可供参考。又旧著出版后二年，牛津大学汉学家休斯（E. R. Hughes）在 *The Great Learning and the Mean-in-action* 序言第一章中曾数引用此书（伦敦版一九四二年，页 12、20、32，序言Ⅹ—Ⅺ）；又一九五一年克利尔（Creel）在 *Confucius, The Man and the Myth*，页 325、343，所举研究中欧文化接触的有德之赖赫淮恩（A. Reichwein），法之平诺（V. Pinot），英之哈得孙（G. F. Hudson），美之马弗利克、罗菩泰姆（Rowbotham）等七人，其中第一即提及中国，以我此书为代表。此书既经有人注意，益感有修订之必要。新本

① 朱谦之先生在书内引用了大量的日文书籍文献资料。考虑阅读的流畅性，本书所涉及的中日文书籍均使用中文书名号。——编者

立场观点均与旧著不同，乃以马克思、恩格斯对于十八世纪两种哲学革命之说为今书的指导思想，并力求应用历史唯物主义方法研究各种问题。

二、本书提出许多新论题，当然须有极丰富的考证，除尽力应用原始资料之外，更参考现代欧洲及日本汉学家的研究资料。

（1）赖赫淮恩：《中国与欧洲：十八世纪之理智的与艺术的接触》（Adolf Reichwein: *China and Europa, geistige and künstlerische Ziehungen in 18 Jahrhundert*），Berlin, 1923. J. C. Powell 英译：*China and Europe, Intellectual and Artistic Contacts in the Eighteenth Century*, London, 1925。

（2）戈尔逖：《中国学书目》（Henri Cordier: *Bibliotheca Sinica, Dictionnaire bibliographique des ouvrages relatifs à l'Empire chinois*），5 vols, Paris, 1904—1924。述明末清初耶稣会士著作及中国礼仪问题各书目，为最重要之参考。关于礼仪问题，见第二册页 869—926，第四册页 3125—3126，第五册页 3580—3600。又同著者《十八世纪中国与欧洲》（*La Chine en Europe au XVIII e Siècle*），Paris, 1908；《十八世纪中国与法国》（*La Chine en France au XVIII e Siècle*），Paris, 1910。

（3）平诺：《中国与法国精神哲学的形成》（Virgile Pinot: *La Chine et la formation de l'ésprit philosophique en France*, 1640—1740），Paris, 1932。此书可参考页 375 笛卡儿，347—8 巴斯噶（B. Pascal），314—27 培尔（P. Bayle），329—33 麦尔伯兰基（N. Malebranche），390—6 费内龙（Fènelon），314—46 诸哲。

（4）马弗利克：《中国为欧洲的模范》（Lewis A. Maverick: *China, A Model for Europe*），San Antonio, 1946。此书两卷，上卷两章分论十七、八世纪中欧之思想接触，下卷英译魁奈（F. Quesnay）所著《中国专制政治论》（*Le Despotisme de la Chine*）。

（5）后藤末雄:《支那思想のフランス西漸》，一九三三年，东京第一书店。此书参考页324—348モンテスキコ，349—409ウルテール，410—424ルッソー，425—443ヂドロ，444—477ケネ，501—524マブリー，49デカルト，50—52バスカル，53—4、531，538—40ベール，305—6マルブランシエ，317—8、322—3フエヌロン，普及版改题《支那文化と支那学の起源》，卷首序言，语极反动，本书斥而不用，以示分别。又同著者尚有《西洋人の観たる支那》，“岩波讲座·东洋思想”第五回配本，岩波书店，一九三四年。

（6）五来欣造:《儒教の独逸政治思想に及ぼせる影響》，早稻田大学出版部，一九二九年，此书分两编，第一编儒教之政治学，分八章，第二编德国政治思想与儒教，分九章，内第四章莱布尼茨（G. W. Leibniz），第五章沃尔弗（C. Wolff），第六章霍尔巴赫（P. H. D. Holbach）均提供极重要之资料。

（7）小林太市郎:《支那思想とフランス》，弘文堂书房，一九三九年，此书分三章，第二章“支那文化の発見とフランス思想”，第三章“支那思想のフランスに及ぼせる影響”，篇幅虽不多，但颇精彩。

三、本书所用参考资料，涉及各方面，有关于中外交通史的，关于来华耶稣会士的，关于十七、十八世纪哲学家著作的，今略举其重要书名如下：

（Ⅰ）关于中西交通史的

（1）玉尔:《契丹纪程》（Yule: *Cathay and the Way Thither*），1866原版之东京翻印版，二册；戈尔逖新编本，四册，伦敦，1915。

（2）《马哥波罗游记》（*The Book of Ser Marco Polo, The Venetian Concerning the Kingdoms and Marvels of the East*），玉尔-戈尔逖译注，二卷，伦敦，1921。张星烺译注:《马哥孛罗游记》第一册，燕京大学图书馆。冯承钧译:《马可波罗行纪》，三册，商务印书馆。李

季译:《马可波罗游记》，亚东图书馆。[①]

（3）张星烺:《中西交通史料汇篇》，“辅仁大学丛书”第一种，北京，一九三〇年，第一册古代中国与欧洲之交通，第二册明代中国与欧洲之交通，第三册古代中国与阿拉伯之交通，第四册古代中国与伊兰之交通。

（4）哈得孙:《欧洲与中国》，（G. F. Hudson: *Europe and China, a Survey of their Relations from the Earliest Time to 1800*），London, 1931。

（5）T. F. Carter: *The Invention of Printing in China and its Spread Westward*, New York, 1925。吴泽炎译:《中国印刷术的发明和它的西传》，商务印书馆，一九五七年。

（6）曼得维尔:《东方闻见录》及《鄂多立克旅行记》合刊（*The Travels of Sir John Mandeville and the Journal of Friar Odoric*），“万人丛书”（Everyman's Library）812。

（7）Andreae: *China und des achtzehnte Jahrhundert*, Berlin, 1908。安德累《中国与十八世纪》见德经济学者石慕勒（Schmoller）七十岁纪念论文集《国家及历史学纲要及材料》页201—400，北京大学藏，单行本。共分五章:（一）关于中国的知识，（二）欧洲所受中国输入贸易之影响，（三）在欧洲中国艺术及其流行之变迁，（四）中国与欧洲经济，（五）中国与欧洲宪法问题。

（8）平诺:《关于一六八五——一七四〇年法国人认识中国之未刊文件》（V. Pinot: *Documents inédits relatifs à la connaissance de la Chine en France de 1685 à 1740*），Paris，1932，北京大学藏。案此项未发表文件，包括宋君荣（Antoine Gaubil）、雷孝思（P. Joan-Bapt Regis）、冯秉正（P. de Mailla）、马若瑟（Joseph Heri prémare）、巴多明（P.

① “Marco Polo”之中译有多种，遵其原貌，不作统一。——编者

Parennin）之书函，及柏应理（Couplet）所提供关于中国问题之资料。

（9）石田干之助:《欧人の支那研究》,《现代史学大系》8，东京共立社，一九三二年。朱滋萃译，北平中法学院，一九三四年。又同著者:《支那文化と西方文化との交流》,《东洋思潮》第十八回配本，岩波书店。

（10）陈受颐:《十八世纪欧洲之中国园林》,《岭南学报》第二卷第一期。

（11）西开斯:《探求契丹》（Sir Percy Sykes: *The Quest for Cathay*，伦敦，1936）。

（12）斯坦开维赤:《路易十四时代法国人之中国趣味》（Belevitceh-Stankevith: *Le gos: Chinois en France au tomps de Louis XIV*），Paris 1910。分二部分，第一部分三章，叙述法国与中国暹罗之交通关系，第二部分四章，述法国宫庭之中国趣味。

（13）小林太市郎:《支那と仏蘭西美術工芸》东京弘文堂书店，一九三七年。

（14）翟尔斯:《中国与中国人》（Giles: *China and the Chinese*），第四章《中国与古希腊》1902。

（15）Hirth: *China and the Roman Orient*, 1885。上海、香港有一九三九年影印本，题《大秦国全录》。

（16）劳福尔:《中国人对于古代伊朗文明史之贡献》（Laufer: *Sino-Iranica, Chinese Contributions to the History of Civilization in Aucient Iran*），Chicago, 1919。有1940年影印本，题《中国伊朗卷》。

（17）罗伯特斯:《西方旅行中国记》（F. M. Roberts: *Western Travellers to China*），上海、香港、新加坡，1932。

（18）苏提尔:《中国与西方》（W. E. Soothill: *China and the West*）伦敦，1925。

（Ⅱ）关于来华耶稣会士的

（1）A. C. Moule: *Christians in China before the Year 1550*, 1930。

（2）Latourette: *A History of Christian Missions in China*, New York, 1929。

（3）Paschal M. D'Elia: *A History of Christian Missions in China*, Shanghai, 1932。德礼贤:《中国天主教传教史》，商务印书馆，一九三四年。

（4）萧若瑟（Joseph Siao）:《天主教传入中国考》，河北献县，一九三一年。

（5）裴化行（H. Bernard）:《天主教十六世纪在华传教志》，萧浚华译，商务印书馆，一九三六年。又《利玛窦司铎和当代中国社会》二册，方学芝，一九四三。

（6）徐宗泽:《中国天主教传教史概论》，上海土山湾印书馆，一九三八年。又《明清间耶稣会士译著提要》，中华书局，一九四九年。

（7）罗菩泰姆:《传教与京廷之耶稣会士》（Rowbotham: *Missionary and Mandarin, The Jesuits at the Court of China*），California, 1942。

（8）Louis Pfister: *Notices biographiques et bibliographiques de tous les membres de la Compagnie de Jésus, qui ont vécu en Chine, jusqu'à Sa Suppression*, Variétés Sinologiques, Shanghai, 1932—1934。冯承钧译:《入华耶稣会士列传》，商务印书馆。

（9）戈尔逊:《十七、十八世纪欧洲人所著中文书录》（Henri Cordier: *Essai d'une Bibliographie des Ouvrages publiés en Chine par les Européens au XVI et au XVI*, Paris, 1883），北京大学藏。

（10）方豪:《中国天主教史论丛》（甲集），商务印书馆，一九四七年。又《方豪文录》，北京上智编译馆版，一九四八年。

（11）坂口昂:《在支那耶蘇会に関する研究の片々》，见《世界

史论讲》页306—322，岩波书店，一九三一年。

（12）《康熙与罗马使节关系文书》故宫博物院《文献丛编》第六辑，一九三〇年，又一九三二年影印本，有陈垣叙录。

（13）黄伯禄：《正教奉褒》，上海慈母堂第三次排印本，光绪三十年。

（14）徐昌治辑：《圣朝破邪集》，日本安政乙卯翻刻本。

（15）释大朗辑：《辟邪集》，日本万延庚申（1860年）养颖彻定翻刻本。

（16）樊国梁（Mgr. Alphonse Favier）：《燕京开教略》，北京遣使会印书馆，一九〇五年。

（17）门多萨：《大中华帝国史》（Mendoza: *Historia del gran Reino de la China*），有一九四〇年英译影印本，二册。

（18）鲁德照（Semedo）：《中华帝国史》，英译本，*The History of the Great and Renowned Monarch of China*, London, 1655，末附卫匡国（M. Martini）：《鞑靼战纪》之英译本，北京大学藏。

（19）刻射：《教内外文献中之中国》（Kircher: *China monumentis qua sacris qua profanis, nec non variis naturae et artis spectaculis*），阿姆斯特丹第二版，1667，北京大学藏。

（20）李明（Louis Le Comte）：《中国现状新志》（*Present State of China*，英译本），London，1698。北京大学藏本二种，一题 A Compleat of the Empire of China，一题 Memoirs and Observations。

（21）白晋《中国皇帝传》，（Joachim Bouvet: *Histoire de I'Empereur de la Chine*），后藤末雄译，改称《康熙帝传》，生活社，一九四一年。

（22）Mailla: *Historire générale de la Chine*, vol. Ⅰ—XⅢ, Paris, 1775—1785，北京大学藏。案即《通鉴纲目》之冯秉正译本。

（23）《耶稣会士书简集》（*Lettres édifiantes et curieuses*），Paris,

1703—1776，二十六册，北京大学藏。又藏英译节本 *Travels of the Jesuits into Various Parts of the World*，二册，1762。

（24）竺赫德:《中华帝国全志》(Du Halde: *Description géographique, historique, chronologique, politique et physique de l'Empire de la Chine et de la Tartarie Chinoise*)，四册，Paris，1736，北京大学藏。又藏 Ed. Cave 英译本 *Description of the Empire of China and Chinese-Tartart*，二册，1734—1741。

(25)《北京耶稣会士中国纪要》(*Mémoires concernant l'historire, les sciences, les arts, les mœurs. les usages etc. des chinois par les Missionnaires de Pékin*), 16 vols. Paris, 1776—1814。北京大学藏原刊本。

(26)*Alfons Vathu Johann Adam Schall von Bell*, S. J., Cologne, 1933. 杨丙辰译:《汤若望传》，商务印书馆，一九四九年。

(27)Robert Chabrié: *Micael Boym Jésuite Polonais et la fin des Ming en Chine (1646—1662)*; *contribution à l'histoire des missions d'Extrême-Orient*, Paris, 1933。冯承钧译:《明末奉使罗马教廷卜弥格传》，商务印书馆，一九四一年。

（28）徐光启等撰:《西洋新法历书》，明末刻本，二十七种，七十八册，北京大学藏。内容:《治历缘起》八卷,《测量全义》十卷,《八线表》一卷,《望远镜》一卷,《日躔表》二卷,《日躔历指》一卷,《月离表》四卷,《黄赤正球》二卷,《交食表》九卷,《交食历指》七卷,《恒星历指》四卷,《古今交食考》一卷,《恒星经纬表》二卷,《浑天仪说》五卷,《恒星出没表》二卷,《测天约说》二卷,《历引》一卷,《大测》二卷,《新历晓或》一卷,《筹算》一卷,《历法西传》一卷,《测食略》二卷,《新法表异》二卷,《比例规解》一卷,《学历小辨》一卷。又《崇祯历书》五种十册，内容《日晷图法》四卷,《测夜时法》一卷,《诸分昼夜晨昏论》一卷,《测量全义》十卷,《大测》

一卷。

（29）李之藻编:《天学初函》，明崇祯年刊本，二编十九种，北京大学藏。其中理编如利玛窦（Matteo Ricci）之《二十五言》《辩学遗牍》，艾儒略（Julius Aleni）之《西学凡》《职方外纪》，器编如利玛窦之《几何原本》《同文算指》，熊三拔（Sabbatino de Ursis）之《泰西水法》等，均为极重要之资料。

（30）利类思（Ludovicus Buglio）译义:《超性学要》（圣托玛斯〔Thomas Aquinas〕原著），上海土山湾印书馆再版本，一九三〇年。

（31）利玛窦:《天主实义》，上海土山湾印书馆第五版，一九〇三年。

（32）龙华民（Nicolas Longobardi）:《灵魂道体说》，一九一八年重刊本。

（33）艾儒略:《万物真原》，土山湾慈母堂第六次印本，一九二四年。

（34）艾儒略:《三山论学纪》，上海土山湾印书馆重印本，一九三三年。

（35）利类思:《不得已辩》，上海土山湾印书馆，一九二六年。

（36）汤若望:《主制群征》，一九一九年重刊本。

（37）卫匡国:《真主灵性理证》，一九一八年重刊本。

（38）陆安德（P. André Lobelli）:《真福直指》，上海土山湾印书馆第三版，一九三三年。

（39）卫方济（François Noël）:《人罪至重》，上海土山湾印书馆重印本，一九三六年。

（40）孙璋（P. A. de la Charme）:《性理真诠》，上海土山湾印书馆重印乾隆癸酉年校本，一九三五年。又《性理真诠提纲》，土山湾印书馆第三次印本，一九一六年。

（41）朱宗元:《答客问》，上海土山湾印书馆第五版，一九三二年。

（42）朱宗元:《拯世略说》，上海土山湾印书馆第三版，一九三五年。

（43）陈受颐:《明末清初耶稣会士的儒教观及其反应》，北京大学《国学季刊》第五卷第二号。

（44）陈受颐:《三百年前的建立孔教论》，中央研究院《历史语言研究所集刊》第六本第二分册，一九三六年。

（45）徐光启:《增订徐文定公集》，上海慈母堂第二次排印，一九〇九年。卷六附《李之藻文稿》。

（46）杨光先:《不得已》，中社印本一九二九年，又《重辑不得已辑要》本。

（47）《圣教史略》，河北献县天主教堂印，一九三二年。

（Ⅲ）关于十七、十八世纪哲学家著作的

（1）《马克思恩格斯全集》，第一册，页100、581、588，人民出版社，一九五六年版。

（2）Heinrich Heine: *Zur Geschichte der Religion und Philosophie in Deutschland*. Charles Goderey Leland 英译: *The Works of Heinrich Heine* 第五册，Germany: From Luther to Kant, London, 1892。高冲阳造等译:《独逸古典哲学の進歩性》，“改造文库”第一部第八十一种。辛人译:《德国宗教及哲学史概观》辛垦书店，一九三六年。

（3）Lévy-Bruhl: *History of Modern Philosophy in France*（英译本），Chicago, 1899。彭基相译:《法国哲学史》，商务印书馆，一九三四年。又同译者著《法国十八世纪思想史》，新月书店，一九二八年。

（4）Lange: *Geschichte des Materialismus*. 英译本: *The History of Materialism and Criticism of its Present Importance*, London, 1925。李石岑、郭大力译:《郎格唯物论史》，中华书局，一九三六年。

（5）Descartes: *A Discourse on Method*（英译本），Everyman's Library 570，1934. 关琪侗译:《笛卡儿方法论》商务印书馆。

（6）巴斯噶:《思想》（Pascal: *Pensées*），1852。F. Tratt 英译，

Everyman's Library 874, 1934。

（7）莱布尼茨：《中国最近事情》（Leibniz: *Novissima Sinica*），1697。参照坂口昂《ライブニッツの〈支那の最近事〉について》，《内藤博士还历祝贺支那学论丛》页865—880，弘文堂，大正十五年。

（8）麦开尔：《莱布尼茨与中国传教》（F. R. Merkel: *G. W. von Leibniz und die China Mission*），Leipzig, 1920。

（9）莱布尼兹：《给累蒙（M. de Rémonde）的信》，收入丢同（Dutens）所辑《全集》第四卷第一部，页169—210。参照五来欣造：《儒教の独逸政治思想に及ぼせる影響》，页406—422。

（10）麦尔伯兰基：《中国哲学家与基督教徒间的谈话》（Malebranche: *Entretien d'un philosophe, chrétien avec un philosophe chinois*），Paris, 1708。参照后藤末雄：《支那思想のフランス西漸》，页306—315。

（11）Holbach. *Système de la Nature*, 1770，杨伯恺译：《自然之体系》，辛垦书店，一九三三年。

（12）霍尔巴赫：《社会之体系》（Holbach: *Système Social*）1773，参照五来欣造《儒教の独逸政治思想に及ぼせる影響》，页573—574。

（13）恩格曼：《伏尔泰与中国》（W. Engemann: *Voltaire und China*），Leipzig，1932。

（14）Voltaire: *L'Orphelin de la Chine*, Paris, 1763。英译本见 *The Works of Voltaire*, 1927, vol. Ⅷ，页174—234。张若谷译：《中国孤儿》，商务印书馆，一九四二年。

（15）伏尔泰：《诸民族民俗论》（Voltaire: *Essai sur les moeurs*），1756。英译本：《古今历史》（*Ancient and Modern History*），见 Works of Voltaire, vol. XIII，页19—38"China"，又 Vol. XV，页145。

（16）伏尔泰：《哲学辞典》（*A Philosophical Dictionary*），见 Works

of Voltaire, vol. Ⅳ, China。

（17）伏尔泰：《曚昧的哲学家》（*The Ignorant Philosopher*），见 Works of Voltaire, vol. ⅩⅧ。

（18）Montesquieu: *De l'esprit Esprit des lois*, Paris, 1834。英译本，伦敦，1914。严复译：《孟德斯鸠法意》，三册，商务印书馆“严译名著丛刊”之一，一九三〇年。

（19）摩尔利：《狄德罗与百科全书派》（John Morley: *Diderot and the Encyclopaedists*），New York and London, 1878。

（20）狄德罗：《中国哲学》（*Philosophie des Chinois*），见《全集》第十四册，《百科全书》，页122—141，Paris，1876，北京图书馆藏。

（21）培尔：《历史的批评的辞典》（Pierre Bayle: *Dictionnaire historique et Critique*），Rotterdam, 1697。

（22）巴夫尔：《一个哲学家的旅行》（Poivre: *Voyage d'un Philosophe*），Iverdun, 1768。英译：*Travels of a Philosopher*, Baltimore, 1818。

（23）Turgot: *Reflections on the Formation and the Distribution of Riches*（英译本），N. Y., London, 1898。林光澂译：《财富之成立及其分配》，商务印书馆，一九三六年。又《52中国问题集》，英译见马弗利克：《中国为欧洲的模范》，页47—58。

（24）Christian Wolff: *De Sinarum Philosophia Pratica*, Halle, 1722。J. H. Formey法译：*La belle Wolffienne*, 1748。参照五来欣造《儒教の独逸政治思想に及ぼせる影響》，页474—528。

（25）I. Kant: *Kritik der reinen Vernunft*. 英译有Meiklejohm, Max Müller, Norman Kemp, Smith, George S. Morris各种译本。胡仁源译：《纯粹理性的批判》，商务印书馆，一九三五年。

（26）宗白华等编：《歌德之认识》，南京钟山书局，一九三三年收入《歌德与中国文化》《歌德与中国小说》《孔子与歌德》等篇。

（27）G. W. F. Hegel: *Vorlesungen Uber die philosophie der Geschichte*, J. Sibree 英译：*Lectures on the Philosophy of History*, London, 1914, Part I, Section J, China, p. 121—144。王造时译：《历史哲学》，三联书店，一九五七年。

（28）G. W. F. Hegel: *Phänomenologie des Geistes*, J. B. Baillie 英译：*The Phenomenology of Mind*，修订本，London，1931。

（29）G. W. F. Hegel: *Wissenschaft der Logik*. W. H. Johnston and L. G. Struthers 英译：*Science of Logic*, 2vols. 1929，第一册。

（30）ショペンハウエル：《天然の意志》，景山哲雄译，大雄阁书房，大正十四年。

四、本书每编之末均附注释[①]，对于难得或需要解释之资料，则偶录入西文，以资参考，但以英文为限；此一面为求征信，一面亦为读者进一步研究之便利。又耶稣会士姓名西文写法不同，如以沙勿略为例，Franciscus Xaverius（拉丁），Francisco de Xavier（葡萄牙、西班牙），Francisco Xavier（意大利），Franz Xavier（德），Francis Xavier（英），François de Xavier（法），本书亦以英文写法为准。

五、本书撰成，资料方面有赖以前外国汉学家之研究资料甚多，认为一人之力，不如谓为出于集体之帮助。国内学者贡献亦不少，引用之处均随处注明，不敢掠美。又此书从撰述以至修订，历时约二十年，个人知识能力有限，且此论题原始资料多在国外，如巴黎国立图书馆、罗马教廷图书馆、日本东洋文库等处，北京大学善本室虽亦藏有重要资料，但数目极有限，自知挂一漏万，本书不过抛砖引玉之意，更进一步之研究，尚待他日。

六、本书因据旧本一再加以修订，虽易稿四次，恐未免仍有旧

① 为方便阅读，今改为脚注。——编者

观点之残余。又所引资产阶级学者资料与耶稣会士原始资料，亦有因情况不明，以致批评不到之处，务祈国内外同人随时发现，不吝加以指正。

七、本书原有两个附录：(一)《十八世纪中国哲学对于欧洲哲学的影响》见《哲学研究》一九五九年第四期；(二)《关于十六、十七世纪来华耶稣会士的评价问题》见《新建设》一九五九年十一月号，今皆从略，请读者自己参看。

一九六二年六月十日，朱谦之，于北京大学

前　　论

一　欧洲文艺复兴与中国文明

一、文艺复兴之物质条件

什么是文艺复兴？严格来说，是指欧洲十五世纪后半期开始从封建社会的经济结构中，最初萌芽产生了资本主义生产及其相适应的上层建筑的形成过程。但追溯到这一段历史，则实从十三世纪以来，从东方各民族那里取得东方技术上的成就，为其物质的重要条件。文艺复兴虽然表面上意味着古代文化的复兴，但本质上是和封建制度与教会开始作斗争的。恩格斯在《自然辩证法》导言里曾说明这个时代的特征："这是一次人类从来没有经历过的最伟大的、进步的变革。"影响所及有意大利、英、法及日耳曼等国；德国人把它叫做Reformation（宗教改革），法国人把它叫做Renaissance（文艺复兴），意大利人把它叫做Cinquecento（十六世纪），但恩格斯认为这三个名称都不能把这个时代的特征包括住。"这是从十五世纪下半叶开始的时代。国王的政权依靠市民打垮了封建贵族的权力，建立了巨大的、实质上以民族为基础的君主国，而现代的欧洲国家和现代的资产阶级社会就在这种君主国里发展起来；当市民和贵族还在互相格斗时，德国农民战争却预言式地提示了未来的阶级斗争。"[①] 文艺复兴事实上就

---

① 恩格斯：《自然辩证法》，人民出版社 1971 年版，页 6。

是欧洲都市市民对于中古封建贵族之经济的、政治的、文化的一般斗争，而专就文化来说，这个伟大的时期是“一个新世界——希腊的古代；在它的光辉的形象面前，中世纪的幽灵消逝了；意大利出现了前所未见的艺术繁荣，这种艺术繁荣好像是古典古代的反照，以后就再也不曾达到了。在意大利、法国、德国都产生了新的文学，即最初的现代文学；英国和西班牙跟着很快达到了自己的古典文学时代。旧的 orbis terrarum 的界限被打破了；只是在这时候才真正发现了地球，奠定了以后的世界贸易以及从手工业过渡到工场手工业的基础，而工场手工业又是近代大工业的出发点。教会的精神独裁被摧毁了，德意志诸民族大部分都直截了当地抛弃了它，接受了新教”①。这是西方文化的古代希腊世界的复现，而另一方面，则为东方文化的输入。恩格斯接着说：“一种从阿拉伯人那里吸收过来并从新发现的希腊哲学那里得到营养的明快的自由思想，愈来愈根深蒂固，为十八世纪的唯物主义作了准备。”② 恩格斯这一段有力的描写，可见文艺复兴虽为希腊古学复兴的一个旗帜，但这欧洲新世界文化的诞生实有赖于东方文化的输入造成了它的有利的各种条件。中国哲学曾经通过十七、八世纪的经济条件和欧洲接触，同样地在十三至十六世纪，中国的重要发明即以阿拉伯人为媒介，给欧洲文艺复兴之物质的基础创造了条件。

我们研究西方文化东渐史，知道亚历山大曾传布希腊文化于东方各国，同样十三世纪蒙古人到达欧洲，其传播中国文化和亚历山大之传布希腊文化，颇相类似。法国东方学者莱麦撒（Abel Rémusat）曾论元代世界大通东西文明接触所发生的影响极为详尽。他指出蒙古人所传东方文化有如下各项：（1）罗盘针，（2）火药，（3）钞币，

① 恩格斯：《自然辩证法》，页6—7。
② 同上书，页7。

（4）戏赌纸牌，（5）活字版印刷术，（6）算盘等。[①] 蒙古当时是落后的游牧国家，但拔都西征欧洲对于东西民族文化之接触混合，影响很大。[②] 蒙古版图混一欧亚，而驿站与海运的发达，遂使东西文化交通极为便利，因而引起无数革命的观念与革命的事物以入欧洲。说得最明白的还是恩格斯，因为这些中国发明的传播，可以由中国直接输入，如“蚕在550年左右从中国输入希腊”[③]，也可以间接归功于阿拉伯人。恩格斯在《自然辩证法》中叙述在中世纪末期独创的发明很多，东方输入的发明也不少。[④]“它们不仅使希腊文学的输入和传播、海上探险以及资产阶级宗教改革真正成为可能，并且使他们的活动范围大大扩展，进程大为迅速。此外，它们提供了古代从未想到过的、虽然还未系统化的许多科学事实。”他举例如“磁针、印刷、活字、亚麻纸、火药、**眼镜**、在**计时**上和**力学**上是一巨大进步的**机械时计**”。接着他又指出历史上的重要发明，兹摘录有关东西文化交流的几项如下：

> 棉纸在七世纪从中国传到阿拉伯人那里，在九世纪输入意大利。
>
> ………………
>
> 养蚕业传入意大利，1100年左右。
>
> ………………
>
> 磁针之从阿拉伯人传到欧洲人手中，1180年左右。
>
> ………………
>
> 破布造纸，十四世纪初叶。

---

① 莱麦撒语，译见张星烺《中西交通史料汇篇》第二册，页2—6。

② 参照洪钧《元史译文证补》、柯劭忞《新元史》、多桑《蒙古史》等书。

③ 恩格斯：《自然辩证法》，页170。

④ 同上书，页169—171。

………………

木刻和印刷——同时。十五世纪初叶——引者注。

“此外，旅行所提供的材料（马哥波罗，1272年左右，等等）。”恩格斯的这个指示虽不全归功中国，但很明显地是极重视中国输入的发明的影响的。

中国文明直接间接能给欧洲文艺复兴造成有利的技术条件者，自不能不首数中国之几种发明。卡德（T. F. Carter）在《中国印刷术的发明和它的西传》（*The Invention of Printing in China and its Spread Westward*）的绪论中，曾举出四大发明，即一为造纸，二为印刷术，三为火药，四为罗盘针，均对于欧洲的文艺复兴时代有很大的影响，而此四大发明均以中国人占最重要的地位。[①] 1834年克拉普洛特（Klaproth）在巴黎刊行《与洪堡（Humboldt）论罗盘针发明书》，力主罗盘针、火药、印刷等都由中国人发明，阿拉伯商人和航海者媒介传入欧洲。[②] 可见此大发明的传播，恩格斯归功于阿拉伯人和中国人都是十分正确的。

现在试分述如下：

（A）造纸

我们知道文艺复兴是把人类的知识容量提高扩大，最重要的当然就是印刷的材料——“纸”了。但造纸之法实为中国人所发明。其事见《后汉书·蔡伦传》[③]，时在纪元一百〇五年，在他以前已有丝屑

① 吴泽炎译：《中国印刷术的发明和它的西传》，页9，商务印书馆，1957年。

② 参看石田干之助：《欧人の支那研究》，页256，共立社版。

③ 《后汉书·蔡伦传》：“自古书契多编以竹简、其用缣帛者、谓之纸。缣贵而简重，并不便于人，伦乃造意用树肤麻头及敝布鱼网以为纸，元兴元年奏上之、帝善其能、自是莫不从用焉，故天下咸称蔡侯纸。”

所制之纸，可见很早就发明了。[①] 汉学家如夏德（F. Hirth）和高本汉（B. Karlgren）等均极注意中国纸和欧洲文明的关系。[②] 德国亚可布（Georg Jocob）《论东方对于西方文化之影响》告诉我们，“希腊罗马的人，从来没有想到纸的发明，我们还是靠中国人蔡伦的智慧，才能享受现在这种便利”；接着还述及造纸术输入欧洲一段小史。[③] 把他和卡德所作《纸张自中国至欧洲的千年历程图》[④] 比看一下，便可看出纸的发明和文艺复兴的关系了。有了纸才助长了文明的输入和传播。恩格斯叙述纸的历史说，十二世纪以来阿拉伯人和西班牙犹太人就使用亚麻纸，“棉纸自十世纪以来就逐渐出现，而在十三和十四世纪已经传布得更广，莎草纸从阿拉伯人占领埃及以后就根本不再使用了”[⑤]。这阿拉伯纸就是由中国西传的。

---

① 沙畹（Chavannes）:《纸未发明以前的中国书》，冯承钧译，见《图书馆学季刊》，第五号第一册。

② 高本汉:《中国语言学研究》第五章，页96，述中国纸与欧洲文明之关系云：“欧洲通行造纸之法是在十三世纪，此时以前通用羊皮纸，而印刷术运用则在十五世纪时代。因造纸法传入，印刷术不久便风行，这在对于西方的文献含有极大意义。”

③ “蔡伦生在约纪元后百年，他用树皮、麻、破布、烂网来造纸。七五一年（唐玄宗天宝十年）七月，阿拉伯一个国王齐亚德（Ziyad）同中国皇帝遣来的军队打了一仗，把中国军队打败，俘虏了好些中国能够造纸的军人回到撒马尔干。这些中国人起首工作，不久羊皮和其他写字的材料都没有人用了。《天方夜谭》中有名的宰相法尔的弟弟加亚听说萨马康的纸好，就把这一个工业移植到巴格达（Bagdad）。他移植的主要原因是因为许多案卷在羊皮上容易改窜，在纸上不容易作假。从巴格达，那时回教世界的中心，造纸的工业渐渐传到西班牙，西西里（Sicily），再由那里传布到欧、美。”亚可布:《论东方对于西方文化之影响》，原文载在 *Sinica*，Ⅵ，Jahrgang（1931），Hett. 4。译见《史地周刊》第七十九期。

④ 参见吴泽炎译《中国印刷术的发明和它的西传》，页98与99之间，纸张自中国输入欧洲之路程大要如下:（1）中国汉地（公元105年），（2）敦煌（150），（3）楼兰（约200），（4）尼雅（Niya，250—300），（5）吐鲁番（399），（6）撒马尔干（751），（7）巴格达（793），（8）埃及（约900），（9）摩洛哥（约1100），（10）西班牙（1150），（11）法国（1189），（12）德国科伦（1320），（13）英国（1494），又自科伦至（14）荷兰（1586），其后于1690年输入美洲；另一支由埃及至（15）意大利（1276），（16）德国纽伦堡（1391）。

⑤ 恩格斯:《自然辩证法》，页169。

（B）印刷术

印刷术和造纸一样，两者同为文艺复兴期宗教改革及民众教育的基础；对于新的资产阶级文化的发展，具有极大的意义。中国印刷术之传入欧洲，许多人归功于马哥波罗；据意大利的一种传说，马哥波罗曾从中国带来一些雕版至威尼斯，遂传其术于十五世纪[①]之卡斯他尔地（Panfilo Castaldi of Feltre）以刻字知名。但这种传说，卡德在《中国印刷术的发明和它的西传》中即认为不甚确切，不过欧洲印刷术实发源于中国，这却是真的。中国雕版印刷在第十世纪便有很大进步，敦煌的新发见即为好例。直至元人西征，此时中国印刷术已发达到最高顶点。[②]而蒙古军队经过的地方均与欧洲早年采用雕版印刷的地方相近，不能谓其绝无影响。[③]虽此种影响，其详情不大可考，但在蒙古史中，仍有痕迹可寻。[④]一五五〇年历史家约维瓦斯（Paulus Jovius）曾主张中国印刷术传入欧洲，系假道于俄国。[⑤]亚可布教授更论到活字版印刷术，以为“活版印刷也是在一〇四一到一〇四九年间，由中国毕昇发明，再由中国传到高丽与日本。我们现在虽然不能够明确地说出活版印刷怎样传到欧洲，但是最近在东亚又发现活版印刷的书籍，远在谷腾堡（Guttenberg）以前”[⑥]。虽然伯希和（Paul Pelliot）在敦煌千佛洞所发现之维吾尔活字与汉字不同，而活版印刷既经在中国发明，当时又流行于中亚，则在文艺复兴的初期传入欧洲也是很可能的事。自有活版印刷以后，欧洲的人才能得到便宜书籍，而文艺复兴的种子也如雨后春笋一般蓬发起来了。

---

① 卡斯他尔地生卒为疑 1430 年—1487 年，十五世纪。——编者

② 吴泽炎译：《中国印刷术的发明和它的西传》，页 134。

③ 同上书，页 135。

④ 同上书，页 133。

⑤ 同上书，页 136。

⑥ 亚可布：《论东方对于西方文化之影响》。

（C）火药

火药对于文艺复兴的贡献，在于消灭封建社会的城堡，因而影响到封建制度，并建立民众自卫军的基础；但火药也是中国的发明品，西传欧洲的。恩格斯在《反杜林论》中讲到火药，很生动地说："在十四世纪初，火药从阿拉伯人那里传入西欧，它使整个作战方法发生了变革，这是每一个小学生都知道的。但是火药和火器的采用决不是一种暴力行为，而是一种工业的，也就是经济的进步。不管工业是以生产什么东西或破坏什么东西为目的，工业总还是工业。火器的采用不仅对作战方法本身，而且对统治和奴役的政治关系起了变革的作用。要获得火药和火器，就要有工业和金钱，而这两者都为市民所占有。因此，火器一开始就是城市和以城市为依靠的新兴君主政体反对封建贵族的武器。以前一直攻不破的贵族城堡的石墙抵不住市民的大炮；市民的枪弹射穿了骑士的盔甲。贵族的统治跟身披铠甲的贵族骑兵同归于尽了。"[①] 火药在中国最初本为鞭炮之用，至宋则用之以作战。一一六一年——一六二年宋金之战；一二三二年金元之战，均使用火药。一二一八年成吉思汗陷落喀什噶尔（Kashgar）、浩罕（Khohand）、布哈拉（Bokhara）以及花剌子模（Khorazme）、撒马尔干（Samarkand）诸城，其军人也学中国人，具有火炮火药以备攻城之用。[②] 亚可布教授说火药与欧洲文化的关系，以为"中国火药实奠定了欧洲新式战争的基础。古代希腊和中世纪没有用炸药。……马库斯·格利库斯（Marcus Graecus）遗留下来一张制造火药的单子，上面的确写得有硝、煤、硫黄。以前大家错把马库斯当成第九世纪的人，所以引起许多误会，现在我们的的确确知道他在一三五〇年写这本书，并且还受了阿拉伯人的影响。又有人说火药是希瓦慈

---

① 恩格斯:《反杜林论》，页 164—165。（参见《马克思恩格斯全集》（第二十卷），1971 年人民出版社版，余同。——编者）

② 韦尔斯:《世界史纲》，（Wells: *Outline of History*）第三十三章，第二节。

（Berthold Schwartz）一四五四年发明的，这也是错误。火药里边最主要的成分硝最初是中国发明的，但是顶早在十二世纪中叶才被一般人知道的。关于中国人一二三二年在汴京（现在河南开封）勇敢地抵抗蒙古征略的事情，中国史书上有明文记载，这里边我们第一次发现用炸药来轰击敌人。在十二世纪的时候，阿拉伯人也从中国那里知道火药了，他们叫火药做'中国的雷'，叫火器作'中国的箭'。在阿拉伯一二七五至一二九五年出来的一本讲火器的书，硝已经成了基本的成分。同一作者，还第一次描写鱼雷，巴黎的抄本上面有一幅图画，绘出了东方最古的大炮的形状。牛津大学图书馆抄本上也有一个插画。我们首用炸药的先驱当然要算弩箭。弩箭在中国纪元前十二世纪已经发明，纪元后第四世纪欧洲才有。"[①] 而且依据卡德所说，欧洲著作家最早述及火药的，当推罗吉尔·培根（Roger Bacon）。培根是十三世纪人物，他知有火药，是由于读阿拉伯故事书，或从中亚旅行家卢白鲁克（Rubruck）间接得来，则不甚可考。又"西洋人用火药炮铳于战争，最早为一千三百四十六年（元顺帝至正六年）英法两国克莱西（Crécy）的战争，据考据家谓其术传自东方中国"[②]。可见欧洲人知用火药是从中国传来，确是一种历史的事实了。

（D）罗盘针

罗盘针也是由蒙古人而输入欧洲的。在中国发明很早，王充《论衡·是应篇》："司南之杓，投之于地，其抵指南。"说者谓即后汉初我国发明罗盘针的铁证。但一般学者均认中国及世界书籍首先涉及罗盘针者，当推十一世纪沈括的《梦溪笔谈》与朱彧的《萍洲可谈》，大

① 亚可布：《论东方对西方文化之影响》。

② 吴泽炎译：《中国印刷术的发明和它的西传》，页106。张星烺：《欧化东渐史》，页56。

概在十一世纪末期与十二世纪初期即已使用。欧洲文献则直至十二世纪末期与十三世纪初期，阿拉伯方面关于罗盘针的记事亦始于十三世纪初期。[①]可见罗盘针实为中国发明而经阿拉伯人西传欧洲的。亚可布教授曾说及罗盘针对于欧洲文化的影响，以为罗盘针是中国人最重要的发明，它放开我们的眼界。“我们近代的世界观的形成全靠深入异邦文化的精神，只有罗盘针的发明才能够帮助我们到这种境界。希腊罗马的航行只限于沿海，地中海那样一个小海占据了四围的土地，人文主义者就以为这是世界帝国了。”[②]这不是挖苦欧洲人的话，实在希腊罗马时代固也知道磁石，但不知道它指定方向的力量，而在中国方面，则在哥伦布很早以前，已经发现了磁针的方向。卡德说及欧洲人最早言及磁针的为一一九〇年普洛温斯（Guyot de Provins）所作的诗，还有维特利僧正（Cardinal de Vitry）以为磁针系由印度传来，实则中国人发明最早，阿拉伯人则用之于航海，因而传入欧洲。[③]但依近来研究的结果，航海罗盘针在中国十一世纪的末期已经讲到。[④]知道航海罗盘针为中国所发明，又知欧洲在十四、十五两世纪航海均借助于罗盘针，[⑤]便知文艺复兴时地理上的大发见不得不感谢我们中国人的技术上的贡献了。

由上所述已知文艺复兴之物质的重要条件，如纸、印刷术为教育改革的基础；火药为解除封建武装、创立民众自卫军的基础；罗盘针为地理上大发见的基础。总结起来，不是很容易看出文艺复兴的极端

---

① 夏德考证罗盘针非为中国发明，见 *The Ancient History of China* 第四章，页 126—136，“Origin of the Mariner’s Compass in China”。桑原骘藏驳之，见《中国阿拉伯海上交通史》，页 124—125。

② 亚可布：《论东方对于西方文化之影响》。

③ 吴泽炎译：《中国印刷术的发明和它的西传》，页 107。

④ 朱彧：《萍洲可谈》，“舟师识地理，夜则观星，昼则观日，阴阳观指南针”。按此即航海指南针之证。

⑤ 韦尔斯：《世界史纲》，第三十四章。

有利的技术条件完全依靠中国的重要发明吗？当然这除中国直接传入欧洲之外，仍应归功于阿拉伯人。文艺复兴时代即使中国没有任何精神的贡献，但就上面所述对于欧洲之物质的、技术的革命贡献来说，已经是划时代的历史事实了。

二、文艺复兴期对于中国之认识

我们再来观察一下文艺复兴期中欧洲人对于中国之认识。在十三世纪蒙古人勃兴时代，借蒙古人为媒介，东西两大文明中国系（中国、朝鲜、日本等皆属此系）与希腊、罗马系（今欧美各国皆属此系）始实行接触。旧著如法国东方学者莱麦撒及玉尔《契丹纪程》（Yule: *Cathay and the Way Thither*），近著如西开斯《探求契丹》（Sir Percy Sykes: *Quest of Cathay*）都记载着当时的盛况。东西交通除不知名的商人教士以及随从军队以外，有名人物见于记载，和历史上偶然数及欧人之为谋利或好奇而来东方者，还不知几多。[①]就中有东罗马、西罗马及日尔曼、法兰西的游历家、商人、教士或充大使往蒙古大汗都城的，由于这些人物所作游记或所通信件，不但可供研究当时东西交通的史实，且可由之而窥见欧洲当时对于中国的认识。现试分述如下：

（A）教士[②]

当时欧洲帝王、教皇有热心联络蒙古的，一为罗马教皇意诺增

① 张星烺：《中国交通史料汇篇》，第二册，页1—4。玉尔和戈尔逖：《契丹纪程》，四册，伦敦，1913—1916年新版。西开斯：《探求契丹》，伦敦，1936年。德译本：*Europa sucht China*，1939。

② 参照 A. C. Moule: *Chriatians in China before the Year 1550*, Chap. Ⅷ, Under the Mongol Empire, pp. 216—240; Latourette: *A History of Christian Missions in China*, Chap. Ⅴ, pp. 61—77。樊国梁：《燕京开教略》，上篇，页17—73。萧若瑟：《天主教传入中国考》，卷二，页33—96。

爵四世（Innocent Ⅳ），一为法兰西王路易第九（Louis Ⅸ）。他们派遣教士使者到和林或北京，大概为着几个目的：第一，请蒙古人在欧洲境内勿行杀戮；第二，劝化蒙古人改信基督教；[①]第三，欲借蒙古之力来抵制土耳其人，收回圣地。因此而出使东方者，前后有高僧勃拉奴·克劈尼（Plano Carpini），卢白鲁克，约翰·孟德高维奴（Giovanni de Montecorvino），马黎诺里（John de Marignolli）等。圣方济各派鄂多立克（Friar Odoric）为中世纪西方四大游历家之一，其来游中国，要亦不外出于政治的和宗教的动机。虽然这种联合蒙古和宣传基督教的计划以后终成失望，但就其对于中西文化交通上的贡献，却增加了不少新的材料。

1. 勃拉奴·克劈尼

一二四五年方济各会会士勃拉奴·克劈尼以六十余岁的老人，奉教皇命派使蒙古，[②]自里昂起程东来，持有教皇致鞑靼王书函，一二四七年又持元帝复教皇书函回欧。其所作游记，[③]第九章，记述契丹略云：“契丹人虽为异教徒，但自有文字，听说他们还有一种新旧约两圣书，有僧侣，且信灵魂不灭之说，只有一点和我们不同，即没有洗礼。对于圣经和基督教徒颇知崇敬，为人乐善好施，温文有礼，是和平的民族。无胡须，面貌和蒙古人略同，有特殊的言语，精于工艺，其技巧在世界上没有谁比得上他们，土地富饶，产生一切养生之

---

① “教皇意诺增爵第四召集欧洲各奉教国会议于法国里雍府；……然联合兵力一事徒劳梦想，终未见诸实行，教皇不得已，乃别生一计，谓既不能联合各国同仇敌忾，若遣传教士充作使臣与蒙古修好，或亦可止其凶残、况闻朝廷不乏奉教敬主之人、万一劝得大可汗幡然悔改、则可收效无形、烽火之警从此永熄、正本清源之策当无过于此者。”《天主教传入中国考》，卷二，页 40。

② 玉尔：《契丹纪程》，第一卷，页 CXⅢ，Preliminary Essay 96。张星烺：《中西交通史料汇篇》，第二册，页 48—54。石田干之助：《欧人の支那研究》，第四章，63—71 页。西开斯：《探求契丹》，第七章，93—98 页。

③ *The Voyage of Johannes De Plano Carpini*, A. W. Pollard 英译本。向达译：《柏朗嘉宾游记》。

物，如五谷、酒、金、银、丝等。”[①]

2. 卢白鲁克

一二五三年奉法兰西国王之命出使蒙古，其所作游记，名为《圣方济各教派修道士卢白鲁克一二五三年东方各国旅行记事》[②]，其中有一章记述大契丹，以为即古代赛里斯国（Land of the Seres），产丝之佳，世界无比。国中有一城市，以银为城墙，以金为城堞，人民精于各种手艺，世代相传，医术尤妙。对于药用植物底性质功用有透彻的知识。通行纸币，上盖蒙古大汗的玉玺，写字用毛刷，和画工所用的刷略同，文字则常合数字而成，字云。[③]

3. 约翰·孟德高维奴

一二八九年奉教皇命派往中国传教，留中国约三十余年，曾写两封信给西方友人报告远东情形。[④]就中一三〇五年一函，在汗八里（Cambalec，北京）所发，报告在契丹传教并在京城建筑教堂和领洗等事。最后一段极称大汗土地广大，人口众多，财富充裕，普天下更无第二。次年又有一函由教士带回罗马，说及汗八里城之大，大汗所辖国境之大，并明显地指出京城里异教各宗派，其克己之严有过于拉丁僧人云。[⑤]

4. 安德鲁（Andrew of Perugia）

一三〇七年安德鲁和主教等六人奉教皇命往契丹，一三二六年自泉州寄一函叙述东方情形。此函和约翰·孟德高维奴的两封现均存于

---

① 玉尔：《契丹纪程》，第一卷，页CXXIV，Preliminary Essay 97。

② 玉尔：《契丹纪程》，第一卷，页CXXIV，Preliminary Essay 98。张星烺：《中西交通史料汇篇》，第二册，页54—58。石田干之助：《欧人の支那研究》，第四章，页71—78。西开斯：《探求契丹》，第八章，页101—102。

③ 同上书，第一卷，页CXXV—CXXVII，Preliminary Essay 99。

④ 同上书，第一卷，页CXXXII，Preliminary Essay 104。张星烺：《中西交通史料汇篇》，第二册，页103—127。石田干之助：《欧人の支那研究》，第五章，页111—113。

⑤ 玉尔：同上书。第一卷，页203、208。

巴黎国立图书馆。[1] 书中述及所见汗八里和剌桐（Zaiton，泉州）的繁荣盛况，谓其国富兵强、土地之大、人民之众、城邑之多，简直非言语文学所能形容，而且在此大帝国境内，无论何国人民均可自由居住与自由传教云。[2]

5. 鄂多立克

鄂多立克为元时东方传教最著名的人，一三一四年即开始传教旅行。在北京时，受洗奉教的有二万余人，内有多名均居要职，及后奉命西归，游历山西、陕西、四川各省，至于西藏。[3] 其所作旅行记，各国均有译本，汉译题《真福和德理传》[4]，其中所记东方事物，例如在中国用鸬鹚捕鱼、妇女缠小足、富贵人留长指甲等，均为《马哥波罗游记》中所无。[5] 述及在北京时经历，"一日皇上由上都回京，吾等探知归期，余本主教携带会友数人，出迎于二百里外。……此时上见吾等高举十字，恭迎道左，即免其冠，冠上有珠，乃希世之宝，无人可估其价"[6] 云。

6. 马黎诺里

一三三九年奉教皇命，同三十二人报聘中国。一三四二年到汗八里，住三四年，始南下至剌桐港。其所作《波希米亚史中东方见闻

---

① 玉尔：《契丹纪程》，第一卷，页 183。张星烺：《中西交通史料汇篇》，第二册，页 127—136。

② 玉尔：同上书，第一卷，页 222—223，224—225。

③ 樊国梁：《燕京开教略》上篇，页 67。

④ 英译本见"万人丛书"（Everyman's Library）812 第二部分《鄂多立克旅行记》（*The Journal of Friar Odoric*），见页 231—278。汉译本郭栋臣译，湖北崇正书局清光绪十五年刊本。

⑤ 玉尔：《契丹纪程》，第一卷，页 6—7。张星烺：《中西交通史料汇篇》，第二册，页 136—140。石田干之助：《欧人の支那研究》，页 114—116，Moule: *Christians in China before the Year 1550*, Chap. Ⅸ, Western Writern of the Fourteenth Century, pp. 241—249。

⑥ 樊国梁：《燕京开教略》，上篇，页 69。

记》，后人加以整理，题为《教皇专使小级僧约翰马黎诺里奉使东方录》[①]，述及中国、印度甚详。描写鞑靼大汗，国威所及，几有东方世界之半，兵强国富，城邑之多，各民族在其境内者之众，简直骇人听闻。[②]经蛮子国（Manzi）时，所见光华灿烂的世界，更非文字笔墨所能形容，自羡眼福不浅。[③]蛮子国所辖有三万大城市，村堡无数，其疆土之大，几于使人不能相信。物产丰富，尤其水果为拉丁诸国所无。康勃绥（Campasy，杭州）最著名，其富丽繁华，建筑物的雄壮，古今无比。前人曾称此城有一万座的美丽石桥，穷极雕刻，初以为不甚可靠，今皆一一证实。还有刺桐城为一大商港，物富民殷，可见太平景象。[④]马黎诺里此次使节，递呈国书外，并献战马、美酒与教皇赠物；其中献马一事，元史记载以外，私家所记与文人歌咏，颇极一时之盛。[⑤]

（B）商人

元代不但教士东来，西方商人亦集合于和林、汗八里各地。勃拉奴·克劈尼往中国时，同行有伯莱斯劳（Breslau，德国东方大城）、波兰及澳大利的商人。由俄国归时，又有基奴亚（Genoese）、皮撒（Pisans）及威尼斯商人相伴，不过这些商人均为不知名的人，兹述有名商人之见于记载者如下：

1. 尼古刺·波罗（Niccolò Polo）

威尼斯市商人尼古刺·波罗同玛窦·波罗（Maffeo Polo）兄

① 玉尔：《契丹纪程》，第二卷，页311—334，335—394。Moule: *Christians in China before the Year 1550*, Chap. Ⅸ, pp. 252—264。张星烺：《中西交通史料汇篇》，第二册，页147—221。石田干之助：《欧人の支那研究》，第五章，页118—119。

② 玉尔：同上书，第二卷，页335—336。

③ 同上书，第二卷，页342。

④ 同上书，第二卷，页355。

⑤ 张星烺：《中西交通史料汇篇》，第二册，页221—224。《中国史书上关于马黎诺里使节之各种记载》。

弟二人，于一二六〇年（宋理宗景定元年，元世祖中统元年）决议赴黑海营商，于是购买珍宝，自君士坦丁堡出发，沿海路到速达克（Sondak），骑行多日，到达一个鞑靼君主驻所，留居一年，后经过沙漠至布哈拉，先向北行，次向东北行，骑行足一月，始至忽必烈大汗处。他们一路上遇见不少奇异事物，见大汗后，很受优待。大汗问及基督教和罗马教皇，并遣回通聘教皇，请教皇派遣熟知基督教义通晓七种艺术的一百人来，这些人须能证明基督教的优越，使大汗同其所属人民变成基督教徒者。此外并命他们将耶路撒冷救世主墓上的灯油携回。二人行至阿迦（Acre），时一二六九年，教皇已死，新教皇还未选出，因恐回去复命太晚，他们商议携带尼古剌子马哥（Marco）往朝大汗。年幼的马哥波罗以后在中国甚得元朝宠用，所著《马哥波罗游记》（*The Travels of Marco Polo*）载中国事情甚详，另见下文。①

2. 裴哥罗梯（Francesco Balducci Pegolotti）

佛罗棱萨商人裴哥罗梯于一三四〇年著《诸国记》，此书后人改名《通商指南》。全书包涵地域，东至中国，西至英国，凡欧人来华经商必需的知识，如道路里数、进出口货品、金融制度、度量衡制度、税捐问题乃至纸币问题，均一一论及。不过裴氏曾否亲至契丹，尚待考证。②

3. 康梯（Niccolò Conti）

威尼斯商人康梯于一四三八年，随六百队商游历东方，至印度以东各地。所述《游记》一书，系布拉绰利尼（Poggio Bracciolini）

---

① 《马哥波罗游记》，第一卷，第一至十八章。冯承钧译：《马哥波罗行记》上册。页3—48。张星烺译：《马哥孛罗游记》，第一册，页2—55。参考西开斯《探求契丹》，第九章，页115—122。

② 玉尔：《契丹纪程》，第二卷，页279—286，287—308。张星烺：《中西交通史料汇篇》，第二册，页316—347。

用拉丁语写成的。他曾到过中国广东、福建各地，其所述南勃台（Nemptai），考据家认为即福州南台。[①] 据他所说此城与都城汗八里西亚，二地所有房屋宫殿的建筑、装饰品的陈列，和意大利相同；而人民温文有智，富裕尤为他国所不及。又说契丹商人皆极富裕，所用船舶亦较欧洲各国为大，其人称欧人为法兰克人（Franks），谓世人皆盲，只法兰克人有一眼，彼人才有二眼云。[②]

（C）外交使者

克拉维约（Ruy González de Clavijo）

元时意大利人、法兰西人、福雷铭人（Flemings）均有充大使往蒙古大汗都城的。如尼古剌·波罗和玛窦·波罗二人，当路过布哈拉城时，遇到波斯旭烈兀大王派往中国忽必烈大汗朝廷的大使。[③] 又卢白鲁克出使东方，托言传教，实际也衔着政治上的大使命。现在只举西班牙大使克拉维约一人为例。

克拉维约以一四〇三年（明成祖永乐元年）到撒马尔干，留该城二年，著《东方奉使记》，其第十二章述及中国皇帝名九邑斯汗（Çayis Han），其意为“统有九州之大帝”之谓。鞑靼人则称之为通古斯（Tanguz），其意为“嗜食豕肉之人”云。他在撒马尔干城看到中国运来的许多货物，以绸缎为最美丽，麝香一物为世界各国所无。红玉、钻石、珍珠、大黄……凡在撒马尔干的中国货物，无不名贵，为人所珍视。中国人可算世界上最精巧的工人，其人自夸，世界民族只彼种人有二眼，法兰克人一眼，而莫耳人（Moor，阿拉伯人）则

---

① 玉尔：《契丹纪程》，第一卷，页CXXVI—CXXXVII，Preliminary Essay 109。张星烺：《中西交通史料汇篇》，第二册，页 365—368。石田干之助：《欧人の支那研究》，页 130—132。

② 玉尔：同上书，第一卷，Preeliminary Essay 109。

③《马哥波罗游记》，第一卷，第三、第四章。

尽是瞎的，因此彼等可算世界最优秀的种族了。[①]

（D）游客

约翰·西尔脱白格（Johann Schiltberger）

元代欧人不少因好奇心的驱使而往游东方的。此等游历家归国以后，常在教堂及各地王侯宫廷中受人欢迎，演讲许多东方的奇闻异事。如所称中世纪西方四大游历家，即马哥波罗、鄂多立克、依本·拔都他（Ibn Batuta）、康梯四人，皆亲至中国，著有游记，不消说了。明初德国游客约翰·西尔脱白格亦曾至中央亚细亚察合台国，服务于帖木儿军队中，其所作游记亦略述及中国情形。[②]

（E）工程师及其他

《马哥波罗游记》卷二第七十章述及日耳曼工程师，在攻陷襄阳时，曾相助制造弩炮。又在北京，亲见俄国制印工人、巴黎首饰匠，及其他欧洲人。又有善歌者罗伯特（Robert）漫游东亚后，归卒于巴黎附近查脱（Chartres）的大教堂中，不过这些人都没有著述传世，也就成为不重要的了。

三、《马哥波罗游记》之影响

从十三世纪初期蒙古人勃兴时代，以至十四、十五世纪元末明

① 杨涤新译：《克拉维约东使记》，第十二章，页 134，商务印书馆，1944 年。参看玉尔《契丹纪程》，第一卷，页 CXXXV—CXXVI，Preliminiry Essay 108。张星烺：《中西交通史料汇篇》，第二册，页 357—365。石田干之助：《欧人の支那研究》，第五章，页 124—127。

② 玉尔：同上书。张星烺：《中西交通史料汇篇》，第二册，页 356—357。石田干之助：《欧人の支那研究》，页 127—128。

初，欧洲尤其意大利的教士、商人、外交使者、游客、工程师等不断地东来，对于中国——Cathay——文化的认识，已使欧洲人耳目一新，唤起了中古文化的不少迷梦。就中却有一部“大史书”描写中国的物质文明，具有一种更亲切的意义和更明了的图形，这就是威尼斯商人尼古刺·波罗之子所述的《马哥波罗游记》了。此书在十四、十五两世纪时风行一时，凡知识界人士几于人手一编。恩格斯在述及中世纪末期的世界状况时也提及“此外，旅行所提供的材料（马哥波罗，1272年左右，等等）”，可见此书的重要性。此书所述故事当时倾动全欧，眼界为之一新。《游记》中所述的人名及契丹汗八里之类常被十五世纪的小说引为题材，今人则拿来研究中世纪的地理和东方的历史。

马哥波罗在中国前后十八年，曾奉命出使缅甸，后又奉命至印度各国，有人根据《元史·世祖本纪》及奸臣《阿合马传》所载“孛罗”认为一人，说他曾充扬州长官三年，枢密副使数年，助元人平定江南，征讨日本，又曾摘发奸臣阿合马的罪状，但也有人认为不确。[①]所作游记，经近代人精确研究的结果，知皆系事实，和普通所谓游记不同。它实是一种最宝贵的史料，不但如梅斯菲德（John Masefield）所说“他替欧洲人的心目中，创造了亚洲”[②]；他实在更真切地给文艺复兴期的欧洲人创造了一个模范的文明世界。他在文艺复兴期的贡献可分作三方面来说：

（A）地理上之大发见

文艺复兴在西班牙、葡萄牙所产生的特殊花果，就是地理上的

---

① 此据波提埃（Pauthier）与张星烺、沙海昂（Charignion）等说，巴尔克（Parker）与伯希和、冯承钧等均持异议，尚待考证。即使马哥波罗非即《元史》之枢密副使孛罗，仍无损于《游记》之不朽的价值。

② 《马哥波罗游记》，页XI，梅斯菲德引言：The wonder of Marco Polo is this——that he created Asia for the European mind。

大发见。由于欧洲人发现了新的早先不知道的贸易路线，就加速了资本主义关系的发展。《马哥波罗游记》虽不是促成大发见的主要原因，但只要注意哥伦布发见美洲的小史，便很容易明白那是一个副因。《游记》全书除序言叙述个人历史外，可分四卷：内卷一记由小亚美尼亚到中国上都大可汗朝廷沿途所见所闻之事。卷二记大汗及其都城官廷政府，与奉使云南、缅甸，及往福州、泉州路程，此卷记契丹国情形，最能引人兴趣。卷三记日本群岛、南印度和印度洋沿岸及各岛屿。卷四记鞑靼诸王战争及北方各国。因为马哥波罗为横断全亚细亚洲的第一人，所以他的宣传竟能引起许多航海家、探险家的注意，使之决意东游，以寻求契丹国。兹试举例如下：[1]

a. 一四九二年意大利航海家哥伦布受《马哥波罗游记》的影响决意东游，结果发现美洲。事略见玉尔《契丹纪程》第一卷，哥伦布寻求契丹一节。

b. 一四九七年葡萄牙航海家发斯科·达·伽马（Vasco da Gama），受《马哥波罗游记》影响，为欲寻求契丹国，发见了绕好望角而至印度的航路。

c. 一四九六年英国人喀博德（John, or Giovanni Cabot）为寻求契丹国，由英国第一次向大西洋西北航行，到达加拿大海岸。

d. 一五五八、一五五九年间，英国探险家任京生（Anthony Jenkinson）及约翰生（Johnson）兄弟二人，为寻求往契丹的通路，由俄国陆路向东行，直达布哈拉城。据该二人记载，布哈拉城人当时仍称中国为契丹，北京为汗八里。

e. 一六〇二年葡萄牙人鄂本笃（Benedict Goës）为寻访契丹，由

---

① 玉尔：《契丹纪程》，第一卷，页 CXLI—CXLII, Preliminary Essay 116。张星烺：《中西交通史料汇篇》，第二册，页 399，“哥伦布以后欧人之访契丹”。

印度安格拉城（Agra）北行沿途所经，详见《鄂本笃访契丹记》。[①]不幸到中国边境，死于肃州，有作墓铭吊之曰“欲访契丹，竟得天堂”（Seeking Cathay, he Found Heaven）。

《马哥波罗游记》最大的功绩，在于它是诱起哥伦布发见美洲之一个副因。哥伦布在地理上的大发见，将所有以前历史的面目为之完全改观。然就其此次个人远航的动机，据其自述即已明言为寻求《马哥波罗游记》中所载之大汗国。哥伦布幼年喜读马氏游记，为其宣传所动，至今西班牙塞维尔市哥伦布图书馆（Bibliotheca Columbina in Seville）所存水师提督哥伦布的遗物中，尚有《马哥波罗游记》一册，为拉丁文译本；他不但阅读一过，且于该书边的空白处加上很多注解，[②]可见他对于此书研究的热心和影响的重大了。我们再来一读当时意大利学者托斯加内里（Paolo dal Pozzo Toscanelli）寄给哥伦布的两封信和哥伦布《旅行记》的序文，更容易明白了。[③]托斯加内里的第一封信，有一段述及契丹国情形，指出几点，如只就刺桐（泉州）一地来说，商人之多，贩运货物之众，已超过全世界的总数。此港每年有大船百艘，载运胡椒进口，其载运别种香料的尚不在内。其国物富民殷，统辖城邑郡国无数，皆属于大汗（Great Kan），大汗即拉丁语大皇帝（Rex Regun）之谓，都城在契丹省（Katay）。又述曾与契

① 玉尔：《契丹纪程》，第一卷，页 CXLI—CXLII, Preliminary Essay 118。张星烺：《中西交通史料汇篇》，第二册，第一百六十三节、一百六十四节《鄂本笃访契丹记》，页 455—524。

② 赖赫淮恩：《中国与欧洲》，J. C. Powell 英译：*China and Europe, Contacts of Europe with China*, p. 15。玉尔：同上书，第一卷，页 CXLI, Preliminary Essay 114, “Columbus sought Cathay”。张星烺：《中西交通史料汇篇》，第二册，页 373—374，第一百四十六节《哥伦布立志东游》。同著者：《马哥波罗》，页 30—33，《〈马哥波罗游记〉与哥伦布发现新世界之关系》，“百科小丛书”本。

③ 张星烺：《中西交通史料汇篇》，第二册，页 375—382。
玉尔同上书，第一卷，页 CXXXIV，Preliminary Essay 111；惟托斯加内里致哥伦布第二书与哥伦布《旅行记》序文均为玉尔书中所无，当以《汇篇》为较详。

丹使者攀谈，访问其国地理情形，据云河岸有城市二百余处，各城皆有大理石桥，桥头用石柱装饰，国人极其优待基督教徒，拉丁人大可设法前往。不但金银、珍珠、宝石、香料随处皆是，可以致富，而且我们更可从其国学者、哲学者、天文家等交换知识，学到他们统治国家的能力和巧妙战争的方法。[①]这一段话虽说是从使者口中得来，实际许多是取材于《马哥波罗游记》的。至于哥伦布《旅行记》的序文所云“印度国的大汗为王中之王（King of Kings）”，更明白地是受《马哥波罗游记》的影响。中世纪欧洲游历家多称印度，以包括中国，所以当哥伦布发见美洲的时候，他相信也是到了契丹的边地；第四次航海到了中美附近，以为已经发现契丹了。[②]这不是证明了哥伦布航海的目的完全不在新大陆，而在旧大陆的契丹古国吗？

《马哥波罗游记》中“契丹”（Cathay）一名，在欧洲引起了十五世纪末哥伦布的发现美洲、十六世纪时英法人的数次航行，以寻访到达契丹的捷径。拉雷（Walter Raleigh）教授在他的《英国十六世纪的航海业》一书中说，“探寻契丹确是冒险家这首长诗的主旨；是数百年航行业的意志，灵魂”。

> 凡可以震动世界的伟业无不从梦思幻想而来，古时因寻“哲人石”为后世化学打了基础；现代的航行地理学实导源于当时探寻契丹的热诚。[③]

“契丹”成为文艺复兴时代西班牙、葡萄牙及英、法各国人民梦想中的佳境，然而直至葡萄牙人鄂本笃时，以前欧人尚不知契丹即是

---

① 玉尔书，《契丹纪程》。

② 参看法里士（Joha. T. Faris）:《地理创造家》第一篇，页55—56，商务印书馆。

③ 原译文见方重:《十八世纪的英国文学与中国》，《文哲季刊》第二卷，第一号。

中国，制地图的人多有分中国、契丹为二国，而置契丹于中国之北，直到一千六百零二年，鄂本笃因受《马哥波罗游记》的影响，寻访契丹，才知道契丹即是中国，汗八里即是北京，而后马哥波罗所记契丹国事才算完全被证实了。

（B）美的与物质的生活之愿望

《马哥波罗游记》的第二影响是在唤起了一部分欧洲人之美的与物质的生活之愿望。文艺复兴前的中古文化是精神的、禁欲的、天国与神本位的；文艺复兴则为人类本位的、现世与自然本位的，固然这种美的物质的生活倾向是通过当时经济条件接受了希腊的影响，然而借《马哥波罗游记》的力量而格外增强。希腊的影响是一种复古精神，《马哥波罗游记》中的"契丹"则给欧洲人以理想的黄金国。兹将《马哥波罗游记》中所描写之光华灿烂的中国文明，分述如下：

1. 财富的充裕

卷二第一章述忽必烈大汗兵力土地财富超过他人，其强为世界所无，为始祖亚当以来所未曾有。[①]第十三章述大汗召见贵族的仪式，十四章述大汗每年万岁日全国的庆祝，十五章述元旦日的白色节和是日所呈的礼物数目，十六章述大节日领受金袍的一万二千男爵。以

---

① 《马哥波罗游记》英译，附梅斯菲德引言，卷二，第一章，页 152，"万人丛书"本，1914。案此书有汉译本四种：（1）张星烺译注：《马哥孛罗游记》第一册，以玉尔-戈尔逖注本为根据；（2）同译者之"汉译世界丛书"中《马哥孛罗游记》，以米兰市图书馆发现新本之英译本为根据；（3）冯承钧译：《马可波罗行纪》三册，以沙海昂注本为根据；（4）李季译：《马可波罗游记》，以科姆洛夫（Komroff）编订本为根据。以下所引英译页数均依照"万人丛书"本，汉译依照李译、冯译，而以李译为根据。又原书异本甚多，著名的有七种，即 1559 年 Ramusio 本（意），1818 年 Marsden 本，1814 年巴黎地学会本（法），1865 年 Pauthier 本（法），1928 年 Benedetto 所据拉丁文本，尤以 1921 年玉尔-戈尔逖两卷本，与 1938 年 A. C. Moule P. Pelliot 四卷本，考证最多，可资进一步之研究。

上各章均极力描写大汗财富的充裕、简直令人不能相信。[①]七十八章记大汗从京师及所管辖的地方，每年除收得八十托曼（tomans）的盐税外，更有其他收入达到二百零十托曼，或六千万零八十万特加达（ducat）；[②]在蛮子省的区域，也一样取得巨额的收入。[③]

2. 人口的繁盛

马哥波罗回国后，每道及中国的面积人口，而其言人口特加大，动即数百万，因此被人绰号为“百万君”（H Milione）。[④]在《游记》中也谈到人口方面，如卷二第二十二章述及汗八里居民之众与房屋之多，简直出乎想象以外。[⑤]第七十七章述及京师大城的人口，有一百六十个托曼的炉灶登记，每一炉灶即是代表一个家庭，一个托曼等于一万，故全城有一百六十万家。[⑥]

3. 生活的舒适

卷二第七十六章记述京师大城人民生活的舒适。“这个城市的居民，男子与妇女一样，容貌清秀，态度漂亮，他们中间的大多数人，因本地出产大宗的绸缎，还有商人从他省运来绸缎，故时常穿着绸缎

---

① 《马哥波罗游记》英译本，卷二，第十章，页182—186。李译，第十三章，页137—138。冯译，第八十五章，页348—350。英译本，第十一章，页186—188。李译，第十四章，页139—141。冯译，第八十六章，页353—354。英译本，第十二章，页188—192。李译，第十五章，页141—143。冯译，第八十七章，页356—359。又，李译，第十六章，页143—144；冯译，第八十八章，页360—362；英译本缺。

② 同上英译本，卷二，第六十九章，页310—311。李译，第七十八章，页251。冯译，第一百五十二章，页592。

③ 同上英译本，卷二，第七十七章，页319。李译，第八十二章，页258。冯译，第一百五十四、一百五十六章均缺此一段。

④ 韦尔斯:《世界史纲》，第三十三章，页691。

⑤ 《马哥波罗游记》英译本，卷二，第十七章，页201。李译，第二十二章，页152。冯译，第九十四章，页379。

⑥ 同上英译本，第六十八章，页308—309。李译，第七十七章，页250。冯译，第一百五十一（重）章，页588。

衣服。”至于工场中富裕的手工业主人的妻子，“她们很美丽、她们的绸缎衣服和珠宝装饰品的昂贵，几乎令人不能想象”。“此地的居民于工作或交易完毕之时，除掉想和自己的妻子或情人在画舫中或街车中度过闲暇时间，借以取乐外，别无所思。”① 而且当每年朝会时，“当时在绸缎、黄金和宝石上所表现的富丽堂皇，超出一切想象之上。”②

4. 政治的开明

卷二第三十一章述及大汗对贫民的慷慨乐施，第三十二章述及在朝廷中要求救济的许多人，第二十七章述大汗对于各省饥荒和畜牲死亡的救济。总之，“他的一切心思，的确是注在怎样帮助他所统治的人民的重要目标上，以便他们得自食其力，并增进他们的产业”③。

5. 物产的丰富

《游记》中述及他所经过的地方，如白河、涿州、太原、四川、大理、南京、宝应、泰州、镇江、湖州、杭州、福州、泉州、广州等处，都有农产丰富或食物丰富的记录。④ 卷二第二十章说“它们的食物的产量甚为丰富……他们的土地凡可耕种之处，没有一点荒废的。各种家畜蕃殖得极多。……从这一切事件上可以看出这许多人口的原因，和使他们能够准备如此丰富食物的种种状况”⑤。

6. 工商业的发达

卷二第二十二章述及汗八里城的盛况，“凡世界各处最希奇最有价值的东西，都来集于此城；尤其是印度的商品，如宝石、珍珠、药

---

① 《马哥波罗游记》英译本，第六十八章，页 297。李译，第七十六章，页 239。冯译，第一百五十一（重）章，页 581—582。

② 同上英译本，第六十八章，页 307。李译，第七十七章，页 248。

③ 同上英译本，第二十四章，页 212—214；第二十四章，页 215—217。李译，第二十七章，页 168—169；第三十一、三十二章，页 171—172。

④ 李季译：《马可波罗游记》，译者序言，页 6。

⑤ 《马哥波罗游记》英译本，第二十章，页 209。李译，第二十六章，页 165。冯译第九十七章注，页 396。

材、香料等。又契丹各省和帝国其他各省，凡有价钱的东西，都运输于此。……用马车和驮马载生丝至此处的，每日不下一千起；金丝织物和各种丝织物有极大量的制造"[①]。第七十六章述及京都大城，即杭州"除掉各街道无数的铺子外，还有十个大方场或市场。……每一市场在一星期的三日中，有四五万人的集市，将能够想得到的每种物品供给市上"。"只要拿胡椒来做一个例子，每日送上市的胡椒有四十三包，而每包重二百四十三磅。""在此处所经营的手艺中，有十二种视为较高于其余各种……每种手艺有一千个工场，而每一个工场能供给十个、十五个或二十个工人以工作，在少数场所，且能供四十个工人以工作。"[②]又各城市的制造业，以成都府为例，特别是能织很美丽的布匹、绉纱或薄纱。[③]

7. 交通的利便

卷二第二十六章述汗八里起一切大道上所设的驿站和步行信差，及支付经费的方法。"从汗八里起有许多道路达到各省，每一条大路上按照市镇的位置，相距约二十五或三十里之间，即有站头、建设旅馆、招待客人，这就是驿或递信局。这是美丽的大建筑物，有好些陈设华丽的房子，用绸缎作窗帘门帘，以供达官贵人之用，就是王侯在这些站上住宿也颇相宜。……每站经常畜有良马四百匹，以供大汗信使往来之用。即在多山的县份，距大道甚远，没有村落，而各市镇相距又十分辽远，皇帝陛下也同样令建筑样式相同的房屋，供给每种必需品，并准备马匹，照常供给。……此等规划的结果，使来到帝廷的专使，以及来往于各省和各王国的钦差最觉便利。……这真是十分

---

① 《马哥波罗游记》英译本，第十三章，页 201。李译，第二十二章，页 152。冯译，第九十四章，页 379。

② 同上英译本，第六十八章，页 297。李译，第七十六章，页 239。

③ 同上英译本，第三十六章，页 234。李译，第四十四章，页 188。冯译，第一百十三章，页 440。

奇异的一种制度，而在动作上也很有效能，几乎不能用言语形容出来。”[①] 再就水道的交通来说，据卷二第六十四章，则在黄河附近的一个码头，泊战舰一万五千艘，每船除船员外还可载十五匹马和二十个人。[②] 他有一个时候，在新基（Sin-gui，九江）城所看见的船舶不下一万五千艘，尚有沿江的其他市镇，船舶的数目还要多些。[③]

8. 纸币的通行

纸币是由中国人发明的，欧洲在一七一五年（康熙五十四年）才开始在巴黎发行，可见中国文明当时比欧洲高。《游记》卷二第二十四章曾专记大汗所发行的一种纸币及其通行于全领域。“汗八里城中有大汗的造币厂。……这种纸币的制造，其形态与仪式，恰和真正的纯金或纯银币一样郑重其事的；因为有许多特别任命的官员，不仅在每张纸币上签名，并且还要盖章。……此项纸币大批制造后，便流行于大汗所属领域的各处，没有人敢冒生命的危险，在支付上拒绝使用。他的一切百姓都接受此项纸币，毫不迟疑，因为无论何处，他们可以应营业的要求，用它去购买他们所需要的商品，如珍珠、宝石、金银是。总说一句，用此纸币可以获得任何物件。……基于这个理由，可以确切承认大汗对于财宝的命令权，比世界上任何君主要广大些。”[④] 纸币的流通地域可举者，如潘杂府（Pazan-fu，疑即河间府）[⑤]，新基马条（Singui-matu，疑即临清州）[⑥]，辛基（Cingui）[⑦]，保基（Pau-ghin，

---

① 《马哥波罗游记》英译本，第二十章，页 207—209。李译，第二十六章，页 163—164。冯译，第九十七章，页 393—394。

② 同上英译本，第五十四章，页 272。李译，第六十四章，页 219。冯译，第一百零九章，页 429。

③ 同上英译本，第六十三章，页 284。李译，第七十一章，页 229。冯译。第一百四十六章，554 页。

④ 同上英译本，第十八章，页 202—205。李译，第二十四章，页 159—161。冯译，第九十五章，页 382—384。

⑤ 同上英译本，页 267。李译，页 214。

⑥ 同上英译本，页 270。李译，页 218。

⑦ 同上英译本，页 271。李译，页 219。

宝应州)[①]，甚至远如钦提基（Chintigui，疑即贵州），“除掉大汗的纸币外，没有他种货币”[②]。

9. 石炭的使用

中国最早使用石炭，《前汉书·地理志》：“豫章郡出石，可燃为薪”，即为好例。《游记》卷二第三十章曾专记契丹所掘的黑石用作燃料一事云：“这一省的各处发见一种黑石，掘自山中，它是躺在山脉中的，一经燃烧和木炭一样，而其火焰且比木材好些；甚至于可以过夜，至天明仍燃烧如故。此等石头除掉先将小小的块子燃烧外，并不着火，但一经燃烧，热力甚大。”这个国中的确不缺少树木；不过居民非常众多，炉灶既多，烧个不停，而沐浴又勤，故木材的数量供不敷求。可是此等石头可以大量地取得，并且十分廉价。[③]我们知道欧洲这时还不知烧煤哩！

10. 建筑的华丽

《游记》中关于中国建筑的宫殿、都市、桥梁三者很详尽的叙述，对于文艺复兴期是有很大新刺激的。卷一第六十一章记大汗在上都城的美丽宫殿云：“此处建一宫殿，系用大理石和其他美丽石头造成，其房舍内都镀上金，壁上绘种种人物、鸟兽、树木、花草，其设计的精巧与建筑的优美，均令人称赞不置。”[④]卷二第十章述汗八里城附近伟大华丽的宫殿云：“大汗的皇宫，其广大为向所未闻，这个皇宫从北城一直伸展到南城……周围有一大理石墙围着，约两步宽。墙的外边装有美丽的栏杆和柱头，人民得在此行走。凡大殿和房间的各方都饰以雕刻和镀金的龙，并有各种鸟兽的图形、战士的图形和战争的图

① 《马哥波罗游记》同上英译本，页278，李译，页224。

② 同上英译本，页267，李译，页213。

③ 同上英译本，第二十三章，页215。李译，第三十章，页170—171。冯译，第一百零一章，页407—408。

④ 同上英译本，第五十七章，页145。李译，第六十一章，页106。冯译，第七十四章，页277。

画，屋顶的里面布置得金碧辉煌，画图满目。”“大殿非常广大，可容六千人的聚餐而有余，房屋之多，可称奇观。此宫壮丽富赡，布置的精巧，似乎令人想象不到能够比此再为进步。顶上之瓦，饰以红黄绿蓝各种颜色，上涂以釉光泽灿烂，和水晶一样。”[①] 卷二第四十一章记垦参府城附近有曼加卢（Mangalay）王宫，“宫甚壮丽，内外有许多泉源和小溪点缀；还有一个美丽的公园，蓄有一切种类的野兽和禽鸟，以供娱乐。公园中央为这个宽敞的皇宫所在地，其整齐与美丽，无以复加。宫中有许多大理石造成的宫殿和房间，饰以图画，槌金和最美丽的天蓝色”[②]。卷二第七十六章描述雄壮富丽的京师城，尤为精采。“雄壮富丽京师城（杭州），这个名称就是‘天城’。此城在庄严和秀丽上的确为世界其他城市之冠。它的景致甚多，可以使它的居民想象自己是住在天堂上。”“他们的住宅建筑华丽，并且雕梁画栋地装饰起来。他们很喜欢这种装饰，花在绘画和幻想的建筑上的钱，确有可观。”他又描写西湖边上许多宽敞美丽的住宅，湖中许多的游船或画舫，[③] 真是再美的地方也没有了。还有九十一章述及大都新城，“其设计的精审，简直非言语所能形容”[④]。全书许多地方述及各地的桥梁，桥为大理石或美丽的石所构成，桥上有石柱，柱顶又有石狮，饰以极精的雕刻，[⑤] 这真是世界上最美丽无比的桥梁了。

---

① 《马哥波罗游记》英译本，第六章，页 168—169。李译，第十章，页 130—131。冯译，第八十三章，页 324。

② 同上英译本，第三十四章，页 232。李译，第四十一章，页 185。冯译，第一百十一章，页 431。

③ 同上英译本，第六十八章，页 290，298—299。李译，第七十六章，页 234。冯译，第一百五十一（重）章，页 578。

④ 同上英译本，第七章，页 172—174。李译，第十一章，页 134。

⑤ 同上英译本，第二十七章，页 222—223；李译，第三十五章，页 178（Pulisangan）。英译本，第三十六章，页 234；李译，第四十四章，页 187（Sindinfu）。英译本，第六十八章，页 292；李译，第三十章，页 254（Kin-sai）。英译本，第七十三章，页 315；李译，第八十章，页 254（Kue-lin-fu）。

由上十项以外，《游记》中还曾告诉欧洲人以这个国度里，对于任何宗教均不反对，一般人民的道德，如孝顺父母[①]、和平与忠厚的态度。“凡住在同一条街上的男女，仅因比邻的关系，亲密如同一家。”[②]把他来和欧洲的中古文明比较一下，不能不说是一种兴奋剂，使欧洲人知道在基督教徒所诅咒的万恶的世俗的物质的地上生活中，却涌现出一道美善无比的光明的地上的“天堂”。

（C）自由研究之精神

《马哥波罗游记》对于文艺复兴期的第三贡献，是在唤起了当时自由研究的精神。自由观察和自由研究实为文艺复兴期的最大产物；由自由研究而后使人从修道院走向自由宽阔的自然界，而后才有种种发明。

科姆洛夫（Manuel Komroff）为一九二六年编订的《马哥波罗游记》作有一篇引言，申述马哥波罗之为人是怎样地富于自由观察和自由研究的精神。[③]

> 他在旅行中的第一个阶段中，对于鸟雀有二十种重要的考证。全书对于动物、树木和各种形态的植物，有许多详细的描写。他也说及各种果子和种子。此等观察的敏锐，使我们对于他的爱好自然不能怀疑。即就他带回来的财宝看来，也倍而有征。他在一个地方说及从一头野犛牛获得一些毛带回来；在另一地方又说及带回一只麝的头足；此外还有苏木的种子、西米树（Sago Tree）的木髓制的饼子。他对于这些东西发生兴趣，然这一切不

① 英译本，第二十六章，页220。李译，第三十四章，页176。

② 英译本，第六十七章，页298—299。李译，第七十六章，页240。

③《马哥波罗游记》，科姆洛夫编订英译本，引言，页XXX：纽约，1930。李译，序言，页32。

是关于生活其他方面，而是关于自然的。

他对于每一研究的机会均不肯错过，他在书中描写某几种鸟尾毛的长度，或大汗的隼脚上的银圈。他又描写许多本国所不知道的动物，以及奇怪的风俗，异样的景致，这样好奇心丰富的人，正是文艺复兴期的一个好榜样。

但话虽如此，马哥波罗终竟是一个商人和一个商人的儿子。"百万马哥波罗"所欣羡的是财富，是工商业的物质生活。如科姆洛夫所说，"马哥波罗的商人本色是活现于整个的记述中，他的爱好自然居第二位，游戏的热忱居第三位"[①]。因为他是商人，所以他的《游记》所记载的中国文明，也以物质的生活为主，他对于文艺复兴期的影响，也只以中国文明的物质的生活为限。如我前面所说，中国在文艺复兴时代，曾给欧洲以物质的技术的重要条件一样，马哥波罗实为传播此种物质技术条件于欧洲的最重要的一个人。

四、文艺复兴期之中国题材

《马哥波罗游记》在给文艺复兴期以一定程度的物质的影响外，更供给欧洲的文学界、科学界以许多丰富的中国题材。《游记》中所述之人名及契丹、汗八里之类，在文艺复兴期的重要作家里面时常发现。此外即在绘画和美术工艺上面，文艺复兴亦确曾受了中国的影响。如十六世纪时，意大利的委内西亚（Venezia）、斐罗拉（Ferora）及佛罗棱萨等地便有人仿制中国的青瓷器，这即是一例。现在试将文艺复兴期的中国题材，分述如下：

① 科姆洛夫，同上书，页XXXI。李译，序言，页34。

（A）绘画

达芬奇（Leonardo da Vinci）

达芬奇是一个最足代表文艺复兴时代精神的一个人，他多才多艺，是雕刻家、是诗人、科学家。他之研究武器与战术，很明白地是受当时中国火药传入欧洲的影响。但最可注意的，是他一生不朽的名画，如《蒙娜丽莎》（*Mona Lisa*）描写他爱人之美，曾费五年的工夫在这画上。却是这画背景即是一块中国式的山水，这在西洋画界中是很特别的，可算是受中国的影响了。《东方学报》有谟挨斯忒堡（O. Münsterberg）所著《达芬奇与中国山水画》（*Leonardo da Vinci und die chinesische Landschaftsmalerei*）一篇，又哈克尼（Hackney）著《中国画入门》（*Guide-posts to Chinese Painting*）中论西洋美术所受中国的影响，与郑寿麟著《中西文化之关系》页三九至四二，均曾提及这一点。

（B）文学

文艺复兴时代，意大利各城市，因地理上关系，它们的散文家、诗人、小说家最易感受东方的异国情调；而在提倡方言文学的英国人，也有以充满生气的东方故事，作他们文学底题材的。举例如下：

1. 曼得维尔（John Mandeville）

一三五七年英国的散文始祖须约翰（John the Beard）托名曼得维尔，所著《东方闻见录》（*The Travels of Sir John Mandeville*）[1]，前人以为游记，近人考证才知道只是一部虚构的小说。此书相传为英文学中最初的散文著作，写成后辗转传抄，后有拉丁文与意大利文的各种译本，几乎知识界人士莫不人手一编，故传布极广，和《马哥波罗游记》不相上下。虽然此书中所述关于蒙古和契丹的知识，全从鄂多

① 曼得维尔：《东方闻见录》，“万人丛书”812。此书共227页。页165—187描写大汗国之处甚有名。惟原书初稿是用英文或法文写的，颇成问题。

立克的游记脱胎出来，但欧洲文学里实以此为一部赞美中国事情的先驱。他把中国文化抬得很高，以为大汗的政治、经济乃至于礼貌的各方面，都比欧洲无论哪一国好些。[①] 这一部游记曾为马克思《政治经济学批判》所引用以说明中国很早即有“虚价纸币”的发明。见《马克思、恩格斯论中国》，页三五—三六。

2. 薄伽丘（Giovanni Boccaccio）

意大利的散文始祖薄伽丘所作近世第一部小说《十日谈》（*Decameron*）[②] 给欧洲的文艺上的影响很大，此书和但丁《神曲》同有“人曲”之称。就其内容来说，差不多都是对于中世纪悖理思想的严重抗议，其中第十日第三故事中，采用了“契丹”的题材，描写契丹国的一个贵族那坦（Nathan）怎样宽宏大度，“直至不但东方，甚至西方各地，也轰传他的大名”；他并且怎样为了密司立丁斯（Mitridanes）愿意牺牲自己的生命去满足他。[③] 这一段故事虽然只是文人好奇心理的表现，在他的作品中点缀一下远东的古国，本不足视为重轻，可是中国题材对于文艺复兴期代表作家的影响也可以于此得到一个证明了。

3. 菩雅多（Matteo Maria Boiardo）

意大利菩雅多是文艺复兴期最出色的宫庭诗人，他那篇《恋爱的奥兰度》（*Orlando Innamorato*）可以算得纯文学的名作。取材于法王查理曼十二部将中最有名的一位青年英雄罗兰（Roland），他觉着欧洲没有适当的配偶相匹，想念契丹女子，可巧遇见了契丹女王安琪莉茄（Angelica）。[④] 这诗在一四九四年虽未完篇，因其描写中世纪的骑

---

① 玉尔：《契丹纪程》，第一卷，页 27，Odoric and Mandeville。张星烺：《中西交通史料汇篇》，第二册，页 140。石田干之助：《欧人の支那研究》，页 116—117。

② Boccaccio's *Decameron*，二册，“万人丛书”本。黄石、胡簪云译：《十日谈》，开明书店版。

③ 同上书，“万人丛书”本，页 275—276。

④ Thomas Bulfind: *Legends of Charlemagne*，“万人丛书”556，对于 Orlando or Roland 的故事叙述甚详，见页 115。

士很是生动，在十五世纪中也有相当的影响。[①]

4. 阿利俄斯托（Ludovico Ariosto）

阿利俄斯托是代表文艺复兴的极盛时代。他的杰作《疯狂的奥兰度》（*Orlando Furioso*）是继着菩雅多《恋爱的奥兰度》做的，为写基督教骑士浪漫生活的第一篇名作。他作此诗费时七年，发行后流传极广。他开头即叙述作此诗的宗旨是"我所唱的是贵妇人与武士、是武器、是恋爱、是好客与勇敢的行为"。史家称之为文艺复兴期的人生观之一个完全写照。所取的事实，最重要的是奥兰度和安琪莉茄的恋爱和种种轶事。契丹女王安琪莉茄是诗中的女主人翁，当安琪莉茄别有所恋的时候，她的爱人奥兰度失望后发狂的几节韵文写得非常动人。以后她嫌欧洲不好，同她的第二个丈夫美达罗（Medaro）由西班牙乘船到中国来。[②]阿利俄斯托因作此诗，名誉极大，英国大诗人莎士比亚也受着他很深的影响。

（C）科学

罗吉尔·培根

我们从苏提尔（W. E. Soothill）所著《中国与西方》（*China and the West*）[③]与罗伯特斯（F. M. Roberts）所著《西方旅行中国记》（*Western Travellers to China*）[④]各书，均述及十三世纪培根与中国的关系。文艺复兴期的科学家培根是近世科学家的先锋，他的名著 *Opus Majus* 即有关于卢白鲁克游历东方的札记。卡德曾经告诉我们，"欧

① 《恋爱的奥兰度》诗中有 Galafron 王，即安琪莉茄的父亲的一段小诗，引见玉尔：《契丹纪程》，页 CXXXV注。

② 参照 J. S. Nicholson: *Tales from Ariosto*（1913）; J. A. Symonds: *Renaissance in Italy*, Chap. Ⅷ, Ariosto, p. 154—170。

③ 苏提尔：《中国与西方》，页 43。

④ 罗伯特斯：《西方旅行中国记》，页 19。

洲著作家最早述及火药的，当推罗吉尔·培根，培根是十三世纪人物，他知有火药，是由于阿拉伯的故事书，或从中亚旅行家卢白鲁克间接得来，则不甚可考。[①]惟培根曾亲见过卢白鲁克，其书中曾以中国为题材，却是很明了的事实。

总结以上各节的历史事实，我们便可得到一个结论，就是欧洲文艺复兴是一个伟大的变革的时代。在这个大时代产生之前，十三世纪以来，欧洲即有许多教士、商人、外交使者、游客等不绝东来，使欧人对于中国渐渐有亲切和明了的认识。尤以《马哥波罗游记》给文艺复兴期以一定程度的影响。如地理上的大发见、美的与物质的生活之愿望、自由研究之精神，不知唤起了欧洲中世纪的多少迷梦。而且欧洲的文艺复兴，借助于阿拉伯人，输入了中国的重大发明，造成了极端有利的技术条件。所以平心而论，中国对于文艺复兴还是贡献不少，这种贡献在欧洲一旦生了根，就也“为十八世纪的唯物主义作了准备”[②]。

① 吴泽炎译:《中国印刷术的发明和它的西传》，页106。
② 恩格斯:《自然辩证法》，人民出版社1960年版，页7。

二　十八世纪中欧之文化接触

一、中欧文化接触之三时期

东西文化接触是文明世界的强大推动力。马克思在《中国和欧洲的革命》文中，曾说及有一个观察很深刻而同时又富于热烈理想的研究家考察了支配人类发展的基本原则以后，认为自然界的基本秘诀之一，就是他所谓“两极相逢律”。两极相逢这句革命的格言，在他看来，是全部实际生活中伟大和重要的真理，这种真理，哲学家也不能漠视，如天文学家不能漠视开普勒的定律或牛顿的大发明一样。接着马克思便以中国革命对于文明世界所大概发生了的影响为例，说明“两极相逢”这个原则的真理性。[①] 现在再把这个原则扩大起来研究一下东西文化之相互影响也是一样。例如东西哲学均有其自身的发展规律，但同时也发生相互影响。固然无论东西，它的哲学文化总是一定物质基础上的上层建筑，有它独特的前后相承的发展规律，但这不妨碍同时通过其自身的社会经济条件和社会内部的各种阶级斗争而接受他方面的影响。中国如此，欧洲也如此。中国近代曾受西洋科学文化的影响，但中国古典的哲学则曾经理想化了以影响于西洋十八世纪，这也是事实。所谓“两极相逢律”，其意义就是如此。

---

① 马克思、恩格斯:《论中国》，页 39—40，解放社版。

十八世纪是欧洲封建主义崩溃和资本主义成分产生的时期，为适应新的生产力发展的需要，在哲学里面逐渐形成那正在上升到统治地位的反宗教反封建的理性万能的学说，这决不是偶然的。而这理性万能的学说实以中国之哲学文化的输入为其外在的必要条件。正如赖赫淮恩（A. Reichwein）所说似的，中国思想在十八世纪之影响，至可称"孔子为此世纪之守护尊者"（Thus Confucius become the patron saint of eighteenth-century Enlightenment）①；换言之，即十八世纪实为欧洲文化受中国哲学文化洗礼的时代。但说来话长，在这种哲学思想接触的"两极相逢"以前，我们更应该回溯到中欧文化之物质的接触时代与美术的接触时代。物质的接触虽以文艺复兴期输入欧洲之四大发明为最显著，而起源甚早，可回溯到纪元前中国与古代希腊的关系。但自文艺复兴即十六世纪以后，由中国输入欧洲的货品大都以美术的工艺为多，如陶瓷、漆器、丝织品之类，因此接着便入于美术的接触时代。但到了十八世纪，因耶稣会士介绍孔子的学说，更加那时传教士为争论礼仪问题，引起了欧洲一般知识界人士对于中国思想研究的兴趣，因此便入于第三哲学思想的接触时代了。

第一　物质的接触时代

（A）中国与古代希腊、罗马

中西交通的开始即是中西物质文化接触的开始。古代中国与西方交通，据印度最古的《摩诃婆罗多》大史诗中已有支那的名称，希腊古书中也曾提及支那一名，以赛里斯（Serice）为东方产丝之国。在古代中国文献如《穆天子传》《竹书纪年》《逸周书》，都有涉及东西

① 赖赫淮恩：《中国与欧洲》，英译本，页 77。

交通的证据，虽不甚可靠，而要之古代中国与希腊已有物质的接触，却为一种事实。[①] 英国汉学家翟尔斯（H. A. Giles）著《中国与中国人》（*China and Chinese*）第四章曾略述中国文物风尚与古代希腊的关系有二十余项，专就物质方面节录数项如下：[②]

（1）中国建筑，门常朝南，屋中男女分隔，门扇多为二，且开门时为推进，希腊之住宅亦然。

（2）中国演戏，自晨至晚，连演不息，戏台常搭于露天旷地，与希腊同。戏文有“曲”有“白”，戏子或带假面、或涂面谱，彼此皆同。至于戏台上设神像，更是无独有偶的风俗。

（3）中国之“骰子”戏系于第二世纪前后，自西方传入者。

（4）古代中国用以记时辰之“壶漏”，在古代希腊也曾用过，情形是否完全相同则未确定。

（5）中国橄榄之来源或系传自希腊，传播时期约在纪元前第二世纪即西汉时代。

（6）中国之有“栗子”及“葡萄”系始源于张骞使西域之后。张骞曾在巴蜀等处，而当时该处已与西方交通，栗子葡萄一类果子即由彼处入中国，故此后中国始有葡萄酒之酿制，秦汉以前未有。

（7）古时中国铜镜常有各种花鸟装饰，与古希腊所有者相似。

（8）中国石榴、萝卜等蔬菜果子，皆系自古代小亚细亚诸国传来者。

固然关于葡萄等物质接触，现在尚有问题，如许多学者以为葡萄即是希腊Bótpus的译音，许多人又以为不确。近来学者如劳福尔（B. Laufer）、罗斯托西夫（M. Rostovtzeff）等又提出许多先秦两汉中国文

① 朱谦之：《中国古代乐律对于希腊之影响》，页4—23，“序论”，音乐出版社，一九五七年。

② 翟尔斯：《中国与中国人》，页120—136，此据薛澄清译。

化中之西来成分，或者说与西方相似的成分，如甲胄、铜器花纹、殉葬一类的风俗等等，而要之东西物质的接触为时甚早，即可以断言。大概在纪元前后约二世纪时，罗马人即继起而为东西交通的媒介。我们知道，这时物质接触实以中国丝绢为最重要，而罗马即为中国丝绢贸易之一大销场，诗人之所歌咏、史家之所记述，无不称道此赛里斯国，即是“丝国”（Land of Silk）。罗马人嗜好中国丝，有如近百年来中国人之好穿洋服，好用洋货，以致风俗奢侈，造成罗马帝国衰弱之一原因。[①] 在纪元五、六世纪后，罗马人已不能直接与东方贸易，这时伊朗民族垄断东西交通路线，八世纪至文艺复兴时代，又替代之以阿拉伯人，因此，此后的东西物质接触遂不得不以伊朗民族与阿拉伯人为其媒介。

（B）中国与伊朗文明

伊朗包括今代波斯、俾鲁支、阿富汗、帕米尔、加非里诸地。在安息名称时代，与前后汉交通频繁，并传布佛教于中国。[②] 在波斯名称时代，与中国自元魏至隋唐交通，通使频频，《魏书》新、旧《唐书》杜佑《通典》均有记载。而且波斯人更传布西方各种宗教于中国，如景教、祆教、摩尼教等。但专就物质接触来说，唐人所记波斯国矿石及动植物，其种类亦极多。[③] 例如：

〔矿石〕密陀僧　珊瑚　炉甘石　绿盐　铙沙　石硫黄　矾石　琥珀　剌　避者达　昔剌尼　古木兰　肋把避　肋木剌　撒卜泥　鸦鹘　马思艮底　你蓝　屋朴你蓝　猫睛　赤水石　你　舍卜的　乞里马泥

① 参看张星烺《中西交通史料汇篇》，第一册，页4。又《中国丝绢西传考》见《史学专刊》第二卷第一期。

② 张星烺：《中西交通史料汇篇》，第四册，页42—53。

③ 同上，页156—185。

〔植物〕胡黄连　缩砂蔤　荜茇　蒟酱　补骨脂　茉莉　青黛　螺子黛　莳萝（即小茴香）草豉　巴旦杏　阿月浑子　阿勒勃（即波斯皂荚）葡萄　橄榄　石蜜　无花果　波斯枣　乳香　香生齐　没药　没树　婆那娑树　槃砮穑　耶悉茗　安息　香　龙脑香　紫铆　芦荟　无食子　阿魏　诃黎勒　婆罗得　乌木　柯树　苏合香　青木香

〔动物〕驼鸟

以上均为从波斯传入中国者，但中国之物品亦传至波斯。劳福尔在《中国人对于古代伊朗文明史之贡献》（*Sino-Iranica: Chinese Contributions to the History of Civilization in Ancient Iran*）书中下部有专章述之，分类如下：

〔矿石〕缟玛瑙　鬼睾丸　白铜　火硝　磁土

〔植物〕邛竹杖　桃　杏　肉桂　生姜　黄连　大黄　无患子　庵摩勒　蜀葵　玫瑰　檀香　桦茶　土茯苓　桑树　黍秫

〔动物〕蚕丝

劳福尔更举及波斯文中之中国文字，如“pāizah”为“牌子”之译音，“taiwan”为“大王”之译音，“taihu”为“太后”之译音，“furen”为“夫人”之译音，“Jinksānak”为“丞相”之译音。[①] 以上名字大概为隋唐时代输入波斯者。劳福尔的著作，其主旨在述中国物质文明传入波斯因而传入欧洲各国，这可以说就是中欧物质接触之一小时期。

（C）中国与阿拉伯文明

在纪元八世纪以后，阿拉伯人继操东方贸易大权，于是物质文明

① 劳福尔：《中国人对于古代伊兰文明史之贡献》，页 535—564。

的交流乃更进一步。阿拉伯在"大食"名称时代，曾传入中国各种矿石及动植物，依新旧《唐书·大食传》《诸番志》《酉阳杂俎续集》及《本草纲目》所载，[①]可举例如下：

〔矿石〕玛瑙　无名异　琉璃　火油

〔植物〕石榴　人木　阿芙蓉（即鸦片）　薰陆香（即乳香）骐麟竭　苏合香　无食子　阿黎勒　金颜香　栀子花　蔷薇水　丁香　阿魏　芦荟　押不芦

〔动物〕马　驼鸟　大尾羊　胡羊　木乃伊　珊瑚树　珠子　象牙　腽肭脐　龙涎

中国物质文明之传入阿拉伯因而传入欧洲者，依《苏莱曼东游记》（*Voyage Du Marchand Arbe Sulaymân en Inde et en Chine*）所述，有瓷器、陶器、生丝和熟丝的织物；还有在出产多量的货物之中，为国王所专利的一种草的干叶，叫做茶（San），是可以用热水泡了喝的。[②]但这种物质的接触，虽有人说"茶叶、把人类交际变文明了"，但还不及转输中国的几种发明品来得更为重要。这就是造纸、火药、罗盘针，以及炼丹术、脉术之类，尤以脉术即中国公元后四世纪王叔和所写《脉经》影响于伊本·西那（Ibn Sina）的《医典》。阿拉伯学者亚可布《论东方对于西方文化之影响》[③]，曾确实证明了这些西方文化里边顶重要的事物，都是经阿拉伯人之媒介而传入欧洲的。在恩格斯《自然辩证法》所述之外，法人圣西门（Saint-Simon）、孔德（Comte）也曾指出阿拉伯人输入东方文化之贡献。[④]萨诺善（C.

① 张星烺：《中西交通史料汇篇》，第三册，页101—111。

② 《苏莱曼东游记》，刘半农译，页32—33，36。

③ 亚可布：《论东方对于西方文化之影响》，译文见《史地周刊》第七十九期，《大公报》一九三六年四月三日。

④ 圣西门分人类历史为十二个时期，第十期以阿拉伯即萨拉森人（Saracems）为代表，认为在苏格拉底后为科学进步之贡献者。孔德说见《实证哲学》下册社会利学之部。

Seignobos）所著《中古及近代文化史》第八章《西方之东方文化》更明白地说："阿拉伯人集东方世界所有发明与所有知识之大成。……西方世界返于野蛮后之重又文明，胥受阿拉伯人之赐。"[①] 阿拉伯对于中国文化的贡献，有如天文历法及回回药方之类；同样，中国之物质文明，自七、八世纪因阿拉伯人而传播欧洲，至于十三世纪更因蒙古征服欧洲，而物质的接触乃达于极度发达。不过我们仍不妨如哈得孙（G. F. Hudson）《欧洲与中国》（*Europe and China: A Survey of their Relations from the Earliest Times to 1800*）第九章中所说，"十六世纪以前中、欧的互相影响的路径并不是直接的"罢了。[②]

第二　美术的接触时代

（A）罗柯柯运动

十三世纪中国与欧洲的陆路交通，不适于输运大量的物资，例如陶瓷器之类。而且元亡明兴，中欧交通几乎断绝了一百五十年，虽有几条陆路可通，但自一四五三年以后，便为土耳其人所阻隔，致欧洲人所嗜好的如胡椒、丁香等物产俱不能达到欧洲。为打破这局面，欧洲各国商人乃另觅通东方的海上新交通线，因而东方远洋航路的发现便成为历史命运的大变革了。只有海上交通发达，才有可能运送更多的中国工艺品，满足欧洲的美术工艺上的需要。一四八六年葡萄牙人初至好望角，一四九七年发斯科·达·伽马横渡印度洋，翌年更抵印度西海岸；一五一零年葡人攻陷果阿（Goa）作为根据地，一五一四年葡国商人初至中国海岸贸易，自此以后葡人独占中欧间贸易约达六十年之久。[③] 自一五五七年租借中国澳门开始远东贸易以来，将中

---

① 萨诺菩：《中古及近代文化史》，页108。
② 哈得孙：《欧洲与中国》，第九章，页271。
③ 张星烺：《欧化东渐史》，页3—8。

国的产品——生丝、缎子、锦绣、陶瓷、漆器，尤其美术工艺品，一捆一捆载入葡萄牙的市场，更输入西欧英、法、德各国，因而引起西欧上层阶级对于中国美术的兴趣不少。然而作为一种中国趣味流行之社会的现象来看，尚为十六世纪以后的事。十七世纪初荷兰及英国两东印度公司继起，与葡萄牙竞争海上贸易。他们在进行海盗式的掠夺、屠杀之外，商船、战舰更接踵而来，从广东满载中国货物大量输入欧洲。据保利亚（Pauliat）的研究，当时东方美术工艺品的全部三分之一，为法国所吸收，[①]即属过言，也可见那时候法国与中国美术工艺的接触。法国接受中国制品作为工艺改革的刺激物，从十七世纪初已经开端，主要通过荷兰，次由英国而进入法国。又因与暹罗的外交关系，赍来暹罗王宝藏的精华，这些丰富的赠物也给法国人以憧憬中国之一强有力的刺激。法国之远东贸易的计划在科尔培（Colbert）创设东印度公司之后，乃见大发达，并在工艺上输入了多额的印度印花布，流行一时。一七零一年始由阿姆非特赖提（Amphitrite）号直接从广东输入许多中国工艺品[②]。自后整个十八世纪中差不多每年都有一只乃至数只法国船载运相当的中国物品，其数量因流行需要激增，求多于供。中国品的搜集狂势至盛行制作的模造品，使中国舶来品与其模造品并行，成为当时所有社会层之屋内装备的必需品了。在这东西美术工艺的接触中，欧洲尽力接受中国的影响，其结果遂酝酿成为十七世纪和十八世纪间风行于德法各国的“罗柯柯运动”（Rococo）与十八世纪欧洲之中国园林运动。现在试根据赖赫淮恩所著《中国与欧洲》第三章、第六章，哈得孙所著《欧洲与中国》第九章，小林太

① Pauliat: *Louis XIV et la Compagnie des Indes Orientales de 1664*, Paris, 1886。此据小林太市郎：《支那と仏蘭西美術工芸》，页 71 引。

② 案伯希和有专著论述，书名 *Le Premier voyage de "L'Amphitrite" en Chine*, Paris, 1930，北京大学藏。内容分八节。

市郎所著《中国与法国美术工艺》所述，[①] 略为介绍如下：

1. 瓷器

瓷器在十五世纪已见欧洲文献，在古开罗的福斯塔（Fostât）据记载也有陶器及其他宋瓷的破片出土。在卡尔图姆（Khartom）也发掘了青瓷器，现均陈列英国博物馆。[②] 但中国瓷器之成为欧洲人的嗜好，则在十七、八世纪。十六世纪末叶，意大利各地已经开始仿制中国软质瓷器，自地上绘以淡蓝色花纹。十七世纪从各国东印度公司输入巨量的瓷器，但这时尚不过作为一种新奇物品，只有几个大宫廷去收藏它。但到了十八世纪初年，瓷器便成为阔人家中的必需品，尤其当饮茶的时候，非此不足以表示其为时髦人物。一时风气所趋，欧洲上层阶级无不收藏中国瓷器；在王宫中，在特辟的“中国室”中，应有尽有地陈列中国式的瓷器人物以及瓶瓮之类，以为装饰品。《耶稣会士书简集》，第十二集及第十六集收载殷弘绪（Frac. Xav. d'Entrecolles）《中国瓷器见闻录》述及在欧洲，中国瓷器价格之高及法国太子之定造瓷制的乐器。[③] 英国文豪华吞（William Wotton）曾在《冒险杂志》上作一篇讽刺文，来讥嘲这种一时的风尚，然而即在这时候，即一七一零年以后，欧洲却发生了所谓“瓷器罗柯柯艺术”（Porcelain-Rococo）。赖赫淮恩告诉我们，中国文化对于罗柯柯运动的影响不在文字方面，而在乎中国轻脆的瓷器和各种丝绸上绚艳悦目的光泽，这种光泽暗示欧洲十八世纪社会以一种想象中快乐的人

---

① 赖赫淮恩:《中国与欧洲》，页29—82，121—136。同上英译本，页25—72。哈得孙:《欧洲与中国》，页270—290。何炳松:《中国文化西传考》见《中国新论》第一卷第三期，对赖赫淮恩所述略为介绍。朱杰勤译:《论罗柯柯作风》，见《现代史学》第三卷，第一期。

② 小林太市郎:《支那と仏蘭西美術工芸》，第二章，页46。

③ 殷弘绪:《支那陶瓷见闻录》，小林太市郎译，东京第一书房一九四三年本，第五章，页212—217，221—222。

生观。[①] 事实也是如此，当时欧洲人对于中国瓷器和丝织品十分倾倒，例如法国社会各阶层一般使用中国茶盌及其模造品，有名的热夫林夫人（Madame Geffrin）每星期四开“沙龙”招待百科全书派的思想家和文人等，其招待日所用茶瓶、茶盌之类，即屡屡从有名的得拉薛尔（de Lazare）的瓷器店购来。又当时插生花及香的鉴赏之普及，也使中国瓷瓶、香炉等成一时好尚。希腊陶器艺术颇发达，但未闻造一花瓶；意大利号称百花盛开之国，却在文艺复兴的绘画里，有花瓶的画面真寥寥无几。[②] 因为羡慕中国瓷器，在法德各国均有仿制的工作，法国内威尔（Nevers）与卢翁（Rouen）所制陶器虽不能再现中国瓷器的本质，但从外观纹饰上却极相象。到了制瓷术的秘法传入欧洲，技术乃大加改良，如在德国迈孙（Meissen）地方所制成纯粹的白瓷，法国有名的色佛尔（Sèvres）窑均不但技术上外观纹饰上模仿中国，即在意匠上亦有所创新了。

2. 漆器

一三四五年阿拉伯人伊本·拔都他（Ibn Batuta）已称中国漆器“输入于波斯印度者甚多”。但在欧洲，直至十七世纪，漆器尚属罕见之物，所以在一六八九年，髹漆的中国家具竟用作皇家开奖物品，名贵可知。一七〇〇至一七〇三年法国船阿姆非特赖提号二度航行广东，载去漆器有手箱、桌子、描金衣柜及大小屏风之类，当时至称为“阿姆非特赖提中国漆器”。十七世纪末期，法国人开始仿造真正的漆器，如马丁一族（Martin family）兄弟四人，均以采用中国的作风模样，仿造漆器著名，于是漆器就成为家家必备的用品了。最有趣的就是欧洲漆的用途，在屋中家具以外，更应用之于中

---

① 赖赫淮恩:《中国与欧洲》，英译本，页 25，26。

② 小林太市郎:《支那と仏蘭西美術工芸》，第四章，页 348—350。

国式之轿子（Sedan-chairs）上面，轿子本为中国文化，十七世纪初年，欧人始加仿造，当时欧洲贵族因这种轿子很可以增高他们的身份，乃大加提倡；在罗柯柯艺术极盛时代，坐轿的文化，风行全欧，莫利哀（Molière）在一六五九年所作《女性的滑稽》（*Les précieuses ridicules*）中有一段对话，即单道及此。轿子的颜色和坐轿的规则，也完全以中国为标准。[①]轿子以外如家具、车子、手杖，也无处不画起中国的图样。一七六三年伯郎希城更设立了漆器工厂，以出产鼻烟壶著名。[②]

3. 丝织品

中国丝织品传入欧洲很早，但数量极少，在六世纪前，其价值竟和黄金相等。及后养蚕制丝之法西传，但仍不绝输入中国的生丝和熟丝的织物。到了十七世纪，丝织品随着东西交通的发达才大量输入欧洲，一时货多价廉，尤以有锦纹花样者为最特色。当时法国以里昂为中心，绢织的发达因受中国影响，至有以中国为名的即所称“Chinage à la Branche”。巴黎更成为丝织品流行的中心，巴黎丝商采用中国技术如花纹染色等，以从事仿造，结果利市百倍。因为喜欢中国染色，又从东方输入栀子一类的染料。还有绣品和棉织品也从中国传入，用途极广，用作外套或作挂物，更时髦的则充帐幕与壁纸之用。[③]最可注意的是中国和印度印花布的输入与其模造，给法国的纤维工业以很大的打击，一六八六年十月财政总长下令严禁印花布的输入及制造，同时将制布所用一切雕版木加以毁弃，但从一六九七至一七五零年间虽有三十回以上的禁令，甚至一日没收焚毁衣服至九百件，亦无法阻止印花布的秘密输入。一七五九年十一月乃决定解禁。

---

① 赖赫淮恩:《中国与欧洲》，英译本，页34—37。

② 亚可布:《论东方对于西方文化的影响》，见《史地周刊》第七十九期。

③ 哈得孙:《欧洲与中国》，页284。

解禁后留法德国人奥柏卡姆普夫（Oberkampf）在朱伊（Jouy）地方很快就创办了印花布工厂，模仿中国及印度图案，尤以中国意匠的人物装饰最受欢迎。[①] 朱伊印花技术的发达，后更利用机械装置的铜版捺染代替了中国旧式的木版，虽有使美术工艺机械化的危险，但不能不说是技术上之一大进步。还有中国的刺绣也成为欧洲人的好尚，尤其所谓“针绘”（needle painting），其针刺之花由彩色丝绒编成，或杂以金银细丝，光彩悦目，最为欧人所喜用，此种锦绣竟取哥布兰（Gobelin）花毡的地位而代之。又用作室内挂壁装饰的绢织，就现存巴黎工艺美术馆的藏品来看，也可见其极宫中国的趣味。还有可以附带说及的，就是现在欧洲住宅所用各种颜色花样的壁纸（wall-papers）。这种壁纸在中国第四世纪早已发明，十六世纪由荷兰人，十七世纪初由英国人传入欧洲，不久法英二国才有仿照中国花样，而造成所谓“中英合壁”或“中法合壁”的壁纸。在法国尤以富于中国趣味的“勒未隆（Réveillon）壁纸”为最有名。[②]

4. 风景画

专就罗柯柯时代来说，中国趣味的花鸟画风室内装饰，居然使西洋风之室内具有一种清新华丽与自然相接近的中国气派。还有中国趣味的版画，例如刻射（Athanasius Kircher）《中国图志》中铜版画、耶稣会士白晋（Joachim Bouvet）《中国现状志》中衣服图版画、竺赫德（Du Halde）《中华帝国全志》中插图版画，乃至瓦韬（Watteau）的中国风俗画，都给欧洲人以丰富的中国题材，尤以如赖赫淮恩书中所载法国风景画家瓦韬实为第一个受中国画法影响的人，[③] 其名作《远航》，说者谓其令人一看去简直好似中国宋代之风景画。[④] 又

---

① 小林太市郎：《支那と仏蘭西美術工芸》，第四章，第一节，页 308—316。

② 哈得孙：《欧洲与中国》，页 284。

③ 赖赫淮恩：《中国与欧洲》，英译本，页 47。

④ 同上。又哈得孙：《欧洲与中国》，页 285—287。

曾为法王绘中国画于衣橱。[①]此外画家受中国画法影响的，还有如拉谟特（La Muette）等好些人[②]而以高升（John Robert Cozen）为最著名。高升的山水画实应用了水彩画法，又能用中国毛笔和墨水来打轮廓，这种技术的应用影响于其徒克利斯托尔（Joshua Christall）、利物塞治（Henry Liversedge）所提倡的水彩画。还有印象派先驱者忒纳（Turner）也显然受中国画的影响。[③]

（B）中国园林运动

在十七世纪末年，欧洲人对于中国建筑还隔膜得很，但到十八世纪初，他们就很受中国的影响。如罗柯柯建筑中佛塔、凉亭的点缀即系模仿中国，而如德国华肯巴特（Wackenbarth）河上的彼尔尼兹宫（Pillnitz）更为欧洲建筑模仿中国式屋顶之一实例。此外，在德国波兹达姆（Potsdam）附近以及荷兰、法国、瑞士各地，均有中国式的建筑。尚有如中国钟楼、石桥、假山乃至门窗及内部装饰，亦均大受中国影响。不过最可注意的还是十八世纪中叶以后，欧洲所受中国式园林的影响，关于这层，赖赫淮恩另有专章述及，即《中国与欧洲》之第六章《主情时代》。陈受颐也有一篇《十八世纪欧洲之中国园林》[④]一文，又小林太市郎《中国与法国美术工艺》第四章第五节，《中国式园林及其建筑》亦可供参考。现在只简单述说如下：

中国园林运动，依哈得孙所述，可算罗柯柯运动最后形态之一种特色，[⑤]在一七四七年，欧洲人士才读到一篇专讲中国园艺的教士

---

① 戈尔逊：《十八世纪中国与法国》，页30—31。

② 赖赫淮恩：《中国与欧洲》，英译本，页50。

③ 同上。又哈得孙：《欧洲与中国》，页287—289。L. W. Hackney: *Guideposts to Chinese Painting*，朱杰勤译：《西洋美术所受中国之影响》，见《现代史学》第三卷第一期。

④ 见《岭南学报》第二卷，第一期，页35—70。

⑤ 哈得孙：《欧洲与中国》，页284。

通讯，即巴德尼（Jean Denis Attiret）著的《北京附近的皇室园亭》。在这通讯里，极力主张中国园林的特点，在能以艺术模仿自然，而且园景之变化无穷，更在悦人心目。他举圆明园为例，结论以为比较起来，中国园林实为欧洲所大大不及，至少也不在欧洲之下。这封信发表不过十年，便有英国的园艺专家维廉·张伯尔士（William Chambers）尽力提倡中国园艺，他曾两游中国，首次服务于瑞士东印度公司，后再在中国求学，于一七七二年著一篇《东方园林论》（*A Dissertation on Oriental Gardening*）。他这篇文字，一方竭力宣传中国园林之美，一方极力攻击过于简陋的纯粹的天然园林。他极力赞美中国园师，以为中国园师同时即是植物学家、画家与哲学家。他并且亲自参加改造英国园林的工作，最有名的是他代英太子的孀妃奥古斯塔（Augusta）改造逑园（Garden at Kew），[①] 这可以算做欧洲第一个中国式花园了。这花园成为当时的模范园林，法人称之为"中英式园林"。其中所设假山、瀑布、曲径、丛林，均依中国的方法。最令人注意的为一座九层宝塔，余如野景的布置，均在在可见中国影响。自此以后，这"中国式园林"又为法、德、荷兰等国所模仿。在法国便风行一时所谓"中英法式的园林"，建筑师如卡牟（Le Camus）、培兰革（Bélanger）、奥古斯丁（Jean Augustin）、累那（Renarc）等，均以仿造中国园林来点缀天然的美。在德国则迟至十八世纪末年，中国园林才有普遍的影响。一七七三年德国始派园师塞开尔（F. L. Sekell）赴英留学，专研究中国园林和建筑方法。同年在理论方面，即成功了中国园林的美学——翁则尔（Ludwig Unzer）的《中国园林论》（*Uber die Chinesischen Gärten*）。实施方面最令人注意的，是卡塞尔伯爵（Landgrave of Kassel）在威廉斯赫埃（Wilhelmshöhe）所建筑的中国

① 赖赫淮恩以为是肯特（Kent）公爵的产业，戈尔逊以为佐治第三的产业，此据陈受颐说，为英太子的孀妃奥古斯塔的产业。

村，名叫“木兰村”（Moulang）、村旁的小溪叫做葫江（Hu-Kiang），村屋的设施计划均仿照中国，甚至所用挤牛奶的女子也雇用非洲黑女，来顶替中国女子，可算模仿中国到了极端的了。

（C）路易十四时代法国人之中国趣味

现在试专研究一下十七世纪至十八世纪初年法国与中国美术的接触。材料方面主要有斯坦开维赤（Belevitch-Stankevitch）在《路易十四时代法国人之中国趣味》（*Le Goût Chinois en France au temps de Louis XIV*）一书所述。[①] 此外，石田干之助《中国文化与西方文化之交流》（页134—138）及小林太市郎《中国与法国美术工艺》第三章第一节（页141—168，路易十四宫庭中之中国趣味）、第二节（页169—202，路易十五宫庭中之中国趣味）、第三节（页203—220，路易十六宫庭及盛提宜［Chantilly］城之中国趣味）、第四节（页221—233，中国品的搜集家）、第五节（页234—259，一般社会之中国趣味）均极详尽。现在只简单加以叙述。

自十六世纪初葡萄牙商人输入中国艺术品以来，法国历朝君主均爱好中国美术，在宫殿里面搜集很多美术品。一六八五年暹罗和法国缔结外交条约，暹罗国王与宰相法尔空（Constance Phaulkon）付托法全权大臣索蒙（Chaumont）将远东美术品献给路易十四及其王族，这些献品实从暹罗王室之十二宝库中挑选出来，尤其是中国的美术品，即丝织品、锦绣、瓷器、漆器、绘画屏风之类，为最重要。路易十四对于这些献品极感满足，又将一部赠给王族和宠臣，于是王族和宠臣也变为中国美术之赞美者，而成为中国文物（Chinoiseries）之热烈的搜集者了。而且在凡尔赛王宫以外各处离宫均有中国美术的陈

① 斯坦开维赤此书，页1—80述东西交通，页81—255述法国与中国美术的接触。

列室，内中当然应有尽有。据现存于王室搜集之中国工艺品目录即有四种，斯坦开维赤曾加以详细研究，尤以一六七零年路易十四所建立的特利阿农（Trianon）瓷宫、室内装饰着青花白瓷、中国造花、偶人儿之类成为一时风尚，举国若狂。又在凡尔赛庭园内所建设的一座楼台，即以在华传教师卫匡国（Martin Martini）所述《中国新图》为据而仿造的东京之塔。又因缔结中暹外交条约，法国东印度公司的商船遂得停舶暹罗，将暹罗所有之中国美术品输入法国。继之因在华传教师白晋的提倡在巴黎设立中国贸易公司，此公司曾再度派阿姆非特赖提号商船来华，将中国货品输入法国。一七〇三年回航所载中国货品据一九〇一年马德罗尔（Madrolle）刊巴黎国立旧文书馆所藏《日记》，在铜、生丝、茶、药品及香料以外，有陶瓷器一百四十二捆，屏风四十五捆，雕漆衣柜三十五捆，漆茶盆二十二捆，南京七宝烧一捆，挂灯笼十二捆，扇子四捆，被盖、化妆桌子及室内服用之印花布七箱，陶瓷器、漆器样本一捆，此外尚有两广总督所赠武器及古瓷器等。由于路易十四宫庭需要大规模的中国趣味装饰，而且从路易十四至路易十五、路易十六，他们的周围不论王妃也好，大臣也好，都环绕着中国工艺品的搜集家，而且抱着将中国工艺移植法国的目的，中国趣味的流行，这时可说是达到极点了。

因为中国趣味在法国宫庭这般流行，于是，法国的工艺美术家觉着有利可图，遂起而模仿中国美术品，甚至以伪造品谋利。尤其一七〇〇年中国美术商人在巴黎所开的商品展览会，一时贵族富豪趋之若鹜。更有甚者，就是中国趣味的流行，于法国风俗上亦有影响。自从白晋在《中国现状志》中介绍中国服装加以赞扬，于是皇室贵族之间，亦流行中国的衣服。一六六七年某一大祭典中，路易十四化装为中国人，使出席参加者为之一惊。又一六九九年布尔哥格（Bourgogne）公爵夫人，召当时返法之传教师李明（Louis le

Comte)，穿着中国服装参加跳舞会，博得那一夜观众之大喝采。次年王弟在凡尔赛宫所开跳舞会，以中国式的小餐宴客。又在马得里宫（Madried）开化装跳舞会，余兴有《中国国王》(*Roi de la Chine*)一剧。又在十八世纪第一次元旦，法国宫庭也举行中国式之庆祝典礼。[①] 在这样中国趣味统治了法国宫庭嗜好的时候，当然在一般社会生活上也不免上行下效，留下了许多痕迹。先就社交界说，当时流行着许多中国式的东西，第一是中国旅店，在这里面有两个穿中国服装给人服务的女子，又一个中国小孩子迎送客人。第二是中国跳舞场（Redoute Chinoise）设在旧城外的劳澜街（St. Laurant），一七八一年开张，演中国式的跳舞，点中国花灯，放中国烟火。第三是中国秋千，以中国男女各一人引客入戏。又有称为中国风之"bague"戏的游戏场。又有中国浴场，诗人库辛（Cousin）曾作诗称赞它。还有灯影戏，从中国先传德国后传法国，也投合当时市民的好尚。一七六七年以后世所称"剪影画"（Ombre's Chinoise）的，最初只在沙龙上演，为上层阶级所独享，后来渐在街头上演，受民众的欢迎。还有彭帕杜尔夫人（Mme. Pompadour）所得赠物中国金鱼，初视为非常珍品，后来也为欧洲一般人所饲养，引起一般社会趣味。[②] 中国的折叠扇也是如此。欧洲气候有寒无暑，扇是不需要的，希腊、罗马时代的石刻绘画皆未见有扇，至十七八世纪法国宫庭贵妇乃盛行持扇，其制作精美，亦仿自中国，扇成为游乐生活的必需品了。[③]

再说当时以艺术家为中心的社会一般趣味，例如古典艺术的代表者如莫利哀、布瓦罗（Boileau）、勒诺特尔（Lenotre），他们的日常生活也多数用中国的美术品来装饰。画家如查理（Charles）、克

① 赖赫淮恩：《中国与欧洲》，英译本，页 22："That the first New Year's Day of the century was celebrated at the French Court with Chinese festivities"。

② 石田干之助：《支那文化と西方文化の交流》，页 134—138。

③ 李思纯：《十七八世纪西欧之华化与中国之欧化》，见《史学季刊》第一期。

瓦培尔（Coypel）、攸魁（Huquier）、普林斯（Le Prince）、部舍（Boucher），工艺家如安德烈-查理（André-Charles）、部尔（Boulle）、克累逊（Charles Cressent）等，他们遗品均有瓷器或中国画。女优以扮演伏尔泰（Voltaire）《中国孤儿》中之爱大美（Idamé）出名的克雷隆（Clairon）则在瓷器，偶人儿之外，更有金饰之朱漆螺钿描金的"杼"与中国假面。其他文人如古典文学代表郎部耶（Marquise de Rambouillet）在沙龙里有瓷制大花瓶七个，各种瓷器三十四个，实为后来青花白瓷风室内装饰的先驱。次如《巴黎名胜新志》著者布赖斯（Germain Brice），其遗产目录有陶瓷器三十三个、中国塔偶人儿二个。至于文人之所歌咏，如一七一七年塞涅卡（Sénecé）之《中国扇子及室内服》咏物诗，乃至伏尔泰之《您与君》《生活程度不平等论初篇》及一七一六年《Beaucaire 商品市场混杂诗》等，歌咏中国瓷器、歌咏马丁一族的中国技术。可见中国趣味不但流行法国宫庭，而且走向十字街头，成为当时社会一般的风尚。

还有就是中国戏剧，更不消说盛行一时。因为中国式的滑稽喜剧适合了小剧场或意大利喜剧俳优的嗜好。如一六九二年十二月意大利剧团于国王亲临之下，在部尔哥格旅馆（Hôtel de Bourgogne）上演《中国人》五幕即为实例。又一七一三年在泽曼街（St. Germain）上演《道士隐形术与中国宫庭》为题的闹剧、一七二三年在同市上演三幕之中国喜剧《道士、毛狮狗、塔、医生》、一七二九年在同一剧场上演《中国女王》。自此之后，中国戏剧甚为欧洲尤其受法国一般社会所欢迎。依戈尔遂（Henri Cordier）在《十八世纪中国与法国》一书所载，则一六九二、一七二三、一七二九、一七五三（三次）、一七五四、一七五五（二次）、一七六四、一七六五、一七七八、一七七九各年均有中国新戏上演，其脚本有流传下来的、有只剩写本藏于巴黎国立图书馆的。但最有名的却是一七七五年伏尔泰所作《中国孤儿》剧本，以扮演脚色的非常成功，博得大好评。据记载从八月二十日以后共演五次，九月开演日八日中有三日、十月十日中有四日、十一月五日中全部开演。中国戏剧在舞台上的成功，标志着中国趣味已成为法国人民群众的必需的东西了。

再注意一下当时无数通俗的中国文明传播书，甚至于借口于中国的种种戏作。例如小说在一六四二年已经出现拜尔（Du Bail）的《著名的中国人》（巴黎刊），十八世纪有维尔提厄（Mademoiselle de Villedieu）与笛査尔丹（Marie Desjardins）之《中国小说情史集》（里昂，一七一二年），达贞（Boyer d'Argens）从一七三九——七四〇年发行假想的在巴黎之中国人 Siou Tcheo, Yu Chi Chan, Choan 所作《中国文》，卡桑格（Victor de la Cassagne）之北京 Oucha-Lou-Lou 出版《中国间谍欧洲侦察记》（一七四四年）或《中国间谍 Phi-Hi-Hu 实话录》（一七六〇年），或高达（Ange Goudar）之六册《读中国间谍记》（科隆，一七六五——七七四年），又伏尔泰匿名所作《中国印度鞑靼文》（伦敦，一七七六年）。还有许多种类借名中国的讽刺书，在这些小说和伪托书之中，有如《中国间谍》之类，就是借名中国来鼓动法国人革命的。这可见一般社会在思想方面也不能不受中国的影响了。

第三　思想接触的时代

我们现在从罗柯柯时代的美术接触，进一步来看中欧的思想接触，是有一条线路可寻的。福利德尔（E. Friedell）《现代文化史》第二卷第三章提供一种材料说，“在罗柯柯时代的心理中，中国是一个模范国家，不单是艺术方面，就是智慧方面也然。在这个世纪之初，所谓支那货如同图画、花瓶、雕刻、墙纸、漆器、丝绒等东方物品大为流行，盛极一时；小说中宣传中国的情形，至于使读者们个个都憧憬于神话式的理想国之中，里边有幸福安乐、泰然无忧的人民，有学识最高的政治管理者，生活优裕，直如华胥国一般。历史家们以伏尔泰为首，也极力炫耀中国以为是一个理想至治之世，道德、宗教与行政全超然不群”[①]。实际则在罗柯柯时代，正如哈得孙所述：“由于丰富的中国模型呈现在十八世纪欧洲的眼前，所以觉得每一个艺术家都可从那里选择那适合于自己目标的东西。”[②]艺术家如此，思想家亦然。中国美术工艺影响法国宫庭的中国趣味，但更重要的是唤起了欧洲一般社会以一种假想中快乐的人生观，给欧洲的思想革命铺平了道路。中欧文化接触从十六世纪起美术工艺的接触以至十八世纪至十九世纪初之思想的接触，是一步紧接着一步的。中欧文化之美术工艺接触是在于通商，而思想之文化的接触，则在通商以外主要由于传教和著述。传教的本质是反科学的，而其结果乃将西方的科学文化传入中国，同时，又将中国哲学之合理的部分传入西方，成为革命的导火线。这是目的与结果相反，即耶稣会士之东来传教，结果却给中欧思想接触作了一个媒介，而航海事业的发达与罗柯柯运动，当然又为东来传教之前提条件。所以依照次序，我们可将中欧思想接触时代的代表著作，分作三段来讲：

（A）初期教士游客的著作[③]

自东印度航路发见和美洲大陆发见以来，欧洲视线集中于远东与新大陆，各国盛唱殖民政策。因之欧洲统治社会研究世界地理的兴趣格外浓厚，对于《圣经》记载以外的东方各国和新大陆之文物制

① 福利德尔：《现代文化史》，王孝鱼译，中册之一，第二卷，第三章，页203，商务印书馆。

② 哈得孙：《欧洲与中国》，页259。

③ 参照后藤末雄：《西洋人の観たる支那》，“岩波讲座·东洋思想”之一；又《支那思想のフランス西漸》，页25—36，“支那と欧羅巴との接触”。

度，其研究热简直风靡一世。尤其列强为开始通商作准备，派遣许多干才往以上各地从事实际的调查。调查工作人员初期以葡萄牙、西班牙、意大利等国的传教士为主，次为世界游历家。他们各将其关于中国研究和考察的结果发表报告，虽然研究中国的结果不如后来北京的法国耶稣会士，但无疑乎这种工作实从他们开始。法国东方学者莱麦撒说："欧洲人殆在十六世纪末与十七世纪上半叶中，始对于中国风俗文学史有正确认识，要为当时葡萄牙、西班牙、意大利等国传教师安文思（Gabriel de Magalhaes）、鲁德照（Alvaro Semedo）、殷铎泽（Prospero Intorcetta）、卫匡国诸人之功。法国传教师始与诸人竞，不久遂以所撰关于中国之著述凌驾诸人之上。"[①] 事实正是如此。明初中国与欧洲交通断绝，约一百五十年间，中国人不知有欧洲，欧洲人也不知在耶稣会以前，尚有古代聂思脱里派（Nestorians 景教）圣方济各会（Franciscans）来华传教。[②] 正当《马哥波罗游记》中所说契丹、汗八里、刺桐诸名词已等于是《齐谐》志怪之时，此时却有初期传教士和初期游客来打破这个疑谜。欧洲人之开始重新认识中国，应该承认这是由于他们的努力，当然这种努力是和他们的殖民政策分不开的。在初期教士和游客的著作中，最著名的按作家分述如下：

1. 门多萨（Gonzáles de Mendoza）

他是西班牙奥斯定派传教师，曾将所闻一五七九年来自菲律宾之奥斯定会与方济各会士行抵广州短期居住之情形，纪略著成《大中华帝国史》（*Historia del Gran Reino de la China*）。此书为西洋关于中国的最初重要著作，一五八五年于罗马出版，一五八六年意大利译，一五八八年法译及英译，一五八九年拉丁文译及德译，一五九五年

---

① 此引 Robert Chabrie: *Michel Boym J'esuite Polonais et la fin des Ming en Chine, 1646—1662*, P. 21。冯承钧译：《明末奉使罗马教廷耶稣会士卜弥格传》，页 16。

② 参看张星烺《中西交通史料汇篇》第二册，页 347—348。

荷兰译，一九四〇年有中国据英译影印本，名 *History of the Kingdom of China*。书中记载中国有织物、瓷器及其他工艺品等高等文化，第十三章载有三个汉字，[①] 为汉字传入西洋之始。第十一章赞美中国政治制度，说："监察官有权对于一切良好的官吏加以褒奖，对于坏分子加以惩罚，这种对于官吏的赏罚，就是世界中为什么中国有最好之统治制度的原因了。"[②] 此书当时为普遍读物，蒙台涅（Montaigne）《随笔》中曾加以引用。

2. 金尼阁（Nicolas Trigault）

法国人，耶稣会士，发表了第二部关于中国的重要著作，继利玛窦所著《鄂本笃访契丹记》三章，金尼阁又作《中国传教考》。亨利・玉尔将金氏的书译成英文，置于《契丹行记》第四册中（利氏所作参看《中亚文化史料汇编》第二册页 455—524）。一六一〇年，金尼阁一到中国就被委任编辑意大利文的年报，并增减迻译利玛窦（Matteo Ricci）用意大利文所撰关于耶稣会士在中国传教的历史，共五卷，加上他自著叙述利氏卒后情形的两章，一六一五年译成拉丁文，在奥格斯堡（Augsbourg）出版。这就是所称《基督教远征中国记》（*Le Christiana expedione apud Sinas suscepta ab Societate Jesu*）；法译本 *Histoire de léxpédition chréticnne ou Roydume de la China* 于一六一六与一六一七年在里昂与里尔两地出版；英译本 *A Discourse of the Kingdome of China, taken out of Ricius and Trigautius* 于一六二五年在伦敦出版。此书当时文人如发楞（Varen）、柏吞（Burton）等均加以引用。

3. 鲁德照

葡萄牙耶稣会士。所著《中华帝国史》（*Imperio de la China*，马

---

① 门多萨:《大中华帝国史》，页 121—122 有汉文三字，为汉字传入欧洲之始，下二字为"皇""城"，上一字疑"灵"字。

② 同上书，第一卷，页 115—116。

德里，一六四二年）上下二卷，上卷三十一章，说明中国地理，有大城市道路与运河，且区分行省，亦曾述及哲学与政府，但不甚明了；下卷十三章叙述天主教在中国传教史。有法译本 *Histoire du grand royaume de la China*（巴黎，一六四五年）；英译本 *The History of that Great and Renowned Monarch of Chine*（伦敦，一六五五年），末附卫匡国《鞑靼战记》之英译本。

4. 安文思

葡萄牙耶稣会士。所著手稿一六八七年法译在巴黎出版，名《中国新纪闻》（*Nouvelle relation de la Chine*），卷首有利类思（Ludovicus Buglio）序述称："世人从事长途旅行，再也没有发见比大中华国还好的一国。中国是广大、富裕、肥沃、气候温和之国，更加人口众多、国民的美术工艺的技能、乃至统治国家的手腕，都是无可比拟的。"这很可代表那时候耶稣会派的中国观。

5. 卫匡国

意大利耶稣会士。所著有《中国新图》（*Novus Atlas Sinensis*，阿姆斯特丹，一六五五年），《中国上古史》（*Sinicae Historiae decas prima*, Munuch, 1658），《鞑靼战纪》（*De Bello Tartarico historia, Antwerpae*, 1654）。就《中国上古史》为欧洲当时出版最可信赖的中国史书，一六九二年巴黎刊法译本，极惹法国批评家的注意，此书叙述在西纪前二九五二年伏羲建国以来历朝相传不绝。如中国史家之说可信，则世界创成当远溯到诺亚大洪水之前数千年云。卫匡国在中国曾游行各省，抵京师，登长城，测定各省的重要都邑位置，借以制成《中国新图》，为传教师审订与改良中国地图之始。

6. 卜弥格（Michel Boym）

波兰耶稣会士。所著《中国天主教状况与皇室改宗略记》（*Briève relation de la China, de la notable conversion des personnes royales et de l'état de la religion Chreatienne en la China*），叙述中国基督教流传之古，与耶稣会士传教事业，末述永历宫庭皇太后、皇后领洗入教等事，表示明室崇奉天主教以求罗马教皇与诸奉教国王之援助。此书有一六五二年罗马刊行之意大利文本，一六五四年巴黎本，又有拉丁文本及两部德文节本等。卜弥格又有拉丁文撰著题《中国特产植物》及关于西安景教碑之考证。又参加编纂《插画的中国》，并有中国著名医书《医钥》之译作。生平事迹详沙不列（Robert Chabrié）著《明末奉使罗马教廷卜弥格传》（*Michel Boym, Jésuite polonais et la fin des Ming en Chine*, 1646—1662, Paris, 1933）。

7. 殷铎泽

意大利耶稣会士。所著有《中国传教概况略》（*Compendiosa narratione dello Stato dello Missione Cinese cominciado dull Anno* 1581 fino al 1669, Roma 1672）及与柏应理（Philippe Couplet）等合著《中国之哲人孔子》（*Confucius Sinarum Philosophus sive Scientia Sinensis Latine Esposita*，巴黎，1686—1687年）。后书已经涉及中国哲学的介绍了。

8. 刻射

一六六四年由罗马认可出版他的拉丁文《教内外文献中之中国》（*China Monumentis qua sacris quà profanis, nec non variis naturae et artis spectaculis, aliarumque rerum memorabilium argumentis illustrata auspiciis Leopaldi primi Roman, Imper, semper Augusti munificentissimi mecaenat*）。此书一六六七年阿姆斯特丹刊第二版，北京大学藏，翌年有荷兰语版，一六七〇年以法译本重版。刻射自身未来过中国，但从利玛窦、卜弥格、马林（Philippe Marin）、白乃心（Jean Grueber）、罗特（Henry Roth）等实际通晓远东的人们提供材料，又从马哥波罗、查利克（Pierre de Jarric）、沙勿略（Francis Xavier）、夫罗埃斯（Lois Froës）、古斯曼（Lois Gusmand）等传教士处引用丰

富的关于中国的知识，其书可称当时之中国百科全书。内容共六部分：第一部分大秦景教流行中国碑。第二部分作为续编，述古代以至十七世纪基督教之东方传道史的概观，附有关于中国衣服的余谈，劝欧洲妇人采用它。第三部分关于偶像崇拜的记事，在那里详述儒老佛三教及民间信仰之种种偶像，并及婆罗门教，日本之阿弥陀信仰等，又插图中收入孔子、老子、关帝及位于天界、地界、水界的各种中国神像，又收入千手观音像及其他表现佛像礼拜的丰富材料；第四部分关于地理、政治、矿物、动植物，尤其是珍兽、奇木、异草；第五部分建筑、桥梁、运河、室内装饰等。第六部分语言。此书集当时中国知识之大成，附图尤极精彩。

传教士以外，记载中国事情的初期世界游历家，其主要旅行记以法国人著作及法译为例，可举者如下：

1. 平托（Pinto）:《冒险旅行记》（*Les Voyages aventureux*），巴黎，一六二八年刊，原为葡萄牙文，一六一四年刊。有英译本 *Adventures and Voyages of Fernand Mendez Pinto, a Portugal, during his Travels in the Kingdoms of Ethiopia, China, etc*，伦敦，一六五三年刊。

2. 拉发尔（Pyrard de Laval）:《游记》（*Voyage*），巴黎，一六一五年刊。

3. 腓内斯（Feynes）:《从巴黎至中国之旅行记》（*Voyage fait par terre depuis Paris jusques à la Chine*），巴黎，一六三六年刊。

4. 泰未诺（Thévenot）:《旅行逸话》（*Relations de divers voyages curieux*, 4 vol.），巴黎，一六六三——六七二年刊。

教士们来华后，即暂留考察中国之文物制度，初期游客则只在经过印度果阿或中国澳门时，略为领略外观，或从当地传教士听取中国实情罢了。而且这时传教士留在北京的，真是凤毛麟角，希罕之至。

但无论传教士也罢，法国的旅行家也罢，对于中国文化均极赞美，认中国为文化发达的先进国，不但从美术工艺观点赞美中国产品的陶瓷器、锦绣、绢织物，对于中国完备的政治制度，亦均赞赏不置。游客如腓内斯在《旅行记》中说："中国为哲人政治，故学者得有行政权和官职。在授予官职的时候，常召集多数学者，在公堂上公开讨论，而选拔其最有贤明底答案的畀以要职。据记载中国事情的历史家所说，中国人为世界上最严守政治规则的国民。国王为最有力的主脑，由此主脑使国家的手足活动。中国谓为武断政治，不如以文治主义的理想称它。青年竞入大学而从事探讨他日出仕时所应熟悉的国法民情，所以中国大学乃有举世无双的荣誉。"[①]

不过由法国耶稣会士看来，这初期的著作，无论传教士或游客都不免误谬和夸张。利类思为安文思《中国新纪闻》作序，即疑及门多萨的《大中华帝国史》的可靠程度。至如游客平托因欲博读者的信赖，乃更于其书中充满着无稽之言。如说南京市建筑在山上，周围亘三十里，又绕以五十里长的外廓，又同市有三百六十城门、一百二十运河，一千八百石桥。举此一例，可见这一部被人称为"小说式的纪录"（裴化行〔H. Bernard〕语），其可靠程度当然不及耶稣会士的报告。但据近人运用汉文史料研究，他所记葡萄牙在我国走私港Liampo（宁波双屿岛）的情形，知平托所记，尚未尽失其历史价值。[②]

（B）耶稣会士的报告书

正在十七世纪初欧洲人对于中国的兴奋热烈达到极点的时候，罗马教皇保禄第五（Paul V）又把整整一库珍贵书籍赠给中国传教会。[③]

---

① 后藤末雄：《支那思想のフランス西漸》，页42—44引。

② 方豪：《文录》，页31—43，"十六世纪我国走私港Liampo考"。

③ 杨丙辰译：《汤若望传》，上册，页43，商务版。

这意味什么呢？耶稣会士从表面上看，是负远东传教重任之无上光荣，但从骨子里看，当时中国是在欧洲人的心目中的一个新发现的大陆，给基督教徒开拓了一个非常大的信仰区域，同时也就给殖民主义国家以文化侵略的发展机会。因为文化侵略是伴着经济侵略，所以他们知道中国人民对于西洋学术怎样感到兴趣，它们也就把通商与传教，传教与学术互相联系起来。耶稣会士来华传教所以不能不先有学术上的准备，这决不是偶然的。但既然是一种侵略的性质，则在欧洲各殖民主义国家之中，对于这一新发现的大陆，当然不免发生内部的矛盾斗争。初期耶稣会士均为葡萄牙、西班牙、意大利人，这标志着葡萄牙人之东方独占传教事业，和他们开辟印度宝库，侵略果阿，以及租借澳门开始中国贸易一事，完全有密切的关系。初期耶稣会士或助明（如卜弥格）、或降清（如汤若望）、或发动宫庭政变（如穆敬远 Le P. Mourao）、或在成都为张献忠等称为“天学国师”（如利类思和安文思），他们本无一定方针，只要于传教有利，他们可以制铁炮、制小铳与清室战，也可以制铁、炮制小铳来反攻明室。即因如此，葡萄牙人便成为欧洲其他殖民主义者所羡望和嫉妒的对象，结果便有荷兰和英国二国人起来和葡国争夺海上霸权。同时法国人也不甘于落后，坐视葡国人在中国的活跃。路易十四喜欢葡人舶载的中国美术工艺，以为产生此美术品的国家一定文明很高，所以他授密旨给意大利耶稣会士殷铎泽令其译述《中国之哲人孔子》。又因葡人远东政策渐次为荷英二国远东政策所压倒，对于中国的传教事业也失却从前保护的能力了，因此罗马教皇忧虑中国传教事业的衰退，乃欲选派法国耶稣会士于中国以为教皇代理司教之举，虽然葡人提出严重抗议，但教皇也坚决拒绝，决定差遣三名法国耶稣会士，当时虽因种种事情没有实行，到了一六七八年南怀仁（P. Ferdinand Verbiest）从北京给欧洲耶稣会士公开状，述及中国在朝的传教士情况，慨叹传教事业的衰败，恳切求援于欧洲耶稣会士，这当然更给法国耶稣会士以飞跃的机会了。初期教士传道事业的衰退正是法国传教计划的成功的时候到了。[①]

一六八五年路易十四终于派遣法国耶稣会士往北京，意在发展法国的东方政策，其另一目的则在命令耶稣会士考察中国的文物制度，以为法国学术研究之一助。当时宰相科尔培（Collbert）为改订世界地理的计划，派遣学士院硕学往欧洲及远东各国，但在远东则因排斥外人的缘故，所派学者无法继续其实地观测的工作。故此次派遣耶稣会士，传道以外，更命其研究中国地理、文物制度、工艺美术等。因而所选派的耶稣会士，皆为具有一定程度的科学知识的人物。加以选派之官方有力者和圣职会长老，均课之以作中国研究报告书的义务。所以耶稣会士之东来，实负有在华传教与学术研究的两大使命，他们最初用书信的形式，将考察所得，关于中国风土人情、工商状况及其他文物制度等研究，刊成报告书或单行本，在巴黎继续发行。虽然法国殖民主义者并没有完成通商、传教、学术三位一体的侵略目的，但就其学术的报告上说，是颇有可观的。兹举其重要的书目如下：

1. 李明《中国现状新志》（Louis le Comte: *Nouveaux mémoires sur l'état présent de la Chine*, A Paris, 1696—1698, 2 vol.）

此书分二卷，第三版增入哥俾恩（Gobien）所作一卷。全书是关于中国传道的一种报告，第一卷收八封信，第二卷收六封信，在呈路易十四的献词中，极力称赞康熙皇帝，以孔子为远东之第一圣贤。在第一卷第七封信，研究关于中国人的言语、国民性、书籍、道德等。第八封信题为《中国人的智能》，论及科学、艺术、经济产物之各方面。第二卷第一封信论中国的政治和政府，第二封信论中国古代及近代的宗教。此书赞美中国政治，认为古代政治思想中之绝无仅有

---

① 白晋:《康熙帝传》，页 16—20，后藤末雄的译者解说。

者，且认中国政治制度为一种民主政治，论宗教时，又以为在欧洲的蒙昧时代，中国便知有真神，拥有灿烂的文化。此书风行极广，不久即重版数次，各国均有译本。英译本 *Present state of China* 一六九八年，伦敦版，北京大学藏本二种，一标题“A Compleat of the Empire of China”，一标题“Memoirs and Observations”。在礼仪问题论争的时候，此书因有袒护中国之嫌，竟遭禁止发行，可见其价值了。[①]

2. 白晋《中国现状志》(Le P. Bouvet: *L'Etat présent de la Chine, en figures*, A Paris, 1697, 1 vol.)

此书为中国文武官吏及贵妇人的服装绘图。在呈布尔哥格（Bourgogne）公爵和他夫人的献词中，极称远东风俗，并推奖汉、满服装的美趣，劝法国人采用。卷首附录《中国的政治观念》(*L'idée du gouvernement de la Chine*)，对于中国的政治制度略加介绍。[②]

3. 白晋《中国皇帝传》(Le. P. Bouvet: *Histoire de l'Empereur de la Chine*, A la Haye, 1699)

此书呈献路易十四。著者以康熙近臣的资格，论及康熙的风格为人，以明东西两英主均爱护学术与拥护基督教为相似之点。康熙在此书中成为哲人政治的理想君主，由此实例，给欧洲政治以极大的影响。书中人物评之一节说：“总而言之，即他人格构成了所有伟大英雄的资格……为从来地上君主之最完全的榜样。”[③]“这位君主现年四十四岁，即位三十六年。他的人格和他的帝位再相当也没有，他之雄大的风姿，调和的体格……不减于他人格的优长。其精神的特点尤超过肉体。他具有最优美的性质，精神活泼，富于观察力、记忆力。

---

① 五来欣造：《儒教の独逸政治思想に及ぼせる影響》第二编，第三章，页264—265。后藤末雄：《支那思想のフランス西漸》第二编，页170—172。石田干之助：《欧人之汉学研究》北平中法大学版，页181—182。

② 后藤末雄：《支那思想のフランス西漸》，页172—175。

③ 白晋：《康熙帝传》，后藤末雄译，页90—91。

其识见的高超，意志的坚定，一切他的倾向均适宜于做成高尚而且伟大的帝王，使人民叹美他的公平、正义。至其爱护人民、服从理性、节制情欲、在百忙中仍不忘科学与艺术之热烈的嗜好，使任何人都为之惊服不已。"[①] 在叙述康熙武功之后，又说及中国以文学擅长为君主资格之一。康熙能谙诵《论语》，亲从事于经书、历史与词典的编纂，尤其爱好西洋科学，加以研究。其监督家庭教育、皇族教育，则能以身作则。最后更述及皇帝相信中国古代哲学与基督教是相一致的。[②]

4.《耶稣会士书简集》(*Recueil des Lettres édifiantes et curieuses*, à Paris, 1703—1776)

此书从一七〇三年至一七七六年在巴黎陆续出版，又增补改编数次，是耶稣会士在海外传教所写题为"满足信仰与好奇心的书简"。前八册为中国传道会书记及会计哥俾思所编，八卷以下为竺赫德所编。两人均未来华，但在《耶稣会士书简集》卷首加入序文与节要。此书报告纯用通信的形式，将考察所得中国的政治制度、风俗习惯、历史地理、哲学、工商情况均详加报告。或依据汉籍，或实地考察，因报告者本身均为当时具有一定学识的传教士，而此一部中国文化之百科全书又极能满足欧洲知识界的信仰与好奇心，故影响极大，如伏尔泰、霍尔巴赫（d'Holbach）及宗教的反对者，均从此书得到了许多益处。内容前十五卷搜集近东、美洲和印度在住的耶稣会士通信，从十六卷到二十六卷均为中国来的书信，就中尤其教士讨论中国孔教的十六封信，给欧洲的影响几出乎我们想象以外。[③] 原刊本北京大学藏，又藏英译节本 *Travels of the Jesuits, into various parts of World*。1762 年刊，分二大册，卷首有罗克曼（J. Lockman）序文。

---

① 白晋:《康熙帝传》，后藤末雄译，页 94—95。

② 同上书，页 152 下。

③ 后藤末雄:《支那思想のフランス西漸》，页 195—197。五来欣造:《儒教の独逸政治思想に及ぼせる影響》，页 267—268。

5. 竺赫德　《中华帝国全志》（*Le P. du Halde: Description géographique, historique, chronologique, politique et physique de l'Empire de la Chine et de la Tartarie Chinoise*, Paris, 1735, 4 vol.）

此书题为《关于中华帝国及满蒙地理、历史、年代、政治及物产等的记述》，共四卷，册数颇大，是由二十七位教士报告而编成的中国百科全书。书中插入白晋等测成的中国地图，孔子、康熙的肖象，北京观象台及其他十余幅的钢版画。次年一七三六年即行再版。英译本两种，一种四册，布卢克斯（R. Brooks）一七三九年伦敦刊；一种二大册爱德华·开夫（Edward Cave）一七三八至四一年刊，题 *Description of the Empire of China and Chinese Tartart*。北京大学藏有一七三六年法文原本及英译本第二种。此书第一卷记中国各省地理，并作从夏至清二十三朝之历史大事记。第二卷论政治经济，并叙述中国的经书和教育。对于《易》《书》《诗》《礼记》《大学》《中庸》《论语》《孝经》《小学》等均简单介绍。唯于《孟子》特详，分十四章。第三卷述宗教、道德、医药、博物等，并抄译元曲《赵氏孤儿》。第四卷记述满洲、蒙古，并涉及西藏、朝鲜的研究。因为此书能将远东第一文明国的消息传到欧洲，故影响极大，一时学者如伏尔泰、孟德斯鸠、霍尔巴赫、魁奈（F. Quesnay）等关于中国问题均取材于此。①

6.《北京耶稣会士中国纪要》（*Mémoires Concernant l'histoire, les sciences, les arts, les moeurs, les usages etc, des Chinois, par les Missionnaires de Pékin*, A Paris, 1776—1814, 16 vol.）

此书继承《耶稣会士书简集》而作，惟两者体裁不同，《书简

① 《中华帝国全志》，开夫英译本，页 424—441，“Meng-tse”。又参看后藤末雄同上书，页 197—199，五来欣造同上书，页 266—267；石田干之助：《欧人之汉学研究》，页 197—205。

集》为书札形式，此则全然论文研究的体裁。第一卷序文中述及此书发行的动机，第一发表在华耶稣会士的学术通信，第二发表中国人的中国研究，故在第一卷中即收录当时留法返国之高类思《中国古代论》一篇。全书十六卷，发行年月从一七七六至一八一四年，每年或隔年一册，凡耶稣会士研究所得，如关于中国圣贤教义、文字言语、诗歌、风俗习惯、政治制度、中欧的初期交通等论文，均加登载。就中最可贵的，如第一卷（一七五七）介绍《大学》《中庸》，第二卷起（一七七七），中国名人列传，第四卷起（一七七九）中国人的孝道观，第五卷（一七八〇）关于中国初期的欧洲底概念，第六卷（一七八〇）钱德明（Amiot）《中国音乐考》，第十二卷（一七八五）同作者《孔子传》，第十三卷（一七八八）冯秉正（De Mailla），《中华通史》，第十五、十六卷（一七九一——一八一四）宋君荣（Antoine Gaubil）《大唐史纲》，还有论中国语言的、动植物的、美术工艺的、医药的，真不愧和《书简集》《中华帝国全志》共称关于中国之三大名著。[①] 原刊本北京大学藏。

以上耶稣会士都是一流教士，尤以得到法国学士会的荣誉者为多。他们留华多年，深通中国语言文字，不但会说，而且会写；不但会写，而且更能读破中国古书。因此在华的传教士遂有研究中国文化底特权似的，著译了许多报告专书，以较初期游客走马看花似地写下的游记，当然真确多了。虽然他们的报告也有陷于过分夸张的毛病，然而因此却引起欧洲一般知识界的新兴趣。如法国耶稣会士的中国研究，不但在法受欢迎，即在欧洲各国亦同样受欢迎。例如《中华帝国全志》一七三五年在巴黎出版、次年再版，一七三八至四一年即有英

① 《北京耶稣会士中国纪要》第六册，"De la Musique des Chinois, Tant Anciens que Modernes", P. 172，结论四，述中国音乐与毕达哥拉斯（Pythagoras）之关系，为钱德明所著，甚可重视，参看后藤末雄同上书页，200—202；石田干之助同上书，页 219—225。

译，一七四七至四九年德译，一七七四至七七年俄译。又如李明的《中国现状新志》（一六九六年）很快即已七版，同时译成欧洲各国语文。又如《耶稣会士书简集》一七〇三年发行以来，即有二种，又一七八〇年以后新版发行，巴黎版以外，又有里昂版；又于一八〇八至一八〇九年发行选集。实际此类关于中国文化的研究书籍，还有很多的。

（C）孔子学说的介绍[①]

依据韩霖、张赓编《耶稣会士西洋姓氏著述书目》（北京大学藏传抄本）、戈尔逖《十七、十八世纪欧洲人所著中文书录》（*Essai d'une Bibliographie des Ouvrages publiés en Chine par Européens au XVIIe et au XVllle Siècle*），其中没有一册介绍孔子学说，却是相反地就耶稣会士所著西文书中，则在前述三大名著之外，尚有许多专书是将孔子学说输入欧洲，而且有好些是初期教士的著作。例如利玛窦深通中国经籍，据费赖之（Louis Pfister）《入华耶稣会士列传》说，在一五九三年（万历二十一年），他曾将《四书》译为拉丁文，寄回本国。证之艾儒略（Julius Aleni）《大西利先生行迹》云："利子尝将中国《四书》译以西文，寄回本国。国人谈之，知中国古书，能识真原，不迷于主奴者，皆利子之力也。"可见利玛窦是译四书的第一人。又一六二六年法人金尼阁也译五经为拉丁文，并在杭州刊印，[②]虽均已失传，却是我国经籍译本的开始。以下试列举关于孔子学说西传欧洲的著作：

---

① 后藤末雄：《北京耶稣会士中国纪要》，页214—219。五来欣造：《儒教の独逸政治思想に及ぼせる影響》，页262—264。方豪：《中国天主教史论丛》，页79—101，"十七八世纪来华西人对我国经籍之研究"。

② 方豪同上书，页87。

1. 郭纳爵译:《大学》(Ignatius de Costa: *Sapientia Sinica, kien-cham kian-Si*, 1662)。此书题耶稣会士殷铎泽、郭纳爵同述，实多出于郭纳爵的翻译。一六六二年用木版在江西省建昌府出版，书名《中国之智慧》，附序言与孔子传。

2. 殷铎泽译:《中庸》(Le P. Intorcetta: *Sinarum Scientia Politico-Moralis*)。此书题《中国之政治道德学》，以一六六七、一六六九年分别刻于广州及印度果阿，有一六七二年巴黎本，书末附以法文及拉丁文的《孔子传》。又殷铎泽尚有《论语》之拉丁文译本，译至《乡党》第十止，发行年月地址不明。以上数译实皆非出于一人之手，而为耶稣会士七十六人集体之作，就中柏应理、恩理格(Christian Herdtrich)、鲁日满(Rougemont)等均有贡献。

3. 耶稣会士编:《中国之哲人孔子》(*Confucius Sinarum Philosophus, sive, Scientia Sinensis latine exposita, Paris*, 1686—1687)。此书奉路易十四敕令由四位传教士用拉丁文译成者，内容包括《大学》《中庸》《论语》；中文标题《西文四书解》，实际未译《孟子》。主要译者为柏应理。吴渔山《墨井集》卷一[①]译《费氏教士传略》云“柏应理一千六百八十二年西十月初抵荷兰，后往罗马，以教士所译华文书四百册呈献教皇，教皇悦，饬置御书楼，用示珍重”云云，盖此书即其一。柏应理后又往法国见法王路易十四，此书有柏应理《上法王路易十四书》，导言《中国哲学解说》说明中国经籍的性质并略举重要注疏外，且述及儒家与佛老的区别，附及《周易》六十四卦及其意义。[②]又附《孔子传》，插入孔子画像，上书“国学仲尼，天下先师”。此书《大学》《中庸》《论语》用郭纳爵与殷铎泽译本。一六八七年巴黎出版，同年再版，再版内容增入中国传教史。此书出版后，欧洲

① 吴渔:《墨井集》，卷一传记，页12，一九〇九年刊。
② 方豪:《中国天主教史论丛》，页88。

学者始注意中国，因此书为辩护礼仪问题而作，多少带着宣传政策之理想化作用，故把中国描写为完全无缺的文明先进，是怎样值得赞美和模仿之理想的国家。由此普遍宣传使当时法国人人热心研究中国，以中国为欧洲的模范，尊孔子为天下先师。正如赖赫淮恩所说似的，“在这十八世纪学界，才将中国、孔子与政治道德三个不同的名词联成一起”[①]。因此而孔子也被人尊为道德与政治哲学上最博大的学者、预言家了。

4. 卫方济:《中华帝国经典》(François Noël: *Sinensis jmperi libri classilci sex*, Prague, 1711)。此为中国四书与《孝经》《小学》之拉丁文译，可算当时中国经典稍完备的译本了。此书译者以自己的理解为主，参照中国古注直译，如《大学》译为《成年人之学》,《中庸》译为《不变之中道》，译文过于冗漫，却如莱布尼茨、沃尔弗关于中国的知识，均受此书影响。卫方济又以拉丁文著《中国哲学》(*Philosophia Sinica*, Prague, 1711)，与前书同时同地刊行，且均对中国哲学赞美，曾一度为罗马教皇禁止发行，可见其重要性。前书一七八三——七八六年由普庐开（L'abbé Pluquet）译为法文，又竺赫德《中华帝国全志》中亦曾摘要介绍。

5. 雷孝思译:《易经》(P. Jean-Bapt. Régis: *Y-King, Antiquissimus Sinarum* Liber)。此书名《中国最古之书易经》，直到一八三四年由莫耳（Mohl）在杜宾根（Tübingen）及斯图加特（Stuttgart）出版第一册，隔五年即一八三九年续出第二册。此书得冯秉正之助，注解则采汤尚贤（Tartre）所译。书分三卷，第一卷共十一章，讨论《易经》作者、内容及其价值。第二卷为本文及注疏的翻译；第三卷为《易经》的批评。雷氏尚有《拉丁文易经注疏第一卷评论》(*Disserta-*

---

① 赖赫淮恩:《中国与欧洲》，英译本，页 20。

tiones et notæ criticæ in primam partem commentarii Y-King），巴黎国立图书馆藏（法文编目一七二四〇号）。[①]

6. 白晋：《易经大意稿本》（Bouvet: *Philosophia Sinica*）。此书仅有稿本，藏巴黎国立图书馆（法文编目一七二三九号）。案白晋有与莱布尼茨讨论中国哲学及中国礼俗的书函，《易经》亦为书中之主要参考材料，现藏同上图书馆（法文编目一七二四〇号）。阎宗临有《白晋与傅圣泽之学易》一文，刊于一九四一年五月二十一日《文史地周刊》第十七期，[②]其中述及二人奉康熙谕令研究《易经》的文献。如云：

> 臣傅圣泽（Foucquet）在江西叩聆圣旨，命臣进京，相助白晋同草《易经》稿……臣心即欲趋进行宫……奈受暑气，不得如愿，惟仰赖皇上洪福，望不日臣躯复旧，同臣白晋竭尽微力草《易经》稿数篇，俟圣驾回京，恭呈御览。

这是一七一〇年（康熙四十九年）的事，结果是抱病进京研究《易经》。同年七月初五日："上问白晋所释《易经》如何了。"初六日："奉旨问白晋所学《易经》如何了。"

一七一三年（康熙五十二年）又有谕文道：

> 白晋他作的《易经》，作亦可，不作亦可。他要作着自己作，不必用一个别人，亦不必忙，俟他作完全时，再奏闻。钦此。

现藏梵蒂冈图书馆（华文部四三九等号）有关于西士研究《易经》的汉文稿本十三种：[③]

---

① 方豪：《中国天主教史论丛》，页92—93。

② 原载桂林《扫荡报》，一九四一年五月二十一日。此引方豪：同上书，页59。

③ 方豪：同上书，页89。另《太极图说》一种未计。

《易考》《易稿》《易引原稿》《易经一》《易学外编》《总论布列类洛书等方图法》《据古经考天象不均齐》《天象不均齐考古经籍解》《大易原义内篇》《易钥》《释先天未变》《易经总说稿》《易考》。

这些可能有白晋和傅圣泽等作。徐宗泽《明清间耶稣会士译著提要》[①]卷三有《周易原指探》不书著者姓名，梵蒂冈图书馆藏钞本，此书认《易经》原旨和天主造化之功相合，而且预示天主降生救赎的教义，这当然是一种附会，惟谓“此书系白晋、王化道进呈康熙者，恐即白晋等所著”，这判断是合理的。

7. 马若瑟（Joseph Henri Marie de Prémare）译《书经》《诗经》，载竺赫德《中华帝国全志》第二册，页二九八及三〇八。此外他和白晋、傅圣泽共同研究《易》《中庸》《春秋》《老子》《庄子》《淮南子》、“性理”等书，发现这些古籍里有和基督教教义相合的地方，书名《中国古书中基督教教义之遗迹》（*Vestiges des principaux dogmes chrétiens tirés des anciens livres Chinois avec reproduction des Textes Chinois*），巴黎一八七八年刊。[②]马氏又著《书经以前时代和中国神话研究》（*Recherches sur les temps anterieur a ceux dont parle le Chou-King, et sur la mythologie Chinoise*），直到一七七〇年由歧尼（J. de Guignes）刊行宋君荣所译《书经》时，才附载于卷首出版。又巴黎国立图书馆（法文部一二二〇九号）藏氏所著《中国经学研究导言略论》（*Essai d'introduction préliminaire à l'intellingence des King*）钞本九十八页，原书分三编，上编论经籍大意，中编证明经籍有一部分学说为后人所增，下编批判近儒不知经籍的真义且陷于重大错误，现钞本仅存上编。[③]

---

① 徐宗泽：《明清间耶稣会士译著提要》，卷三，页 134。

② 参见《十八世纪十九世纪之法国汉学》，北京一九四三年刊，页 3。

③ 方豪：《中国天主教史论丛》，页 92。石田千之助：《欧人之汉学研究》，页 188。

8. 刘应（Mgr. Claude de Visdelou）译《书经》《礼记》。刘应所译中国经典多种，有对于《易经》的注释，附宋君荣《书经》法译本之后。又波提埃（G. Pauthier）所编《东方圣经》（*Livres sacrés de l'orient*）也曾采入。又译拉丁文《书经》四卷六册，现藏梵蒂冈图书馆。又尝以拉丁文译《礼记》之《郊特牲》《祭法》《祭义》《祭统》等篇。《耶稣会士书简集》第三册（页一〇四以下）记康熙帝长子亦精于中国文学，并与刘应相善，一日以《书经》授刘应，并命诵读，刘应即取而读之，并为解释其义，毫不费力，太子奇甚，连曰"大懂"凡二三次，并赠以题词，书于绢上云云。①

9. 宋君荣译:《法文书经》（Antoine Gaubil: *Le Chou-King Traduit et enrichi de Notes*, A Paris, 1770）。他是法国汉学家歧尼所称为"来中国的耶稣会士中以他为最敏慧最博学"的。他的书也是在死后十二年（一七七〇年）由歧尼订正在巴黎刊行，并附新注。又一七五二年八月十日宋君荣由北京《致戴贺泰书》（*Lettre de Père Gaubil à M. Deshauesrayes datée de Pékin û aont*, 1752），载于《耶稣会士书简集》第四册。他说，"余在此间曾见有《易经》译本，而其中最主要之一部分犹未寄往欧洲，即孔子对文王及其子周公旦原文之注释……如尚无人译，则余愿从事于此。余不知刘应是否译《书经》。若千年前此间教士中有译《礼记》者，惟欲求该译本有裨于读者，尚须严加校改，余曾面告译者，渠亦未计及以译本寄出也"云云。由此信札，可见当时耶稣会士对于翻译中国经籍的热心和努力。②

10. 孙璋（Alexandre de la Charme）译拉丁文《诗经》。案宋君荣前函云教士中有译《礼记》者，盖指孙璋，惟此书稿成未印。尚有所译拉丁文《诗经》，并详为注疏。此书俾俄（Biot）、雷杰（Legge）

---

① 方豪:《中国天主教史论丛》，页 91。

② 《十八世纪十九世纪之法国汉学》，页 10—11。方豪同上书，页 94。

诸人均盛加称许。此外在后期耶稣会士中尚有蒋友仁（Michael Benoist）译《孟子》未成，但所译拉丁文《书经》、宋君荣见其初稿大为惊奇，乃鼓励其全译，译稿未刊行，说者谓其了解汉文程度与译笔的忠实，远出以前各译本之上，《通报》一九二九年有论文论及此译本云[①]。

11. 冯秉正译：《中国通史》，即《法译通鉴纲目》（Joseph-Anne-Marie Moyriac de Mailla: *Histoire générale de la Chine, ou Annales de cet Empire; traduites duTong-Kien-Kang-Mou, A Paris*, 1775—1785，北京大学藏）。此书十三大册，附插图。一六九二年开始移译，六年始脱稿，寄赠法国里昂图书馆。协助编译此书者为葛鲁贤（Grosier），该书第十三册补编，即为其所撰。《纲目》一书为朱子学重要著作，代表宋儒封建主义的历史哲学及中国人的旧伦理观念，可见此译的重要性。

当然以上所述，还应该包括如《北京耶稣会士中国纪要》第一卷，无名氏所译《大学》《中庸》等[②]以及不甚闻名的如奥国教士白乃心所著意大利文《中国杂志》书末所附《孔子传》及《中庸》译文，那就更为可观了。总上可见，中国经籍和孔子学说的介绍实完全得力于耶稣会士，所以十八世纪重农学派的创立者魁奈在《中国专制政治论》中，述及其研究材料的困难，以为“除依据传教士的回忆录以外，更无其他方法”。此处传教士，即是耶稣会士。赖赫淮恩在《中国与欧洲》中，也曾说及“依于这些书籍，而最先供给我们以关于中国知识的，就是耶稣会士”[③]，这是一点没有错的。不过我们应该注意，即在那个时候，耶稣会士从其宗教立场来看中国，中国尚为偶像信

① 方豪：《中国天主教史论丛》，页94—95。

② 《北京耶稣会士中国纪要》（法文）卷一，页432—458，“Ta-Hio, ou La Grande Science”；页459—481，“Tchong-Youg, ou Juste Milien”。

③ 赖赫淮恩：《中国与欧洲》，页18—22。

徒，中国的哲学文化，他们是不敢公开地去赞美它的。因为他们没有宣扬中国哲学文化的自由和充分权利，他们如果过分宣扬中国哲学，即无异自己推翻了自己的信仰，所以当时教士当其讨论孔教，即所认为异教哲学的时候，不得不顾及本国之基督教的信仰，和它严厉的检阅制度，故为谨慎避嫌起见，即在介绍中国哲学文化书籍中，竟发现几种是用匿名或无名形式发表的。例如：[①]

12. 无名氏：《中国哲学家，论孔子道德教育的书函》（*Lettre sur la morale de Confucius, philosophe des Chinois*, Paris, 1688）。

13. 无名氏：《中国哲学家，孔子的道德》（*La morale de Confucius, Philosophe des Chinois*, Amsterdam, 1688）。

14. M. D. S.：《中国的政治、道德概论》（*Idée générale du gouvernement et de la morale de Chinois*, Paris, 1729）。

案这些无名氏的著作后来考据，《书函》一书著者西门孚舍（Simon Foucher），次一书著者布律恩（Jean de la Brune）二人均主张采用孔子之中庸道德，认为此即"存于一切人心中之内在理性"，是可以拿来代替迂阔无用之西洋道德的。虽然这些著作对于孔子哲学的了解，均极其简单、暧昧，甚至近于浅薄，然而中国哲学文化的传入欧洲，却不能不承认它们的功绩。

15. 普庐开：《儒教大观》（Pluquet: *Observations sur la philosophie morale et politique des législateurs Chinois*, Paris, 1784）。此为一七八四年法国教授普庐开从拉丁文卫方济《中华帝国经典》法译第一第二卷所作的附录。此书作于法国大革命前夜，对当时腐败的道德政治提倡新道德与新政治之标准，影响法国的知识界人士极大。我所见有一九三五年后藤末雄译本，[②]全书共八章，序言论中国的德治主义，第

---

① 后藤末雄：《西洋人の観たる支那》，"岩波讲座·东洋思想"之一。

② 后藤末雄译：《儒教大观》第一书店版，1935年。

一章德治主义的起源及其本质，第二章中国经世家为确立德治主义所用的方法，第三章中国的政治制度，第四章德治主义对于国民性的影响，第五章德治主义对于国力的影响，第六章基于德治原理之宣战媾和权，第七章中国政治制度对于国家和平和幸福的影响，第八章德治主义对于帝位、政治制度、国法习俗之稳定性的影响，结论：德治主义研究之要领及其结论。

由上可见，中国经籍和孔子学说因耶稣会士的介绍提倡，在法国大革命以前，已唤起欧洲一般知识界人士的注意，成为当时知识界人士的精神食粮。中国成为一个理想至治之世，直如乌托邦一般，同时孔子也给理想化成为这一世纪的守护尊者。虽然如此，在华耶稣会士为辩护礼仪问题而作的孔子学说的介绍，只是出版了其中极小的一部分，他们在为传教事业便利的机会以外，是不敢将许多稿本印出来的。例如：雷孝思的《经学研究绪论》、刘应的《法译书经》，又马若瑟的《中国无神思想论》，结果均未刊行，这种情形是很多的。又即在出版书中，如宋君荣的《法译书经》（一七七〇年刊）、孙璋的《拉丁文诗经》（一八三〇年刊）、雷孝思的《拉丁译易经》（一八三四年刊）、冯秉正的《法译通鉴纲目》（一七七一——一七八五年刊），此类稿本均经过三四十年以至百年才渐渐问世。没有出版的还有许多保存在梵蒂冈图书馆或巴黎天文台及法国海军省水路测量部等处。[①] 固然在平诺（Virgil Pinot）所编关于一六八五——一七四〇年法国人认识中国之未刊文件[②] 中也发表了一些，如夫累勒（Nicoles Fréret）、宋君荣、雷孝思、冯秉正、马若瑟、巴多明等书函，及柏应理所提供中国问题的资料，但如马若瑟之《中国无神思想论》对于中国哲学和孔

① 参看小林太市郎《支那思想とフランス》，页 63—67，关于中国之耶稣会士著述。

② Pinot: *Documents inédits relatifs à la connaissance de la Chine en France de 1685 à 1740*, Paris, 1932，北京大学藏。

子思想之研究似极关重要，却因于传教不利，至今尚未发表。尽管如此，在十八世纪既然一般社会对于中国研究兴奋热烈到了极点，这就不能阻止把中国无神思想的书籍，翻译为拉丁文或法文，也就不能阻止把这中国无神思想以无名或匿名的形式来秘密传播。现在理性的王国到临了，欧洲的孔子也出现了，越接近到大革命，孔子学说越成为法国政治革命的有力武器，这就一步一步走上欧洲之所谓“哲学时代”。

二、耶稣会

耶稣会士在中国的事业表面上是宣传宗教，实际上是为当时欧洲的殖民政策服务。十六世纪以后来到中国的传教士，他们首先是托庇于葡萄牙国旗之下，葡国对于中国传教有专办之权，所谓“Protectorat”实际就是将葡国的侵略精神与传教精神严密结合。“葡萄牙探险家所到之地，不久必发见一个教堂和一个堡垒及一个货仓，同时建立。”[①] 这在葡国独揽运送各地传教师传教之权的时候，其意旨乃在借宗教来巩固它的政治经济势力，所以一说耶稣会的远东传教，我们就会联想到它的殖民主义，他们以传教为手段，殖民主义为目的；葡萄牙如此，后来的法国也如此，只不过更多地披上科学文化的外衣罢了。

（A）耶稣会小史

1. 耶稣会之成立

耶稣会（La Compagnie de Jésus）是天主教反动的主要工具之一，它的成立是当罗马教会分裂得很厉害的时候，德国新教的运动早已

① 沙不列：《明末奉使罗马教廷耶稣会士卜弥格传》页3。冯承钧译本，页4。

脱离罗马教势力的羁绊。同时虽称正统教的法国，于一五一六年（明正德十一年）下“收回令”，即法国自主教以下，由国王分派，换言之，即已不能和教皇合作。英国则亨利第八（Henry Ⅷ）于一五三八年（嘉靖十七年）宣布与教皇对立。在这样教会大分裂的时候，罗马发现了几个新组织的宗教团体，以从事“反改革运动”（Counter Reformation）。这反改革运动的根本问题，就是要决定：应当和路德派妥协，还是分裂呢？就中有一位宗教界著名人物耀拉（Loyola），他创立了耶稣会，企图以新方法进行宗教复辟运动。他是西班牙国贵族，在二十八岁这一年，因战争折腿，因此告退军籍，决意离家避世，效法耶稣苦行，一俟腿伤痊愈，即退入山中，避静修行，日以刻苦祈祷为事。即在这个时候，他开始编成著名的书籍，叫做《灵性的训练》（*Spiritual Exercises*），就用这本书来麻醉自己和教授他的门徒。他在巴黎、京都结交各国名士，更得同志九人，内有方济各·沙勿略，伯多禄·法伯尔（B. Patrus Faber）等，共发三绝之愿，即是绝意、绝财、绝色。一五四〇年（明嘉靖十九年），洛耀拉带着他的九个门徒，往罗马觐见教皇，立誓绝对服从教皇的命令，[①] 并宣言：

> 以护教为心，崇教为念，苟奉谕旨，地不分遐迩，人不论文蛮，万里长征，片时无缓。此心此志，睿鉴及之。
>
> 小会是教皇指臂，圣会营兵，不论文蛮，不分遐迩，东西南北，悉听指挥。

洛耀拉因此被封为耶稣会的创立人，成为所谓反改革运动中之圣教干城，实际却是天主教殖民制度的创始者。

---

① 萧若瑟：《圣教史略》，卷九，页 419—420；A. J. Garnier：《基督教史纲》，第十六章，第二节，页 205—270。Latourtte: *A History of Christian Missions in China*. 页 81。沈礼门译：《圣依纳爵传略》，页 69—70、88。

2. 耶稣会的本质

宗教是人民的鸦片烟，耶稣会则更明显地是反动封建社会的产物，它在欧洲和新教的斗争，乃是贵族地主统治阶级之内部的思想斗争，正如恩格斯在《费尔巴哈与德国古典哲学的终结》[①]中所指出："每个统治阶级都利用与自己相适合的宗教：占有土地的贵族利用天主教的耶稣会派或新教的正统派，自由的和急进的资产者则利用唯理主义。"唯理主义派（例如康德、黑格尔）虽也是代表剥削阶级，但当他们企图将宗教与理性统一起来的时候，把理性宗教代替了上帝的宗教，这在反封建宗教的斗争中，还起了积极的作用。相反地耶稣会则不过企图觅取新方法来巩固毁灭中的宗教基础。

3. 耶稣会的东来传教背景

再从耶稣会东来传教的背景看，它的"极端的伪善和它所固有的野蛮性，就赤裸裸地摆在我们面前了"（马克思：《不列颠在印度统治的未来结果》中语）。自英德各国脱离东罗马教以来，欧洲旧教的势力因而大减，便不得不谋向外发展殖民地，而号称纯粹尽忠于教皇及教会的耶稣会士，当然就是那时罗马教的一个向外征略的大本营，靠了他们的不断的宣传和努力，罗马教皇确曾阻止了不少新教的蔓延，和争得作为文化侵略工具的天主教传教士的新出路。

耶稣会士东来传教的背景，基本上是由于经济原因，正如马克思在《资本论》第一卷第二十四章所说，"原始积累的不同因素，多少是按时间顺序特别分配在西班牙、葡萄牙、荷兰、法国和英国"[②]；"欧洲各国以地球为战场而进行的商业战争"是和"基督教殖民制度"[③]分不开的。除此之外，尚可以从两方面来观察：内面的原因，由于宗教

① 《费尔巴哈与德国古典哲学的终结》，人民出版社一九五九年版，页47—48。
② 《资本论》，第一卷，第二十四章，页819。
③ 同上书，页819。

上本身的矛盾，即如上述是因罗马教会势力之分裂，不得不自谋向外发展，即耶稣会的成立，其宗旨本在继承十字军的反动路线；当成立时，他们的志愿即在出外传教，所谓“地不分遐迩，人不论文蛮，万里长征，片时无缓”。所以在一五三四年（明嘉靖十三年）四月一日，洛耀拉和他的门徒在蒙马而特教堂里发愿的时候，即欲参谒耶路撒冷圣地，可是经过五年以后，去这地的道路不通，因而他们的会友又请求教会打发他们到印度或是别的适宜的地方去传教。[1]第二，从外面的原因，由于经济交通上的便利，这时航海事业的发达，结合西方国家侵略政策，已使东来传教一事成为必不可免的一个环节。樊国梁（Mgr. Alphonse Favier）《燕京开教略》中篇（页二）曾透露此殖民地经营历史是“明孝宗弘治年间，圣教会第十五世之末，有葡萄牙国与荷兰国人，欲访玛尔谷保禄（马哥波罗）所言之中国，绕阿洲之喜望峰，航海东来，泊于海滨，是元朝之灭，陆路既塞于西北，而明朝之兴，海路复通于东南。由西洋而至中国，百倍易于前代矣。故传教之士，附搭商船，来华传教者，渊渊而至”。

（B）耶稣会士东渐始末

天主教传行中国的历史，用利玛窦所著书后题为《耶稣会诸铎对于基督教义的征讨史》，这“征讨”二字很明白标记着在天主教与新教的矛盾斗争中，产生了耶稣会之远方宗教文化侵略。从沙勿略来华以至法国遣使会接理中国教务为止，耶稣会的宗教文化侵略可分做三大时期。[2]第一个时期：一五三一年（明嘉靖十年）至一五八一年

---

① 裴化行:《天主教十六世纪在华传教志》，第三章，页61。

② 此处所分三大时期，第一时期，参照萧濬华译《天主教十六世纪在华传教志》上编导言页5，惟沙勿略一五三一年奉派往东传教应从此一年算起。第二时期加入了法国的传教士。第三时期参照樊国梁《燕京开教略》中篇页61以下。又Hering: *A Study of Roman Catholic Missions in China*（1692—1744）亦分三期，与此不同，可参看。

（万历九年），是征略开始的时期，这时传教士的命运，还紧紧与先后来至中国海面的葡萄牙人及西班牙人的命运相联系，教士的活动寸步不能越过广州。第二个时期：一五八一年至一七二三年（清雍正元年），因为一小组意大利教士尽力表面上与葡商脱离关系后，能进入中国内地，他们的会所有时得到官厅的宠遇，有时激起民众的公愤，其间曾发生了很严重的“礼仪问题”，可说是在华耶稣会士侵入中国之后与其他天主教士间的矛盾斗争的时期。[①] 第三个时期：一七二三年至一七八五年（乾隆五十年），由于耶稣会内部一方面有为清廷所宠用的传教士，一方面有反对科学传教的单纯传教士，两派之间的矛盾斗争，加以其他教派的压迫，导致了一七七三年（乾隆三十八年）教皇格勒门第十四（Clement XIV）下令解散其会。翌年，消息传至北京，当时钦天监监正刘松龄（Hallerstein）与法国人蒋友仁均气愤而死。代替耶稣会传教事业的是一七八五年前来中国的法国遣使会，但这是后话不提。在耶稣会传教的三时期，第一个时期以沙勿略、范礼安（Alexandre Valignari）、罗明坚（Michael Ruggieri）为代表；第二个时期以利玛窦、汤若望（Johann Adam Schall von Bell）、南怀仁及法国传教士张诚（Jean. François Gerbillon）、白晋等为代表；第三个时期以郎世宁（Giuseppe Castiglione）、蒋友仁（Michel Benoist）为代表。试略述之如下：

1. 沙勿略[②]

方济各·沙勿略，西班牙那瓦（Navarre）人，为耶稣会发起人之一，一五三一年奉派往东传教，一五四二年（嘉靖二十一年，日本天文十一年）到印度后，不久即往日本传教，一五五二年（嘉靖

---

① 《天主教十六世纪在华传教志》上篇导言，页 5。

② 详见裴化行《天主教十六世纪在华传教志》第三章，沙勿略来华之经过及其影响；上海慈母堂印《圣方济各沙勿略传》；萧若瑟《天主教传行中国考》，页 103—107；樊国梁《燕京开教略》中篇，页 2—4。

三十一年，天文二十一年）再到日本，在日本时，得见许多聪明的中国人，又闻中国土地之广，人民之多，均超过日本，因更计划向中国传教。彼时日本人的心理以中国为上邦，一切模仿中国，沙勿略知道要使日本全国信教，非先传教中国不可。遂于这一年十一月搭葡萄牙商船前来中国，船行十几天，到上川岛。[①]这时中国海禁最严，外方人非朝聘不能入境，沙勿略虽至上川，不能入中国内地，赖葡商接济，登岸后，寄居葡人的茅屋中；在岛两三个月，费尽心计，没法找得入中国的机会，于一五五二年十二月染病逝世。遗著有同年一月二十九日给欧洲耶稣会的书函，述日本的宗教情形和两次传道始末。其中也有关于中国记事，谓据葡萄牙商人述中国为一大帝国，其正义与公平胜过所有基督教国，其慧敏好学，智力亦在日本人之上；国内物产丰富，丝绢尤佳；只要我们在中国播下福音的种子，就远方各国都会受其影响。因此他再三恳求敬虔且热心的基督教徒，援助他的中国开教计划。[②]沙勿略这种传教的野心，激动了同会的耶稣会士，甚至其他各会的教士们，也闻风兴起，用种种方法想侵入中国传教。

2. 范礼安与罗明坚

沙勿略去世后，耶稣会士对于中国传教的工作仍不断努力，但因这些传教士无一人能说或能写中国话及中国字，对于中国情形当然不能有具体的认识。还有一种阴险的计谋，在这些传教士中竟有主张利用兵力来迫令中国允许教士在国内传教的，如利培拉（P. Ribera）即是好例。他们简直把传教工作看作是一种公开地征服殖民地的工作，结果当然非大失败不可。[③]

---

① 此据《天主教十六世纪在华传教志》等书，惟《圣教信证》云，氏于一五五二年，甫至广东属之三洲岛，即离尘去世云。案上川岛为西江口的一个小岛，三洲岛当亦指此。

② 参看比屋根安定《圣サキェル伝》，页 340—341，东京日独书院版，同著者：《支那基督教史》，第八章，页 109—110，生活社版。

③ 参看《天主教十六世纪在华传教志》上篇，页一一七，下篇第七章，页 305。

然而即在这个时候，即一五七四年（万历二年）有范礼安东来传教，这时葡人已霸占香山澳（澳门），他即利用这新局面，于一五七五年（万历三年）开教士大会，议决要案，其原则即对于入中国传教须绝对避免以前错误的方法，传教士第一要学华语，第二要顺国俗，如穿中国衣服、食中餐之类。这么一来，耶稣会士便有和中国文化接触和收集中国情报的机会了。

罗明坚继范礼安之后，在中国传教十年，不但学会了中国语言文字，逢人讲劝；又著书发明教理，书名《天主圣教实录》，一五八四年（万历十二年）刻于广州，流传很广。这时葡商新得中国地方官允准，每年在春秋二季，至广州城下贸易，罗明坚即乘此机会，一年两次至广州，因得与广东的官吏接近，给天主教开辟一条出路。他上书总督，愿为中国皇帝的子民，并改着僧众服装，结果交涉得在广东首府肇庆的居留权；而最值得注意的就是一五八三年（万历十一年）他把后来深入中国宫庭的利玛窦领入中国。[①]

3. 利玛窦

利玛窦字西泰，意大利人，十九岁时（一五七一年，明隆庆五年）在罗马入耶稣会，修业中送往印度。一五七八年（万历六年）在果阿，四年后派来中国，先到澳门，一五八三年由广州移住肇庆府，穿和尚服，学华人语言文字，后改穿儒服，因欲深入内地传教，乃于一五八九年（万历十七年）移居韶州，一五九〇年（万历十八年）初次到南京，又折回江西南昌，同年便在南昌创办一座教堂。第一次到北京是在一五九八年（万历二十六年），却也不能久住，折回南京。一六〇〇年（万历二十八年）第二次北上，带了好些进贡物品，同庞迪我（Diego de Pantoja）等八人，以礼部文引诣京师，谒见皇帝，因

---

① 参照上书，下篇第一章至第五章，页 176—271。

所贡的自鸣钟、地舆图、与西琴等物皆中国所无，大加称赏，着待利玛窦以上宾之礼，留居京师。一六一〇年（万历三十八年）五月病卒京寓，葬于北京阜成门外墓地。生平事迹详见艾儒略所作《泰西利先生行迹》（一九一九年陈垣校刻本），裴化行《利玛窦司铎与当代中国文化》（二册），萧若瑟《天主教传行中国考》（卷三，页108—149），樊国梁《燕京开教略》（中篇，页5—14），中村久次郎《利玛窦传》及罗菩泰姆（Rowbotham）《传教与京廷之耶稣会士》（*Missionary and Mandarin, The Jusuits at the Court of China*, Chap. Ⅳ, pp. 52—66）等书。[①]

利玛窦是一个极有学问的耶稣会士，当他在罗马修道时，神学之外，讲求各种科学，兼及天文、地理、历算、几何之学。他原是罗马有名的历算家克拉维阿斯（Christoph Clavius）的高足，他称之为丁先生。丁先生在一五八二年（万历十年）曾协助教皇格列高利第十三治历，著书甚多，由明末天主教士带来的、旧藏于北京北堂图书馆。[②]加以利氏来中国后，对于中国文学亦下过一番工夫，四书五经都能熟读，又善引据中国经典来附会天主教的道理。尤其给他传教以进攻便利的，是中国前所未见的报时自鸣钟、日晷、带有中国字的世界全图之类。这一方面对中国人炫耀了西方文化的优越，一方面又显示了他们是精于制造钟表及绘制地图的科学家。他为适合中国人的脾味，在新地图里把中国放在正中，说制器观象、考验日晷均与中国古法吻合，这当然动听得很，使他容易和善良的中国知识分子接近。一时学者均愿和他结交，有的因好事而来，有的因学习算学格物而来，利玛

① 参考《禹贡》半月刊第五卷三四合期，“利玛窦世界地图”专号；又 Bernard: *L'Apport scientifique du père Ricci à la Chine Peiping*. 1935. E. C. Werner，英译本，Peiping，1935。

② 详见李俨《中国算学史》，第九章，页176—271。

窦口讲指画，只要有机会，便参以天主教的教义，以引人入教。他又善于勾结官僚，用政府的力量来对付人民群众的示威反抗，[①] 他虽屡和澳门发生经济关系，却总隐瞒事实。[②] 在他传教四五年之后，新奉教的即有二百余人，其中做大官而领洗者有李之藻、徐光启、瞿汝夔等（李之藻洗名“良”，徐光启名“保禄”，瞿汝夔名“依纳爵”），他若王应麟、叶向高、祝世禄、李贽诸人皆一时众望所归，而均看不出西士的本来面目，与之往来。崇祯年间刘侗等撰《帝京景物略》尚称“案西宾之学也，远二氏近儒，中国称之曰西儒，尝得其徒而审说之，大要近墨尔”（卷五，利玛窦坟），这很可以代表当时人对他的表面的看法。

4. 汤若望

耶稣会士在利玛窦之后，最负盛名者六人：（1）罗雅各（Giacomo Rho），意大利人；（2）庞迪我，西班牙人；（3）龙华民（Nicolas Longobardi），意大利人；（4）邓玉函（Johann Terrenz），瑞士人；（5）熊三拔（Sabbatino de Ursis），意大利人；尤其是（6）汤若望，德意志人，精通天文。再后就是比利时人南怀仁的时代了。汤若望和南怀仁在明崇祯（一六二八—一六四三年）、清顺治（一六四四—一六六一年），康熙（一六六二—一七二二年）时曾被任为钦天监监正，详见黄伯禄所编《正教奉褒》与魏特（Alfons Väth）《汤若望传》[③] 等书。自从汤若望以历法问题作为敲门砖之后，直到教皇宣布解散耶稣会为止，这钦天监监正一职都是由耶稣会士担任的。

汤若望于万历四十年（一六一二年）来华，崇祯三年（一六三〇年）钦召入京，与罗雅各供职修历局，制造仪器，推演算术，翻译西

① 裴化行：《利玛窦司铎和当代中国社会》第一册，下编第一章“在中国显宦洲荫庇下”。

② 同上书，第二册，下编，页147—148，196。

③ 《汤若望传》，杨丙辰译，下册，第十一、十二章，商务印书馆，一九四九年。

书，五年进历书三十卷，七年（一六三三年）又进六十一卷，并制成日晷、星晷及望远镜各仪器。八年（一六三四年）呈七政行道历，九年（一六三六年）与李天经推定南北两京恒星出没及测得北京北极高度，并主辑崇祯《新法算书》，共一百卷。十三年（一六四〇年）奉命督造战炮，有功。十五年（一六四二年）再铸洋炮，谕令将造法传授"兵杖局"，并监制"无间大将军"五百位，授焦勗译《火攻挈要》，详述各种火器的制造法及其运用安置。后随李建泰降清后，乃大得顺治宠用，专管钦天监印信，顺治并不时驾幸汤氏寓所，称之为"玛法"（Mafa），即满洲语"亲爱的神父"。顺治十年（一六五三年）赐号"通微教师"，十四年（一六五七年）赐御书堂额"通微佳境"，并制《天主堂碑记》。这时钦天监员七十余缺，均准汤若望自行选荐。汤若望既深入宫庭，便渐渐控制政权来达到扩展教权的目的，因此便发生在清史上有名的爱国主义者杨光先与耶稣会士之争。

明清之际历家可分三派：（一）守旧派如冷守中、魏文魁等；（二）依附回历派如唐顺之、袁了凡、黑的儿等；（三）西法派如徐光启、李天经等。杨光先亦属回回历派，[①] 回回历法影响三百余年，因为差误百出，耶稣会士即利用这一科学上的弱点攻击杨光先。杨光先则从爱国主义政治立场加以反驳。他指出："向盘踞京师者止若望四人，今则群聚数十尚不知避忌，今知秘其机缄，金多可役鬼神，汉人甘为线索，往来海上，暗通消息。……况其教以谋夺人之国为主……其谋夺日本国也，有舶商之口可凭，其已夺吕宋国也，有故明礼部臣沈淮之参疏可据。如此狼子野心之凶人、又有火器刀甲之铦猛，安可与之同中国哉？"[②] 这已经不是历法的斗争，而是政治的剧烈斗争了。汤若望已经议决凌迟处死了，忽因北京地震朝内宫殿大火乃蒙赦免，只罪从

① 参看陈遵妫《中国古代天文学简史》，页51注。
② 杨光先：《不得已》，下卷，页111，"阘辟疏"。

事者李祖白等五人，次年若望病死，然拟死之案仍未撤消，直至数年后康熙才追复其原官。[①]

5. 南怀仁

南怀仁于顺治十六年（一六五九年）与柏应理、殷铎泽、陆安德（André Lobelli）等同来中国，初传教陕西，十七年（一六六〇年）钦召入京，参与纂修历法事。汤若望死后，即接理教务。这时杨光先复掌钦天监，南氏特上疏辨明杨光先妄控天主教为邪教之非，并在御前面质其历法的错误。于是朝廷复用西法历法，以南怀仁为监副，康熙十三年（一六七四年）授汤若望例，升为监正。并奉旨监造观象仪器，以红铜制成列宿经纬球、交食仪、转盘仪、象限仪、纪限仪、浑天仪六种。又因吴三桂反清，谕命督制西洋大炮，试验有效。十九年（一六八〇年）又制成神武炮大小三百二十具，着于芦沟桥试放，大加奖慰。二十一年（一六八二年）四月进职右侍郎，八月随驾盛京，携带天文仪器，测得其地高度，制《盛京推算表》。当时天主教文化侵略中国，立足未稳，朝野上下攻击的人很多，以有南怀仁在朝供职，把修历制炮作挡箭牌，因此给天主教做了有力的保障。[②]

6. 张诚与白晋

一六八八年（康熙二十七年）南怀仁卒于北京，即在这个时候，有几位有学问的法国耶稣会士来代替了他的职务。这时法王路易十四很想伸展他的势力，以对抗葡国，并为振兴法兰西的中国研究与助长国内的繁荣起见，特从法国耶稣会士之中，选出第一流的教士派来中

---

① 萧若瑟：《天主教传行中国考》卷六，页276—302。樊国梁：《燕京开教略》中篇，页18—31。Latourette: *A History of Christian Missions in China*, p. 104。《清史稿列传》五十九，"汤若望传"。

② 萧若瑟：《天主教传行中国考》卷六，页303—325。樊国梁：《燕京开教略》中篇，页32—36。Latourette: *A History of Christian Missions in China*, p. 116。《清史稿列传》五十九，"南怀仁传"。又南怀仁所著《满洲旅行记》最可见其受康熙的宠遇，译本见卫藤利夫：《韃靼》，页245—272。

国，于是在一六八八年二月便有正式派遣的五名耶稣会士，携带观测天文的仪器来到北京，此五教士姓名如下：

（Ⅰ）李明

（Ⅱ）洪若瀚（Fontaney）

（Ⅲ）白晋

（Ⅳ）张诚

（Ⅴ）刘应

《燕京开教略》述此云“南怀仁于未卒前，曾经奏明五人履历，故皆得入内地，并无阻扰，五人未至北京时南怀仁已卒，抵京后未得与南怀仁把晤，深以为慊。时以皇上甚好西学，故命带领五人引见，奉旨留张诚与白晋在京效用，余遣往各省传教，张白二人即于京邸学习满汉文字，颇称博洽”。康熙早年喜与西士研究西学，曾从汤若望、南怀仁研究算学，从徐日昇（Thomas Pereira）学代数及音乐，于是再从此二教士继续研究。为便利起见，先使二教士学习满洲语，以便进讲，两教士相拟乘机传教，故亦尽力侍讲，乘间谈及福音。他们先将欧几里得及阿基米特的《初等几何学》与《应用几何学》译成满文，每日进讲时间，自朝至暮，孜孜不已。康熙因醉心西学，故从两教士处得到许多学问……测量学、静力学、天文学、数学、医学、解剖学。并在宫中设立实验室以研究化学、药学。一六九三年（三十一年）康熙有一次正在研究解剖学的时候，忽患疟疾，张诚、白晋以所带金鸡纳霜进呈，使其健康恢复，康熙赞叹不已，因之对于传教士更怀好感，同时对于基督教也渐取妥协的态度，以为基督教和儒教大致相同，不过他所热心研究的还不过是西洋的科学文化罢了。一六九七年（三十六年）白晋奉派回国招聘博学的教士来华，一六九九年（三十八年）三月，白晋同耶稣会士十人再来中国，其中以科学文化贡献中国而功绩最多者，有如下三人：

（Ⅵ）马若瑟

（Ⅶ）雷孝思

（Ⅷ）巴多明

马若瑟有许多西文著作，并译出不少我国之经传诗词。巴多明留宫中约十余年，以满文译成西洋名著多种，对于解剖学的学问贡献最大。雷孝思则参与编制中国各省之实际测量与中国全图草稿的编制。他们对于科学文化的贡献很受清帝欢迎，他们科学的成功同时也使他们在中国传教占到有利的地位。①

7. 郎世宁与蒋友仁

一七二三年（雍正元年）至一七七三年（乾隆三十八年）可算在华耶稣会的衰落时期，一方面雍正对于天主教徒管制得很严，各省天主教堂一时俱拆毁尽净，天主堂的房屋院落或改为仓库，或改为书院，一所不留。这时亲王苏努为清太祖努尔哈赤的四世孙，全家上下人等皆为耶稣会信徒，因与穆敬远勾结发动争夺皇权的政治斗争，结果全邸被抄，其子孙十五岁以上并穆敬远均处死刑。这对传教士当然是一大打击。② 一方面又因在耶稣会士之中从汤若望时起，即发生内部的矛盾斗争。汤若望因充当钦天监监正和那些以真正信仰之维护者自命的如安文思、利类思、傅汎际（Francisco Furtado），阳玛诺（Emmanuel Diaz）等十几位耶稣会士相对立，他们之间有弹劾也有抗辩，各自形成宗派。在这样外部严厉镇压和内部矛盾分裂的现象继

---

① 参照后藤末雄《支那思想のフランス西漸》第一编第二节，ルイ十四世の仏国耶蘇会士支那差遣；第三节，康熙帝の西欧科学研究と皇輿天覽図の測成；第四节，康熙帝と天主教の公許；页63—111。同著者：《西洋人の観たる支那》，第一节，仏国耶蘇会士の支那差遣；第二节，仏国蘇会士の清朝に於ける活動，又《天主教传行中国考》《燕京开教略》等书亦有简略之记载，可参考。

② 后藤末雄：《支那思想のフランス西漸》第一编第六节，雍正帝の禁教事情と其の真因，页138—163。关于苏努事件，各书均有记载，陈垣：雍乾间奉天主教之宗室一编为最有研究，见《辅仁学志》。

续下去的时候，天主教当然没有发展的余地了。但到乾隆时代，又稍宽容一点，虽不许人民信教，却仍任用耶稣会士治历。当时朝士有郎世宁，系意大利人，以善绘画特加信任。《燕京开教略》称其“恒在内廷，彩饰宫殿，甚惬上意，惟令弃其西艺，而习中国意趣。郎世宁绘成名人写真多幅，余外所画之山水人物，不一而足。其簨扇画轴等物，凡书有郎世宁之名者动辄千金，至今犹然”①。同时又有耶稣会士蒋友仁系法国人，乾隆令其于圆明园创修喷水池，以备游幸。又命在朝传教士将《大清一统地图》及《疆域沿革图》加工绘成图册，使蒋友仁镌为铜版，共一百零四片，每片印刷百张，装潢成套。凡此可见耶稣会士虽在崩溃之前不久还苦苦挣扎着，为封建皇朝服务，以求博得传教机会的来临！

然而自利玛窦、汤若望、南怀仁、张诚、白晋、郎世宁、蒋友仁这些在朝耶稣会士们，虽则有一部分达到侵入朝廷的希望，却没有做到事实上的成功。汤若望希望顺治奉教：“一日密奏其事，多方苦劝。上曰：‘玛法，子之所为，令朕不解，子为修士而却不欲朕为修荐之事，朕若强子从朕，子能从乎？则朕之心，亦犹子也。’……汤若望付之无可如何而已。”② 康熙虽看重教士，却始终以为“天主教徒不明中国礼典之意，只可行之夷狄之邦，故当严禁”③。雍正禁止传教，教皇曾派教士二名往贺登极之喜，他对教士说：“天下各教皆以劝善为本，然教之至善，未有善于儒者。”④ 这样就可见清初各帝对于耶稣会士的教又是抱拒绝的态度了。然而耶稣会士在传教方面虽没有成功，甚至于因礼仪问题，一七七三年为教皇格勒门第十四所解散；然而他

---

① 燕京开教略中编，页六十九。又《清史稿艺术编·唐岱传》《熙朝名画续录》均有记载。

② 同上书，页 26—27。

③ 同上书，页 55—56。

④ 同上书，页 66。

们在中国却输入了当时欧洲的科学文化。中国人反对传教，却不能否认他们为具一定程度科学知识的人，例如应扔谦反对天主教很激烈，但他却承认“自利玛窦来后，其国人有至者，大抵聪明才干，多有俊士”①。耶稣会派本为天主教中比较注重科学的人，天主教一般反对科学，尤以多明我会之逼害科学家最为突出，耶稣会则反之，提倡科学传教，以科学为幌子。他们来中国传教的，不但在修业时须受神学或哲学的宗教教育，且须研究古来的七艺（文法、修辞学、逻辑学、算术、几何学、天文学、音乐）。他们对于欧洲的新兴科学，从天文历数以至物理化学，均各具专门的知识，尤其是法国派遣的耶稣会士和法国新成立的科学院（Académie des Sciences）有关，所以在耶稣会传教的全期中，除第一时期无学术上的意义以外，在第二时期最初利用欧洲优秀的历算学知识，预言日食，参与历法的制定；又铸造大炮的工作本和传教相背反，他们因环境的权威所逼，也不得不做。他们先从学问方面取得明末清初诸帝的信任，然后再进而从事宗教的宣传。在第三时期，则以绘画、建筑与绘图术给封建皇朝服务，当时效力苦况，正如德尼遗书所云，“终日供职内庭，不啻囚禁其中，凡有绘画，限于庸师，不能随意发挥，倘非为事君上，而希天上之永赏，余必悻悻而去”（《燕京开教略》中篇，页七五）云云。耶稣会士以学术为手段，传教为目的，但其结果，那落后的反科学的宗教原理竟遭拒绝，不能发生作用，发生作用的却是科学，这叫做目的与结果相反，是耶稣会士的厄运，而中国人的真正幸运。

三、西学东渐之初期

耶稣会的传教师，他们兼具传教者与以科学为幌子的科学家之

① 应扔谦：《天主论》。

二重资格，当然他们的目的是在宗教，科学不过是他们的“糖衣炮弹”而已，但是中国一时朝野的知识分子和他们殷勤结纳、甚至信奉受洗，为这糖衣炮弹所中，最初也是为要吸收其科学文化。例如方以智在《通雅》及《曼寓草》中屡称引利玛窦的科学，却不信他们所附会的一套上帝的新说。梅文鼎寄薛先生诗“窃观欧罗言，度数为专宗，思之废寝食，奥义心神通”，但他也不信天主教。全祖望作《二西诗》，既一方面赞赏西学，一方面又警惕于外患之可畏。“五洲海外无稽语，奇技今为上国取，别抱心情图狡逞，妄将教术酿横流。天官浪诩庞熊历，地险深贻闽粤忧，夙有哲人陈曲突，诸公幸早杜阴谋。”这诗很可代表爱国主义者的心理。而尤其明显的是雍正二年《圣谕广训》第七条说：“……又如西洋教宗天主，亦属不经，因其人通晓历数，故国家用之，尔不可不知也。”尽管耶稣会士的教义不受欢迎，而他们的科学传教却告成功。稻叶君山《清朝全史》论明末天主教徒所以信教是感于西人卓越科学思想，非绝对信仰他们的宗教。梁启超的《近三百年学术史》也说徐光启因要研究西洋的科学才奉教。《明史·外国列传》意大利下称耶稣会士“其国人东来者，大都聪明特达之士，意在行教，不求利禄，其所著书多华人所未道，故一时好异者咸尚之”。好异是感于西洋科学的新奇。全谢山诗“就中大臣徐与李，心醉谓足空古今”①，徐与李所惊叹的正是科学。近人惟陈受颐氏独持异议②，谓徐光启、李之藻之奉教，并不因研究科学而奉教，实则陈氏所举实例，如云“陕西王征，他的父亲是一位科学家，能自制木牛以便运输。他更胜过他的父亲，能在屋的四周，开不少小眼，遇婚丧大事，他在大厅中一说话，各屋的人都能听到。这不就是无线电的发明

① 见《鲒埼亭集》卷二《明司天汤若望日晷歌》。

② 《圣教杂志》第二十五卷第八期：《明末维新运动中之徐光启》《明末天主教徒和他们的信仰》。

家么？他在家闻道奉教，也决不是因为科学才奉教的”。为什么一个科学家不会因尊重西洋科学而奉教，这是不能自圆其说的。实际则明末清初的中国天主教徒，在下层阶级奉教的，多半为受环境压迫。晏文辉所谓“假周济为招来，入其教者即与以银”[①]。《圣朝破邪集》中有不少攻击耶稣会士以金钱收买人心的话，决不是无的放矢。大概明末清初正在民穷财尽的时候，故一般穷民落后的易为所动。但是上层知识分子，则确为其历法算学等科学的文化所动。其所以如此，是有两个绝对条件的。

第一，当时传教运动是和学术运动相联系的。一六〇三年（明万历三十一年）罗马籍楷西亲王（Fredercus Cesi）所领导的灵采研究院（Académie des Lincei），其宗旨据云“不仅在研究学术，俾吾人能于宗教热诚中善度此生，而尤须以此项知识，以和平方式，或以演讲，或以著述，传授于人”。他们宣传科学、要向全世界推广传布，在维也纳，在科隆，在巴黎，在里斯本，在塞维叶，在奥格斯堡，在加尔各答均成立分院，中国也是他们所向的目标。这个研究院的成员，有天文家开普勒、伽利略，有植物学家法培耳，也有来华耶稣会士邓玉函，英国培根（Fr. Bacon）亦曾申请入院。当研究院举伽利略为院士时（一六一一年，明万历三十九年），罗马学院举行一盛大辩论会，拥护伽利略者即为利玛窦之学友“丁先生之学生”，又未来中国传教士汤若望亦为伽氏在罗马多次讲演中的听众之一。一六一三年（万历四十一年）金尼阁自中国返回罗马，最先访问研究院。邓玉函一六一六年（万历四十四年）五月在起程来中国前记道：“余所希望于伽利略者，以推测日月蚀之新方法告知吾人，因彼之推算方法……

---

① 沈瓒《近事丛残》卷三：“利玛窦……饮食居室交游等费，亦不少，而不见缺乏，人以此异之。”徐光启《辨学章疏》：“诸陪臣所以动见猜疑者，止为盘费一节，或疑烧炼金银、或疑洋商接济。”可见当时人有此疑。

于中国传教事业有莫大裨益也。希望渠至少能预告未来一二次日月蚀。”一六二二年（天启二年）四月在中国嘉定有长函致法培耳，述及“关于伽利略，余在其他函中，已诚恳祷祝其新法推算日月蚀之成功，而以日蚀尤为重要。吾人在此修历，对日蚀之推算最感需要，因藉修历之名义，即可免被驱逐出境也”。一六二三年后（天启三年）邓氏又与开普勒通信告以《书经·尧典》中关于星座的记述，及一次日蚀。据开普勒一六三〇年（崇祯三年）所印行短简中有“……邓玉函告知吾人中国之北极高（纬线），……吾人必将助之”之语。由上事实可见当时的传教运动是怎样依靠科学运动，[①] 科学竟成为在上层知识分子间传教成功之一绝对条件。

第二，所称“图书馆护教运动”（H. Kramm 在一九三八年所作一文中语，原名 Bibliothekenstratagie）。耶稣会自利玛窦来华，即注意借书籍传道，明顾起元《客座赘语》（卷六）已称“利玛窦携其国所印书册甚多”，汤若望的个人藏书，在一六五一年（永历五年）前，已有三千余卷。他们要与上层知识分子周旋，便不能不提高自身的学术程度，因此在欧洲征求图书和在中国译述西书均成为必要的事。李之藻《文稿》（附《徐文定公集》卷六）所载《刻职方外纪序》，《译寰有诠序》，《刻天学初函题辞》均述及金尼阁赍来彼国图书七千余部。一六二一年（天启元年）杨廷筠所作《代疑编》及一六二三年（天启三年）所作《艾儒略西学凡题辞》则更早道及此中消息。如说：“自西泰利先生用宾上国，蒙朝廷生养死葬，其国主感恩图报，特遣陪臣金尼阁远来修贡。除方物外有装璜图书七千余部，重复者不入，纤细者不入。书笈见顿香山澳，俾一朝得献明廷，当宁必发仪部及词

① 裴化行：《灵采研究院与中国》；同著者：《论汤若望历书》。此据方豪《文录》页295—300，301—302节译。

林，与西来诸儒翻译雠订。”[①] 又如说：“所称六科经籍约略七千余部，业已航海东来，具在可译。此岂蔡愔、玄奘诸人近探印度各国，寐寞数简所可当之乎！”[②]

金尼阁携来教皇保禄第五（Paul V）赠送给中国传教会的珍贵书籍之中，许多是科学书，有如李之藻所云：“时则有异国异书，梯航九万里而来，盖旷古于今为烈。”[③] 又王征《奇器图说·序》称：“《奇器图说》乃远西诸儒携来彼中国书，此其七千余部中之一支，就一支中此特其千百之什一耳。”[④] 由此可见金尼阁运来西书对于中国科学的贡献不少，据方豪所作《明季西书七千部流入中国考》[⑤]，知前北京北堂图书馆尚残遗拉丁文及意、德、荷及希腊文书共四百十三种，包括神学、哲学、数学、法学、物理学及其他科学。又据一九四〇年新发现之金尼阁《书函》，作于一六一七年（万历四十五年），述及藏书一事云：“余迄今所获者，无论就数量言（重复者不计），就学术门类之繁多言，就装璜之富丽言，在耶稣会中尚无足以与此颉颃者。……以学科之门类言，除吾人图书馆所习有之人文类、哲学类、神学类、教义类及其他名著外，余所搜医学、法学、音乐类书，亦复甚多，而今日所发明之数学书，则可谓应有尽有。”这真是洋洋大观了！

由于来华耶稣会士有了这丰富的书籍来源，再加以后来法王路易十四所赠中国的珍贵书藏，遂使科学传教使命发生了极大的效果。我国近代科学思想的发达，虽不能尽归功于来华耶稣会士，但正如江永《翼梅》一书自序所云：“至今日而此学昌明，如日中天，重关谁为

---

① 《代疑编》，答两国义理书籍有万部之多若非重复恐多伪造条，见一九三五年土山湾印书馆本，页49。

② 艾儒略：《西学凡》（《天学初函·理编》第一种）。卷首天启癸亥杨廷筠《题辞》。

③ 《职方外纪》（《天学初函·理编》第九种）卷首李之藻天启癸亥序。

④ 《奇器图说》，《丛书集成初编》本，页5。

⑤ 方豪：《文录》，页1—13。北京上智编译馆版，一九四八年。

辟？鸟道谁为开？则远西诸家其创始之劳，尤有不可忘者，或亦平心之论也。"《入华耶稣会士列传》页一三六《金尼阁传》"一六二三年尼阁入河南居开封省府传教三四月，其地学者文人对其所言科学与地理，皆钦佩，惟对于宗教问题则不愿闻其言"。

耶稣会士用汉文著译不少的科学书，兹举其重要者[①]如下：

（A）天文学

利玛窦

《乾坤体义》三卷　万历三十三年北京刻本，收入《四库全书》。

《经天该》一卷　李之藻笔述。《艺海珠尘竹集》及《传经堂丛书》本，《丛书集成初编》本。

《浑盖通宪图说》二卷　万历三十五年北京刻本，收入《四库全书》，《守山阁丛书》本用李之藻名。又《丛书集成初编》本。此书原著者为丁先生，原书名 *Astrolabium*，一五九三年罗马出版。

汤若望

《崇祯历书》北京故宫博物院图书馆藏明崇祯刊本一百〇三卷，附《八线表》不全。顺治二年修此书，改名《新法历书》一百卷，收入《四库全书》，北京图书馆藏。

《浑天仪说》五卷　巴黎国立图书馆藏，《明史稿艺文志》误作李天经著。

《古今交食考》一卷　一六三三年北京刻本。

《西洋测日历》一卷　一六四五年初稿。

《星图》八幅

---

① 方豪：《文录》，页15—22，《明清间译者底本的发见和研究》；又徐宗泽《明末清初灌输西学之伟人》，《圣教杂志》丛刊之一；同著者：《明清间耶稣会士译著提要》卷六、卷七，中华书局版，一九四九年。

《交食历指》七卷

《交食表》八卷

《测食说》二卷　明周子愚、卓尔康订，明天启五年汪乔年刻本。

《测天约说》二卷

《历法西传》一卷

《新法历引》一卷　以上两书乃《崇祯历书》提要，见《图书集成·历象汇编·历法典》卷七七—七八。

《学历小辩》一卷　《崇祯历书》作《历学小辩》

《恒星表》五卷

《恒星历指》四卷

《恒星出没》二卷　《崇祯历书》作《恒星出没表》。

《新历晓惑》一卷　《昭代丛书》庚集第十册。

《新法表异》二卷　《昭代丛书》壬集第十五册。

《民历补注解惑》一卷　南怀仁北京刻本。

南怀仁

《测验纪略》一卷　一六六八年北京刻本。又《预推记验》说明预知天象之法。

《仪象志》十四卷　北京刻本。说明天文学器械制法之理论。

《仪象图》二卷　同上图解，一六七三年北京刻本。以上二书共十六卷，刘蕴德笔述，合称《新制灵台仪象志》，清康熙刻本，北京大学藏。

《康熙永年历法》三十二卷　日本宫内省藏。一六七八年刻本。盖为康熙说明亘二千年间之历法。

《赤道南北星图》一六七二年北京刻本。

《简平规总星图》（诸星之图）

《日出时刻表》（示一年中日出之时刻）

《历法不得已辩》一卷 巴黎国立图书馆藏。

《妄占辩》一卷 北京刻本，粤东大原堂重梓本，巴黎国立图书馆藏。

《妄择辩》巴黎国立图书馆藏。

《妄推吉凶之辩》一卷 巴黎国立图书馆藏。

《熙朝定案》三卷 北京刻本，此书汇集康熙七年至四十四年关于与杨光先争论历法之文件，巴黎国立图书馆藏。

邓玉函

《测天约说》二卷 在崇祯四年第一次进呈《崇祯历书》之内。

《黄赤距度表》一卷 《崇祯历书》作《黄赤度距度表》。

《正球升度表》一卷 《崇祯历书》作《黄度升度表》。

熊三拔

《表度说》一卷 收入《四库全书》，又明万历刻本，《天学初函》本。

《简平仪说》一卷 一六一一年北京刻本，收入《四库全书》，又《天函初函》本，《指海》本，《守山阁丛书》第五十七，及《丛书集成初编》本。

阳玛诺

《天问略》一卷 一六一五年北京刻本，收入《四库全书》，又《艺海珠尘》及《天学初函》本，《丛书集成初编》本。

闵明我（Philippe Maria Grimaldi）

《方星图解》一卷 一七一一年北京刻本。

罗雅各

《月离表》四卷

《月离历指》四卷

《日躔表》二卷

《日躔历指》一卷

《日躔考昼夜刻分》

《五纬表》十一卷

《五纬历指》九卷　以上收入《崇祯历书》。

穆尼各（Nicolas Smogolenski）

《天步真原》上中下三卷　薛凤祚笔述，卷下“人命部”Wylie 认为伪作。收入《四库全书》，有康熙时刻《薛氏遗书》本、《守山阁丛书》本、《丛书集成初编》本。

利类思

《西历年月》一卷

戴进贤（Ignaz Kogler）

《仪象考成》三十卷　此书为修改南怀仁之《灵台仪象志》而作，书成于一七五二年。

（B）数学

a. 几何学

利玛窦

《几何原本》六卷　希腊欧几里得著，此译为丁先生所编前六卷之译文、徐光启笔述，一六〇五年北京刻本，收入《四库全书》。又有《海山仙馆丛书》《天学初函》《指海》及《丛书集成初编》本。后五卷，咸丰七年由伟烈亚力与李善兰合译，距前六卷已二百五十年。

《圜容较义》一卷　利玛窦口译，李之藻演，一六一四年北京刻本，收入《四库全书》，又有《海山仙馆丛书》《天学初函》《守山阁丛书》及《丛书集成初编》本。

《测量法义》收入《四库全书》《海山仙馆丛书》，用徐光启名；又《天学初函》《指海》《丛书集成初编》本。

罗雅各

《测量全义》十卷　在崇祯四年第二次进呈《崇祯历书》之内。戴震本之作《策算》。

艾儒略

《几何要法》四卷　一六三一年刻本。

白晋、张诚

《几何原本》在《数理精蕴》中，为巴累提斯（Paredies）《实用几何学》之译本，与利玛窦所译书不同。

b. 三角

利玛窦

《勾股义》收入《四库全书》《海山仙馆丛书》《天学初函》《指海》中，用徐光启名。

汤若望

《共译各国八线表》六卷　巴黎国立图书馆藏。

邓玉函

《大测》二卷　在崇祯四年第一次进呈《崇祯历书》内。

c. 算术

利玛窦

《同文算指前编》二卷、《通编》八卷、《别编》一卷　与李之藻共译，《前编》《通编》一六一四年北京刻本，故宫博物院及浙江图书馆藏明刻本，又有《海山仙馆丛书》《天学初函》《丛书集成初编》本；《别编》有钞本，巴黎国立图书馆藏。

汤若望

《筹算指》一卷　在《西洋新法历书》中。

罗雅各

《筹算》一卷　在《西洋新法历书》中。

《比例规解》一卷　一六三〇年北京刻本，是伽利略一六一二年在斯特拉斯堡出版的*De proportionum instrumento a se invento*的译本。

（C）地理学

利玛窦

《山海舆地全图》，明万历《方舆胜纪》本。

《坤舆万国全图》一五八四年在肇庆制成，一五九八年南京重校刊本，共十二页，北京历史博物馆藏，一六〇二年版，今有禹贡学会珂罗版精印本分十八张。原图底本以一五七〇年奥提利阿斯（Abraham Ortelius）著的《地球大观》（*Theatrum orbis terrarum*）为根据。

庞迪我

《海外舆图全说》二卷　《职方外纪》有序，据云："其图本未刻，然京中有传写者。"《澹生堂书目》有此书。

艾儒略

《职方外纪》六卷　一六二三年杭州刻本，收入《四库全书》，又《守山阁丛书》第三十九及《天学初函》《墨海金壶》《边防舆地丛书》各本。北京大学藏日本抄本六卷、卷首一卷。

利类思

《西方要纪》一卷　与安文思南怀仁等撰，《昭代丛书》甲集第三册，又《学海类编》本，《青照堂丛书》三编本。

南怀仁

《坤舆全图》一六七四年刊行，图为二半球，图中有解，上海徐家汇藏书楼、大连图书馆东洋文库均藏此图，近有天津工商学院翻刻本。

《坤舆图说》二卷　一六七二年北京刻本，收入《四库全书》；一名《坤舆图志》，有《指海》本及《泰东书局》影印本。

《坤舆外纪》《译史纪余》各一卷，《说铃》第八册，《龙威秘书》卷五二、六八、六九。

蒋友仁

《增补坤舆全图》

《地球图说》一卷　蒋友仁译，何国宗、钱大昕润色，北京大学藏，清嘉庆五年（一八〇〇年）焦循抄本及清刻本，又《文选楼丛书》本。

白晋、杜德美（Pierre Jartoux）、雷考思等

《康熙皇舆全览图》一七三〇——七三四年由法国唐维尔（D'anville）依据西士所寄副本在巴黎出版，题名《中国新地图》（*Nouvel Atlas de la Chine*），北京大学藏，一七三七年版。原图一部分曾刊入竺赫德所编《中华帝国全志》第一卷内。又一七八五年由葛鲁贤（Grosier）另行汇刊一册，共图五十页。

《乾隆内府铜版地图》

（D）物理学

a. 地震学

龙华民

《地震解》一卷　为明天启四年之地震所作说明。一六二四年及一六七九年北京刻本。

b. 光学

汤若望

《远镜说》一卷　一六〇三年北京刻本，《艺海珠尘》第五十七册，又《海山仙馆丛书》本、《丛书集成初编》本。

南怀仁

《验气图说》验温器之说明一六七一年北京刻本。

《光向异验理推》又名《形性理推》(物理学)

c. 水学

熊三拔

《泰西水法》六卷 一六一二年北京刻本，收入《四库全书》，又《天学初函》本，一六四〇年合刊于徐光启之《农政全书》卷十九,二十中。此与《表度说》二书《明史稿艺文志》俱误作利玛窦撰。

d. 力学

邓玉函

《奇器图说》三卷 邓玉函口授，王征译绘、明崇祯七年金陵武位中刻本。收入《四库全书》又同年刊《远西奇器图说录最》六册，《守山阁丛书》第六十六、六十七。《丛书集成初编》本。原书底本据惠泽霖(P. H. Verhaeren)发现乃属于四种不同的书，其中一种是原著者所赠。

e. 炮术

汤若望

《火攻挈要》三卷 汤若望授、焦勗述，一名《则克录》,《海山仙馆丛书》本。

南怀仁

《神威图说》

(E)气象学

高一志，即王丰肃(P. Alfonso Vagnoni)

《空际格致》二卷 一六二四年后作，有聚珍仿宋印书局刊本，《四库提要》著录云，“西法以火气水土为四大元行，而以中国五行兼用金木为非，一志因作此书，以畅其说”云云。

（F）生物学[①]

利类思

《进呈鹰说》 一六七九年作，见《古今图书集成·博物汇编·禽虫典》第十二卷。

《狮子说》 一六七八年北京刻本，法京巴黎图书馆藏，又徐家汇藏书楼藏印片。此书与《进呈鹰说》底本均为阿德罗凡提（Ulysis-Aldrovandi）《自然科学全书》（*Historia Naturalis*）之节译。

（G）生理学

邓玉函

《人身说概》二卷 清抄本题《泰西人身说概》，北京图书馆藏案此为 Gaspard Bauhin 原著之译本，为解剖学入中国之始。

罗雅各

《人身图说》一卷；《五脏躯壳图形》一卷 清抄本，与前书合订一册，北京图书馆藏。

南怀仁

《目司图说》

（H）医药学[②]

熊三拔

《药露说》 约在一六一八年为西药制造术入中国之始，有抄本，附邓玉函《人身说概》之后。

---

① 参看方豪《中国天主教史论丛》，页 102—106《来华天主教教士传习生物学事迹述概》。

② 同上书，页 117—124。

（I）语文学

利玛窦

《西字奇迹》一卷　即以拉丁音注汉字者，共三百八十七字，一六〇五年北京刻本，又程氏《墨苑》本，《宝颜堂秘笈》及《说郛》本。陈垣影印《明季之欧化美术及罗马字注音》本。

金尼阁

《西儒耳目资》三卷　明天启六年（一六二五年）关中泾阳张问达原刻本，上海东方图书馆、日本东洋文库、又伦敦王家图书馆、罗马教皇图书馆、巴黎图书馆有残本，现有一九三三年国立北京图书馆翻刻本，及一九五七年"拼音文字史料丛书"本。据金尼阁致书蒙摩隆西（P. de Montmorency）云"此一文典式之工作，颇引起中国人之惊奇。此书且为吸引偶像教人进入天主教网罟之饵"[①]云云。

鲁德照

《字考》　天启年间刊。

柏应理

《文字考》

恩理格

《文字考》　韩霖、张赓编《耶稣会士西洋姓氏著述书目》云未刻。

（J）哲学

a. 哲学概论

艾儒略

《西学凡》　一六三一年杭州刻本，收入《天学初函》理编。

高一志

《斐禄汇答》二卷　巴黎国立图书馆藏中国书籍新藏三二〇八号，

① 参看方豪《文录》，页226—227，《拉丁文传入中国考》。

“斐禄”即西语哲学（Philo）之音译。

b. 逻辑学

傅汎际

《名理探》十卷　与李之藻共译亚里士多德《辩证法大全疏解》，有一六三一年杭州刻本，一九三一年土山湾重刻本；又辅仁大学影印陈垣藏抄本，商务印书馆“汉译世界名著”本，一九五九年三联书店“逻辑丛刊”本。

南怀仁

《进品穷理学》 康熙二十二年八月进呈，共六十卷，书佚。北京大学图书馆藏旧抄本残本一部，共十六册。俞正燮《癸巳类稿》卷十四《书人身图说后》：“又论人知觉在脑，其人南怀仁，于康熙时上穷理书云，‘一切知识记忆不在于心，而在头脑之内，亦不出此书之旨’”云云。

c. 形而上学

傅汎际

《寰有诠》六卷　与李之藻共译亚里士多德《宇宙学》（*De caelo et mundo*），有明崇祯元年杭州刊本、徐家汇藏书楼藏。

毕方济（Francesco Sambiasi）

《灵言蠡勺》二卷　一六二四年上海或嘉定刻本，《天学初函》本，又一九二一年北京公记印书馆重印本。

在艺术方面可举者，如利玛窦的《西琴八曲》（附在《畸人十篇》后），徐日昇（Thomas Pereira）的《律吕正义后篇》，这是属于音乐的。程氏《墨苑》中所刻利玛窦带来的《天主母像》，和郎世宁所绘花卉翎毛之属，这是属于绘画的。西洋画以形似为主，参入科学观念，影响于曾波臣、焦秉贞等画派。[1] 徐日昇的乐律收入一七一三年

① 参看陈垣《明季之欧化美术及罗马字注音》，1927 年，辅仁大学影印，程氏《墨苑》本，又《明清之际中国美术所受西洋之影响》，见向达《唐代长安与西域文明》，页 415—531。

（康熙五十三年）北京刊《律吕正义》五卷之第五卷论外国音乐，则已属于乐律学的范围。

如上所述归结起来，可见这时西来耶稣会士对于欧洲之学术文化已经就当时所有，尽量地介绍过来，如天文学、数学、地理学、物理学、气象学、生物学、生理学、医药学、语文学、哲学、艺术无不应有尽有，其影响使中国学术界在固有的知识之外增加了新内容，使欧洲数理天算的科学变成中国人的学识了。而且在新的西洋科学方法的影响下"自然就可以把中国种种迷信思想之基础，暗自剥夺了"[①]。中国人欢迎其破除旧迷信、反对其树立新迷信，吸收科学而反对其宗教，这么一来中国人便能在原有的科学技术基础上跃进一步，而与耶稣会士所带来站在欧洲学识之高峰上的科学文化两极相逢。西学的东渐对我国整个文化有绝大的促进作用，屈指一计，除地理学、天文学、制造铳炮等之外，值得特别指出的尚有：

（一）亚里士多德学说之输入。案艾儒略《西学凡》是一本欧洲大学所授各学科的课程纲要，计分六科，其中理科即斐禄所费亚（Philosophia，哲学），复分为（1）落日伽（Logica，逻辑学）；（2）费西伽（Physica，物理学）；（3）默达费西加（Metaphysica，形而上学）；（4）玛得玛第加（Mathematica，数学）；（5）厄第加（Ethica，伦理学）在此斐禄所费亚中，特别注重亚理斯多或称亚利，皆指亚里士多德。他说："有一大贤名亚理斯多，其识超卓，其学渊深，其力旷逸。……此大贤裒集群书，多方参酌采取，凡普天之下有一奇物，不惜赀费以求得，不辞勤劳以寻究，必亲为探视，而奇秘无一之不搜。每物见其当然，而必索其所以然，因其既明，而益觅其所未明；由显及微，从粗及细，排定物类之门，极其广肆，一一钩致而决

① 魏特：《汤若望传》上册，页149—150中语。

定其说，各据实理之坚确不破者，以著不刊之典，而凡属人学所论性理，无不曲畅旁通，天学得此以为先导。”[①] 因为重视亚里士多德，因此利类思在圣托玛斯（S. Thomas Aquinas）《超性学要》凡例中云：“引亚利言、盖亚利乃格物穷理宗师也。所著书凡数百卷，今所存者百二十卷而已。物物之性、性性之理，无不备解，著为定论，凡穷理者皆宗之。”[②] 这还不过借助亚氏来讲天主教，重要的还是把他的逻辑学（《名理探》）和形而上学（《寰有诠》）也介绍过来了。亚氏哲学本有进步的倾向，耶稣会士拿他来作天学的入门先资，却是他对中国的影响，乃在于他的科学方法，与天主之学实不相干。

（二）伽利略学说之输入。来华耶稣会士灌输各项科学，尤以传入伽利略之天文学说最为新颖。据近人为纪念伽利略逝世三百年纪念所作论文，[③] 知伽氏与在华修历之耶稣会士关系甚深。伽氏天文学之传入我国者，有关于地动之说，见《古今图书集成·历象汇编·历法典》六十五卷《历法总部》《五纬历指》一总论。此《五纬历指》乃罗雅各撰。又关于木星等卫星，见《图书集成》同上、七十七卷《历法总部》《历法西传》，其中“加利勒阿”[④] 即今译伽利略，而《崇祯历书》内之《星图》，亦为根据伽氏的图说而成。又关于天河之说，见同上七十七卷《新法历书》《历指》卷三恒星之三条与同上七十九卷《新法表异》天汉破疑条，此为汤若望等介绍伽氏所发现的。还有

① 艾儒略：《西学凡》，《天学初函》理编本，页 8—9。

② 利类思译：《超性学要》，土山湾印书馆一九三〇年再版本，第一册“凡例”，页 8。就这不完全的译本看，所引“亚利”之言有二十余处，其中多作为“驳论”者，甚可注意。

③ 参看方豪《文录》，页 287—292，《伽利略与科学输入我国之关系》，又页 292—294，《伽利略生前远望镜传入中国朝鲜日本史略》。

④ 见《西洋新法历书》本，页 12 云：“第谷没后，望远镜出，天象微妙，尽著于是，有加利勒阿于三十年前创有新图，发千古星学之所未发，著书一部，自后名贤继起著作转多”云云。

伽氏在物理学上的发明，如杠杆、滑车、螺旋及其用法，见邓玉函《奇器图说》；又发明之空气温度计，见《图书集成·历象汇编·历法典》第九十二卷《仪象部》第一〇八及一〇九图。伽氏改良的望远镜成于一六〇九年（万历三十七年），一六一五年（万历四十三年）即由阳玛诺著《天问略》加以介绍。比例规亦伽氏发明，罗雅各本之著《比例规解》；又《奇器图说》中亦有介绍，称为“规矩”。这就可见来华耶稣会士对于吸收当时世界最新的科学已经尽最大努力了。

（三）各项测量仪器与制造仪器的机械的输入。耶稣会士为开启宗教的接近工作，采用了种种方法，现示给中国人，他们是精于制造钟表及日晷的。罗明坚在广州时即曾从外洋各处运来许多钟表，并就地指导工人制造许多。[①] 利玛窦一六〇〇年（万历二十八年）谒见皇帝所贡有自鸣钟、地舆图与西琴等物，他自己就成了当时修理钟表的一大名人。但是规模最大的输入，乃金尼阁一六二〇年（泰昌元年）与西书七千部同时运来之各项仪器。一六三四年（崇祯七年）汤若望和罗雅各向中国朝廷所献由欧洲带来之望远镜一架，连带镀金镜架与铜制之附件，当即为此运来精致仪器之一。据新发现金尼阁《书函》中述及“余从各王公大臣所征集及在各地所收购之各项测量仪器与制造仪器之机械，种类之多，呈质之精，可谓已为一无所缺。若欲一一缕述，则未免太长矣。余愿为君等一言者，即此一书藏与仪器，在离欧前值一万金币”[②] 云云。有了这些贵重的仪器与制造仪器的机械做根据，在华耶稣会士才能展开科学与技术的工作。汤若望在天文仪器之外，还制有许多器具，例如关于光学、水力学和关于音乐种种物件。[③]

---

① 裴化行：《天主教十六世纪在华传教志》第六章，《明代之西欧学术讲习会》页276—277。

② 方豪：《文录》，页5—6，《新发现之金尼阁书札》。

③ 魏特：《汤若望传》，页162。

而且根据一六八一年（康熙二十年）南怀仁的《手稿》（发表于德国的 *Astronomia Europea*），知道他在制造天文仪器，例如天体仪，黄道经纬仪、赤道经纬仪、地平经仪、象限仪、纪限仪等之外，尚曾发明利用蒸汽力推动的自动车模型和一艘小型汽船，且“制成一具献赠皇帝之长兄”①。只要指出这自动车发明在中国之一事实，可见在华耶稣会士对于科学和技术的贡献是符合当时科学的水平，这也是中国那时不绝对禁止他们来中国的原因。

当然这种科学和技术文化的全面传播，在耶稣会士之中是要引起许多争论的。如当阳玛诺代理视察诸传教所时，即曾受命应在各所宣布禁用数学及其他在最严格的纯洁性中而与福音无干之其他科学。此外不许参加修正中国历书事业，不但不许请求参加，纵然中国皇帝命令参加时亦应拒绝。② 又一六二九年（崇祯二年）守旧的耶稣会视察员巴美罗（André Palmeiro）尚且提出疑问：“彼对于此地诸神甫为传播自然科学施之于教育，印之于图书，终疑而未解。据云，关于宗教方面之撰述固多，然则曷不仅限于此类较善之书籍欤？”③

因为由宗教看来，合乎信仰的并非科学，所以利用科学与宗教相合，虽为宣传的便利起见，而实与教会的本身宗旨相违，且属禁条。所以他们之中，如毕方济，“诣之，问历算奇器，不肯详言，问事天，则喜”（方以智：《膝寓信笔》）；如阳玛诺，“舍其本术，而盛称天主之功……盖欲借推测之有验，以证天堂之不诬，用意至为诡谲”（《四库全书总目》《天问略》）。徐光启《泰西水法序》“西方诸君子而犹世局中人也。是者种种有用之学，不乃其秘密家珍乎！亟请之，往往

---

① 刘仙洲译：《南怀仁手稿》。见方豪《文录》，页 327—330，《清初中国的自动机器》。

② 裴化行：《欧洲著作之汉文译本》中引耶稣会古典史家巴托利（Bartoli）载，见冯承钧译《西域南海史地考证译丛》六编，页 203。

③ 同上书，页 204 引。

无吝色而有怍色，斯足以窥其人矣"。有怍色据推测是传教士们"深恐此法盛传，天下后世见视以公输、墨翟，即非其数，万里东来捐顶踵，冒危难，牖世兼善之意耳"。说穿即是传播自然科学知识只是一种手段。这乃是来华耶稣会士的真秘密，可说是他们来华传教之自相矛盾。即因如此，所以耶稣会士的传播科学，便具有其一定程度的虚伪性，这表现在两方面：第一、是动摇于宗教与科学之间，在他们的科学传教运动之中，千方百计想歪曲科学来迁就天主教义。例如利玛窦的天文学理，讲到地球，说什么"地之中心有恶人受罚的地狱"①。阳玛诺的《天问略》说，"天有九重，最高者即第十二重，为天主上帝诸神圣处，永静不动，广大无比，即天堂也"②。邓玉函口授《远西奇器图说》谓"制器之初，本于人祖。造物主造有天地即造有人之始祖名亚当者，与其妻名厄袜者。自亚当与厄袜不遵主命犯诫得罪以后，遂以五谷难生，鸟兽毒害，有饥有寒，有病有死，男子则罚其种田劳苦，女子则罚其生育艰辛"③。似此原始及拙劣的宗教教义和杨光先之极端反对望远镜，说什么"日月食于天上，分秒之数，人仰头即见之，何必用彼教之望远镜以定分秒耶"④，还不是一样地反科学？第二、是缺乏宣传真科学的信心。例如哥白尼的太阳中心说，在一五四三年早已发表了，利玛窦来华后尚在宣传多禄某（Ptolemy，托勒密）的地球中心说，照他在一五九五年十月二十八日给人的信说，"照实来说，我在中国人眼中可以说是第二位多禄某了"，这就可见他们天文理论的落后性。虽然哥白尼的学说在汤若望所著《历法西传》中略有介绍，然拘禁甚多，不敢畅言。南怀仁亦避哥白尼之说而

---

① 参照裴化行《利玛窦和中国科学》，《新北辰》第一卷，第十期。

② 《天问略》，《丛书集成初编》本，页1。

③ 《远西奇器图说》，《丛书集成初编》本，页60—61。

④ 《不得已》，镜余，原文下云"不知远望镜有展小为大异，废目用镜，中夏士大夫落其术中久矣，若其时刻之数，则其弊又特甚焉"。

不谈，直到蒋友仁《地球图说中》论七曜次序[①]，论春夏秋冬[②]，论五星[③]谓“哥白尼诸曜之说……继之者有刻白尔、奈端。噶西尼辣、喀尔肋莫尼皆主其说”，才敢公开承认其说，认为“今西士精求天文者，并以哥白尼所论次序，推算诸曜之运动”。蒋友仁极力主张哥白尼主义，以为“哥白尼论诸曜以太阳静地球动为主，于推算既密合，而于理亦属无碍”[④]。但为什么耶稣会士初期明知这科学真理而不敢倡言呢？这从利玛窦来说，固然哥白尼一五四三年出版的《天学运行》距离利氏在罗马入耶稣会不过二十余年，却是此书虽提出惊人的“太阳中心说”，而出版在临终之时，作序者又谓此不过几何学理，致当时无何等剧烈的反响，其真正发生影响乃在五十年后，一六〇九年，刻卜勒刊行《火星之运动》与同年伽利略望远镜之发明，那是利玛窦死在北京之前一年，若更计及刻卜勒一六一八年重要著作《哥白尼学说概略》与伽利略一六三二年用以拥护哥白尼主义的名著《宇宙之体系》则均在利氏死后，可见利氏尚非有意抹煞和隐瞒最新的科学成就而是为历史环境所制约，只许他接触到那最新科学的边缘，但一到汤若望的时代便不然了。据魏特的《汤若望传》有一段解释知道他是在和旧一派天文学的斗争中有意避重就轻，取妥协的态度。据说：

回回历法在中国既经失败，这时可就轮到欧洲的天算家了。他们的任务不是容易的，他们不能用欧洲的历法简单地排除中国原有的历法。中国特有的一种时间的计算法，以及历法上一种旧

---

① 《地球图说》，清刻本，页9。

② 同上书，页14。

③ 同上书，页20。

④ 参看阮元《畴人传》卷四十三哥白尼，卷四十五汤若望，卷四十六蒋友仁，商务印书馆一九五七年版，下册，页554，589，601—610；张维华:《明清之际欧人东渡及西学东渐史》，下册，页89—91。

> 有的组织（尤其是阴历与阳历合组的形式），他们是不得不保存的，因为一经变更，人民决计不会接受的，这也是一个使他们未曾放弃了托勒密所发明以地为中心的体系的主要原因，但他们希望可以渐渐地向中国君主与平民证明格列高利所发明以太阳为中心的优长。他们把一日分为九十六刻，所以每一中国时辰就只有八刻，替代旧有的八刻零三分之一。太阳轨道他们分为三百六十度，替代中国旧有的三百六十五度零四分之一，他们这样的作法，为的是可以无须长久的换算，就能把欧洲底书籍与表格翻译了过来。[①]

尽管如此，仍可看出他们对于科学真理是缺乏绝对的信心，他们虽和多明我会之反对科学不同，但必要时也宁可歪曲了科学，这就是他们对于科学真理的局限性了。

① 魏特:《汤若望传》，第一册，页149。

本　论

一　耶稣会士对于宋儒理学之反响

一、礼仪问题与耶稣会士之态度

耶稣会士在华传教事业，如前论所述，在中国传教的，都只有耶稣会士。天主教其他各会，依西班牙的保护，欲从菲律宾群岛入内地传教，均因葡萄牙人和耶稣会士的排斥而告失败，但一六三一年（明崇祯四年）便有多明我会士来华，一六三三年（崇祯六年）方济各会士继之，[①]教士们来的愈多，于是或因会务纠纷，或因国籍不同，感情各趋极端，因此在一六三四至一六三五年（崇祯七至八年），耶稣会与其他会士便开始了很严重的关于中国礼仪上问题的争执。多明我会创于西班牙人圣多米尼克（St. Dominic），方济各会创于圣法兰西斯（St. Francis of Assisi），为宗教未改革前天主教中之两大势力。前者称黑衣托钵僧，后者称灰衣托钵僧，他们都站在非耶稣会士立场，一致指斥耶稣会，正如马克思、恩格斯关于一般宗教内部的矛盾斗争的指示，“在它们的宗教要求的背后，隐藏着同样多的政治的与民族的角逐”（《回教徒与基督教徒之间的宣战》）[②]。而耶稣会之中，亦因见解不同，颇呈分裂之象。试叙述如下：

---

① 参看 Latourette: *A History of Christian Missions in China*，页 108—111；沙不列：《明末奉使罗马教廷卜弥格传》，页 88 以下。

② 见《马克思恩格斯论宗教》，页 87，人民出版社，一九五四年。

（A）所谓礼仪问题

樊国梁《燕京开教略》[1]对于所谓礼仪问题（Question des Rites），有很扼要的叙述：

> 溯自利玛窦开教中华，中国之仪文节礼，不免有碍圣教正道之条，新奉教者遽难一一断绝。传教士等初尚宽容一二，以为此等仪礼，不尽涉于异端，其后传教士来华者日众，始有讨论礼仪之争。

礼仪之争，所讨论者有如下三条，

1. 敬祖之礼

> 中国人士，或于私宅，或当广众，无不敬奉先祖者，故建有祠堂家庙，内设供台，台上列有多牌。牌上书曰先祖某公之神位。每逢忌日，或春秋二季，皆祀先祖，族长率阖族人等，于数日前，备办牺牲，或猪或羊，前夕试牲，以酒灌牲耳，其摇首者，即为歆飨之品。次日大集族众，在牌前叩首杀牲，以酒沥毛血中，与牲同奠。此外尚奉瓜果币帛之类。又于庙门前，焚烧金银纸锭，以抒孝忱。

2. 祭孔之礼

> 中国人最崇孔子，故府、州、县、镇，处处俱建文庙，庙

---

① 樊国梁：《燕京开教略》中篇，页 44—46；又戈尔逖《中国学书目》，第二卷，页 869—870 所制从 1610 至 1742 年之"中国礼仪问题年表"；罗善泰姆：《传教与京廷之耶稣会士》，第九至十二章，均可参看。

内或塑孔子坐像，或立木牌，牌上书曰先师孔夫子之神位。春秋二分，本处官府，率其僚属士子，往祭孔子，备办牲口，与祀先祖无异。……

3. 祭天之礼

系以上帝二字与天字，称呼造化万有之主宰。

这三个争论之点，第一是问：奉祀祖先牌位是否即为宗教的仪式？第二是问：祭祀孔庙是否只为敬礼，或含有异端之宗教的意义？第三是问：以上帝二字与天字，称呼造天地万物的真宰，是否恰当？

（B）耶稣会士之态度

1. 多明我会、方济各会之态度

耶稣会士与其他会士对于礼仪问题所抱的态度是绝不相同的。《燕京开教略》[①] 有如下记载：

圣多明我会士与耶稣会士，各于罗马传信德部，逞递一折，意见虽不相同，而叙事之情形，则俱不涉于异端。故传信德部按照两造所呈各给部谕。复耶稣会士之谕，于顺治二年（一六四五年）批准。复圣多明我会士之谕，于顺治十三年（一六五六年）亦蒙教皇批准。康熙八年（一六六九年）复将二谕定为可行之条，然未断其礼仪之邪正，故争论之端犹未绝也。

可见礼仪问题最初争论的时候，罗马教皇是抱着调停态度的。

① 樊国梁：《燕京开教略》，中篇，页46—47。

往后因两造各走极端，而且完全只顾自己，和有些近乎固执地争持着，于是事情便闹大了。本来多明我会和耶稣会士，在思想上已不相同。耶稣会士多伪装学者，提倡科学；多明我会士则反对科学，如一六二五年（天启五年）此派之对待伽利略，即为明例。又多明我会士来华不久，尚未通晓中国文字，当然对于中国固有文化抱着与耶稣会士不同的态度。而最大的分裂原因，则因国籍不同，多明我会代表西班牙人，耶稣会代表意大利人。一六四四年西班牙教士留居澳门者，多为葡人所杀；耶稣会士对于西班牙各教派的宣教士，亦不无嫉视之心，因有此国界作背景，使这次论争更加严重。多明我会士之在福建者，指出耶稣会士卖教，容许漳、泉人拜偶像，说是拜天，这是欺骗欧洲人的。还有方济各会也从西班牙派来，因为同国关系，当然站在多明我会士一边。如栗安当（Antonio Caballero）于一七〇一年（康熙四十年）发表《关于中国传教事业之几个要点的评论》，即可见方济各会士对于此问题的态度。

2. 耶稣会士之态度

在耶稣会士中，亦可分为三派，即是：

a. 赞成派　《天主教传入中国考》[①]："中国敬孔子及敬亡人之礼，指跪拜供献，及立牌位等而言。自利玛窦时，神父即各执一说，龙华民等以为异端，谓宜禁绝。而利玛窦等则谓敬孔子，不过敬其为人师范。敬祖先立木牌，不过尽人子孝思之诚，非有求福祐之意，亦非谓祖先之魂，即在木牌，是其礼尚可容忍，不必深究。"《燕京开教略》："有从利玛窦曲解中国之礼者，谓中国之礼，原系仪文之礼，而非祀神之礼，故可容留。"例如"康熙三十八年（一六九九年）耶稣会士闵明我、徐日昇、安多、张诚等，同上奏疏，请皇上训示中国仪

① 萧若瑟：《天主教传入中国考》，卷六，页 332。

礼之真解。皇上以闵明我等奏本所写甚好，不准他人再驳”[①]，可见都是利玛窦说之支持者无疑了。又当时争论的最主要问题，就是关于上帝的中文译名。有两派相对垒的见解，一派以龙华民为代表，他是连天主二字都视为不妥的，以为最好是引用“泰初”（Teusu）二字；一派以王丰肃为代表，他以为“上帝二字就是连中国人所用之天字，也是没有什么不妥之处的”[②]。又当教皇出谕禁令之时，耶稣会士争执甚力，纷纷上书于罗马教皇，求其察明断决，乃至派卫匡国回欧谒见教皇，王丰肃、卫匡国当然均属于赞成派的一面了。《燕京开教略》述及一七二三年（雍正元年）以后十四年中，“抗逆辈恃教皇未将禁行禁止之条，定为信德之端，仍行禁礼，执拗如故”[③]。可见这一派势力之不可侮了。

b. 反对派　但耶稣会中利玛窦虽曲解中国礼仪，谓可容留。“龙华民之意见与利玛窦相左，谓中国礼典内多有涉于异端者，奉教人不得尽用。有日本耶稣会巡行上司某曾寄书与龙华民，言日本传教士等俱不准奉教人尽用国家礼典。龙华民即详核礼典之义，果有涉于异端之条，即严禁中国奉教之人不准称天主为天，为上帝。”[④]龙华民为利玛窦遗命的继任人，而他对中国传教的根本政策即与利氏不同。他虽研究中国经典很久，但仍不能忘情于基督教与孔子的根本不同。他用西班牙文著书，名《关于中国宗教之几点疑问》，主张根据中国经典注释和诸儒的说法，研究结果，无疑乎孔教的学说乃为唯物论的、无神论的。中国之习惯礼典亦只崇拜偶像，与基督教神圣的性质不同，所以应该绝对加以禁止。还有就是西班牙国人庞迪我了。《燕京开教

---

① 樊国梁:《燕京开教略》，中篇，页46，48。

② 魏特:《汤若望传》，页81；杨译本，第五章，页119—120。

③ 樊国梁:《燕京开教略》，中篇，页57。

④ 同上书，中篇，页14—15；又罗菩泰姆《传教与京廷之耶稣会士》，第十章，页132—133。

略》曾经提及：

> 有从庞迪我者，则谓拜祀孔子之礼，实系祀神之礼，拜祀先祖之礼，亦属异端之条。至若天字与上帝二字，并无造化天地主宰之意。中国人所敬之天，不过苍苍之天，与造天地之主宰毫无干涉，故严禁奉教人，不准行其礼仪，恐有害于圣道之淳也。①
>
> 一千六百二十八年（崇祯元年），耶稣会士曾于两党中，各选谙练博通之人，同集一处，共订名称，以称造化天地万物之真主。讨论一月之久，意见未谐而散，其他会之修士皆以庞迪我为是。②

c. 折衷派 但也有抱中间见解的，如在“一六二七年（天启七年）十二月至一六二八年一月间，由阳玛诺主持在离上海不远的嘉定教会研究所讨论这个问题，在关于上帝译名的问题上虽仍未能意见一致，但对于仪式略轻的孔子与祖先崇拜则均认为不涉乎宗教。又汤若望虽未参与此会，却也赞成这传教士大多数的意见，使天主教尽量向宽广处适合中国人的生活”③。

虽然如此，在华耶稣会士因为对于中国人信仰之妥协的态度，既引起同派内部之争，加以同时又有天主教各宗派，尤其是多明我会的猛烈反对，结果耶稣会之中不能自己解决，只有让罗马教皇和康熙皇帝来解决这一条重大公案了。

---

① 樊国梁：《燕京开教略》，中篇，页 46。
② 同上书，中篇，页 46。
③ 魏特：《汤若望传》，页 81—82；杨译本，第五章，页 119—120。

（C）康熙与罗马使节关系文书

1. 教皇禁令

一六四五年（福王弘光元年，唐王隆武元年，顺治二年）九月十二日，罗马教皇意诺增爵十世（Innocent X）对于礼仪问题，下一教令，禁止妥协的态度，违者处以破门之律。然而耶稣会士是不肯甘心的，特派卫匡国回欧谒见教皇。一六五六年（桂王永历十年，顺治十三年）三月二十三日更以教皇亚历山大七世的教令，默认耶稣会的传教政策，然而争论未止。一六九三年（康熙三十二年）三月二十六日，福建省主教昧各老（Charles Maigrot），擅自发表关于中国礼仪的谕示，谕中严禁奉教人习行敬拜孔子诸礼，且以天为物，不可敬天。这样公开反对中国礼典的态度，至认利玛窦等在中国传教实有悖教之嫌。这么一来，耶稣会的人与多明我会的人便彼此不合，各成党隙，使历任教皇，以神父所言不同，不敢决定。直至一七〇四年（康熙四十三年）罗马稽查异端部明颁部谕，断定中国之礼实属异端。教皇格勒门第十一（Clement XI）批准其谕，又派安第阿纪府（Antioch）的宗主教铎罗（Charles Thomas Maillard de Tournon）为教务钦使，特来中国与皇帝通好，兼宣布教皇谕旨。使臣于康熙四十四年（一七〇五年）十月间抵京，十一月十六日上朝觐见，康熙优礼款接，详见《正教奉褒》“教宗使臣铎罗至京蒙恩优待”一条，[①] 但当康熙探明铎罗来意，通问候之外，更欲禁绝中国敬孔子与敬亡人之礼，以为异端，不准教士沾染，他怫然不悦，以为“传教士等，于中国礼意见不合，可与教皇商酌，慎勿扰乱中朝”[②]。第二次召见时，即面斥昧各老主教及禁行礼典诸人。第三次召见，特降谕旨多道，故与教皇

---

① 黄伯禄：《正教奉褒》，页 124。又铎罗事略见 Latourette: *A History of Christian Missions in China*，页 141—147；下文嘉乐事略，见同书，页 147—150。

② 樊国梁：《燕京开教略》，中篇，页 50。

的谕旨相反，以示不悦之意；并下逐客令，着铎罗即出京南下，然仍派官护送，暗中加以监视。铎罗至南京，以过年时节，暂作逗留，转念东来初意，原为宣布教皇谕旨，此时不为，更待何时。在南京天主堂，以自己名义，将谕旨摘要公布，大致排斥清帝之神学见解，令各省教士一体遵照勿违，时在一七〇七年（康熙四十六年）二月。康熙怒其抗命，饬令将铎罗锁拿，解送澳门，交澳门总督看管。葡萄牙本擅东洋布教之权，正以铎罗不由葡国介绍，径来中国，不认他为教皇钦使，即将他安置方济各会修院中，不许外出。其随员昧各老主教等四五人则早收监禁押。一七一〇年（康熙四十九年）铎罗病死狱中。这时北京耶稣会士，因铎罗只听从昧各老，而不听其他宣教师的话，对之不满，再上书罗马教皇请暂收回成命，复加考查；而印度果阿总主教有管辖中国教务之权，且谓教皇谕旨虽经宣布，如同未宣布一般。于是教皇格勒门第十一，接到中国主教请收回成命的奏疏，又召集名人学者，从新考究，无如考究愈深，愈见其有异端色彩。因于一七一五年（康熙五十四年）重降谕旨，严行禁绝。越五年又遣亚立山大府（Alexandria）宗主教嘉乐（麦匝巴尔巴，Mezzabarba）来中国，巡察教务，兼充使臣，觐见中国皇帝。使臣于康熙五十九年（一七二〇年）十一月到京，清帝遣大臣迎接，待遇极优，连召见十一次，赐宴两次，帝亲执金樽劝酒，又赐御服貂袍，嘱其直言无隐。嘉乐见有机可乘，求准中国教民于敬孔子及敬祖先之礼，悉遵教皇训谕，因将译出的教皇谕旨，进呈御览，其原文如下：

教王第十一格勒门得传为永远世世悉知之事，自从我作教王，第一日以至今，我料理诸事虽多，至于众西洋人在中国互相争论，此系我第一件要紧事。在中国众西洋人因看见中国有几个字，还有几件礼，也有说此有异端之事，也有说此无异端之事。

因此争论寄信与我，彼此相告，要我自已决断。我所定夺，叫他们众西洋人一心一意，此一件事从先前在位教王意诺增爵十二世料理起首，因他亡故，此事到我跟前。我将两边所告言词，细细详审后，于天主降生一千七百零四年十一月二十日俱已定夺，开写于后。（一）西洋地方称呼天地万物之主，用斗斯二字，此二字在中国用不成话，所以在中国之西洋人，并入天主教之人，方用天主二字，已经日久。从今以后，总不许用天字，亦不许用上帝字眼，只称呼天地万物之主。如敬天二字之匾，若未悬挂，即不必悬挂；若已曾悬挂，在天主堂内，即取下来，不许悬挂。（一）春秋二季祭孔子，并祭祖宗之大礼，凡入教之人，不许作主祭助祭之事。连入教之人，亦不许在此处站立，因为此与异端相同。（一）凡入天主教之官员，或进士举人生员等，在每月初一日十五日不许入孔子庙行礼。或有新上任之官，并新得进士新得举人生员者，亦俱不许入孔子庙行礼。（一）凡入天主教之人，不许入祠堂行一切之礼。（一）凡入天主教之人，或在家里，或在坟上，或逢吊丧之事，俱不许行礼。或本教与别教之人，若相会时，亦不许行此礼，因为还是异端之事。再入天主教之人，或说我并不曾行异端之事，我不过要报本的意思，我不求福，亦不求免祸，虽有如此说话者亦不可。（一）凡遇别教之人，行此礼之时，入天主教之人，若要讲究，恐生是非，只好在旁边站立还使得。（一）凡入天主教之人，不许依中国规矩，留牌位在家，因有灵位神主等字眼，又指牌位上边，说有灵魂。要立牌位，只许写亡人名字。再牌位作法，若无异端之事，如此留在家里可也。但牌位旁边，应写天主教孝敬父母之道理。以上我虽如此定夺，中国余外，还有别样之礼，毫无异端，或与异端亦毫不相似者，如齐家治国之道，俱可遵行。今有可行与不可行之礼，俱由教王之使臣定夺。若教王之使臣不在中国，有主事之人同主教之人，即可定夺。有与天主教不相反者，许行；相反者俱决断不行。天主降生一千七百十九年九月二十五日。[①]

2. 康熙朱批

但在礼仪问题争论中，一方面有罗马教皇的禁令，代表天主教其他各会的立场，一方面却有康熙的朱批和上谕，来代表耶稣会士的立场。在康熙与罗马使节关系文书中，发现不少谕旨，均以维护中国礼仪为其出发点，举例如下：

（例一）中国供牌一事，并无别意，不过是想念其父母，写其名于牌上以不忘耳，原无写灵魂在其牌上之理。即如尔们画父母之像，以存不忘，其意同也。然画像犹恐画工有工拙，不如写其名则无错矣。至于敬天之字，亦不是以天即为天主，乃是举目见天，不能见天主。天主所造之物甚多，其大而在上者莫如天，是以望天存想内怀其敬耳。[②]

（例二）即如以天为物，不可敬天，譬如上表谢恩，必称皇帝陛下阶下等语。又如过御座无不趋跄起敬，总是敬君之心，随处皆然。若以陛下为阶下，座位为工匠所造，怠忽可乎？中国敬天，亦是此意。若依阎当之论，必当呼天主之名，方是为教，甚悖于中国敬天之意。据尔众西洋人修道，起意原为以灵魂归依天主，所以苦持终身，为灵魂永远之事。中国供神主，乃是人子思念父母养育。譬如幼雏物类，其母若殒，亦必呼号数日者，思其亲也；况人为万物之灵，自然诚于中形于外也。即尔等修道之

① 故宫博物院：《文献丛编》第六辑《康熙与罗马使节关系文书》，页13—15。

② 同上书，页11。

人，倘父母有变，亦自哀恸，倘置之不问，即不如物类矣，又何足与较量中国敬孔子乎。圣人以五常百行之大道，君臣父子之大伦，垂教万世，使人亲上死长之大道，此至圣先师之所应尊应敬也。尔西洋亦有圣人，因其行事可法，所以敬重，铎罗、阎当等知识偏浅，何足言天？何知尊圣？[①]（康熙五十九年十一月十八日上谕）

（例三）朕不识西洋之字，所以西洋之事，朕皆不论，即如利玛窦以来在中国传教，有何不合尔教之处。……尔逐一回奏。嘉乐随奏，利玛窦在中国有不合教之事，即如供牌位与称天为上帝，此即不合教处。上谕嘉乐，供牌位原不起自孔子，此皆后人尊敬之意，并无异端之说。呼天为上帝，即如称朕为万岁，称朕为皇上，称呼虽异，敬君之心则一。如必以为自开辟以至如今，止七千六百余年，尚未至万年，不呼朕为万岁可乎？[②]（康熙五十九年十二月十七日上谕）

因为清帝对于神学的见解，和罗马教皇根本冲突，所以看完嘉乐所上教皇禁令以后，即勃然震怒，于五十九年十二月二十一日，朱批如下：

览此告示，只可说西洋人等小人，如何言得中国之大理。况西洋人等，无一人通汉书者。说言议论令人可笑者多。今见来臣条约，竟是和尚道士异端小教相同，彼此乱言者，莫过于此。以后不必西洋人在中国行教，禁止可也，免得多事。钦此。[③]

---

① 故宫博物院：《文献丛编》第六辑《康熙与罗马使节关系文书》，页12。

② 同上书，页13。

③ 同上书，页14。

康熙认为此等禁令，只可行于夷狄之邦，至若中国圣贤大道，西洋人只字不解，又安能妄断其是非。而且西洋之教和僧道异端无异，故当加以严绝。嘉乐见上意难于挽回，将禁礼中无关紧要者，摘出一二，奏明皇上，容许传教士奉行。一七二一年（康熙六十年）陛辞出京南下，到澳门后，发出示谕一道，通告中国教士，谓教皇格勒门第十一的谕旨，仍宜全遵毋违。嘉乐去后，争执愈甚，直至一七四二年（乾隆七年）教皇本笃第十四（Benedict XIV）特颁断谕，将禁止禁礼之条，定为入教的第一要件，违者予以极罚。从此谕颁后，争论乃止。然而传教士在中国的事业亦遭禁绝，一时各省大小圣堂俱拆毁尽净。雍正《圣谕广训》，至有白莲天主同属不经之言，以天主与白莲并列。至乾隆时，则私入传教，部议处以极刑，后虽以情有可原，谕旨释放，而清廷对于传教的管制使天主教发展迟缓，几至绝灭者一百二十余年，教皇的谕旨，不过增加了在华各会士之内部矛盾，康熙的朱批却可说完全奏效了。

3. 争论之影响

由上所述，关于礼仪问题的争论，从一六四五年（顺治二年）意诺增爵十世教令以来，至一七四二年（乾隆七年）本笃第十四教令为止，中间实经过百年之久，[①] 因此长久的争论，使欧洲人士注意及于中国古代信仰和基督教神学之异同问题，对此问题的解答不同，在欧洲又引起很不少的争论，使欧洲知识界人士，无论是宗教家、思想家、政治家、经济家都集中注意力来研究中国问题。戈尔逖在《中国学书目》所列关于此类问题的书籍，共二百六十二部，未出版的日记、文

---

① 案此长久的争论至一九三九年始告结束。一九三九年十二月八日罗马教廷传信部特颁训令，对于中国天主教史上最著名的礼仪问题有所论列，其中最重要的一点是将以前所禁止的各项礼仪，分四项豁免。详见《欧亚文化》第四卷第一期，页43—49，《罗马教廷对于中国礼仪之弛禁》并附新训令释。

书，尚有数百种[①]。最可注意的就是当时在宗教家方面，除耶稣会士以外，均注意于孔子与基督教的不同。而在思想家中，即以不同于基督教的孔子，来作他们启蒙运动的大旗帜。在宗教家中对于耶稣会虽取攻击的态度，在哲学家方面如德之莱布尼茨（Leibniz）、法之伏尔泰等，对于耶稣会派的主张，反而常常加以辩护。这一百年间关于中国礼仪的争论，实即中国思想输入欧洲之一个良好的时机。罗马教皇所认为异端之孔子，不幸因耶稣会的翻译，而竟将此“异端”的学说介绍于欧洲，由我们现在看来，幸而有此“异端”的学说，才能给欧洲思想界以一大刺激，给欧洲思想界以“反基督教”“反神学”“反宗教”之哲学的影响，因而促进了欧洲之“哲学时代”。

二、耶稣会士之孔教观

“异端”的孔子，在欧洲，虽有罗马教皇和多明我会士等加以极端排斥，乃至在中国耶稣会之中，也有不满于中国礼仪的一派，如龙华民、庞迪我等，但从大体来说，耶稣会派十之八九都是主张将天主教和中国哲学相调和的。即因这个缘故，所以耶稣会士的孔教观，在当时欧洲宗教界，虽只发生了反面的影响，而在一般思想界却发生了正面的影响。耶稣会之在欧洲，严格来说，并不是正宗的基督教徒，耶稣会的发起人是一位著名的洛耀拉，他是反宗教改革时期的领袖，但反对路德新教，而实比路德更倾向于主观唯心主义。据新教徒的批判，“路德所作为的，一切都根据着《圣经》，而洛耀拉却是根据内心的一种默悟”“耶稣会的教徒与任何会派的僧侣和修士多不相同，至今仍是如此。他们没有特殊的服装，没有特别的会址，也没有宗教上

① 参照《中国学书目》，第二卷，页 869—926；第四卷，页 3125—3126；第五卷，页 3580—3600。其中英文著作只有三种。

特别的责任，他们废止禁食和其余不合理的自苦”[1]。因为这一派原为宗教改革时代之“反改革运动”，实际说来，即为天主教人自动地图谋天主教本身的整顿和复辟，所以这一派的教义当然要和新旧正宗基督教徒都不相同。为了注重功利的缘故，他们会中重要的信念是很容易随时随地变易的。如耶稣会士来华以后，即学华语，穿华服，尤其值得注意的，即此派主张孔子哲学的优越性，孔教与基督教的一致说，与六经上帝与天即言主宰说，惹起了欧洲宗教思想界之绝大的波澜。

（A）孔子哲学的优越性

天主教徒宣传蒙昧主义，违反着一切理智和理性，可是来华耶稣会士，尽管他们怎样宣称他们绝对效忠于神学，却是一到和中国的理性主义哲学接触，便也不自觉地通过翻译中国经典而将他们自己的神秘主义用中国的理性主义来改造，证明他们还是看重理性的。罗马教皇至今尚把培根、霍布士、洛克、笛卡儿、莱布尼茨、斯宾诺莎、伏尔泰、卢梭的著作列入教皇的《禁书目录》，但是在十六、十七世纪却不能抑压在他们自己的阵营中人，把“异端”的孔子学说介绍到欧洲来。蒙昧主义要牺牲理性，而来华耶稣会士却有人偷偷地在信仰里面伸张理性，这当然要给教皇以措手不及了。例如殷铎泽认孔子之道是他自身的生活经验，孔子有坚实的德性，以身作则，一点虚荣心和伪善也没有。[2]殷铎泽和李明均尊重孔子为世界最古之圣贤，但殷铎泽在翻译《中庸》的时候，还不曾将孔子和欧洲的圣贤相比，他说他连将此圣贤和塞涅卡（Seneca，罗马之斯多噶派哲学家）相比较的意思也没有。却是中国文化的赞美者李明，在他学了孔子格言十四种且法译加注之后，他就很不客气地将孔子哲学和古代哲学相

① 参照 A. J. Garnier《基督教史纲》第十六章，页 269。

② *Vie de Confucius*，页 20。此引后藤末雄《支那思想のフランス西漸》，页 231—232。

比，所得结论是：

"孔子哲学里，理性是遍一切时间和地点，虽然塞涅卡，也没有说出孔子以上的名言。"① 他极力推崇孔子的人格，甚至这样说："顺世随俗而不失其庄重和美的孔子态度，其严格的禁欲生活（孔子可看作中国最寡欲的人），轻视人世的富贵，尤其是在古圣贤中所罕见的特质，即孔子的礼让和谦卑，认为理性训练所成之纯粹哲学者，不如谓为领会神旨以改造新大陆的一人。"② 结果李明所作《中国现状新志》当礼仪问题争论最热烈的时候竟被禁止发行，本人亦受禁饬。蒙昧主义虽然暂时胜利，却在欧洲深深种下了理性主义的根。

（B）孔教与基督教之一致说

中国礼仪问题使天主教自身发生了极尖锐的内部矛盾斗争，甚至威胁了耶稣会的存在，因此对于此问题的考虑，来华耶稣会士在当时遂频频刊行介绍中国的专著，这些专著一面固为保护本宗给自己辩护，一面也实在受了中国哲学的影响。现在试研究一下他们所主张的孔教与基督教之一致说。

1. 利玛窦

在《二十五言》③ 中以仁义礼智信发明基督教义。他说："夫仁之大端在于恭爱上帝。上帝者，生物原始宰物本主也。仁者信其实有，又信其至善而无少差谬，是以一听所命，而无俟强勉焉。知顺命而行，斯之谓智。……君子独以在我者度荣辱，卜吉凶，而轻其在外，于所欲适欲避，一视义之宜与否，虽颠沛之际，而事上帝之全礼无须

---

① 李明：《中国现状新志》，英译，*Present State of China*, Letter Ⅶ: p. 210: "By this scantling of Confucius his philosophy you may judge; ……that reason is of all times and of all places. Seneca hath spoken nothing better"。

② 同上，pp. 199—200。

③ 利玛窦：《二十五言》，《天学初函》本，页5。

舆间焉。”

2. 殷铎泽

殷铎泽说他翻译孔子哲学书的动机，是因为《大学》《中庸》《论语》这些书可以利用拿来宣传福音用的。为什么呢？因为中国哲学知识和基督教本有共通之点，利用他来宣传福音，使上帝的说话更容易为中国人所采纳。孔子说：“己所不欲，勿施于人。”殷铎泽以为在圣人之中，竟可看出使徒的资质。“要之，孔子如生在今日，而了解基督教义，那末他一定是最先改宗基督教的第一人了。”

3. 艾儒略

艾儒略被称为“西来孔子”。三山陈侯光《辩学刍言》自序云：“近有大西国夷，航海而来，以事天之学倡，其标号甚尊，其立言甚辨，其持躬甚洁，辟二氏而宗孔子”，即指艾儒略而言，在《口铎日抄》卷二，崇祯四年（一六三一年）九月初八日艾儒略答戴文学问耶稣降生受难被钉事云：“予读中邦史书，见成汤之祷于桑林也，剪发断爪，身婴白茅，以为牺牲。夫以皇皇天子而匍匐以代牺牲，旁观者诚作何状？而汤竟忘其九五之尊者，其悯念斯民者挚也。今天主尊矣，监视下民，非不甚赫，乃尽敛其有赫之威，而受难救赎者，为古今万民也，为予也，亦正为君也。”① 这就是征引中国经籍《尚书》来证明孔教与基督教相一致之一例证。

4. 白晋

白晋在《中国皇帝传》中述及康熙承认孔教与基督教的一致，而他自己也主张基督教和孔教根本上都属于自然法，两者没有丝毫不同。他在康熙四十二年（一七〇三年）著有《古今敬天鉴》又名《天学本义》一书，有康熙四十六年（一七〇七年）自序。据徐宗泽《明

---

① 艾儒略：《口铎日抄》（李九标笔记），一九二二年上海慈母堂重印本，卷二，页36。

清间耶稣会士译著提要》所述：

此书系抄本，未付梓，分上下二卷。上卷以中国经书所载之言以证符合于天主教之道理，其宗旨在复明上古敬天之原意。取上卷开首之语以概其余；各节经书印符相对天主道理者列于左：天主道理：宇宙之内，必有一自有无形无象造天地万物之主宰，《诗·正月》“有皇上帝”；《易》“帝出乎震”；《中庸》“上天之载，无声无臭”等等。下卷乃以经文、士俗、民俗印符相对者，以证与天主教之道理相合。如天必有主：民俗“头上有老天爷作主”；士俗“上有青天”；经文“有皇上帝”。[1]

今案此书有一七〇六年赫苍壁（Hervieu）及马若瑟二教士所译拉丁文本，名 *De cultu celesti Sinarum Veterum et modernorum*，原抄本徐家汇书楼藏本外，尚有莫斯科博物院（编 562〔42〕号）、法国国立图书馆（编 716 同 7162 号）、罗马教廷（编 316〔14〕号）所藏抄本，可参看伯希和 1932 年在《通报》中的考证。[2] 和这一书性质相同的，据徐宗泽同上书记载，尚有：

（一）《经书精蕴》无著者名，取经书语以证经书所言之天及上帝等，有合于天主教之真理。

（二）《天主教合儒》即《天儒异同考》。

（三）《天儒印正》上二书为闵王弼之父所著，引证中国经籍中帝王圣贤无不尊天畏天事天敬天，并汇集《四书》中文句，铨解阐明天主教的道理。

---

① 徐宗泽：《明清间耶稣会士译著提要》，卷三，页 132。

② 伯希和：《俄国收藏之若干汉籍写本》，见冯承钧译《西域南海史地考证译丛六编》，页 186—188，原文载《通报》1932 年，104—109 页。

（四）《补儒文告》为泰西耶稣会士著。[①]

由上各书可见来华耶稣会士主张孔子教与天主教的一致说很快即为教徒们所宣传；尤其“补儒”二字，明白揭示天主教可以补儒学所未备，语出徐光启《泰西水法》序中。他说：

> 泰西诸君子以茂德上才，利宾于国。……其谈道也，以践言尽性，钦若上帝为宗。所教戒者，人人可由，一轨于至公至正，而归极于惠迪吉从逆凶为旨，以分趋避之路。余尝谓其教必可补儒易佛。

这是就儒学立场说的。就天学立场也可见当时耶稣会士是怎样想利用中国殷周两代贵族和僧侣的天道观，来给他们的蒙昧主义作辩护。然而即在辩护之时，跟着中国的哲学走，不觉把理性主义的光线也吸取过去，注入蒙昧主义里面去了。

5. 马若瑟

还有如马若瑟及傅圣泽诸教士，专从《易经》《中庸》《性理》《庄子》《老子》《淮南子》中，努力发见其与基督教义相合的思想。尤其是马若瑟，所著《中国古书中基督教义之遗迹》[②]要从中国经典之中，找出圣传的痕迹，似乎近于无知妄作，但就实际来说，这些耶稣会士均以传教师而兼为欧洲的汉学者，其提倡中国思想与基督教思想之合一论，一方面可以看出西洋宗教思想的动摇，一方面亦可以证明中国哲学的宇宙观实给欧洲人以很大的影响，使他们抱纯粹宗教的人，也一变而接近于哲学家所提倡的宇宙观了。

---

① 徐宗泽：《明清间耶稣会士译著提要》，页 127—131。

② 参照 *Deux siécles de sinologie Française* 页 3。此书汉文题《十八世纪十九世纪之法国汉学》。

（C）六经上帝与天即主宰说

耶稣会士在泛指孔教与基督教之一致以外，还更进一步，引经据典，确指六经上帝与天即指主宰而言。

1. 利玛窦

在邹元标《愿学集》有《答西国利玛窦书》云："门下取《易经》读之，乾即曰'统天'，敝邦人未始不知天。"事实上利玛窦在《天主实义》就主张天主即是经言上帝：

吾天主乃古经书所称上帝也。《中庸》引孔子曰："郊社之礼，所以事上帝也"朱注曰："不言后土者，省文也。"窃意仲尼明一之以不可为二，何独省文乎？《周颂》曰："执竞武王，无竞维烈，不显成康，上帝是皇。"又曰："于皇来牟，将受厥明，明昭上帝。"《商颂》云："圣敬日跻，昭假迟迟，上帝是祇。"《雅》云："维此文王，小心翼翼，昭事上帝。"《易》曰："帝出乎震。"夫帝也者，非天之谓，苍天者抱八方，何能出于一乎。《礼》云："五者备当，上帝其飨。"又云："天子亲耕，粢盛秬鬯，以事上帝。"《汤誓》曰："夏氏有罪，予畏上帝，不敢不正。"又曰："惟皇上帝，降衷于下民。若有恒性，克绥厥猷，惟后。"《金滕》周公曰："乃命于帝庭，敷佑四方，上帝有庭"，则不以苍天为上帝可知。历观古书，而知上帝与天主，特异以名也。[①]

不但如此，中国古经传亦有天堂地狱之说：

《诗》曰："文王在上，於昭于天，文王陟降，在帝左右"。

① 利玛窦：《天主实义》上卷第二编，上海印本，页25—26。

又曰："世有哲王，三后在天。"《召诰》曰："天既遐终大邦殷之命，兹殷多先哲王在天。"夫在上在天，在帝左右，非天堂之谓其何欤？……有天堂自有地狱，二者不能相无，其理一耳。如真文王、殷王、周公在天堂上，则桀、纣、盗跖必在地狱下矣。……若以经书之未载为非真，且误甚矣。[①]

2. 利类思

在《不得已辩》中，论形天由天主所造一段说：

《中庸》言天，不徒指其形体，而即兼乎主宰。

又古经有天堂地狱之说：

《诗》曰："文王在上，在帝左右"；曰："三后在天"。《书》曰："乃命于帝庭"；曰："兹殷先多哲王在天"。夫在上在天，在帝左右，非天堂乎？有天堂必有地狱，二者不能缺一。若谓盗跖、颜回、伯夷、桀、纣同归一域，则圣贤徒自苦耳。天堂地狱之说，载之经史，见之事迹，斑斑可考。[②]

3. 南怀仁

康熙八年（一六六九年）七月，北京神父利类思、南怀仁等，上书为汤若望辩冤，其书中一段如下：

惟是天主一教，即《诗经》云："皇矣上帝，临下有赫"，而

① 利玛窦：《天主实义》上卷第二编，上海印本，页111—112。
② 利类思：《不得已辩》，上海印本，页6。

为万物之宗主也。在中国故明万历间，其著书立言大要，以敬天爱人为宗旨，总不外克己尽性忠孝廉节诸大端。[1]

4. 孙璋

孙德昭更进一步，在《性理真诠》卷四第二篇，主张“古儒真教即是天主教”，又第四篇引《中庸》“洋洋乎发育万物”等语，证天主教大行万国。“《中庸》有待之圣人，惟耶稣事迹方能合符”，这简直是尽附会的能事了。然而这种附会的说法，最合于当时中国士大夫的心理。如明大学士徐光启，有人问他“先生乃中国名儒，位冠百僚，何故弃儒教，而信从外国人所传之天主教？”他答得妙：“我信天主教，非弃儒教，只因中国古经失传，注解多舛，致为佛说所诬，信天主教乃所以辟佛教之谬说，补儒教之不足耳。”[2]杨庭筠为庞迪我《七克》作序云：“夫钦崇天主即吾儒服事上帝也。爱人如己即吾儒民吾同胞也。而义曰一、曰上，见主宰之教，至尊无对，一切非鬼而祭，皆属不经，即夫子所谓获罪于天无所祷也。其持论可谓至大正正而至实矣。”（上海土山湾1631年印本第2页）这就是最好的例，来证明儒教徒所以走上天主教圈套中的最大原因。

三、反理学之代表人物及其著作

然而耶稣会士对于礼仪问题，虽有二派不同的态度，乃至对于所谓真儒古教，在反对派中也有推翻它的倾向；却是在这二派之中，也有个一致之点，即在消极破坏方面，二派均反对理学，反对宋儒。利

---

① 萧若瑟：《天主教传入中国考》，页307。引文不全，全文见《正教奉褒》上册，页57。

② 见《性理真诠》，页364。

玛窦如此，龙华民也如此。尤其是极力附会古教真儒为天主教的孙璋，也正是反理学反宋儒的一员大将。兹试将各家论点，介绍如下：

（A）利玛窦：《天主实义》

他虽尊重原始孔家，而对于宋儒理学则极力攻击。《天主实义》中设为中士与西士的对话：

> 中士曰：吾儒言太极者是乎？西士曰：余虽末年入中华，然视古经书不怠，但闻古先君子敬恭于天地之主宰，未闻有尊奉太极者，如太极为主宰万物之祖，古圣何隐其说乎？
>
> 中士曰：古者未有其名而实有其理，但图释未传耳。西士曰：凡言与理相合，君子无以逆之，太极之解，恐难谓合理也。吾视夫无极而太极之图，不过取奇偶之象言，而其象何在？太极非生天地之实可知已。①

于是利玛窦接着便对于宋儒所谓“理”提出抗议，其理由可分几节来说：

第一　理依于物说

> 中士曰：太极非他物，乃理而已。如以全理为无理，尚有何理之可谓？西士曰：呜呼！他物之体态不归于理，可复将理以归正议；若理之本体定，而不以其理，又将何以理之哉？吾今先判物之宗品，以置理于本品，然后明其太极之说，不能为万物本原也。夫物之宗品有二，有自立者，有依赖者。物之不恃别体以

① 利玛窦：《天主实义》，页18。

为物，而自能成立，如天地鬼神人鸟兽草木金石四行等是也，斯属自立之品者。物之不能立而托他体以为其物，如五常五色五音五味七情等是也，斯属依赖之品者。且以白马观之，曰白曰马，马乃自立者，白乃依赖者。虽无其名，犹有其马，如无其马，必无其白，故以为依赖也。比斯两品，凡自立者先也，贵也；依赖者后也，贱也。一物之体，惟有自立一类，若其依赖之类，不可胜穷。如人一身，固为自立，其间情声貌色彝伦等类，俱为依赖，其类甚多。若太极者止解之以所谓理，则不能为天地万物之原矣。盖理亦依赖之类，自不能立，曷立他物哉？中国文人学士讲论理者，只谓有二端，或在人心，或在事物。事物之情合乎人心之理，则事物方谓真实焉；人心能穷彼在物之理，而尽其知，则谓之格物焉。据此两端，则理固依赖，奚得为物原乎？二者皆在物后，而后岂先者之原？且其初无一物之先，渠言必有理存焉。夫理在何处，依属何物乎？依赖之情不能自立，故无自立者以为之托，则依赖者了无矣。如曰赖空虚耳，恐空虚非足赖者，理将不免于偃坠也。试问盘古之前，既有理在，何故闲空不动而生物乎？其后谁从激之使动？况理本无动静，况自动乎？如曰若不生物，后乃愿生物，则理岂有意乎？何以有欲生物、有欲不生物乎？中士曰：无其理则无其物，是故我周子信理为物之原也。西士曰：无子则无父，而谁为子之父乎？相须者之物情，恒如此。本相为有无者也。有君则有臣，无君则无臣；有物则有物之理，无此物之实，即无此理之实。若以虚理为物之原，是无异乎佛老之说，以此攻佛老，是以燕伐燕，以乱易乱矣。今时实理不得生物，昔者虚理安得以生之乎？[1]

① 利玛窦:《天主实义》，页19—21。

第二　理无灵觉说

中士曰：吾闻理者先生阴阳五行，然后化生天地万物，故生物有次第焉。……西士曰：试问于子，阴阳五行之理，一动一静之际，辄能生阴阳五行，则今有车理，岂不动而生一乘车乎？又理无所不在，彼既是无意之物，性必直遂，任其所发、自不能已，何今不生阴阳五行于此，孰御之哉？且物字为万实总名，凡物皆可称之为物。《太极图注》云理者，非物矣。物之类多，而均谓之物，或为自立者，或为依赖者，或有形者，或无形者。理既非有形之物类，岂不得为无形之物品乎？又问，理者灵觉否，明义者否？如灵觉明义，则属鬼神之类，曷谓之太极？谓之理也？如否，则天主鬼神、夫人之灵觉，由谁得之乎？彼理者以己之所无，不得施之于物，以为之有也。理无灵无觉，则不能生灵生觉。请子察乾坤之内，惟是灵者生灵、觉者生觉耳。自灵觉而出不灵觉者，则有之矣，未闻有自不灵觉而生灵觉者也。子固不逾母也。中士曰：灵觉为有灵觉者所生，非理之谓，既闻命矣。但理动而生阳，阳乃自然之灵觉，其或然乎？西士曰：反复论辩，难晓此理。吾又问彼阳者何由得灵觉乎？此于自然之理，亦大相悖。中士曰：先生谓天主无形无声，而能施万象，有形有声，则太极无灵觉而能施物之灵觉何伤乎？西士曰：何不云无形声者精也，上也；有形声者粗也，下也。以精上能施粗下，分不为过。以无灵觉之粗下，为施灵觉之精上，则出其分外远矣。……天主性虽未尝截有万物之情，而以其精德包万般之理，合众物之性，其能无所不备也。虽则无形无声，何难化万汇哉？理也者则大异焉，是乃依赖之类，自不能立，何能包含灵觉，为自立之类乎？[①]

---

① 利玛窦：《天主实义》，页21—24。

第三 理卑于人说

> 理卑于人，理为物而非物为理也。故仲尼曰：人能弘道非道弘人也。如尔曰理含万物之灵，化生万物，此乃天主也，何独谓之理，谓之太极哉？[①]

《天主实义》中还有许多地方论到“气非生活之本”[②]，论到“天地万物一体说之非”[③]；论到“鬼神异说，如谓信之则有，不信之则无”[④]；虽未指明，却都是以“中士”来代表宋儒说话，而加以批评的。还有《辩学遗牍》内有利玛窦《复虞诠部书》与《复莲池大和尚竹聪天说四端》二书。[⑤]前书称“独后来太极生上帝语与前世圣贤所论未得相谋，尚觉孔子太极生两仪一言为安耳”。后书称“若中国尧舜孔孟言天事天之书，火于秦，黄老于汉，佛于六朝以降，又杂以词章举业功名富贵”。似这样极口排斥宋儒，都可见利玛窦著书的宗旨，很明显地，如裴化行所说，为的“知道中国学者，受宋朝理学派唯物主义的流毒，开始便（在《天主实义》序文中）解释天地间有一真主，随后就证明天主的存在，天主的本性及其奥妙”[⑥]，这证之以利氏在一五八四年九月十三日所写讨论中国宗教的通信里说“在中国有三种不同的教派，内中以儒教最为通行。大概这些儒教的学者，都不信灵魂不死，并且不信鬼神。他们只知道尊敬覆载养育人类的天地，并不盼望得到天堂上的幸福”[⑦]，就可见他心目中的所见当时的中国儒者的

---

① 利玛窦：《天主实义》，页 24。
② 同上书，页 57。
③ 同上书，页 68。
④ 同上书，页 48—49。
⑤ 利玛窦：《辩学遗牍》，《天学初函本》，页 3—4、21。
⑥ 裴化行：《天主教十六世纪在华传教志》，下编第五章，页 265 引。
⑦ 同上书，下编第四章，页 252 引。

宋儒理学，是一些什么东西了。

（B）龙华民:《灵魂道体说》

一五九四年来华，代表著作有《灵魂道体说》与《死说》[①]两种。《死说》代表耶稣会士之人生观,《灵魂道体说》则完全为反驳宋儒的道体说而作。依他意思，灵魂本体实为神体一类，更超出道体之上。所谓道体是什么呢？他说：

> 儒云：物物各具一太极；道云：物物俱是大道；释云：物物俱有佛性；皆是也。所谓太极、大道、佛性，皆指道体言也。且前人又谓之太乙、太素、太朴、太质、太初、太极、无极、无声无臭、虚空大道、不生不灭。种种名色，莫非形容道妙耳。[②]

道体即是万形万物的体质，所以和灵魂不同。约言之，共有十点：

（1）道体分之则为天地，散之则为万物；而天地万物，总一道体所成，无有殊异，故曰万物一体。灵魂不然，人各有一，各具全体，彼此各异，不共者也。

（2）道体受天主之造，止原初一造，后不再造。灵魂当人各各受生之际，天主各各造之，或造于前，或造于后，自生民以来，无时不造也。

（3）道体寄于物，不能离物而独立。盖道与物，原相为有无。无道，物不成；无物，道亦无着矣。《无名公传》曰：借尔面貌，假尔形骸，闲往闲来。及道曰撄宁，释曰维摩，皆谓是也。灵魂不然，与身俱生，不与身俱灭，在身离身，皆超然独存独立者也。

（4）道体本为质体之类，而必借理气之精粗，阴阳之变化，以为

① 龙华民:《死说》，一九三五年第二版。

② 龙华民:《灵魂道体说》，民国七年重刊本，页3—4。

形象。灵魂本为神体之类，自存自立，不系方所，不着色相者也。

（5）道体既属质体，则所受依赖亦质，如精粗冷热大小等是也。灵魂既属神体，则所受依赖亦神，如学问道德善恶等是也。

（6）道体充满于有形有气者，而为之骨子，既蝼蚁稊稗等物，各得充足，不欠不余，故曰可贵可贱，可约可散，道之数也。灵魂不然，天主独畀于人身，使为一身之主，百事之王，他物必不得而有之，此天地间受造之性，惟人最贵也。

（7）道体冥冥，块然物耳，无有明悟，不能通达。灵魂则有明悟，而能通达天下之理，追究吾人自何处来，向何处去，并能识我性命根本之根本。……

（8）道体无意无为，听其使然而然，又不得不然，是谓有受造之能，而无创造之能。灵魂者自有主张，行止由己，不受强制于物。……

（9）道体本为自如，无德无慝，亦无功罪。灵魂能行德慝，亦能负功罪焉。

（10）道体自无福，自无祸，不赏不罚。灵魂则能行善恶，能受赏罚。

这一段灵魂道体之分别，实给欧洲思想界以很大影响。如麦尔伯兰基（Nicolas Malebranche）与莱布尼茨所见中国哲学实即以龙华民之说为根据。尤华民所以分别“与物同之道体”与“与物异之灵魂”，无形之中即是认中国哲学为物质主义。所以他的结论：

> 人奈何徇其与物同之道体，而忽其与物异之灵魂？又或以灵魂之美妙并归道体，遂使人性不明，灵顽混杂。……如世论，徒以太极、大道、虚空等，为生造天地万物之本是也。夫以道体当灵魂，已屈人同物，而以道体当天主，则是屈至尊至神之主，下同于所造之物也。此又惑之大者矣。[①]

---

① 龙华民：《灵魂道体说》，民国七年重刊本，页9。

（C）艾儒略:《万物真原》《三山论学纪》

《天主实义》是利玛窦在一六〇三年写的，不久便有艾儒略于一六一三年来华，宣扬天主教，著《万物真原》；一六二五年（明天启三年）叶向高相国复延入闽讲学，闽中称为西来孔子，受教者极众，著《三山论学纪》。两书均受《天主实义》反对理学的影响。在《万物真原》中有《论元气不能自分天地》和《论理不能造物》两篇，兹录其后篇要语如下：

> 或曰，气不能自分天地万物，固已；然气中有理，理能分气，造天地万物之功，理之功也。曰，不然，此乃非理之说也。理也，道也，皆虚字耳，何以能生物乎？[①]

理不能生物，有几点可以证明：

> 其一曰：经营位置之事，非明觉者不能，理原无觉，岂能经营位置哉？天之日月星辰，地之山川草木，人之百骸四体，皆的确不移，千古不差忒，非有大灵觉为之位置，何以能成乎？今试使人造一异品如璿玑玉衡之类，自非聪明智巧之人不能，何况大而天地，纤而万汇，谓无知觉者能造之哉？
>
> 其二曰：凡物共有两种，有自立者，有倚赖者。自立者，又有二种：有有形者，如天地金石人物之类；有无形者，如天神人魂之类。倚赖者，亦有二种：有有形而赖有形者，如冷热燥湿、刚柔方圆、五色五味五音之类；有无形而赖无形者，如五德七情之类。夫此自立与倚赖两种，虽相配而行，然必先有自立

---

① 艾儒略:《万物真原》，页14。

者，而后有倚赖者。设无其物，即无其理，是理犹物之倚赖者也。无有形之体质，则冷热燥湿、刚柔方圆、五色五味五音俱无所著。无无形之灵，则五德七情亦俱泯于空虚，而谓理能生物乎？即云天地有天地之理，神鬼有神鬼之理，亦从有生之后，推论其然；若无天地人物神鬼，理尚无从依附，又何能生物乎？

其三曰：理也者法度之谓。造物者成物之时，不特造其形，而亦赋其理，犹如开国之君，必定一国之法律以为法，如国无君主，法律岂能自行哉？又如棋局画于盘，以待人用，此是棋理，然棋不自用，必由人用，非棋之理，自能生棋，此固昭昭易见，猥可以理为造成天地万物之根柢哉？①

《三山论学纪》也有两段批评宋儒的理气说：

太极之说，总不外理气二字，未尝言其为有灵明知觉也。既无灵明知觉，则何以主宰万化？愚谓于天地犹木瓦于宫室。理也者，殆如室之规模乎，二者厥一不可，然不有工师，谁为之前堂后寝，庖湢门墙，彼栋梁而此榱桷也。……儒者亦云：物物各具一太极，则太极岂非物之元质，与物同体者乎？既与物同体，则囿于物，而不得为天地主矣。所以贵邦言翼翼昭事，亦未尝言事太极也。②

谓二气之运旋者，非乎，抑理也。曰，二气不出变化之材料，成物之形质；理则物之准则，依于物，而不能物物。《诗》曰，“有物有则”，则即理也。必先有物，然后有理。理非能生物者。如法制禁令，治之理也。指法制禁令，而即为君乎？谁为

① 艾儒略：《万物真原》，页14—17。

② 艾儒略：《三山论学纪》，页6—7。

之发号施令，而抚有四国也？若云理在物之先，余以物先之理归于天主灵明，为造物主。盖造物主未生万有，其无穷灵明必先包涵万物之理，然后依其包涵，而造诸物也，譬之作文，必先有本来精意，当然矩矱，恰与题肖者，立在篇章之先，是之谓理。然而谁为之命意构局，绘章琢句，令此理跃然者？可见理自不能为主，当必有其主文之人。由此观之，生物之理自不能生物，而别有造物之主无疑矣。①

又《口铎日抄》卷四认太极只是元质，而加以排斥：

今观儒者之解太极不出理气二字，则贵邦所谓太极，似敝邦所谓元质也。元质不过造生万物之材料，不过天地四所以然之一端，安得为主；又安得而祭之事之也哉？”“噫嘻！人苟知太极之即元质，又察此四者，而知元质之异于天主，则可通太极生两仪之解，而古人不祭太极，其故并可见矣。②

（D）利类思：《不得已辩》

在《不得已辩》一书极力攻击杨光先之说，以为杨光先不过受宋儒理学的影响。在《理不能生物辩》篇中，他痛驳杨光先道：

光先云：理立而气具焉，气具而数生焉，数生而象形焉，此本宋儒之唾余也。宋儒指天即理，光先因指理为天，故有生气数形象之说。夫理不能生物，亦甚明矣。凡物共有二种，有自立者，亦有依赖者。……夫此自立与依赖二种，虽相配而行，然必

① 艾儒略：《三山论学纪》，页4—5。
② 艾儒略：《口铎日抄》（李九标笔记），1922年上海慈母堂重印本，上卷，页73—74。

先有自立者，而后有依赖者。设无其物，即无其理，是理犹物之倚赖者也。无有形之体质，则冷热燥湿、刚柔方圆、五色五味五音俱无所著；无无形之灵，则五德七情亦俱泯于空虚，而谓理能生物乎？即云天地自有天地之理，神鬼有神鬼之理，亦从有生之后，推论其然，若无天地人物神鬼，理尚无从依附，又何能自生物乎？理者，法度之谓，造物者成物之时，不特造其形，而亦赋其理。犹如开国之君，必定一国之法律以为治，倘国无君，法律岂能自行乎？①

这一段附注"《天主实义》理之生物辩甚详"，可见是受利玛窦反理学的影响了。又在《形天非上帝辩》篇中驳杨光先"天为有形之理，理为无形之天，形极而理见焉，此天之所以即理也"之说，以为：

此虚诞不经语也。既云：天为有形之理，则理不能为无形之天。又云：理为无形之天，则天非得谓有形之理。一物也，忽谓有形，忽谓无形，非自相矛盾乎？试问理有形否？谓有形，则理非为无形之天；谓无形，则天非为有形之理。况天亦不可谓之理。夫天自立之体也，非恃别体以为物；理则倚赖，而托他体以为物，是物在理先，理居物后。《诗》曰，"天生烝民，有物有则"，则乃理也。先有物而后有物之理，则天不能谓之理也，明甚。孔子谓"郊祀上帝"，不言祀理也。且所谓天以理理物，犹天子以法理人，岂谓天子即法乎？无人则法亦不设，无物则理亦无名也，谓天即理可乎？

---

① 利类思：《不得已辩》，页 53。

又驳杨光先“天函万事万物，理亦函万载万物，故推太极者，惟言理焉”之说道：

> 若是则人有双耳，驴亦有双耳，可云人即驴乎？凡二物如甲乙有一二相通之情，不可谓甲乙即是一物耳。天也理也，虚实各别焉。天以其形，无物不包；理以其神，无物能离；谓理与天似则可，而谓天即理可乎？①

这里攻击杨光先，即所以攻击宋儒理学。然而攻击宋儒理学，在利玛窦《天主实义》中，似尚有让步的余地，所以说：“……夫太极之理，本有精论，吾虽曾阅之，不敢杂陈其辩，或容以他书传其要也。”② 到了利类思便已毫无让步的可能了。

（E）汤若望：《主制群征》

所著关于历算天文的书为多，其谈道者有《主制群征》与《主教缘起》两种。兹以《主制群征》为例，对于宋儒的太极阴阳诸说，曾加以反驳：

> 或问中学亦尊天，与天主何异？曰：中学所尊之天，非苍苍者，亦属无形；第其所谓无形，卒不越于天。盖天之苍苍其形，而天之运用不测，即其神也。运用不测之神，虽无形不离于形，与天一体，是无心无主张者，非吾所称尊主也。吾所谓尊主，虽曰不可见不可闻，而非即以不可见且闻者为贵；盖与天地万物，其体绝异，至纯至灵，不由太极，不属阴阳，而太极阴

---

① 利类思：《不得已辩》，页55—56，56—57。

② 利玛窦：《天主实义》，页24。

> 阳，并受其造。且一切受造无不听其宰制者，神功浩大，人不能测，遂曰无心，岂真无心无主张者哉！[①]
>
> 以灵心为出于父母者非，即谓发于天地阴阳者亦非也。天地阴阳，虽曰变化不测，终不越以有成有；若夫灵心，既非先有者，又非依赖于他有者，阴阳曷预乎？[②]

宋儒更主张自然之说，程伊川所谓“道则自然生万物”；所谓“夫天之所以为天，本何为哉！苍苍焉耳矣。其所以名之曰天，盖自然之理也。”但汤若望驳他：

> 夫无主者，必谓万物生于自然（如火自炎上，水自流下），不知自然之说殊非究竟之旨。格物者，既从物生得自然，又必从自然求其所以然（如火自炎上，所以然者，体轻故也；水自流下，所以然者，体重故也）。设无所以使之自然者，亦安得自然而生乎？[③]

（F）卫匡国：《真主灵性理证》

所著《真主灵性理证》从各方面证明天主与灵魂的存在，为耶稣会哲学中有数书籍。其论天主，以为“天主也者，是最初自立之体，是最神者，是最纯者，是最妙者，是无穷者，是惟一者，是不可变者，是无所不知者，是有生命者，是有爱欲者，是有无穷之权能者”[④]。其论有生命者一节，对于宋儒太极理气之说，则显然加以

---

① 汤若望：《主制群征》，1919年重刊本，卷下，页11“以圣迹征”条。
② 同上书，卷下，页7—8“以人心之能力征”条。
③ 同上书，卷下，页9“以无主悖理征”条。
④ 卫匡国：《真主灵性理证》，一九一八年重刊本，页1。

攻击：

> 何谓有生命者？天主为物原。物之有生者众，自不能以己之无，使物为有生。故天主者常生常活，非若太极理气无生之物，不足为物原者也。[①]

宋儒有主唯气论者，如张横渠即以阴阳会合冲和之气来解释宇宙的本体及现象。所谓“太虚无形，气之本体”“气块然太虚，升降飞扬，未尝止息，《易》所谓絪缊”。但由《真主灵性理证》一书看来，虽也承认“气”有浮沉升降动静相感的妙处，所以说：“宇宙之有气也，犹宫室之有垣墙也。宫墙之内，何美不备，任观其中一物，已足俾我知为真主之制作也。不惟作之，而且养之存之，使循其规度而不凌不乱。即如气也者，时至则蒸而为雨，此雨有二大用。一以练气，气不练则败，故久闭之室，其气多恶；一以膏润大地，使滋泽万物。复挠动而为风，风之为用甚广，其大者以解宇宙之炎蒸郁塞，以披拂草木，免其久积而致糜烂，以荡摇水泽，俾不停腐。……故风者万物之嘘吸，万物之和解也。至如气中之鸟，凭气而翱翔，破气而疾飞。……无灵之族，一何巧耶？非有灵者导之耶？”[②]但他却要发一个疑问道：“吾人日处气中，而曾不知气之主可乎？”[③]一句话便轻轻地把中国的唯物主义思想推翻了。

（G）陆安德：《真福直指》

一六七三年陆安德著《真福直指》，便更趋极端，认“太极”只

---

① 卫匡国：《真主灵性理证》，一九一八年重刊本，页3。
② 同上书，页9—10。
③ 同上书，页10。

是"元质"，一点精义也没有了。他说：

或说理能生物，然理不过是物的模样，在作者明悟内。如先有作工业之人，然后才想出此物之模样；必先有造物者，后方能有理。[①]

或说太极生天地万物。曰：太极是混沌，天地参杂，万物材料，不过是物之元质，在各物内能受万模，无模不能存。譬如一所房屋，木料砖瓦，此是质者；前堂后堂，此是模样；必另外还有工匠造成。所以天地万物俱有元质，又各物有各物之本模样，另外有造成之者。而元质模样等，亦皆由造成之者造来。[②]

太极既是元质，便无灵明，安能成就如许奇妙的事物来？所以说：

太极不灵不明，无心志，无生命，偶然动而生万物。曰偶然动，不免有动之者，有作之者。若是偶然作的物，断断不是常作，若说常是偶然作，既无心志，如何常作得一样？[③]

他又设一个譬喻道；

太极既无灵明，安能成就万奇妙的事物？古有一人名亚而计默德，是大智者，用玻璃作成诸天球，若依天行之度数，俱能运动。岂有造成真天之运动，下浮清气；无灵明能造得？又有画工，名奏济者，画一株葡萄，如生的一样，鸟见即啄。人人羡他

① 陆安得：《真福直指》，页14。
② 同上书，页15。
③ 同上书，页15。

神工妙绝，但只葡萄是假的，无体无味。岂有造许多真物，有体质，有气味；可见无灵明安能造成？[1]

不但太极不能造物，即释家之“空”，道家之“无”，亦绝无造物之理。何以见得？

释家以空为教，说空能化成万物，此大不合理，既空虚于己，安能化成万物。譬如有一人家内空空的，要甚么物件，他家都取得出来，必无人信。何故反信空虚能化成万物？

道家说无为是万物之原，此大不是。无是全无，若无则是没有于己，何能施与他物？譬之有一贫人，总没有物件。人问他求物件，件件都送与人，决无人信。岂可信无为能化成万物？[2]

他的结论，便不承认上帝在太极天地之后。因为“若在太极天地之后，安能造成天地？造物者，是在太极天地之先”[3]。天主是万物之原，它不是物的元质，也不是空无，它是无始无终，从无始常自有，造成天地人物，而常为之主宰的。[4]

此外尚有葡人陆若德（Joannes Rodriguez）崇祯年间来中国，也以太极为气为质，有答朝鲜李荣后书，略云：“太极生两仪，仪分四象，象分八卦，卦生天地人物。以西理推之，太极气也，质也，无心无智。若非无穷全能智慧之作者，安能生物乎？”[5]这也是以太极为物

① 陆安得:《真福直指》，页17。
② 同上书，页17—18。
③ 同上书，页19。
④ 同上书，页13。
⑤ 收朝鲜安应昌《考同考异》第二十二册《西洋问答》，此据《方豪文录》，页216—217引。

质，而否定它的价值的。

（H）卫方济:《人罪至重》

一六九八年著《人罪至重》一书，极力主张“理”与“天”与“上帝”不同，以证宋儒天即理说之非是。他说：

盖天理乃天主所赋，铭刻于人之灵性，即天命之谓性是也。循此灵性之天理，即敬天主而由正道；悖此灵性之天理，即慢天主而陷于迷路之险也。故孔子云“获罪于天”者，非获罪于理，乃获罪于赋理之天主也。夫天之不可谓理者，由诸书所言，无不著明矣。孔子曰:“予所否者，天厌之”；曰:“天丧予，天丧予”；曰:“知我者其天乎”！曰:“我谁欺，欺天乎！”。此数语者，若直以理之名目解之，其谬易见。夫理乌能厌我，丧我，知我，受欺于我乎？且理有何情以厌，何权以丧，何觉以知，何心以受欺乎？……①

理于天既不可为一，则上帝愈不可为理。由各书之言，皆相发明。子曰:“郊祀之礼，所以事上帝”。《礼》曰:“祀帝于郊，敬之至也”。《书》曰:“类于上帝”。《易》曰:“先王以享于帝立庙”。夫礼也，事也，祀也，敬也，类也，享也，立庙也，俱不能以理字命意，必当尽归之于上主之一尊耳。《书》又曰:“梦帝赉予良弼”。曰:“帝乃震怒，不畀洪范九畴”。曰:“乃命于帝庭，敷佑四方”。夫理也奚能赉弼，奚能震怒，奚可谓武王受命于理庭耶？《诗》亦云:“象之揥也，扬且之晰也，胡然而天也，胡然而帝也。”注云:“言其服饰容貌之美，见者惊谓鬼神

① 卫方济:《人罪至重》，页1—3，一九三六年再版本。

也。”此帝与天者，其非理之谓益明矣。《诗》又曰：“皇矣上帝，临下有赫，监观四方，求民之莫。”曰：“维此王季，帝度其心。”曰：“帝谓文王，予怀明德；不大声以色。”曰：“昊天上帝，则不我遗，敬恭明神，宜无悔怒。”此言上帝，以理解之，如何能合？理者非能临下，非能监观，不可云理度心，不可云理谓文王。且理非称神，非能悔怒，其余不辩，触目自明矣。[1]

因为“理”与“天”与“上帝”不同，所以宋儒之天即理说便无根据。所以他的结论是：

由是可观，天与上帝，决不能以理之虚名为解。且古人欲阐天字之义，论上帝之性，初未尝举理，以天即为理之说，宋儒何从而授受欤？考之于经，证之于书，凡古人值饥寒困辱之际，辄号于天，未闻其号于理也。故《书》云：“腥闻于天”，乃罪多参在上，矫诬上天，斯决非理之谓，而明示其得罪于上天至尊至真之主宰矣。[2]

因为宋儒天即理说，与真儒之说不合，所以卫方济以“俗儒”称之，而加以排斥。他说：

夫俗儒言理，言道，言天，莫不以此为万物之根本矣。但究其所谓理，所谓道，所言天，皆归于虚文而已。盖自理而言，或谓之天，或谓之性；自道而言，或谓之无极，或谓之太极，或谓之气化。然天也，性也，心也，无极也，太极也，气化也，从

① 卫方济：《人罪至重》，页3—4。
② 同上书，页4—5。

何而有？理出于心，心出于性，性出于天，天则从何而出？从理乎？是犹谓考出于祖，祖出于曾，曾出于高，高则从何而出，岂又从考而出乎？不几颠倒错乱耶？况彼儒言天，亦谓之理之全体矣。

若夫无极与太极之义，依其论说，要不外理气两端。周子以无极太极，与太虚为一。张子以太虚与理与天为一。然天也，理也，气也，皆不能自有，则必自他有，则先有其所以然；既先有其所以然，则自不能为万物太初之根本明矣。如此则俗儒所称万物之大本，虽曰实理，终归于虚理虚文而已矣。故俗儒所论，多损真儒之本意，而难等真儒也。[①]

他甚至以俗儒和佛老并列。“佛氏以托生成佛升天为归，道家以长生成仙飞升为归；俗儒以生前身安，死后神散为归。佛失之空，道失之妄，儒失之俗，曾何足与之深辩哉。”[②] 把张横渠《正蒙》所谓“太虚无形，气之本体，其聚其散，变化之客形尔”的唯气论，完全推翻了。

（I）孙璋:《性理真诠》

耶稣会士对于宋儒理学的攻击，从利玛窦发表《天主实义》（一六〇三年），至比利时教士孙璋发表《性理真诠》（一七五三年，乾隆十八年），经过时间有一百五十年之久。《性理真诠》一书为耶教哲学中有数的书籍。书共三册，又有四卷续一册。一七五七年更译成满文，首册论灵性之体，二册论灵性之源，三、四册论灵性之道。作者费十年心力，证明天主教即是以前所称古儒真教，而于汉唐以来性

① 卫方济:《人罪至重》，页28—29。

② 同上书，页31。

理诸书，则排斥之不遗余力。全书以“先儒”攻击“后儒”，其指摘宋儒之处，随在可见，最重要的有如下各篇，只要把篇目一看，就完全明白了。

（首卷）第七篇　详辩人之灵性非理[①]：

人之理与物之理不同——灵性为大体，居中主宰，非如理气浑成一体。——理气同属顽然，灵性能思想，足征灵性非理。——灵性能主理，不但为理。——灵性能变化气象，止于为善，非只为理。——理无善恶，灵性可以为善为恶。——人能改过迁善，非理可比。——灵性较理尊贵，不可谓理。——天下万理归一正论。——灵性如工人操尺寸，运用适中，足征非理。

（二卷上）第四篇　总论太极[②]

太极系上主造物元质，非可以上主为太极。——太极系浑然之气，不能为万物之原。——气有一定之界。——历考古经书，不重言太极。——孔子不重言太极。——孔门不传太极。——古经重言主宰，不言太极有灵明。——近儒所云太极，与孔子所论太极相反。——驳《皇极经世书》论太极之谬，与孔子之意大相悬殊。

第五篇　辩理非万物之原[③]

即云太极是理，亦不能为万物之原。——论万理归一实义。——真主惟一，故理归一原。——太极之理既非神，何能生神？

第六篇　论阳动阴静不能为造物主[④]

驳性理诸书阴静阳动之异说。——气不能自动，有造物主命之动。——气之动静，系主宰智能，并非阴阳之德。——辨邵康节天地

---

① 孙璋：《性理真诠》，页42—47。

② 同上书，页100—107。

③ 同上书，页107—112。

④ 同上书，页113—122。

万物有劫数之说。——因气本体不能无形，足征气属受造。——气之动静，系造物主使之动静。——上主命气动静，犹人一心命两股动静。——太极阴阳，俱由造物主分理。——太阳诸星丽于天体，非阴阳安排，必有上主措置。——郊祀尽其诚，系祀上主，非祀阴阳气。——谓理气天地之德，能生天地万物，乃是自生自己。——天地万物必赖上主造生，并非无灵之太极等所生。

第七篇　论阴阳受造并非无始自能生物[①]

未有天地之先，并无此混沌之气，惟有一造物真主。——若谓气无始，是上主造万物，由气不由己。——上主系自有，可见气有始。——灵神且受造，可知气更受造。——气受制于上主，必受造于上主。——气供人役使，人且有始，何况于气？——复辨邵康节天地有劫数之说。——历引经书，证上主为造物主。——上主无始，有实理可证，太极阴阳无始，荒渺无凭。——孔子系《易》云："易有太极，是生两仪"等正解。——未有天地之先，惟有上主首造太极，按次而造天地万物。

（二卷下）第四篇　驳西铭万物一体之说[②]

上主系全神，超乎万物之上，决不能与万物为一体，《西铭》云此，谬妄至极。——混神人万物为一体，大非人道。第十二篇明辨性理诸书，谓天下之物，不论灵蠢，俱有始终之说。[③]

（三卷下）第四篇　指明异端根柢，令异端无处躲闪[④]

性理诸书，议论失真。——性理一书惟谈理气，不推本上主，为害人心，较敬拜邪神之异端更甚。——《周易》卦占卜不推原作《易》

① 孙璋：《性理真诠》，页122—136。
② 同上书，页161—164。
③ 同上书，页210—224。
④ 同上书，页305—318。

之正义，故有异端者出。——《易》为劝善惩恶之书，异学妄用占卜。

第五篇　驳汉唐以来性理一书诸谬说[①]

辨性理诸书论天理之非。——今有一种儒，名虽为儒，但信从异端，大乱上主真教。——辨近儒万物一体之非。——辨周子立太极图之非。——诸书妄谈理性命三字之非。——辨性理诸书论神之非。——辨性理辨上主“出乎震，齐乎巽”等等之非。——辨程子但云一理以形体言谓之天，以主宰言谓之上主之非。——辨郊祀之礼，谓不言后土省文之非。——讲论上主，不可恃自己之聪明。——辨人物同属一性，但有偏正之非。——辨性理诸书云形神一气之非。——辨性理诸书谓作善由理、作恶由气之非。——辨性理诸书云天人之理相合为一之非。——辨性理诸书云仁义礼智信五德禀于水火木金土五气之非。——辨人物同属一体之非。——辨《太极图》云圣人不过禀天地之精而持出之非。——论人之成圣，并非性之者，俱系学之者。——论人之成恶，并非性之者，俱系习之者。——辨《皇极经世书》云人之神即天地之神之非。——辨性理诸书云瞒得人瞒不得理之非。——论古儒所谓敬于一者，乃是敬一上主，并非敬一理。——性理诸书各家自生臆说，论无一定。——性理诸书讲解高宗夜梦上主，赉以良弼，不过勉强信从。——辨性理诸书云海潮系地呼吸所致之非。——辨性理诸书云北极为气运之原之非。——辨性理诸书云草木有知觉之非。——辨性理诸书云物与物其理为一，不同者其形之非。

第六篇　论今之明儒识见虽高，议论虽正，但与真教至理，尚有不足处。[②]

（四卷）第二篇　论以前所称古儒真教即系天主教[③]

---

① 孙璋:《性理真诠》，页 318—341。

② 同上书，页 341—357。

③ 同上书，页 361—370。

全书反复论辩，不厌其详，而要之以攻击宋儒的理气论为最突出。由此书看来，所谓太极理气，都不过为卑陋的唯物主义罢了。

据性理诸书云："论理不论气不备，论气不论理不明"按此则是理与气浑成一体，如色之白与物之白同为一白也。是人之理与人之气浑为一体，亦即如房之按规矩造成房室，便人居住，是房之理与房之气浑成一房矣。若将灵性认为理，是将灵性与气浑成一体矣，夫岂可哉！①

孔子系《易》而赞之曰，"易有太极"，是言易有至大至极之元质，为上主造生天地万物公共之材料，所谓太极是也。并未尝即指太极为造肇天地万物之主宰也。后人不察，竟将上主抹煞，绘画奇偶之象，谓太极之先，并无上主，止此太极，一动一静，即是两仪，由两仪生四象，四象生八卦。竟认太极为生物之主，如之何其可耶？夫太极蕴阴阳，系元质，并无灵明自主，不过为万物之材质，安得称为造物主？②

若太极果系天地万物之原，当必至精明，极能智，具神灵，明明赫赫，荡荡巍巍，为世人所当昭事，所当畏敬，所当祷祀者也。若然则《中庸》推明道之大原，何不云太极命之谓性？郊社之礼，何不云祀太极？孔子何不云知我者其太极？吾谁欺，欺太极？君子有三畏，何不云畏太极？孟子曰："存心养性"，何不云所以事太极？《诗》何不云畏太极之威，敬太极之渝，敬太极之怒？尧咨舜，何不云太极之历数在尔躬？舜何不向太极而肆类？汤何不祷太极于桑林？高宗何不云太极赉予良弼？且自古以来，并未闻太极能福善祸淫，获罪太极而无所祷也。由此观之，则太

① 孙璋：《性理真诠》，页43。
② 同上书，页101。

极非至精明，极能智，具神灵之上主可知矣。[①]

后世言太极者，……竟谓其自能动静，分阴阳，生五行，是推尊太极居于物先，为万物之原矣。且立太极图，而画奇偶之形以象之。更谓太极于天地未肇之先，居于冲漠无朕之际，实有形体矣，故曰："太极无非理气，理气外无他说矣"。既云："万物统此一太极"，又云："物物各具一太极"，是谓太极为可分可合之顽体矣。且万物纷然不齐，或具寒热温凉，或具刚柔馨秽，莫能一致。今曰："物物各具一太极"，是太极又为纷然杂出，为无能自立之弱质矣。……[②]

诸儒又云：太极非他，即理也；气杂而理纯，气顽而理灵，气不能生天地万物，而生天地万物者，理之能也。按此则又谓理为天地万物之原矣。若然凡云理者，不当云万物之理，当云理之万物矣，世上岂有此颠倒错乱之称者乎？……诸儒又云："言理不言气不备，言气不言理不明"，是明知理不离气，气不离理，二者在物固浑成一体而不相分者也。以此而论，谓理为万物之原，则万物实系以己生己矣。何也？前已明言理与气在物浑为一体，试譬之一乘车，车之气与车之理，固同具于一乘车也；如此则是理生车，犹是以气生车；以气生车，依然以车生车，无以异也。今观天下万物皆不能以己生己，则知理不能生物也明矣。[③]

且谓太极是气，前已明论气无思想，若谓太极是理，则理与气又自为一体，如此则太极动而生阳，究竟孰命之动乎？何以亿万年万物各得其所，物类纷纭，秩然不紊乎？此皆不可以理推也。[④]

---

① 孙璋：《性理真诠》，页105。

② 同上书，页106。

③ 同上书，页108。

④ 同上书，页112。

任吾子言理言道，言太极太虚太乙太和阴阳四象，认为万物之原，然俱系顽然，并无灵明。即如任子云房屋之原，或系理气，或系道，或砖瓦木料，或恰合规矩，或便人居寝，总皆顽然无灵耳。[①]

孙璋以为宋人理学，千言万语，都不出理气二者，所谓太极，所谓上帝，乃至人物之性，同一理气，理气之外，并无他说。[②]然而理气之说毕竟是物质论者与无神论者，所以为拥护天主的实义起见，不得不认为异端，而加以排斥。他很愤慨地说：

近儒不然，矜谈性理，著书立说而哓哓万言，竟将天地真主吾人灵性无生灭，两端至理，一笔勾倒。惟认理气为天地之本，人物之原，而于上古经书所称皇矣上主，及降衷之恒性，竟不细加详察矣。噫，今之学者，虽自矜名儒，谈理切实，而其害较拜敬邪神之异端尤甚！[③]

异端敬拜邪神，较倡言太极理气之说者，其情尚可原宥。敬拜邪神虽悖正道，毕竟其良心犹未死灭，惟误认一主宰以加钦崇，如幼童不认其生母，但向乳母尽其孝道耳。盖异端本欲得上主而敬拜之，但不知上主之实义，遂妄拟邪神为上主，其情不良可悲乎！今止认太极理气，不认上主者，是将上主之道，尽情抹煞，使万世而下，茫然不知所归向，害可胜言哉！[④]

这本书出版时间，距离一七四二年教皇本笃第十四所颁断谕，已

① 孙璋：《性理真诠》，页121—122。
② 同上书，页319。
③ 同上书，页309。
④ 同上书，页173。

经十一年了。所以此书一出，即以是书偏袒谕旨所指斥的儒教敬天等礼，而为人所告发；然而终于不致禁止发行者，虽因有人给他洗刷辩护，实际也未始不因于他辟理气之说，在蒙昧主义者看来，尚有卫道的大功劳。

四、反理学在中国所生之影响

耶稣会士的反理学运动，在中国和在欧洲一样，均发生了一定的影响。关于在欧所生的反响，自有欧洲那时候的社会经济条件做根据，让我在以下各章叙述它。现在先提出研究的，是反理学在中国所生的影响，可分两方面来观察，即一为正面的影响，一为反面的影响，而以反面的影响更值得我们注意。

（A）正面的影响

正面的影响是指中国士大夫的信教者，或同情于西士之主张者，他们也和耶稣会士一样，尊重孔子，对于宋儒不惜加以严厉的批评。

1. 徐光启

表面上看来，他只排佛而不及后儒，如在万历四十四年（一六一六年）《辨学章疏》[①]中，极力攻击“释氏之说”，以为“诸陪臣所传事天之学，真可以补益王化，左右儒术，救正佛法者也”。但据《天主教传入中国考》所述“万历二十七年（一五九九年），偶闻利玛窦名，特来南京问道，于利公所言……极为佩服。以为有合吾国古人敬天事天、昭事上帝之旨，惜为后儒理气之说一笔抹煞，遂有志于天主圣教”[②]云云。

---

① 《增订徐文定公集》卷五，杂疏，页 2。
② 萧若瑟:《天主教传入中国考》，页 141—142。

2. 李之藻

他虽攻击佛教兼及后儒，但对于朱子仍表示敬意。《天主实录》重刻序云："说天莫辩乎《易》,《易》为文字祖，即言'乾元统天''为君为父'；又言'帝出乎震'；而紫阳氏解之，以为帝者天之主宰，然则天主之义，不自利先生创矣。世俗谓天幽远不暇论，竺乾氏者出，不事其亲，亦已甚矣，而欲于幻天藐帝，以自为尊。儒其服者习闻天命天理天道天德之说，而以浸淫入之，然则小人之不知不畏，亦何怪哉！"[①] 又《刻圣水纪言序》[②] 中也有类似的论潮。但李之藻虽未反对宋儒，却与沈㴶及袾宏和尚等有极激烈的思想斗争，事详陈垣所撰《明浙西李之藻传》[③]。

3. 杨廷筠

杨廷筠《代疑篇》[④] 在《答造化万物一归主者之作用》条，便开始对于宋儒理学下攻击之论潮。他驳理气之说道：

> 物汇至多，问谁始造？或云一气所为，或云气中有理……皆漫说也。
>
> 夫气无知觉，理非灵才，若任气所为，不过氤氲磅礴，有时而盈，有时而竭，有时而逆，有时而顺，焉能吹万不同，且有律有信也？
>
> 即谓之理，理本在物，不能生物，如五声之在八音，变不胜穷，皆属之理。理在钟鼓管弦，不能自生钟鼓管弦，此人所自明也。

---

① 李之藻:《文稿》，附《增订徐文定公集》卷六，页 1。
② 同上书，卷六，页 9。
③ 陈垣:《明浙西李之藻传》，载《名理探》前编、《辩学遗牍》，一九一九年与《大西利先生行迹》合订本。
④ 杨廷筠:《代疑篇》，页 1。

《代疑篇》作于天启元年（一六二一），当时即引起争辩。兰溪释行闻《拔邪略引》云："案天学邪党《代疑篇》首谓'气无知觉，理非灵才，……理本在物，不能生物'等语。呜呼！此其识心测度，认邪作正，执断灭因，自矜为智，而恣其不本之说也。殊不知气乃万灵具本之元，弥乎混沌之始，纯是一真之体。灵通不息，遂有动静二相，以动静相生，刚柔相济。……理成物，物显理，理物浑融不二之道，晓然明矣。"[①]

以上三人，据鲁德昧（Bartoli: *La China* 1. Ⅳ, chap. 16—19）说，又与当时东林学派发生密切的关系。约在一六二四年在无锡成立之东林书院，徐光启、李之藻、杨廷筠等亦曾去讲学，西士因其有利于传教，亦重视此书院云云，[②]此证之以叶向高、邹元标等东林魁首与杨廷筠之关系，当系事实。

4. 魏裔介

他原来是一位理学大家，《清史稿列传》第四十九本传说他"生平笃诚，信程朱之学，以见知闻知述圣学之统"。可是在他《贺汤若望七袠寿文》中。竟对于天即理说，加以猛烈的攻击，

主教尊天，儒教亦尊天；主教穷理，儒教亦穷理。孔子之言曰："下学而上达，知我者其天乎。"又曰："天生德于予。"又曰："获罪于天，无所祷也。"孟子曰："存其心，养其性，所以事天也。夭寿不贰，修身以俟之，所以立命也。"《易》曰："天行健，君子以自强不息。"古圣贤懔于事天之学如此，而后之儒者仍以隔膜之

---

① 《辟邪集》卷下，页46—47，日本万延元年（一八六〇年）刊本。又杨振锷《淇园先生年谱》，商务印书馆一九四六年，附录四《为气理问题所引起之论辩》可供参考。

② 徐宗泽：《中国天主教传教史概论》，页338，东林书院与中国圣教三柱石。

见，妄为注释，如所谓天为理也，含糊不明。儒者如葛屺瞻诸人固已辨其非，先生之论岂不开发群蒙，而使天下之人各识其大父，而知所归命哉。谓先生为西海之儒，即中华之大儒可也。[①]

在这里可注意的，就是理学家指天为理之说，受了耶稣会士猛烈的攻击，所以即在以程朱正统自命的魏裔介，也不得不自己打自己的嘴巴了。

5. 朱宗元

似受一六七三年陆安德《真福直指》认太极为"元质"之说的影响。所以在他《答客问》与《拯世略说》中也有同样攻击宋儒的话：

《答客问》[②]中说：

太极不外理气，无知无觉，古人祀上帝，不祀太极，则天主太极判然明矣。

问，然则无极太极之说何居？

曰，此有至理。盖天主始造天地，当夫列曜未呈，山川未奠之时，先生一种氤氲微密之气，充塞饱满，而世内万有，繇此取材，此之谓太极，即西儒所称曰元质也。

又《拯世略说》中一段：

试问太极有知觉乎？则必曰无有。太极有灵明乎？则必曰

① 见《正教奉褒》，上册，页38。
② 朱宗元：《答客问》，页5—6。

无有。太极能赏罚乎？则必曰不能。故闻祭上帝也，未闻祭太极；闻畏天命矣，未闻畏太极。太极者最先之谓也，如草木之有种子，人物之有元质，天之所以为天，地之所以为地，是谓天地根，是谓太极。[①]

6. 许胥臣

《西学凡序》[②]："言天非自西学始也。程子曰：'儒者本天'，盖宗古敬天畏天言之，游、杨、吕三家亲出程氏之门，而已有径庭之误，朱子辩之详矣。"这似乎只反对游（定夫）、杨（龟山）、吕（與叔）而不反对程、朱，但接着却说"而近儒超捷高妙之旨，果能试之有效，而推之东海西海而准否耶？"这所指近儒，分明是包括程、朱、陆、王。

正面的影响，因宋儒理学在中国根深蒂固，所以较反面的影响为少，这是无可疑的。然而正面的影响，在中国的耶稣会士却始终保持其说，直到光绪九年（一八八三年）黄伯禄著《训真辨妄》尚极力攻击"天即理也"的说法。

后儒释《论语》"获罪于天，无所祷也"句曰，"天即理也"（见《论语集注》）。然理也者，为吾人行事之准则，犹律为人民当守之法度。夫既有律，必有律所由制；既有理，必有理所由来。律所由制者，非律也，乃国君也。理所由来者，非理也，乃即所谓天也。人之获罪，固因悖理，但获罪于天，非获罪于理；犹人祷天，非祷理也，是天非理，义亦甚明。[③]

---

① 朱宗元：《拯世略说》页10。
② 艾儒略：《西学凡》卷首许胥臣序。
③ 黄伯禄：《训真辨妄》，页5。

最受耶稣会士影响而攻击宋儒理学的，莫过于光绪十二年（一八八六年）李杕（问渔）之《理窟》卷二《万物一体辨》[①] 和《太极不能生物论》[②]。文繁不录，录他卷六《儒教论》的一段：

> 六朝五代以前，初无理气之说，自朱子因程子之言，重加阐发，遂谓天即是理，理即是气；万口同声，群相附和，将荡荡主宰，抹而不论，徒存心于寻常日用之微，专意于动作云为之细，一若理气之外，别无归原之学，后世注疏家又从而推广之，千编万卷，词繁意歧，至今日而欲斥其非，反觉无由置喙。[③]

（B）反面的影响

虽然耶稣会士之攻击宋儒理学，在中国思想界的正面影响是有限得很，更可注意的，乃在正面影响以外之反面的影响。从明万历年沈漼的《参远夷疏》以至于“闽诸君子，浙诸大夫，侃侃纠纠……至于云栖（释袾宏）有说，密老有辩，费师有揭……缅缅数千言，佛与儒同一卫道之心”[④]。现在《圣朝破邪集》[⑤] 八卷所载，可见反面的影响是带着如何的严重性了。《破邪集》所录以外，尚有如杨光先的《不得已》、王启元的《清署经谈》均立足于理学的立场，以反对天主教义，较之《破邪集》儒释不分者，更有给宋儒辩护的意义。兹一一略述之如下：

1. 沈漼《参远夷疏》

沈漼，吴兴人，事迹详《明史》本传。他主张“本儒术以定纪

---

① 李杕：《理窟》，页6—7。
② 同上书，页7—8。
③ 同上书，页1—2。
④ 崇祯十二年徐昌治《圣朝破邪集》序。
⑤ 日本安政乙卯翻刻本。

纲”，而恨当时天主教士如庞迪我、熊三拔和王丰肃、阳玛诺等“诡称天主”“其说浸淫人心，即士君子亦有信向之者”[①]。所以《参远夷疏》三篇虽未标明宋儒理学的立场，却是儒教徒对于天主教攻击之第一声。他指出王丰肃曾在小吕宋（菲律宾）初以传教为名，后率夷兵侵占其地，今在中国，亦将不利于中国。这种论潮也和宋儒之攘夷论同。还有晏文辉疏称，“惟天地开辟以来，而中国之教，自伏羲以迄周孔，传心有要，阐道有宗，天人之理，发泄尽矣，无容以异说参矣。……乃今又有倡为天主教，若北有庞迪我等，南有王丰肃等，其名似附于儒，其说实异乎正”[②]。在这一段里，明明揭出“孔门心法”与“道统”的问题，可以说已经是以宋儒理学的立场，来作他攻击的起点了。

2. 杨光先《不得已》

《清史稿》列传五十九，“杨光先字长公江南歙县人”，就其籍贯来看，已经是宋儒理学的发生地了。再看他在康熙四年六月二十一日疏，自称“臣素以理学自信”[③]。所著《不得已》一书指斥天主造天地万物，及降生救世诸迹，指为荒唐怪诞，很明白地是站在宋儒理学的立场。他所著《孽镜》[④]攻击汤若望的历法，以回回历为依据，虽迹近于顽固，然他攘夷的议论，实以当时的吕宋、日本为鉴戒，所谓“事关万古纲常，愤无一人请讨，布衣不惜齑粉，效忠历代君亲”（《请诛邪教疏》）；又“光先之愚见宁可使中夏无好历法，不可使中夏有西洋人。无好历法如汉家不知合朔之法，日食多在晦日，而犹享四百年之国祚，有西洋人吾惧其挥金以收拾我天下之人心，如厝火于积薪之下，而祸发之无日也”（《日食天象验》）。此种论潮其有识有胆之

① 《圣朝破邪集》，卷一，页 7。

② 同上书，卷一，页 21—22。

③ 《不得已》下卷，《阐辟疏》，页 103。此书有 1929 年中社印本与重辑《不得已辑要》本。

④ 《不得已》下卷。

处，不失为有先见之明。至其排斥天主教义，影响亦极重大。《不得已辑要》有荆楚挽狂子跋，说及杨光先“官钦天监三年，免归，至山东，为西洋人毒死。钱少詹大昕曰，吾友戴东原尝言欧罗巴人以重价购《不得已》而焚之（《池北偶谈》《畴人传》）。论者谓《不得已》一书，其息邪说正人心，长公独长辨析，孟子之后，一人而已”[①]。可见此书影响之大，无可疑了。

康熙三年（一六六四年）七月杨光先上《请诛邪教疏》[②]，甲辰三月《与许青屿侍御书》[③]攻击天主教门人李祖白的《天学传概》极力。李祖白主张“中国之初人——伏羲氏——实如德亚之苗裔，自西徂东，天学固其所怀来也。生长子孙，家传户习……延至唐虞，下迄三代，君臣告诫于朝，圣贤垂训于后，往往呼天称帝，以相警励。夫有所受之也，岂偶然哉！其见之《书》曰：‘昭事上帝，天其申命用休’；《诗》曰：‘文王在上，於昭于天’；《鲁论》曰：‘获罪于天，无所祷也’；《中庸》曰：‘郊社之礼，所以事上帝也’；《孟子》曰：乐天者保天下’。凡此诸文，何莫非天学之微言法语乎？”李祖白的主张，径谓中国的圣经贤传，皆受天学之传，这当然惹起以“千万世道统之正脉”自命的爱国主义者杨光先的反对了。

《辟邪论》排斥天主教完全从宋儒理学的立场出发。如云：

> 夫天二气之所结撰而成，非有所造而成者也。子曰：“天何言哉！四时行焉，百物生焉；”时行而物生，二气之良能也。天设为天主之所造，则天亦块然无知之物矣，焉能生万有哉？天主

① 《不得已辑要》，页21。案阮元《畴人传》卷三十六：“其实光先盖论大辟，免死而归卒者也。”可与此参证。

② 《不得已》上卷，页4—7。

③ 同上书，页8—17引。

虽神，实二气中之一气，以二气中之一气，而谓能造成万有之二气，于理通乎？无始之名，窃吾儒无极而生太极之说。无极生太极，言理而不言事，若以事言之，则六合之外，圣人存而不论，论则涉于诞矣。夫子之不语怪力乱神，政为此也。而所谓无始者，无其始也，有无始则必有先无始者之无无始，有生无始者之无无始，则必又有生无无始者之无无无始；溯而上之，曷有穷极，而无始亦不得名天主矣。误以无始为天主，则天主属无，而不得言有。①

圣人学问之极功，只一穷理以几于道，不能于理之外，又穿凿一理，以为高也。故其言中正平常，不为高远奇特之论。……夫天万事万物万理之大宗也，理立而气具焉，气具而数生焉，数生而象形焉。天为有形之理，理为无形之天，形极而理见焉，此天之所以即理也。天函万事万物，故推原太极者，惟言理焉。理之外更无所谓理，即天之外更无所谓天也。《易》之为书，言理之书也，理气数象备焉。乾之卦，“乾，元亨利贞”“彖曰，大哉乾元，万物资始乃统天”，夫元者理也，资使万物，资理以为气之始，资气以为数之始，资数以为象之始，象形而理自见焉，故曰“乃统天”。《程传》“乾天也，专言之则道也，分言之，以形体谓之天，以主宰谓之帝，以功用谓之鬼神，以妙用谓之神，以性情谓之乾”。……专者体也，分者用也，言分之用而专之体自在矣。天主教之论议行为，纯乎功用，实程子之所谓鬼神，何得擅言主宰？朱子云：“乾元是天之性，如人之精神，岂可谓人自是人，精神自精神？”观此则天不可言自是天，帝不可言自是帝也。万物所尊者惟天，人所尊者惟帝，人举头见天，故

① 《辟邪论》上，见《不得已》上卷，页 19—20；《辑要》页 9。

以上帝称天焉，非天之上又有一帝也。[①]

……惟皇上帝，降衷者理也，言天赋民以理也。[②]

《不得已》中，反复申明一点，就是西士在中国以传教为名，而谋不轨的事。此书影响很大，可以算得站在宋儒理学立场以反攻天主教的一重公案，为明清中间具有爱国主义历史意义的一部奇书。

3. 王启元《清署经谈》

陈受颐氏有跋王启元的《清署经谈》一文，原题《三百年前的建立孔教论》，见国立中央研究院《历史语言研究所集刊》第六本第二分。依陈氏之意，王启元排斥天主教，而尊上帝与天，推孔子为教主，这是不错的。王氏排斥天学的意见，在他原书卷十五《圣教原是正坊》的天主公论篇反复申明中国并非不知天，不应求之于西教。但可注意的，就是他自己一再申明，其排斥天主教，实较佛教为严厉；而他排斥天主教所据的立场，实仍为宋儒理学的立场。这一点则为陈氏本文所未经注意。不错，王启元也有一大段攻击"宋末之儒某某者——姑无指其名"，然而这宋末之儒某某乃指陆九渊之援佛入儒，并非根本攻击宋儒。不但如此，王启元将儒教神道化的思想，根本即从宋儒理学脱胎出来的。所以说：

邵子《皇极经世》大阐二天之蕴；周子《太极通书》深入十翼之精。[③]

又在卷十五《圣教原是正坊》的诸儒公论篇中，将孟子以后的儒者分为八种，其实即分为八等。第一等是"即圣经以阐天道"，止有

---

① 《辟邪论》中，见《不得已》上卷，页 27—28；《辑要》页 13—14。

② 同上书，页 29；《辑要》，页 14。

③ 王启元：《清署经谈》，卷 12，页 21—22。此引陈著，页 130。

邵康节一人。“先天之学，使《易》《道德》与四圣并传，中兴之功，直继孟子之后，一人而已矣。”第二等是“因经以发正见”，其代表人物是周敦颐、程颢、程颐、朱熹，而尤尊重《太极图》《通书》。第三等人物才是真德秀、丘濬等的《大学衍义》和《大学衍义补》，仍未脱宋儒理学的范围。只有第七等“援圣经以附己见”即前所云“如宋末之儒某某者——姑无指其名”，这当然是指陆九渊了。这一段末了更说及“近臣（世）之儒，敢于轻毁圣人而略无忌惮者”盖指王阳明心学一派。王启元虽站在理学立场，而拥护邵、周、程、朱一派，反对陆、王。所以说“宋儒自分为门户，近儒又与宋儒各分门户，纷纷角立，总之求胜一念为之耳”。似乎攻击宋儒，实际乃是攻击陆象山、王阳明。“宋儒之学亦有阳儒阴佛者”均指陆王一派而言，至如真正宋儒理学的代表，如《皇极经世》与《太极图》《通书》，可以说正是王启元建立新孔教以反对天主教的理论基础，所以他说自己的学问得力处在用他的图学；图学不就是邵康节、周濂溪图书之学的影响吗？所以王启元的《清署经谈》可以说正是站在宋儒理学之正统派的立场，以反对天主教的最好例证。不过在他攻击天主教的时候，反而受了天主教所说“天”与“上帝”之说的影响罢了。

4. 黄贞《辟天主教书》《尊儒亟镜》

天主教之传入福建，以福建为理学最发达的地方，因而引起了很大的反响。如霞漳人黄贞就是好例。他到处呼朋结社，以“辟天主”为己任，且刻《破邪集》，闽中诸子如蒋德璟、颜茂猷、周之夔及唐显悦等，均为作序，影响极大。其《请颜壮其先生辟天主教书》攻击天主教云：

盖彼教独标生天地生人生物者曰天主，谓其体无所不在，无所不知，无所不能，谓天赋畀灵魂于人曰性，不可谓性即天，不可谓天即吾心。……天地也，天主也，人也，分为三物，不许合体，以吾中国万物一体之说为不是，以王阳明先生良知生天生地生万物皆非也，此其坏乱天下万世学派者一也。[①]

又《尊儒亟镜》说得更为明白：

是故当知此诚真体，无所在而无所不在也。……竖无上兮，横无外兮，虚空逼塞满兮，语天莫载也。野马尿溺兮，窗前草兮，物物一太极兮，语小莫破也。在鸢鱼之道，飞戾天兮忘其天，跃于渊兮忘其渊，鸢鱼各足也。生民之食息起居，何非此道之妙用；两间之水流花开，总属此理之流行。造端乎夫妇，察乎天地矣。君子也，圣人也，夫妇也，天地也，飞潜动植也，其在一道中矣。故曰："天得一以清，地得一以宁，王侯得一以为天下贞"，此吾道一以贯之宗，性与天道之旨也。洙泗一堂，当日漏泄已多，然及门弟子犹不可得而闻，况妖夷辈今日可得闻此哉！……总之妖夷不能知此一贯之道，故妄言天主与灵魂，而卑贱太极与理道也。[②]

夷之言曰："若太极者，止解之以所谓理，则不能为天地万物之原矣。盖理亦依赖之类，自不能立，曷立他物哉？"又曰："自不能立，何能包含灵觉，为自立之类乎？理卑于人，理为物，而非物为理也。故仲尼曰：人能弘道，非道弘人也。如尔曰理含万物之灵，化生万物，此乃天主也，何独谓之理，谓之太极哉？"由此观之，夷妖明目张胆，灭仲尼太极是生两仪之言，而卑贱之矣，以天主耶稣灭太极矣。夫既灭之，而复引仲尼人能弘道非道弘人之

① 《圣朝破邪集》卷三。
② 同上书，卷三，《尊儒亟镜》"道贯天地人物，非夷所知说"，页18—19。

语，何为哉？盖欲以仲尼攻仲尼也，使天下知仲尼之说为矛盾，而太极生两仪为不足听也。

接着更攻击“利先生天学……只为太极之乱臣贼子，为素王之恶逆渠魁”“利妖之灭太极，即灭中庸也”“灭理无道”“忍心害理”因之不得不加以拒绝了。[①]

5. 许大受《圣朝佐辟》

许大受德清人，著《圣朝佐辟》见《破邪集》卷四。“辟者何？辟近年私入夷人利玛窦之邪说也。”[②] 其《辟裂性》[③] 与《辟贬儒》[④] 两节，均站在理学之立场上。如《辟贬儒》云：

按彼《天主实义》云：“窃闻古先君子，敬恭天主，未闻有尊太极者。如太极为万物之祖，古圣何隐其说，太极之说，甚难合理”，斥击《周易》，累若干言。嗟嗟！甚矣夷人之敢于非圣，而刻其书者之敢背先师也，盖易有太极，是生两仪，两仪生四象，四象生八卦，然后化生万物，此乃画前原易，夷辈此言，如生盲人，宁见天日？

6. 陈侯光《辨学刍言》

侯光三山人，著《辨学刍言》见《破邪集》卷五。《辨学刍言》自叙云：

孔子揭太极作主宰，实至尊而至贵，彼则判太极原属依赖，

① 《圣朝破邪集》，卷三，“太极理道仲尼不可灭说”，页 19—21。
② 同上书，卷四，页 1。
③ 同上书，卷四，页 8—13。
④ 同上书，卷四，页 14—16。

谓最卑而最贱。[1]

太极虚理，泰西判为依赖之品，不能自立，何以创制天地，而生万物耶？东庠居士曰：玛窦历引上帝以证天主，皆属附为影响，其实不知天，不知上帝，又安知太极？夫太极为理之宗，不得单言理；为气之元，不得单言气；推之无始而能始物，引之无终而能终物者也。玛窦管窥蠡测，乃云："虚空中理不免于偃坠"；又云："始何不动而生物，后谁激之使动"；又云："今有车理，何不生一乘车"；种种浅陋，智能嗤之。即以此还诘天主，玛窦亦作何解？昔贤谓说天者莫辨乎《易》，伏羲以天地山泽雷风水火罗宇宙之法象，孔子又溯其从出之原，特揭"易有太极"一句，故下面遂云"生两仪，生四象，生八卦"；显矣亦玄矣。惟能认得太极为生天生地生人生物之主宰，便不落意识界中，而仁义礼智，触处随流，吾儒返本还源，秘密全在于此，何彼敢无忌惮，而曰太极之理，卑也，贱也？[2]

7. 李灿《劈邪说》

所著《劈邪说》，见《破邪集》卷五。其说有云：

夫圣贤之学，原本人心，故曰人者天地之心，未闻心外有天也。……乃至借朱子云："帝者天之主宰"，谓与天主之义相合，删字牵文，深为可哂。朱子生平得力，不离诚意正心，宋儒《性理》一书，率明此事。苟明此事，自卓然见天之有人，如人之有心，卷之一掬，放之六合，盖天盖地之量，人人自具，不假外求。若云仰求之天，则情类血气，悉乏本原，人物之空壳，痿痹亦已

---

① 《圣朝破邪集》，卷五，页1。
② 同上书，《西学辨》四，页6—7。

久矣，可哀孰甚！①

8. 林启陆《诛夷论略》

启陆，武安人，著《诛夷论略》，见《破邪集》卷六。他说：

天者理也，帝者以主宰而言也。夫天之生民，有物必有则，人能顺天理，协帝则，自可以主宰万物，统制乾坤，补宇宙之缺陷，正当代之学术，此吾儒之所谓天主也；而天下民物，各具一天主也。堂堂正大，典籍昭彰，何我辈尽弃弗顾，而反听于魑魅魍魉之教，削越祖宗，去抛神主，排礼法，毁典籍，滴圣水，擦圣油，崇祭十字刑枷，而以碧眼高鼻者为天主乎？②

9. 邹惟琏《辟邪管见录》

所著《辟邪管见录》，见《破邪集》卷六。他说：

至于孔子太极之训，《春秋》之作，孟氏仁义之对，无后不孝之言，皆见指摘。……噫！逆亦甚矣！③

10. 曾时《不忍不言序》

曾时，三山人，著《不忍不言序》，见《破邪集》卷七。《不忍不言》为黄贞所作，此序文不过加以发挥：

《天学实义》一书，已议孔圣太极之说为非，子思率性之言

① 《圣朝破邪集》，卷五，页24。
② 同上书，卷六，页2。
③ 同上书，卷六，页8。

未妥，孟氏不孝有三之语为迂，朱子郊社之注不通，程子形体主宰性情之解为妄。凡此数则，可谓其合儒乎，矧他书犹未及阅，其抑儒蔑儒难枚举也哉！[①]

由上黄贞以下诸人，均站在理学立场以攻击天主教，可是明末的理学实和佛学有一派相通之处，所以他们拥护理学，同时对于佛学亦加以辩护。而在《天主实义》一书，攻击理学，同时对于佛学也毫不客气地批评，这一点是应该注意的。因此，《圣朝破邪集》除收入理学家言以外，对于纯粹佛家的反天主教论者也一并搜集。如卷七至卷八即为此类著作，而黄贞的《不忍不言》曾时的《不忍不言序》亦入其中。此外则为和尚居士们的论著，举其目录如下：

1. 释袾宏：《天说》

2. 释圆悟：《辨天说》

3. 张广湉：《证妄说》《证妄后说》

4. 释圆悟：《复张梦宅书》

5. 释普润：《证妄说跋》《诛左集缘起》

6. 释大贤：《缁素共证》

7. 刘文龙：《统正序》

8. 释费隐：《原道辟邪说》

9. 释成勇：《辟天主教檄》

10. 释如纯：《天主初辟》

这是儒释合拢起来对付天主教的联合战线，因此在释家著作中，也有不少为宋儒理学辩护者。如释费隐《原道辟邪说》[②]中有“揭邪见

---

① 《圣朝破邪集》，卷七，页5。
② 同上书，卷八，页17。

迷万物不能为一体”一条，释普润《诛左集缘起》[1]亦有“谤太极仁义为贼”一语，可见这时天主教确成为儒释两家共同攻击的对象，而在《破邪集》中，很可看出这时儒家联合释家以反抗天主教分裂儒佛的一种运动。但也有站在释家立场而联合儒家的，这就是题为癸未秋日越溪天姆峰杲庵释大朗所刻《辟邪集》[2]了。《辟邪集》内容分上下二卷：

（卷上）锺振之:《天学初征》《天学再征》

附：锺居士:《寄初征再征与际明禅师柬》《际明禅师复柬》二通

释如纯：《天学初辟》

（卷下）刘正龙：《统正序》

释费隐：《原道辟邪说》

释行玑：《尊正说》《折利偶言》

释寂基：《昭奸》

释行元：《为翼邪者言》《代疑序略记》《诬经证略》《非杨篇》《缘问陈心》

释性潜：《燃犀》

释行闻：《拔邪略引》

除与《破邪集》重复之外，这些和尚居士们的观点几与前书完全相同。

11. 锺振之 《天学初征》《再征》

锺始声字振之。他是释大朗所称“以佛理作儒理辩”的人[3]。所著《天学初征》《再征》，颇能揭发天主之说的自相矛盾。如说：“彼云天主，即当初生天生地生神生人生物的一大主宰。且问彼大主宰

---

① 《圣朝破邪集》，卷八，页21。

② 《辟邪集》刻于癸未，当即一七六三年（乾隆二十八年），此据北京大学藏日本万延庚申（一八六〇年）刊本，养颛彻定：翻刻。

③ 《辟邪集》卷上序，页2。

有形质耶？无形质耶？若有形质，复从何生？且未有天地时，住止何处？若无形质，则吾儒所谓太极也；太极本无极，云何有爱恶？云何要人奉事，听候使令？云何能为福罚？其不通者一也。且太极只是本具阴阳之理，是故动而为阳，静而为阴，阴阳各有善恶之致，故裁成辅相之任，独归于人。孔子曰：‘人能弘道’，又曰：‘为仁由己’；……若如彼说，则造作之任，全归天主，天主既能造作神人，何不单造善神善人，而又兼造恶神恶人，以贻累于万世乎？其不通者二也。”①

又驳“必先有物而后有理”之说云：

> 夫理者，贯于物之终始而能成物者也。故曰：“诚者物之终始，不诚无物”；《诗》所谓“有物有则”；正由从理成物，故即物是理。如金作器，器全是金也。若言先有物而后有理，则未有物时便无理耶。既无物即无理，则无天地时尤必无理，而天主在天地先，乃无理之尤甚者也。②

又驳“太极无灵觉何以主宰万化”之说云：

> 孔子不言“易有太极，是生两仪”乎？夫易即灵明知觉之本性也，故无思无为，寂然不动，感而遂通，然正不必以此主宰万化。若万化定有主宰，则但化善而不化恶，但化乐而不化苦，圣人修道之教，反为无用矣。③

又驳“太极与物同体，囿于物而不得为天地主”之说云：

① 《辟邪集》，卷上，《天学初征》，页1—2。
② 同上书，卷上，《天学再征》，页9—10。
③ 同上书，卷上，页11。

太极妙理无分剂，无方隅，故物物各得其全，全体在物而不囿于物也。孔子曰："范围天地之化而不过，曲成万物而不遗，通乎昼夜之道而知"，此之谓也。汝谓独一天主，不与物同体，则必高居物表，有分剂有方隅矣，何谓无所不在？①

12. 释行玑 《尊正说》

行玑著《尊正说》，站在释家的立场拥护理学。他攻击利玛窦说："折裂心性，多般臆说，谓太极不能生物，天地万物不能同根一体。噫！诚不足与语大道之原矣。岂知山河大地明暗色空，咸是妙明真心中物，及人人法法各具太极之理。玛窦既不悟法法唯心，心心本具，而务外计度，故别执有天主可尊可附，能生能造，以至趋妄逐物起种种差殊之见。"②这当然完全是主观唯心主义的论潮，驳不倒他的敌人的。

13. 释寂基 《照奸》

寂基所著《照奸》也是站在释家立场，抗议"以天主抹煞儒佛"。他说："夫上帝儒言也，太极儒宗也，若排斥其宗，则不宜附会其言；既附会其言，则不宜排斥其宗；奈何排太极云。"又说："儒宗太极，佛说无生，无生太极，名殊体同；惟其体同，故相安而不相悖。今邪说无宗，断灭理性，与儒佛并相反。"③这里把太极和佛说无生混为一谈，此亦可见明末学风与当时学术思想之混乱。

但无论《破邪集》与《辟邪集》，其中所载儒释二家攻击天主教的理论，还没有一篇及得上杨光先的《辟邪论》。他们大多数都是落后的唯心主义者，尽管气愤填胸，也没有力量去阻止天主教在中国

---

① 《辟邪集》，卷上，页11。

② 同上书，卷下，页21。

③ 同上书，卷下，页23，27，28—29。

的传播。阻止天主教教理发展的，乃是与天学本身宗旨相违而由他们传播的西洋科学和科学方法，理性主义与反理性主义（蒙昧主义）的内在矛盾，使在华耶稣会士的反理学运动，在中国所收效果甚微，而在日本则因德川幕府禁止基督教，在一六八六年（贞享三年，即康熙二十五年）竟将《天主实义》《三山论学纪》与《天学初函》等三十八种列为禁书，严禁输入。甚至这些书之外，如《名家诗观》中有《赠大西洋汤若望诗》,《苏州府志》录有基督教信仰的碑铭,《帝京景物略》绘有利玛窦墓图，皆在烧弃之列。[①] 耶稣会士的反理性主义，在东方并不能充分发展，这是历史事实。相反地在欧洲，则反理学运动的结果，却无意地将理学的思想介绍到欧洲，促进了欧洲之反宗教的文化时代，即理性的哲学的时代，这叫做目的与结果相反，这却是很可供我们研究的新题目了。

---

① 参看比屋根安定《支那基督教史》第十章，页125—127,“德川氏時代に於ける支那書輸入禁止”。

二　中国哲学与启明运动

十七、十八世纪欧洲的启明运动是标志着上升的资本主义和衰亡的封建制度的两种思想体系的矛盾斗争。因为处在这过程中，上升的资产阶级乃是欧洲的革命因素，所以他们的思想和封建制度不能相容，他们反对封建的特权者，反对封建的社会制度，反对僧侣，反对上帝，积极方面，主张资产阶级的自由权利，并且拥护自然神教或机械唯物论甚至无神论，这即是西洋文化史上的“哲学时代”，也就是欧洲哲学接受了中国理学影响的时代。关于这点赖赫淮恩所著《中国与欧洲》中有专章 The Enlightenment 述它，又罗菩泰姆所著《传教与京廷之耶稣会士》亦有题为“Jesuit Souces of the Rêve Chinois of the Age of Enlightenment”之第十章①，这“Rêve Chinois”二字意即理想的中国。现在试从客观的历史事实，应用新观点，来证明这个结论，而且特别证明了宋儒理学对于欧洲哲学的影响。

一、所谓“理性时代”

法国启明主义者达朗贝（D’Alembert）曾论及十八世纪的思想状态，以为十五、十六世纪为文艺复兴与宗教改革的全盛时代，十七世纪为笛卡儿哲学的胜利时代，那末十八世纪的特色是什么呢？他

---

① 赖赫淮恩:《中国与欧洲》，第三章，页 75—98。罗菩泰姆:《传教与京廷之耶稣会士》，第十八章，页 277—288。

的答案就是“哲学的时代”①。康德在一七八四年十一月《柏林月刊》(*Berlinische Monatsschrift*)曾发表一篇《对于启明问题的答案》(Beantwortung der Frage: Was ist Aufklärung),他给“启明”下一个定义:“启明就是有自主独立之精神状态,是依于个人有勇气使用其理性的自由。”②士罗塞(F. C. Schlosser)著《十八世纪史》(*Geschichte des 18 Jahrhundert*),以哲学为观点,认为“这个世纪为启明时代即是哲学时代”③。圣西门说得更明白了。他在《工艺论》(*L'Industrie*)的第二意见书中,述及“十八世纪哲学的性质,是一种反神学的精神;在十八世纪,哲学家本身的活动以外,不论任何地位的人均从事于哲学的职务(l'oeuvre philosophique),而其最大的结晶即为号称反神学(anti-théologie)的百科全书”④。因为十八世纪文化的特点,是想以哲学的文化来推翻中世纪的宗教文化,也就是想以理性的权威来代替上帝的权威。因此在这个时期,大家都非常尊重理性,尊重自由,应用理性的批评,而称之为理性时代,实际就是资产阶级革命时代。恩格斯在《反杜林论》中描写得最好:

> 现在呢,曙光第一次出现了,〔理性的王国〕来临了;从今以后,迷信、偏见、特权与压迫,应当让位于永恒的真理,永恒的正义,从自然界本身所产生出来的平等以及不可剥夺的人权。
>
> 我们现在知道,这个理性的王国,不是别的,正是资产阶级理想化的王国;……理性的国家,卢梭的“社会公约”,在实

① 见千代田谦《西洋近代史学史序说》,页373引。

② 田中经太郎译:《启蒙とは何ぞやの問題に対する解答》,见《康德著作集》13:一般历史考其他,页39—52。

③ Merz:《十九世纪欧洲思想史》,第二编上册之一,页162。

④ 手塚寿郎:《サシンモン伯とオーギユスト・コムト》所引,见《商学研究》第七卷第二号,页127。

践上已经成为，而且只能成为资产阶级的民主共和国。十八世纪的伟大思想家们也与其先驱者一样，总不能超越他们本身时代所形成的界限。

理性时代在历史上最明显的表现，可从两方面观察出来：

（一）法国的理性派，从笛卡儿开始，经过百科全书派的唯物论无神论，影响到政治革命。

（二）德国古典哲学从莱布尼茨（G. W. Leibniz）、沃尔弗（Christian Wolff），到康德、费希特（J. G. Fichte）与黑格尔之观念论的哲学，影响到哲学革命。

（A）反宗教的哲学精神

1. 理性的崇拜

十八世纪法国哲学是法国革命的预备，在这个时候法国处处都是哲学，在悲剧中、小说中、历史中、政治经济中，每人多少都是哲学家，[①]然而十八世纪法国哲学家之最伟大的却不能不数到伏尔泰了。伏尔泰继承笛卡儿左派的培尔（Pierre Bayle），对于当时的宗教攻击不遗余力，《圣教史略》记其历史道：

> 伏尔泰深恶圣教会束缚人之自由……不惟攻击圣教会，且疾视君长，力倡平权之说。……时普鲁士王腓特烈二世方倡无宗教说，闻伏尔泰名，召入朝中，恨相见之晚。……以巴黎人拒之不纳，忿甚，仇教思想更甚于前，所著谤教书多种，多出此时。……伏尔泰心犹未满，联合同志者二三十人，内有狄德罗、

① 利维-布律尔：《法国哲学史》，页14，67。

> 达朗贝等，作一大字典，卷帙浩繁，凡攻击教会、鼓吹革命之词理，无不备载。此书与他谤教书，由巴黎印行，流传各国，遗害社会，人比之洪水之灾云。伏尔泰见其书流传日广，大喜曰："昔耶稣以十二门徒立教，教中人每夸其奇，今我以一人灭之，岂不更奇。不出二十年，将使基督教无复踪迹之可寻。"①

这一段反对派的话，确可以见当时"反宗教运动"的潮流，是从这一位法国大革命前的一大思想家伏尔泰提倡出来的。伏尔泰反对宗教即是拥护理性，他攻击教堂，对于那些自称基督代表的人，骂得痛快淋漓。攻击《圣经》以为"只是一个有疯狂的无知者在一个极坏的地方写的著作"。《旧约》如此，《新约》亦然。"要把这些荒唐的故事，当作自然的事来相信，一定要有一种与我们现在所有的一切理性相反的理性，否则是不可能。"②

我们再来一看法国革命时代雅各宾党的新纲领，即是一种哲学的宗教。法国泰纳（Taine）曾有一段妙文，描写他们的信仰。他们宣言："在今日以前，一切都受宗教的管辖，今日以后，却是理性管辖的时代了。我们同志都是百科全书派的信徒，我们尊重理性，把它作为一种宗教。从前的宗教时代已告结束，我们应用此哲学的宗教，即理性的光明，来为历史上开一新纪元。"③然而罗伯斯比尔（Robespierre）还不及阿贝尔（Hébert）来得彻底，阿贝尔和他党徒，曾参加庆祝理性节，即以理性的崇拜代替上帝的崇拜，在圣母院大礼拜堂中举行了一种崇拜理性仪节，饰一美丽的女伶为理性女神④。理性！理性！不就是法国的革命的口头禅吗？

---

① 萧若瑟：《圣教史略》，卷十，页341—342。

② 彭基相：《法国十八世纪思想史》，页14—26。

③ Merz：《十九世纪欧洲思想史》第二编，下册之二，页379—380。

④《汉译世界史纲》，下第三十六章，页797—798。

2. 哲学判决了上帝的死刑

把法国革命时代的雅各宾党和德国的观念论哲学比较一下，则如德国海涅（Heinrich Heine）在他的名著《德国宗教及哲学史概观》（*Zur Geschichte der Religion und Philosophie in Deutschland*）中所说“思想界的伟大破坏者康德，在恐怖主义上，是远为罗伯斯比尔所不及的”①。为什么？他说：

> 据说幽灵只要瞥见死刑执行人的剑，便吓得要命。……那末现在突然拿出康德的《纯粹理性批判》来，要叫幽灵多么惊恐啊！这本书，是将德国底理神论处以死刑的剑。
>
> 公平地说……世人拿罗伯斯比尔和康德比较的时候，实际是对他表示了过分的敬意。圣翁诺列街（Rue Saint-Honoré）的伟大的俗物罗伯斯比尔，在关于忠君制的场合，发作了破坏的激怒，接着起了杀逆的痫癫，非常可怕地痉挛着。可是在最高存在的问题上，他却就拭干嘴上的白口沫，弄净手上的血，穿起带有闪光钮扣的青色美服，还在广幅的胸衫上插着花束了。
>
> 实际上，如果孔尼斯堡的市民理会了这思想的整个意义的话，那末他们对于康德，较之对于死刑执行人——单单处决人的死刑执行人，将愈会感到毛骨悚然的恐怖了。——但良善的人们，只是把他当作一个哲学教授，所以当他在固定时间出来散步的时候，老是亲切的问候他，而且对准他来校正怀里的时表。②

---

① 《德国宗教及哲学史概观》，页 142。《海涅散文著作集》，英文辑译本（*Heine's prose Writing*, Edited by Ernest Rhys, 1887）页 133：“Immanuel Kant, that arch-destroyer in the realms of thought, far surpassed Maximilian Robespierre in terrorism...”

② 同上书，页 140—142。《海涅散文著作集》，页 172—173：“It is said that the spirits of darkness tremble with affright when they behold the Sword of an executioner. How, then, must they stand aghast when confronted with Kant's *Critique of Pure Reason*! This Book it the Sword with which, in Germany, theism was decapitated. ...”

法国革命判决了帝王贵族的死刑，德国哲学家则用那无生气的干燥无味的文体来写哲学，以判决上帝的死刑。康德告诉我们，我们对于物自体是毫无所知的，我们称呼为神的不过只是虚构，由于自然的错觉而成立的。虽然以后他用实践理性把曾一度被理论的理性杀死了的有神论复活起来，然而如海涅所说："康德恐怕还是为了警察的缘故，而甦生了神的吧！"然而当他做大学校长的时候，曾领导全校，齐到教堂，他不肯进去，中途跑了，这可见他鄙视宗教的态度。从费希特的《知识论》直至黑格尔的《历史哲学》，都是看重理性过于宗教。费希特好像法国革命时代的拿破仑，代表一个伟大的意志，伟大的自我。[①]他的《知识论》竟于一七九八年，因无神论底事件而被人控告，神在费希特是没有存在的，神不过是作为纯粹的行为，作为事件底秩序。如海涅所说似的，"这种观念论比较着最粗野的物质论，是更无神的，更受咒咀的理论。在法国被称为物质的无神论，如果拿它来和费希特底先验的观念的结果比较一下，那末还有可宽恕的敬神的地方吧。"[②]虽然费希特末了也背叛了自己哲学而投降敌营，然其后继者谢林（Schelling）的自然哲学，尚支持着斯宾诺莎（Baruch Spinoza）的泛神论[③]，到了黑格尔，哲学革命可算告终结了。哲学侵入了各种科学之中，[④]这是一个由哲学而科学的过渡时代，也正是以哲学清算了宗教的时代。黑格尔的文化类型说是如下图式：美术——宗教——哲学，而以哲学为美术与宗教的综合，哲学超过宗教，哲学上的绝对即"上帝"之代名词。有一次他对德国青年说："我们就是上帝；"这不是戏语，黑格尔本是哲学家，他和康德、费希特一样带着

---

① 《德国宗教及哲学史概观》，页 162。
② 同上书。页 178。
③ 同上书，页 190。
④ 同上书，页 198。

很浓厚的反神学底精神的。

3. 理性时代是从哪里来的？

所以，我们可以说：十八世纪时代是“反宗教”的哲学时代，就是理性时代。但我们要问，这个理性时代是从哪里来的？问题的关键就在这里，当在下文试论。

（B）希腊呢？中国呢？

1. 文艺复兴与启明运动

十八世纪的哲学时代，换言之即反宗教的哲学运动，其思想曾经受过希腊和中国的影响。在欧洲文艺复兴时代，受希腊的文化影响较深，中国的重要发明是欧洲文艺复兴的条件之一，但到了启蒙时代，中国文化和希腊精神都同样被推崇。于此我们要问，在这样崇拜中国文化之下，有没有人提出抗议呢？当然有的。

2. 费内龙与魁奈所见不同

希腊主义者，如法国大主教费内龙（Fénelon）就是好例。[①] 他在少年时代，即已崇拜希腊文化，到了晚年，觉得要救欧洲，非接受古代希腊文化的指导不可。但是十八世纪初年欧洲学者均倾心中国文化，把古希腊的文化扔在一边，因此费内龙就取了一种坚决地反中国的态度。当礼仪问题发生的时候，他始终抱着怀疑的态度，不表示什么。他在一七一二年出版有名的《死人的对话》（*Dialogues des morts*）中有《孔子与苏格拉底》一章，借苏格拉底的名义来反对中国文化。他将东西大哲人孔子和苏格拉底相比较，以为孔子够不上做“中国的苏格拉底”。因为孔子希望将哲学教训全人类，这实是错

---

① 参考平诺《中国与法国精神哲学的形成》，页 390—396；赖赫淮恩：《中国与欧洲》，页 107—108；后藤末雄：《支那思想のフランス西漸》，页 317—318。

误，苏格拉底则没有这种野心。苏格拉底说，“我立意不著书，甚至觉得自己已经谈得太多了”（I have deliberately abstained from writing, I have even talked too much.）。孔子一派主张要使全部人民变成哲学家，然而这是不可能的。即使多数的中国人有好些优点，然而同时也不能没有缺点。他于是进而攻击中国的古代历史，认为出于荒谬伪造。中国虽先欧洲发见了印刷术、火药、几何学、绘画、陶器的制法，然而故步自封，一点进步也没有。而且中国的建筑缺乏平衡，绘画没有结构，漆的发明则由于自然的环境。费内龙甚至以为中国民族的老家，并非中国人，实为巴比伦的后裔，其文化实从巴比伦传来的，他举出三种证据。他的结论自然是苏格拉底胜过孔子，希腊文化要比中国文化高明多了。然而很矛盾的，就是他否认了人类教化的可能性，而他自己的话却说“我爱自己不如爱家族，爱家族不如爱国家，爱国家又不如我之爱人类”。那末依费内龙所说，不是一样地抱着孔子的博爱主义，而以启发人类为最大目标吗？所以费内龙的矛盾有人加以批评，[①] 而且费内龙提倡希腊来和中国文化对抗以后，号称“欧洲之孔子”的魁奈在他一七六七年所著论文《中国专制政治论》（*Despotisme de la Chine*）中，即提出相反的论调，认为希腊的哲学大大不如中国。[②] 他的同志博多（Baudeau）更明白地说“公平善意和自然的秩序，在希腊各共和国间始终是没有的。希腊中所载的全是破坏人类和平快乐的陈迹。……现代纯正的思想家决不会再附会希腊的哲人和政客，承认这种政治组织为人类的杰作，而模仿它”[③]。由上可见十八世纪的欧洲，其哲学文化有两大来源。十八世纪的哲学时代，无

① 后藤末雄：《支那思想のフランス西漸》，页322—323。

② 赖赫淮恩：《中国与欧洲》，页105。

③ 同上书，页105。

论从何方面来看，都可认出有中国哲学文化的影响，直到十八世纪末年，欧洲学者宣传中国文化仿自希腊，如迈纳斯（Christoph Meiners）等在一七七八年所抱论调，然而不久在法国学者哈革（Joseph Hager）于一八〇六年尚著书主张希腊的宗教实受中国的影响。[①]不过由十八世纪而至十九世纪，这时欧洲科学文化即希腊文化已渐压倒中国文化，所以十八世纪末十九世纪初一般人已不相信希腊文化为受中国文化的影响，反而相信中国文化为受希腊文化的影响；这么一来，情形一变，中国哲学已不能影响欧洲思想界，而欧洲的科学反而影响了中国思想界了。但这是后话，仍抹煞不了十八世纪欧洲所受中国文化影响这一个历史的事实。

那末理性的观念从中国来的，还是从希腊来的呢？我可以肯定地说，有些是从中国来的。黑格尔在《历史哲学》里，说到理性支配世界可想起两种形式，一是希腊哲学家之"Nous"支配宇宙说，一是宗教家对于神意的信仰说，但他反对这两种形式，以为两者都不是"哲学的理性观"，把它推翻了。而理性之"变化的范畴"，黑格尔以为"这就是东方人所抱的一种思想，或许就是他们的最伟大的思想，他们的形而上学之最高的思想"[②]。又说"中国人承认的基本原则为理性（reason）——叫做道；道为天地之本，万物之源"；不过中国的理性观，由他看来，是和直接有关国家的各种学术研究并无联系的。[③]

3. 十八世纪欧洲的理想国

我们现在倒要注意一下，这种中国的理性说是怎样传到欧洲的。

---

① 戈尔逊:《中国学书目》，第一卷，页 697。

② 黑格尔:《历史哲学》英译本，页 76："This is a grand conception; one which the oriental thinkers attained, and which is perhaps the highest in their mataphysics"。

③ 同上书，页 142。

我们知道，“异端”的孔子哲学，在欧洲方面虽有耶稣会徒极力介绍，极力证明它和基督教之相一致，但并不曾因此在宗教上发生了什么影响，有的，也只是反对的影响。我们现在来说中国理性说之影响欧洲，当然不是指宗教文化来说，而是专就哲学文化的影响来说。从宗教的见地来看哲学，哲学不外是一种异端外道，而从哲学上看，则此宗教所认为异端的孔子，却正是哲学的老祖宗；所认为邪说的“理”“理性”，正是哲学的正统派。十八世纪欧洲的思想界既为反对宗教而主张哲学文化的时代，当然对于此非宗教的孔子和他哲学的理性观，要热烈地欢迎他、崇拜他。因为罗马教会证明了孔子学说为“异端邪说”，则欢迎此异端邪说，即所以攻击罗马教会的本身，如法国大思想家伏尔泰即为好例。他是反宗教运动的急先锋，同时就是介绍中国哲学文化的先觉者。他拿着从耶稣会的学院肄业得来的关于中国哲学的知识，即以此知识为武器，拿来攻击教会，攻击耶稣会。十八世纪中法国教会的衰落在思想战线上很多出于这一位中国文化的信徒之力。耶稣会士介绍中国思想原意是为自己宗教的教义辩护的，无如中国原为哲学的先进国，介绍它的哲学文化，理性文化，并不足为宗教的思想辩护，反而给予反宗教论者以一种绝大的武器，这当然不是耶稣会士所能预先料得到的。自此以后，宗教思想在欧洲即不能占其原有的势力，宗教时代竟为哲学文化的时代所代替。“异端”的孔子在欧洲抬起头来，如赖赫淮恩在《中国与欧洲》一书所说：“那些耶稣会中人，把中国经书翻译出来，劝告读者不但要诵读它，且须将中国思想见诸实行。他们不知道经书中的原理，刚好推翻了他们自己的教义；尤其重要的，就是他们不但介绍了中国哲学，且将中国实际的政情亦尽量报告给欧洲的学者，因此欧洲人对于中国的文化，便能逐渐了解，而中国政治也就成为当时动荡的欧洲政局一个理想的模型。当时欧洲人都以为中国民族是一个纯粹德性的民族了。”①

在某些人眼里，“中国”变成十八世纪欧洲的理想国家，中国的孔子变成十八世纪欧洲思想界的目标之一，孔子的哲学理性观也成为当时进步思想的来源之一，其影响遂及于法、德、英各国；虽然各国所受影响不同，而要之以异端的孔子作他们反对宗教主张哲学的护身牌，却是一致的。孔子学说成为时髦的东西，引起了欧洲一般知识界人士对于孔子著书的兴趣，大大耸动了人心。这么一来中国文化便脱出了耶稣会士研究的范围，而反吸引着耶稣会以外知识界人士，尤其是一般学者读了那些不完全的译本，不求甚解，而大为感动。在十七世纪已有人著书立说，以宣传中国哲学自命。如一六八八年所著《中国哲学家论孔子道德教的书函》（*Lettre sur la morale de Confucius, philosophe de la Chine*, Paris）和《中国人孔子之道德》（*La morale de Confucius philosophe de la Chine*, Amsterdam）两书，一七二九年更有 M. D. S. 所著《中国的政治道德概论》（*Idée générale du gouvernement et la morale des Chinois, Paris*）都是无名或匿名的。匿名的原因为的是避免当时政府严厉的检查制度，但据今人研究的结果，知道第一书为西门孚舍所著，②第二书为新教牧师布律恩所著，第三书为当时财

① 赖赫淮恩：《中国与欧洲》，页 88："This Latin translation of the six classical books I present to you, dear reader, not only that you may become acquainted with what the Chinese have written, but that you may put into act what they have rightly thought... of particular importance were the details given by the Jesuit Fathers concerning practical political matters in the Chinese Empire. On the one hand they helped forward the advocacy of enlightened despotism by Philosophy, while on the other they gave a backbone to the physiocratic movement—the movement which, in anticipation of the Revolution, attempted to bolster up once more, this time from the economic side—the Absolutism of the seventeeth century. Here, is the domain of political theory, as in almost all the departments of science, China became the corner-stone of debate, a disturbing phantom in an age already sufficiently agitated。"

② 案此书据后藤末雄《支那思想のフランス西漸》，页 277—278，为当时货币检查局长 Cousin 所著。兹据平诺《中国与法国精神哲学的形成》，页 465 改。

政家及《学者杂志》主笔西劳埃特（Etienne de Silhouette）所著，可见影响是很大了。最有趣的，则为一七八八年伦敦刊行，在巴黎发售的一部伪书，现为巴黎国立图书馆所藏。此书名 *Le code de la nature, poème de Confucius, traduit et comnenté par le P. Parennin*（巴多明译注孔子的诗篇：《自然法》）。

孔子没有此一书，是不消说的，作者却假托当时耶稣会士巴多明的名伪作。案巴多明为康熙朝来华之法国耶稣会士，曾进讲自然科学，特别是医学，又为将中国文化介绍欧洲之颇有贡献的一人，故假托其名，且故意把孔子的格言变成诗的形式，使读者发生深切的印象。如下一例：

> 人之初，性本善；
> 霍布士之叹息，欲何为？
> ……………………………………
> ……………………………………[①]

这是利用孔子一派的性善说，来反驳霍布士的性恶说的。但这书虽假，而所受中国哲学人性本善的学说的影响却是真的。据摩尔利（Morley）所著《狄德罗与百科全书派》（*Diderot and the Encyclopedists*）指出“十八世纪之思想精神”即不外此：

> 人性本善，世界能成一优美可爱的处所；而目前世界之祸患乃恶劣教育、恶劣制度之结果。……盖惟深信人之品格与境遇可以无限地更化为善，则对于人类环境之改造，始有普遍与坚忍的

---

① 后藤末雄：《支那思想のフランス西漸》，页 280。又同著者《西洋人の観たる支那》亦可参看。

努力。[①]

剑桥大学教授李约瑟（Needham）讲演《中国文明》也说：

当余发现十八世纪西洋思潮多系溯源于中国之事实，余极感欣忭。彼十八世纪西洋思潮潜流滋长，固为推动西方进步思想之根据，十七世纪中叶耶稣会教友，群将中国经籍译成西文，中国儒家人性本善之哲学乃得输入欧洲。吾人皆知彼启蒙时期之哲学家，为法国大革命及其后诸种进步运动导其先河者，固皆深有感于孔子之学说，而曾三复致意焉。不论个人表现与人类真正性格距离至何种程度，吾人对于社会进步之理想，唯有依赖人性本善之学说，方有实现之望，而此种信心，吾人固曾自中国获得也。[②]

这话只是代表现代西方学者对于我们中国哲学的一种看法，可是在十八世纪的法国，这不止是抽象的看法，而是社会发展学说中之一进步因素，正如马克思和恩格斯在《神圣家族》中所指出的“关于人性本善和人们智力平等，关于经验、习惯、教育的万能，关于外部环境对人的影响，关于工业的重大意义，关于享乐的合理性等等的唯物主义学说，同共产主义和社会主义之间有着必然的关系”[③]。再从实际的情形来看，例如上述假托巴多明译注的《自然法》一书，据巴黎国立图书馆目录，当时巴黎大僧正朱格（Leclerc de Juigné）即藏有此书。又在大革命时路易十六王妃马利·安团（Marie-Antoinette）藏

① 摩尔利:《狄德罗与百科全书派》，第一卷，第一章，页 5。此据浦薛凤《西洋政治思潮》上册，页 323 译文。又 E. R. Hughes: *The Great Learning and the Mean in Action*, p. 25 也有同样论调。

② 见《大公报》一九四二年八月卅一日，李约瑟氏讲演《中国文明》。

③ 《神圣家族》见《马克思恩格斯全集》第二卷，页 166，一九五七年人民出版社版。

有《中国哲人孔子之道德》及《耶稣会士书简集》。由此可见孔子哲学在这时影响之大，不但传到僧侣阶级，且及于王侯贵妃之间，多人都拿它来做幌子。而且依据各书重版的数目，也可见其影响的时间很久。欧洲十八世纪是所谓哲学的时代，是资产阶级哲学开始对于宗教文化之扬弃而发生了的哲学时代。固然这种哲学文化的产生，从一方面说是欧洲当时一定物质基础上的上层建筑，有它独特的前后相承的发展规律，即使受中国的影响，也必须通过自身的社会经济条件才起作用；但从另一方面来说，却不能否定它是受了中国文化影响，而为中国哲学文化的传播。所以孔子的思想在这时便成为某些人反对宗教文化之一个武器，孔子哲学的研究也不限于宗教界，尤其在当时一些自由思想家之中。即因这个原故，遂使中国的哲学文化成为十八世纪欧洲思想所吸取的外来成分，正如马克思所说："理论一经掌握群众，也会变成物质力量。"①

（C）宋儒理学传入欧洲的影响

我们知道，从十六、十七世纪以来，耶稣会士来中国传教的结果，他们一面把欧洲科学文化传到中国，一面把中国的哲学经典介绍到欧洲。他们为什么把它介绍到欧洲呢？他们想从那里找出"天""神""上帝"这些名词，来附会基督的教理和中国的完全相符。（黑格尔在《历史哲学》曾说及此，以为"在中国——'天'的意义无非是'自然'而已。耶稣会徒当真顺从了中国的称呼，把基督教的上帝叫做'天'，但是因为这个缘故，他们被其他天主教派上控于教皇了。"②他所指出的就是所谓礼仪的论争。）欧洲教士们以

---

① 《黑格尔法哲学批判导言》，见《马克思恩格斯全集》第一卷，页460，一九五六年人民出版社版。

② 黑格尔：《历史哲学》，英译本，页138—139。

为中国所讲的“天”，和基督教所讲的上帝根本不同，因而大加攻击，从一六四五年至一七四二年，中间论争达一百年之久，参加这次论争的著述，依戈尔逊《中国学书目》第二、四、五卷所列，共有二百六十二种之多，未发表的尚有数百种。最可注意的就是当时的宗教家，除耶稣会士以外，均注意中国哲学和欧洲的不同，他们认为中国儒学是无神论的，基督教是有神论的，而在一般知识界人士，则即以不同于基督教的“理学”来作他们启明运动的旗帜。

本来在华西洋耶稣会士虽极力将原始儒家的思想与基督教相调和，但对于宋儒理学则处于批评的立场来攻击。如罗明坚的《天主实录》，利玛窦的《天主实义》，就是着重原始儒家思想，而对于宋儒理学的“理”和“太极”，则认为唯物主义的流毒，而加以严格的批评。利玛窦指出宋儒所讲的“理”和“上帝”根本不同，而他著此书的目的，本来就是以宋代理学派的唯物主义倾向为批评对象的。其后龙华民著《灵魂道体说》力斥道体太极之非。艾儒略的《万物真原》和《三山论学纪》也站在基督教的立场，反对宋儒的理学。他在《万物真原》里说：“理不能造物。”在《三山论学纪》里说“太极之说总不外理气二字，未尝言其为灵明知觉也”“物物各具一太极，则太极岂非物之元质，与物同体者乎？”他以为理就是法则，有东西才有法则。利类思的《不得已辨》也极力主张“理不能生物”。汤若望的《主制群征》亦于宋儒之太极阴阳诸说加以反驳。卫匡国著《真主灵性理证》，更根本推翻了宋儒的理气论。一六七三年陆安德著《真福直指》简直只认太极不外是物质的元质。这还来得客气一点，到了一六九七年，比利时人卫方济著《人罪至重》，竟指宋儒为俗儒。批评周子、张子说：“俗儒以生前身安、死后神散为归。”至一七五三年，比利时人孙璋著《性理真诠》，为耶教哲学中有数的书籍。他把儒家分为原始孔家和宋儒，前者称为先儒，后者称为后儒，其对宋儒理气二元说，攻击不遗余力。如卷二“总论太极”“辨理非万物之原”“驳《西铭》万物一体之说”“辨性理诸书”，卷三“驳汉唐以来性理一书诸谬说”，各条反复论难，不厌其详，在他看来，理气太极都不过是卑陋的唯物主义。①

总之，从一五八六年罗明坚的《天主实录》，一六〇三年利玛窦的《天主实义》，到一七五三年孙璋的《性理真诠》，他们都认宋儒理学是唯物论的、无神论的，拥护原始孔家而攻击宋儒。他们把中国思想传到欧洲，不是想介绍宋儒理学，实在想将原始孔家传进去，以附会其教义。但欧洲一般知识界人士是不能分别哪是宋儒的，哪是原始孔家的，因此，在接受原始孔家的时候，宋儒理学也夹带着接受过去了。

宋儒思想传入欧洲，可分两方面来看，一是有意的接受，一是无意的接受。

1. 有意的接受

这方面的接受如（一）竺赫德《中华帝国全志》一七三六年版，第二卷中有宋朱熹（Tshu Hi）所著《论文选录》②，“关于建公立学校使人民得幸福的方法”（《劝学篇》），译者殷弘绪。（二）邵康节的《六十四卦圆图方位图》及《六十四卦次序图》（即《经世衍易图》）于一七〇三年四月一日由白晋介绍到欧洲，是寄给莱布尼茨的，现藏德国汉诺威（Hannover）图书馆。（三）狄德罗在《百科全书》中，关于“中国哲学”（Philosophie des Chinois）一篇是他自己写的，讲述中国思想从战国前孔老，一直到明末，可算中国哲学的简史，对于宋儒理学，尤其是程明道、程伊川，均有介绍。（四）叔本华所著《自然之意志》（一八六三年），曾举一八二六年在《亚细亚时报》第二十二册

---

① 详见本书“耶稣会士对于宋儒理学之反响”一篇。

② 朱熹：《论文选录》，见一七三六年版第二卷，页319—322。又见于Edward Cave英译本（北京大学藏）第一册，页383—384：“Extract of a Treatise by Chuhi, one of the most celebrated Doctors in China, who lived under the nineteeth dynasty called Seng”。

所载《中国之创世论》一篇论文，中述及朱夫子（Tschufu-tze）即朱熹（Tschu-hi）的哲学。

2. 无意的接受

这一方面的接受比有意的接受影响更大。如（一）《天主实录》的拉丁文本 *Vera et brevis divinarum rerum expositio* 本有护教的意思，书中注意的是辩驳在中国通行的几种教派，却无意地将宋儒理学传入欧洲。又利玛窦《天主实义》亦经若克（Jacques）译为法文，载于《耶稣会士书简集》中。（二）龙华民根本反对中国哲学，以孔子及孔子学派为唯物论，曾发表《灵魂道体说》，又用西班牙文著《关于中国宗教之几点疑问》，于一七〇一年由耶稣会反对派译成法文（*Traité sur quelques points de la religion des Chinois*, Paris）；又熊三拔关于中国人对于天主天使灵魂等说的见解，曾为龙华民书中所引。（三）马若瑟未刊信札中 *Essai sur Le monothéisme des Chinos*，一七二八年寄自广东，其中述及理气问题（页 6—7、21—27）、无极太极问题（页 10—16）、道与理之关系问题（页 16、22），据波提埃一八六一年巴黎刊本，所引汉文字多旁加罗马字注音。（四）方济各会士栗安当于一七〇一年发表《关于中国传教事业之几个要点的评论》（*Traité sur quelques points importants de la mission de la Chine*）。此书和龙华民等书均以宋儒为中国哲学的代表，拿来作为攻击的目标。（五）耶稣会士的著作以外，如布卢刻（Brucker）、部尔芬革（Bulfinger）、莱布尼茨的著述中，对于宋儒理学亦曾说及。

在这些著作里，攻击最烈的要算龙华民。依他的意思：（1）中国哲学为无神论。（2）中国所谓“理”是有缺点的，即有“物质”的缺点，故“理”称之为“神”，不如称之为“第一物质”。（3）中国所谓“天”为物质的天，即苍天，与“上帝”的说法不同。（4）将《书经》中所讲祭祀之礼，分作四类，即上帝、六宗、山川、群神，这些各有特别精神，而中国注释家则均认为自然的原因。（5）他引孔子“非其鬼而祭之，谄也”一语，认为中国人和斯多噶学派一样，只知有物质的、有形的一个神，此神充塞宇宙之间，产生宇宙，且与其他下级之神共同支配宇宙。（6）中国人的所有宗教，不过一幕喜剧而已。次之，栗安当为耶稣会派的敌党，对于宋儒理学更攻击不遗余力。他对于孔子“天何言哉！四时行焉，百物生焉，天何言哉！”虽不直接反对，但对于后人的注释则指摘其误谬之处。他攻击中国哲学的最大理由：（1）中国人一方面以理、太极或上帝含有神的性质，另一方面又不认其有灵明知觉，这种信仰是很矛盾的。（2）古代和近代的中国人，在上帝的名义下，崇拜物质的天，更进而崇拜一般人所不能了解的“理”——称之为“德”，为“理”，而牺牲一切。（3）依据报告，知道孔子和其他古代圣人均可认为上帝的化身，和上帝是同一的。[①] 由上所述可见他们反对中国哲学，即是反对宋儒的理性观，反对宋儒即是反对唯物论与无神论，似乎是宋儒理学的厄运，现在看来却正是宋儒理学的幸运。

3. 异端之理学与欧洲理性时代

为什么呢？我前面说过，因为哲学文化从宗教的见地来看，哲学不外是一种异端外道，从哲学上看，则此宗教所认为异端的孔子、异端的理学，却正是哲学的老祖宗。十八世纪欧洲的思想界即为反对宗教而主张哲学的时代，当然对于此非宗教的中国哲学，要热烈地欢迎它，提倡它；而这一百年来关于礼仪问题的论争，即为中国哲学西传欧洲之绝好的机会。罗马教皇所认为异端的中国哲学，因为耶稣会士的媒介而传入欧洲，它不但给欧洲思想界以一大刺激，给欧洲思想界

---

① Longobardi: *Traité sur quelques points de la religion des Chinois*, Paris. 1701 北京图书馆藏。又参见平诺《中国与法国哲学的形成》，页 312—313，五来欣造《儒教の独逸政治思想に及ぼせる影響》，页 408—422，莱布尼茨对于龙华民、栗安当之批评。

以“反基督教”“反神学”“反宗教”之理论渊源，而且在欧洲哲学的新发展中起了影响。

但即在这里，也不是没有例外，中国思想在欧洲，一方面有法德两国之正面的影响，一方面却有英国之反面的影响。然而即就英国来论，在十八世纪时代，英国所受中国思想的影响，仍有正面的和反面的分别，十九世纪以后才倾向于全然反对的了。在此反面的影响尚未形成以前，英国思想家文学家中，尤其是提倡古代学术、信仰自然宗教的人，对于中国文化均抱亲善的态度。如天朴尔（Sir William Temple）、廷达尔（Matthew Tindal）、艾特生（Joseph Addison）、蒲伯（Alexander Pope），[①] 乃至文学家如哥德斯密（Goldsmith）、窝尔波尔（Walpole）、柏西（Thomas Percy）等，[②] 或极力赞美中国，或以中国为题材，甚至批评中国文化的，如《鲁滨孙飘流记》著者笛福（Daniel Defoe），在他冷酷的严厉的批评以前，在一七〇五年的《凝结集》里，对于中国文化，也曾表示过敬意。[③] 然而从大体来看，中国思想在英国的影响，比较大陆方面，不无有相形绌之感，这究竟为的什么呢？推其原因，有如下数端：

（1）英国是一个功利主义学说的产生地，从文化地理上看，可算西洋科学文化的摇篮，对于当时从科学文化不发达的中国来的中国思

① 天朴尔主张古代学术胜于近代，中国适为古国。廷达尔反对默示的宗教，而中国的信仰，如教士所言，是自然教。艾特生表面反对自然教，心中却很相近。蒲伯深信耶稣会士有自然教的倾向。以上均为十八世纪英国比较重要的人物，而表同情于中国文化者。参见陈受颐《鲁滨逊的中国文化观》，《岭南学报》第一卷第三期，页10—18。

② 参看方重《十八世纪的英国文学与中国》，《文哲季刊》第二卷第一号、第二号；范存忠《约翰生、高尔斯密与中国文化》，《金陵学报》第一卷第二期。

③ 笛福在《凝结集》中说：“中国是古国，人民明慧、有礼而且最为伶俐。”“中国是一个充满学者、文人、艺术家和幻术家的国度。”虽然陈受颐说他此处把中国赞得天上有地下无的样，也就是一种最尖锐的嘲讽，但法国批评家 Paul Dottin 却认为作者的前后思想的矛盾。

想，不能如德法两国之容易接受。不信，我们请看英国学者对于中国文化的恶评，大多数都是站在科学文化的立场上，如华吞（William Wotton），洛契叶尔（Francis Lockier）的中国批评即为好例。

（2）法国和中国的接触较早，其中间媒介为天主教徒，来往的都是具有一定程度的知识分子。英国和中国的接触较迟，其中间媒介为航海家和商人，他们都不易领会中国。因此法国学者对于中国文化能深表同情，而英国的著作家则对于中国文化，常有不留情面的攻击，如丹波亚尔（William Dampier）、安孙（George Lord Anson）等旅行记，均为好例。

因有这些原因，英国所受中国思想的影响，比较法德两国便大相悬殊。英国只在文学方面接受了中国的材料，却不曾在哲学方面留下很深的痕迹。在英国，孔子不过是一个“可敬的人”，此外没有什么了。

我现在讲中国哲学对于欧洲的影响，乃是专指法德两国而言。我更希望读者注意一点，在十八世纪法德学者，无论反对或欢迎中国哲学的人，都是以宋儒的“理气说”来做对象。一方面有人认中国哲学为唯物论无神论而加以攻击，一方面即有人承认了中国哲学为唯物论无神论而大加欢迎。又一方面有人认中国哲学的理气说为异端外道，一方面即有人拥护此理气说而对于中国哲学加以新的解释。前者的影响可以法国麦尔伯兰基之攻击中国哲学为例；后者之影响可以德国莱布尼茨之拥护中国哲学为例。这种攻击或拥护对法国百科全书派的哲学思想和德国古典哲学都受到一些影响。

二、启明运动之先驱——笛卡儿

十八世纪启明思想的发达，其来源不能不推及十七世纪笛卡儿哲学的胜利时代。笛卡儿及其学派虽有人误认为文艺复兴期的哲学（如桑木岩翼《哲学史概观》第二编第二章），实际却是启明哲学的元祖。文艺复兴，在十四、十五两世纪，虽表现着一种自动的不断的批评精神，却还没有领导的学说体系。但到了十七以至十八世纪，便受了一种新哲学的大影响，进入所谓革命的时期。这新哲学法国孔德只认为消极哲学，实际隐藏着辩证法和唯物主义的萌芽。新哲学可直溯到十七世纪中叶，笛卡儿的哲学可为代表。利维-布律尔（Lévy-Bruhl）说："近代哲学到了笛卡儿，转入一个新的时期。"[①] 恩格斯在《费尔巴哈与德国古典哲学的终结》中论近代哲学也追源于从笛卡儿到黑格尔，[②] 这决非过言。法国学派不消说了，十七世纪后半期，法兰西以外的两派哲学，如斯宾诺莎、莱布尼茨，虽然耳目一新，但均不过笛卡儿和亚里士多德混合成功的哲学。我们现在既已公认莱布尼茨为德国启明哲学的先驱，也应该无疑地承认笛卡儿为哲学时代理性主义的元祖。

（A）笛卡儿对于中国文化的态度

1. 外来文化之接触

但当我们研究一下笛卡儿思想的来源，便发现了很重大的事实，就是这唯理主义的哲学，是如利维-布律尔所说，不是传承的，是突起的。因为他与传统的学说太无关系，所以有人称他的哲学，也和数学家俾俄（Biot）称他的数学一样，"是不用母亲生产的儿子"[③]（Proles sine matre creata）。事实果然如此吗？笛卡儿哲学是从那里孕育出来，我的答案，是很受外来文化接触的影响。笛卡儿思想的来源虽得不到整个的事实来下结论，我们总可以注意以下两点：第一，他从

---

① 利维-布律尔：《法国哲学史》，页 1；彭基相汉译本，页 1。
② 见恩格斯《费尔巴哈与德国古典哲学的终结》，人民出版社一九五九年版，页 16。
③ 利维-布律尔：《法国哲学史》，第一章，页 3。

一六〇四至一六一二年都在拉夫雷士（La Flèche）地方一个耶稣会派的学校修业，因此一生总对于耶稣会派特别关心。这时正是罗明坚的《天主实录》（一五八六年）和利玛窦的《天主实义》（一六〇三年）以拉丁文本传入欧洲的时候。第二，他虽然是法国人，但在一六一八年即离开法国，一生差不多都住在荷兰，他的全部著作差不多都是在荷兰写的。这时，荷兰正在和东方交易，与葡萄牙人争夺市场。据《明史》卷三百二十五《和兰传》的记载。据发隆丁（Valentyn）《荷兰东印度公司史》所述，则一六〇三年，即当笛卡儿七岁时（明万历三十一年），荷兰人才到中国领海，泊于澳门。一六二四年（天启四年）即笛卡儿二十一岁的时候，中国才允许荷人自由贸易。所以他"躬逢其盛"，在一六三一年曾给巴尔扎克（Balzac）一封信，述及他在荷兰的生活情形：

> 如果你看到果园中生出果实来，就要感到快乐。……那么你以为我在看到各种船只带来印度的一切产品和欧洲的一切珍奇时，没有同样的快乐么？在这个地方，人生的一切安适品和人们所欲望的一切珍宝，都很容易找到，在全世界上你还能找到这样一个地方么？①

我们知道当时东方各国通称印度，言印度可以包括中国及南洋群岛，笛卡儿在荷兰常常看到各种船只带来印度的一切产品，中荷文化的接触也就很容易明白了。

2.《方法论》中所见之中国

最可注意的，就是他对于中国文化的态度，在他名著《方法论》

---

① 《大英百科全书》中 Abraham Wolf 所作"笛卡儿"条，见关琪桐译《笛卡尔方法论》卷首所录，页 1—12。

（*Discourse on the Method of Rightly Conducting the Reason and Seeking Truth in the Sciences*, Tr by John Veitch, Everyman's Library 570, 1934）中，有下列的几段话：

（1）一个人若是从小生长在中国，所表现的性格一定和在德国和法国不同。（Part Ⅱ，P. 14）

（2）在实际上，在中国人当中，也同在我们当中一样也有聪明人。（Part Ⅲ，p. 19）

（3）我们不能占有中国。（Part Ⅲ，P. 21）

在这几段里，至少也可以看出笛卡儿当时因在荷兰的关系，知道了一些东方各国如印度、中国、波斯的知识。他虽提及中国时兼提波斯、墨西哥乃至番族人，不一定赞美中国，却承认在中国人当中，也有和法国一样聪明人的存在。因为笛卡儿曾经自己说他成功的原因，是因离开他的国家，或以前所读的书；[①] 可见他的哲学，无疑地很受外来文化接触的影响。

3. 笛卡儿哲学之新评价

实际笛卡儿哲学里面的唯物主义倾向，以及他着力教人的"Reason"一语，和那一样聪明的中国人所讲的"理性"，正是一个东西。笛卡儿哲学是法国哲学最优秀的成就，同时也是较先接触到东方世界的第一人。

（B）笛卡儿学派的中国哲学观

1. 所谓笛卡儿学派

笛卡儿哲学的最大难点，在他二元的形而上学，他惟理的哲学体系，一方面是革命的，一方面又是保守的；在革命的方面，他不仅

① 《方法论》，Part Ⅰ，p. 9。

攻击前人的权威方法，而且创造了新的哲学方法——怀疑论。所以制宪会议（Assemblée Constituante）证明法国大革命的精神，就是笛卡儿精神的渊源之一。[①]“我思故我在”，我能怀疑一些事物，只有一个地方万无可疑。这个便是“我”，我在这儿疑，故怀疑的我是存在的。这样笛卡儿把“我”作怀疑的基础，便产生了许多大胆的思想家，来批评一切，否认一切。这么一来，笛卡儿的哲学便变成一种以个人解放为出发点的资产阶级的革命哲学了。然而尤可注意的，就是这种哲学和唯物论、无神论的关系。郎格《唯物论史》（F. A. Lange: *Geschichte des Materialismus*）[②]曾经告诉我们：法国最坏的一个唯物论者拉美特利（La Mettrie）说他自己的唯物论是出于笛卡儿，这位哲学家本来全用不着灵魂，却因为怕僧侣，才把灵魂加入他的学说中去。郎格又说，“甚至于十八世纪初叶，唯物论者之名犹未普遍的时候，唯物论者已常被称为Mechanici，即机械论者，这是值得注意的。然而这种机械的自然观，是不能不推源于笛卡儿的”。恩格斯在《费尔巴哈与德国古典哲学的终结》中称“按照十八世纪唯物主义者的意见，人是一架机器，正如笛卡儿心目中的动物一样”[③]。不但如此，赫胥黎在所著《方法与结果》（*Method and Result*）中，有一篇《论笛卡儿底方法讲话》，也曾指出这位哲学家被称为无神论者的事实。“笛卡儿自始至终都是一个很好的旧教徒，他自己矜夸地证明了上帝与人的灵魂之存在，他的老朋友们耶稣会徒把他的书籍编成禁书目录，当作一个他的努力的酬报看，称他为无神论者；而同时荷兰的新教牧师们

---

① 《法国哲学史》页8。

② 《唯物论史》，上卷第三章，页235—240。

③ 恩格斯:《费尔巴哈与德国古典哲学的终结》，页18。（参见《马克思恩格斯全集》（卷二十一），人民出版社1965年版，320页。——编者）又马克思《神圣家族》（《马克思恩格斯全集》第二卷，页166）说，笛卡儿的唯物主义成为真正的自然科学的财产。

又宣布他是耶稣会和无神论者；他的书很少逃出狱吏底焚烧，瓦利里（Vanini）的命运是在他的眼前徊绕；伽利略的厄运很惊恐了他，使他差不多放弃了那大有利于世界的真理之追求，而被驱去度那于他一无所补的逃亡生活。”[①] 由上所述，笛卡儿哲学又可以说是一种唯物论和无神论的哲学了。

但就这位哲学家的保守方面来说，在他所著《关于第一哲学的一些沉思》（*Meditationes de Prima Philosophia, in qua Dei existentia et Animae immortalitas demonstratur*, 1641）即所称《沉思集》[②] 中，又最容易看得出来。这本书最主要的论旨，在证明上帝的存在和人类灵魂的本性，他证明了“不但宇宙的创造需要全能的神明，就是宇宙的保存，也时时刻刻需要全能的神明”。因为上帝的真实才可以说明物质世界的真实，上帝的存在才可以说明物质世界的存在，所以他在献给巴黎神学院的教士们的献辞中，历引《圣经》里面《智慧书》和《给罗马人书》的话，来证明我们对于上帝的知识，是最容易明白的，只要一考察我们自己的心理就可以明白了。虽然笛卡儿的整个学说，演了很大的进步作用，却是他教人以上帝的存在，对天主教作了重大让步，因而他的哲学也就带着很浓厚的唯心主义色彩了。

a. 右派　巴斯噶（Blaise Pascal）

十七世纪法国哲学家的思想都是自笛卡儿哲学来的。然而笛卡儿二元的形而上学便不能不影响到他学派的分裂。因为他还是一个好的天主教徒，所以由他可以引出巴斯噶在《思想》（*Pensées*）一书所发挥的“使已失的灵魂，复返到基督教的信仰”之神秘哲学。

b. 左派　培尔

但笛卡儿的方法论终竟是以怀疑为起点，所以由他以后，也可以

---

① 《方法与结果》，谭辅之译，页137—168:《论笛卡儿底方法讲话》，此据页166引。
② 《沉思集》六篇，为笛卡儿之第二部大作，有关琪桐汉译本，原书是用拉丁文写的。

引出如培尔对于“神圣”的批评。同在笛卡儿的信徒中，一方面有人希望将笛卡儿的哲学与正宗的教义相合，一方面却有人借笛卡儿的名义，来提倡“无神论社会”的假设。①

以上两派最好的对照，可在他们对于中国哲学所见的差别认识出来。因为中国哲学在当时法国，确是一种外来思想，甚至于异端邪说。所以拥护基督教的右派：巴斯噶，便不得不极力反对中国。而在攻击基督教的左派：培尔，也自然拿中国的哲学思想做他有力的护身符了。

2. 巴斯噶与中国古史年代问题

巴斯噶对于中国知识的来源，是从一六五八年在华耶稣会士卫匡国所著《中国上古史》一书中来的。② 这书可算当时欧洲最可靠的一部中国史，关于中国古代的叙述，上溯伏羲以前。伏羲时代当西历纪元前二千九百五十二年，伏羲以后的事迹均可认为信史。但依中国历史家所说，则宇宙开辟当在大洪水以前的数千年，这显然和当时法国年代学者菩绪埃（Bossuet）的《世界史论》（*Discours sur I'histoire universelle*）和《圣经》所载不能相同，因此著者对此极力解释，反而引起法国批评家的注意和批评。就中以拥护圣教自命的巴斯噶，更不能不提出抗议。在他名著《思想》中，便提出一种对于中国史的怀疑论：

> 在这两个中哪一个更接近事实，《圣经》的记载还是中国的历史？这是不成什么问题的。我告诉你《圣经》内有些使人迷

---

① 培尔提倡无神论社会的假说，为全十八世纪所讨论的题目，见利维-布律尔《法国哲学史》，页 122；汉译本，页 78。

② 参看平诺《中国与法国精神哲学的形成》页 347—348；后藤末雄《支那思想のフランス西漸》，页 50—52。

> 惑，有些又使人启发，这话已可把你的理由推翻了。你说中国缺乏明了，我的答案，中国缺乏明了，但却存在可以发现的明了，让我们把他发现出来罢！[①]

巴斯噶是一个以《旧约》为指准（figurisme）的主张者，对于《圣经》以外的史书，如希腊人所作《伊利亚》（*Iliad*），埃及人或中国人所作本国的历史，都要研究它是怎样发生出来的。他研究的结果是怎样呢？“古往今来世界各处便有许多宗教，但是这些宗教既无使我信服的道德观念，又没有充足证据引起我的注意。例如伊斯兰教、中国宗教、古代罗马教，都没有真理的证据，也没有一定确实的方针，因此……我对于这些宗教只好一概拒绝。”这位中国史的反对论者，甚至以墨西哥的历史传说来比拟中国古史，认为一样无稽。实际他却是一个不折不扣的旧教的拥护者，《圣经》的辩护者，这种反对论不过证明他是笛卡儿的右派罢了。

3. 培尔所见之中国无神论

反一面来看中国思想的拥护者培尔，却又正是一位基督教的反对者。恩格斯在《费尔巴哈与德国古典哲学的终结》中指出法国约当一六八五年“那时自由思想家培尔的活动已经很积极”了。培尔在《关于彗星的不同意见》（*Pensées diverses sur la comète*, 1682—1684）文中，站在科学的立场，举出中国人的迷信[②]——占星术，以为天文学尚未发达之一例证，他所得中国的知识是从泰米诺（Thévenot）和塔弗尼埃（Tavernier）等游记中得来的。但他在一六九七年发刊的有名的《历史的批评的辞典》（*Dictionnaire historique et critique*, 5

---

① 巴斯噶：《思想》，W. F. Tratter 英译本，节 592，页 163，“万人丛书”874。

② 参看平诺同上书，页 314—327；后藤末雄：同上书，页 53—54，531，538—540。又《费尔巴哈与德国古典哲学的终结》，页 47。

vols.）却很分明地指出中国思想之无神论的倾向。这本书的影响总算尽可能是最大的了。郎格《唯物论史》告诉我们："他在这里曾把各种知识说得最易于使人容认，这种知识的饶丰吸引了不少学者。他对于科学问题的讨论方法又如此使人爱悦，所以，皮相的读者亦不免为其魔力所吸引。"① 他大胆、明白，新鲜而有生气，所使用的辩论体裁以后为伏尔泰及百科全书派所采用。尤其他在辞书中所登载的中国论，虽不公然攻击基督教，实际却利用孔教的无神论，来有意使读者去打倒基督教及以基督教为基础的专制政治。他最先注意到天主教士中之礼仪问题的争论，如一方面有一六八二年阿诺（M Arnaud）著《耶稣会派的实践道德》（*La Morale pratique des Jésuites*）来攻击耶稣会士的立场，一方面又有一六九八年哥俾恩（Le P. Le Gobien）著《关于承认基督教的上谕史（附）孔子教祖先教的礼仪之说明》（*L'histoire de I'Edit de I'Empereur de la Chine en Faveur de la Religion chrétienne: avec un éclaircissement sur les honneurs que les Chinois rendent à Confucius et aux Moarts*）来辩护耶稣会士的立场，由此两书内容之互相矛盾，可见在华传教士间意见的龃龉，因而证明了一种宗教之分裂的现象。在耶稣会士的敌党方面，主张儒者所谓"天""上天"都不外肉眼所见苍天的意味，儒者本不信灵魂，所谓天地山川之灵都不外意味着自然物的活动力而已。在耶稣会士方面，则以为古儒与近儒不同，孔子承认真神，而近儒则误解孔子的教理，遂至坠于无神论。殊不知即在耶稣会士之中，以研究孔教著名的龙华民，承认孔子曾为道德与政治留下不朽的名训，然而不幸对于真神及其教理则在全然不能理解之列。所以中国人所信仰的至高至善的存在"神"，实为构成世界物质的中心，换言之，神即是世界尽美尽善之"天"的

① 《唯物论史》上卷，页 359。

中心而已。培尔又根据卢培儿（La Loubère）所著《暹罗游记》（*Du Royaume de Siam*, 1691）和方济各会士阿雷俄内萨（Le P. Aleonessa）所著《神史》（*Mercure historique et politique*, 1699）各书，以为中国人的教理承认东西南北、星、山川、植物、都城、沟渠、家灶，一句话来说尽，即认万物为神，不过在神灵之中有善恶二灵的分别。人类有灵魂，为一切生活活动的根本，太阳亦有灵魂，发生太阳的性质与作用，宇宙之中，森罗万象，莫不有灵，集合此诸种灵魂而形成固有的活动，这就是自然界的大调和。在此，全智全能的存在，或无限的摄理，便成为不需要了。在《辞典》中"Spinoza"注下说及：古代的中国人承认万物之灵中，以天为最灵，天能支配自然，即自然界中其他之灵非顺天不可。然诸灵亦有相当之力，能以自力活动，形成和他灵不同的自相。此无数的小小非创造物为大哲学家德谟克利特（Democritus）、伊壁鸠鲁（Epicurus）所认为真理者，在东方这种思想却极其普遍发达。又在"Sommona-Codon"注下说及：儒者尊重古说，认苍天之灵、其他万物之灵，均为缺乏智力之一种动的物质，而将人类行动之唯一判断者归之于盲目的运命，运命有如全智全能的法官，天网恢恢，祸福自召，而其结果自然合于天理天则。由此可见儒者毕竟和伊壁鸠鲁的思想不同，伊壁鸠鲁否认摄理，肯定神的存在，儒者则肯定一种摄理，而否定神的存在。他又将中国人的泛神论和斯宾诺莎的泛神论相提并论，以为两者均为无神论，而中国人的无神论尤为彻底，暗中即以攻击耶稣会士的立场。他又以基督教和佛教的静寂主义相比，利用儒者对于佛教的攻击论据，来间接推翻基督一派的静寂主义。最有趣的就是他虽屡屡引用李明、哥俾恩等著作，但对于他们主张儒者承认天为造物主即真神一点，则有意忽略过去，反而参照了反耶稣会派的著书，承认儒教为无神论，这究竟为什么呢？我们知道培尔在少年时虽曾一度改宗耶稣会派，但不久就再信新教，为反抗路易十四对于新教徒施行严厉的法律，更倾向于无神论，而提倡所谓“无神论社会”的假设。他既然公言社会的构成可以无须宗教，故在《历史的批评的辞典》中，即以当时宣传欧洲的中国来作他理想的社会的典型。中国社会在他看来，即是无神论的社会的实例，中国哲学无疑也就是无神论的哲学了。他憎恶耶稣会派，甚至抱着和沈㴶、杨光先的同一论调，主张中国皇帝应该留意耶稣会士的阴谋，不使传教才好。在一七〇二年，他在《中国通讯》里，更确说有一无神论之宗教。培尔的思想虽为笛卡儿派，但从其怀疑论引出的结果，却和这方法的创立者不同。他的思想暗伏了一种反基督教的哲学，所以伏尔泰特别佩服他，赞颂他为“人类的骄子”，利维-布律尔说他的著作，“简直成了十八世纪无信仰者之无穷的宝藏”[①]，只有他才是十八世纪法国革命哲学的真正先驱。用马克思在《神圣家族》中称赞他的话：“比埃尔·培尔不仅用怀疑论摧毁了形而上学，从而为在法国掌握唯物主义和健全理智的哲学打下了基础，他还证明，由清一色的无神论者所组成的社会是可能存在的。”“比埃尔·培尔‘对17世纪说来，是最后一个形而上学者，而对18世纪说来，则是第一个哲学家’。”[②]

（C）麦尔伯兰基论“理”与“神”之异同

在笛卡儿学派中，巴斯噶信仰有神，提出中国史的反对论，是属于右派；培尔主张无神，提出中国思想的拥护论，是属于左派；但更可注意的，却是笛卡儿学派的中派，一方面被人称为“他能在上帝中看见一切的事体，看不见他自己的疯癫”[③]的，一方面又“毫无例外地

---

① 利维-布律尔：《法国哲学史》，页129；汉译本，页79。

② 《马克思恩格斯全集》（第二卷），人民出版社1957年版，页162。

③ 利维-布律尔：《法国哲学史》汉译本，页31，引当时人著名的话。

被神学派责备为背弃基督教”的麦尔伯兰基了。[①] 他和培尔一样，主张中国哲学为无神论；但他不赞美中国，和巴斯噶一样，对于中国的思想取着反对的态度。据说当他的哲学传到中国，为中国人所赞赏的时候，罗萨利主教（Evêque de Rosalie）兼中国之教皇代理主教利翁（Arthus de Lionne）即托其起草如下一篇论文:《关于神的存在及其本质：中国哲学者与基督教哲学者的对话》（*Entretien d'un philosophe chrétien avec un philosophe chinois sur I'existence et la nature de Dien*），发表于一七〇三年至一七〇八年之间。在一七〇三年礼仪问题争论最烈的时候，利翁回到罗马，提出这个题目的动机不过劝诱麦尔伯兰基讨论礼仪问题，对于耶稣会士的主张加以抨击而已。但麦氏在对话里面主张中国人为无神论者，这对于耶稣会士未免太不客气了。所以耶稣会机关报 Trévoux 的记者，也指摘出这对话中，麦尔伯兰基在上帝之中看出“理智的扩张”，因而这位哲学家所讲的无神论的思想也就不值得一驳了。

麦尔伯兰基证明中国哲学与基督教哲学的不同，实受中国近代哲学即宋儒理学的影响。依他意思，中国哲学与基督教哲学的不同，即由于中国哲学所主张之“理”与基督教所主张之“神”的不同，现在试分三段说明如下：[②]

1. 基督教“神”之本质

基督教之神为完满无缺之无限的完全的实在，因之此无限是不受任何局部的限制的。而且万有皆为神所创造，由神而创造，在神本体之中，即包含此创造物所有之真的现实性。反之物质为最不完全最下等的实在，而其所有之现实的、完全的性质均包含于“神”之中。

---

① 参看平诺《中国与法国精神哲学的形成》，页 329—333；后藤末雄《支那思想のフランス西漸》，页 305—306；利维-布律尔《法国哲学史》，页 23—48。

② 译文根据后藤末雄《支那思想のフランス西漸》，页 306—315。

“神”是没有物质之不完全性质与限制的，神绝不是“无”，因在实在里面“无”是绝对不能存在的，何况具有无限的完全的“神”是不受任何限制的原故呢？我的手不是别人的手，我的椅子不是我的屋子，我的精神不是他人的精神，换言之，我的手包含了无数的“无”，手的性质以外的东西都只是“无”。然而“神”如前所述，是绝无所谓“无”的，因此神之所在，便知神之性质是实在的，要之“神”是可以说是无往而不在的了。

人类是有限的东西，所以对于无限的东西“神”，无论如何，是不能明白其性质的。假使“无限的东西”的属性，有限者可以理解出来，那么这个属性早已不是神的属性了。人类可以证明是如此，但为什么如此，却不能说明出来。我们现在所能证明的只是证明有限者，对于神的属性无论如何不能明白，因为我们实在没有可以说明它的理由。

2. 基督教“神”之存在的证明

本来“什么也不思想”和“一点也不思想”一样，又“什么也不认识”和“一点也不认识”一样，所以精神所直接认识的东西，一定是一些什么东西，即是非有一些实在的东西不可。在此，精神之直接认识是有重大底意义的。为什么？因当人们睡眠的时候，又或许多场合，甚至觉醒的时候，还如梦幻一般不识自己的存在，这是共知的事实。但精神所直接认识的东西可就不然，精神的直接对象，即在梦中，也带着很多的现实性。因为在“无”里面，才没有何等差别的存在，要是精神之对象为“无”，则在梦中自没有差别的存在，因此精神所直接认识的东西不可不为现实的存在。

还有，我思“无限的东西”，而且直接认识了“无限的东西”，所以无限的东西是存在的。为什么呢？因为假使“无限的东西”并不存在，则我什么也不能认识，因之我一点也不能认识了。在这里我既认识了什么，若说不认识，这分明是一种矛盾。

依据论理，精神之直接对象为“无限的东西”，这即是“神”，精神在直接认识这个“无限的东西”的时候，“无限的东西”即基督教之“神”，是必然地存在着。

3. 中国哲学之“理”与基督教哲学“神”之异同

第一，中国哲学家不过承认物质与“理”二者，彼等以“理”为最高的真理，是睿智，是正义；依彼等主张，此“理”永久存在于物质之中而形成物质，又存于吾人所见支配物质之极有条理的秩序之中。人类精神不过物质有机化与纯化，而“理”则所以启发从此物质发生的精神，人类只要构成一切社会关系之各种真理与永久不变的法则，便不能不于最高的真理之中，认识此“理”。又人类无论何人，均非顺从此“理”不可。

中国哲学家所谓“理”，是指最高的正义而言，较之基督教“神”的观念，不如谓为接近于有力之帝王的观念。因此中国人所谓“上帝”，也不过表示某一个存在，特殊的实在或“有限的实在”的意味罢了。

然而基督教“神”的观念，如前所述，决非某一个存在之谓，“神”即是万有，在他单纯的本质之中，又包含了反映此本质的万有属性，而为其唯一的实在。从此意义来看，则神可以说是某一个存在，实际“神”一方面是单一，同时一方面又是万有，这就是“神”的特征了。

第二，中国哲学家如前所述，以“理”为睿智，为永久的法则，由此二者而引导人类，支配万物；基督教徒亦认此睿智为在“神”之中。中国哲学谓“理”存在于物质之中，因而确信物质的存在，然而基督教徒认“神”与物质为全然不同的存在，“神”创造物质，就此点来说，“理”与“神”便有重大的差别。

吾人伫立原野，张目一望，周围的物象，其动静、远近、形状、大小，无不映于吾人眼帘。吾人因色彩的不同，便能认识这些物象，这个原因不外由于物象与受此物象印象之肉体机关的作用。但是由基督哲学看来，这种作用实由于神的活动。又中国哲学家的思想，不将精神和它的机关分开，将此作用归之于精神的活动。

……

基督教徒不能承认中国哲学家以精神看做物质之有机化、纯化的说法。由中国哲学家看来，那些小物体的运动，即那些动物生机的活动与相结合之脑神经的振动，是和知觉作用、判断、推理，换言之，即与各种思想，都只算一回事。然而这种主张，从基督教神学看来，是没有法子承认的。基督教哲学主张，思想与物质为全然不同的实体变化，因而大脑、小物体的振动、思想三者，遂成为全然不同的东西。

……

第三，中国哲学家主张“理”不能在物质之外，无论所说是指“理”只存在于构成宇宙物体的形状之中，或是说“理”不过为物体间之秩序与配列也好，总之，“理”这个东西不能不认为无价值的。然而中国哲学家又以“理”为最高的法则，为睿智，若如前所述，“理”为物体间之秩序与配列，则“理”较之物质应居劣等。何则？实体这个东西应比实体的种种配置较为高等，因为不灭的东西总较高于会灭的东西的原故。但中国人不单以“理”为配置物质的东西，且以其能予物质各部以极有条理的秩序，以睿智称之。就此点来说，中国哲学之“理”与基督教之“神”似乎很一致了，却是基督教哲学主张“神”为独立的存在；反之，中国哲学家则否定“理”之独立性，始终主张“理”为依存于物质中者。加之，彼等所谓“理”与“神”不同，是无智能的，因之亦不能知道自己的本质或自己的行动，如是则“理”之本质不过止于物体的形状与其配置而已。何则？物体的形状与其配置，离开物体的存在即不能存在。又无论物体的形状也罢，配置也罢，两者全然无智慧可言，例如圆形的物体，不过指明物体有此形状，而此圆形是不能知道自己的形状的。

中国人一见很好的作品，即认此作品之中有“理”，若依此说，谓此作品的创作者为“理”所启发，照此意味，中国人的思想方法和基督教徒的思想方法相同。又若谓此作品的创作者，其思想之中有“理”，作者为此思想所启发，这种主张可以说和基督教徒对于“神”的看法完全一致了。即使作品不幸毁灭，而启发创作者的思想仍然存在。因此，“理”决不只为构成此作品之部分配置而有，同一理由，亦非只为创作者脑髓中的各部配置而有，“理”是一切人类公共之“光”，物质的配置不过是个体的变形，此等配置即使变化，乃至消灭，而“理”是永久不灭的。故“理”为独立的实在，不但从物质独立出来，且从极优秀性质之崇高智慧中独立出来。

然而中国哲学家视理极为劣等，一方面谓“理”为无灵明知觉，一方面以“理”为无上之贤明，这种论断分明是矛盾冲突的。又中国人以为“理”能启发众人，给人以贤明与智慧，而“理”本身则无智慧可言。但是“理”很分明地是应一定目的，配置了物质的各部分，例如人类为易于望见远方的原故，将眼配置于头之上部。中国哲学家因否定“理”之智慧，竟谓此种配置乃在无意识中行之。何则？“理”只不过为仁爱之本质的盲目的行动所驱使而已。中国哲学家虽确信“理”为睿智，为最高的正义。对于“理”的尊崇，曾力争着，以“理”为“贤明的东西”“正义的东西”。为什么？因有“贤明”才能做出“贤明的东西”，有“正义”才能做出“正义的东西”；因之“贤明”本身当较之“贤明的东西”更有优越的价值，“正义”本身亦较“正义的东西”为更有优越的价值的原故。

但是这种观念是和基督教“神”的观念不相容的。从基督教的哲学来看，神本身是独立的存在，神即是贤明本身，至善本身，因之神也可以说就是“贤明的东西”“正义的东西”。然而中国哲学家为抽象的观念所误，“贤明的贤明”在彼是不存在的。“贤明”虽然做出“贤明的东西”，而自己自身却不是什么“贤明的东西”，一句话来说尽，中国哲学所认识的存在，只是抽象的形状和性质，以为只有抽象的贤明、正义善良是存在的。

总之，中国哲学家以“理”为依存于物质，“理”不是如“神”为永久不变的完全存在，不是如“神”为精神与物质所由产生，故“理”非不灭之物。总而言之，中国哲学实不过为无神论罢了。

麦尔伯兰基对于中国思想之特殊的解释，当然是受中国哲学尤其是宋儒理学的反响。虽然有人如后藤末雄在所著《支那思想之法国西渐》中，批评这种解释不见得就是东方哲学之正确解释；在伊川、朱子均未明言“理”在物质之中，物质之有机化、纯化，即为精神。因之他以为麦尔伯兰基对于中国哲学的批评，分明是将那时法国正在抬头的无神论，尤其给法国哲学以很大影响的霍布士的唯物论与中国近代的哲学思想相混淆。实际亦何尝如此。宋儒理学如周濂溪、邵康节、张横渠本具唯物主义的因素，即在距离唯物主义远些的程朱派，尚且如程颐说，“凡眼前无非是物，物皆有理”；朱熹说，“天下未有无理之气，亦未有无气之理”。这就可见宋儒理学本有唯物论的倾向，麦尔伯兰基对于中国哲学的看法，决不是无的放矢。而中国哲学所以在十八世纪的欧洲，变成为唯物论和无神论，变成为革命的哲学，这一位笛卡儿中派的麦尔伯兰基的解释，对于法国百科全书派是有一定的影响的。

三、莱布尼茨与宋儒理学之关系

笛卡儿为法国启明哲学的元祖，斯宾诺莎和莱布尼茨则为德国启明哲学的元祖。德国的启明哲学实充分的含在斯宾诺莎与莱布尼茨的哲学里，而斯宾诺莎与莱布尼茨的哲学，实直接受影响于笛卡儿，间接受影响于中国，不，就莱布尼茨和中国哲学的关系来看，实在已经很直接的了。在这两位十七世纪末叶的大哲学家中，关于莱布尼茨所受中国思想的影响，已有好些著作去叙述它，斯宾诺莎则知道的人很少。就斯宾诺莎说，虽得不到整个的事实来下结论，但他也实为东西哲学文化交通史中有关系的人物。斯宾诺莎主张一种很有名的泛神论，他说神不是创造世界的，因为他就是世界，世界就是神，神不但是万有的普遍原理，亦是万有的总和，万有都不过神的变化。神是想象中最抽象的统一，最高的自由，最真实最普遍的本体。这种用几何学方法来证明泛神主义，实际即为对于中古宗教文化提倡反抗之急先锋。所以恩格斯在《自然辩证法》一书导言中也承认它的极大功绩说，“从斯宾诺莎一直到伟大的法国唯物论者都坚持从世界本身说明世界”[①]。但是斯宾诺莎这种思想是从哪里来的呢？只有康德于一七九四年六月在《柏林月刊》杂志中所揭载的宗教哲学论文，题名《万物的归宿》(“Das Ende aller Dinge”)就中一段，述及斯宾诺莎的泛神论受到过中国老子的影响。

> 因此沉思的人遂进入神秘主义。在此境界，人类理性不能理解自己本身乃至任何事物，相当于感觉世界之知的生活，在此世界的界限内，与其说喜欢限定自己，不如说更喜欢耽于玄想。这么一来，便发生以虚无为至善的老子奇怪的教义，即因感着与神性融合，抛却自己的人性而没入于神性的深渊里面，以此意境为最高无上的宗教。感得这种状态的中国哲学家为求此虚无境界

① 恩格斯:《自然辩证法》，一九六〇年人民出版社版，页8。

> 的实现，曾努力瞑目静坐于暗室之中。于是由此泛神教（西藏及东方其他民族）及其形而上学的升华，遂发生了斯宾诺莎的学说。这两种说法，都是和那以人类精神为从神性出来（又还没神性之内）的古代的流出说，有姊妹的关系。[①]

在斯宾诺莎时代，老子有无译本还成问题（西文的老子《道德经》，据宋君荣说，卫匡国有译本曾寄到法国，又傅圣泽也有拉丁文及法文合译《道德经详注稿本》，时间都在斯氏之后。《道德经》最早可见之译本为一七五〇年教士的拉丁文译本，现存伦敦印度事务局。十八世纪始有法德文译本，十九世纪才有各种不同的译本）。然而初期教士与旅行家的著作中，也可以给斯宾诺莎以一种启示，如当时具一般唯物论观点的一本急进的书，名 *Theophrastus reaivious*，其中提出"向后，到自然去！"的口号，斯宾诺莎虽反对这个口号，却显然接受这一书中学说之若干成分，[②]这本书即可以说是带着很浓厚的东方的色彩。而且莱布尼茨受中国影响是在一六八九年最初和耶稣会士的接触，和斯宾诺莎的时代相差不远（斯氏论《宗教与国家》一书是一六七〇年匿名发表的）。斯宾诺莎和天主教徒的往来，可见于他答复旧日学生，后改宗天主教之部尔格（Albert Burgh）的一封信。他说：

> 你自以为到底找到顶顶好的宗教，或者宁可说顶顶好的老师，而决定完全信托他们了。那么你怎样知道他们是过去现在未来所有的教师中顶顶好的教师呢？古代近代所有的各种宗教，这里也有，印度也有，全世界到处都有，你曾否统通研究过了呢？

① 见日译《康德著作集》13：《一般历史考其他》，页105—106。

② 德波林（Deborin）：《近代物质论史》，第四章，页104。

就算你已把它们相当的研究过了，你怎样知道你已拣得那顶顶好的呢？[①]

这是一个最好的例证，来证明斯宾诺莎曾和天主教徒辩论宗教的问题，而且涉及印度字样，印度这时在欧人是包括中国的。还有就是一六七六年莱布尼茨曾与斯宾诺莎在荷兰会面，莱布尼茨既有机会和中国的文化接近，号称“流浪的犹太人”的斯宾诺莎，怎么就不会接受中国文化的影响呢？大概中国文化之传入欧洲，最初一期还是美术的接触，所谓“罗柯柯运动”。依赖赫淮恩所说，则此“罗柯柯的精神是和中国的老子最相接近，潜伏在中国瓷器、丝绸美丽色彩之下的，有一个老子灵魂”[②]，又马弗利克（Lewis A. Maverick）有“A Possible Chinese Source of Spinoza's Doctrine”一文，刊于一九三九年法文《比较文学杂志》第三期，页417—418，此文我未见，据罗菩泰姆《传教与京廷之耶稣会士》简单的说明，知道斯宾诺莎所受中国影响，是从发楞（Bernhard Varen）所著 *Descriptio Regni Japoniae* 中所述中国的宗教而来，[③]那么将斯宾诺莎和老子的思想联在一起，无疑是可能的说法了。

因为斯宾诺莎的泛神论和中国思想发生密切的关系，所以法国无神论者培尔在《历史的批评的辞典》中将斯宾诺莎的无神论和中国的无神论相比，尤其倡导中国人的无神论，暗中加入反耶稣会的一边。[④]还有夫累勒则发见了斯宾诺莎和孔子教的关系，以为孔子有一秘密教义传给弟子们，这教义的职分，在纯洁无疵的道德，并不是玄学，也

---

① Will Durant: *The Story of Philosophy*, Chap. Ⅳ, p. 175；汉译本:《古今大哲学家之生活与思想》，第四章，页250。

② 赖赫淮恩:《中国与欧洲》页76。

③ 《传教与京廷之耶稣会士》，页352。

④ 后藤末雄:《支那思想のフランス西漸》，页535。

不是宗教，这秘密教义显然地发见为斯宾诺莎主义所追随，所以中国思想可以说是泛神或无神主义。[①]

但是德国哲学时代的先驱者，在斯宾诺莎以外，更重要的却是学贯中西的大哲学家莱布尼茨。在中国思想之老子影响以外，更重要的却是孔子哲学乃至宋儒理学的影响。老子的精神虽在“罗柯柯运动”中到处表现，而老子著作，当时还没有完全译本，刚好在这个时候，中国的经书和孔子已逐渐介绍过去，于是孔子遂为欧洲学术界所倾倒崇拜，孔子遂成为欧洲十八世纪启明运动的大师，而我们的哲学家莱布尼茨，就是首先承认这种文化大足贡献西方文化发展的第一个人。

（A）莱布尼茨之中国文化观

莱布尼茨与中国哲学的关系，在欧洲当时学者均无异议。一七二七年曼肯尼（Johann Burchard Mencke）所著《中国哲学史》（*Historia philosophiae Sinensis*）曾经指出“繁荣文化国（republique litteraire）的必要条件”共六项，这是莱布尼茨的理想，同时即为中国的理想。[②]一七三七年卢多维西（Carl Günther Ludovici）著《评论莱布尼茨哲学之全部发展史》（*Ausführlicher Entwurf einer vollstndigen Historie der Leibnitzischen philosophie*），在序言末了一节，主张“莱布尼茨与沃尔弗两人世界观的发展史，是有二重来源，一个是柏拉图的影响，一个是中国哲学的研究”[③]。乃至古劳挨（G. E. Guhrauer）是一个对中国文化不持好感的人，但在他所著《莱布尼茨传》（*G. W. Freiherr V. Leibniz*）中，仍不得不承认“在欧洲为无道德、无秩序所包围的时候，这位哲学家不是以中国为社会组织的典型，梦想着中国小孩一般

① 平诺：《中国与法国精神哲学的形成》，页344—346。

② 五来欣造：《儒教の独逸政治思想に及ぼせる影響》，页459。

③ 同上书，页456—457。

地敬神之纯粹文化的黄金时代，而受其诱惑吗？”[①] 近来莱布尼茨的研究者，如法国巴卢西（Jean Baruzi: *Leibniz et l'organisation religieuse de la terre*, Paris, 1907）以中国为莱布尼茨的指导精神。[②] 五来欣造著《儒教の独逸政治思想に及ぼせる影響》极力证明莱布尼茨的理神论、道德观与政治观所受中国的影响。[③] 最简单明了的，论及莱氏根本哲学与中国的关系，当推赖赫淮恩在《中国与欧洲》一书下面的一段：

> 莱布尼茨实为承认中国文化大足贡献西方文化发展的第一个人。他的《单子论》极其和中国儒释道三教的德性论相同。他所提出的“预定的调和”又极象中国的“天下之道”。莱布尼茨和中国的哲人一样，深信实际世界有其统一性，精神上有日新又新的进步，所以非常乐观。他们都以为宗教的任务在于创造知识，目的在于教成对于社会有用的行为。这就是欧洲启明运动的福音。他们以为道德就是快乐，快乐为所有思想的最高目标。[④]

1. 莱布尼茨与耶稣会士

莱布尼茨是一个极博学的人，哲学、神学、法律学、政治经济学、语文学、论理学，数学，无论何方面，均能自成一家之言。同时他又不但为理论家，且兼为实行家，交际极广，现藏汉诺威图书馆的他的书信和当时有名人来往的，实达一千〇五十四位之多，其中有三十二位是各国的王侯皇妃。他的足迹所经，有马因兹（Mainz）、巴黎、伦敦、汉诺威、柏林、维也纳、罗马等地。以这样博学多才的

---

① 五来欣造：《儒教の独逸政治思想に及ばせる影響》，页 461—462。

② 同上书，页 435。麦开尔：《莱布尼茨与中国传教》，页 154。

③ 五来欣造：《ライブニッツと儒教》，见《儒教の独逸政治思想に及ばせる影響》第二编，第四章，页 273—473。

④ 赖赫淮恩：《中国与欧洲》，页 79。

人来提倡中国文化，其影响之大是不消说的了。据五来欣造的考据，[①]莱布尼茨什么时候才开始注意耶稣会派虽不大明白，但从一六七二至一六七六年当他流寓法国的时候，法国还没有派传道队往中国去，这时似乎还没有和耶稣会士往来与从事中国的研究。据丹麦哲学史家霍甫丁（Höffding）的主张，他研究孔家是始于一六七六年在汉诺威图书馆的时候；他自己说在一六八七年已读过《孔子传》，看到中国人之以理为神和自己的哲学很相近似。德国麦开尔（Franz Rudolf Merkel）在所著《莱布尼茨与中国传教》（*G. W. von Leibniz und die ChinaMission, Leipzig*, 1920）中，则主张莱氏很早即已研究中国哲学，他手边有很早的著作，如一六六〇年斯彼基利阿（Th. Spigelius）所著《中国文艺论》（*De re literaria Sinensium*）与一六六七年刻射所著《中国图说》；在莱布尼茨一六六九年起草的《关于奖励艺术及科学德国应设立学士院制度论》（*Bedenken von Aufrichtung einer Akademie oder Sozietät in Deutschland, Zu Aufnahmen der Künste und Wissenschaften*）中，已可看出对于中国考察所得的结论。还有一六七九年柏林谬勒（Probst Andreas Müller）计划出版的 *Clavis Sinica*，莱氏对之大感趣味，观于他的笔记中所引起的许多问题，便知这个时候他对于中国已有很好的知识。麦开尔的考据，又为赖赫淮恩在《中国与欧洲》中所引用。[②]但据小林太市郎所著《中国思想与法兰西》[③]，则在一六六六年莱布尼茨在所著《结合法》一小册子中已经举中国及埃及的文字为例来作说明，那时他还是十九岁的青年，这思想发生还在前一年，即十八岁的时候。他后来想到这事就非常欢

---

① 五来欣造：《儒教の独逸政治思想に及ぼせる影響》，页 403。

② 赖赫淮恩：《中国与欧洲》，页 88—93 引麦开尔原书共七次之多，可见赖赫淮恩实以麦开尔为依据者。

③ 小林太市郎：《中国思想与法兰西》，页 104，116—117，依据 Gerhardt 所著 *Die Philosophischen Schriften von G. W. Leibniz* 一书。

喜，曾写信述给鄂尔敦堡（Oldenburg），后来又由汉字组成法的暗示，发展为《真实记号法》（*Caractéristique réelle*），在他给鄂尔敦堡的信里仍然举埃及、中国的象形文字为例。又一六七六年三月二十六日亲笔所写书中，也说到中国文字，由此可见莱布尼茨的论理思想很早就和中国发生关系。一六七五年他写信给科尔培（Colbert）赞美这位宰相，是“所有各地方各时代之真的发见者”；又说“欧洲传教士的几何学，正确得惊动了中国官吏”①。一六七五年是法国派遣白晋等六个耶稣会士来华之前十年，说者认为莱氏可能也参与了这派遣计划。当《中国之哲人孔子》在一六八七年出版时，他很感动地写信给黑林·赖恩腓尔（Landgrafen Ernst von Hessen-Rheinfels），称为“今年在巴黎发行中国哲学者之王孔子的著述”。又关于此书所采录的中国年表，他觉得非常重要，由这表看来，伏羲、黄帝和洪水时代很相近，但是除犹太史之外，所有历史以中国史为最可信，至少黄帝的存在是决无可疑的。② 这就可见他一向对于中国文化的态度了。

莱布尼茨和耶稣会士直接发生关系，却在一六八九年以后。他在幼年时代，对于耶稣会取着反对的态度，但在一六八九年，当他旅行罗马为汉诺威王朝搜集史料的时候，无意之中会见那由中国返欧的耶稣会士闵明我，八个月的往来使他深悉中国情形，从此以后，莱布尼茨便倾向于援助耶稣会士的一边了。现在为说明的便利起见，可将莱氏和耶稣会士的关系，分两面来观察：

a. 与莱氏往来之耶稣会士

（1）闵明我

意大利人，一六六九年来华，康熙十年在广东，钦取来京，佐理历法。二十二年随驾往北塞，二十四年奉旨往香山澳迎取熟练历法

---

① 小林太市郎：:《中国思想与法兰西》，引平诺书；页 339。

② 同上书引 I. Davillě: *Leibniz historien*，页 425。

的安多，二十五年执兵部文泛海，由欧洲往俄罗斯京会商交涉事宜。二十七年南怀仁病故，钦天监监正员缺，奉旨顶补，未回任前，由徐日昇、安多代理。二十九年与三十一年为探询闵明我回华信息，清廷前后派遣苏霖（José Soares）、安多等往广东迎接，并下谕若闵明我带有精通历法的西人，着取来京听用。三十三年闵明我回华复命，奏陈遵旨会商各情，得赏赉甚厚，仍令治历供职，以上各情均见《正教奉褒》[①]中。可见闵明我从中国回到欧洲，实有两大使命，第一与俄罗斯会商交涉事件，第二聘请精通历法的西人。因此道出罗马，刚好此时莱布尼茨正在编纂勃伦斯维克公爵（Duke of Brunswick）的家史，搜集史料数年（1687—1690），路径所经，值在罗马与闵明我邂逅相遇，停留八个月，往来甚密。后因南怀仁逝世，闵氏奉旨顶补钦天监监正员缺，所以他又匆匆离欧返华，原拟由俄罗斯陆路通过之计划失败，乃改出印度，在果阿时有一封信给莱布尼茨，书中述及他们在罗马时所讨论的问题：

> 足下所提出研究的问题极为重大，非得同僚的帮助，不易答复。彼等散居中国各地，于五重要地域从事搜集宝贵的知识材料。我从今以后，愿将一切所得传达给欧洲，同样亦希望足下努力将其他知识的阐明告诉我们，作为彼此的交换。

这封信不消说给莱氏以很大的鼓励，只要注意他在《中国最近事情》中绪言所述，他和闵明我的关系便很容易明白了。[②]

（2）白晋

法兰西人，一六八七年（康熙二十六年）与洪若瀚、李明、张

---

① 《正教奉褒》，页72，85，93，109，117，118。

② 坂口昂:《ライブニッツの「支那の最近事」につソて》，见《内藤博士还历祝贺支那学论丛》，页865—880，此据页869引。

诚、刘应等同来华，二十七年奉旨与张诚留京备用，二十八年奉召与张诚、安多等每日至内庭轮班讲授几何、测量、天文、地理、格致诸学，以供职勤劳，历年赏赐甚厚。二十九年与张诚、安多等扈从巡视塞外。三十八年又与张诚，奉旨扈游西湖、虎丘诸名胜。四十七年奉旨与雷孝思等往蒙古等处绘图，以上各情均见《正教奉褒》中，白晋以亲臣而接近中国最高统治者，故在一六九七年著成《中国皇帝传》一书，描写康熙的风格为人，以呈献于路易十四，此书后收录于莱布尼茨《中国最近事情》之第二版（一六九九年），由法文译成拉丁文，并附当今中国皇帝的肖像，译文即出于莱氏的手笔。大概白晋和莱布尼茨的关系，即从这一年十月开始，这年白晋因奉康熙钦命回法，招聘西方优秀的有学问的教士来华，同时带了康熙帝赠与路易十四的汉籍四十九册，收藏于巴黎王家文库，即现在的国立图书馆。一六九八年（康熙三十七年）秋冬，白晋偕同耶稣会学者如马若瑟、雷孝思、巴多明等十人再来北京，[①] 这时莱布尼茨和白晋已常有书信往还。一七〇一年十一月，白晋寄莱布尼茨《易经》之六十四卦图，莱氏以为可与一六七八年他所发明的"二元算术"互相发明，乃与白晋通讯讨论，这些信件现存于德国汉诺威图书馆中，尚未出版。据五来欣造研究所得，[②] 考定之如下：

（一）一六九七年十月十八日，白晋归返巴黎，第一次和莱氏通信，说及从弗查斯（Verjus）及其他学者处闻莱氏大名，且曾拜读《中国最近事情》序文，极其钦佩，附赠所著《中国皇帝传》，并述此次为法兰西王家文库带来了三百卷的中国书。

（二）一六九七年十二月二日，莱布尼茨在汉诺威复函感谢白氏通信和寄赠著书，尤其希望以后热心关于中国的通信。在此复函里，

---

① 石田干之助：《欧人の支那研究》，页183—184。

② 五来欣造：《儒教の独逸政治思想に及ぼせる影響》，页435—453。

莱氏除评论中国的历史、文字、数学及政治等外，并提出一种普遍的文字说。

（三）一六九八年二月二十八日，白晋从法国罗射（Roscher）地方与莱氏一函，最初提到《易经》的传说。

（四）一六九九年九月十一日，白晋从北京发函，并附赠莱氏以中国法律书，说及中国近代哲学不如古代哲学的有用。

（五）一七〇一年十一月四日，白晋的一封信与莱氏讨论中国文字，并送给他以《易》六十四卦圆图，和圆图内包含按八卦配列六十四卦方图，这木板图后由莱氏附上号数，其中希腊字则为白晋所加，现藏汉诺威图书馆。

（六）约一七〇一至一七〇二年间，莱氏一函评述他所发明的二元算术和伏羲《易图》的配列关系。

（七）一七〇二年十一月八日，白晋复函，论及此事。

莱布尼茨和耶稣会士的关系，除上述闵明我、白晋以外，当推张诚、安多、苏霖诸人，在《中国最近事情》中，即登载有他们从北京发出的书信或报告，详见下文。又十七世纪末年（一七〇〇年）来华之法人杜德美（Pierre Jartoux）亦曾与莱氏通信。因为闵明我、张诚、安多诸人，在礼仪问题争论中均站在赞成派一边，看《正教奉褒》所载康熙三十九年十月二日所上奏疏便知。[①] 因之莱布尼茨受此影响，

---

① 黄伯禄：《正教奉褒》，页 123，载康熙三十九年十月二日闵明我、徐日昇、安多、张诚等奏疏，略称："谨奏为恭请睿鉴，以求训诲事。窃远臣看得西洋学者，闻中国有拜孔子及祭天地祖先之礼，必有其故，愿闻其详等语。臣等管见以为拜孔子，敬其为人师范，并非祈福祐聪明爵禄而拜也。祭祀祖先，出于爱亲之义，依儒礼亦无求祐之说，惟尽孝思之念而已。虽设立祖先之牌，非谓祖先之魂在木牌位之上，不过抒子孙报本追远、如在之意耳。至于郊天之礼典，非祭苍苍有形之天，乃祭天地万物根源主宰，即孔子所云'郊社之礼所以事上帝'也。有时不称上帝而称天者，犹主上不曰主上而曰陛下，曰朝廷之类，虽名称不同，其实一也。前蒙皇上所赐匾额，御书'敬天'二字正是此意。远臣等鄙见，以此答之。"

在理论方面也就接近耶稣会，而反对多明我派的主张了。

b. 与莱氏辩论之传教士

（1）龙华民

意大利人，以一五九七年随布道会中人来华，先往韶州，一六〇九年被召入北京，次年继利玛窦为中国区耶稣会会长，对于礼仪问题和利氏意见完全不同。曾发表《灵魂道体说》，又著《关于中国宗教之几点疑问》（*Traité sur quelques points de la religion des Chinois*），有一七〇一年巴黎刻本。据费赖之《入华耶稣会士列传》本传所述，知此书原为西班牙文，载于那发累泰（Navarrete）神甫所撰 *Tratados historicos, politicos, ethicos y religiosos de la monarchia de China*（Madrid, 1676）一书中，经巴黎外邦传道会西塞（de Cicé）主教译为法文，法文译本重刻于莱布尼茨集中，附有注释，[①] 此亦可见龙华民与莱布尼茨的关系。莱氏因读龙氏的著作，发现他以中国哲学为无神论，实犯重大错误，乃不惜一一加以批评，尤其纠正了前书对于宋儒理气说所见的错误。

（2）栗安当[②]

案萧若瑟《天主教传行中国考》，“清朝顺治年间，栗安当神父由福建北上，至山东济南府驻足，是为方济各会士传教山东之始。康熙时，会士来者愈多，山东教务即由会士接受，耶稣会士渐不复至”[③]。又康熙年间杨光先控告天主教，栗安当亦被押送广东。[④] 可见他虽然是耶稣会的反对派，有时也和耶稣会站在同一战线。莱布尼茨因

① 《入华耶稣会士列传》，页 81—82。

② 栗安当为方济各会士，五来欣造《儒教の独逸政治思想に及ぼせる影響》，页 408“セント・マソー”误为多明我会士；又后藤末雄《支那思想のフランス西漸》，页 119，125 两处均以栗安当误写作“要妥当”，均为极大错误，应加纠正。

③ 《天主教传行中国考》，页 260。

④ 《正教奉褒》上朋，页 57，60—61，65。

读其一七〇一年所著《关于中国传教事业之几个要点的评论》（*Traité sur quelques points importants de la mission de la Chine*）乃指摘其错误，以拥护中国哲学为己任。

由上所述莱布尼茨与中国文化的接触，实以耶稣会士为其媒介，因与闵明我等往来，才有《中国最近事情》中所见之中国文化观；因与白晋往来，才发生《书简集》中所见之中国文化观；因读龙华民、栗安当的著作，才发生莱氏之宋儒理气观。现在试以次述之。

2.《中国最近事情》中所见之中国文化观

一六九七年莱布尼茨用拉丁文出版了一部《中国最近事情》（*Novissima Sinica, historiam nostri temporise illustrutura: in quibus de Christianismo publica nunc primum autoritate propagato missa in Europam relatio exhibetur, deque favore scientiarum Europaearum ac moribus gentis et ipsius praesertim Monarchae, tum et de bello Sinensium cum Moscis ac pace constituta, multa hactenus ignota explicantur*, Edente G. G. L., Anno MDCXCVII）详名为《中国最近事情——现代史的材料，关于最近中国官方特许基督教传道之未知事实的说明，中国与欧洲的关系，中华民族与帝国之欢迎欧洲科学及其风俗，中国与俄罗斯战争及其缔结和约的经过》，书名末题 G. G. L 编辑，经考证研究的结果，因本书有闵明我与莱布尼茨的一封信，和卷首编者的自白，互相印证，才知此三个字的隐名，即为莱布尼茨拉丁名 Godefridus Guilelmus Leibnitius（Gottfried Wilhelm Leibniz）的缩写。此书内容本文六项，共一百七十四页，均为在华耶稣会士的通信，卷头语《致读者》只二十四页，是莱氏当作绪论写成的。全书目次[①]如下：

---

① 坂口昂：《ライブニッツの「支那の最近事」について》，见《内藤博士还历祝贺支那学论丛》，页 865—880。此处所述全书内容见页 871—873。谢扶雅曾据之作《莱布尼兹与东西文化》，载《岭南学报》第一卷第一期，惟苏霖误作 Saulis，安多未写汉名，均应纠正。

一、卷头语

二、北京学会长葡萄牙人苏霖关于一六九二年起敕许基督教在华自由传教的报告书。

三、今上钦命在华所印南怀仁天文学的选录。

四、一六九三年十二月六日闵明我从果阿寄莱布尼茨的书函。

五、一六九五年十一月十二日安多从北京所发的书函。

六、一六九三、九四、九五年俄罗斯使臣（Murcovy）的中国旅行小记。

七、一六八九年九月二日及三日张诚从中俄边界尼布楚所发书函，述及在此地中国人与俄罗斯人战争及最后缔结和约的经过。

但最可注意的却是卷头语之一部分，所以丢同（Dutens）在《莱布尼茨全集》页 78 以下所收，也只以此一部分为限，因在这里包含了莱氏的东西文化观，和中国道德政治的赞美论。他劈头即告诉我们："全人类最伟大的文化和文明，即大陆两极端的二国，欧洲及远东海岸的中国，现在是集合在一起了。我相信这是有命运在安排，最高摄理恰好配合了这个事实。即使最有教养而最隔膜的二民族，便于互相携手，使介在此二民族间的大帝国，渐渐改善了它的生活状态。何则？联合中国与欧洲的俄罗斯民族，在北冰洋海岸，仍不脱野蛮风气，现在为着支配元老会议之君主自身的奖励，已渐渐和我们从事文化竞争，这决不是夸大的话。"[①]

这是把中欧文化沟通的使命让给俄罗斯人去担负的。他接着便比较东西文化，看出欧洲文化的特长是数学的、思辨的科学，即在军事上面，中国也不如欧洲；然而一说到实践的哲学方面，则欧洲人到底不及中国。所以说"我们从前谁也不曾想到，在这世界上有凌驾我们

① 五来欣造：《儒教の独逸政治思想に及ぼせる影響》，页 423—435 节译。

的民族存在，但是事实上，我们却发现了中国民族了”，这就是指那中国文化所特长的道德与政治的哲学。

从道德方面来说。“即在此领域，中国民族实较我们为优，即使工艺和技术方面，我们和他相等，又思辨的科学更较为优越。却是在实践哲学方面，换言之，即生活与人类实际方面之伦理及政治的纲领里面，我们实在相形见绌了（这是必须忍受的屈辱）。为什么？因为中国民族为公众安全与人类秩序起见，在可能的范围内成立了许多组织，较之其他国民的法律真不知优越许多。实在人类的最大害恶，即从人类而来，又复归于人类本身，人人相对如狼的谚语尚不足以形容。由于我们的无限愚昧，加以不幸的自然遭遇，还不够，我们又对于自身不断地创造苦难。要是理性对于这种害恶还有救药的话，那末中国民族就是首先得到这良好规范的民族了。中国在人类大社会里所获得的效果，比较宗教团体创立者在小范围内所获得的，更为优良。他们服从长上，尊敬老人，无论子女如何长大，其尊敬两亲有如宗教，从不作粗暴语，如或有之，便科之以欧洲杀亲之罪，处以绞刑。因此在彼等社会，习惯已成自然，无论对于同辈或下级的人，都竭力讲求礼貌，由我们不惯这种形式束缚的人看来，简直就是奴隶。尤其使欧人惊异的，中国农夫与婢仆之辈，日常谈话或隔了一日会面的时候，彼此非常客气，其殷勤的程度胜过欧洲所有贵族。至于中国官吏，更可想象而知。彼等谈话间，从不侮辱别人，亦不得将其愤怒、憎恶、愤激之情现于辞色。可是在欧洲即或殷勤，或恳切谈话，也不过最初接近的几天，一到彼此相熟，便毫不客气，一不客气很快便会变成讥讽、愤怒，乃至结怨成仇。反之，中国人间，无论邻人也罢，婢仆也罢，因为生活习惯的缘故，总是常常保持着一种礼貌。”

从政治方面来说。“那大帝国的君主，由于彼自身的伟大，虽则为人，却如神一般受人崇拜，一切唯命是从，这不是很可惊异的吗？

这位皇帝，圣德与圣智都极端发达，遵守道德，尊敬圣贤，臣下望尘莫及，高高在上，这不是很可惊异的吗？”“还有他处不易发现的事实，如在欧洲现在全数的伟大君主，对于内阁和会议，不免有所忌惮，中国则所忌惮的却是历史；同时对于子孙的敬意，亦如宗教一般。为要避免彼所设史官对彼不名誉的事实的记载，彼自身的行动便须加以检点。”“现在中国的康熙帝可以说是空前的伟大，他对欧洲人极其宽大，但为保持其皇位尊严的缘故，不曾宣言公认基督教。但是很明白地，如果不允许基督教的话（这是由于传教士的努力），则此君主之伟大而有益的思想，即将欧洲工艺与科学输入中国，便不会成功。由此一事，可见彼实较彼之一切顾问官更具远大的识见。依我意思，此伟大的圣智，实在于中国人的圣智之上，加入了欧洲人的圣智。何则？中国学术方面，在彼幼年时即受普通以上教育，只要注意到彼试验中国官吏，那一种严格的考官的态度便明白了（这是表示一个学者的最高程度）。但当基督教徒呈递请愿书的时候，彼却照着订正大学者所写请愿书的程度，依其自身文字，很妙地把自己的思想表现出来。”“如此他为人民精确地知道科学与判断不至误谬起见，乃因耶稣会士比利时人南怀仁的指示，注意于欧洲科学。这时欧洲科学的趣味在帝国里尚未经人注意，因之关于事物的知识及理解，彼较之一切中国、满洲人，不知优越许多。这恰如将欧罗巴的塔放在埃及三角塔的上面。使我想起在罗马时，耶稣会的杰出人物闵明我怎样对我赞美这位君主的德智，几疑为一种闲话。为什么？因为这位皇帝对于人民的正义、仁爱，还有谦逊等道德，惊人的知识欲望，几乎是不能相信的。他可以不顾同胞亲王及国内高贵人物的景仰崇拜，却与南怀仁共闭一室之中，如师生相对，每日耗费三四小时，以从事机械学、数学的研究。因此彼竟能了解欧几里得《几何学》的证明，学会三角术的计算，对于天文现象也可以用数学来表示出来。不但如此，依

Ludovicus 师（Ludovicus le Comte，李明）回国发表关于最近中国的报告，则此君主曾亲著《几何学》作为教科书，教导王子们以此科学的真理要素。他的希望是使自己家族能在世袭的帝国中输入科学，即他死了以后，还可依此使人民得到幸福，我以为在人类中是没有比这个更为优美的行为了。”因为作者认康熙帝是理想中最贤明的君主，故在一六九九年本书的第二版，增加了拉丁文译的白晋的《中国皇帝传》共一百二十八页，译者即他自己。这就可见莱氏对于中国政治是如何崇拜的情形了。[①]

由上莱氏赞美中国的道德与政治，结果便以为在实践哲学方面，中国实远胜欧洲，但在思辨科学方面，中国又不如欧洲远甚；所以，为人类的一般幸福和交换双方的文化起见，莱氏极表同情于传教士的行为。因为“它可以将中国数千年努力的结果输入欧洲，同时又将欧洲所有的输入中国”（一六九七年十二月二日给弗查斯的信）。用马弗利克的解释就更明白，就是“他希望传教士教中国人以启示的宗教，同时中国人教欧洲以自然宗教、道德与政治”[②]。所以莱氏满怀希望地又说：“中国传道者能够教给我们以自然神学的应用与实行，作为我们传授他们以启示神学的交换条件，因此中国便有遣送传道师来欧洲的必要了。”[③]

3.《书简集》中所见之中国文化观

莱布尼茨一生为事业而忙，所著《神正论》（*Théodicée*）以外，没有很大的著作。遗稿《人类悟性新论》（*Nouveaux essais sur l'entendement humain*）一七六五年才发行出版；一七一四年的《单子论》

---

① 坂口昂:《ライブニッツの「支那の最近事」にづフ》，见《支那学论丛》，页873—876，康熙帝の伝記。又关于此书，麦开尔:《莱布尼茨与中国传教》，页37—58亦有专章述及。

② 马弗利克:《中国为欧洲的模范》，页19。

③ 赖赫淮恩:《中国与欧洲》页80。

（*Monadologie*）和一六八七年的《形而上学论》（*Discours de Métaphysique*）都只能代表他思想的一部分。实际来说，莱氏却是极博学多能的人，他的全部遗稿大部分尚未发表，现存于汉诺威图书馆的，只就札记中备忘录一项，已有一万五千余通；至于与人往来的书信，经汉诺威图书馆馆长菩登曼（Bodemann）的初步整理已有目录（Hannover, 1889）一册，还有札记目录（Hannover, 1895）一册，又库士拉（Louis Couturat）所著《关于莱布尼茨写本目录》（Paris, 1903）亦可参考。在这些札记与书信之中，最可珍贵的是与中国文化发生关系的一些书信，如与法郎克（A. H. Francke）往来的书信，与白晋往来的书信。法郎克因莱氏影响成为提倡中国文化、中国思想之最有力的同志。他们往来的书信，有一六九七年七月九日法郎克与莱氏函，同年八月七日莱氏与法郎克函，同年八月十四日法郎克与莱氏函，同年九月三十日莱氏与法郎克函，一六九九年四月六日莱氏与法郎克函，同年八月十二日法郎克与莱氏函，均收入麦开尔所著《莱布尼茨与中国传教》附录中。[①] 现在只就他与白晋往来的书信来说，从一六九七年十月十八日最初通讯至一七〇二年十二月八日最后复信，往还共七次，见五来欣造《儒教の独逸政治思想に及ぼせる影響》中。[②] 在这些未曾发表的书函集中，莱氏对中国文化的观察实有很大的贡献。兹根据五来氏所著书，略述之如下：

六十四卦与二元算术　一七〇一年十一月四日白晋寄给莱氏的信，依据信中所述，知道莱氏曾提及二元算术问题，并送从“0”至“32”的数表，白晋认为这和易卦配列相同，这种数学从“32”以下，还可引申下去，最后并送莱氏以《易》六十四卦圆图，和圆图内包含按八卦配列六十四卦的方图，这就是现藏汉诺威图书馆、曾由莱氏附

---

① 麦开尔书，页 214—224。

② 五来欣造书，页 435—453。

上号数、并由白晋加上 αγω, καγτω 希腊字的木版图（第一表）。

莱氏研究此六十四卦图之数学的配列顺序，结果发见了和他在一六七八年发明的“二元算术”（Arithmétique binaire ou arithmétique dyadique）完全相同。[①] 莱氏为发明微积分的数学家，其二元算术原理在丢同的《莱布尼茨全集》第一卷第一部页 207、201 及库士拉所著《莱氏逻辑学》（*Logique de Leibniz*）的附录里均有记载。大意以“0”与“1”表示一切数目。由“0”与“1”引申，便可表示宇宙万有的数，这和《易经》以“阴”与“阳”引申，表示宇宙万有原理者，极相吻合。试将二元算术以“0”与“1”为数之起点，演之如次（第二表）：

把此数表与宋儒邵康节演六十四卦次序图比较一下，六十四卦用阴阳二符号，顺次递增，“⚋”即是“0”，“⚊”即是“1”，引申之如“000000”即䷁坤卦，“010010”即䷜坎卦，“101111”即䷍大有卦，依此类推，如第三表。

第三表以二元算术之数学记之，从“0”至“63”即合六十四卦的数目。第四表以“黑”“白”分阴阳，▨或▧即为阴，□即为阳，例如艮卦，“白黑黑白黑黑”，以易图表之为䷳，以二元算术表之即为“9”数。又如复卦，如表为“黑黑黑黑黑白”，以易图表之为䷗，以二元数学表之即为“32”数，依此类推。先懂得这个秘诀，便对莱氏的二元算术很容易明白了。案二元算术的体系，如第四表以下所列。

第五表右边第一行表示从“0”至“63”之数，第二行以下所列数字，与第三表演算图相同，惟读法不同。又第六表从“0”算起，第五表则从“1”算起，有些不同罢了。如第六表以“⚋”换“0”，以“⚊”换“1”即成第七表，与第一表相同。由此可见易图六十四

① 罗菩泰姆：《传教与京廷之耶稣会士》，页 252，述莱布尼茨亦称他的二元算术（binary arithmetic）得力于中国的八卦（Pa Kua）。

卦的配列，与二元算术完全吻合。因此莱布尼茨在得到六十四卦图木版图的时候，即在上面应用二元算术，加以号数的记号，以为易的配列顺序，和他在数学上的新发明可相印证，而大加赞叹不置。

我之最近不可思议的发见，换言之，即因读三千余年前伏羲——中国最初君主且为有名哲学家之一——的古代文字，发见秘密，对中国人实在是一件愉快的事，可以先许我们入国罢！因为中国人在二千年前便已失却这文字的秘密读法，在这书里，包含着不可思议的神秘（mystère cabalistiques），我从来未曾用过的新的计算方法，居然由我去发现了，这新方法能给一切数学以一道新的光明，因此方法，人们可以解决了许多困难。就关于这方面的材料来考察，我以为古代伏羲已得到此方法的关键，只要注意文字本身，或传教师刻射的《中国图解》，或柏应理及其他的著述，都很容易明白的。就是从中国人《易经》六十四卦的文字，也可以看得出来。这就是白晋送给我一本中国书的附录，却正和我给他所说明的原理完全符合。

约一七〇一至一七〇二年间，莱氏给白晋的一封信说：

再提到大函的重要问题罢！这就是我的二元算术和伏羲易图的关系。人们都知道伏羲是中国古代的君主，世界有名的哲学家，和中华帝国、东洋科学的创立者。这个易图可以算现存科学之最古的纪念物，然而这种科学，依我所见，虽为四千年以上的古物，数千年来却没人了解它的意义。这是不可思议的，它和我的新算术完全一致，当大师正在努力理解这个记号的时候，我依大函便能给它以适当的解答。我可以自白的，要是我没有发明二元算术，则此六十四卦的体系，即为伏羲易图，耗费了许多时间，也不会明白的罢！我之发明新算术是在二十年前，我认为以“0”与“1”表示的算术，较之从来所有的更进于完全之域，是有不可思议的效果的。但在我没有做到更成功以前，暂仍不愿发表，又以种种事情和思想关系，妨碍了不少工作，因此在任何的印刷物上始终不曾发表出来。正在这个时候，为贡献大师，以解释中国古代的纪念物，而收重大效用，真不知喜欢得怎样似的，这其间一定是有天意。若更得适当的人，作再进一步的研究，在大师的解释以上，加上新的方法，那末更可以因此唤起中国皇帝及重要官吏的注意了。

接着莱氏便讨论六十四卦圆图和圆图内所含方图的关系，以为圆图和方图是一样的，可以由圆图来说明方图，且以为圆图之作，说不定是模仿地球的。圆图的排列，一方面从右下方“0”与“1”开始，到右方的最高处，接近中心线上之011111即“31”数；另一方面从左下方“100000”即“32”开始，到左方的最高处即“63”数。莱氏以为邵康节圆图顺序所以这样不规则的缘故，是因与伏羲方位图的不规则相符合的结果。因为这一封信曾提及邵康节，且完全以邵康节的图学来说明二元算术与六十四卦的关系，这不是很容易看出他和宋儒理学的密切关系吗？

易图之宗教上的意义　莱氏主张中国的古代信仰与基督教相同，以易图为例。在给白晋的信里说：“关于二元算术，说起来不外0与1的作用，即‘无’与‘一’的作用，这种算术的最大功用，乃在宗教上可用为创造的象征。即在万物之初，只有一神，只有虚无的存在，而没有任何物质的存在。这个虚无是相对的，非绝对的，换言之，即依不完全的程度，在被造物中存着本质的制限；而此制限对于纯粹实在，即纯粹活动的将来，不外一种进步的否定，这恰似圆为圆周所制限一样。我相信，中国学者照此考察出伏羲智慧和我们一致的时候，他们也很容易相信这个伟人是表现着万有创造者的神，神依其创造万有，而从虚无里产生出来。如上从中国古典引出了阁下重要之教理问答一条，是很有讲给皇帝听的价值的。”莱氏又将八卦来附会基督教的《创世记》，以为“八卦即中国所认为根本的八线图，在伏羲是拿来显示创造的。万有皆从‘1’与‘0’而来，这个关系就是《创世记》的故事。因为‘0’可说是先天地而生的虚空，次之七日之中，每日均表示着存在之物与创造之物。最初第一日‘1’是神的存在，第二日‘2’即第一日所造天与地的存在（在000010中，1为天，0为地）。最后第七日为万有的存在，因之最后一日即最完全的一日，所谓安息日。因此一日创造功成，万物皆备，所以‘7’的写法应作与‘0’无关的‘111’。”这样以易图说明基督教义，可谓尽附会的能事了。

普遍文字说 莱氏热心中国知识，曾劝告克罗西（Le Croze）以研究中国语文有无限的用处。在一六九七年他答白晋一函更提倡普遍的文字说，依他意思用哲学的符号来表示抽象的必然的真理，这是最合于科学的，而且这种普遍文字，对于言语隔膜的远方民族实有不可思议的效用。为此，他很想利用中国文字。一七〇一年后因讨论二元算术与《易经》六十四卦的关系，又提出此点，以为伏羲画卦，含有文字学上的极大意义，我们最大的希望在把这种文字引申下去，以发明新文字。这种普遍文字的计划，虽在莱氏一生尚未具体实现，但提出普遍文字而注意及于思想计算与数的关系，因而特别赞扬易卦文字，这一点却值得我们去注意了。

由上可见莱氏所受《易经》的影响，即它的二元算术甚至最有名的《单子论》，其中根本主张均和《易经》的道理相合。他从一六九九年为巴黎学院会员，一七〇一年他把二元算术的研究送给学院，在它的末尾不忘附载从《易经》六十四卦来解释这数学，认为应该使中国人知道此二元算术为欧洲科学之优秀所在，同时也使中国人知道中国世界观之悠久神圣传统，如《易经》是和此科学相一致的，这就对于基督教之中国传道大有所帮助了。一七〇九年他给菩塞（P. des Bosses）的信里又述此希望。他在劝彼得大帝从俄国的学院派遣对华传教团时，又重述了一遍。莱氏这样看重二元算术是为什么呢？原来二元算术即是一种辩证法。莱布尼茨的哲学虽然是建立在形而上学的基础上的，却包含着显著的辩证法和唯物主义的因素。列宁在《哲学笔记》中曾经说过："因此，莱布尼茨通过神学而接近了物质和运动的不可分割的（并且是普遍的、绝对的）联系的原则。"[①] 莱布尼茨说"自然界中的一切都是相似的"。列宁批道："这里是特种的辩证法，而且是非常深刻的辩证法，尽管有唯心主义和僧侣主义。"[②] 又莱布尼茨看来，物体是在自身中具有活动力，具有永不静止的活动原则的实体，列宁批道："大概马克思就是因为这一点而重视莱布尼茨，虽然莱布尼茨在政治和宗教上有'拉萨尔的'特点和调和的趋向。"[③] 事实上莱布尼茨虽然也和《易经》一样主张有神，但所谓神是变化的、发展的，是自然神教之神，正如费尔巴哈所说："他用自然主义来限制自己的有神论。"[④] 所以马克思在写于一八四二年的一篇论文里[⑤] 竟说："莱布尼茨如何被布朗施威克农民起了个绰号'Löwenix'（不信教的人），并且被英国人克拉克（Clarke）和牛顿的其他拥护者责备为无

---

① 列宁:《哲学笔记》，一九六〇年人民出版社版，页427。

② 同上书，页431。

③ 同上书，页428。

④ 同上书，页438。

⑤ 见《第179号"科伦日报"社论》，《马克思恩格斯全集》第一卷，页115，人民出版社。

神论。”尽管莱布尼茨的哲学体系和《易经》一样存在着某种神秘主义和唯心主义的成分，如所谓预定的调和，所谓乐观哲学，认世间万事皆为前定，都是尽美尽善的；但《易经》既然在形而上学的基础上包含着许多自发辩证法和素朴唯物主义的因素，那么莱布尼茨受其影响，怪不得更显出它的进步作用了。

（B）莱布尼茨之宋儒理气观[①]

十七世纪法国哲学家马勒伯朗士[②]以中国哲学为无神论，而加以批评；但在另一方面，却有德国大哲学家莱布尼茨，对于此种无神论的批评取辩护的态度。不错，宋儒理学是很容易为欧洲学者、宗教家误解为无神论或唯物论的。裴化行所著《天主教十六世纪在华传教志》[③]说及《天主实录》一书的著成，“因为罗明坚和利玛窦知道中国学者受到宋朝理学派唯物主义的流毒，开始便解释天地间有一真主，随后就明天主的存在、天主的本性及其奥妙”；这是何等明白地注明耶稣会士对于宋儒理学所取反对的态度。龙华民所著《关于中国宗教之几点疑问》和方济各会士栗安当所著《关于中国传教事业之几个要点的评论》都是极端的例子。他们所攻击的孔门教理，即是宋儒之理气二元论，然而宋儒之理气二元论终究是和唯物论、无神论不同；又笼统地不分古儒与近儒，也容易使人发生反感，所以即在耶稣会士之中，葡萄牙人鲁德照即有《驳龙华民神甫汉文天主名称及礼仪问题等主张》之文一篇（见 Sommervogel: *Bibliothèque* 所引）。不消

① 参看麦开尔《莱布尼茨与中国传教》中“Li”“Ki”（页 112 以下）各项；平诺《中国与法国精神哲学的形成》第二编第二章“Les Philosophes”页 333—340“Leibniz”；赖赫淮恩《中国与欧洲》中“The Enlightenment”一章，页 75—98，或德文原本“Aufklärung，一章，页 84—97；五来欣造：《ライブニッツと儒教》第五节第二款，儒教の自然神学に对する彼の見解，页 406—422。

② “马勒伯朗士”即“麦尔伯兰基”之异译，余同。——编者

③ 《天主教十六世纪在华传教志》，页 265。

说，哲学家的莱布尼茨读了龙华民与栗安当的著作以后，更要起而为儒教辩护。他虽不知道理气二元论是宋儒的学说，却无意之中为儒教辩护，即为宋儒的理学辩护。他为此起草一篇给法国当时摄政的顾问累蒙（M. de Remonde）的长篇书函，一七一五年四月一日所发，现收入丢同之《莱布尼茨全集》第四卷第一部页169—210，及科陀尔（Kortholt）之 *Epistulae ad Diversos* 第二卷页414以下。莱氏这篇著作在礼仪问题上，无疑地是站在主张儒教之“天”与基督教之“神”为同一的耶稣会派一边；然他实更进一步，主张宋儒之“理”与基督教之“神”完全相同，这就已经超出耶稣会士的学说范围，而为莱氏的特殊贡献了。通讯全篇分为四部分，第一部论中国人之神的观念，第二部论被创造物、第一原理、物质及精神；第三部论人类之灵；第四部则是关于《易经》的解释。现在试将与本题有关者略述如下：[1]

1. 理

第一，理即是神，决不是物质。由莱氏看来，中国人确知精神的本体，但不认这个本体是和物质完全分离，这好比基督教徒中主张天使持有肉体一样。“中国人关于神的见解，依中国人的感情，赋予神以形体，认为世界之灵，这正如古代希腊、亚细亚的哲学家以神与物质结合，而肯定其存在一样。”但我们不能因此便认中国的“理”为物质论。中国人之祭六宗、山川、群神，虽有似于信奉偶像教，然亦不过如古代欧洲学者及教父赋予鬼神或天使以一种形体而已。所以“我们不能同意于龙华民及其所引熊三拔的话，以中国人附身体于精神之上，便不认其知有精神本体”。“而且中国古代著者主张‘气’即物质的生产，应属于‘理’即第一原理之下，这不是错误，不过应加以说明；只要注意近代中国哲学家以神为最高知识，位于物质之

---

① 五来欣造:《儒教の独逸政治思想に及ぼせる影響》，页406—422，

上，就很容易明白了。所以要确认中国人知有精神本体，便先须承认‘理’即规范为最初的创造者，万物的原理，相当于我们的神。这个‘理’决不要认做如物质之为被动的、粗重的、和一切绝缘的，乃至无规范的东西。”于是莱氏更进一步，对龙华民之理的解释下一批评。龙华民谓中国哲学之“理”，因有最完全的特征，一见似乎可以解释为神，但理是有一种缺点，即有物质之缺点，故理称之为神，不如称之为第一物质（Premiére matiére）。但是莱氏驳他：“即使中国人由于忽略的结果，而陷于矛盾论调，可是仍不能因此便下中国之理称之为神、不如称之为物质的轻易结论。我们可以暂且停止讨论，先注意在这两个断定之中，那一个更为明白，在那里是否尚有第三种的解释？又中国人所谓‘理’，谓为带第一物质的性质，不如谓其带有更多之神的性质。何况在此两说之中，神的解释，和他们学说之其他部分，更容易联络起来？”那末我们为什么还不肯承认理即是神呢？

第二，理是太极或上帝，决不是无生命、无感情乃至无灵明知觉的东西。依照栗安当的批评，以为中国人一方面以理、太极或上帝含有神的性质，另一方面又不认其有灵明知觉，这种信仰很明白是矛盾的了。但莱氏驳他：“要是有这样矛盾，为什么不取肯定善的性质方面，而排斥恶的性质方面的办法呢？理、太极或上帝是最初的统一，纯粹的善，造成天地的原理，即使同时自身不包含万物，但为互相沟通（Pour se communiquer）的缘故，而创造万物，那末不能不说创造便是他自身的知识，一切万有便是他的本质，又可以说是他的性质。理、太极即上帝，预见一切，处理一切，又不能不说是有全能的知的性质了。中国人所以不至矛盾，即因对于这些大事没有将他认为无生命、无感情、无灵明知觉的东西。即使在他们的学说中发见矛盾，那也不过教派的不同罢了。”

第三，理是最高的统一，一即一切，决不是部分的。莱氏因反驳龙华民，得到如下的结论："中国有'一切即一'与'一即一切'的谚语，可互相对照。依此谚语的意思，则神为最初的一，其成果的完全即在于其原因之中，决不在乎形式；换言之，即此一切的一'神'，决不是完全的物质。成果的完全，由于流出（emantion）而有，因为这个成果是神直接的成果。神常因成果而接近现在，依据他们的受动性，并在其所具有的完全之中，显示了自身。因此我们可以说神是充满一切，神即万有，万有即神；神为圆，同时又为圆心，因为神是无处不有圆心的圆的原故。这'一切即一'的公理，以龙华民所说为证，中国人所谓理为完全的统一性是不可分的，而更无可疑了。因为分割尚不可能，当然更无所谓部分的了。"莱氏更从泛神论的立场上，指出"有些人虽不以理为第一物质，却认理为第一形相（Première forme），这第一形相即世界之灵（Âme du monde）。古代多数的哲学家，阿维罗伊（Averoestes），或某种意味上的斯宾诺莎，均以特殊之灵为世界之灵的变化，好似第二物质为第一物质的变化，如此则特殊之灵不过在世界之灵的某部分中发生作用。这种学说并非不能成立，各物各有自己，各有自己的个性，特殊物质不过第一物质变化的结果，因为后者实持有部分的原故。然而第一形相，即是纯粹活动，是无所谓部分的，因为第二形相，不从第一形相产生（produit de）而依于第一形相产生（Produit par）。我们不能否认有些中国人犯此错误，但是古代中国人的著述中却找不到证据，只有龙华民从近代官吏（儒者）得到材料，才有这种说法，我们却相信中国古代经典，承认与理不同，而又从理产生出来的本体存在，是无所谓矛盾的"。

2.“理”与“气”之关系

次之，莱氏论及被创造物、第一原理、物质及精神。在这一章，他就宋儒所说"理"与"气"的关系，订正龙华民的学说，以为"理"即"太极"，气为第一物质，是太极所创造的。他的结论，谓

“理”是永远的，具有一切可能的完全性，一句话来说尽，“理”即我们所谓“神”之意义。因为理与上帝是同一事物，所以我们很有理由，以上帝一名称呼它；而且利玛窦不是说过，中国古代哲学家以上帝为最高的存在，这不是证明了中国人是有神的知识吗？

莱氏更以次论及上帝与道的关系。以为中国人崇拜天，以天为神，理支配一切，即是天之自然法则；这个法则又可称为天道，天道与理是同一的。虽然第一原因存在宇宙万物之中，理却是宇宙中最完全的东西，所以高高在上，而此在天之理，效用极大。中国人崇拜上帝，不是如栗安当所称“物质的天”，而是支配天的法则，即是“理”；所谓“天命”，所谓“天则”，即是我们所谓理性之光。逆天是违反理性的行为，顺天即是服从理性的法则，不但没有丝毫恶意，而且就其根本来看，是纯粹基督教的。

次之更论及在上帝下位的所谓“鬼神”。依莱氏解释，以为中国古代哲学家以鬼神为天地最高君主的大臣，支配下位物体，又为诉于人民想象力的原故，为特别物，创造了许多相当的鬼神名号。因为他们说一切即一，此唯一的原理“德”，到处表现于特殊物的异象之中，即如四季之神，山川之神，和支配天的上帝是同一的。在此，莱氏便介绍了自己的哲学说，以与中国哲学比较，以为中国哲学将一切归于自然的原因，这种合理的态度很值得赞美。他最后对于中国人信仰的结论是：“我不想在任何点上批评中国人的信仰，概括地说，我的意思以为他们哲学家的企图是在尊崇理，即最高的理性。此最高理性到处表现着、活跃着，在粗重的物体里，又依下级鬼神而间接表现于有道德的大臣的灵魂里，这些哲人对于最高圣智所特别表现的对象亦加以敬意；然而各人均依照法则，而尊敬其适合于自己身份的对象物，如皇帝祭天地，贵族祭山川，学者崇拜大哲学家、大立法家的精神，又各人对其家族中有道德的灵魂，亦须表示敬礼。”

3. 人类之灵

次之更进而论及人类之灵，反对龙华民和栗安当的说法，因为两人均认中国误于儒教的无神论，以为中国人的宗教不过一部喜剧。依莱氏意思，则中国古说确实承认灵魂为永生不灭，但不谈天堂与地狱之说，只有道家才说及地狱与极乐世界，近代中国学者均不睬来世，以一笑置之；然而君主为管理人民，在赏罚之外，更提倡神道设教，又为崇德报功之故，而有祖先崇拜的遗风而已。

总之，莱氏对于中国的自然神学，大体上是取辩护的态度，而认理即神说和他的哲学相同。他根据宋儒的“理”建立了它的哲学中心——所谓“理由律”。他用种种名称如云“我的大原理”，或“最高秩序之法则”，或“一般秩序的法则”，或“神之主要企图或归宿”，而要之其和宋儒理学的关系是很明白的。关于这点小林太市郎所著《中国思想与法兰西》[①]书中颇有发挥。他并指出莱布尼茨在他著《单子论》以前从“理由律”建立它思想全体系的基础，这是已经周知的事实，可是理由律是从那里来呢？在莱氏一六七〇年所写的书都只言及对称律，但在一六八七年《中国之哲人孔子》出版以后，在那里《大学》《中庸》及《论语》均有朱子注的拉丁文译本，莱氏读了这书以后，才发明“理由律”（Principe de Raison），这分明是受了宋儒程朱所说“理”的影响，故以“理由律”为其哲学全体系的核心。由此影响更可见莱氏和宋儒理学关系之密切。

末了更应该注意的就是莱氏不但是一个大哲学家，受了中国哲学的影响；而且是一个实行家，要积极地提倡中国学术。所以在他发见中国人理神的信仰以后，便格外注意沟通中西文化。他极力主张当时应该设立学会，设立包括异教徒的世界教会，最先网罗世界的全部知

---

① 小林太市郎：《支那思想とフランス》，页118—122。

识，编纂百科全书辞典。这个计划他记载在他一六七六年二月在巴黎时所写日记里，并且他曾将此种希望寄托于俄皇彼得大帝，想从西伯利亚方面，和中国接近。又于一六九七年十月十二日致书于东方学者罗道福（Ludolf），希望俄皇能使欧洲与中国相结合。不但如此，他因主张中国文化与欧洲文化应互相交换，欧洲应该接受中国的文化，所以竭力计划在法国、德国、奥地利、俄罗斯设立学士院，其中均设有中国学研究之一部门。据福兰阁（Otto Franke）所述："它最初的结果就是普鲁士科学会的建立，随后又有德雷士登（Dresden）科学会之建立，再后又有彼得堡和维也纳的科学会的建立。普鲁士学会已在一七〇〇年产生出来，维也纳学会已在一七〇四年产生出来，至于彼得堡学会则延至他死的时候。"[①] 这些学会不过几年就出版关于中国文化的书籍不少，而且从事于蚕桑的培养，成绩也很不错。莱氏还很注重中国医学，指出中国医学的优越性，在一六六九年所草在《关于奖励艺术及科学德国应设立学士院制度论》中他说，"在医学方面，中国的规程不论如何愚蠢奇僻，而它总比我们的要好些"。他还写信给传教士敦促他们翻译那些优于现代法律的中国古代法律和天文学与医学著作，并要求他们解决一些中国医学上的问题。莱氏这种对于中国热狂的求知欲，几乎把中国的物质文明给它理想化了。[②]

（C）莱布尼茨之影响——沃尔弗

莱布尼茨的中国文化观影响很大，尤其重要的是赖赫淮恩书中所特别注意的两大哲学家，法郎克（A. H. Francke）和沃尔弗都是在

---

① 赖赫淮恩:《中国与欧洲》，页 83。又 Franke: "Leibniz und China"，见 *Aus Kultur und Geschichte Chinas*, SS. 313—330，关琪桐译《莱布尼茨与中国》，见《中德学志》第二卷第一期。

② Franke 同上书，页 316；《莱布尼茨与中国》，页 10。

莱氏的影响之下而提倡中国思想中国文化的。法郎克还偏重于传道事业方面，他于一六九二年曾在哈尔大学讲授东方语言，一七〇七年在哈尔（Halle）设立一东方神学院（Collegium Orientale Theologicum）并设有中国哲学研究一科；不过他的贡献仍在教育方面，对于莱布尼茨沟通中西文化的计划似乎尚少尽力。只有沃尔弗和莱布尼茨一样，极其崇拜孔子哲学，而且影响比他的先生更大。沃尔弗对于中国哲学的兴趣，是非常偶然地通过莱布尼茨对中国文化各领域的赞叹所引起的。沃尔弗在一本于一七一七年在莱比锡发表的作品 *Actaetuditorum* 中公开了对莱布尼茨生平和作品的评价，在此评价中，他强调了莱布尼茨对中国文化的兴趣以及莱布尼茨和在中国的传教士的通信（捷・A・茨米普耐尔:《中国老子与沃尔弗》页 60、《哲学译丛》1962. 5—6 号）。莱布尼茨用外国语著书，影响不过少数的政治家和学者，沃尔弗则完全将孔家思想用德语遍布于大学知识思想界，收很大的效果。他有一次在一七二一年七月十二日在哈尔讲演《中国的实践哲学》（*Oratio de Sinarum philosophia practica*）[①]，这在德国哲学史上可算一桩大事，同时也是使欧洲学者了解中国哲学的重要文章。因沃尔弗的提倡，其结果在他哲学的全盛时代，中国哲学竟得到普遍的影响了。赖赫淮恩所举两人以外，五来欣造著书中[②]更举及两人，一为沃尔弗弟子彪芬革（Bülffinger）关于中国哲学的著述（*Specimen doctrinae veterum Sinarum moralis et politicae; tauquam exemplum philosophiae gentium ad rempublicam applicatae; excerptum libellis Sinicae Genti classicis, Confucii sive dicta, sive facta complexis*, 1724, Frankfurt）。此书内容论及中国之道德及政治哲学，中国教育与

---

① 此书附关于 Intorcetta, Couplet, Noël 等笔记：法译本译者 J. H. Formey 收入一七四八年 *La belle Wolffienne*。

②《儒教の独逸政治思想に及ぼせる影響》，页 456—457。

欧洲哲学神学及道德的比较，最后附录关于中国文学的短篇论文，在这本书里彪芬革特别赞美中国道德和政治相结合的一点。其次，卢多维西（Carl Güinther Ludovici）在其所著《评论莱布尼茨哲学之全部发展史》序言末了有重要的一段，述及研究莱布尼茨与沃尔弗的世界观，须先研究柏拉图和中国的哲学。这不是很容易看出，莱氏和沃尔弗哲学在德国当时实有很大影响，结果将中国的哲学完全介绍给德国的一般知识思想界吗？

最可注意的，自然还是沃尔弗的学说。[①]一七〇七年他因莱布尼茨的介绍，得充哈尔大学的数学教师，同时讲物理学及哲学，后因德文及拉丁文著述的成功颇享大名，因为同事的嫉忌，不久便与同大学的神学家们发生冲突。当时大学方面以虔诚派的正统神学派占势力，他们以为理性只是信仰的仇敌，尤其是教授朗格（Johann Joachim Lange）觉着使学生听沃尔弗讲义很是危险，法郎克也抱同样见解，因此呈请政府明令禁止沃尔弗讲演哲学。沃尔弗也不肯示弱，对于这些神学教授不断地下批评，因此不幸的大事件便忽然发生了。当一七二一年朗格教授升任大学副校长的时候，沃尔弗照例对继任者献一祝辞，他乘此机会试用拉丁语讲演《中国的实践哲学》，极力赞美儒教，稍带着轻视基督教的倾向。这么一来，便给反对派以攻击的口实，结果政府便命令他在四十八小时内，迅速退出哈尔大学及普鲁士国境。关于这件事情，德国蔡勒（Zeller）曾把他和费希特从耶拿大学放逐事互相对照，他说：

在德国哲学史上有两件很相似的事情，就是沃尔弗在哈尔

① 五来欣造：クリスチセン・ウオルフと儒教，见同上书第五章，页474—528；赖赫淮恩《中国与欧洲》中“The Enlightenment”一章，或德文原本“Aufklärung”一章，页93—96。

大学被逐，和费希特之离开耶拿讲坛。这两件事情中，尤以前者的意义格外重大。

又霍甫丁在《西洋近世哲学史》中，也有简单的叙述。[①]他说："沃尔弗因为他的学说，曾完全使其走入暂时苦恼的境地，因为国王腓特烈·威廉一世（Friedrich Wilhelm Ⅰ）以其学说中包含有宿命论，而解除了他的大学教授职务，甚至限其于四十八小时内离开国境。"但霍甫丁还没有明白说出沃尔弗之离开哈尔大学，完全是为着提倡儒家学说的结果。关于此事的经过，以巴托美斯（Bartholmèss）所著《柏林学士院哲学史》（*Histoire philosophique de l'académie de Berlin*）所记为最详尽。沃尔弗与虔诚派的正统神学派的冲突，实际即为理性论哲学与信仰的冲突，换言之即哲学与宗教文化的冲突。哲学史家蔡勒曾注意于这种冲突的原因，他以为这种冲突从莱布尼茨时代已经开始，不过莱布尼茨与虔诚派的创立者斯培纳（P. J. Spener）虽发生冲突，影响很小。沃尔弗则以本国文字作通俗宣传，而且他的哲学精神根本和正统派神学绝不相同。正统派神学主张超自然主义的信仰，沃尔弗则用数学的方法，每一事物均须找出理性的根据。他要将超理性的变为理性的产物，超自然的变成自然的信仰，这当然和虔诚派的正统神学发生正面冲突，结果便不得不引起绝大的学潮了。本来在哈尔大学之中，沃尔弗和朗格私人的感情就不很好，如大学助教一职，沃尔弗推荐他的弟子吞密格（Thümmig），朗格则为其子力争，结果沃氏是胜利了；又朗格怂恿沃氏弟子斯特勒拉（Strähler）著《关于神世界灵魂之沃尔弗思想的批判》均为好例。但是沃氏学说在德国当时实为支配一时的新思想，颇受学生欢迎，一七二一年七

① 《西洋近世哲学史》，页118。

月二十一日《中国的实践哲学》的讲演又指摘朗格，称之为“滥作者”（polygraph），当然更引起神学教授们的反感，所以在这事件发生以后，哈尔神学部的教授便立刻召集会议，对于沃氏的演讲辞提出二十七条的误谬之点，且加以面责。一七二五年沃氏将演辞公开发表，并作答辩，乃神学部的教授们又运动分科大学长法郎克作友谊的忠告，要求沃氏交出原稿，竟遭拒绝，事情总算一时平静下去了。却即在那时，大学方面学生因对新副校长不满，要求沃氏复任，因此朗格非常愤怒，一意运动宫廷，驱逐沃氏，结识了一位侍臣中有名的滑稽家干达林（Gundling），把沃氏学说形容得非常可怕。当时国王腓特烈·威廉一世，本是一介武夫，他除了军队、宗教、金钱以外，什么也不知道，因轻信谗言，大为震怒，遂于一七二三年十一月八日下一阁令，命沃尔弗于四十八小时以内离开哈尔及普鲁士国境，并附言，如不听命即处绞刑。同时放逐者还有吞密格和另一位教授。沃氏教职以朗格的亲子代之，于是沃尔弗的反对党大告成功。朗格原意只想限制沃氏讲学及著书的自由，接到国王严令，反而狼狈至于废寝忘餐者三日三夜，表面的胜利终抵不过内心的不安，何况这种胜利也只是暂时的呢！马克思在一八四二年一篇文章里曾用讥笑的语气来批判朗格说：“不学无术也没看到它是在充当告发沃尔弗的约阿希姆·朗盖的角色。朗盖认为沃尔弗的先定学说似乎会使士兵临阵脱逃，削弱军纪，以致瓦解整个国家。”[1] 对于这不学无术的朗格和政府的压迫，那时第一流学者均抱反感，而表同情于沃尔弗方面，从前不注意他的学说的人这时也开始注意了。于是关于沃氏哲学的内容、价值或基督教的问题，遂成为学界议论中心，因此而著的书差不多有二百余种，而其中有一百三十种反对他，有九十种是赞成他的：一方面有人攻

---

① 马克思:《第 179 号“科伦日报”社论》，见《马克思恩格斯全集》（第一卷），人民出版社 1956 年版，页 128。

击，另一方面有人拥护，攻击的有乌布萨拉（Uppsala）大学，拥护他的有赖德（Ryde）、波伦亚（Bologna）、斯德哥尔摩（Stockholm）等大学。瑞典国王聘他为摄政的顾问官，彼得大帝则招聘为圣彼得堡学士院副院长，不就则畀以年金，甚至某处炼铁工人华格纳（J. V. Wagner）也取笔援助沃氏，而攻击朗格。这种论争继续至二十年之久，而在当时青年人物总是热狂地站在沃氏一边。沃尔弗被哈尔大学驱逐，不过十年之间，舆论把他推举出来，其结果他的哲学更为有名，甚至于支配那个时代了。

照实来说，沃尔弗学说主张孔子哲学和基督教并不冲突，这只算莱布尼茨中国文化观的引申，不算什么创见，然而当时德国政府和学校当局，竟认他的演辞近乎无神论，把他驱逐出境。这一放逐倒把孔子哲学格外得到意料不到的成功。沃尔弗既离开哈尔大学，因黑斯卡塞尔（Hessekassel）国王的同情，即被聘为马堡大学教授，为该校学生所热烈欢迎，沃尔弗在这个大学工作共十七年，可算马堡大学最光荣的时代。在那样规模很小的大学，却拥有一百名以上的听讲者，因而他在经济上也富裕起来，收入很多，同时又蒙宫廷的优遇，生活非常幸福。一七四〇年普鲁士国王腓特烈·威廉一世逝世，他的承继者腓特烈大帝（Friedrich der Grosse）是后来世间的雄主，一向赞美沃尔弗学说，为表示他尊重思想自由的缘故，他特别聘请沃尔弗回哈尔大学，并任以宫中顾问与柏林学士院职务。又一七三九年腓特烈·威廉一世因沃尔弗曾出版伦理学，以第一卷进献皇太子、第二卷进献国王，颇感以前措置的错误，遂下令普鲁士各大学均讲授沃尔弗的学说，因此沃尔弗对于孔子哲学更有发挥的机会。由此事实，更可证明中国文化在启明时代是有重大的影响无疑了。

沃尔弗是德国启明思潮的开创者，他对于中国文化的观察，即所著《中国的实践哲学》一书，当然很值得我们注意。在此演说辞中，可分为三大部分：第一叙述中国的政治道德，即实践哲学的发达史，尤其注意孔子在中国的地位。第二，儒教与基督教的比较，即以中国实践哲学的原理“自然性”或“理性”来和基督教的原理“神之恩惠”相对照，以明其性质的差别。第三，讲明中国人的道德原理和作者所持的道德原理相同。[①]

在第一部分里，沃氏最先证明儒教为中国的传统精神、发生在孔子以前。中国最古的君主同时即哲学家，或受支配于哲学家，要是如柏拉图所说哲学家的君主必为国家造福的话，那么中国人很早已经实行了。从伏羲、神农、黄帝、尧、舜以至夏、商、周三代，中国均保有最完全的法律和政府。尧、舜传贤而不传子，这时是中国的黄金时代，夏启以下，君主世袭，这可以说中国道德坠落的原因。孔子则渊源所自，实发端于古代君主，叙书、传礼、删诗、正乐，因史记而作《春秋》，他虽不是一个创造者，却是中国圣智的复兴者。中国人之尊崇孔子，有如犹太人之于摩西，土耳其人之于穆罕默德，基督教徒之于基督一般。不但如此，中国人纪念孔子，对他学说之尊崇，几乎不能令人相信，且有过于吾人之尊崇阿波罗神。又孔子的权威，有如昔日毕达哥拉斯或亚里士多德的权威，由他的弟子看来，孔子就是理性的代表，把他来和基督、穆罕默德比拟一下，就知道他的价值了。

在第二部分里，沃氏将儒教与基督教相比较。前者以自然性为基础，后者以神之恩惠为基础，但神之恩惠并不是和自然性相冲突的。依人类的自然性而接受神惠，只有增加力量的好处；依神惠而得的知识，也自然而然和人的自然性相合。因此理性与信仰可以互相调和，儒教和基督教也正是相反相成。柏应理的报告曾举一个基督化的中国人为例，告诉我们：“基督教教义的结果补充了孔子的微言大义，与

---

① 五来欣造:《クリスチセン・ウオルフと儒教》第二节，第二款—第五款，页505—523。

儒者不完全的哲学。”同样地基督教也有缺点，因此沃尔弗便暗示以儒教的道德原理，来补充基督教之所不及。

在第三部分里，沃尔弗极力为中国的理性主义张目，以为只有理性才是真正的道德原理。又论中国的教育制度，以为在中国的幸福时代，即在吾人赞赏的贤明君主之下，在此帝国常有二种学校，一为儿童学校，一为成人学校。儿童从八岁至十五岁，理性尚属幼稚，只好实行感觉教育，及至理性发达，抱着高尚底目的时，才许进入成人学校。所以儒教学说的主要点，由沃氏看来，只是理性的教养，“古代圣人的主要任务，即在使理性达到完全的领域”。

虽然沃尔弗和莱布尼茨一样，只能间接从翻译的书籍里面得到中国的知识，如他自己所说，是完全依据于卫方济《中华帝国经典》一书，可是他对于中国的认识，有时超出译者的见解之上。如以二十年研究中国的卫方济，主张其书中所述不外指示家族与国家之浅近道德，沃尔弗则更进一步，宣言“我反对这种说法，在直观的一瞥之下，我发现了此等著述实隐藏着圣智的真理，只有学术才可以发现出来”。他又说及“许多人都说因为言语隔阂关系，很难接近中国科学，这不算一回事，因为在我们的学派中，已经发见有可以补充它的地方。但是这是一种武断的论调，只要我们更深一层来观察，便可发见，无论在道德政治之任何方面，我们都不能和中国人的原则相比较。在孔子的著述中，虽有方法论上的缺点，缺乏欧洲人雄辩之风，却是如果我们放大眼光，把握他们的一般法则、辨别出他们将地上政府建立于天上政府之确实的原则上面，那末便很容易发现他们是怎样具有最深的见解和最崇高的思想努力了。”

总上所述，可见莱布尼茨的影响，经过沃尔弗而更加扩大起来，沃尔弗用德国语言很普遍地宣传中国哲学，他的见解又在耶稣会士卫方济之上，所以影响更大。一方面影响于腓特烈大帝，使他倾向于哲人的政治理想，一方面因尊重理性的原故，在沃尔弗等人的思想影响之下，发生了德国观念论的哲学。观念论实际即是理性论。《纯粹理性批判》的著者康德，他就是从哈尔来的舒尔兹（Schultz）的弟子，是沃尔弗的再传弟子，这可以说明德国古典哲学也可能间接地受到了中国哲学、特别是理学的影响。

三　中国哲学与法国革命

十八世纪欧洲所受中国思想的影响，德法两国稍有不同。固然有人说，“十八世纪欧洲文明的缺点，一方面为君主政治的腐败，一方面为贵族政治的弊害；前者以法国为代表，后者以德国为代表。在这个时候为医治上层阶级的利己主义，德法均需要一种救药，所谓启明专制主义，这就是中国孔家的根本思想。然而在德国因有很好的医生，如莱布尼茨、沃尔弗等，又腓特烈大帝亦为中国孔子的间接信徒，运用他的政治手腕，消灭贵族政治的弊害。但在法国却因受病太深，医师的力量不足，故其结果虽受孔家思想的影响，而不得不走向大革命与流血惨剧一途”①。说这话的五来欣造是站在封建统治阶级立场而提出改良主义愿望的思想，其实这种专从政治方面来下断案，早已犯了只看见树木不看见森林的毛病。中国哲学在十八世纪欧洲思想界无论德法，均发生了重大影响。恩格斯在一八四三年《大陆上社会改革运动的进展》中指出“德国还在宗教改革时代就曾有人主张实行社会改革”②，但从半世纪以来德国引以自豪的，却是“哲学革命”。他说：“在法国发生政治革命的同时，德国发生了哲学革命。这个革命是由康德开始的。”③ 又在一八七七年《社会主义从空想到科学的发

---

① 五来欣造：《儒教の独逸政治思想に及ぼせる影響》，第三篇，第三章，结论，页693—694。

② 恩格斯：《马克思恩格斯全集》（第一卷），人民出版社 1956 年版，页 584。

③ 同上书，页 588。

展》中说："这时与十八世纪法国哲学一道并且继之于后，兴起了新的德意志哲学，它在黑格尔身上达到登峰造极的地步。"[①] 可见在中国思想的影响之下，德国虽和法国不同，却有一个共同之点，即是哲学革命。不过同在哲学革命之中，德国又与法国不同，同为孔子思想，德国莱布尼茨、沃尔弗把它当作"自然神教"来接受，而法国百科全书派则当作"无神论"来接受；德国偏于思想的革命，法国偏于政治的革命。德国的影响是由哲学家们用那无生气的干燥无味的文体来写辩证法观念论的哲学，法国的影响则由革命思想家们，利用中国哲学来鼓动一场伟大的革命。前者以中国思想来建设，后者以中国思想来破坏；前者所认识的中国文化较为现实，后者所认识的中国文化较为理想，有这些不同罢了。现在先从中国哲学与法国革命的关系说起。

一、哲学与大革命

（A）大革命的历史观

一七八九年的法国资产阶级革命，它不愧称为大革命。列宁写道："拿法国大革命来说吧。它被称为大革命不是没有道理的。这次革命给本阶级，给它所服务的那个阶级，给资产阶级做了很多事情，以至整个19世纪，即给予全人类以文明和文化的世纪，都是在法国革命的标志下度过的。"[②] 然而追溯这个资本主义在先进国度里之胜利和确立之时期，从思想方面来说就是哲学革命。如黑格尔所曾说过的："有人说过法兰西大革命，乃'哲学'的产物，而'哲学'又被

① 《社会主义从空想到科学的发展》，页50—51，人民出版社1956年版。

② 《全俄社会教育第一次代表大会》，见《列宁全集》第29卷，页334，人民出版社1956年版。

称为‘世界智慧’，这不是没有理由的。因为它不仅是自己在自己与自己为自己的‘真理’为事物之纯粹的本质，而且也是表现在人世事务方面的‘真理’，在它的有生命的形式之中。所以我们不能否定那种说法，所谓法兰西大革命从‘哲学’得到第一次推动。”①

这当然还是唯心史观，实际这资产阶级革命之不可避免的基本原因，是由于历史上反动的专制制度和整个封建专制体系不能适合已较为成熟的资本主义经济形式。即因如此，所以在法国启明运动一开始即站在反对“教会”的立场上面，正如恩格斯所指出“所有以前的社会形式和国家形式，一切传统的观念，都被当作是不合理的东西，被抛到垃圾箱里去了；直到如今，世界只是被成见所支配；已往的一切，只值得怜悯和鄙视”②。所以法国革命又可以说就是反宗教传统的哲学革命。换言之，即以哲学的文化代替宗教的文化。故由宗教的史家看来，法国革命就是由于一些伪哲学家所倡异端邪说的结果：

> 法国大革命乃欧洲历史上大有关系之事，影响所及遍于全洲，为各国改革政治之先声，固不独圣教会被其扰乱也。推其原因盖有多端，而无宗教派之鼓吹尤其原因之大且远者。自十八世纪初，彼伪哲学家与马嵩（Massones）秘密会，即竟为异论，不惟反抗教中神权，且疾视君长，提倡平权自由之说。至十八世纪末，其说已浸淫人心，使人民大多数之心理皆企望革命，跃跃思逞。③
>
> 圣教受攻击虽无时不然，未有如第十八世之甚者。十八世纪伪哲学家出，倡思想自由之说，以个人之聪明智慧，为论断事

① *Lectures on the Philosophy of History*. p. 465；《历史哲学》，“启蒙运动与革命运动”一章，页 708—709。

② 《反杜林论》，三联书店 1956 年版，页 14。

③ 萧若瑟：《圣教史略》第十六卷，页 367。

> 理惟一之定衡，凡一切超性之奥理，信德之要端，为人明悟所不及者，皆摒绝不信。此说也，与天主启示之教适相反对，故亦谓反对超性教说。其为害于圣教会，较之尼罗（Nero）之屠杀，戴克里先（Diocletianus）之酷虐，尤为凶残。[①]

这里当然没有注意到这种反宗教的异端邪说和领导资产阶级革命的关系，所以《圣教史略》的作者和黑格尔一样，都只抱着一种唯心史观。唯心史观所见的法国革命，当然是唯心的革命了。如以路易·马德楞（Louis Madelin）所著《法国大革命史》为例，即带着很浓厚的唯心史观的色彩：

> 既然有孟德斯鸠、伏尔泰、卢梭这班人当先生，就有罗伯斯比尔、丹东（Danton）、布里索（Brissot）这班人当学生。……作者曾经研究过这一百年内情形，把从一七八九年这十年间以来二十个的革命大家的各种环境又都研究过，才晓得他们都饱装了一种共同的哲学，可惜全是破坏的哲学。
>
> 这种哲学的潜力，发生不止一种效果，法国的大革命就是这班聪明人同一班自以为是思想家的人预备的办出来的。他们的思想就是这五十年间的思想，就是武断的思想。古代的思想，还有什么同胞、人道、反对基督教、同推翻一切、毁灭一切的思想。[②]

法国革命怎样受了哲学家的帮忙，马德楞下面的一段话说得更为明白：

---

① 萧若瑟：《圣教史略》第十六卷，页 338。

② 马德楞：《法国大革命史》，伍光建译本，第二章，页 14—15，一九二八年商务印书馆版。英译本：*The French Revolution*（一九二六年，纽约）页 14—15。

> 除了哲学家之外，还有什么人能够钳制政府的威权呢？能够夺了贵族们的利器呢？能够把少年市侩们的头脑装满了革命的精神呢？毋论哲学家是被反对革命的人所痛骂，毋论被以革命为荣耀的人所称赞，总而言之，哲学家要担负这个责任，是无可驳的了。①

然而革命原是由更重要的事实酝酿成功的，这里唯心论的解释，只夸张主观努力的一面，没有注意当时经济情况和阶级力量对比的关系，好像大革命止是由于少数煽动者的革命思想制造出来的一样，事实恰好相反，革命的基本原因是物质的原因。要问法国革命是什么？法国革命就是阶级斗争。正如恩格斯在《社会主义从空想到科学的发展》英文本序文中所说，“法国大革命是资产阶级的第三次起义，可是这也正是第一次完全丢开宗教外衣，而在公开政治基础上作战的起义，这也正是第一次把斗争进行到底，直到交战的一方（贵族）被消灭而另一方（资产阶级）获得完全胜利的起义。”因为是阶级斗争，所以我们对于这次震动全欧的、推翻一切的数年之内开始全部改造工作的法国大革命，不可不从唯物主义历史观来说明它是怎样受当时社会经济环境的影响。那不是只因为哲学的对立而彼此分开党派，相反地是因革命期间阶级的矛盾斗争，因而发生党派之间的思想斗争。这可以威廉·布洛斯的《法国革命史》（Wilhelm Blos: *Die Französische Rovolution von 1789 bis 1804*）所说来解释。他以为“法国革命的各种局面构成一批阶级斗争，而各个人的占重要位置，也是由这种斗争中发生出来的”②。他很详细分析法国社会的各阶级、君主与宫廷、教

① 马德楞:《法国大革命史》，伍光建译本，第二章，页 17，一九二八年商务印书馆版。英译本：*The French Revolution*（一九二六年，纽约）页 14—15。

② 布洛斯:《法国革命史》，序言，页 1。

士、贵族、中等阶级、手工业劳动者与农民，尤其是那些被抽筋吮血的农民，那些饿得半死的日工，那些受切肤之痛的奴隶之何等困苦何等失望何等愤恨啊！[①] 但是只看到当时被剥削的被压迫的大众不能生活下去，没有看到剥削者何以不能照旧地统治下去，这还是不够的。现代法国历史家索布尔（Albert Soboul）所写《法国革命时期的阶级和阶级斗争》（一九五一年）对于我们分析剥削者“不能”这一点，是有一些帮助的。但虽如此，任何优良的著作里都未曾注意到一个事实，即法国革命思想与中国哲学也有关系。尽管这文化接触的原因不是主要的原因，但无疑也是促进当时法国社会经济的原因之一，是应该放在物质的总原因之下来解释的。例如讲到大革命前夕贵族奢侈与贫困对立的现象，那代表剥削者一边的君主贵族乃至妇人如杜巴丽（Madame de Barry）、彭帕杜尔一流，他（她）们穷奢极欲挥霍无限财富，他（她）们代表当时盛行的中国趣味狂，中国趣味统治了法国宫廷与贵族的嗜好，而宫廷贵族尤其是妇人的颦笑支配了法国五十年以上，至有人称“罗柯柯时代是一个妇人政治的时代”[②]。据恩格斯分析这些贵妇人在十八世纪法国政治生活上的作用时说：“路易十五与杜巴丽或彭帕杜尔的关系是一件私事，但是，如果不了解这种关系，便不能明白法国革命的全部前史。”[③] 彭帕杜尔毫无忌惮地挪用国库，私自耗费了三千六百万里佛尔来满足她的中国趣味狂，这虽然只算得大事件的小原因，但也揭露了封建专制制度的最深刻的危机。还有就是思想方面的接触。我们反对单纯以“思想的潮流”解释法国革命，

---

① 布洛斯：《法国革命史》，序言，页 37。

② 福利德尔：《现代文化史》中册之一，页 212—213。参看孟德斯鸠《波斯人信札》第 107 封信，见页 184—185。

③ 《马克思恩格斯全集》（第十五卷），页 233，俄文版。此据波代良也夫《世界近代史讲义》第一册，华东师范大学出版社，页 85。及阿尔塔蒙诺夫《伏尔泰评传》（作家出版社）页 6 引。

但我们认为思想乃是现实生活的反映，因此中国思想和法国的思想接触，便成为有研究价值的论题。恩格斯在《反杜林论》引论中说明法国革命道："在法国为行将到来的革命而开导人们头脑的那些大人物，本身也是非常革命的。他们不承认任何种类的外界权威。宗教、自然观、社会、国家制度等一切都受到最无情的批判；一切都要站到理性的审判台面前来，或者辩明自身存在的理由，或者放弃自己的存在。思维的理性成了衡量一切现成事物的唯一尺度，这正是象黑格尔所说的：世界用头站立着的时代；起初是在这种意义上，即：人的头脑以及头脑通过思维所发现的原则，要求成为一切人的行动与社会关系的基础；然后在更广泛的意义上说：与这些原则相矛盾的现实，事实上是被从头到底颠倒了。"① 我们现在即是把黑格尔的唯心史观颠倒过来以后才来重新探讨法国革命时代的理性哲学和这理性哲学是怎样受了中国哲学的影响。

（B）在哲学旗帜下之革命家

在法国革命的时候，产生了许多资产阶级的革命家，从广义来说，这些革命家都是哲学家的信徒，理性的崇拜者。乃至法国当时的普通民众，他们并未读过什么卢梭的书，什么伏尔泰的书，什么《百科全书》，可是他们也相当地感受着流行哲学的影响。中等阶级这时成为革命的先锋，而这整个阶级即站在哲学文化的洗礼之下。如布洛斯所说过似的："十八世纪有声有色的激烈的哲学，深深地侵入这个中等阶级；广大的群众都为伏尔泰、卢梭、狄德罗，甚至于霍尔巴赫的学说所激怒。"② 索布尔在《法国革命时期的阶级和阶级斗争》中也

① 恩格斯：《反杜林论》，同前，页13—14。
② 布洛斯：《法国革命史》第一篇，页16。

指出："一七八九年革命的思想的起源，要在十八世纪中间资产阶级所建立的哲学中去寻找。一个对于人生和社会的新的概念代替了中世纪时天主教会所灌输的传统概念。……和十七世纪教会与国家的专权和苦行的理想不同，哲学运动对法国的思想界唤起了深刻的推动作用，以新的观点充实了它，因而唤起并发展了它的批判精神。无论是涉及科学、信仰、道德或是政治和社会组织，在一切范围内哲学思想都以理性原则代替了权威和传统原则。"① 这是很不错的，哲学确然成为一七八九年法国革命的大旗帜，路易·马德楞在《法国大革命史》也曾详细计及当时哲学家和革命伟人之年代上的联系。例如：

> 罗兰夫人生于一七五四年，那时候孟德斯鸠是快死了，伏尔泰正是最得意的时候，同达朗贝连盟，攻击宫廷。罗兰夫人出世的那一年，度克罗（Duclos）即介绍哲学在黎塞留（Richelieu）家里；不久，达朗贝也就来聚会。一七五四年就有一个哲学家狄德罗著一本书叫作《解释自然》就变作一个无宗教的人。这一年又是第三本《百科全书》出现，居然得了审查图书人的认可。这一年又是卢梭造《不平等论》，后来十年里头，无一年不是哲学得意的时候。所有的后来革命伟人都是这十年里头出世的（只有两个不是的，一个是西耶士〔Sieyes〕，他是一七四八年出世，一个是密拉博〔Mirabeau〕，他是一七四九年出世的）。布里索〔Brissot〕是一七五四年出世；拉法夷脱（Lafayette）是一七五七年出世；穆内（Mounier）是一七五八年出世，罗伯斯比尔、汾约（Vergniaud）、丹东他们三个人都是一七五九年出世呢。德穆兰（Desmoulins）是一七六〇年出世；

① 索布尔：《法国革命时期的阶级和阶级斗争》，页20—21，三联书店。

巴那甫（Barnave）是一七六一年出世。作者所说的都是革命伟人，其余的只好不详细说了。[①]

现在试将这些在哲学旗帜之下的革命伟人，作一个简单的估计：

1. 罗伯斯比尔

罗伯斯比尔曾在一七七八年五月二十三日会见卢梭，在后者去世四十天以前。[②]他信仰卢梭学说，而自以为就是真理的主人翁。他在国会里面，实行他的祖师卢梭的话，要把所有不良的份子驱逐净尽，这些不良份子，他相信就是自由、革命、共和的仇敌，也就是他自己的仇敌。[③]当他未得势的时候，他就看出革命的意义，使他想到卢梭的学说，并且如何运用民众的集中势力，来达到握权的目的。当他得势的时候，他就实行卢梭的空泛而又一刻难见效果的学说，充分表现了那时候革命的感情。[④]

2. 丹东

丹东是一个有极大能力的人，同时也是学者，研究过许多大著作，如意大利但丁，英国莎士比亚，法国高乃依（Corneille）、拉柏雷（Rabelais）的大著作，他都是很熟悉的。[⑤]他的图书馆内中藏有亚当·斯密、约翰生及罗伯孙（Robertson）等名人著作的原本。关于法国文学，他也很是熟悉，他很能了解狄德罗的《百科全书》——这部有名的作品满含着新奇的学说及革命的思潮。[⑥]他的各种极端的革命思想无疑乎都是受百科全书派的影响很大。

---

① 马德楞：《法国大革命史》，伍译本，卷首，第二章，页 12；英译本页同。

② 见李健吾译《爱与死的搏斗》，页 25—26 注所引巴金《卢梭与罗伯斯比尔》。

③ 马德楞：《法国大革命史》，伍译本，页 381—382；英译本页 382。

④ 余楠秋：《法国革命伟人传》，页 2，4。

⑤ 马德楞：《法国大革命史》，伍译本，页 274。英译本页 275。

⑥ 余楠秋：《法国革命伟人传》，页 21。

3. 马拉（Jean-Paul Marat）

马拉是一个真正革命的领袖，又是一个哲学家，正如马克思《在伦敦举行的各族人民庆祝大会》中所称，他和丹东都是处在坚强有力的时代里刚毅果敢的人物。[①] 他对于英、法、德、意、西诸国哲学家的思想很能了解；他并直接攻击爱尔维修（Helvétius）。爱尔维修曾经在他所著的《精神论》里面说，哲学家对于科学是毋须知道的。马拉却相信应以科学的眼光去研究哲学；唯有哲学可以解决灵魂与实质之关系的问题。又在一七七五年出版了他的第二篇《论人》，这事激动了伏尔泰，因为马拉的笔锋攻击爱尔维修绝对不遗余地，于是这个青年作家的名声越发使人注意了。[②]

4. 罗兰夫人

在法国革命家中，也有一位中国趣味的嗜好者，就是罗兰夫人。据陈受颐《十八世纪欧洲之中国园林》有如下一段：

> 浩尔巴克（Holback）曾为（中国）园林的研究，亲自旅行英国，回法之后，尽力宣扬；同时的人很受感动，罗兰夫人尤为感觉浓厚的兴趣。[③*]

这位罗兰夫人就是生于法国革命时代，人家所称为罗兰女国民，常常用她的丈夫的名义来发表著作的。马德楞告诉我们："她专喜欢看书，看高乃依（Corneille）著的书，就要作罗马英雄；看普卢塔克

---

① 《在伦敦举行的各族人民庆祝大会》，见《马克思恩格斯全集》第二卷，页 665。

② 余楠秋：《法国革命伟人传》，页 44—45。

③ 陈受颐：《十八世纪欧洲之中国园林》，见《岭南学报》第二卷第一期，页 59。

* 案此一段见 Reichwein《中国与欧洲》（汉译本页 103），朱杰勤译："霍尔巴赫漫游英国，回国后力赞中英式的花园，罗兰夫人（Miss Roland）对于新的风格，亦热烈赞美。"

（Plutarch）著的书，就要学作希腊英雄，最后看的就是达朗贝、伏尔泰、霍尔巴赫、爱赫尔维修、狄德罗诸家的著作，就要作革命党。她最喜欢读的是卢梭的著作。”据罗兰夫人自己说道：“可惜我读卢梭的书读得太迟了，却幸亏我读得太迟，若是读得太早的话，我这个人就会变疯狂了，别人的著作我是不要读了。”马德楞又说：“读者却要晓得，凡是这个少年女子那时候所读的书，同时的男子们也是要读的；从罗伯斯比尔至德穆兰都是要读的；从格里高雷（Grégoire）他是教士，至拉法夷脱他是个贵族，也是要读的。总而言之，贵族们的儿子女儿，小市侩们的儿子女儿，所喝进肚里的，都是同源的水。”①

5. 孔多塞（Condorcet）

孔多塞是革命思想之哲学的辩护人，为革命而牺牲的自由思想家，百科全书派之一人。其名著《人类精神进步史纲》（*Esquisse d'un tableau historique des progrès de l'esprit humain*, Paris, 1793）将人类进步分作三大时期，又分为九个时期，第七期为西方的文艺复兴，这一期直到印刷的发明为止。他指出这时期有许多重要的发明，特别是关于机械的技术，如风车、日规、造纸术、指南针、火药等，这些技术或由西方人发明，或由中国传来。就这一点来说，他也是注意东西文化接触的一个人。

实则不但大革命的人物站在哲学的旗帜底下，同时有不少的王公大人对于最激烈的哲学，亦加以保护提倡。可注意的就是这种哲学思想的来源，即为一般哲学家和诗人所梦想的哲学世界，很多是从外国舶来的。革命是从实际出发，同时又有一个理想的世界，那时候的哲学家从四方八面贩回来的许多新鲜思想，有从柏林贩来的，有从伦敦贩来的，然而最可注意的就是直接间接从中国贩来了大革命的旗

① 马德楞：《法国大革命史》，伍译本，卷首，页14。英译本页同。

帜——所谓“哲学”。

（C）大革命之哲学基础

哲学和革命的关系，许多人还不能十分明了，其实只要注意宗教家对待哲学的态度，就很容易明白。法国大革命的哲学基础，可分三点来说：

1. 无神论

十八世纪欧洲的哲学家即是无宗教派。此无宗教是卓越的法国思想家们对迷信和蒙昧主义的斗争。然而反对派的著作如《圣教史略》卷十六[①]却这样说：

> 欧洲无宗教派，固无世无之，至十七世而渐盛，然犹或惮舆论，或怵于王章，不敢露面，至十八世，追附和其说者日多，且多是文人学士，上流社会中人，遂觉有恃无恐，登之报章，公然传播，毫无顾忌矣。凡此党派，英德诸国皆有，而法之伏尔泰与卢梭两人尤著名，实为宗教之公敌，而法国大革命造因之渠魁也。……伏尔泰竟倡言天地无主宰，竭其一生才力，与圣教为敌。卢梭虽信天主，然观其一生所为，与不信者初无大异。二人皆法之文豪，笔锋犀利，词令秀雅，所著各书，人争传诵，久之，为舆论所归，竟操转移风化之大权。使欧洲人士大多数对于宗教之观念，热心顿减，而平权、自由、均财之学说乃大炽。

在这里以“伪哲学党”与“无宗教派”并作一谈，谓“十八世纪风俗之腐败……而法兰西为尤甚，其时所谓无宗教派者、法廷权贵、

① 《圣教史略》第十六卷，页 339—340。

世族巨绅及议政院人员，多其党派。……知此，则知法国伏尔泰等伪哲学之说既已盛行，其影响于各国者甚大。是以不久，各国驱逐耶稣会士，竞相效尤。”[①]到了巴黎议政院都成为伪哲学党的机关，[②]换言之，即资产阶级的先进人物都反对神的观念的各种论据，而均以哲学家自居，宗教的旧势力在这无神论哲学影响之下，便受到冲击了。

2. 唯物论

唯物论哲学在法国大革命时风行一时，可以说形成了整个资产阶级启蒙思潮的指导思想，正如马克思在《神圣家族》中所指出：“17世纪的形而上学的衰败可以说是由18世纪唯物主义理论的影响造成的，这正如同这种理论运动本身是由当时法国生活的实践性质所促成的一样。这种生活趋向于直接的现实，趋向于尘世的享乐和尘世的利益，趋向于尘世的世界。和它那反神学、反形而上学的唯物主义实践相适应的，必然是反神学、反形而上学的唯物主义理论。”“十八世纪的法国启蒙运动，特别是法国唯物主义，不仅是反对现存政治制度的斗争，同时是反对现存宗教和神学的斗争，而且还是反对17世纪的形而上学和反对一切形而上学，特别是反对笛卡儿、马勒伯朗士、斯宾诺莎和莱布尼茨的形而上学的公开而鲜明的斗争。”[③]同样的论调在威廉·布洛斯所著《法国革命史》中也说得很明白：

> 唯物哲学总是向前进步的；大家马上达到一种境界，否认向来在国家和社会中占优势的一切思想。此刻展开一个完全新的观念世界。这种新时代精神的中心点就是在《百科全书》这个名

---

① 《圣教史略》第十六卷，页356。

② 同上书，页360。

③ 马克思、恩格斯：《神圣家族》，见《马克思恩格斯全集》（第二卷），人民出版社1957年版，页159、161。

> 称下著名的合刊，大家马上称此等新哲学家为百科全书派。狄德罗和达朗贝为新派中的主要人物，他们总是使唯物哲学很勇敢地向前进行。他们这一派人的贡献是一个超越一个的。拉美特利（La Mettrie）反对灵魂不死的结论，又要超过狄德罗的哲学的唯物论。然霍尔巴赫行得最远，霍氏是一个德国人寄住法国的。他在他的《自然的体系》中说明一切东西只是物质与运动，他因此达到无神论。[①]

我们只要注意到法国大革命时候百科全书派的潜势力，就可知道这些唯物论者的共同哲学怎样流行到各阶级。据说有一位对当日时事很有研究的人说过，在某处他找出二张购买《百科全书》人的名单，在四十人中即有二十四个都是小牧师。这些穷苦的小教士竟然肯舍得花钱来买《百科全书》，可见唯物论的影响已经怎样在贫苦人民的心中跳跃了。[②]

3. 自然主义

法国革命的中心人物，其最珍贵的财产即在信仰卢梭。“人一生出来，本是自由的，但是现在无论什么地方，都是被铁锁锁着”——《民约论》语——因想极力摆脱这些铁锁，向着自然的路上走，便震天撼地的叫起自由来，这便是革命了。革命由卢梭看来，就是要打破不自然的生活，而走向自然的生活，因为自然的就是真实的，所以自然即善，一人人的手中就变坏了。自太古野蛮时代逐步进至文明，但文明的进步乃是由于人为的结果，而所谓人为的都是反于自然的生活，所以越文明就越技巧，而最理想的生活就是简简单单返于自然，

---

① 布洛斯：《法国革命史》，上册，第一篇，页43—44。

② 马德楞：《法国大革命史》，伍译本，卷首，页21；据英译本页21乃M. de Gorce在Périgord地方所得二张名单。

返于人的天真。卢梭这种自然主义是接近老子的思想。还有魁奈一派，以自然为天理天则，则接近孔子的思想。且不但霍尔巴赫主张以“自然”代替神的观念是自然主义，就是伏尔泰主张理性制裁也是自然主义。有人说法国革命这是“卢梭的不好”，有人说这是“伏尔泰的不好”，实在却正是自然主义太好了，因为自然主义是这革命时代的精神，所以把一切不自然不合理的生活都根本推翻了。

由上所述，无神论、唯物论与自然主义均为大革命的哲学基础，然而无论无神论、唯物论也好，自然主义也好，均为直接间接借重于中国之哲学文化。正如平诺在论中国与法国精神哲学的形成时所说：“在一七四〇年左右，《圣经》普遍性到了寿终正寝的地步，中国的无神论便是他的致命伤。”中国哲学文化由十八世纪法国学者所见是民众的，不是贵族的。竺赫德《中华帝国全志》说：“移风易俗，中国哲人的伦理非如希腊罗马哲人们斗智，是要合着民众的要求，便是说大众化的。”又如波提埃在《东方圣经》中说，“便是最前进的理论，也没有孟子‘民为贵，社稷次之，君为轻’的更激进。”[①] 由于中国民主思想的传播，很容易为欧洲资产阶级先进人物所接受，所以中国哲学在德国可作为自然神教，在法国则变成站在无神论唯物论的立场上面，这当然是很值得研究的问题，其关键则在于百科全书派与中国文化的接触。

二、百科全书派与中国思想的关系

（A）所谓“百科全书派”

百科全书派在法国风动一时，其来源则在中国，这一点很少人

---

① 平诺：《中国与法国精神哲学的形成》，页365。此据阎宗临《中国与法国十八世纪之文化关系》引。又竺赫德与波提埃语均见阎宗临《中国文化西渐之一页》引。

注意到。我们都知道这一派公开反对宗教，而为法国大革命思想之一造因，但还不知这一派大多数还是从耶稣会出身。威尔斯对于这一派的来历，很简单地说及“一群优秀之士——即百科全书家（the Encyclopedists）大都系耶稣会中富有反叛思想精神之人——于狄德罗指导之下，思欲于其著作物中计划一新世界”。知道百科全书派和耶稣会的关系，就知道百科全书派和中国文化的关系了。

百科全书派崇拜理性，其结果在法国革命时候，便有人提倡理性教为国教，塑一美女像为理性神像，供于巴黎圣母大教堂祭坛上。实际则此理性的宗教正是在华耶稣会士所极力攻击的“理”之变形，是从中国贩出来的。

恩格斯在《社会主义从空想到科学的发展》中说：“法国的唯物主义者没有把他们的批评局限于宗教信仰问题；他们把批评扩大到他们所遇到的每一个科学传统或政治设施；而为了证明他们的学说可以普遍应用，他们选择了最简便的道路：在他们因以得名的巨著《百科全书》中，他们大胆地把这一学说应用于所有的知识对象。”这一派将无神论、唯物论、自然主义作个起点。理学在耶稣会士看来，即是无神论，即是唯物论。天主独立自存而理则为依赖之类，而且理不过是物的模样、物的元质。即谓理为自然之理，“不知自然之说殊非究竟之旨”——汤若望语——故为拥护天主实义，即不得不认“理”为异端，而加以排斥。然而矛盾的事实莫过于此。耶稣会士极力攻击“理学”，而一群优秀之士，即耶稣会中富有反叛精神的人，却无意之中起而拥护此异端之“理”，拥护无神论、唯物论与自然主义，于是大革命的哲学基础形成，许多崭新的革命思想便从此诞生了。

（B）百科全书派与中国思想的接触

百科全书派既然很多是耶稣会中富有革命精神的人，当然因为耶稣会的历史关系，很容易和中国的文化接触。不过百科全书派也有不和耶稣会接近的，所以他们和中国思想的接触，也就不止由于一个媒介。耶稣会士的著作以外，还有游客的著作，如安孙所著《环游地球记》（*A Voyage Round the World*）也为百科全书派所取材。因为两种著作的性质不同，因之百科全书派对于中国文化，也因而发生不同的见解。

1. 耶稣会士之著作

如《耶稣会士书简集》，因著者均为具一定学识的传教士，而此中国文化的百科全书又极能满足欧洲知识界的信仰与好奇心，所以常为百科全书派如伏尔泰、霍尔巴赫及宗教反对者所引用。又竺赫德的《中华帝国全志》亦为伏尔泰、孟德斯鸠、霍尔巴赫、魁奈等所取材。霍尔巴赫以百科全书派领袖人物的资格，在一七七三年所著《社会之体系》（*Système Social*）中，为研究中国文化的便利起见，曾举出下列各书劝人试读：

（1）竺赫德:《中华帝国全志》

（2）李明:《中国现状新志》

（3）《耶稣会士书简集》

（4）阿尔韦尔（Halwell）《孟加拉事件》（*Relations des événements de Bengale*, Part Ⅱ.）

霍尔巴赫在那时候所读的书，同时就是沙龙中人物也要读的，这就可见耶稣会士著作和百科全书派的关系了。

2. 游客之著作

如英国安孙所著《环游地球记》出版于一七四八年。他不懂中国话而自恃武力，一七四二年在他带着战舰攻击南美洲的口岸之后，到了澳门，拒绝纳税，因与中国人发生冲突，所以此书叙述与中国人的交涉，如在第三卷中（共十章，页267—380）述他在澳门、汕头、广州各地情形，口调很不客气；[①] 和英国航海家和海贼丹皮亚尔（William Dampier）在一六九七年出版同一名称的著作，可谓无独有偶。他们的荒谬记载使百科全书派如卢梭、孟德斯鸠对于中国不能发生好感。

3. 两种著作影响之不同

大概来说，前者的著作，如《耶稣会士书简集》、竺赫德《中华帝国全志》《北京耶稣会中国纪要》等名著，皆为有系统有研究的大部著作，而且对于中国文化均能深表同情。所以百科全书派如霍尔巴赫、伏尔泰、巴夫尔（Pierre Poivre）、魁奈等受其影响，也能看到中国文化的好处，而大大提倡他的中国文化赞美论。但在反对方面，游客的著作，因著者不能深入中国内地，所见的只是中国贫苦的穷僻的村落，当然对于中国文化容易发生反感。因而百科全书派如孟德斯鸠、卢梭受其影响，也只能看到中国文化的不好处而主张中国文化之反对论了。就中还有批评派如狄德罗、爱尔维修等对于中国文化接触的机会较多，故取一种批评的态度。但从大体来说，仍以偏于赞成的方面为多。赖赫淮恩在《中国与欧洲》一书中曾有一段总述百科全书派和中国思想的关系，现在试加以征引，以为本节的结束：

> 那时候《百科全书》关于中国哲学家的见解，即直接采自伏尔泰、狄德罗在《百科全书字典》中对中国部分的如下论调："中国民族极能同心合力，他们历史的悠久，精神、艺术、学问、政治、哲学各方面，不仅压倒所有其他亚洲民族，据一部分学者的意见，他们所有的优点甚至可以和欧洲最开明的民族竞争。"

---

① 安孙说他："有枪四百余枝，火药三百多桶"，"不论在珠江或其他地方，只凭这点力量，便可摧毁一切的抵抗"。他骂中国人特别爱钱，"在买鱼时，买回许多石块来"。此据阎宗临《中国与法国十八世纪之文化关系》引。

同样的主张在爱尔维修所著《精神论》*（*De l'esprit, Discours* Ⅲ, Cap. XXXⅣ; Caps. XⅢ and XⅣ）亦可看得出来。又巴夫尔在《一个哲学家的旅行》（*Voyages d'un philosophe*, p. 148）中更加赞美中国。他说："若是中国的法律变为各民族的法律，地球上就成为光华灿烂的世界。你们试到北京，瞻仰一下世间最有权力的人（皇帝），他就是天上美满的象征。"（China offers an enchanting picture of what the whole world might become, if the laws of that empire were to become the laws of all nations. Go to Peking! Gaze upon the mightiest of mortals, he is the true and perfect image of Heaven.）①

我们反对提倡中国文化本位，我们也不会相信中国过去的政治即是最好的政治，然而在法国百科全书派指导之下的法国思想界很明白地是将中国文化"理想化"了，很明白地有意将中国文化抬高起来，以为大革命运动之理想的目标，正如大革命的时候，法国流行的歌曲中，唱着"中国是一块可爱的地方，他一定会使你喜欢"②一样。赞美论者不消说了，就是批评论者乃至于反对论者也都直接间接受着中国文化的影响。孟德斯鸠也曾指出中国文化的优点，卢梭虽在论及文明

---

*　爱尔维修：《论人》俄文版第53页（注释）一段说到神学："中国的学者说过：毫无疑问，自然界中存在着存在之物的某个强有力的未知本原，当人们把这个未知本原奉为神圣的时候，那末在这种情况下，神的产生只不过是把人的愚昧无知奉为神圣罢了。"显而易见，"中国学者"的观点也就是爱尔维修本人的观点，这种观点实质上是无神论性质的。但是爱尔维修在说出他要说的话以后，马上和"中国学者"划清界限，提出了一些旨在表明他自己"虔信宗教"的修正意见，他说："我不赞成中国学者的意见，尽管我也和他们一样地承认神学即关于上帝或那不可捉摸的实体的神学，不是一种特殊的科学；至于神学究竟是什么，我也不知道。"（苏联赫恩·蒙让著《爱尔维修的哲学》汉译本，页222）

①　赖赫淮恩：《中国与欧洲》，页92。

②　阎宗临：《中国文化西渐之一页》引。

与幸福时反对中国，但在主张重农一点，又何尝不是中国文化的赞美者呢？知道百科全书派和中国文化有微妙的关系，就知道中国哲学在法国革命史上的贡献是如何值得我们加以注意的了。

（C）百科全书派之中国文化观

现在试进论百科全书派对于中国文化所取的态度，无论赞美也好，反对也好，要之对于中国文化均受极大的影响。先从唯物论者霍尔巴赫说起。

1. 霍尔巴赫

a. 霍尔巴赫的沙龙

恩格斯在一八四三年《伦敦来信》中称道百科全书派的著作，他说："现在工人能读到18世纪法国哲学著作的又好又便宜的译本，主要有卢梭的《社会契约论》《自然体系》和伏尔泰的各种著作。"[①] 霍尔巴赫就是《自然体系》的著者。德波林《近代唯物论史》有专叙霍尔巴赫的一章（第八章），中间述及他在大革命时代的重要性，尤其是在他的沙龙里面常常聚集许多学者，成为唯物论思想底中心。

> 爱尔维修、狄德罗、卢梭、格拉拇（Grimm）、达朗贝等人，均于星期日和星期四聚集于此，并时常作政治的、哲学的和文学的问题之谈论。[②]
>
> 沙龙在那个时候，在没有组织政党的情形之下，是有巨大意义的。因为它可以用此来代替政党，并作为团聚同一的见解和思想之人的组织中心。……一切活动主要都是带上文字上的性质，然而很明显地，这种文字活动是属于大胆地对于教会、专制、僧

---

① 恩格斯：《伦敦来信》，《马克思恩格斯全集》（第一卷），人民出版社1956年版，页569。

② 德波林：《近代唯物论史》，页281。

侣等之攻击和责备。……[①]

霍尔巴赫的沙龙真正是第三等级及其和法国旧制度作思想争斗之大本营。……这样革命在十八世纪是发生于沙龙中，而且首先是诞生于霍尔巴赫的沙龙中。[②]

b.“唯物论圣书”——《自然体系》

霍尔巴赫虽为德国人，但他移居巴黎，娶法国女子为妻，而将一生寄居法国，为法兰西国民性所融化。他的父亲原系大资本家，留下许多财产，他即利用此巨大遗产来从事知识界的思想运动，所以收效极大。而且他是一个唯物论者，如德波林所说似的："他的有些著作，在全世界无神论的文献中，算是其中唯一的一种了。"[③] 以这样富于科学思想和革命思想的人物来提倡中国哲学，当然影响是再大也没有了。他在一七七〇年，假名密拉菩（Mirabaud），发表《自然之体系，物理世界及精神世界之法则》一书，此书惊动法国，序文开端即主张"教人们对于理性放出勇气与尊敬心来"。全书分成二部，第一部为一般的基础及人性论，第二部为神学，全书断然排斥神学，对于传统制度（尤其是教会及天启的信仰）道德内容及理想内容，加以完全的蔑视。他以为世界无论何地，除了物质与运动，便没有任何事物。因为霍尔巴赫直接攻击神的概念，主张从宗教桎梏解放人类，所以在此书中，革命尖锋已可感到，而法兰西革命遂即以此原理为根据。如朗格《唯物论史》所云："自然及其女儿——道德、理性、真理——最后被称为唯一的神，值得人们以香火祀奉，如是《自然之体系》在破坏一切宗教之后，却由一种诗的高扬，把自身变成了一种宗教。"[④] 这种宗

① 德波林：《近代唯物论史》，页282。
② 同上书，页283。
③ 同上书，页285。
④ 朗格：《唯物论史》上卷，第三章，页46。

教无疑就是“理性的宗教”，即为阿贝尔（Hébert）所倡理性女神的先声了。在这里应该注意的，就是这一部“唯物论的圣书”也是有所本的。这一位反宗教的无神论者、唯物论者，实际就是中国文化的赞美人。他因为儒家带有反宗教的特质，故特别接近儒家。

c.《社会之体系》中之中国道德政治论

一七七三年霍尔巴赫著《社会之体系》（书分二卷，后又分为三卷，在伦敦出版），依格拉拇的批评，此书似不及《自然之体系》的感动作用，但亦同等地证明“在想要推翻古代底栅栏，即人类的弱点曾认为直到那时都应与那使它失去光荣的恶德和情欲相反抗的这个栅栏之后，著者只更锐敏地觉得有以新的东西把它提高起来的必要”[①]。这个新的东西是什么呢？无疑乎就是中国人所主张的政治与道德的关系。关于道德的原理，政治的体系，霍尔巴赫均极赞美中国，而主张以中国的道德政治为模范。详见五来欣造所著《霍尔巴赫与儒教》一篇[②]所述儒教对于霍尔巴赫的影响。这里只举出一点，就是霍尔巴赫主张将政治与道德互相结合，实以中国为实例。他说：

> 中国可算世界上所知唯一将政治的根本法与道德相结合的国家。而此历史悠久的帝国，无疑乎告诉支配者的人们，使知国家的繁荣须依靠道德。在此广土里面，道德成为一切合理人们唯一的宗教，因之道德科学之进一步的研究，遂成为获得职位或立身致仕的唯一法门。我们社会则这种学问，除少数不知名的特殊者研究以外，反而足为与支配国家事务的人疏远的原因吧！……在中国，法律充满圣智，甚至曾经征服中国的野蛮满洲人亦为所

① 参照《自然之体系》汉译本上册，页41，格里姆一七八九年八月通信的摘录。

② 五来欣造:《儒教の独逸政治思想に及ぼせる影響》，页529—584。

屈服。这就是说，理性对于君主的权力发生了不可思议的效果，使中国的征服者亦为所征服。……帖木儿毁坏了田舍与村落，可是建立于真理之永久基础上的圣人孔子的道德，却能抵抗此狂风暴雨，保留至今，使野蛮征服者对此亦须表示尊敬，而以之为政府施政的目标。一句话来说尽，无论君主或其代表者——大臣、知事、官吏等均热心从事于人民教育。然而启明政府对此最有益的教训，假使没有实力，而徒托空言，则在一般人心目中也不过留下一时的印象而已。……对于这值得赞美的习惯，只要稍加考虑，我们立刻便可知道：有德的君主，无论如何，均在其国积极地改良风俗，芟除恶德，而建立了道德支配的基础。……我们至少可以说，在那里，某种道德，尤其孝道，如同宗教一般。又无论何国，也没有像中国产业那样发达。[①]

这种道德政治完全实现起来，不是什么世袭的君主政治，而是尧舜的理想政治。所以霍尔巴赫又说：

中国有一位天子，当他发现自己的儿子够不上作成伟大君主的资格的时候，他便选出才德兼优的市民为后继者。他说："我与其使儿子幸福，人民不幸，不如使我的儿子不幸，而一切的人民得到幸福。"[②]

《社会之体系》一书还引了很多中国的例子，尤其是在书中第二卷八十六页以下有个结论，公然宣称"欧洲政府非学中国不可"[③]。而

---

① 《社会之体系》t. 1，页 86—89，此转引五来欣造：同上书，页 573—574。
② 《社会之体系》t. 11，页 94；五来欣造：同上书，页 576 引。
③ 五来欣造：同上书，页 578 引。

在同一个地方，更为研究中国者的便利起见，举出四种书为必读之书，可见他所受中国思想影响之重大了。

2. 孟德斯鸠《法意》中论中国文化之得失

孟德斯鸠是资产阶级革命早期的思想的先驱者，是十八世纪的一个开路的先锋，他所著《法意》（*De L'Esprit des Lois*）一书传播极广，实为以后革命的种子。他说这部著作的目的是要研究世界各民族已定的法律，而广泛地说起来，这些法律却是人类的理性。各民族的法律即为人类理性的特别应用。《法意》第一卷第一章开宗明义，即为法律下一定义：

> 法自其最大之义而言之，出于万物自然之理。盖自天生万物，有伦有脊，既为伦脊，法自弥纶，不待施设。宇宙无无法之物，物立而法形焉。天有天理，形气有形气之理，形而上者固有其理，形而下者亦有其理，乃至禽兽草木，莫不皆然，而于人尤著，有理斯有法矣。①

这种理性的观念不能不说是受了中国思想的影响。宋儒说，“天理二字都是吾自家体贴出来”。天理即是万物自然的法则，凡有一物必有一理，上而无极太极，下而至于一草一木一昆虫之微，亦皆有理，这个“理”即是“法”，可见法理本非二物。但有许多文化史家却认孟德斯鸠是反对中国文化的学者，这也不是没有理由。赖赫淮恩在《中国与欧洲》中，曾提出几点：

第一，“他在《法意》中对于中国文化的看法，就完全以他自己那个国家原理为立场，中国的政制无论如何优美，但总和他的三权分

① 《法意》，严复译（“严译名著丛刊”5，商务印书馆），第一册，页1；Thomas Nugent英译：*The Spirit of Laws*（London, 1914），vol. 1, Book1, p. 1。

立说不同，这一点已足够决定他对于中国文化的态度。”

第二，“他的材料完全采自那时一般商人的报告，这般商人在中国所接触的只是一班中国的商人，对于中国文化大都毫无研究。所以他们对于中国，似乎除中国人的诡诈多端以外，别无可取的了。因此孟德斯鸠就亦以这类商人的报告来证明教士报告的不实。他说中国人民非用鞭笞不能统治，不知我们传教士们所极赞美的道德究竟是什么一种道德。”

第三，“同时孟德斯鸠并在中国文化中寻得一个实例，来证明他的主张，这就是气候和地理都是和政治有密切的关系。他说，远东的气候适宜于造成奴性的国民。但是气候环境既足以造成奴性的国民，何以中国的先民能制定良好的法律呢？他说凡是实业发达的地方必产生温和的政治，中国的福建和江西为名漆名磁的工业中心，所以中国政治和法律都受了影响，而变成良好的制度。”①

就以上三点来看，第一点站在三权分立说的立场批评中国文化，未免过于主观。第二点依据商人的报告，来证明耶稣会士报告的不确，不能不算是一种偏见。第三点以中国为例，证明气候影响政治的学说，其实所搜集的事实一点也不能证明。但是我们因此便认孟德斯鸠完全是中国文化的反对者，这也是错的。通读《法意》一书，对于中国文化有反对的地方，也有赞同的地方，孟氏是不大知道比较方法的（根据利维-布律尔《法国哲学史》第五章中语），因此结论便不大清楚，而永远地矛盾存在于这二者之间了。

a. 中国文化之缺点

孟德斯鸠依据于安孙和游客迈朗（de Mairan）的著作，当然所见中国文化的缺点很多，约言之，有如下三端：

---

① 赖赫淮恩：《中国与欧洲》，“The Enlightenment”，页 94—95。

（1）风俗之弊

彼景教宣福之徒，游于东土而归也，莫不曰美哉中国之治制也。其所以为精神者，实兼道德、荣宠、恐怖三者而并用之；夫使其言而信，将不佞往者三制之分，为无谓而强生区别者矣。虽然，荣宠、恐怖，二者之为合难。夫使其民之奉令守法，皆出于怀刑畏威而后为之，虑一不当，则鞭笞随其后。（自注：神甫竺赫德言治中国者非他，夏楚而已。）则吾不知其民所谓荣宠者，为何等观念也。

又使扣支那之俗于吾国之商于彼土者，将其所言于支那人之道德，未见如传教者之倾倒也。官吏号牧养小民，保卫商旅，顾其宠赂之章，侵夺之暴，盗贼不翅焉。且此非仅仅一二见也。暴者其常，平者其偶，道德之民，讵若此乎？使闻者犹以是为不足也，则吾请征诸爵主安孙之所闻见者，庶吾言非妄发也。[1]

又十九卷第十章论支那人之风俗云，“支那民质为杂也。……以其民生业之无恒，而衣食之难恃也，故其贪利至深，而攘夺之情至为剽疾，于是商于其土者，遂若其民一无可信者焉”[2]。第二十章论支那之俗为不可以常理测者：“所可怪者，支那之民，其毕生所为，若皆束于礼教矣，顾其俗之欺罔诈伪，乃为大地诸种之尤。”[3] 又第十三章论支那国俗：“东方之国，有支那焉，风教礼俗，亘古不迁者也，其男女之防范最严，以授受不亲为礼，不通名，不通问，阃内外之言语，不相出入。凡如是之礼俗，皆由孩提而教之，所谓少仪内则是

---

① 《法意》，严译本，第八卷，第二十一章，页 24—25；英译本，页 133—134。
② 同上书，第十九卷，第十章，页 10；英译本，页 319—320。
③ 同上书，第十九卷，第二十章，页 25；英译本，页 327。

也。”[①] 这种雍容闲雅的礼俗应该可以赞美的了，但孟氏在另一处又说：“吾观支那劝善之书，谓逢女子独居，而男子犹能以礼自持，不至于乱，此其节操，乃旷世不数觏者；闻此则可知其民气质之何如，而杜渐防微为不得已之事矣。”[②]

（2）奢侈之弊

第七卷第七章论支那奢侈之弊云：“自夏商以至于今，为中国之君者，盖廿二姓，然则其国所阅历之革命，大者二十二，而割据偏安，旋起旋灭者，为数至多，所不论也。三代享国最为长久，此虽由其治之有道，亦以古之幅员，其广幅比今甚狭之故。吾辈考其历史，大抵一朝开创，莫不有初，仁圣慈俭，畏天勤民，而奕世之基以立，至其后嗣乃坠丧耳。真主以汗马起家，其所受代者，例皆昏淫之末造，敬胜者吉，怠胜者亡，则其崇道德而戒淫侈者势也。然而数世之后，继其位者，生帷幄之中，不识下民之疾苦，稼穑之艰难，则恣睢荒讌，忽于治理者，又其势也。其智则日微，其年则世促，枝叶披离，权奸兴而阉宦日以信用，所推戴而拥立者，非襁褓即其童昏，朝廷所行，事事与天下冲突，勤者耕作而惰者有秋，甚至取其业而败之。夫如是则篡弑兴而覆亡无日，虽然，故社屋矣，一姓兴矣，而三四传之后，其新者又一循其故者之覆辙，享国短长不同，而平陂往复，一治一乱之机，莫不如是，是则支那之历史而已矣。”[③]

（3）专制之弊

例如大不敬之狱，第十二卷第七章云：“支那旧律有大不敬之条，犯之者死。而所谓大不敬者，又无切实明晰之疏义界说，故轻重随其

① 《法意》，第十九卷，第十三章，页 13；英译本，页 321。
② 同上书，第十六卷，第八章，页 6；英译本，页 275。
③ 同上书，第七卷，第七章，页 10—11；英译本，页 109—110。

喜怒，无不可以周内请比者，杀其身可也，虽赤其族无不可也。竺赫德神甫日记谓有起居注二人，以所载之事不实，遂罣吏议，以大不敬罪死名矣。又有某亲王以无心之过，訾议皇帝硃批上谕，亦以大不敬论死，此为其时最冤之狱，殆为支那前史之所无者。故以大不敬罪名之无定，即此可见其为专制之朝廷。"[①] 又如以父坐子之罪，第六卷第二十章云："支那之法，子弟有罪，罚其家长，秘鲁之俗亦然，凡此皆专制之流风余烈也。"[②] 又十五卷第十八章论阉奴云："观支那之史书，当一朝开创之初，莫不立甚密之科条，铸券勒碑，以禁阉人之用事；至于日久政荒，则刑余之人又见。呜呼！不谓刀锯熏椓之余，乃于泰东为不可逭之灾如此也！岂天之所以罚其以非刑加人道耶？"[③] 此亦可见专制之弊之一端。

b. 中国文化之优点

但中国文化有缺点，亦有优点，孟德斯鸠虽以商人的报告来证明耶稣会士报告的不实，但他仍然时常引用神甫竺赫德和裴伦宁（Perennin）的书函，来称道中国文化的好处。约言之，有如下三端：

（1）重农政策

第八卷第二十一章论支那帝国云："支那大较皆力田缘亩之民也，劝农教稼，著诸国典。又其为法也，必使民得食其所自耕，而无忧其或夺，故支那之盛，父母之政府也。"[④] 十四卷第八章支那善制云："支那历代帝王，皆有籍田亲耕之礼，时节既至，有司奏仪，帝躬执耒而三推之，其所为隆重若此者，示食为民天，谷为食主，所以勗通国男子，知力田也。""又力田之民，使操业特优，有司岁贡其名于朝，则

---

① 《法意》，第十二卷，第七章，页 10；英译本，页 204。
② 同上书，第六卷，第二十章，页 34；英译本，页 100。
③ 同上书，第十五卷，第十八章，页 23；英译本，页 269。
④ 同上书，第八卷，第二十一章，页 27；英译本，页 135。

赐以八品冠带，以优异之。”[1]

（2）救荒政策

第十三卷第十五章云：“东方之君，彼逢部省水旱偏灾，犹有蠲除之诏令，此其所以施惠而流庆也。顾吾欧之君主不然，其诏令未颁而民已恶之矣。何则？其所言者，皆上之乏也，吾侪小人生计之艰，非彼所虑及者矣。”[2] 又十八章蠲除租赋云：“东方帝国知部省之民已困，则诏蠲钱粮，豁除逋负，此西方君主所当仿行之仁政也。”[3]

（3）勤俭政策

第七卷第六章云：“若夫支那之为国也……虽在专制，而俗之敦崇俭节，与民主公治之国正同。此务本重农之令所由自古不忘，而奇技淫巧在所必禁也。至今中国犹传前古皇帝之诏书，文辞粲然，义训深厚，如唐高祖诏毁天下佛寺铜像，其中有云，‘一夫不耕，或为之饥，一女不织，或为之寒’；盖用古之建言也。其廿一朝之第三帝（明成祖）则禁伐山采玉之工，以为玉之为物，饥不可食，寒不可衣，不欲以此劳民，而损社会也。其最著称者，如汉贾谊之对文帝陈政事也，有曰：帝之身自衣皂绨，而富民被文绣，天子之后以缘其领，庶人孽妾以缘其履，民之卖僮者，为之绣衣丝履偏诸缘，内之闲中。夫百人作之，以衣一人，欲天下无寒不得也；一人耕之，十人聚而食之，欲天下无饥不得也；饥寒切于肌肤，欲其亡为奸邪不可得也。”[4]

c. 中欧文化之比较

《法意》一书研究世界各民族种种不同的风俗习惯与法律，而尤注意各种法典与气候、土壤所生的密切关系，这就是所谓地理史观。

---

① 《法意》，第十四卷，第八章，页 10；英译本，页 245。

② 同上书，第十三卷，第十五章，页 14；英译本，页 233。

③ 同上书，第十三卷，第十八章，页 17；英译本，页 235。

④ 同上书，第七卷，第六章，页 9—10；英译本，页 109。

由此所见的中国文化，当然要和欧洲所见者不同。

（1）亚洲风土

亚洲形势，无真温带可言，惟有寒带直接热带诸国，而这种气候实只宜于造成奴性的国民，和欧洲各部皆在温带，因而重视自由者不同。[①] 亚洲之势利为合，欧洲之势利为分，故亚洲之一统易成，而欧洲之混合难立，亚洲人之习于服从，犹之乎欧洲人之习于自由。“亚洲之民，其性质之成……久之遂若与生俱来，虽有贤智，不克自振，往往吾人所羞称，彼民转视之为懿德。读其历史，欲睹无畏自立之精神，殆不一觏也；所可睹者，以隶相尊，为服从之太过而已。”[②]

（2）特别之治术

中国的礼治主义，尤为孟氏所称道不置。第十九卷第十六章称：“支那之圣贤人，其立一王之法度也，所最重之祈响，曰惟吾国安且治而已。夫如是，故欲其民之相敬，知其身之倚于社会，而交于国人者，有不容已之义务也，则礼仪三百、威仪三千从而起矣。”[③] 又第十七章支那特别之治术云：“而支那政家所为，尚不止此，彼方合宗教、法典、仪文、习俗四者于一炉而冶之，凡此皆民之行谊也，皆民之道德也。总是四者之科条，而一言以括之曰礼。使上下由礼而无违，斯政府之治定，斯政府之功成矣，此其大经也。幼而学之，学于是也，壮而行之，行于是也。教之以一国之师儒，督之以一国之官宰，举民生所日用常行一切不外于是道，使为上者能得此于其民，斯支那之治为极盛。”[④] 又第十九章云：“支那立法为政者之所图，有正鹄焉；曰四封宁谧，民物相安而已。彼谓求宁谧而相安矣，则其术无

---

① 《法意》，第十七卷，第三章至第五章；英译本，页 285—288。

② 同上书，第十七卷，第六章，页 9—10；英译本，页 290。

③ 同上书，第十九卷，第十六章，页 18；英译本，页 323。

④ 同上书，第十九卷，第十七章，页 19；英译本，页 324。

他，必严等衰，必设分位，故其教必谛于最早、而始于最近共有之家庭。是以为治之经，莫重于教育，有王者起，必奋其所有之权力以为之。于是礼文仪节，勃然以兴。人子之于二亲，凡所以事其生，凡所以事其死，皆有所必循，而为人道所最不容已，擗踊哭泣，凄怆焄蒿，凡彼之所以严其死亲者，即彼之重其生亲而后有此也。虽然，彼之所以严其死亲者，毗于宗教之事也；而彼之所以重其生亲者，有法典，有仪文，有习俗。顾支那之圣人，于之数者未暇深辨也，皆曰人子之孝行而已矣。呜呼！支那孝之为义，贯彻始终，弥纶天地，盖其所包，实至广尔。是故支那孝之为义，不自事亲而止也，盖资于事亲，而百行作始，彼惟孝敬其所生，而一切有近于所生表其年德者，将皆为孝敬之所存，则长年也，主人也，官长也，君上也，且从此而有报施之义焉。以其子之孝也，故其亲不可以不慈；而长年之于稚幼，主人之于奴婢，君上之于臣民，皆对待而起义，凡此之谓伦理，凡此之谓礼经；伦理礼经，而支那之所以立国者胥在此。"[①]

（3）特别之教义

中国没有宗教，却有特别之教义，即是圣人孔子的道德。第二十四卷第十九章："则若远东支那所奉行之儒教，与夫近东希腊所用之斯多噶宗，一倡于孔氏，一发于芝诺，是二者皆不信人有灵魂与其物之不死。此其所标，可谓大谬者矣！顾其用之于社会也，转有美利之可收，为其群所托庇。乃今日所与儒家并行之二教，曰道曰佛，能言灵魂不死矣。而本此推行，转为其社会之大梗，是不可以深长思也耶？"[②] 孔家比佛教的长处，可看下面一段，更为明白。"若夫支那之圣人，所以为其民立法者，胜佛远矣。其言曰：'仁者先难而后获'；又曰：'务民之义'；故其为国也，于宗教、哲学、法典，皆

① 《法意》，第十九卷，第十九章，页 23—24；英译本，页 326。

② 同上书，第二十四卷，第十九章，页 21；英译本第二册，页 123。

素位躬行之礼，而无出位之思。盖彼知息土之民好逸，故极意使之为勤，以救其弊耳。”① 而且孔子的教义对于专制之弊，也有所补救。第十二卷第二十九章云：“而中国六经为千年不刊之典训，虽宗教崇信，各事异同，而犁然有当人心之言，往往而遇，故其文为国律之所据，而其力亦足以匡拂专制之废而有余也。”②

由上所述，孟德斯鸠绝不是纯粹中国文化的反对者，他虽看到中国文化的坏处，但也看到中国文化的好处。他不反对竺赫德神甫所说“地球万族，支那最富”③ 的话，这就是他的卓见。中国文化的缺点虽多，但风俗之弊可以用特别的治术来补救；奢侈之弊可以用勤俭的政策来补救；专制之弊可以用孔子的教义来补救，所以归根结底，《法意》一书仍以赞扬中国文化的优点为多。严复在《法意》的案语中，极力称道孟氏，以为“孟氏此言之似吾六经也。尝谓西士东来，其耆硕好学，莫如明季与国初之耶稣会人，而欧人于东籍最稔者，莫若前两稘之法国，如孟德斯鸠，如伏尔泰及当时之狄德罗诸公，其著作俱在，可复案也”④。这一段话很可以拿来作孟德斯鸠之中国文化观的结束。

还有可附带提及的，就是孟德斯鸠的《波斯人信札》（*Lettres Persanes*, 1721）。此书揭露社会上种种不合理与黑暗的现象，代表了当时进步的倾向。在信一百十九中指出：“中国之所以拥有为数众多的人民，只是从某一种思想方式得来的，即因儿女把父亲看作神祇，

---

① 《法意》，第十四卷，第五章，页 8—9；英译本第一册，页 243—244。

② 同上书，第十二卷，第二十九章，页 32；英译本，页 221。

③ 同上书，第二十一卷，第二十一章，页 52；英译本第二册，页 44。案英译引竺赫德《中华帝国全志》第二册，页 170：“that the interior trade of China is much greater than that of all Europe”；严译：“地球万族，支那最富”二句，当系推演之辞。

④ 同上书，第八卷，第五章案语，页 7—8，案福禄特尔与狄地鲁即伏尔泰与狄德罗之异译。

各人皆倾向于增加家口。”[1] 而在一般叙述东方各国时则充满着各国人民和友谊的思想，如主张法国的暴政甚于东方伊斯兰教国家和波斯国家的暴政，这也可看出他对于东方的态度。

3. 伏尔泰

孟德斯鸠批评中国文化，而在法国启明运动的最大权威者伏尔泰，却从相反方面，极端赞扬中国文化的真价值。中国的哲学、道德、政治、科学，经他一说，都变成尽美尽善的东西了。他是一个欧洲人中最大的中国赞美者，十岁时曾进耶稣会教士办的路易学院（Collège Louis le Grand），但他一生无疑乎是一个异端的信徒，反宗教文化的大将。他为什么这样赞美中国文化呢？因为中国文化是《圣经》以前的文化，且为《圣经》以外的文化。在他研究中国文化的内容时，竟发现了和欧洲不同的一种新文化。这种新文化与基督教绝然不同，它不说灵魂不灭，不说来世生活。孔子自己也不以神或预言者自命，他不讲神秘，只谈道德，一言以蔽之，即不将真理与迷信混同。所以把他和基督教对比，则基督教全然为虚伪的、迷信的，结果只给人类以重大的不幸。因此伏尔泰主张应该根本废弃宗教，为人类的幸福与和平再现的原故，儒教可算最好最合人类理性的哲学了。

但我们不要误解伏尔泰是唯物论者，他严格来说，只是中国文化影响之下的泛神论者，自然宗教论者；然而泛神论，依据赫克尔（Haeckel）所说，只是“有礼的无神论”；这有礼的无神论很容易受人误解，一方面有当时法国教士以无神论来攻击他，一方面唯物论者以有神论来攻击他。实际他既不是法国教士所攻击的无神论者，也不是正宗的有神论者。伏尔泰攻击宗教的论调随处可见。[2] 他攻击教堂，

---

① 《波斯人信札》旧有林纾等译本名《鱼雁抉微》，载《东方杂志》第十三卷，不全。现有罗大纲译本，人民文学出版社，一九五八年，信一百十九，见页 204。

② 参看彭基相《法国十八世纪思想史》，页 14—26。

对于那些自称为基督代表的人骂得痛快淋漓。他又反对教堂所附会的教义，以为《圣经》如果是来自上帝，那上帝太无知识了。第一他就不知道物理，第二他对地理也是同样地不知道，第三他也不知道年代学。《圣经》并不是上帝做的。“实在说起来，只是一个有疯狂病的无知者在一个极坏的地方写的著作。”《旧约》如此，《新约》亦然。“要把这些荒唐的故事当作自然的事来相信，一定要有一种与我们现在所有的一切理性相反的理性，否则是不可能。”因此伏尔泰主张用历史的方法来考察基督教，只承认“基督只是一个带有东方色彩的苏格拉底”，这当然不是一般所认为有神论的了。但是我们要问：伏尔泰不是正宗的宗教，那么他的宗教究竟是从什么地方来呢？

a. 孔子宗教与礼仪问题

我曾细心研究他对于神学的见解，以为他的宗教即是“哲学的宗教”，即以“道德”代替“宗教”。伏尔泰承认“道德是来自神的，到处是一律的，神学是来自人的，所以到处不同而且可笑”[①]。“你可以使娱悦你的一切都成哲学化；但当你管理一个小村庄的时候，你就必须要一种宗教。”[②] 他反对无神论，以为：“不认识赐给吾人以道德的天神，难道人们能更有道德吗？”[③] 所以正宗的宗教可以不要，而道德的神却不可不有。因为伏尔泰对于宗教的根本见解和斯宾诺莎很相接近，故可称之为“哲学的宗教”；而此“哲学的宗教”的来源却不能不求之于中国。据利维-布律尔的叙述，伏尔泰很公开地说到这一点。

> 这种有神论是不是为现在需要而被复兴的？伏氏回答说是的。他用中国人为例，中国为一古国，其聪明而持久之制度极可

---

① 《法国十八世纪思想史》，页 14。
② 同上书，页 32。
③ 同上书，页 33。

惊叹，其宗教则为真正的有神教。数千年中国上流阶级的宗教是什么？祭天与崇拜公道，虽然在下流阶级中仍不免有迷信，但是所有受教育的人自古以来都是有神论者，如我们将孔教与西方之宗教相比较，那我们承认孔教为宗教就错了。孔子不言神，孔子是完全有神论的模范。

所以有神论不是一种想象的宗教。此不仅包括罗马的天主教，不仅包括一切的基督教，并包括一切的人类，这种宗教连结一切的教会，使成一真正普遍的教会，这就是人道。有神论者的宗教是最古的与最普遍的宗教，因为崇拜一个上帝，是在世界上一切系统之前。

我们不能像中国人一样，这真是大不幸！……[①]

但是使我们惊异的，就是当伏尔泰把中国的有神论做根据来攻击正宗的宗教的时候，那更彻底的百科全书派却将中国的泛神论一变而为无神论来读了。

伏尔泰的中国宗教观，较之同时代的百科全书派似较为正确，他不认孔子为无神论。当礼仪问题争论得很激烈的时候，多明我会和方济各会极力主张孔子信徒，无论官吏、儒者，均为无神论者；法国派遣主教昧各老根据《论语》“天生德于予”的一句话，证明孔子为无神论者。一七〇〇年十月索尔蓬大学提倡，凡相信中国人、官吏为有神论者的人都是异端。这时法国有些新著出版，均认中国人为无神论者，因其礼拜物质的“天”即是苍天。但即在这个时候，伏尔泰对于这次论争感着极大的趣味，他从三种的见地上，开始评判：[②]

① 见利维・布律尔《法国哲学史》页 188；又汉译本页 120 所引。

② 参照后藤末雄《支那思想のフランス西漸》，页 361—370。

第一，伏尔泰为解决礼仪问题，先对于中国之“天”“上帝”等字义加以研究。他发见历代天子敕语中，有许多使用这些字样，他分析乾隆诏敕中所引孔子格言，如“天地之心”一语，译出欧文便有无神论的意味。其实从另一句格言看来，孔子并未否认统治天界的上帝存在，孔子所屡屡反复的“天”是皇天不是苍天，即含有统治苍天的上帝之意味。还有许多实例，如雍正诏敕，一七七〇年尼布楚条约纪念碑铭，康熙庙的匾额，由此均可见中国政府确认神的存在，而“天”“上帝”无疑乎即为神一名之异称。他举李明《中国现状新志》中所说：“此国人民二千年来，即保存真神的知识，在欧洲陷于迷信腐败的时候，中国人已经实行最有道德的纯粹宗教了。”①

第二，他用反证的方法，来证明以孔子与中国人为无神论者之非。怀疑派的首领培尔主张无神论者可以形成社会，而法国的道德论者与教会中人均反对这种主张，以为培尔的话不过痴人说梦。但是他们同时又认孔子或儒者为无神论者，不知中国社会有四千年的悠久历史，这是不能否认的，若使中国人是无神论者，则彼等社会的存续简直是不可能的，这不是证明了孔子或儒者决不是无神论者吗？这不是证明了非难孔子或中国人为无神论者的法国道德论者与教会中人，为陷于自相矛盾的论调吗？

第三，他常常引用在华很久的耶稣会士傅圣泽的话*，说在中国几乎看不见相信无神论的哲学家，因为中国哲学家看重道德，对神的知识即可不要，道德却非要不可。所以中国哲学家即令陷于唯物论，他们的道德是决不会堕落的。而且唯物论者不一定就是无神论者，许多教父相信神与天使为肉体的存在，但不能因此便认他们为不信神的

---

① 伏尔泰：《诸民族风俗论》，英译称《古今历史》(*Ancient and Modern History*)，Chap. II，“The Religion of China”，p. 31，见英译《伏尔泰全集》(*Works of Voltaire*)，第十三卷。

存在，中国当然更不消说。至谓中国人为偶像信徒，这也是对于中国礼仪的很大误解，欧洲人以本国的风俗习惯来判断中国的风俗习惯，往往如此。其实信仰自由乃是中华的国策，道教、佛教、喇嘛教、许多迷信无不输入国内，这些可以说都是纯粹的偶像教，但也只有下层社会去相信他。上层的官吏儒者，与下层社会信仰的不同，有如两层级间食物精粗的不同。中国政府专管维持社会风纪，只要下层社会遵守国法范围，迷信是不过问的。接着伏尔泰更指出在华教士关于科学上的论争，实在丑态毕露。他很同情于雍正帝锁国禁教的主张，以为传教士们确为“罗马教皇送往中国的军事侦探”；为杜渐防微起见，而取断然的手段，这正好证明雍正帝是中国的第一明君。最后伏尔泰更力说儒教非宗教亦非迷信，不要因此惹起单纯的宗教论争，甚至于宗教战争。他对于儒教，可谓敬佩之至了。①

伏氏赞美儒教，所以反对欧洲对于中国的传教行为，由他看来，欧洲的基督教根本就不能统一。例如同在基督教之中，有 Thomas 与 Banaventure，有 Calvin 与 Luther，有 Jansenius 与 Molina 这种种不同，②以那样派别的纷歧，还遣人传教，这不能不说是欧洲人特有的一种毛病。相反地中国四千年来，即有最单纯的宗教也就是最好的宗教。伏尔泰居然以中国为模范，从事欧洲社会的自我批判。③

b.《诸民族风俗论》的中国史观

由上所述伏尔泰的宗教观，散见于其所著《诸民族风俗论》

---

* 伏尔泰说：“耶稣会修士傅圣泽（P. Foucguet）在华二十五年变为耶稣会的敌人，好多次向我说，中国很少无神论者。”（《伏尔泰全集》1878 法文本第十一册页 180，见阎宗临《中国与法国十八世纪文化的接触》。）

① 同上书，页 33，34，36；又《矇昧的哲学家》，见《伏尔泰全集》英译本，第十八卷，页 277—278。

② 伏尔泰：《哲学辞典》，“中国”条，见《全集》英译本，第四卷，页 95。

③ 同上。

（*Essai sur les moeurs*）导言（十八及第二章）、《蒙昧的哲学家》（*Le philosophe ignorant*）、《中国通信》（*Lettres Chinoises* 第六封）及《哲学辞典》（*Dictionnaire Philosophique*）“中国”（De la Chine）一条，现在专就《诸民族风俗论》来看，他不但把中国放在极显著的地位，而且责备那些早期的欧洲史家固步自封地把中国忘了。由于当时欧洲从卫匡国《中国上古史》提出了中国年代问题以来，已经使《旧约圣经》的世界史不能维持下去。例如夫累勒即提倡以科学的历史研究法来代替从来的宗教史观，伏尔泰完全实现了这种方法。他反对以上帝的意志解释世界的历史，认为“只有哲学家才该著历史”“从前历史著作都因荒唐的杜撰而失去本来面目，可是从中国历史的发见以后，进步的人谁也不会再信作为惰性权威的《旧约》世界史的谎话了”。尽管一六八一年刊的菩绪埃（Bossuet）的《世界史论》关于以中国为首的远东诸国一句话也没有说到，相反地伏尔泰著此书，第一章即从中国文明之赞美的叙述开始。他认为中国有四千余年以上的历史，他根据基督教各派教士的报告书，尤其是竺赫德的《中华帝国全志》、李明的《中国现状新志》，即依据当时的最新知识记述下中国文明的一般轮廓，使它在历史上占一重要地位。关于这一论题有恩格曼（Walter Engemann）所写《伏尔泰与中国》（*Voltaire und China*, 1932, Leipzig）特别注意伏氏的中国热和他的历史哲学的关系，可资研究。又依小林太市郎所著《支那思想与法兰西》第三章[①]指出《诸民族风俗论》中的中国观有以下五点。

第一，中国文化之理性的特质。在他民族尚在神话的时代，中国人很早就写成历史。他大为赞赏中国历史全不记载那受超自然的、神变不可思议之神的启示的半神人物，也很少说明世界起源的谎话。还

① 小林太市郎：《支那思想与法兰西》，页 134—139。

在中国人有文字的时候，已经开始写下了合理的事实。

第二，在任何民族中，中国史最有信用的价值。从这见地他说明了一些事实，例如伏羲之时，龙马负图是不可思议的事，实际只是证明伏羲以前已有文字。又给中国古代文献以重大疑义的秦始皇焚书，使书籍的保藏更受人注意。在积极方面他应用天文及历法上的种种证据，说明中国古代史的确实性，并且认为中国比世界任何一国都早有历史，有文字，天文历法有长足的进步。换言之，即四千余年以前已吐出理性文化的光辉。

第三，中国从太古即存在着理性的宗教。伏尔泰和莱布尼茨同样从耶稣会的报告里认中国为有神论，但他以为中国人的神是作为宇宙万物原理之神。他是理性的崇拜者，文明的肯定论者，所以把中国的宗教也完全解释为理性的宗教。他非常称赞孔子“述而不作”专教人以遵照理性从事最纯洁的人类道德实践，从修身治国的考虑。或“施诸己而不愿，亦勿施于人”；以至“所求乎子以事父，所求乎臣以事君，所求乎弟以事兄，所求乎朋友先施之”。他认为这些格言只要世界上人人遵奉，便是地球上最幸福最值得尊敬的时代到了。

第四，否认关于中国专制政治及其他诽谤者所提的种种问题。他以为这些诽谤都是出于短见。如见中国人顿首之礼，不应该就得出专制政治的结论。看了安孙旅行记所记广东小商人的黠诈，便依此来讨论大帝国政治的善恶，道德的可否，这未免太轻率了。[①]

第五，提倡以中国文化为标准，矫正西洋人自大的偏见。例如，他认为万里长城是比埃及金字塔更为有益而壮大的建筑；中国本部十五省人口至少一亿五千万，大于合计不过一亿左右的整个欧洲；中

① 伏尔泰:《古今历史》，第一章，见《全集》英译本，第十三卷，页30。

国从上古时已有丝绢，并制造精致的白纸、瓷器、漆器等。总之，无论法律也好，政治也好，中国都可以认为是世界第一的文明国。

c.《自然法赋》与宋儒理学的关系

中国是伏尔泰的理想国，中国的理性道德更是伏氏所认为欧洲人所向往的目标，是和从来基督教的道德有本质的差别的。他在一七二八年作《反巴斯噶论》(*Remarques sur les Pensées de M. Pascal*)，开卷即用激烈的文字攻击巴斯噶以人性为恶的说法。他说，对于此厌世家他要给人类作辩护。对于基督教的性恶说，他采取了儒家性善说的立场。接着他逐条驳斥巴斯噶《辩神论》断片中的若干思想。例如巴斯噶说，“只爱神，不爱他物”；他驳道：“人类须以深厚的爱情爱其祖国及其父母、妻子。”又对答巴斯噶所疑的道德的确固不变的原理问题，他提出“己所不欲，勿施于人”的原则。对答巴斯噶关于死的疑问，他提出“未知生，焉知死”之现实的立场。由上可见伏尔泰极端接受中国道德的态度。①

一七五二年他写成《自然法赋》(*Poème sur la loi naturelle*)，当时是他著作最成熟的时代。在这书里，他所述理性道德的许多重要节目，更明白是受了宋儒理学的影响。关于这一点，小林太市郎在《支那思想与法兰西》中曾试为分析。② 案《自然法赋》序言，伏氏开始借出版者的口气说：“这《自然法赋》的目的是关于从一切启示宗教乃至最高存在性质的一切议论里独立出来，确立了普遍的道德之存在。”在这里他鼓吹了从宗教解放出来的理性的因而是普遍的新道德；次之，教育的目的是教人顺从理性的实践行为，这就简直是宋儒《大学注》的解释了。在序言里面，伏氏还特别强调羞耻之心是与理性同为以自然法为基础的，然而西洋人不知道尊重道德上的羞耻，不知羞耻

---

① 小林太市郎:《支那思想与法兰西》，页141—142。
② 同上书，页142—148。

为道德的端绪，在这里他发挥了宋儒的道德说。《赋》之初篇末尾说自然法的普遍性，谓“吾人与生俱来之悠久的存在，一切人之心中同样有其萌芽。从天所授的德性，由人来表现，人却为私欲或迷误蒙蔽了它”。但尽管如此，只要在心中时时警惕，人的天性是不灭的。在这里，伏氏的结论和宋儒天理人欲之辨和存天理去人欲之说没有什么不同。所以在《赋》之第二篇中，伏氏认为罪恶是暂时的，“无论人欲如何兴盛，在内心深处常常有法则和道德俨然存在”。他用清冷之泉作譬喻，因风而波起，水必浊；但在风平波静之时，就是坏人也可以在水中看到自己的面貌。这简直完全应用了宋儒水波的譬喻了。还有更意味深长的，伏氏和程朱学一样把这自然法即理，不单看作道德的原则，而且认作宇宙万物的原理，即据此而星辰之运行、风雷的变化、草木的生育、鸟兽的驰走，都不出于人类思考着的普遍的原理之外，这当然完全是唯心主义，但其所受宋儒理学的影响则是显无可疑的。《赋》之第三篇感叹从人欲的迷妄发生种种奇怪的各种宗教，横行世界。如在欧洲为了宗教裁判使无辜的市民受火刑，其极端残酷的情状都由于人欲把天理消灭了。第四篇以此自然法为政治的基本，认为修明这些，即为政治改革的急务。由伏氏看来，国王是“自然法之勤勉的执行者”；只要人人明白自然法的大道理，努力去做，就可以使国家泰平。但是他自己是不参与政治活动的，只要晚年享受安静的日子就好了。这是《赋》的全篇的结束语，要以儒家的理性道德来挽救欧洲的时弊。但是，他在末了所郑重申明的隐士思想，还是受了中国的影响。

d. 中国文化之赞美论

（1）中国文化之特质

伏尔泰极端赞美中国文化，首先是赞美孔子的格言：“己所不欲，勿施于人”，认为这是基督所未曾说到，基督不过禁人行恶，孔子则劝人行善。他尤推赏孔子“以直报怨，以德报德”的格言，以为“西方民族，无论如何格言，如何教理，无可与此纯粹道德相比拟者。孔子常说仁义，若使人们实行此种道德，地上就不会有什么战争了”。所以孔子实为至圣至贤的哲学家，人类的幸福关系于孔子的一言半句。在一七六〇年四月二十五日伏尔泰给得比勒夫人（Madame d'Epinay）的一封信，极称孔子为天地之灵气所钟，他分别真理与迷信，而站在真理一边。他又不媚帝王，不好淫色，实为天下唯一的师表。因为崇拜到了极点，所以伏尔泰在他自己的礼拜堂里装饰孔子的画像，朝夕礼拜。“子不语怪力乱神”“有教无类”，这一点尤为伏尔泰所敬服，所以他对孔子有一段很好的批评，他说：“我读孔子的许多书籍，并作笔记，我觉着他所说的只是极纯粹的道德，既不谈奇迹，也不涉及虚玄。”（I have read his books with attention; I have made extracts from them; I found that they spoke only of the purest morality. He appeals only to virtue, he preaches no miracles, there is nothing in them of ridiculous allegory.）[①] 又作一诗赞美孔子为真理的解释者，暗中即以讥刺基督教。诗曰：[②]

他使世人不惑，
启发了人心。
他说圣人之道，
决不是预言者的那一套。
谁知到处使人相信，

---

① 伏尔泰：《哲学辞典》，“中国”条，见《全集》英译本，第四卷，页 82。又赖赫淮恩《中国与欧洲》页 89 所引，与 William F. Fleming 译本可参照。

② 汉译本（朱杰勤译）页 79—80 意译为：殊方有哲士，发言明且清。斯文赖不丧，理性得其贞。

> 也得了本国深深的爱好。[①]

在《诸民族风俗论》(第一四三章)中，也有一段赞美中国文化的名言：

> 欧洲的王族同商人在东方所有的发现，只晓得求财富，而哲学家则在那里发现了一个新的道德的与物质的世界。(The princes of Europe and the men of commerce have, in all discoveries in the East, been in search only of wealth, the philosophers have discovered there a new moral and physical world.)[②]

最使伏尔泰赞美中国的，是中国有四千余年以上的历史。各派传教士对于中国文化虽有种种异论，但均认中国建国之久，均认中国建国在四千余年以前。所以伏尔泰以为在欧洲如中国君主一样早的王族是不存在的。在中国已经完成了政治制度生活的时候，法国人还在那里过着动物一样的生活。

(2)物质文明

最有趣的，就是伏尔泰是一个“全盘华化论者”，所以对于中国文化的各方面，即至物质文明，亦不惜加以赞美，以为中国的物质文

---

① 伏尔泰：《哲学辞典》，“中国”条，见《全集》英译本，第四卷，页82。又赖赫淮恩《中国与欧洲》页89所引，与William F. Fleming译本可参照。据Fleming英译诗句，稍不同，可供参考：

Without assumption he explored the mind,
Unveiled the light of reason to mankind;
Spoke as a sage, and never as a seer,
Yet, Strange to say, his country held him dear.

② 赖赫淮恩：《中国与欧洲》，页89所引。

明实有凌驾欧洲之势。例如：[①]

（一）印刷术 “中国的木板印刷，由我们看来，较欧洲的印刷术有种种优点。第一，印刷者可不铸造活字。第二，书籍不易毁灭，木板又可保存。第三，印刷后即有错误，亦易于订正。第四，印刷者只须就预定的部数印刷，不比欧洲印刷过多，浪费纸张。”大概在伏尔泰时代，欧洲“字板”的制法还未发明。

（二）陶瓷 中国陶瓷向为欧洲人所珍重，欧洲在十七世纪末虽知仿造，但价值甚昂，不甚普遍。

（三）玻璃 中国人比欧洲人先知玻璃的制法，虽则中国玻璃不如欧洲美丽，也不透明，但据法国一位军官可靠的话，在广东时曾发见某处有非常透明的玻璃窗的装饰。

（四）养蚕术与纺织术 中国为蚕丝的原产地，养蚕术与纺织术亦由中国传入波斯。

其他如（五）纸、（六）钟、（七）车之发明，亦为中国人的贡献。

（八）农业技术 他赞赏中国的重农主义，以为中国尊敬农业，举世无匹，欧洲各国大臣要一读耶稣会士记录关于中国皇帝之尊重农业，和收获期的国家祭典等例。“我们欧洲的统治者们知道这些例之后，应该是赞美啊！惭愧啊！尤其是模仿他们啊！”[②]

（九）建筑 就建筑说，在西历纪元前三百年已筑有万里长城，可见古代建筑已比欧洲人更为发达了。又如以人工开凿运河，通贯全国，为世界各国所未有，即罗马人亦绝无此类大计划。

在赞美中国的物质文明以后，伏尔泰得到一个结论：

---

① 参考后藤末雄《支那思想のフランス西漸》，页 355 所引 *Fragment sur l'histoie*, article 1, “De la Chine”，此文未收入《伏尔泰全集》英译本中。

② 伏尔泰：《哲学辞典》“农业”条，p. 34。后藤末雄同上书，页 377 引。

> 中国人虽未曾如欧洲人似的，装饰了艺术宫殿，但是此等艺术的宫殿都是由他们建设起来的。

他甚至为赞美中国文化，对于欧洲人所下中国风俗的恶评亦加以辩护。例如他说，比较欧洲人之通奸，还是中国一夫多妻制来得好些。这一点拿来和孟德斯鸠所著《波斯人信札》第一百十四封信反对一夫多妻制比较一下，未免相形见绌。伏氏又在《哲学通信》第十一封信中论种痘，以为中国在贞纳（Edward Jenner）发明牛痘接种以前很早就有种痘的习惯，“这是被认为全世界最聪明最讲礼貌的一个民族的伟大先例和榜样”[①]。至于政治法律方面，更不消说了。

（3）政治与法律

中国的政治观念，由伏尔泰看来，有两种好处，即（一）中国人民将君主或官吏看做家长一般，给他尽力；（二）政府当局注意人民福利，以增进人民福利为第一义务。所以皇帝或官厅常常要修理道路，开凿运河，保护学术与工业的研究，人民亦不自觉地表示敬意，养成了顺从的美德。而这种顺从，非从专制而来。伏尔泰以为专制政治和中国政治观念不同。他给专制政治下一定义：

> 专制政治云者，乃君主不守法律，任意剥夺人民的生命财产的政治。[②]

但从中国的行政组织来看，中国的行政组织各部分互相联络，官吏均经几次严格考试，皇帝虽高高在上，亦不便擅行专制。加以中国

---

① 《哲学通信》第十一封信，页 43，一九六一年上海人民出版社版。

② 伏尔泰：《古今历史》，第一百六十四章，见《全集》英译本，第二十卷，页 145—146。

设有谏议制度，本不能以专制国家称之。总之中国政治，由伏尔泰看来，这种政治组织实为世界最善最完全的组织。

> 人类智慧不能想出比中国政治还要优良的政治组织。

至于中国法律，更充满着“仁爱”的观念。中国无论如何僻远的地方，非经官厅或御前会议的裁判，虽贱民亦不能处以死刑。所以他说：

> 关于中国，只要听到这种法律，我已不得不主张只有中国是世界中最公正最仁爱的民族了。

而使伏尔泰最惊叹的，就是这种世界上最优良的中国法律，实存于四千年来。换言之，即在西历前二千余年便已存在，直到他的时代尚无显著的变化，这一点不能不说是世界上最好的民族的证明了。

e.《中国孤儿》剧本之中国文化观

伏尔泰著作极多，全集有九十七册，但其中专论中国文化、中国思想的，在《诸民族风俗论》之外，尚有一七五三年所作有韵的戏曲：《中国孤儿》（*Orphelin de la Chine*）剧本。《风俗论》极言中国文化优美，以反驳孟德斯鸠对于中国文化的批评，《中国孤儿》宣扬中国道德，以反驳卢梭“文明不是幸福”的中国文化观。故在此剧本第一版上，有意把卢梭的那封有名的信排在前面。[①] 现在试专就此剧，略加介绍。

原来十八世纪欧洲的知识界人士不但注意中国哲学，更且注意中国文学，例如最后上断头台的诗人舍尼埃（André Chénier）读到《诗

---

① 赖赫淮恩：《中国与欧洲》，页91。

经》课本，他想模仿《诗经》的体裁，改造法国诗的格局。又如以伏尔泰为例。他比较中欧文学，以为中国文学比较欧洲文学为近于实证的、哲学的，如以演剧为文化的标准，则这个原则在中国也可以适用。中国剧的起源乃在三千年前，只输希腊的起源一筹，但是中国人决非从他国传承艺术，他们也不知道希腊人的存在。中国人乃以独自的智力创造戏剧，如实地描写人类的行动，用科白或台辞，以演剧为劝善惩恶的机关，这可以说中国戏剧的特质。

以元曲《赵氏孤儿》[①]为例。此剧原名《赵氏孤儿大报仇》，一作《赵氏孤儿冤报冤》，是元朝剧曲家纪君祥作的。它的故事内容根据《史记·赵世家》里晋大夫屠岸贾诛赵氏和晋景公与韩厥谋立赵氏孤儿的一段故事。此剧于十八世纪由中文译为法文，后又从法文译为英、德、俄各国文字，五十年间欧洲的拟作或改作有英文两篇，法、德、意大利文各一篇，而伏尔泰的《中国孤儿》剧本即为最有名的改作之一。此剧法文本见 *Théatre de Voltaire*，1857 巴黎刊本页 547—597，又页 543—546 有黎塞留（Richelieu）序文；英译本见 *Works of Voltaire* 第八卷页 174—234；汉译本 1942 年商务印书馆版有译者序跋，谓“伏尔泰写这本戏曲，他并不是欣赏艺术上的价值，而是对于中国道德表示了深切的共鸣”；还有后藤末雄《伏尔泰的悲剧〈中国孤儿〉之研究》及陈受颐《十八世纪欧洲文学里的赵氏孤儿》[②]均可供研究。伏尔泰本来赞美中国文化，对于中国文学更非例外，他承认戏剧的劝善惩恶的哲学为合理，因此便把中国戏剧的价值抬得很高。中国戏剧诗的成就只有希腊可相比拟，至于罗马人简直是毫无成就。他

---

① 《赵氏孤儿》，见《元曲选》世界书局本，页 1476—1498。英译本 *Chau Shi Ku Eul, or The Little Orphan of The Family of Chan, A Chinese Tragedy*，见竺赫德《中华帝国全志》，英译本第二卷，页 175—182。

② 后藤末雄：《佛兰西精神史之一侧面》、又《支那思想之法国西渐》页 384—420；又陈受颐《十八世纪欧洲文学里的赵氏孤儿》，见《岭南学报》第一卷第一期。

所认为的代表作，就是《赵氏孤儿》。但此剧原本过于复杂，缺乏恋爱的要素，且与三一律不合；因之主张改作，把剧中角色也全部改换，以元朝为背景，来描写鞑靼人和中国人的风俗习惯，共成五幕。而最重要的，即在此剧里面表示一种中国之道德的人生观。他自己说：

我敢说自从我创作史事诗《显利篇》(*la Henriade*)以至《谢义儿》(*Zaïre*)，以至这篇中国的作品，不论它们的成绩好丑，这个鼓励为善的宗旨是一向都给我以灵感的。……在这样的工作里，我曾消度我生活中的四十多年。①

《中国孤儿》剧本有一个副题是“五幕孔子的伦理”，他希望法国人能从新剧本中，领会中国人的道德生活远胜于诵读耶稣会士的著作。他假托剧中人物盛悌妻奚大美来宣扬中国文化：

在当初我也曾经私下转过一个念头，想用我们中国文化的力量，把这一只野心勃勃的狮子收服过来，用我们的礼教道德感化这个野蛮的鞑子，叫他归化中国。……我们中华民族从古以来，有的是高尚的艺术，有的是威严的法律，还有清静的宗教，这些都是世世代代可以夸耀世界的立国之宝。(第一幕第一场)②

我们的国朝是建立在父权上，伦常的忠信上，正义上，荣誉上，和守约的信义上，换一句话，孝悌忠信礼义廉耻就是我们立国的大本。我们大宋朝虽已被推倒，可是中华民族的精神是永不会灭亡的。(第四幕第四场)③

---

① 《中国孤儿》序文见《伏尔泰的戏剧作品》，页 180，见《全集》英译本，第八卷。汉译文据陈受颐《十八世纪欧洲文学里的赵氏孤儿》。

② 奚大美(ldame)语，见英译本页 183，汉译本页 3。

③ 见同上英译，第四幕，第四场，页 219，汉译本页 36。

剧中末了成吉思汗借奚大美来赞中国文化的话，更可见伏尔泰的旨趣：

> 你把大宋朝的法律、风俗、正义和真理都在你一个人身上完全表现出来了。你可以把这些宝贵的教训宣讲给我的人民听，现在打了败仗的人民来统治打胜仗的君王了。忠勇双全的人是值得人类尊敬的，我要以身作则，从今起我要改用你们的法律。（第五幕第六场）[①]

这就是说大宋朝虽已覆灭，而立国之宝的中国文化永不会灭亡。被征服的是那打胜仗的君主，而不是打了败仗的人民。伏尔泰在结束语所提出对中国人民的颂词："那是你们的道德。"这就可见他对于中国文化中国人民是如何赞美和辩护的态度了。

4. 狄德罗

a. 百科全书思潮

百科全书派好似一个"哲学家"的军队，在霍尔巴赫和伏尔泰指挥之下，他们在有意无意之间集合起来做了一个共同的工作；他们多半是集全力攻击天主教，广泛地说，即攻击基督教本身。他们排斥基督教的宇宙观与人生观，这在他们看来是假的与迷信的；他们诅咒天主教会所主张的社会秩序，他们以为这是不公平的与压迫的。[②]他们还有一个共同的特点，就是喜欢外国东西。他们有的醉心于古代的中国人物。即借孔子的名义来办他们的革命。例如一部名叫《中国间谍》的书，就是以中国文化鼓动法人来反抗政府的。

百科全书派没有人肯承认有一个全能的上帝，同样几乎没有人不

① 成吉思汗语，见前英译本页236，汉译本页50。

② 利维-布律尔：《法国哲学史》第七章，百科全书派。

承认中国文化之真价值，从霍尔巴赫到伏尔泰，从伏尔泰到狄德罗、巴夫尔、爱尔维修，无不如此，尤其狄德罗是毕生献身于为真理和正义服务的一个人（恩格斯语，见《费尔巴哈与德国古典哲学的终结》第二节）；他的好奇心使他在《百科全书字典》中，承认了中国民族所有的优点。

b. 狄德罗之中国文化观

狄德罗无疑乎是百科全书思潮中的主角，他在八九岁时即就学于本生地的耶稣会，十二岁时曾受剃度。耶稣会因觉得狄德罗聪明，曾想尽方法使其为该会尽力，但谁知道这一位富有反叛精神的人以后竟然否认了上帝的存在呢？狄德罗对于中国知识的来源，和他早年所受耶稣会的教育不无关系，但对于在华传教士所说中华建国之太古说，则取怀疑的态度。依旧说，伏羲氏建立中华帝国于四千年前，换言之，即在耶稣诞生前二千九百五十四年；但由狄德罗看来，关于这种种推测都是不足信的。第一，伏羲感天而生，系一种荒渺无稽的传说，不能算做史实。第二，从年代学上观察，中华帝国亦不能追溯到四千年前，关于这一点他引龙华民、傅圣泽和夫累勒各家的说法为证。[①] 他的结论以为中国最初的天文观测即历法的完成，在尧治世前一百五十年，与迦勒底（Chaldaea）的天文观测完全吻合。由此事实，可见中国天文学和迦勒底的天文学一脉相通，而两国的起源也是互相一致的了。

但狄德罗并不因此否认中国文化的真价值，虽然在论中国人口过剩所发生的结果，对于中国商人的狡猾有极冷酷的批评，但从基本上看，他是赞美中国文化的。所以在讲到“中国人的优越”时，他说：“我们是大诗人、大哲学家、大辩士、大建筑家、大天文家、大地理

---

① 后藤末雄：《支那思想之法国西渐》，页 425—427 引。

学者，胜过这善良的人民，但是他们比我们更懂得善意与道德的科学。如果有一天发见这种科学是居一切科学的第一位，那末他们将可以确定的说，他们有两只眼，我们只有一只眼，而全世界其余的人都是盲者了。”[①] 在《百科全书》代表项目之中，有狄德罗所写的“中国”（Chine）和“中国哲学”（Chinois, Philosophie des）两条，收入《狄德罗全集》第十四册中（一八七六年巴黎版，北京图书馆藏）。[②] 他相当涉猎当时所译中国经典，不免称赞中国为可与欧洲相匹敌之最开明的国家，但他和来华耶稣会士不同，不能无条件赞美中国。狄德罗对于两种对中国不同的看法，主张以中国人自己所最尊重的经籍来作判断的标准。在他所写“中国哲学”中讲到中国哲学的简单小史，从战国前孔、老一直到明末，很能抱客观的态度。他认为中国君主的哲学即道德哲学、政治哲学，古代君主可认为是哲人帝王，五经是中国最初且最神圣的读物，四书则为五经的注释，这是中国哲学的第一期：哲人帝王时代。孔子时代以前也有哲学家，继之他举出老子的名字，[③] 关于老子他是依据日本人著书的介绍。孔、老以前时代是道德哲学时代，其后才有形而上学。孔子哲学与其说是议论，不如说是以行为为主。秦始皇焚书以后，汉代学术复兴，可是狄氏认为是古代哲学的第三期。老子的思想和佛教盛行，无为虚无的思想继起，他对于六朝清谈的思想认为有害，并加以批判。十、十一世纪以后为中世哲学，关于宋学的思想前后涉及五十八条，[④] 狄氏特别重视宋代理学的自然哲学，所述也较详，可是因为语言翻译的困难，狄氏对于理学究竟是有神论、无神论，还是多神论，他自叹不易决定；由此他再将论题归到

---

① 此据摩尔利《狄德罗与百科全书派》第一卷，页 274 所引 Chinese Superiority。

② 《狄德罗全集》（*Oeuvres de Diderot*）第十四册，页 122—141。

③ 同上书，页 125—126。案老子作 Roosi 或 Li-Lao-Kum（李老君）。

④ 同上书，页 129—132 有二十九条，又页 132—135 有二十九条。

孔子的实践哲学，认为孔子的道德胜似他的形而上学或自然哲学，这从他所主张对家族的统御、公安和司法的机能、帝国的行政等事可以看得出来。他在述及近世中国欢迎欧洲的技术天文学、数学之后，言及康熙、雍正、乾隆三帝对待传教士的政策，举及三十五条中国人的实用哲学。①最后附加结论七条，其中述及在中国有清真寺的存在云云。由上狄德罗的中国哲学史观②可见他虽看出中国对欧洲技术的后进性，但却赞美中国政治思想制度的合理性和儒家的道德哲学。在《百科全书》中还有值得注意的，是他对于中国民族所下的结论：

> 中国民族，其历史的悠久，文化、艺术、智慧、政治、哲学的趣味，无不在所有民族之上。据一部分学者的意见，他们所有的优点甚至可以和欧洲最开明的民族抗争云。③

c. 孔教的根本概念

狄氏承认中国文化的价值，其实最使他钦佩的还是孔子的理性教。他赞美孔子学说为简洁可爱，赞美儒教只须以"理性"或"真理"便可以治国平天下，暗底里以此否定基督教存在的理由。他在《百科全书》中简单介绍中国五经，并举出孔子教的根本概念共二十四种格言，④以为孔教不谈奇迹，不言灵感，纯粹不脱伦理学政治学的范围。他的结论：

> 孔子是否为中国的苏格拉底或阿那克萨哥拉（Anaxagoras）

---

① 《狄德罗全集》(*Oeuvres de Diderot*) 第十四册，页 136—139 共三十五条。

② 参照岩村忍《中国论》见，《法国百科全书之研究》第六章，页 218—222，岩波书店。

③ 赖赫淮恩：《中国与欧洲》，页 92 引。

④ 后藤末雄：《支那思想之法国西渐》，页 438—439。

是很难决定的。这个问题和中国语言的造诣有关，依据前章对于孔子作品一部分的介绍，孔子谓为自然及其原因之研究者，不如谓其努力于人世及其习俗的研究。[1]

孔子教义以保存天赋的理性为圣人的特质，以补充天赋的理性为贤人的特质。德治主义有两个目的，第一目的以理性判别善恶与真伪，第二目的即修身、齐家、治国、平天下。这样尊重理性的精神，就是我们哲学家狄德罗的精神，同时也就是他的周围排列着的百科全书家的精神。

5. 卢梭

卢梭也是继承培尔反对当时正宗宗教的。然而他并非唯物论者，他在晚年曾说："不仅我不是一个唯物论者，并且我也不能记得是否有一个时候我想变为一个唯物论者。"[2] 他攻击唯物论者"只能给石头以感觉，不能给人以灵魂"；而他的灵魂是渴望信仰。他说："没有信仰绝没有实在的道德能存在。"评者以为"这句话百科全书派中没有一个人能写出或能懂得"[3]，可见卢梭绝不是法国教士所攻击的无神论者了。然而他也不是正宗的有神论者，他的宗教见解和伏尔泰一样，乃是哲学的宗教，即恩格斯所称为"自然神论者……卢梭"[4]。卢梭承认上帝一方面表现于人心的内部，一方面是借他的工作表现于宇宙中。[5] 这就是自然即神、神即自然的自然神论了。而此自然神论实即披着宗教外衣之自然主义哲学，其来源却不能不受到中国的影响，虽然卢梭自己是不肯承认这一点的。

---

① 《狄德罗全集》第十四册，页 126。
② 利维-布律尔：《法国哲学史》，英译本，页 246；汉译本，页 157。
③ 同上书，英译本，页 254；汉译本，页 163。
④ 《费尔巴哈与德国古典哲学的终结》，页 22。
⑤ 利维-布律尔：《法国哲学史》，英译本页 252，汉译本页 161。

卢梭所受东方思想的影响，在法国文豪罗曼罗兰所写《卢梭评传》中颇露出此中消息。如云“……他最伟大的教师并不是任何一种书籍，他的教师是自然，从幼年起他便热爱自然。……自然渗透他整个生命……这在他较晚的生活中显得特别明了，且使他和东方的大神秘主义者呈现异样相似之点”①。又，“尤其是他被陶醉于自然怀抱里的那几天，使他与宇宙混合为一体，他比任何西方人更能体会东方意义的完备的狂喜”②。卢梭这种“复归自然”的思想实即得力于老子。狄德罗从日本人著书介绍知道中国有老子，把老子写成 Rossi，卢梭写《学艺论》时和狄德罗往来最密，也可能接受这种影响。《学艺论》里面承认耶稣会士对于中国的观察为正确，但以为中国古代学艺即很发达，而文明不必即为幸福的表征，文明进步并不能矫正中国人的恶德；且不能使中国人免却异民族的征略。他指出如下事实即：“在亚洲就有一个广阔无垠的国家，在那里文艺是为人尊崇摆在国家尊荣的第一位。如果科学可以敦风化俗，如果它们能教导人们为祖国流血，如果它们能鼓舞人们长勇气；那末中国人民就应该是聪明的、自由的而且是不可征服的。然而，如果没有一种邪恶未曾统治过他们，如果没有一种罪行他们不曾熟悉；如果无论大臣们的见识或者法律所称号的睿智，或者那个广大帝国的众多居民都不能保障他们免于愚昧而粗野的鞑靼人的羁轭的话；那末他们的那些文人学士又有什么用呢？他们所堆砌的那些荣誉又能得出什么结果呢？结果不就是住满了奴隶和为非作歹的人吗？”因此他即以中国为例来大谈其独得之奇的“文明否定论”③。依他意思中国人民既不能保护国家，使不为无智蒙昧之野

① 《卢梭评传》，页 12，改进出版社译本。

② 同上书，页 28。

③ 《学艺论》（*Discours sur les Sciences Et les Arts*，1750 见 Oeuvres Choisies De J. -J. Rousseau）页 7；汉译本：《论科学与艺术》，页 9，商务印书馆，一九五九年。又赖赫淮恩：《中国与欧洲》，页 94；哈得孙：《欧洲与中国》，页 321 同引此。

蛮人所侵服，则此等文明亦有何用处？卢梭因有这个疑问，使他虽承认中国文明进步，而此文明进步适足以为他文明否定论的实例。他又在《百科全书》（第五册，一七五五年）所作政治经济学的条文里，提供了好些中国材料，但结论也认为这种政府是不能使人满意的。又在《爱弥儿》中提及“农业是所有艺术中最早的和最可贵的”；这重农主义却是主要受中国思想的影响，尤其是孟子的影响。卢梭和孟子人性本善学说的关系，一九四三年休斯（E. R. Hughes）在英译本《大学与中庸》序言第一章[①]中特别提出。他甚至以为康德早年受莱布尼茨的影响，晚年受卢梭的影响，[②]因而推论康德的理性学说也受中国的影响。这种结论是很值得我们去分析研究的。

由上所述，百科全书派的法国学者对于中国文化的态度，虽有如孟德斯鸠、卢梭等反对论，和狄德罗等批评论，然而从大体来看，十八世纪乃是伏尔泰的世纪，也是以中国哲学之“理”代替基督教之“神”的世纪。百科全书派无疑乎乃以启明运动之最大权威者伏尔泰为中心，而倾向于中国文化的赞美论的。在爱尔维修夫人的沙龙，尤其是得比勒夫人（Mme d’Epinay）及霍尔巴赫男爵的沙龙，当他们醉心思想革命的时候，他们借重外国的东西，借重中国的哲学，无疑乎孔子就成为他们经常谈到的题目了。

三、重农学派

在欧洲启明运动中，我们不要忘却重农学派（Physiocrates），因为重农学派实际即为启明运动在政治经济学上的表现。[③]我们知道，

---

① Hughes：*The Great Learning and the mean in action*, p. 22—26。

② Hughes：同上书，页 32。

③ 赖赫淮恩：《中国与欧洲》，页 101。

在法国革命的思潮中，新哲学家如霍尔巴赫、伏尔泰、狄德罗等提倡各种勇敢的唯物主义、无神主义，这些主义准备了和造成了大革命的哲学基础。但在政治经济学方面，正如托魁维（Tocqueville）为《魁奈全集》作序所指出的，“真正法国大革命的特点，可从重农学派的经济学者著述中发现出来”①。马克思在《资本论》中也指出“魁奈自己和他的直传弟子，都相信他们的封建招牌。……但是实际上，重农主义体系倒是资本主义生产的最早的系统的理解”②。又在《剩余价值学说史》第一卷第一篇说：“再次是激进的资产阶级大臣，法国革命的先导，杜尔阁。这些重农主义者虽然带着虚伪的封建的外观，却是和百科全书派一道工作的！”③还有密拉博，他的经济观本质地说来是一个重农学派。④据马克思说，他是放任主义者，“并且为资产阶级社会的利益而取消一切政府干涉的，正是这个学派。这个学派只许国家继续住在社会的缝隙内，像伊壁鸠鲁只许他的神，住在世界的缝隙内一样”⑤。因为重农派是代表法国大革命时的政治经济思潮，虽然当时这种经济思潮取得了一个封建的外观，却是正如马克思所指出的“而重农主义派中更激进的头脑，尤其是杜尔阁，却全然蔑视这个外观，并且把重农主义体系，当作渗透入封建社会内部的新的资本主义社会来叙述。这种情形，与初由封建制度突出那时期的资产阶级社会，是互相照应的”⑥。由于重农学派是受中国思想的影响，可见法国革命即在政治经济思潮，也是间接受了中国思想的影响。

---

① 阎宗临：《中国文化西渐之一页》引。
② 《资本论》第二卷，第三编，第十九章，页387，一九五三年人民出版社版。
③ 《剩余价值学说史》，第一卷，第一篇，页48，一九五一年，三联书店版。
④ 恩格斯：《反杜林论》，页263。
⑤ 《剩余价值学说史》第一卷，第一篇，页48。
⑥ 同上书，页43。

（A）重农学派之中国思想影响

季德与李斯特所著《经济学说史》（Gide and Rist: *Histoire des Doctrines économiques depuis les physiocrates jusqu'à nos jours*, 1907）中，曾经指出重农学派与中国思想的关系：

> 重农学派以主权寄托于世袭的君主，因为它与封建制度下的土地所有权有关系；因为土地所有权系于继承，所以主权亦归世袭。中国君主可说是重农学派理想的代表。中国帝王号天子，代表着自然秩序。每岁天子亲耕，以示尊农务本。实际人民治其事，天子只是顺着礼教无为垂拱而已。[①]

但是重农学派所受中国思想的影响，决不止这一点。重农学派曾给法国当时的革命领袖们以一定的影响，但不在于这种主张启明专制主义的中国君主，而在于更强大的表现于实现经济自由之原则的革命法则里面。魁奈曾上皇太子谏书，希望太子作了国王，能够一任法治，行所无事。杜阁（A. R. J. Turgot）也曾利用君主的无上权力，实施他的实业自由计划，因为没有得着路易十六的相当助力，终至失败。然而这种"合法专制"（legal despotism）的主张，终抵敌不住它们革命的倾向。重农学派终竟是革命的，马耳来夫称"重农主义盖上一层泥土的薄膜而蕴含着革命的细菌"[②]；马克思称杜阁的活动，是"预指了法国革命的措施"[③]；我们现在所特别注意的，也就是这种革命的倾向所受中国古代政治经济思想的影响。

---

① 陈汉平等译：《欧美经济学说史》（《经济学说史》的汉译本），页33—34。

② 鲁平：《重农学派》（汉译本），页108引马耳来夫在其论波兰的重农主义者的作品中语。

③ 《剩余价值学说史》第一卷，第一篇，页61。

1. 自然法

重农学派一词乃合希腊文 *φύσις*（自然）与 *κράτος*（主宰）而成，用以表示自然力（the power of nature），其学说体系的根本即所谓“自然法”（natural laws）或“自然秩序”（natural order）。

马克思指出“重农主义实际比任何体系都早的分析了资本主义的生产，并且把资本所依以被生产和所依以生产的条件，视为生产的永久的自然法则”①。

重农学派杜滂（Dupont de Nemours）则称重农主义为“自然法的科学”，自然法代替了上帝的功能，是超越一切社会现象，而为永久存在的法则。人类应遵照这个法则，使我们的生活和它相合，这是天的意旨。人类的幸福即系于是否赖于自然法的观念。有自然法人们才有更大的自由，享受更大的自然权利，远胜于受政府的干涉，这就是资产阶级所标榜的自由放任主义。但这自然法是什么？魁奈以为就是中国的天理天则，即中国先哲之所谓“道”。

2. 租税法

依照自然法则，土地是财产的唯一泉源，所以土地所有者须负担全部租税的责任，而一切加于一般普通人的苛捐杂税均须蠲免。这便是重农学派土地单一税的主张，为近人亨利·乔治（Henry George）所本，然而这种学说无疑乎是受中国古代经济思想的影响，尤其是受《周礼》一书的影响。翁肯（Auguste Oncken）在所辑《魁奈全集》中论中国古书之集，曾述及此点。② 因为“魁奈对于中国税制甚有研究，其于《周礼》均田贡赋之税尤是推崇，以为田产既有多寡之分，又有肥瘠之别，不能一概而论。以分别抽税是一理想之税制，当令地主纳

---

① 《剩余价值学说史》第一卷，第一篇，页 43。

② 唐庆增:《中国经济思想史》上卷，页 50 引 A. 翁肯:《魁奈全集》（A. Oncken: *Oeuvres économiques et philosophiques de F. Quesnay*），页 590。

粮而使耕作之人免税，惟中国历来税制乃能具有此数种优点云”[①]。

3. 重农政策

重农学派反对所谓人为法则的重商主义，而主张特别侧重农业，以为只有农业才是一切国家财富的泉源，而货币、商业、运输、工业等却不是增加公众幸福的真正泉源。即在社会阶级之中，从事土地耕作的农人亦较从事制造的工人地位为优，农民可不赖百工而生存，百工不能不赖农民而生存。所以农民又可称为唯一的生产阶级，为所有财富之唯一泉源。如魁奈所说，“农人穷困，则国家穷困；国家穷困，则国王亦贫”；这与儒家所说“百姓足，君孰与不足，百姓不足，君孰与足”完全相同。所以魁奈同时的批评家也曾说他没有新的发明，因为“魁奈的理论以农业为财富的泉源，这在苏格拉底、伏羲、尧、舜、孔子早已发明了”[②]。

由上可见，重农学派的根本思想——自然法、租税法及重农政策，均受中国影响。却是一说到重农学派与中国思想的接触，则有一段长的历史，从十七世纪中国农业的赞美者莱布尼茨、约翰·韦伯（John Webb）、那发累泰（Navarrete）、李明已经很早就开始了。重农学派的中国知识来源可以数到麦尔伯兰基、竺赫德、孟德斯鸠、哥德斯密（Goldsmith）、密郎（Melon）、卢梭、伏尔泰，关于这些丰富的历史资料已有马弗利克在一九四六年所著《中国为欧洲的模范》（*China, A model for Europe*）首二章作详细的叙述。其中页14—15那发累泰，页33密郎，页36—37马尔西（Marsy），页38埃刻堡（Eckeberg），尤其是关于重农学者巴夫尔有特殊的研究成绩，[③]可供参

---

① 唐庆增：《中国经济思想史》上卷，页50引A。翁肯：《魁奈全集》（A. Oncken: *Oeuvres économiques et philosophiques de F. Quesnay*），页365—366，《中国上古经济思想在西洋各国所生之影响》一章。

② 赖赫淮恩：《中国与欧洲》，页106引《魁奈全集》。

③ 马弗利克：《中国为欧洲的模范》，页40—45。

考。巴夫尔属于百科全书派，在一七四〇与一七五六年之间，曾旅行过印度，到中国广东，七年战争时回里昂附近，一七六三与一七六四年他写两篇关于农业的讲话寄给里昂学院，为重农学派所称道，这就是后来出版的《一个哲学家的旅行》，在这里面他指出政府的职务首先是保护农业及商工业，尤其是农业。他以中国为例，认为中国就是一个国家，它的贤明政府长期按着它的理性的计划。又说："假使土地耕种得很好，满生长着稼禾，我们可断定这个国家风俗敦厚，民安乐业，政治必然合理，我们可以向自己说：是在人中间活着的。"[①]巴夫尔的著作在巴黎重版几次，一七六五年受杜阁的注意，并且影响到魁奈在一七六七年所作《中国专制政治论》。巴夫尔以中国为乐园，他说：

> 中国农业的繁荣胜过世界各国，这不是由于进行各种特殊的勤劳，也不是由于耕作的方式或播种的方法，这是快乐国家必然会这样的。这成为特质，最重要的应推源于政府的做法，那不变的基础深根固蒂地只放在理性的一边。在同时代的人类之中，差不多历史一开始，中国就第一个案着各种法则在自然的指导之下，且不可侵犯的维持着从一代传到一代。铭刻在这伟大人民的集体的心里，并不是那暧昧不明的法典，那奸谋诡计；在中国政府普遍情形是把全部的关心直接向着农业方面。[②]

巴夫尔还写下一些技术性的文章，如关于织物、染料与植物学等，他无疑乎是直接把中国重农思想影响给重农学派的一个人。还有马弗利克的著作里附有两篇英译文，一篇是《孟子》，一篇是选译徐

① 阎宗临：《中国文化西渐之一页》中引。
② 马弗利克：《中国为欧洲的模范》，页 43—44 引。

光启的《农政全书》，把它和重农学派联系来看，更可见重农学派和中国思想的关系。

（B）欧洲的孔子——魁奈

法郎士·魁奈是重农学派的创造者，马克思所称为“现代政治经济学始祖”的一个人。他关于重农主义的著作，在《百科全书》里面，有他的“农民”（Fermiers）和“谷物”（Grains）两题（一七五六，一七五七年），在杜滂所辑《重农主义》一书中有他关于自然法则的论文，此外有《格言》（*Maximes générals de gouvernement économique d'un royaume agricole*, 1758）与同时出版的《经济表》（*Tableau économique avec son explication, ou Extrait des économies royale de Sully*），《质问》（*Les Question*, 1759）和其他小品，但我们现在所特别注意的是和中国文化有关的他的著作。

1.《中国专制政治论》

一七六七年魁奈匿名发表《中国专制政治论》（*Le Despotisme de la Chine*）现收入《全集》（页563—660）里。一九四六年马弗利克英译本 *Despotism in China* 收入其所著《中国为欧洲的模范》[①] 中。本书内容如下：

（一）解说*

（1）西方之中国知识——（2）中华帝国的起源——（3）中华帝国的领土与繁荣——（4）市民阶级——（5）军事的势力

（二）中国之基础法

（1）自然法——（2）经典与第一阶级之寺院法——（3）第二阶

---

① 马弗利克：《中国为欧洲的模范》，卷二，页109—304。

* 译文见“世界史资料丛刊初集”《17、18世纪的欧洲大陆诸国》，商务印书馆，1962，第78—100页）

级之寺院法——（4）中国人的科学——（5）教育——（6）学者之研究——（7）所有财富——（8）农业——（9）附属于农业的商业

（三）中国之成文法

（1）基于伦理的法律、法典——（2）君主绝对权力的调整——（3）帝国朝廷

（四）租税法

（五）君主权

（六）行政制度

（1）行政——（2）刑法——（3）官吏

（七）中国政治制度的缺点

（1）孟德斯鸠的主张——（2）邪教——（3）学者的宗教——（4）过重的租税负担——（5）人口过多与财产分配之不平等

（八）造成繁荣政体的自然法与中国法之比较

（1）各国的制定法——（2）保护者的权威——（3）人造的各种各式的政府——（4）国家权力的保证——（5）自然法建立了君主与国家之间的连结——（6）各国的制定法不是人本来有的——（7）课税的权利基于安全——（8）自然法——（9）论政府的基本法，适于保证自然法——（10）各国自然法与基本法之教学上的必要性——（11）国家的诸类型——（12）农业国家——（13）原始素朴的农业国里的政府——（14）利益组合，它的自然的与和平的分配，个人自由，每日为自己的需要而生产——（15）国与国之间的抗争——（16）国家由军队防御，军队需有财富，财富的成功由于军队——（17）建立一个农业国家，在那里自然存在着一些必要条件——（18）保护者权威的制度——（19）实际的法令——（20）公众的利益——（21）排外自私的利息将被禁止——（22）减轻诉讼费用——（23）各国法律——（24）公债的利用。

魁奈以法国耶稣会士所编《中华帝国全志》与《耶稣会士书简集》、李明《中国现状新志》及游客平托等著作为依据，主张“自然法”不但为中国伦理道德的基础，且为中国政治制度与社会制度的基础。在绪言里一开始便为中国的专制政治辩护，以为 despote 一语实有两种含义，一种是依于国法行使主权的合法专制，一种是非法的压制人民，前者可以中国为例子，后者则与 monarque，roi，empereur，即专制君主同义。[①] 中国的文化制度均以自然法为依据，即皇帝自身亦须严守此确乎不移的大法，所以中国专制政府断非压制政治。中国人的最高信仰是所谓“上帝”，所谓“天”，上帝创造万物，同时即为万民父母，皇帝则上帝在地上之代理人。以统治国家言，叫做君主；以教化人民言，尊称师表，以祭祀上帝言，则不过司祭而已。上帝以皇帝为养子，所以皇帝的唯一要事，在于牺牲自己以奉祀上帝，因此形式上中国皇帝虽为专制君主，事实上皇帝亦须受自然法的支配与束缚。[②] 魁奈的结论以为这就是所谓“合法的专制政治”（despotisme légal），可算世界上最好的政治形式了。

这种合法专制的主张虽为卢梭所不满，但在这本书里却也贡献了许多重农学派的根本观念。

第一，他指出中国的政治制度和道德相一致。在中国存在着王族、官吏、儒者等之治者与农民、商人、工人等被治者的阶级差别，却没有世袭的贵族的阶级存在。最高位的大臣子弟如果没有才能，也只得列入平民地位。而且在中国无论主权者、官吏一律须守自然法，在这场合自然法是有以道德为主的意味，换言之，即指中国固有所谓德治主义。所以本书第二章，第三节中说：

---

① 魁奈：《中国专制政治论》，马弗利克英译，见《中国为欧洲的模范》第二卷，页 141—142。

② 同上书，第二章，第一节，页 178—180。

> 中国人不区别道德和政治，由他们看来，良好的生活技术即是良好的统治技术。所以在中国伦理学和政治学毕竟是同一个学问。[①]

因为依据自然法的伦理道德是人类政治社会及国家的基础，所以在中国无论古典的经书与民法等法制，无不尊重此自然法。自然法是全智全能的造物主所制定的法则，而为造物主意志的代表；这是万古不易的大法，人们只有绝对遵循它，却不能更改它。自然法分别为物质的与精神的二种，物质的自然法是自然法之一切物质活动之正规的发展，精神的自然法是自然法之一切精神活动之正规的发展，两者共为政治之根本法，总称为自然法。[②]自然法与根本法的本质是绝对之正与不正、道德的善与不善之感情，即作为理论而铭刻于人类的心里，这种感情成为社会生活的基础。人类有了这理性，才能和动物相区别；有了这一道光明，才能够有自然权的主张。[③]中国人即因从来重视此自然法，知道研究自然法的必要，所以理性的训练特别发达。在经典著作里，在学校里，自然法的教育，世界上无可比拟，这可说中国人是聪明极了。所以他说：

> 人们由于理性之光而成为自然法的主人，而与禽兽区别开来。为要达到繁荣的、永续的政治制度之行政的着眼点，应该像中华帝国一样不断地深深研究构成社会秩序的自然法。[④]
>
> 所以政府第一应该着手的政治的施设，是设立学校来教人

① 魁奈:《中国专制政治论》，页189。
② 同上书，第八章，第一节，页264—265。
③ 同上书，第八章，第六节，页275—276。
④ 同上书，第八章，第十节，页281。

这种学问。这种施设实为政治的基础，然而除中国以外，任何国家都不知道有此施设的必要。[①]

魁奈无条件地信赖教士与游客的报告书，以中国为德治主义的模范国家。在题为“构成繁荣的政治制度之自然法与中国法之比较”的第八章开头即这样说：

以上陈述大中华帝国的德治制度基于学问与自然法。又说明这制度不过是自然法的实施。这说明我是完全根据许多实地观察的世界游历家与历史家的记述。他们多数从其学识上看，尤其从所记述之一致上看，是完全可以信赖的实际见闻者，世界游历家和历史家所带来此等报告，无可疑地可认为事实。而此等报告就成为诸君所将读到最后一章的纲领之基础。这个纲领就是那足为世界各国轨范的中国学说之组织的记述。[②]

然则关于这世界各国法制中最古、最仁爱、最和自然法相合的中国政治制度究竟是什么呢？在这里，魁奈极力反对孟德斯鸠以中国为专制政治的学说，在题为“中国政治制度的缺点”的第七章，他一一指出孟德斯鸠在《法意》中所说的矛盾，认为孟氏拘泥于专制君主这一名称，所以把专制政治认为独裁的压制政治。[③]相反地中国政治乃是恪守自然法，基于自然法而制定的政治制度，所以皇帝虽有权力，却非守法不可。[④]中国皇帝时时召集在朝的王侯、官吏，宣谕基于经

① 魁奈：《中国专制政治论》，第八章，第四节，页 271。
② 同上书，第八章，页 264。
③ 同上书，第七章，第一节，页 247。
④ 同上书，第五章，页 225。

典的道德思想，地方官也每年二回依国法将十六条训令发给人民，其中第一条即教青年人以尊重自然法的大义，对于长上须尽孝养的义务。中国的政治道德实际即基于父子间之爱情，即以孝爱之情为基础的最自然的人类的道德，所以孔子认孝为百行之先。依魁奈说：

> 题为《孝经》的第五种经典是成于孔子之手的小册，孔子以孝行为义务中之义务，居道德的第一位，但孔子在此书中说及要是反于正义和礼仪，则虽为子没有服从父亲的义务，虽为阁臣也没有服从君主的义务。[①]

其次就是礼治了。孟德斯鸠《法意》第十九卷第十六章指出“法”与“礼”的不同：法是国法，规定人民的行为；礼是国俗，规定人类的行为；法是关于外的行为，礼是关于内的行为，此二者不可混而为一。却是中国政治就大不然，“而支那政家所为尚不止此，彼方合宗教、法典、仪文、习俗四者于一炉而治之”[②]。魁奈即利用孟氏这一段话，认为中国法制将宗教、道德、国俗融合为一，这就是中国的实证法完全基于自然法的好例，这就是那燮理国政的主权者和官吏为什么要守仪礼、履行职责以研究自然法为他们第一义务的原因了。

再次就是中国古往今来国法公认对于皇帝所设的谏议制度。中国皇帝既然是自然法的履行者，便不能不受天理的拘束，如以天子之尊而胡为乱作，违背了天命天理，或拒绝臣下的谏言，便丧失了为人君师的资格。相反地忠谏之士却能流芳百世，为人民所礼赞，因此，

① 魁奈：《中国专制政治论》，第二章，第三节，页189。

② 孟德斯鸠：《法意》，第十九卷，第十七章，“支那之治术”，页19，“严译名著丛刊”本。

"如在中国那样自由地谏议君主的国家，是不存在的"①。不但如此，"因为记载中国的根本法的经典是在众人之手，皇帝非服从此根本法不可。不论那一位皇帝要废弃这些经典也是徒劳无功。经典克服了压制政治"②。

由魁奈"合法的专制"所美化的中国政治，虽然和现实的亚细亚的专制主义之间有很大的距离，但由此出发所见的中国政治是基于自然法的理想的道德政治，是无可疑的了。

第二，他指出中国的重农主义。原来重农学者所谓自然法，实际乃是近代经济学所发见资本主义社会之经济的法则，是以与近世资本主义生产同时发达的自然科学为背景之经济学上法则，当然和中国停滞的农业社会与幼稚的自然认识相混淆的道德法不同。③尽管如此，重农学者仍然标榜中国的孔子招牌，以中国为农业国的模范。魁奈指出中国一般对于农人的尊敬程度，农民阶级位于工商之上。又历代君主对于农业均极重视，尤其雍正的奖励农事政策为他所极力描写，他曾屡次引用《圣谕广训》十六条中尊重农业的第四条，而叹息于欧洲各国还不知道农业的真价值。④

> 欧洲某国尚不知道农业的重要性，也不明了财富可从耕作企业中来。这种农业只好依靠个人的特殊手腕和财富来维持它。在这样国度里，农业家被当作简单的农人与职工同一看待，将他们置之于市井的贱民以下。⑤

---

① 魁奈:《中国专制政治论》，马弗利克英译，见《中国为欧洲的模范》，第三章，第一节，页216。

② 同上书，第二章，第五节，页200。

③ 岛恭彦:《东洋社会与西欧思想》，页34。

④ 魁奈:《中国专制政治论》，马弗利克英译，见《中国为欧洲的模范》，第二章，第五节，页196—198，《圣谕广训》十六条。

⑤ 同上书，第二章，第八节，页205。

实际则农业经济的成功与失败，完全决定于是否尊重以自然法为基础的耕作法。农民完全服从自然法，服从自然法之物质的法则，又非严守此理法的条件不可。因此农民的耕作法便成为国政运用的雏形，由此可见，主权者与立法者对于制定行政法时应绝对尊重自然法。[①] 对此，魁奈曾作如下之解释，即假定一国之人移住于未开垦地，此等人最初只好取野生食物为活；但野生食物不多，必须开垦荒地以生产他们的食物，即生产财富。因此他们遂永住于此土地。中国人以农为国之本，不外此意。当以农业为主之人构成国家，这些人所设定的政治制度，当然要和自然法之万古不易的秩序相合致。[②] 由此便得到一个结论，即是：

> 这从数百年来，中国规定了好些令人满意的政治制度是具有学理的原则的。中国人从此学理抽出结论，可是这个结论在欧洲还是不容易接受的。[③]

第三，他指出中国自然科学，如天文学、地理学、物理学均不及人文科学如文法学、史学、法学、政治学、伦理学的发达。中国人只知尊重直接与人类生活社会幸福有关的学问，其结果人文科学成为社会的实学，而畸形发达；自然科学则呈停滞的状态。反之欧洲自然科学极发达，而人文科学的研究则甚形退步，所以欧洲应取法中国，以求自然科学与人文科学之平行的发展。[④] 在这里魁奈并不讳言中国人轻视自然科学的缺点，但也不妨碍他宣称中国人重视人文科学的优

---

① 魁奈:《中国专制政治论》，马弗利克英译，见《中国为欧洲的模范》，第八章，第六节，页277。

② 同上书，第八章，第十三节，页282。

③ 同上书，第八章，第二十节，页292。

④ 同上书，第二章，第四节，页190。

点。然而尤使我们注意的，就是在他此书第八章中所得的结论，大意以为中国文化均依据于天理天则，天理天则即不外乎“自然法”。因为中国在天理天则的名称下，遵守了自然法，所以中国的政治社会制度即为万古不易之自然法的象征；因而中国之文物制度亦与自然同其悠久不变之性质，故能于四千年中永续其繁荣的状况。用他此书的结束语来说，即是“中国政体的悠久，不由于特殊的事情，而特别是由于万古不易之法则”①，这一点他认为中国人是很可以自夸的。

2.《经济表》

重农学派的经济学家均认此一七五八年魁奈所刊行的《经济表》为最伟大之科学发明。密拉博曾称，“有史以来只有三大发明，第一为信件之发明，第二为货币之发明，第三为前二者之结果的《经济表》之发明”。马克思在《哲学的贫困》中也极称道此图表，谓魁奈这法国最末个专制君主和法兰西王朝的代表者路易十五的一个御医，同时又是法国第一个经济学家。“这位御医，这位经济学家是预言法国资产阶级必然要取得胜利的先知，魁奈医生使政治经济学成为一门科学；他在自己的名著《经济表》中概括地叙述了这门科学。”②然而从来研究经济学图表的，很少注意到此《表》和中国哲学文化的关系。其实魁奈同时的学者克雷尔（N. G. Clere）在此《表》刊行十年后所著《大禹与孔子》（*Yu le grand et Confucius*. 1769）一文，即述及此点：

> 无论概观中国立法家的研究与著作中所包括思想之各部门，其恒久不变之卓见，在欧洲与世界上全然无与接近的思想存

---

① 魁奈：《中国专制政治论》，马弗利克英译，见《中国为欧洲的模范》，第八章，第二十四节，页304。

② 《哲学的贫困》，见《马克思恩格斯全集》第四卷，一九五八年人民出版社版，页138。

> 在。……
>
> 但自然秩序的原则在十年前已为欧洲所发见，法国已经发生了应用此原则的天才，今后社会制度均可以《经济表》之试金石去试验一下，只要将此著作加以细心的研究，便使蒙蔽政治的云雾自然一扫而空了……

博多尊重《经济表》至以为“此表能以寥寥数字将经济原理解析明白，犹之伏羲六十四卦能将哲学要义解析明白”。还有就是在魁奈去世时，他的弟子大密拉博发表一段哀辞，竟认魁奈的《经济表》是完全继承孔子的。

“孔子立教的目的在于恢复人类的天性，不再为愚昧和情欲所隐蔽，所以他教人敬天、畏天、爱人、战胜物欲，勿以情欲去衡量行为，应以理性为标准；凡是不合理性的，叫他们勿动、勿思、勿言。宗教的道德优美到这个地步，真是无以复加了。但是还有一件要事待我们去做，就是把这种道德教训普行于世界，这就是吾师的事业，他已发明了自然所给的秘传，这就是《经济表》。”[①] 尤其在文献上有兴味的，即如林格（Linguet）的《〈经济表〉批判》即讽刺地将《经济表》与《易经》比较，而将《易》与《经济表》并列刊出（Henry Higgs: *The physiocrats*, London, 1896. p. 419—450）。把重农学派元祖的伟大业绩，放在完成孔子的遗业上（翁肯说），而否认它的独创性，这固然不合于历史事实，但“魁奈自己以及他的直传弟子，相信他们的封建招牌。直到现在，我们的学派的博学者，还是这样”[②]。马克思在这一段所说封建招牌当然即指孔子。

---

① 赖赫淮恩：《中国与欧洲》，页 104。何炳松：《中国文化西传考》，见《中国新论》第三期。

② 《资本论》第二卷，第三编，第十九章，页 387。

3. 魁奈之中国崇拜

我们既已知道魁奈自信为孔子学说的继承人，就知道为什么重农学派要给他“欧洲的孔子”（The Confucius of Europe）这一尊称了。赖赫淮恩曾告诉我们：“魁奈在他早年著作中，虽故意把他的材料隐藏起来，但他晚年所著的关于政治经济的理论，我们一望而知其来自中国。”“他本是路易十五的情妇彭帕杜尔夫人家的医生，而这位夫人本是一个崇拜中国文化的女子，巴黎又为当时耶稣会士荟萃的中心。刚在一七五〇年左右，这班教士又带了一位某中国学者到巴黎去，他在此地住了十三年，成为当时欧洲学术界一个主要的人物。魁奈当然亦有所见闻。同时巴黎大学中也有中国史的课目。”[①] 因为这位欧洲的孔子有很多机会和中国的哲学文化接触，他的名著《经济表》之构成模仿“伏羲之六十四卦”（翁肯说），既有此事实，那么《格言》也可以说是借用了《论语》的表现法，向法国各州各都市所发关于经济的事实的《质问》，有人认为说不定就是出于采风之官巡行天下以采诗那一样事实吧！[②] 然而最重要的却是魁奈思想和宋儒理学的关系，关于这一点小林太市郎有一段说明值得介绍。依他所见，魁奈重农主义的中心存于“自然之秩序”的思想，如他在《农业国经济统治之一般原则及其原则之注释》中说：“国民应教之以自明的设立最完全统治之自然秩序的一般法则，若只研究人为法律是不够养成政治家的。有志行政职务的人，必须从事于联结社会人人所认为最有利之自然秩序的研究。”在这里可注意的魁奈及其学派的思想所谓“自然秩序”和本来人类的秩序、社会的秩序及经济的秩序全然是一回事，至少作为理想看，是应该和所谓未来的状态是同一的；而由此出发，将经济与自然主义的生产论同一视，将社会的关系看作自然关系的表现，只有农业即从事

---

① 赖赫淮恩：《中国与欧洲》，页102—103。何炳松：《中国文化西传考》。

② 小林太市郎：《中国与欧洲》，页154。

土地劳动的职业才是生产的体制，其他一切和直接生产关系无干的都不过从属的机械而已。这种主张即为此派经济学的特征所在。但可注意的，这自然秩序不但是自然之法则的关系，又为最高存在的神，即所谓为人类最大幸福而设立的究竟目标之自然秩序，因而对于人类又作为道德的本质，为行为的规范，且可为现实世界唯一原动力之第一原因，自己设定而自己服从它的秩序。如此想法，则自然法则和道德的规范为全然一致，这在分离的西洋原来思想中是不重视的。相反地，这正是上古以来中国思想之一贯的特征。作为孔子书第二部《中国哲人之孔子》的译出，最明白强调这种思想。莱布尼茨或伏尔泰即深深地感受着这种思想。莱布尼茨给累蒙的信里讲到“理”，说“理是天地其他所有物质的东西之物理的原理，同时也是德行、习性、其他一切精神的东西之道德的原理”。这在一七三四年出版的他的《书简集》第一册所载的这封信，很容易想象对于哲学有深切关心的魁奈是曾读过了的，即使没有读到这封信，似乎这样想法也有许多机会可以引起他的注意。因此小林太市郎便断定无论从思想体系上或内容上看，魁奈的中心思想无疑乎是将宋儒理学独特的思想方法活用起来了。

尤其可注意的就是魁奈无条件地承认中国文化，为反对孟德斯鸠在《法意》中对于中国的恶评，不惜加以辩护。为反对卢梭，常引《论语》“吾尝终日不食，终夜不寝，以思无益不如学也”。又尊重中国过于希腊，以为希腊哲学不如中国，一部《论语》即可以打倒希腊之七贤。魁奈崇拜中国重农政策，曾举舜亲耕历山为例，说“这位帝王所重者是农业的繁荣”。又举雍正《圣谕》敦劝农桑，每年亲耕为表率。魁奈又看重交通，他赞美“中国运河修理得很好，只要较大一些的河流到处便可航行”。因为交通发达，农业始能健全。[①] 他简直

① 阎宗临:《中国文化西渐之一页》引。

是又一个全盘中化论者了。重农学派的同志博多也把中国看得比希腊高，以为“公平、善意和自然秩序，在希腊共和国间始终是没有的。希腊史中所载的全是破坏人类和平、快乐的陈迹；……现代纯正的思想家决不会再附会希腊的哲人和政客，承认此种政治组织为人类的杰作，而再仿行它”①。重农学派尊重中国的结果，至使当时法王路易十五于一七五六年仿照中国习惯举行亲耕“籍田”的仪式，②这就可见其影响的重大了。

但是魁奈崇拜中国的主张，并不是没有反面的影响的，尤其他“希望只有一个最高的权力”的赞成专制君主政治的主张。马克思在《剩余价值学说史》第一篇第四章中标题：

经济学者全体系的矛盾，魁奈是赞成专制君主政治的一个。③

又在《资本论》第二卷第十九章中指出：

重农主义体系的资本主义性质，在它的繁花盛开时期，已经在一方面引起了林格和马布勒的反对。④

魁奈中国文化崇拜的反响，最明白可见的是马布勒（l'abbé Gabriel de Mably），他和卢梭一样确信人类的自由平等，对于魁奈的重农学说所谓“合法的专制政治论”根本不能相容。当魁奈的私淑者利维埃尔（Le Mercier de la Rivière）一六六七年在巴

① 赖赫淮恩:《中国与欧洲》，页105。
② 同上书，页106。
③ 《剩余价值学说史》第一卷，第一篇，页48。
④ 《资本论》第二卷，第十九章，页440。

黎与伦敦公刊《政治社会的自然法则》（*Ordre naturel et essentiel des socictés politiques*）时，在一六六八年马布勒即提出《关于政治社会之自然秩序经济哲学所提出的疑惑》（*Doutes proposés aux philosophes économistes sur l'ordre naturel des Sociètés politiques; Collection complète des Oeuvres de l'abbé de Mably*, Paris Ⅰ an Ⅲ de la République）一封信，对于重农学者的政治学说，尤其魁奈的“合法的专制政治论”加以驳击，并痛论中国专制政治的弊害。[①] 由此可见魁奈的封建主义的外衣，终竟还是被人剥脱下来了。

（C）杜阁

重农学派之政治上的领袖是有名的杜阁。他的主张比较魁奈更为坚决，他和中国文化的关系也更为明了。他在一七六一——一七七四年在充任财政总长以前曾任一次知事，赴任以前，写信给伏尔泰告诉他自己是怎样尊崇孔子的感情；又在自己藏书里面，在书背记着“一个中国文人撰《青铜效用论》”[②]。但最值得注意的是在一七六九年至一七七〇年间出版《财富之成立及其分配》（*Réflexions sur La Formation et La Distributon des Richesse*），这书即为留赠当时留法之中国学生二人的。

1.《财富之成立及其分配》

此书英译一七九三年伦敦出版，一八九八年又有新译本，编入麦美伦出版之 *Economic Classics* 中，原译本有一段序文述及此书出版的情形：“是时有留法之中国学生二人，得法王膏火，将返母邦，杜

---

① 详见后藤末雄《支那思想之法国西渐》第四编，第九章“マブソ-の支那観”；岛恭彦《东洋社会与西欧思想》，页 41—44 マブソ。

② 小林市太郎:《支那与法兰西美术工艺》，页 239。又 Cordier *les Chinois de Turgot*，见 Mélanges *D'Histoire et de Géographie orinetaqes*, Tom. Ⅱ, p. 31—39。

阁之著斯书，即所以贻此二人者。盖当时法国之经济学家，皆以中国为有修明政治之邦（参阅 Tocqueville 之古国〔L'Ancien Régime〕第三卷第三章），予二人以膏火者，欲其以国中之实情相告也。故杜阁特备问题一束以供其解答之用。而同时复作此书以贻之，俾其对于此种问题之目的，有深切之了解焉。"[①] 我们现在参照杜阁的信札，其一七六六年十二月九日与杜滂一书即极明白：

> 愚兹已为一中国学生拟定若干问题，同时为使彼等明了此等问题之目的及意义起见，愚又为之撰一论文，将社会之种种劳力及财富之分配状态详为分析。在此文中愚所置入者，仅为纯粹思想之部分，所谓《经济表》之要点自不能于其中求之。此外尚有许多问题亦需要更为详尽之讨论，方能使之成为完璧。惟关于资本之造成及活动，与货币之利息等等，则均已有较详之解释矣。[②]

全书共一百〇一节，其中有一节以中国为例，论及金银价值对于其他物品之变动及相对之变动，[③] 而最重要的主张，如谓农人在一切劳动者中，独能使其所谓产额超出工资之上，故可谓为所有财富之唯一泉源，当然是受中国的影响无疑了。

2.《中国问题集》

杜阁因读《耶稣会士书简集》及其他，又接近当时两位留法的中国青年学者——高类思、杨德望——因此引起他对于中国文化研究的兴趣。当高、杨二青年归国的时候，杜阁除特为起草《财富之成立

---

① 《财富之成立及其分配》，英译本，页Ⅷ，林光澂汉译本，页 5。

② 同上书，附录六，英译本，页 110—111；汉译本，页 100。

③ 同上书，汉译本，页 38。

及其分配》一书以外，更提出五十二种的疑问，要求两位青年学生归国时给他以一个满意的答复。此《中国问题集》现收入杜阁《全集》里，[①]其内容如下：

（1）关于富、土地分配、耕作之疑问，共三十条。

（2）关于技术的疑问，内制纸术九条，印刷术三条，织物三条。

（3）关于博物的疑问四条。

（4）关于历史问题之疑问三条。[②]

在富、土地分配、耕作之疑问中，他提出中国之土地、资本、劳动及关于农业经济上的种种问题。关于技术的疑问，提出中国制纸术、印刷术、及毛织物之原料、制法种种问题。关于博物的疑问，从博物学上问及中国地质、陶土，并要求将纸、墨、织物、岩石等样本，尤其是茶叶种子，寄往欧洲。最后关于历史的疑问，提出在华之犹太人及苗族、鞑靼人等问题。[③]杜阁以一个法国财政总长的资格，而注意于中国之种种问题，可谓是难能可贵的了。

3. 杜阁与中国文化的接触

a. 最早留学生

原来自耶稣会士东渐传教以来，即有许多中国教士，随彼等传教士，或借彼等推荐而往法国，最早的留学生，据费赖之《入华耶稣会士列传》法文原本卷一（页 381）知有郑玛诺，卷二（页 664）知有樊守义：[④]

（一）郑玛诺，广东香山澳人，西名 Emmanuel de Sequeira，于一六五〇年（顺治七年）随卫匡国往罗马学格物穷理探源之学，卒

① 英译本见马弗利克《中国为欧洲的模范》，页 47—58。

② 《中国问题集》见译文《世界史资料丛刊初集·17、18 世纪的欧洲大陆诸国》，商务 1962，第 101—112 页，题为《给两位中国人关于研究中国问题的指示》。

③ 详见后藤末雄《支那思想之法国西渐》，页 553—564。

④ 参照《方豪文录》，页 177—179，《同治前欧洲留学史略》。

业于罗马公学，一六七一年（康熙十年）返国，住北京，康熙十四年卒，年三十八岁。

（二）樊守义，字利和，山西平阳人，一七〇七年（康熙四十六年）随艾若瑟（P. Provana）往欧洲，在国外十四年，回国后在北京附近传教，一七五三年（乾隆十八年）卒。所著《身见录》是我国人最早的一部欧洲游记，原稿藏罗马图书馆，于一九三七年拍照寄回，一九五四年阎宗临加以注释，见《山西师范学报》第二期。

又据戈尔逊在《十八世纪中国与法国》[①] 考证的结果，知道尚有沈福宗（Chin-Fong-Thong）与黄姓（Arcade Hoang）及胡约翰（Jean Hou）诸人。

（三）沈福宗，江苏江宁人，一六八〇年随柏应理赴欧，在英国助牛津大学图书馆长哈得（Thomas Hude）成其名著《中国度量衡考》（牛津，一六八八年），并与研究中国象棋。一六八五年曾参加英王詹姆斯第二登极典礼。

（四）黄姓，福建兴化人，随四川最初之长老利俄（Artus de Lyonne）赴欧，留滞巴黎的国外传教学校研究室，并娶法国女为妻，一七一六年死于巴黎。当时法人欢迎中国学术，对于黄姓亦极表欢迎。歧尼（J. De Guignes）在他的名著中曾述及黄姓小史，亦可考见法国大革命前路易十四、路易十五提倡中国学术的情形。其书称：

> 路易大帝（Ludwig der Gross，路易十四）时代（一六四三—一七一五年）中国人有名 Hoange 君者来法，长老毕囊（Abbé Bignon）留他在皇家图书馆作业，曾作论文数篇。不幸病故，未能卒业。傅莽（Fourmont）先生当代闻人，博学重望，尝受命审

---

① 戈尔逊:《十八世纪中国与法国》，页 131—132。

> 查 Hoange 君的遗著，厥后久经困难，方计划编成一部《中法字典》。为完成中国字典，及多识中国名物的缘故，方设法购求中国书籍。路易十五（一七一五—一七七四年）继承前业，奖励中国学问，命工匠铸造中国铜质字模十二万枚，供印刷文法书及字典之用。……我皇路易十四与路易十五之殷殷提倡，实盛事也。[①]

（五）胡约翰，一七二一年随傅圣泽赴欧。因法王路易十四赠中国书籍甚多，乃遣傅圣泽以中国书籍四千册还赠法王，胡约翰即应征充此中文书籍之解释者。

（六）顾约翰及殷约翰。一七二三年（雍正二年）意大利耶稣会士马国贤（Matteo Ripa）返欧设中国语言学校于里斯本，为传教便利起见，马国贤带同中国青年四人西行，施以传教上之必要的教育，其中最有名者为顾约翰及殷约翰二人，惟此二人对欧洲文化无甚影响。[②]

以上数人均与中欧文化的接触有关，但无甚贡献，且有不知所终的。只有与杜阁发生关系的中国两青年，即高类思与杨德望，很久即成为经济主义史上之参考资料，详见后藤末雄《支那思想之法国西渐》页 549—554 及李永霖《经济学者杜尔克与中国两青年学者之关系》。

b. 高类思与杨德望

高类思（Louis Ka Kao）一七三三年（雍正十一年）生，杨德望（Etienne Yang）一七三四年（雍正十二年）生，二人均生长北京，父母系基督教徒，曾在北京教会学校读书，后于一七五一年七月派遣赴欧，先至广东、澳门，一七五四年始与陈姓（Louis Tcheng）者同乘印度公司之船赴法。抵法后入学于拉夫雷士（La Flèche）之皇家学院

---

① 得·几内:《匈奴土耳其蒙古与西方鞑靼的通史序文》，此据姚从吾译文。

② 《马国贤回忆录》（*Memoirs of Father Ripa*），页 152。又石田干之助《支那文化与西方文化之交流》，页 145；徐宗泽《中国天主教传教史概论》，页 297。

学法文、拉丁文，并研究神学、逻辑学等。一七六〇年赴巴黎，请求为修士，但耶稣会长参酌在华耶稣会士之意见，未予允许。一七六三年耶稣会解散，得布罗开维尔（l'abbé de Broqueville）、克拉（le P. la Croix）等保护，及圣·弗罗棱丁（Le Comte de Sainte-Florentin）伯爵的斡旋，受法政府七百五十利耳（Livres）年金，得以继续研究神学。一七六四年法政府年金告一结束，高、杨两青年遂决意归国，并拟坐印度公司轮船，请于当时兼理公司事务的柏坦（Bertin）宰相，柏坦为爱惜人才和沟通中法学术起见，奏请路易十五将高、杨留学期间延长一年，并赐以法国美术工艺及新式利器，制光绒、装饰玻璃、陶瓷、手携印刷机、电气器械、望远镜、暗箱、显微镜、金表等。两青年为研究中法美术工业之异同，参观里昂（Lyon）、多非内（Dauphiné）各处工场，且从名教授布利松（Brisson）与开德（Cadet）研究物理、博物、化学，并学绘画与铜板雕刻术，以为将来回国后通信之用。直至一七六五年一月十六日始因国王的好意回国，而杜阁所赠两青年的《中国问题集》及《财富之成立及其分配》两书，即在此时写成。

高、杨于一七六五年乘坐法国印度公司什瓦则尔（Le Choiseul）轮船归国，次年（乾隆三十一年）一月下旬，到达北京，颇受北京传教士的欢迎。他们协助此两青年研究中国文化，且对于在法国出发时耶稣会士所提出之种种问题，依次加以答复。一七七二年出版绘图的《中国兵法论》（*l'Art militaire des Chinois*）及绘图的《米谷保存法》（*Conversation des grains*）并陆续寄送许多稿本。如《北京耶稣会士中国纪要》第一卷第一篇，即收录高类思独自研究的《中国古代论》（*Essai sur l'antiquité des Chinois*），这篇是为献给宰相柏坦而作的。[1]

---

① 《北京耶稣会士中国纪要》（法文本），页1—323，《中国古代论》，署名Ko, Jés.，北京大学藏。

高类思于一七八〇年（乾隆四十五年）死于北京，杨德望在江西省服务，死于一七八七年（乾隆五十二年），这两位中国青年的生平，戈尔逊在《十八世纪之中国与法国》，格拉拇（Grimm）在《文学通信》（*Correspondance littéraire t*. XIV. p. 288 lettre, décembre, 1785）均有叙述。可注意的，就是他们和杜阁的关系。关于这层，希格（H. Higgs: *The physiocrats*, 1897）、翁肯（Oncken: *Die Geschichte der Nationalökononric*, 1902）、塞（L, Say: *Turgot*, 1904）、顿尼斯（Denis: *Histoire de Systèmes Economiques et Socialistes*, 1907）、劳菩德（Raubaud: *Histoire des Doctrines Economiques*, 1909）诸书，亦均有记载。又谢尔（G. Schell）、代尔（Daire）等所著《杜阁全传》亦曾述及，但均以杜阁的书函为根据。杜阁在一七六六年十二月九日与杜滂书，一七七〇年十一月十二日与孚嘉（Fucker）书，一七七四年五月五日与卡拉德（Caillard）书，均自述《中国问题集》与《财富之成立及其分配》两书是为中国两青年学者作的，尤其是后书是应当时在法两中国人的愿望，而使彼等明了关于彼等本国的经济状态及其制度之若干问题而作的。与杜滂一书已录见前文，由此可见杜阁欲借中国两青年之力，对于中国经济状态作进一步的考察，这是决无可疑的事实了。[①]

c. 亚当·斯密之中国观

杜阁的著作以后又影响于亚当·斯密。斯密在一七六四—一七六六年留法时期，与杜阁常相过从，彼所著有名的《国富论》亦与杜氏《财富之成立及其分配》一书相似，许多经济学者如罗泽斯（T. Rogers）、卡南（E. Cannan）均疑其有所本，实际则斯密的根本思想，如主张自由放任等，很多是接受重农学派的遗产的，故

---

① 详见李永霖《经济学者杜尔克与中国两青年学者之关系》，北京大学《社会科学季刊》第一卷，第一期。

其学说亦间接与中国的经济思想发生关系。不过《国富论》中颇多应用中国的材料，以为“中国一向是世界上最富的国家，其土地最沃，其耕作最优，其人民最繁多，且最勤黾，然而许久以前，它就停滞于静止状态了。今日旅行家关于中国耕作及人口状况的报告，与五百年前客居该国之马哥波罗所记比较，殆无何等区别。若进一步推测，恐怕在马哥波罗客居时代以前很久，中国财富就已发展到了该国法律制度所允许的极限”[①]“中国的富裕程度远非欧洲各国所能及，从而，这两地生活资料的价值就大相悬殊了。中国的米价确较欧洲各地的小麦价格低廉。……若就劳动者的货币价格说，则尤有大差异。这原因是欧洲大部分尚在改良进步状态中，中国状态则在停滞。所以劳动者的真实报酬，在欧洲方面自不能不较中国为高”[②]。这是何等的客观的考察！“中国”材料在重农派只凭主观去观察，到了斯密时代，则已能根据事实，成为科学的对象了，这不能不算欧洲学术界的一大进步。

（D）余论

最后我们应该大书特书的，就是在十八世纪中国思想对于法国的影响，不但在某些方面唤起了新进学者的民主思想，即在那时政府当局因欲压抑新思想的发展，也曾一度努力，想利用孔子学说来作它君权说的护身符。有一位对于中国思想颇有兴趣，并曾赞助发行《北京耶稣会士中国纪要》之柏坦宰相，他在路易十五末期，因感人民反抗之呼声甚高，为消弭革命起见，曾提出他的计划是“将中国思想移植于法国人民”，路易十五曾赞成此议，这是一件事实。见于格拉拇

---

① 《国富论》，王亚南译，第八章，“劳动工资论”，页 85，神州国光社。

② 同上书，第十一章，“土地地租论”，页 223。

《文学通信》中，[①] 为什么柏坦主张利用中国思想呢？因为中国的政治哲学本有人民应绝对服从君主的主张，所以很可拿来作为幌子。然而法王路易十五之利用中国思想和一般知识界人士之欢迎中国思想，其对于中国思想的看法绝对不同。路易十五与柏坦宰相为预防君主专制政治的崩溃，而提倡中国思想；百科全书派则为推翻路易王朝之压制政治与打倒基督教的缘故，而提倡他们所认为的无神论、唯物论、自然主义的中国思想，其目标既不相同，当然无合作之可能。而其结果，中国思想虽一度为反动派所欲利用，然而法国革命竟不可免。

① 参照后藤末雄《支那思想之法国西渐》，页 634—635。又阎宗临《中国文化西渐之一页》载 Bertin 与路易十五的对话。

四　中国哲学与德国革命

一、德国古典哲学之革命的性质

（A）哲学革命的意义

1. 古典哲学之背景

欧洲十七、十八世纪是所谓启明时代、哲学时代，然而不说哲学时代则已，一说欧洲哲学，实应格外注意德国辩证法观念论的哲学。法国资产阶级在攻毁巴士底监狱的政治革命条件尚未成熟以前，固然有它的哲学革命以为政治革命的准备，这就是哲学的唯物主义。著名的《十八世纪世界文学史》作者黑特涅尔（Hermann Hettner）论这个时代是“现在哲学和唯物论这二个名词竟成为同样的意义”。但在法国唯物论之外，我们更应该提到德国人的哲学运动，即观念论的辩证法，也一样是资产阶级从那拥护旧制度的观念之权威底下解放出来的东西。辩证法和唯物论在十八世纪哲学时代恰好似一对，尽管“这两个哲学革命”表面上“很少相象”但本质上同样是资产阶级哲学，同样反对封建、反对宗教，不同之点只是一个是唯物论，一个是唯心论。然而德国古典哲学虽有诸多及重要的缺点，基本上还是法国哲学之一个承继、一个发展。所以恩格斯在一八八六年《费尔巴哈与德国古典哲学的终结》里说：

正像在十八世纪的法国一样，在十九世纪的德国，哲学革命也作了政治变革的前导。可是这两个哲学革命相差多远呵！法国人和一切官方学术，和教会，常常也和国家公开作战；他们的著作要拿到国外——荷兰或英国去印刷，而他们本人则时常被送进巴士底监狱里去。反之，德国人则是一些教授，即一些由国家任命的青年导师，他们的著作是官方认可的教科书，而全部哲学发展的大成——黑格尔体系，甚至在某种程度上高升到普鲁士王国国家哲学的地位了。难道这些教授们的背后，他们的迂腐隐晦的言论里面、他们的笨拙枯燥的语句里面竟能隐藏着革命吗？！难道那时被认为是革命代表者的人（自由派）不是最激烈地反对过这种使人头脑混乱的哲学吗？然而不论政府或自由派都没有察觉到的东西，至少有一个人早在一八三三年就已经看出来了，这个人就是海涅。[①]

这个“两个哲学革命说”，实际在很早时候马克思便不止一次地说过了。如云：

公正地把康德的哲学看成是法国革命的德国理论。[②]

在法国发生政治革命的同时，德国发生了哲学革命。这个革命是由康德开始的。[③]

恩格斯在一八七七年也说：“这时与十八世纪法国哲学一道，并且继之于后，兴起了新的德意志哲学，它在黑格尔身上达到登峰造极的地步。”[④]

---

① 《费尔巴哈与德国古典哲学的终结》，人民出版社 1959 年版，页 3—4。

② 《法的历史学派的哲学宣言》，见《马克思恩格斯全集》（第一卷），人民出版社 1956 年版，页 100。（今译《历史法学派的哲学宣言》。——编者）

③ 《大陆上社会改革运动的进展》，见同上书，页 588。

④ 《社会主义从空想到科学的发展》，同前书，页 50—51。

马克思、恩格斯把德国古典哲学的兴起看作哲学的革命，看做是法国哲学的一个发展，这一指示是充满着极深刻的意义的。固然德国资产阶级的软弱性表现在唯心主义；却是德国哲学即在莱布尼茨时已具有深刻的辩证法思想。从康德到黑格尔，辩证法思想的发展是连贯的、合乎逻辑的、必然的，只要我们承认德国古典哲学是马克思主义的理论来源，我们便可明了德国哲学革命是具有何等伟大的历史意义了。

2.《纯粹理性批判》之社会意义

在此十八世纪末期及第十九世纪上半期，德国哲学运动实为当时伟大的“两个哲学革命”之一，如海涅在他《德国宗教及哲学史概观》中所说，这种革命是远为罗伯斯比尔所不及的，即如说到伊曼纽尔·康德，凭他的名字就有收服魔鬼的力量。“他和罗伯斯比尔有许多的类似点，我们不妨把他俩来比较一下。第一，两者所现的共通点，是刚愎锐利的认识，诗情的缺乏，和冰冷的率直性，其次看到的共通点是怀疑的才能，所不同者只在甲用之于思想，而称之为批判，乙用之于人，而称之为共和主义的道德这一点上。但是俗物根性底典型，在他俩中最高度地表现着——自然决定他们去称量咖啡和砂糖，命运却要他们去称量别的东西；而且在一方面的天秤盘上载上了一个帝王，在它方的天秤盘上载了神；……而且他们是秤量了的。”[①] 法国

---

① 《德国宗教及哲学史概观》，页 142，辛垦书店，一九三六年。又一八九二年伦敦刊 Charles Goderey Leland 英译 *The works of Heinrich Heine*，第五册 Germany，页 137—138："But if Immanuel Kant, the great destroyer in the world of thought, went far beyond Maximilian Robespierre in terrorism, he had many points of resemblance to him which challenge comparison, between the twain First, we find in both the same inexorable, cutting, prosaic, rober sense of honour and integrity. Then we find in them the same talent for mistrust, which the one showed as regarded thought and called it criticism, While the other applied it to men, and entitled it republican virtue. But there was manifested in both, to the very highest degree, the type of bourgeoisie, of the common citizen. Nature meant them to weigh out Coffee and Sugar, but destiny determined that they Should weigh other things, so one placed a king, and the other a god in the scales...and they both gave exact weight!"

革命便是秤量帝王的结果，而判决了帝王的死刑；德国的哲学革命则为秤量上帝的结果，而判决了上帝的死刑。《纯粹理性批判》是康德的主要著作，他的别的著作是可有可无，或至少可看为注释的。这部主要的著作具有什么社会意义呢？海涅告诉我们：

> 康德对我们证明：我们对于物自体是毫无所知的；只有当物反映在我们底精神上时，我们才多少地知道它一点。……
>
> 在这本书（《纯粹理性批判》）中……康德在事物底现象和事物底本体之间，设下了差别。只有在事物通过现象而呈现给我们的范围，我们才能知道那事物是什么。一切的事物，其本体并不呈现给我们的。因此，康德把事物底呈现称为“现象”，把事物底本体称为“实体”，我们对于称为现象的事物是能够知道的，但对于称为实体的事物却一点也不能知道。这实体是疑问的东西。我们不能说它是存在的，也不能说它是不存在的。实在地，实体这字眼是为要说出我们所认识的事物，但在我们底判断上，不能触到我们所不能认识的事物，而用来补足现象这个字眼的。
>
> 照康德底意见，神是一个实体。照他的论证，则我们从来呼为神的那个先验的理想体，不过是虚构而已；它是由于自然的错觉而成立的。实际上，康德已表示过，我们对于实体、即神，是一点也不能知道的。而将来关于神底存在的怎样的证明，也不是可能的。我们要在《纯粹理性批判》底这一篇上，写上但丁所说的“一切的希望都得抛弃”的话。[1]

我们知道海涅的见解是为马克思、恩格斯所同意的，所以在《费尔巴哈与德国古典哲学的终结》中恩格斯开始述及十九世纪的德国

---

① 《德国宗教及哲学史概观》，页 150；Leland 英译本，页 145。

哲学革命，认为“至少有一个人早在一八三三年就已经看出来了；这个人就是海涅”[①]。又恩格斯在《共产主义在德国的迅速进展》亦述及“德国当代最杰出的诗人亨利希·海涅也参加了我们的队伍”[②]。肯定了海涅的见解，便容易认识《纯粹理性批判》一书的历史意义，这在今日所视为康德的代表作，在当时却是掀起了德国的哲学革命，把神之宗教的存在一变而为哲学的存在了。“德国为康德引入哲学底轨道，哲学成为国民底事业了。一群卓拔的伟大的思想家，好像被魔法唤出来的一样，在德国底土地上出现了。”[③]

3. 以哲学代宗教说

从康德到费希特、谢林、黑格尔，有的以神为道德的存在（如康德），有的以神为普遍的自我（如费希特），有的以神为构成世界的统一的绝对观念（如黑格尔），而要之这种以“理性”为神，以哲学的教义代替正宗的宗教，均和中国儒家哲学相类似。海涅在叙述康德、费希特、黑格尔这种哲学的及宗教运动以后，有一段曾将他们的思想背景描写如下：

> 当革命的波涛在巴黎，在这个人类的大洋中汹涌腾沸的时候，那时莱茵河那边底德国人的心脏也吼动着了……但他们太孤立着，他们站在中国制造的佛像之下，这佛像对着全无感觉的瓷器、茶器、咖啡壶和任何的东西，都像无所不知样地点着头。唉！我们底可怜的先觉者们，为了对于那个革命的同情，不得不受到最恶的迫害。乡下底贵族和小僧侣群，对他们采用了最野蛮

① 《费尔巴哈与德国古典哲学的终结》，同前书，页 34。

② 《共产主义在德国的迅速进展》，见《马克思恩格斯全集》（第二卷），人民出版社 1957 年版，页 591。

③ 《德国宗教及哲学史概观》，页 157。Leland 英译本，页 154："Germany had been led by Kant into the philosophic road; so philosophy became a national cause. A brave array of great thinkers sprang up as if by magic from the German soil."

的，最卑鄙而下劣的奸计。先进者中的两三人逃亡到巴黎来，在这里零落于贫困与穷迫中而湮灭了。①

末了接着说：

要不是拿破仑和他底法国人很快地征服了我们德国人的话，寄居在德国的自由主义者，就要受更坏的命运所光临了。……我们的哲学者就要和他们底理念一起地给送上断头台，轧死在车轮下面而湮灭了。②

这个很好的暗示，告诉我们在一个时代的德国哲学者是何等地独立和奋斗，尤其可注意的几句话，“他们站在中国制造的佛像之下*，这佛像对着全无感觉的瓷器、茶器、咖啡壶和任何的东西，都像无所不知样地点着头”；这至少表示着德国的哲学革命也是与中国思想有关系的。

（B）哲学革命与政治革命

1. 十八世纪欧洲学者政治思想的中国化

中国思想对于德国的影响，一方面为观念论哲学的精神变革，一

① 《德国宗教及哲学史概观》，页183。英译本，页184—185：“When the Revolution stormed wildly here in Paris in the great human sea, when it raged and roared, the German hearts beyond the Rhine responded to the tumult. But they were so isolated, among mere soulless porcelain teacups and Chinese gods, which mechanically nodded with their heads as if they knew what matter was. Ah! Our poor predecessors in Germany had to atone bitterly for that sympathy with the Revolution. Aristocrats and priests played them their coarsest and vilest tricks. Some of them fled to Paris, where they passed down and away into poverty and misery. ”

② 《德国宗教及哲学史概观》，页184，英译本，页185—186。

* 克里姆通迅（Grinnm: *Correspondance*, 1785）写道“有一个时候每家的桌上，陈列着中国的物品，我们许多器具的样式是模仿中国的。”（阎宗临：《中国与法国十八世纪之文化关系》引）

方面为启明专制主义的政治改良。关于前者，尚未经人注意；关于后者，有五来欣造《儒教の独逸政治思想に及ぼせる影響》一书已叙述它。实际不但德国，在法国重农学派始祖魁奈所著《中国专制政治论》即可见儒教对于法国政治思想之影响。然而这种影响在法国当时已有人提出抗议。“卢梭极忿恨地斥责重农学派谄媚皇帝，‘合法专制’之卑鄙。密拉博赠他重农学派的著作并且声明以后不再赠送了，他以为那种羞辱是自取的。”① 可见启明专制主义终竟与十八世纪大革命的思潮不合。伏尔泰因为对付当时专制的法国政治，而提倡中国的启明政治，他游说欧洲各国君主学乾隆的榜样，曾把乾隆的诗寄给普鲁士王，然而这种政治改革的主张也抵御不住大革命的潮流。只有在德国，如五来欣造所说，情形与法国不同。中国的启明专制主义一方面因有莱布尼茨、沃尔弗的提倡；一方面又有间接为儒教信徒的腓特烈大帝，运用了政治的手腕，消灭贵族政治的蔽害，因而儒教对于德国的实际政治便发生一种副作用。

2. 中国政治思想与欧洲启明专制

一九〇八年安德累（Frederich Andreae）所著《中国与十八世纪》（*China und das achtzehnte Jahrhundert*）中，曾证明了十八世纪德国国家学者朱斯泰（Justi）主张“警察的国家”实受中国思想的影响。② 五来欣造则简直异想天开要证明普鲁士的国家社会主义，亦为受儒教政治思想的影响。③ 如他所说威廉二世是受儒教影响，这种牵强附会

① 鲁平:《重农学派》，页 44。

② 朱斯泰本为重商学派的国家学者，在沃尔弗影响之下，著成《亚细亚及其他所称为野蛮政府与欧洲政府之比较》（*Vergleichung der enopsischen mit den asiatischen und andern, vermeintlich Regierungen*, Leibzig, 1762）一书，极端赞美中国君主之谦逊节制诸德，谓可以防止专制政治的蔽害。又以为国家的目的在求人民幸福，而欲达此目的，须将个人的权利加以限制，因而提倡所谓警察的国家说，依 Adreae 所述，则此警察的国家说实受中国思想的影响。

③ 五来欣造:《儒教の独逸政治思想に及ぼせる影響》，第八章。

的论调只知中国的君权主义，而不知中国的民主主义；只知中国思想之次要的影响，而不知中国思想之主要的影响，即哲学的影响。实则德国观念论的辩证法哲学家，无不欢欣鼓舞表同情于法国革命，康德素以提倡自由思想著名，曾因耽读卢梭的《爱弥儿》而妨碍了每日固定的课程，他甚至因同情于法国革命，谣传将被召往法兰西为立法者、和平的建立者。[①]黑格尔早年当学生时代，为热情驱使，因同情法国革命，曾与谢林及许多同学于春季晴和的某日，在杜平根的市场上植立了自由纪念树，他曾组织政治俱乐部，读法国新闻，举行革命的演说和示威运动；他曾在日记里大书特书："自由万岁！卢梭万岁！"他在耶拿战后写信给一位学生赞扬法国的革命精神，而希望日耳曼的本国人能够超过他们的老师。因此有人说黑格尔哲学本身，尤其作为其核心的辩证法，其绝对存在的否定、一切存在之必然消灭的理论，只有当做法国革命在德国哲学上的反映才能说明。固然黑格尔的晚年更倾向于保守方面，但如他在海登堡大学时所作《符腾堡的政体》一文，分明是反对封建制度的种种缺点；《法律哲学》一书算得最保守的了，政府方面尚疑其有危险成分。在一八三一年他最后著作《论英国宪法改革》，许多人认为他反动极了，却是这篇论文所抱的自由主义尚为当权派所畏惧，其第二部分竟为政府的检查员阻止出版。由上事实，可见只要我们从历史观点去分析德国古典哲学发生的具体历史情况，便知道我们哲学家的一群，虽然只判决了上帝的死刑，但也从未谄媚皇帝。中国哲学对于他们的影响，当然也比启明专制主义的政治主张为更有意义有价值多了。

3. 腓特烈大帝之中国文化观

我不愿意对于启明专制政治的影响多所阐述，不但因为这种政

---

① 卡尔·弗尔伦得：《康德传》汉译本，页230，中华书局。

治影响反映了封建社会的残余，实在这种影响也没有很多实际的根据。诚然，十八世纪启明专制君主如普鲁士腓特烈二世、俄罗斯凯瑟琳二世（Catherine Ⅱ）[①]、奥地利马利亚·德利撒（Maria Theresa）均曾直接间接和中国政治思想发生关系，尤其自称为"哲学者腓特烈"（Fréderic le Philosophe）的腓特烈大帝，也实在受了中国哲学影响，而希望做一个启明专制之理想哲学王（le roi philosophie）的，然而这位以启明专制自命的国王，虽然他幼年曾受莱布尼茨、沃尔弗的影响，中年曾受伏尔泰、达朗贝的影响，而他的根本主张却是极力排斥霍尔巴赫《自然体系》之唯物论的。他对于中国文化也抱着怀疑的态度。赖赫淮恩曾经指出：

> 在这种极端的中国崇拜空气之下，我们当然可以看到别一种怀疑或相反的意见。普鲁士王腓特烈大帝虽和伏尔泰知己，却是一个抱怀疑态度的人，这是在两人的许多通信中可以看到的。腓特烈一七七六年的通信中，曾屡次表明，他自己对于欧洲的政务已觉得太忙了，所以对于中国文化问题实在无暇研究。而且他在同年四月的一信中，明说伏尔泰所以这样崇拜中国文化实在别有用心。他说："伏尔泰的用意，实在和古代罗马名史家塔西佗（Tacitus）相同。塔西佗为鼓励国人的道德修养起见，故意把我们日耳曼祖先的信实和克己功夫当做模范，其实那时的日耳曼人何尝值得这样赞叹！"[②]

然而，这一位怀疑中国文化的普鲁士名王，实际却是五来欣造

① 参看 K. Waliszewski《俄女皇喀德邻二世外纪》（商务印书馆版）第二分册第三书，哲学家之友，页 289—327。

② 赖赫淮恩：《中国与欧洲》页 92—94。何炳松：《中国文化西传考》第五节，见《中国新论》第三期。

著书中所述儒教对于德国实际政治影响之唯一例证，可见其根据之薄弱了。腓特烈大帝在为太子时用法文写作的“*Examen du prince de Machiavel*”，英译本名“*The King of Prussia's Examan or Critical Essay upon Machiavel's Prince*”（收入英译 Machiavel《全集》，伦敦1762年），日译名“君主经国策批判”（兴亡史论刊行会版，大正八年），共二十六章，序文中认为马基雅弗利破坏道德有如斯宾诺莎论著之破坏信仰；但斯宾诺莎不过属于思想范围，误世之毒不深，至于马氏的谬见紊乱了我们日常生活，应加以排斥。伏尔泰在“公刊旨趣”中称道此书无微不至（一七四〇年六月廿四日序），实亦可见腓特烈大帝少年时颇赞同民主思想，故能对马氏《君主经国策》作严正的批判，但据此即谓其当年长专政时即为启明专制君主，这也是一个疑问。麦考莱（T. B. Macauley）为这位伟大君主作传，称其“为人在表面上固然是很好，但在实际上则为一多疑侮慢有恶意的暴君”[①]，这只要注意到伏尔泰在他手里所吃的大亏，便很容易明白了。我们不必羡慕十八世纪欧洲的启明专制君主，我们尤其不必津津乐道中国思想对于这些启明专制君主的影响，因为他们这些封建制度的拥护者，专制是其实质，即使表面上的民主也是有限度的。马克思、恩格斯在《论反动的普鲁士风》中曾指斥他为“世界史上不会有第二个抱着如此卑鄙目的的国王”[②]，这就可见这个人的虚伪性。但是十八世纪末德国康德由于他那《纯粹理性批判》而唤起的那种足以自豪的伟大的哲学革命，这却是马克思主义的理论的根源。恩格斯在一八五九年《论马克思著政治经济学批判一书》中就有这个意见。尤其是在一八八二年《社会主义从空想到科学的发展》德文本第一版序文中所说：“德

---

① 《腓特烈大王》（商务印书馆版），页 47。

② 此据阿尔塔蒙诺夫《伏尔泰评传》（作家出版社一九五八年译本）页 39 引马克思、恩格斯《论反动的普鲁士风》，苏联国家政治书籍出版局一九四三年版，页 17。

国社会主义者，却不仅以继承圣西门、傅立叶和欧文，而且以继承康德、费希特和黑格尔为光荣。”① 知道马克思主义正如在另一处所说“既然共产主义建立在健全的哲学原理的基础上，并且是——尤其是——从德国本国哲学必然得出的结论”②，那就可以说明德国古典哲学所受中国思想影响的意义。

（C）中国思想对于德国文学的影响

1. 歌德之中国文化观

德国思想革命不但表现于哲学方面，即在文学方面亦受中国哲学的影响。如歌德即为好例。福兰阁（Otto Franke）所著《歌德与中国》、赖赫淮恩所著《中国与欧洲》③、卫礼贤所著《歌德与中国文化》④、陈铨所著《中国纯文学对德国文学之影响》⑤ 中，均有很详细的叙述，现只略加介绍。

我们知道歌德曾读过竺赫德的《中华帝国全志》，此书以一七三六年用法文出版，一七四九年即有德译，里面有元曲《赵氏孤儿》，四篇《今古奇观》的短篇小说，还有十几首《诗经》的诗，这些都曾与歌德发生过关系。一七八一年一月十日歌德《日记》里有一句奇特的叹词：

“呵、文王！”（O! Ouen Ouang）说者谓即他读《中华帝国全志》第二卷的最好证据，因在那里论到文王有十余处之多。一七九六年他同席勒（Schiller）通信，又提到中国一部小说——《好逑传》。一八一三年十月二日至十六日在《日记》里写着“Sinica”字样，这

① 《社会主义从空想到科学的发展》，人民出版社 1956 年版，页 3。

② 《大陆上社会改革运动的进展》，《马克思恩格斯全集》第一卷，页 591。

③ Franke: *Leibniz und China*。见 *Aus Kultur und Geschichte Chinas* S. 349—353。《中国与欧洲》，德文本，页 137—156；英译本，页 129—146。

④ 《小说月报》第十七卷号外《中国文学号》，收入《歌德之认识》中，页 255—284。

⑤ 《文哲季刊》第三卷第二号、第三号至第四卷第一号、第二号；后改题《中德文学研究》，商务印书馆，一九三六年。

是歌德对于中国最感兴味的时候，也是德国争生存最危急的时候。歌德不但读过元曲《老生儿》《赵氏孤儿》《好逑传》《玉娇梨》《花笺记》《今古奇观》《百美新咏》。[①]他更由威玛（Weimar）大图书馆里借出许多关于中国游客的著作，如《马哥波罗游记》、歧尼《北京游记》、巴罗（Barrow）《由北京至广州旅行记》之类，他对于中国文化实在倾倒极了。埃刻曼（T. P. Eckerman）曾记其一八二三—一八三二年与歌德谈话，有一段述及中国小说。

> 在歌德家里吃饭，"自从我没有看你以来"，他说，"我在这几天读了许多种书，尤其是也读了一本中国小说，我还在读这本书，我觉得它很可注意。"——"你在读中国小说吗？"我说："大概看去很异样罢？"——"并不是和臆想那么异样"，歌德说。"那些人几乎和我们同样地思想行动和感受，读者不久就觉得自己和他们是类似的人，只不过在他们那里，一切都来得更澄明、清纯和文雅罢了。在他们那里，一切都是合理的、市民式的，而没有多大的热情和诗的激昂，因此和我的《赫尔曼和陀罗特亚》（*Hermann und Dorothea*）以外，和李却特逊（Richardson）的英国小说有很多相似之处。但两者又有差异，这是说：在他们那里，外面的自然界是常和人的形象（figur）共同生存的。常听到金鱼在池里游跃，鸟儿在枝上啼鸣，白天常是晴爽，夜晚常是清明；很多讲到月亮，但月亮并不改变风景，月亮被想为和白天同样明亮。而家宅的内部是和它们的图画同样清楚优美。例如说：

① 歌德在一八一七年读《老生儿》之 John Francis Davis 同年英译本，约在一七八一年后译，竺赫德《中华帝国全志》第三卷中《赵氏孤儿》之法文或德文译本，及其中四篇《今古奇观》之短篇小说。一七九六年读英译本《好逑传》，一八二七年读英译《花笺记》与法译《玉娇梨》。又同年根据 P. P. Thoms 抄译《百美新咏》的诗，作《中国的诗》，后改题《中国女诗人》。又同年读法人 M. M. Davis 选译《中国短篇小说集》，内有《今古奇观》十篇。详见《中德文学研究》。

我听见可爱的女子们笑，而看到了她们的时候，她们是在精美的藤椅子上坐着。你就可以想见一种可爱的情景；因为不联想到极度的轻便和纤美，是决不能想象藤椅子的。还有无数的传说常在说部里并行，可以说是谚语似地被应用着，例如讲一个女子，说她的脚是那么轻而纤美，她能够在花上站稳，而不把花儿折断。又讲一个青年，他是那么贤德而能干，在三十岁时得有和皇帝谈话的光荣。又讲一对情侣，在长久的交际之中竟会那么自制，有一次他们不得已在同一房间过夜，通宵以谈话消磨时间而不相接触。又有无数传说都是讲礼义道德的。但也正由于这种在一切事情中的严肃的节制，中国维持了好几千年，因此还将继续存在。”……

“你所读的小说”，我说，“可是中国小说之中的极好的作品吗？”……“决不是极好的罢！”歌德说。“中国有千百种这样的小说；在我们的祖先还在树林里生活的时候，他们已经有小说了呢。”[①]

2.《浮士德》中所表现之中国思想

歌德在中国小说里面，看出了中国人“在一切事情中的严肃的节制”；看出了中国人所讲的“礼义道德”，即孔子的人生观。歌德是一个伟大的作家，他发现了中国旧文化的特点，更进而从事中国小说的仿作。如元曲《赵氏孤儿》在歌德手里竟把它许多情节改变成一本戏剧——《额尔彭罗》(*Elpenor*)。同时席勒也曾感觉中国文化的兴味，翻译了孔子《论语》的一部分，他的诗中有《孔子的箴言》(*Sprüche des Konfucius*)，又改编过一本大家叫做中国戏的《图郎多

---

① 《歌德和埃刻曼的谈话》(*Goethe's Coversations with Eckerman*，“万人丛书”851)，此据周学普译《歌德对话录》页119—120，商务印书馆。

（Turandot）中国的公主》，也试译过《好逑传》。至于中国的抒情诗，则更给歌德以很大的影响。歌德曾在一七二七年一月卅一日以后的《日记》中说及研究中国诗，并用德文重译题名《中国的诗》，后改题为《中国女诗人》。他依据《百美图咏》译出许多诗篇，例如《图传》二十一梅妃、三十九冯小怜、五十七薛瑶英、九十一开元宫人的诗，他都用德文里最纯熟的词句把它重新改造成诗。他说："从《百美新咏》摘录出来的笔记和他自己诗，使我们相信，虽然在这一个奇怪特别的国家有种种的限制，一般人仍不断地生活、爱恋、吟咏。"① 他又依据从一八二七年二月所读《花笺记》成功很有名的《中德季日即景》，将中国的根本精神在诗里充分表现。如第十一首讲宇宙上的万事万物时时刻刻都在变动，在变动中却又有不变者在，这完全是中国《易经》思想的影响。在第八首描写夜色说到"在那可爱的东方，我感到月的光辉"；说者谓从这诗歌已可看歌德晚年最深刻的表现了。② 歌德对于中国文化的态度可分早晚两期，③ 早年所见还不过中国文化的表面，而真正对于中国文化的认识则在一八一三年以后，那时他已经七十岁了。他对于中国温柔敦厚的人生观很是赞美，以为胜过欧洲，不过欧洲人还是欧洲人，应该以希腊文化为体，中国文化为用罢了。卫礼贤曾引其一首主张融合东西文化的诗，可为例证：

东西两大洲，
不能再分离了！
谁是多识的人们呀！
应明白这些吧。

---

① 颜希源：《百美新咏》第三、四册《图传》，乾隆五十二年集腋轩版。又《中德文学研究》，页 131—144。

② 参照冯至等《德国文学简史》上卷，人民文学出版社 1958 年版，页 208—209。

③ 赖赫淮恩：《中国与欧洲》，页 130。何炳松：《中国文化西传考》第八节。

两世界互相研究，
即是我的希望，
东西互相连络，
也是我的希望。

而所著《浮士德》(*Faust*) 中有“结晶而成的人”(Crystallized humanity)，说者谓其即指中国人而言，也就是暮年歌德所希望的境界。[①]

梅非斯特 (Mephistopheles)：

长寿的人
积了许多经验；
由他看来，在这个世界
并无新奇的事件。
我在外边，游历了几年，
结晶而成的人，我也曾看见。[②]

歌德在诗和戏剧中所表现的思想，实可看做德国哲学革命在文学

---

① 赖赫淮恩:《中国与欧洲》，页 143："Crystallized humanity no doubt means the Chinese in whom, therefore, Goethe has seen not a dead, formless mass, but the representatives of a form no longer, indeed, capable of further development, but simply crystallized. For the aged Goethe, this was an image not altogether unrelated to the condition which he had himself reached."

② 浮士德（下）页 165 第二部第二幕中一节：
Mephistopheles：
"He who lives long
Sees many things
For him in this world
Nothing new can be
In former days, when I was on my travels,
I have seen crystallized humanity."

里的表现；因而歌德所表现的中国思想也可以看做德国文学思想一方面所受中国思想的影响。

3. 海涅

歌德以后，还有诗人海涅，他是早年曾在柏林大学听过沃尔弗的课程的。他虽然没有明文赞美中国，但在其一八三三年《论浪漫派》[①]一文中曾称歌德的《西东诗集》说："这里面有东方的思想和感情方式，包含在鲜艳的诗歌和雄健的警语里面。"又说："它是西方寄给东方的一件礼物""这件礼物可是意味着西方已经在烦厌它那冷酷枯燥的唯心论，而想在东方健全的肉体世界上，再振一下精神了。"歌德是那么愉快地歌咏波斯、阿剌伯，歌咏中国，却对于印度表示了极端的憎恶，可见歌咏东方即是赞扬物质的世界，即是"把心灵一起投到了感觉主义的怀抱里去"。由此论点，可见海涅所表现的东方是何等新鲜而且特别，不愧为一代诗人的思想。

二、古典哲学与中国文化

（A）古典哲学之代表人物

1. Leibniz-Wolff-Schultz 学派

德国启明运动以观念论的辩证法思想为中心，而追溯这种哲学的来源，则不能不直接推及莱布尼茨和沃尔弗的影响，间接推及中国思想的影响。康德早年思想实属于 Leibniz-Schultz（舒尔兹）学派。舒尔兹是康德的本师，也就是沃尔弗的高足弟子，来自哈尔，曾著《信仰与理性合一》的论文，为人所称道。而康德初期著作也处处表示他

---

① 《海涅散文选》，页 170—171，《论浪漫派》，新文艺出版社，一九五七年。

受莱布尼茨和沃尔弗的影响。乃至《纯粹理性批判》中，对于沃尔弗的哲学仍极表示拥护：①

> 在实行由这个评判所寻得的计划，就是关于将来形而上学的系统，我们必须遵随那大名鼎鼎的沃尔弗的严密法则；他是在独断的哲学家当中最伟大的。他是第一个指出如何只有关于合法的建设原则清楚的规定概念的界说，严格的证据的企图，以及免除一切孟浪的结论的构成，方能得到科学的正确方法（因他的这个榜样，在德意志全境，引起深沉的彻底的研究精神，至今尚未全然消灭）。他实为最适当的人物，可以提高形而上学赋彼以科学的威严，可惜他未曾想到以逻辑学的批判，即纯粹理性的批判定基础，——这个忽略是那个武断的时代应负其咎。关于此点，在他同时以及以前的哲学家，谁也不能互相责备。而同时凡反对沃尔弗的方法与纯粹理性批判的程序者，除了要完全脱去科学的束缚，因之使工作化为游戏、信仰变为意见、哲学变为空虚的嘲弄而外，无他目的。②

我们知道沃尔弗是用德国语言，很普遍地宣传中国哲学的人，他虽不曾想到纯粹理性的批判，但他却应用了中国的理性主义作批判的依据，所以可算在独断的哲学家中最伟大的，康德受其影响，已是决无可疑的事实，这就可见德国古典哲学，即使和中国思想没有直接的关系，也不能没有间接的关系了。

2. 康德

康德是十八世纪进步的资产阶级之意识的代表者，曾被尼采挖

---

① 《纯粹理性批判》序文，商务印书馆“汉译世界名著”本，一九三五年。

② 同上书，序二，页32。

苦为“孔尼斯堡（Königsberg）的伟大的中国人”[①]，这当然是就他的道学家态度上说的，实际他很少注意中国。在他所著《地文学讲义》（*Physische Geographie*）序论中分地理学为数学的、道德的、政治的、商业的、神学的五类，其中道德的地理学中述各地人民风俗，举中国为例，述及弑亲者所受的极刑。又第二编第二章述各地人类不同，以中国人形貌代表东方民族的性格。又论矿物述及中国及日本海岸有琥珀。比较重要的记事是在《永久平和论》中说及永久平和的条件，其第二项是应使各国人民设立厚遇外国人的制度，他以中国为例，谓中国对于外宾许交通不许居住，是贤明的处置。[②]

以上关于中国的无关紧要的叙述，当然不能说明他和中国文化有什么接触，现在的问题是专就他的思想上来观察。

康德在生地孔尼斯堡大学中研究沃尔弗哲学，他在学术上的厄运也和沃尔弗很相似。沃尔弗谈孔子哲学，康德不谈孔子，但在理性派哲学与宗教信仰的斗争中，他的思想无疑乎是站在沃尔弗的同一立场，因而也间接受了中国的影响。马克思在一八四二年《评普鲁士最近的书报检查令》中，列举不信仰宗教的思想巨人，以康德为首说：

> 因此，根据这一检查令，书报检查应排斥像康德、费希特和斯宾诺莎这样一些道德领域内的思想巨人，因为他们不信仰宗教，并且要侮辱礼仪、习尚和外表礼貌。所有这些道德家都是从道德和宗教之间的根本矛盾出发的，因为道德的基础是人类精神的自律，而宗教的基础则是人类精神的他律。[③]

---

① Will Durant: *The Story of Philosophy* 页 312：“Great Chinaman of Königsberg.”

② 参照桑木岩翼《カントの観たる日本》见《カントの現代哲学》中研究及补遗，页 249—279。

③ 《评普鲁士最近的书报检查令》，见《马克思恩格斯全集》（第一卷），人民出版社 1956 年版，页 15。

康德不信仰正宗的宗教，在他将近七十岁时，即一七九四年写了《纯粹理性范围内的宗教》即收到普王腓特烈·威廉二世（Friedrich-Wilhelm II）一道枢密院的命令，措辞很严厉：

> 吾皇见你如此妄用你的哲学以毁坏《圣经》和基督教中许多重要的根本义理，大为拂意。现在着你随即作一切实申明，并指望你将来不再发生这种罪端，且进而遵守职分，善用你的才能声望，使我们君父的意旨快些达到。你若继续逆命，可期待不愉快的结局。[①]

我们只要应用历史观念来分析德国当时具体的历史情况，我们就会体会到马克思所说的“在康德那里，我们又发现了以现实的阶级利益为基础的法国自由主义在德国所采取的特有形式”[②]。实际中国哲学对德国古典哲学的影响，即忠实地反映在康德的《纯粹理性批判》一书中，在它的笨拙枯燥的语句中，诚然，如马克思所说德国从康德开始了哲学革命。“他推翻了前世纪末欧洲各大学所采用的陈旧的莱布尼茨的形而上学体系”[③]。但他虽然推翻了莱布尼茨的形而上学体系，却保存了莱布尼茨的“二元算术”；二元算术即辩证法思维和中国《易经》思想有密切的关系，康德由它引申出“二律背反”。康德以后“费希特和谢林开始了哲学的改造工作，黑格尔完成了新的体系”[④]；这当然是指辩证法的思想体系而言。可见德国古典哲学是否定莱布尼茨而对于莱布尼茨的辩证法思维则加以改造，其实即间接接受了中国哲学的影响。

---

① 见 Will Durant *The Story of Philosophy*，第六章，页 306；汉译本《古今大哲学家之生活与思想》，页 437—438。

② 《德意志意识形态》，见《马克思恩格斯全集》（第三卷），人民出版社 1960 年版，页 213。

③ 《大陆上社会改革运动的进展》，见《马克思恩格斯全集》（第一卷），人民出版社 1956 年版，页 588。

④ 同上。

3. 谢林

谢林的哲学在他同时代即有人称之为“东方主义”，如费尔巴哈在一八三九年所著《黑格尔哲学批评》开头即说及谢林与黑格尔的不同：

> 东方人因了统一而看掉差别，西方人又以差别之故，忘记统一：东方人对永恒不变之淡漠，甚至于迟钝到无感觉状态，而西方人对其差别及多样之感觉性，又澎湃到幻想病者之狂热程度。……谢林哲学本是一个外来种——是古代东方的同一性，孕育在日耳曼土地上。因此谢林学派倾仰东方之性向，亦就是其学派之本质的性向。反之对西方之性向和东方底轻蔑，却是黑格尔哲学及其学派之显著的特征。和同一哲学底东方主义相反，黑格尔之特征的要素乃差别底要素。[①]

在这里谢林和黑格尔的不同，即是中国主义与希腊主义的不同，而谢林倾向于中国哲学即古代东方的同一性，也不待详证而自明了。

（B）黑格尔之中国论

1.《历史哲学》中之中国地位

黑格尔虽可称为西方主义者，然而欧洲的哲学时代实到黑格尔而登峰造极，而一大转变；黑格尔以后即为科学时代，而非哲学时代，这不是我一个人的见解，实为恩格斯在《费尔巴哈论》中之名言。但即就黑格尔来说，他虽然轻蔑东方主义，但他也不是和东方思想毫无关系的。黑格尔对于中国思想曾采取了何种态度，这在威泰福该尔（K. A.

---

① 《黑格尔哲学批评》（*Zur Kritik der Hegelschen Philosophie*），1839，柳若水译，页9—10。

Wittfogel）所著《黑格尔底中国观》[1]中已提供了一些资料，黑格尔是很注意中国问题的，当欧洲资产阶级革命者对于中国思想发生兴趣，甚至于发生中国热的时候，黑格尔当然不能不格外重视中国。黑格尔对于中国社会的赞美，有些几乎和伏尔泰不相上下。他在《历史哲学》中说：

> 除却皇帝的尊严以外，中国臣民中可说没有特级，没有贵族；唯有皇室诸子和公卿儿孙享有一种特权，但这个与其说是由于门阀，无宁谓为地位的关系使然。其余则人人一律平等，而唯有才能胜任者得为行政官吏，因此国家公职皆由最有才智与学问的人充当。因此他国每以中国为一种理想的标准，便是我们也可以拿来做模范的。[2]

然而黑格尔不是法国伏尔泰一流，他是不看重平等的。在他的《历史哲学》中，东方世界如中国不过为他理论的起点。中国的历史是没有发展性的，中国在黑格尔眼光中只是一个“无阶级无身分的国家”，所以可认为尚未充分差别化的历史集体。这么一来，便不得不将中国放在发展之最低之一阶级了，便不得不对中国加以肆意的讥评了。然而我们应该注意的，就是黑格尔虽为由东方主义到西方主义，即从哲学文化到科学文化之一过渡人物，而他对于中国的思想历史实有很深刻的研究。据威泰福该尔所搜集的资料来看：“黑格尔能具体地知道中国的事实，完全靠着法国耶稣会士的工作。黑格尔曾经阅过十三大本中国皇帝通览：《通鉴纲目》，他又读过百科全书中耶稣会教士所搜集之《中国集览》[3]，其所得的成绩，较诸片段的政治上的记载

---

① 收入辛垦书店《黑格尔》，页421—450。

② *Hegel's Philosophy of History*, PP. 129—130，此据汉译本页201—202。

③ 案此指冯乘正所译《中国通史》与《北京耶稣会士中国纪要》二种。

更多。在此种《集览》中所搜罗之古代中国文献的翻译而外，黑氏更备有其他各种翻译。他看过自己所说的莱麦撒所翻译的中国《玉娇梨》这本小说。”

黑格尔借着这种种巨量的参考材料，自己感觉着有了不少的知识上的培养，“我们现在确已十分认识中国了。我们已有了中国文学和它的全部生活，以至它的历史之深切的知识。”

2. 中国文化之优缺点

黑格尔很赞美中国的文学及艺术，这点也很值得我们注意。他说：

> 我们所有的中国的诗，其中曾描写了最温柔的恋爱关系，其中曾存在了谦逊、羞耻、退让、深切的感觉图样，并且人就能把它同欧洲文学里所表现的最好的东西相比较。

对于艺术，他更因此而赞美了中国文化。

> 它在这里所表现的技术，例如以极精的技术雕空薄薄铜板所仿造的昆虫集是卓绝的。从它那很大的冶金铸造的才能里，曾造出了一座十五呎高的塔，这座塔系从一种铸品里修出了通过九层的许多装饰品。它的瓷器工作之精美，这是人人皆知的；它的爆竹照英国人的报告看来，应该是技术的，是有光辉的。舞蹈成了一种主要的研究，并且很有成就的。它的园艺术是著名的，这应该占领了最美的花园，特别是围墙的那边，湖、河、别墅、浴场等等，都是富于趣味的关系：人已以艺术辅助自然了。[①]

黑格尔虽也指出中国艺术缺乏理想，虽然指出中国精神的根本缺

① K. Leese：《黑格尔之历史哲学》页158引。

点，缺乏科学，如孔子关于道德著作“就像所罗门的格言那种方式，虽然很好，但不是科学的”。人不能把他同苏格拉底或相似的思想家相比较，这一点似乎又受了费内龙批评中国文化的影响。又莱布尼茨提倡普遍文字说，想利用中国文字；黑格尔以为：“中国笔写的文字用符号来表示那些观念的本身，粗看时这似乎是一种极大的便利，并且曾蒙许多大人物的赞成——其中有一位便是莱布尼茨，但实际的情形绝不是如此。”他引出很多证据，此亦可见他和莱布尼茨之一味崇拜中国者不同。然而黑格尔虽是西方主义者，而他注意中国，甚至于赞美中国，却是一个不可埋没的事实。尤其是他的根本思想方法，即辩证法，它的一部分来源尚不可不求之于中国。

3. 辩证法之中国因素

案《大逻辑学》的第一部以“有”“无”“生成”之三个范畴，揭穿了存在之谜。依黑格尔意思，“有”之范畴是从希腊巴门尼德出来，“无”之范畴是从东方尤其佛教出来，“生成”之范畴是从赫拉克利特和东方出来。他引东方俗谚说：“一切所有，都在生中含有灭，反之死，亦即新生的开始，这种谚语实际上表示有无之合一。”[①]但说得最明白的是他高足弟子菲沙（Kuno Fischer）在《黑格尔哲学解说》[②]中引用席勒《孔子的箴言》中所述时间之迁流转变“逝者如斯夫”来作解释，这不是证明黑格尔逻辑学的根本概念是受了中国哲学的影响吗？同样恩格斯在《自然辩证法》中亦说明：“辩证的思维——正因为它是以概念本性的研究为前提——只对于人才是可能的，并且只对于在较高发展阶段上的人（佛教徒和希腊人）才是可能的，而其完满的发展则更晚得多，在近代哲学中才达到。”[③]恩格斯虽没有提到中国，

---

① 《大逻辑学》第一章。

② 菲沙：《黑格尔哲学解说》日译本，第十四章论“生成发生及消灭”一节，页 297，又注 61，白杨社版。

③ 《自然辩证法》，同前，页 185。

但早期佛教的辩证法曾由印度或中国传入欧洲。古代中国人无疑也和希腊人一样是辩证法研究的先驱者。再说黑格尔逻辑学的背后就具有《精神现象学》，经我长期研究的结果，知道《精神现象学》所用的精神辩证法，也和中国古经典《大学》之辩证法完全符合，这决不是偶然的事。《大学》方法缜密，系统整齐，实不易与之苟同，然而黑格尔此书序文，千言万语对于“学”与“知识”之概念作积极的解明，极言真理形态乃是学的体系，此体系之学的概念和《大学》再相同也没有了。尤堪使人惊异的，是《大学》之三纲领、八条目，竟与《精神现象学》的阶段行程处处暗合，试列表明之：

《精神现象学》[①]	**《大学》**
（A）对象意识 Ⅰ. 感觉 Ⅱ. 知觉 Ⅲ. 悟性	（A）致知在格物 “欲诚其意者先致其知，致知在格物。物格而后知至，知至而后意诚。”

① 兹录 J. B. Baillie 英译本略目，以供参考：

（A）Consciousness

Ⅰ. Sense-Certainty

Ⅱ. Perception

Ⅲ. Undetstanding

（B）Self-Consciousness

Ⅰ. The Ego and Desire

Ⅱ. Independence and Dependence of Self-conscionsness

Ⅲ. Freedom of Self-consciousness

（C）Reason

Ⅰ. Certainty and Truth of Reason

Ⅱ. Spirit

a. Obiectjve Spirit: the Ethical Order

b. Spirit in Self-estrangement: the Discipline of Culture and Civilization

c. Spirit Certain of itself: Morality

Ⅲ. Religion

（B）自己意识 Ⅰ. 欲望 Ⅱ. 自己意识的独立性与依存性 Ⅲ. 自己意识的自由性	（B）修身 “欲齐其家者先修其身，欲修其身者先正其心，欲正其心者先诚其意。意诚而后心正，心正而后身修，身修而后家齐；自天子以至于庶人，一是皆以修身为本。”
（C）理性意识 Ⅰ. 理性的确实性与真理性 Ⅱ. 精神（民族世界） a. 伦理 b. 教化 c. 道德	（C）明明德于天下 Ⅰ. 明明德“大学之道在明明德。” Ⅱ. 在亲民“古之欲明明德于天下者先治其国，欲治其国者先齐其家。身修而后家齐，家齐而后国治，国治而后天下平。”
Ⅲ. 宗教	Ⅲ. 在止于至善

在“对象意识”中人物一源，在“自己意识”中便入完全自觉的境界，即《大学》“心得其正”的“正心”阶段。然而“大学之道，在明明德，在亲民，在止于至善”；因之“己欲立而立人，己欲达而达人”“民吾同胞，物吾与也”即已入于“理性意识”之范围。理性意识之第一小阶段为理性，即《大学》之明明德；第二小阶段为精神，即作为客观精神之民族世界，也即《大学》之亲民。又第三小阶段为宗教，即《大学》之止至善，又即《中庸》末章“上天之载，无声无臭至矣”之至善境界。由此可见《精神现象学》实模仿《大学》，如果不是黑格尔受了《大学》影响，简直是无法说明的了。《大学》有一六六二年郭纳爵译本，一六八六年至一六八七年柏应理译本，又

有一七一一年卫方济译本，黑格尔所读中国古经典不少，当早见及。《精神现象学》出版于一八〇七年，以时间考之，自可假定其受了《大学》译本的影响，惟翻遍全书竟无一语提及，亦从无人道破，这里也只作假说来提出，还有待于事实的证明。然而黑格尔之与中国思想的关系，却是蛛丝马迹大有可寻的了。

黑格尔的弟子费尔巴哈在《幸福论》中也提及中国孔子，他说："中国的圣人孔夫子说，凡一个人的心地诚实，他保持对他人如同对自己一样的思想方式，他不离开人的理性本性所赋于人的那种义务的道德规律，所以他就不把自己不愿别人向他做的事施诸别人"（案即《中庸》"忠恕违道不远，施诸己而不愿，亦勿施诸人"），在另一地方他这样说："己所不欲，勿施于人。"认为这个素朴的通俗道德原理是最好的最真实的，同时也是最明显的且最有说服力的（见《费尔巴哈哲学著作选集》上卷，页577—578，三联书店，1959）。这就可见即在费尔巴哈时代中国思想也还在起作用。

三、叔本华之中国文化观

（A）《自然之意志》中所见之中国文化

如果黑格尔是一个西方主义者，则叔本华所倡自然意志的哲学无疑乎是一位东方主义者了。叔本华与黑格尔同在柏林大学，而对于声势显赫的黑格尔哲学，却走上相反的方向。他承康德之后，却以为康德到他中间，哲学上毫无成绩。这当然只是一种诬蔑，不合历史事实。他的厌世主义更是痛恨人类，无何等价值可言，虽则如此，他究竟也是中欧哲学关系史中之一人物。他主张世界是意志所造成，"这个世界就是我的观念"，其名著《意志与观念之世界》（*Die Welt als Wille und Vorsellung*）公认为是受东方佛教的影响。黑格尔不承认中国思想的影响，叔本华却自己承认了他和朱子的学说相同，这可说就是他和中国思想最有关系的地方。他有一部书很少有人注意的，是一八三六年出版、一八五四年再版的《自然之意志》[1]。此书内容涉及经验科学的各方面，共分十章，绪论外，全书分为：

（1）生理学与病理学；

（2）比较解剖学；

（3）植物生理学；

（4）物理天文学；

（5）言语学；

（6）动物交感与魔术；

（7）中国学；

（8）伦理学。

在这里可注意的，就是将“中国学”列为专章，把它和经验科学如生理学、解剖学等并列，可见其重要性了。

（B）儒、释、道三教评

再就“中国学”的内容来看，他先依据十七、十八世纪耶稣会士的报告，认为中国的宗教状态一般为自然崇拜与英雄崇拜，此外就是主要的三种宗教：

（1）道教　以老子为始祖，其所谓“道”，即包括万有的世界精神，主旨与佛教相似。

（2）孔教　为学者与政治家所崇奉，其书平淡无奇，带很浓厚的政治意味之道德哲学，而缺乏形而上学的基础。

（3）佛教　为一般人民信仰之高尚的宗教，其说理之高超，内容之充实，即就信仰者的数目来说，亦可认为世界上最优越的宗教。

---

① 叔本华：《天然の意志》，景山哲雄译，大雄阁书店，一九二五年。

叔本华以为中国包含三种宗教，其中以佛教为最发达，但三教并不互相冲突，故有“三教合一”之语。中国君主则三教均信，而最近皇帝特皈依于佛教。叔本华对于佛教亦最有兴趣，附注中述及在欧洲文字中看到很多关于佛教的译书和著作，为读者介绍。例如 Dsanglun，Mélanges Asiatiques，Bochinger，Journal Asiatique，Burnouf，Rgyr Tsher Rolpa，Foe Koue Ki，*Description de Tubet*，Klaproth，Spiegel，Dhammapadem，Buchanan，Sangermeno，Tumnour，Upham，Spence Hardy，C. F. Koppen 等所著，共二十六种。不过他虽受佛教影响，而他所得到的佛教知识有一些是直接从“中国学”中得来的。

（C）叔本华所受朱子哲学的影响

叔本华虽批评孔教，却又承认朱子哲学的价值。当时耶稣会士争论中国礼仪问题，对他也发生了影响。《自然之意志》中引一八二六年《亚细亚期刊》（*Asiatic Journal*）第二十二册所载《中国之创世论》一文申述及朱夫子（Tschu-fu-tze）或朱熹（Tschu-hi）乃为十二世纪人物，为中国最有名的学者，其学说现为中国教育基础。在此论文第四十一页与四十二页中，有一段话如下：

> “天”之一语被认为一切伟大中之最伟大者，或较之地上所有而为最伟大者；然就一般用法，此语意义极不明了，即在欧洲，天之一语亦为漠然意味，中国更是如此。

依朱子所说，则天决不如人类个人为能判决罪恶者，然若谓天不能对于世间事物予以最高的调节，则亦决无是理。要问如何认识自然之心，朱子告诉我们：自然之心不能谓其无有知能，然而自然之心与人类的思考毕竟不同。在某处他说“天为调节者或支配者，有最高权力之概念”；在某处又说“若果无心，则须牛生出马，桃树上发李花，他又却自定”；在他处又说“天心所在，可于所成就之人意之中验之”（英译者在此处大加惊叹）。其所引朱子原文如下：

> 天只是一个大底物，世间无一个物似天大。
>
> 苍苍之谓天，运转周流不已便是那个，而今说天有个人在那里批判罪恶固不可。道全无主之者，又不可，这里要人见得。
>
> 问天地之心亦灵否？还只是漠然无为。曰：天地之心不可道是不灵，但不如人怎地思虑。伊川曰：天地无心而成化。……只说他无心处耳，若果无心，则须牛生出马，桃树上发李花，他又却自定。[①]

叔本华引这些话谓此最后的说明，和他自己的学说极相吻合，为一显著的可惊的事实。此论文比他自己书中所发表者较迟八年出版，不然则将认为他的学说是从朱子得来的了。叔本华自己曾说：

> 谁也知道对待新思想常有三种武器：一种是置之不理；第二种说它不能通行；第三即谓此种思想“古已有之”。然而我的根本思想，不是从中国书籍中得来，最好的证据，即我不通中国语，决不能在他人还未知道的中国原书中得到这种思想。我现在不能直接通中国语，也许翻译上亦有问题，今后中欧交通更为利便，我希望能作进一步的说明。

以上所述，虽则是叔本华的话，但朱子哲学在一七三五年即已介绍到欧洲，叔本华哲学——自然意志说——无论他自己承认不承认，其和朱子发生关系，却是决无可疑的事实了。

---

① 叔本华：《天然の意志》，景山哲雄译，大雄阁书店，页229—230引。原文均见《朱子语类》。

简单的结论

东西文化接触曾经给世界文明以强大的推动。东西文化各有其自身的发展特点，但是这并不妨碍它们同时通过其自身的社会经济条件和社会内部的各种阶级斗争而接受了对方的影响。在十七、十八世纪，中国哲学文化曾经给予欧洲思想界以一定的影响。

一

十八世纪是欧洲封建主义崩溃和资本主义成分产生的时期。为了适应新的生产力发展的需要，在哲学里面逐渐形成那正在上升到统治地位的反宗教、反封建的理性万能的学说，即所谓理性时代。在我看来，理性时代的思想来源，一是希腊，一是中国。中国哲学文化，特别是孔子哲学的传播，为其外来条件。

孔子学说的传入欧洲，以十六、十七世纪来华的耶稣会士为媒介。耶稣会士来远东传教以传播科学为手段而以进行殖民主义侵略为目的，但是，在中国当时的特殊情况之下，由于资本主义萌芽初期需要科学技术，所以一时朝野的知识分子同他们殷勤结纳，而不甚信他们的宗教。耶稣会因争取在中国传教，对于中国的祭孔、祭天之礼加以附会曲解，认为并不与神学违背。这便与天主教中其他宗派发生很严重的“礼仪问题”的争论。耶稣会士为了自己辩护，将中国经典翻译出来寄回本国。关于礼仪问题的争论，从一六四五至一七四二年，经百年之久。当时，耶稣会士以外的宗教家，多注意孔子与神学的不同；而在思想家方面，他们则以不同于神学的孔子，作为他们启明运动的旗帜。

初期关于中国的著作，多出于当时葡萄牙、西班牙和意大利等国的传教士。例如，利玛窦译中国四书，金尼阁作《基督教远征中国记》，鲁德照作《中华帝国史》，卫匡国作《中国新图》《中国上古史》。殷铎泽等合著《中国之哲人孔子》，更已经涉及中国哲学了。一六八五年法国路易十四派遣具有科学知识的耶稣会士来中国，除了课之以传教之外，还课之以作中国研究报告书的义务。他们将考察所得，用书信或论文的形式，编成专书在巴黎发行。其中竺赦德的《中华帝国全志》四卷。一七〇三——一七七六年《耶稣会士书简集》二十六卷、一七七六——一八四一年《北京耶稣会士中国纪要》十六册，被称为关于中国的三大名著，引起欧洲学者研究中国哲学的极大兴趣。至于专就孔子学说的介绍来说，除了利玛窦、金尼阁译四书、五经为拉丁文以外，重要的有郭纳爵译《大学》，殷铎泽译《中庸》。特别是耶稣会士编的《中国之哲人孔子》，中文标题为《西文四书解》，附《周易》六十四卦及其意义、孔子传，插入孔子画像，上书“国学仲尼，天下先师”。由于这本书，欧洲学者竟把中国、孔子、政治道德三个不同名词联在一起了。此外，为了避免当时严厉的检阅制度，竟有几种是用匿名和无名形式发表的。例如，普庐开的《儒教大观》，作于法国大革命前夜（一七八四年），以中国为标准提倡新道德与新政治。一七八八年在伦敦刊行在巴黎发售的一部伪书《孔子自然法》（巴多明译注），利用孔子的性善说，来反驳霍布士的性恶说。还有一部名为《中国间谍》的伪书，则简直利用中国的名义来提倡革命了。

二

孔子及其学派哲学对欧洲的影响，特别重要的是法、德两国。十七、八世纪欧洲思想界为反对宗教而主张哲学，故对宗教所认为异端的孔子、异端的理学，热烈地加以欢迎和提倡，但是由于法、德的社会经济背景不同，这两国的思想界对于中国哲学的认识也有所不同。大体来说，同在孔子哲学的影响之下，法国的百科全书派把中国哲学当作唯物论和无神论来接受，德国古典哲学则把它当作辩证法和观念论来接受。

现在先从法国说起。十七世纪法国哲学家的思想都是自笛卡儿哲学来的。不过，同在笛卡儿的学派中，一方面有将笛卡儿哲学与正宗的教义相结合的巴斯噶，一方面却有提倡“无神论的社会”的假设的培尔，巴斯噶反对中国，培尔则赞美中国。培尔指出中国思想为无神论，且较斯宾诺莎更为彻底。就中直接继承笛卡儿哲学的马勒伯朗士虽也攻击中国哲学，却明确认为中国哲学是无神论的唯物论的。他在一七〇三年所写《关于神的存在及其本质：中国哲学者与基督教哲学者的对话》一书中，把中国哲学主张的“理”同基督教主张的“神”严格加以分别。他的结论以为中国哲学是无神论，这当然是给当时法国一般知识分子以很大的影响了。

在十八世纪，法国百科全书派轰动一时。这一派将无神论、唯物论、自然主义作为论据，崇拜理性，中国是其来源之一。耶稣会士提倡原始孔教，反对宋儒理学；而百科全书派很多是耶稣会中富有反叛精神的人，却起来拥护此异端之“理”，拥护无神论、唯物论与自然主义。固然百科全书派和中国思想接触，不止由于一个媒介，如孟德斯鸠即取材游客的著作，因而对于中国文化便发生不同的看法。但是，孟德斯鸠在《法意》第二十四卷十九章也以中国人为无神论者，以为无神论在中国有许多好处。

试以百科全书派为代表，来说明当时法国哲学家的孔子观。首先是霍尔巴赫，他虽为德国人，但他一生寄居巴黎，为百科全书派的领袖人物。在一七七三年所著《社会的体系》一书中，他曾举来华耶稣会士所写的《中华帝国全志》《中国现状新志》和《耶稣会士书简集》等书劝人阅读。他赞美孔子教将政治与道德结合，认为“在中国，理性对于君主的权力，发生了不可思议的效果，建立于真理之永久基础上的圣人孔子的道德，却能使中国的征服者亦为所征服”。书中援引很多中国的理想政治的例子，结论是“欧洲政府非学中国不可”。

百科全书派的主角狄德罗，他虽不是无条件地赞美中国，但对孔子哲学却有极高的评价。在百科全书代表项目中，有他所写《中国哲学》一项。他讲到中国哲学的简史，从战国前孔子一直到明末，介绍五经是中国最初且最神圣的读物，四书则为五经的注释，对于宋儒的理学叙述较详，但自叹不易决定它究竟是有神论、无神论还是多神论。关于孔子哲学，他举出孔子教的根本概念共有二十四种格言，以为孔教不谈奇迹，不言灵感，纯粹不脱伦理学、政治学的范围。他认为孔子的道德胜似他的形而上学或自然哲学。他还认为，孔子教义以保存天赋的理性为圣人的特质，以补充天赋的理性为贤人的特质；德治主义有两个目的，第一是以理性判别善恶与真伪，第二是修身、齐家、治国、平天下。这种尊重理性的精神，是狄德罗和他的周围排列着的百科全书家所同声钦佩的。

伏尔泰是极端赞扬中国文化的欧洲人之一。中国的哲学、道德、政治、科学经他一说，都变成尽美尽善了。依他的意思，中国文化是《圣经》以前的且为《圣经》以外的文化，它跟基督教绝然不同，不说灵魂不灭，不说来世生活。孔子自己也不以神或预言者自命，他不讲神秘，只谈道德，即不将真理与迷信混同。因此，若把孔子和基督对比，则基督教全然为虚伪的、迷信的。“我们不能像中国人一样，这真是大不幸。”伏尔泰反对欧洲对中国传教，以为中国四千年来即已有了最单纯、最好的宗教，即孔教。伏尔泰赞美孔子的格言“己所不欲，勿施于人”，认为这是基督所来曾说到的。基督不过禁人行恶，孔子则劝人行善，如说“以直报怨，以德报德”。因此，孔子实为至圣至贤的哲学家，人类的幸福关系于孔子的一言半句。因为崇拜到了极端，伏尔泰在他自己的礼堂里，装饰孔子的画像，朝夕礼拜。“子不语怪力乱神”“有教无类”这类话，尤为他所敬服。他还作一诗赞美，“孔子为真理的解释者”，以此暗讥基督教。在《风俗论》中，伏尔泰说：“欧洲的王族同商人在东方所有的发现，只晓得求财富，而哲学家则在那里发现了一个新的道德的与物质的世界。”伏尔泰是“全盘华化论者”。对于中国的印刷术、陶瓷、养蚕、纺织术、建筑、农业技术等，他认为都有凌驾欧洲之势。关于政治方面，他认为“人类智慧不能想出比中国政治还要优良的政治组织”。关于法律方面，他认为中国非经官厅或御前会议的裁判，虽贱民亦不能处死刑。伏尔泰还在一七五三年作《中国孤儿》剧本，副题为《五幕孔子的伦理》，宣扬中国道德，以反驳卢梭“文明不是幸福”的中国文化观。

百科全书派显然是将中国理想化了，正如法国大革命时流行的歌曲中，唱着“中国是一块可爱的地方，它一定会使你喜欢”。百科全书派之一巴夫尔在《一个哲学家的旅行》中说，“若是中国的法律变为各民族的法律，地球上就成为光华灿烂的世界”。至于重农学派的元祖魁奈，号称“欧洲的孔子”，更不消说了。马克思在《资本论》中指出：“魁奈自己以及他的直传弟子，相信他们的封建招牌。……

但实际上，重农主义体系倒是资本主义生产的最早的系统的理解。”[①]重农派以自然法即中国的天理天则代替了上帝的职能，胜利地使政治经济学成为一门科学。例如，《经济表》可称为伟大的科学发明，但是它所根据的是“法国的尚不发达的经济关系，当时在法国，地产起着主要作用的封建制度还没有消灭，所以他们当了封建主义观点的俘虏”[②]（《德意志意识形态》）。马克思所说封建招牌，我认为就包括了孔子。例如，魁奈的弟子大密拉博，即将《经济表》的伟大业绩放在完成孔子的遗业上。魁奈所著《格言》，是借用了《论语》的表现法。他向法国各州各都市所发关于经济事实的《质问》，是模仿采风之官巡行天下以采诗的事情。特别是一七六七年他在《中国专制政治论》中即为中国的合法的专制辩护，以为在中国无论古典的经书与民法等法制无不尊重自然法，所以理性的训练特别发达。他在这本书中还提及《孝经》，以为“题为《孝经》的第五种经典，是成于孔子之手的小册，孔子以孝行为义务中的义务，居道德的第一位，但孔子在此书中说要是反于正义和礼仪，则虽为子没有服从父亲的义务，虽阁臣也没有服从君主的义务。”魁奈一派崇拜中国到了极点，以致以为一部《论语》可以打倒希腊的七贤。重农学派尊重中国的结果，致使法王路易十五于一七五六年仿中国习惯举行亲耕“籍田”的仪式。尽管如此，孔子学说在法国，这不算主流，主流是民主思想的传播。正如波提埃在《东方圣经》中所说，“便是最前进的理论，也没有孟子‘民为贵，社稷次之，君为轻’的更为激进”。因此，合法专制在当时即受了批判，而直接间接借助于中国的民主思想，却形成大革命的哲学基础之一。

① 马克思：《资本论》第二卷，第三编，第十九章，人民出版社 1953 年版，页 439。
② 马克思：《德意志意识形态》，见《马克思恩格斯全集》（第三卷），人民出版社 1960 年版，页 482。

三

再就德国来看。德国受中国哲学影响和法国不同。这是因为封建主义经济基础，“在法国是一下子被砸碎的，在德国直到如今还没有被彻底砸碎”[①]（恩格斯：《费尔巴哈与德国古典哲学的终结》）。这反映在意识形态上，法国表现为唯物论和无神论，德国表现为辩证法和观念论；法国所见的孔子是唯物论者、无神论者，德国所见的孔子是辩证法论者、观念论者。先以德国古典哲学的先导莱布尼茨为例。莱布尼茨是承认中国文化大足贡献西方文化发展的第一个人，他在一六六六年开始写作时即注意中国。一六八七年《中国之哲人孔子》出版，他很受感动，与人书说及“今年在巴黎发行中国哲学者之王孔子的著述”。一六九〇年他在罗马会见由中国返欧的耶稣会士闵明我，八个月的往来，使他深悉中国情形。一六九七年他用拉丁文出版了一部《中国最近事情》，卷首云：“全人类最伟大的文化和文明，即大陆两极端的二国，欧洲及远东海岸的中国，现在是集合在一起了。”他说，欧洲文化的特长是数学、思辨的科学及军事学，然而一说到实践的哲学，则欧人到底不及中国。“我们从前谁也不曾想到，在这世界上有凌驾我们的民族存在，但是事实上，我们却发现了中国民族了。”然而，给莱布尼茨最大影响的还是《易经》。一七〇三年四月他从耶稣会士白晋得到邵康节的六十四卦圆图方位图和六十四卦次序图，惊喜之余，以为它们与他在一六七八年所发明的“二元算术”完全相合。实际上莱布尼茨在此以前，一七〇一年当把二元算术的研究送给巴黎学院时，已不忘附载从《易经》六十四卦来解释这数学。莱布尼

① 恩格斯：《费尔巴哈与德国古典哲学的终结》，人民出版社 1949 年版，页 41。

茨的二元算术虽以形而上学为其基础，但它包含着辩证法的因素。正如列宁说的，“因此，莱布尼茨通过神学而接近了物质和运动的不可分割的（并且是普遍的、绝对的）联系的原则”①（《哲学笔记》）。其最有名的代表作《单子论》，也是在一七一四年受了中国哲学影响才出版的，这就怪不得他那样热狂地提倡中国学的研究了。

莱布尼茨和法国哲学家马勒伯朗士不同。马勒伯朗士以中国哲学为无神论，认为中国哲学的“理”和基督教的“神”不同。相反地，莱布尼茨则主张儒家主张的“理”和基督教的“神”完全相同。他在给法国摄政累蒙的一长信里，即对此作了详细的论述。

继莱布尼茨之后将孔子一派思想用德语遍布于大学知识界而收很大效果的是沃尔弗。一七二一年七月他在哈尔大学讲演《中国的实践哲学》，这在德国哲学史上可算一桩大事，同时也对欧洲学者了解孔子哲学起了极大的作用。他在这个讲演中极力赞美儒教，稍带着轻视基督教的倾向，因此便给同大学中虔诚派的正统神学派以攻击的口实。他们提出二十七条难点来反对他，并运动政府命令他在四十八小时内离开国境，否则处以绞刑。这么一来，沃尔弗哲学的内容因被压迫反而成为学界争论的中心了。这个争论达二十年之久，而当时青年人物绝大多数都站在沃尔弗一边。其结果，他的哲学更为有名了。本来沃尔弗主张孔子哲学和基督教并不冲突，这只算莱布尼茨学说的引申，然而当时德国政府和当局竟认他的演辞近乎无神论，把他驱逐，这一放逐倒使孔子哲学格外得到意料不到的成功。沃尔弗旋即被聘为马堡大学教授，并为学生所热烈欢迎。及至腓特烈二世登基，由于新王本是他的信徒，他就被召回哈尔大学，并任以宫中顾问之职。沃尔弗离哈尔不过十余年，他的哲学竟为普鲁士各大学所采用，以至于支

---

① 列宁：《哲学笔记》，人民出版社 1960 年版，页 427。

配那个时代了。

康德的本师舒尔兹是沃尔弗的高足弟子，而康德初期著作处处表现出他所受他们两人的影响。固然康德开始了哲学革命，“他推翻了前世纪末欧洲各大学所采用的陈旧的莱布尼茨的形而上学体系”[①]，但是他保存了莱布尼茨的“二元算术”。在我看来，二元算术即辩证法思维，和《易经》有密切的关系，费希特和谢林开始了哲学的改造工作，黑格尔完成了新的体系，他们都间接地受到中国哲学的影响。尤其是黑格尔，曾读过十三大本《通鉴纲目》，读过耶稣会教士所搜集的古代中国文献，又读过《玉娇梨》等中国小说的译本。但是，他是一个西方主义者，与过去西方哲学家一味崇拜中国哲学不同。例如，他说孔子关于道德著作“就象所罗门的格言那种方式，虽然很好，但不是科学的”。

四

最后应该指出，在十八世纪的欧洲，无论在法国发生的政治革命和在德国产生的哲学革命，本质上都是站在资产阶级哲学上，反对封建，反对中世纪宗教；不同之点，只是前者倾向于唯物论，后者倾向于观念论。以关于孔子哲学的认识而论，前者以孔子近于唯物论和无神论，后者以孔子近于观念论和辩证法。孔子评价虽不相同，而无疑同为当时进步思想的来源之一。来华耶稣会士介绍中国哲学原是为自己宗教的教义辩护的，反而给予反宗教论者以一种武器。这当然不是耶稣会士所能预先料到的。尽管孔子是封建思想家，然而也竟能影响

---

① 恩格斯：《大陆上社会改革运动的进展》，见《马克思恩格斯全集》（第一卷），人民出版社 1956 年版，页 588。

到欧洲资产阶级的上升时期。这正如马克思在《路易·波拿巴的雾月十八日》中所说："人们自己创造自己的历史……并不是在他们自己选定的条件下创造，而是在直接碰到的、既定的、从过去承继下来的条件下创造。一切已死的先辈们的传统，像梦魔一样纠缠着活人的头脑。……恰好在这种革命危机时代，他们战战兢兢地请出亡灵来给他们以帮助，借用它们的名字、战斗口号和衣服，以便穿着这种久受崇敬的服装，用这种借来的语言，演出世界历史的新场面。"[①] 所谓东西文化接触是文明世界的强大推动力，以孔子为例，我们可以得到证明。

① 马克思:《路易·波拿巴的雾月十八日》，见《马克思恩格斯全集》(第八卷)，人民出版社 1961 年版，页 121。

人名对照表①

（西方之部，依拉丁字母顺序）

A

Addisson, J.（艾特生）

Aldrovandi, Ulysis（阿德罗凡提）

Aleni, Julius（艾儒略）

Aleonessa, le P.（阿雷俄内萨）

Alexander Ⅶ（亚历山大大帝七世）

Alexander the Great（亚历山大大帝）

Amiot, le P.（钱德明）

Anaxagoras（阿那克萨哥拉）

Andre of Perugia（安德鲁）

Andreae（安德利亚）

André-Charles（安德烈·查理）

Anson, G.（安孙）

Archimedes（阿基米特）

Ariosto, L.（阿利俄斯特）

Aristotle（亚里士多德）

Arnaud, de M.（阿诺）

Attiret（巴德尼，王致诚）

Augusta（奥古斯塔）

Augustin, J.（奥古斯丁）

Averroëstes（阿维罗伊）

Avicenna（阿维森纳；伊本西那）

B

Bacon, Francis（培根）

Bacon, Roger（罗吉尔·培根）

Bail（拜尔）

Balzac（巴尔扎克）

Barnave（巴那甫）

Barrow（巴罗）

Bartholmèss（巴托美斯）

Bartoli（鲁德昧）

Baruzi, J.（巴卢西）

Baudeau,（博多）

Bauhin, G.（菩兴）

Bayle, P.（培尔）

Bélanger（培兰革）

Benedict XIV（本笃第十四）

Benoit, Michel（蒋友仁）

---

① “人名列表”，原作“人名索引”，列出底本页码。现改为人名对照表。原有“西方之部”与“东方之部”两个部分，现据情况保留“西方之部”，“东方之部”从略。——编者

Bernard, H.（裴化行）
Bertin（柏坦）
Bignon, Abbé（毕曩）
Biot（俾俄）
Blos, W.（布洛斯）
Boccaccio, G.（薄伽丘）
Bodemann（菩登曼）
Boiardo, M. M.（菩雅多）
Boileau（布瓦罗）
Bosses, P. de（菩塞）
Bossuet（菩绪埃）
Boucher（部舍）
Boulle（部尔）
Bourgogne（布尔哥格）
Bourgogne, Mme.（布尔哥格夫人）
Bouvet, le P. Joachim（白晋）
Boym, Michele（卜弥格）
Bracciolini, P.（布拉绰利亚）
Brice, Germain（布赖斯）
Brisson（布利松）
Brissot（布里索）
Brooks, R.（布卢克斯）
Broqueville（布罗开维尔）
Brucker（布卢刻）
Brune, de la（布律恩）
Brunswick（勃伦斯维克）
Buglio, Ludovicus（利类思）
Bülffinger（彪芬革）
Bulfinger（部尔芬革）
Burgh, A.（部尔革）
Burton（柏吞）

C

Cabot, J.（喀博德）
Cadet（开德）
Caillard（卡拉德）
Calvin（加尔文）
Camus, Le.（卡牟）
Cannan, E.（卡南）
Carpini, Plano（勃拉奴·克劈尼，或柏朗嘉宾）
Carter, T. F.（卡德）
Cassagne, Victor, de la（卡桑格）
Castaldi of Feltre（卡斯他尔地）
Castiglione, Giuseppe（郎世宁）
Catherine Ⅱ（凯瑟琳二世）
Cave, Edward（爱德华·开夫）
Cesi, Fredericus（楷西亲王）
Chabrié, Robert（沙不略）
Chambers, W.（张伯尔士）
Charlemagne（查理曼）
Charles（查理）
Charme, de la（孙璋）
Chaumont（索蒙）
Chénier, André（舍尼埃）
Christall, J.（克利斯托尔）
Cicé, de（西塞）
Clairon（克雷隆）
Clarke（克拉克）
Clavius 克拉维阿斯（丁先生）
Clavijo, Ruy González（克拉维约）
Clement XIV（格勒门第十四）
Clement XI（格勒门第十一）
Clere（克雷尔）
Collbert,（科尔培）
Columbus, C.（哥伦布）
Comte, Auguste（孔德）

Comte, Louis Le（Ludovicus）（李明）
Condorcet（孔多塞）
Conti, Niccolo（康梯）
Copeynius, Nicolaus（哥白尼）
Cordier, Henri（戈尔迭）
Corneille（柯奈耶）
Costa, Ignatius de（郭纳爵）
Couplet, P. Philippe（柏应理）
Cousin（库辛）
Couturat, L.（库士拉）
Coypel（克瓦培尔）
Cozen, J. R.（高升）
Creel（克利尔）
Cressent, Charles（克累逊）
Croix, La（克拉）
Croze, Le（克罗西）

D

D'Alembert（达朗贝）
D'Anville（唐维尔）
D'Argens（达贞）
D'Elia, Paschal, M.（德礼贤）
D'Entrecolles, Frac. Xav.（殷弘绪）
D'Epinay, Mme.（得比勒夫人）
Daire（代尔）
Dampier, W.（丹波亚尔）
Dante（但丁）
Danton（丹东）
De Guigne（歧尼）
De Virty, Cardinal（维特雷僧正）
Deborin（德波林）
Defoe, D.（笛福）
Democritus（德漠克利特）
Denis（顿尼斯）
Descartes, René（笛卡儿）
Deshauttayes, M.（戴贺泰）
Desjardins, Marie（笛查尔丹）
Desmoulins（德穆郎）
Diaz, Emmanuel（阳玛诺）
Diderot（狄德罗）
Diocletianus（戴克里先）
Dominc, St.（圣・多米尼克）
Du Barry, Mme.（杜巴丽夫人）
Duclos（度克罗）
Dupont de Nemouns（杜滂）
Dutens（丢同）

E

Eckeberg（埃刻堡）
Eckerman, T. P.（埃刻曼）
Engels（恩格斯）
Engemann, W.（恩格曼）
Epicurus（伊壁鸠鲁）
Euclid（欧儿里得）

F

Fabar（法培耳）
Faber, B. Patrus（伯多禄・法伯尔）
Favier, Alphonse（樊国梁）
Fénelon（费内龙）
Feuerbach（费尔巴哈）
Feynes（腓内斯）
Fichte（费希特）
Fischer, Kuno（菲莎）
Fontaney（洪若瀚）
Foucher, Simon（西门孚舍）
Foucquet, Le P.（傅圣泽）
Fourier, F.（傅立叶）
Fourmont（傅莽）

Francke, A. H.（法郎克）
Franke, Otto（福兰阁）
Fréret（夫累勒）
Friedell, E.（福利德尔）
Friedrich Wilhelm Ⅰ（腓特烈威廉一世）
Friedrich der Grosse（腓特烈大帝，即腓特烈二世）
Froës（夫罗埃斯）
Fucker（孚嘉）
Furtado, P. Francisco（傅汛际）

G

Galilei（伽利略）
Gama, Vasco da（达伽马）
Gaubil, le P. Antoine（宋君荣）
Geffrin, Madame（热夫林夫人）
George, Henry（亨利·乔治）
Gerbillun, J. François（张诚）
Gide（季德）
Giles, H. A.（翟尔斯）
Gobien（哥俾恩）
Goës, Benedict（鄂本笃）
Goethe（歌德）
Goldsmith（哥德斯密）
Goudar, Ange（高达）
Grégoire（格列高利）
Gregory XIII（格列高利第十三）
Grimaldi, Philippe Maria（闵明我）
Grimm（格拉拇）
Grosier（葛鲁贤）
Grueber, Jean（白乃心）
Guhrauer, G. G.（古劳埃）
Gundling（干达林）
Gusmand, Lois（古斯曼）
Guttenberg（谷腾堡）

H

Hackney（哈克尼）
Haeckel（赫克尔）
Hager, J.（哈革）
Halde, Du（竺赫德）
Hallerstein（刘松龄）
Halwell（阿尔韦尔）
Hébert（阿贝尔）
Hegel（黑格尔）
Heine, Heinrich（海涅）
Helvétius（爱尔维修）
Helvetius, Mme.（爱尔维修夫人）
Henry Ⅷ（亨利第八）
Heraclitus（赫拉克里特）
Herdtricht, Christian（恩理格）
Hervieu（赫苍壁）
Hessen-Rheinfels（黑林·赖恩腓尔）
Hettner Hermann（黑特涅尔）
Higgs, H.（希格）
Hirth, F.（夏德）
Hobbes（霍布士）
Höffding（霍甫丁）
Holbach, P-H. D. Boron（霍尔巴赫）
Holback（浩尔巴克）
Hude, T.（哈得）
Hudson（哈得孙）
Hughes, E. R.（休斯）
Huguier（攸魁）
Humboldt（洪堡）
Huxley, T. H.（赫胥黎）

I

Ibn Batuta（依本·拔都他）

Innocent Ⅳ（意诺增爵四世）
Innocent Ⅹ（意诺增爵十世）
Innocent Ⅻ（意诺增爵十二）
Intorcetta, Le P.（殷铎泽）

J

Jacques（若克）
James Ⅱ（詹姆斯第二）
Jarric, Pierre de（查利克）
Jartoux, Pierre（杜德美）
Jenkinson, A.（任京生）
Jenner, E（贞纳）
Jocob, G.（亚可布）
John the Beard（须约翰）
Johnson（约翰生）
Jovius, P.（约维瓦斯）
Juigné, Leclerc de（朱格）
Justi（朱斯泰）

K

Kant, I.（康德）
Kassel（卡塞尔伯爵）
Kazlgren（高本汉）
Kepler（开普勒）
Kircher, A.（刻射）
Klaproth（克拉普洛特）
Kogler, Ignaz（戴进贤）
Komroff, M.（科姆洛夫）
Kortholt（科陀尔）
Kramm, H.（克拉姆）

L

Lafayette（拉法夷脱）
Lange, F. A.（郎格）
Lange, J. J.（朗格）
Lassalle（拉萨尔）
Latourette（赖德烈）
Laufer, B.（劳福尔）
Laval, P. de（拉发尔）
Legge（雷杰）
Leibniz, G. W.（莱布尼茨）
Lenin（列宁）
Lenôtre（勒诺特尔）
Lévy-Bruhl（利维-布律尔）
Linguet（林格）
Lionne, A. de（利翁）
Liversedge, H.（利物塞治）
Lobell, André Jean（陆安德）
Locke（洛克）
Lockier, F.（洛契叶尔）
Lockman, J.（罗克曼）
Longobardi Nicolas（龙华民）
Loubère, La（卢培儿）
Louis Ⅸ（路易第九）
Louis ⅩⅣ（路易十四）
Louis ⅩⅤ（路易十五）
Louis ⅩⅥ（路易十六）
Loyola, S. Ignatius（洛耀拉）
Ludolf（罗道福）
Ludovici, Carl Günther（卢多维西）
Luther, Martin（路德）
Lyonne, A. de（利俄）

M

Mably（马布勒）
Macauley, T. B.（麦考莱）
Machiavelli（马基雅弗利）
Madelin, L.（马德楞）
Magalhaes, Gabriel de（安文思）
Maigrot, Charles（昧各老，或阎当）

Mailla, le P. Moyriac de（冯秉正）
Mairan, de（迈朗）
Malebranche（麦尔伯兰基或马勒伯朗士）
Mandeville（曼得维尔）
Marat, J-P（马拉）
Marcus Graecus（马库斯·格利库斯）
Marie-Antoinette（马利·安团）
Marignolli, John de（马黎诺里）
Marin, Philippe（马林）
Marsy（马尔西）
Martin（马丁）
Martini, Martin（卫匡国）
Marx（马克思）
Masefield, J.（梅斯菲德）
Massones（马嵩）
Maverick（马弗利克）
Meiners, C.（迈纳斯）
Melon（密郎）
Mencke, J. B.（曼肯尼）
Mendoza（门多萨）
Merkel, F. R.（麦开尔）
Mettrie, La（梅特里）
Mezzabarba（嘉乐，或麦匝巴尔巴）
Mirabaud（密拉菩）
Mirabeau（密拉博）
Mohammed（穆罕默德）
Mohl（莫耳）
Moliére（莫利哀）
Montaigne（蒙台涅）
Montecorvino, Jean de（约翰·孟德高维奴）
Montesquieu（孟德斯鸠）
Montmorency, P. de（蒙摩隆西）
Morley（摩尔利）
Moses（摩西）
Moule, A. C.（玉尔）
Mounier（穆内）
Mourao, Le P.（穆敬远）
Muette, La（拉谟特）
Müller, P. A.（谬勒）
Münsterberg, O.（谟挨斯忒堡）

N

Napoleon（拿破仑）
Navarrete（那发累泰）
Needham（李约瑟）
Nero（尼罗）
Newton（牛顿）
Nietzsche（尼采）
Noël, Le P. Franais（卫方济）

O

Oberkampf（奥柏卡姆普夫）
Odoric, Frier（鄂多立克）
Oldenbura（鄂尔敦堡）
Oncken（翁肯）
Orlelius, Abraham（奥提利阿斯）
Orta, Da（达俄塔）
Owen（欧文）

P

Palmeiro, Andé（巴美罗）
Pantoja, Diego de（庞迪我）
Paredies（巴累提斯）
Parennin, Le P.（巴多明）
Parmenides（巴门尼德）
Pascal, B.（巴斯噶）
Paul V（保禄第五）
Pauliat（保利亚）
Pauthier（波提埃）

Pegolotti, F. B.（裴哥罗梯）
Pelliot, Paul（伯希和）
Percy, Thomas（柏西）
Pereira, Thomas（徐日昇）
Perennin（裴伦宁）
Peter the Great（彼得大帝）
Pfister, A.（费赖之）
Phaulkon, C（法尔空）
Pinot, Virgil（平诺）
Pinto（平托）
Plato（柏拉图）
Pluquet（普卢开）
Plutarch（普鲁塔克）
Poivre（巴夫尔）
Polo, Marco（马哥波罗）
Polo, Niccolo and Maffeo（尼古剌·波罗，玛窦波罗）
Pompadour, Mme.（彭帕杜尔夫人）
Pope, Alexender（蒲伯）
Prémare, Le P. J. Henri（马若瑟）
Prince, Le（普林斯）
Provana（艾若瑟）
Provins, G. de（普洛温斯）
Ptolemy（多禄某，即托勒密）
Pythagoras（毕达哥拉斯）

Q

Quesnay, F.（魁奈）

R

Rabelais（拉柏雷）
Raleigh, W.（拉雷）
Rambouillet, Marquise de（郎部耶）
Raubaud（劳菩德）
Régis, Le P. J. Baptiste（雷孝思）
Reichwein, A（赖赫淮恩）
Rémonde, M. de（累蒙）
Rémusat, Abel（莱麦撒）
Renarc（累那）
Rho, Giacomo（罗雅各）
Ribera, P.（利培拉）
Ricci, Matteo（利玛窦）
Richardson（李却特逊）
Richelien（黎塞留）
Ripa, Matteo（马国贤）
Rist（李斯特）
Riviére, Le Mercier de la（利维埃尔）
Robert（罗伯特）
Roberts, F. M.（罗伯特斯）
Robertson（罗伯孙）
Robespierre（罗伯斯比尔）
Rodriguez, Joannes（陆若德）
Rogers, T.（罗泽斯）
Roland, Mme.（罗兰夫人）
Rolland, Romain（罗曼罗兰）
Rostovtzeff, M.（罗斯托西夫）
Roth, H.（罗特）
Rougemont（鲁日满）
Rousseau（卢梭）
Rowbotham, A. H.（罗菩泰姆）
Rubruck 或 Rubruquis（卢白鲁克）
Ruggieri, Michael（罗明坚）

S

Saint Simon（圣西门）
Sainte Marie, A. De（栗安当）
Sambiasi, Francesco（毕方济）
Say, L.（塞）
Schall, Adam（汤若望）

Schell, G.（谢尔）
Schelling（谢林）
Schiller（席勒）
Schiltberger, J.（西尔脱伯格）
Schlosser, F. C.（士罗塞）
Schnioller（石慕勒）
Schopenhauer, Arthur（叔本华）
Schultz（舒尔慈）
Schwartz, B.（希瓦慈）
Seignobos（萨诺菩）
Sekell, F. L.（塞开尔）
Semedo, Alvare de（鲁德照）
Seneca（塞涅卡）
Senece（辛尼塞）
Shakespeare（莎士比亚）
Sieyes（西耶士）
Silhouette, E. de（西劳埃特）
Smith, Adam（亚当·斯密）
Smogolenski, Nicotas（穆尼各）
Soares, Joseé（苏霖）
Soboul, Albert（索布尔）
Socrates（苏格拉底）
Solomon（所罗门）
Soothill, W. E.（苏提尔）
Spener, P. J.（斯培纳）
Spigelius, Th.（斯彼基洛阿）
Spinoza（斯宾诺莎）
St. Francis of Assisi（圣法兰西斯）
Staukevitch, Belevitch（斯坦开维赤）
Strähler（斯特勒拉）
Suinte Floreutin（圣·弗罗棱丁伯爵）
Sulaymän（苏莱曼）
Sykes, Sir Percy.（西开斯）

T

Tacitus（塔西佗）
Taine（泰纳）
Tartre（汤尚贤）
Tavernier（塔弗尼埃）
Temple, W.（天朴尔）
Terrenz, Johann（邓玉函）
Theresa, M.（马得利·德和撒）
Thévenot（泰未诺）
Thomas Aquinas（圣托马斯）
Thomas, Antonius（安多）
Thümmig（吞密格）
Tindal, M.（廷达尔）
Tocqueville（托魁维）
Toscanelli, Paolo Pozzo（托斯加内里）
Tournon, Maillard de（铎罗）
Trigault, Nicolas（金尼阁）
Turgot（杜阁或杜尔阁）
Turnor（忒纳）

U

Unger, L.（翁则尔）
Usis, Sabbatino de（熊三拔）

V

Vagnoni, P. Alfonse（高一志，王丰肃）
Valentyn（发隆丁）
Valignari, Alexandre（范礼安）
Vanini（瓦利里）
Varen（发楞）
Väth, A.（魏特）
Verbiest, P. Ferdinand（南怀仁）
Verguiaud（汾约）
Verhaenen, P. H.（惠泽霖）
Verjus（弗查斯）

Villedieu, M. de（维尔提厄）
Vincé, Leonardo da（达芬奇）
Visdelou, Le P. Claude（刘应）
Voltaire（伏尔泰）

W

Wagner, J. V.（华格纳）
Walpole（窝尔波尔）
Watteau（瓦韬）
Webb John（韦伯）
Wells, H. G.（威尔斯）
Wilhelm（卫礼贤）
William Ⅱ（威廉二世）
Wittfogel, K. A.（威泰福该尔）
Wolff, C.（沃尔弗）
Wotton, W.（华吞）

X

Xavier, Francis（沙勿略）

Y

Yule（玉尔）

Z

Zeller（蔡勒）
Zeno（芝诺）